Volker Grassmuck

Freie Software

Zwischen Privat- und Gemeineigentum

Schriftenreihe Band 458

Volker Grassmuck

Freie Software

Zwischen Privat- und Gemeineigentum

bpb:
Bundeszentrale für politische Bildung

Mit Dank an alle,
die Bug-Reports geschickt haben.

Bonn 2004

2., korrigierte Auflage

Redaktionsschluss: 30. November 2004
Redaktion: Thorsten Schilling
Lektorat: Cornelia Schmitz, M.A., Bonn
Projektmanagement: Sabine Berthold

Die Website zum Buch: http://freie-software.bpb.de

Typografie: Hans Schlimbach AGD, Köln;
Satz: Medienhaus Froitzheim AG, Bonn, Berlin
Umschlagmotiv: Mieke Gerritzen, nl.design, Amsterdam
Umschlaggestaltung: Michael Rechl, Kassel, Wanfried
Druck: Bercker, Kevelaer

ISBN 3-89331-569-1

Inhalt

Vorworte

Thorsten Schilling

Was hat freie Software mit politischer Bildung zu tun? So berechtigt die Frage auf den ersten Blick scheint, spätestens nach der Lektüre dieses Buches sollte die Diskussion ihrer Antwort klarer umrissen sein. Am Anfang der Überlegungen, ein Buch mit diesem Gegenstand zu publizieren, stand jedenfalls der Gedanke: Freie Software (bzw. Open Source Software, beides wird der Kürze halber hier synonym verwendet) ist ein geeignetes Mittel und ein wichtiges Thema politischer Bildung.

Anwendungen auf der Basis freier Software bieten gerade für kleine und mittlere Bildungsinstitutionen, Initiativen und Netzwerke attraktive Lösungen, um sich kostengünstig eine technische Infrastruktur zu geben. Dies betrifft nicht zuletzt den Bereich der Online-Anwendungen, das heißt der Programme um eigene Websites zu erstellen, sich mit Foren, Chats und vielem mehr interaktiv zu präsentieren und zu vernetzen. Interessant ist der Einsatz freier Software auch unter medienpädagogischen Gesichtspunkten: Die Möglichkeit, den zu Grunde liegenden Quellcode nachzuvollziehen und so die Funktionsweise der Programme zu studieren, ist eine Anregung zur Stärkung der Medienkompetenz durch Blicke hinter die Kulissen. Und sie gibt avancierten Nutzerinnen und Nutzern sehr schnell die Mittel in die Hand, selbst weiter zu programmieren und die vorhandene Software den eigenen Zwecken noch besser anzupassen. Die dabei erreichten Lösungen können der Allgemeinheit wieder zur Verfügung und zur Diskussion gestellt werden. Das wird sicher nicht die Mehrheit der Nutzerinnen und Nutzer sein, aber die Entwicklung des Interesses und der technischen Intelligenz ist gerade bei den jüngeren Generationen nicht zu unterschätzen.

Freie Software als ein Gut zu betrachten, dessen nachhaltige Entwicklung unter bestimmten Bedingungen im öffentlichen Interesse liegt, öffnet den Blick für weitere Perspektiven. Der Deutsche Bundestag hat am 9. November 2001 in einem Beschluss die Bundesregierung aufgefordert, »Open Source Software zu fördern und alle Voraussetzungen zur Einführung von Open Source in der Bundesverwaltung zügig zu schaffen«. Erste Initiativen dazu gibt es bereits. Im Ergebnis könnte – ohne marktverzerrende Subventionen – ein Teil öffentlicher Infrastruktur als frei verfügbare Basis für viele andere Anwendungen geschaffen bzw. nachhaltig unterstützt werden. Vergleichbar z.B. mit den öffentlichen Investitionen in das Straßennetz inklusive der Autobahnen, gerade in Deutschland bis heute eine von der öffentlichen Hand finanzierte Grundlage für die Industrie- und Dienstleistungsgesellschaft.

Darüber hinaus ist freie Software auch ein wichtiges Thema für die politische Bildung. Thomas Krüger, der Präsident der Bundeszentrale für politische Bildung, formulierte es in einer Rede so: »Es hat sich gezeigt, dass mit Entwicklungen wie freier Software, so genannten Peer-to-Peer Netzwerken und anderem eine grundlegende soziale und politische Dimension der neuen Informations- und Kommunikationstechnologien sich zu Wort meldet. Die darin breit angelegte Möglichkeit der Aufhebung der strikten Trennung von Sender und Empfänger hat große Schnittmengen mit der politischen Idee des mündigen Bürgers.«

In der Geschichte der freien Software und bei der Diskussion ihrer Produktionsverhältnisse und aktuellen Entwicklungsperspektiven werden grundlegende Fragen der so genannten Informationsgesellschaft aufgeworfen. Das sind z.B. Fragen nach den rechtlichen Bedingungen, unter denen Wissen in Form von Softwarecode entwickelt und vertrieben wird, Fragen des Eigentums und des Urheberrechts, des Verhältnisses von privatwirtschaftlichen und öffentlichen Interessen, der gerechten Verteilung der Ressourcen des Wissens, der öffentlichen Organisationsformen kollektiver Intelligenz mithilfe digitaler Technologien und anderes mehr.

Das Phänomen der freien Software erinnert dabei auch an eine in den Hintergrund geratene Tatsache: Die Informationsgesellschaft ist keine alleinige Erfindung der Industrie, und ihre Dynamik verdankt sie nicht nur den Kräften des Marktes. Viele ihrer grundlegenden Technologien und Standards sind unter akademischen oder wissenschaftsnahen Bedingungen mit massiver öffentlicher Förderung entstanden. Und so haben sich in diese Standards eben auch die Ideale, Wertvorstellungen und Regeln von Wissensreproduktion, wie sie die westliche Gesellschaft spätestens seit der Aufklärung etabliert hat, mit eingeschrieben: freier Austausch und Zugang zu den Quellen des Wissens, offene, kooperative und gleichberechtigte Kritik und Diskussion der Forschungsergebnisse als Grundbedingung für die weitere Entwicklung und Erfolgskontrolle. Der amerikanische Soziologe Robert K. Merton hat dies mit dem bewusst provokativen Wort vom »Wissenskommunismus der Wissenschaften« bezeichnet. Und es macht einen Teil des Erfolges freier Software aus, dass sie diese dem humboldtschen Wissenschaftsideal verbundene Form des Austausches und der kooperativen Entwicklung in neue Anwendungsfelder übersetzen konnte. Mittlerweile ist das Phänomen freier Software den akademische Zirkeln entwachsen und hat Facetten einer sozialen Bewegung angenommen: Freie und quelloffene Softwareanwendungen werden über eine Vielzahl von Organisationsformen entwickelt, vertrieben und angewandt. Das reicht von genialen Einzelgängern über kleinere Initiativen, eigens gegründete → NGOs bis hin zu mittelständischen Firmen. Und auch große Industrieunternehmen entdecken und nutzen zunehmend die Möglichkeiten freier Software für die Stärkung ihrer Position im globalen Wettbewerb.

Wissen wächst durch Teilung, und die Mit-Teilung von Wissen ist eine wichtige Bildungsaufgabe. Informationen und Wissen können mit anderen geteilt werden, ohne dass sie dabei weniger werden, erst recht mithilfe digitaler Medien. Das macht einen grundlegenden Unterschied z. B. zu Industriegütern aus. Und das macht es gerade der Medien- und Softwareindustrie bis heute immer wieder schwer, unter den neuen Bedingungen der digitalen Revolution geeignete Wertschöpfungsmodelle zu finden und zu etablieren. Gleichwohl verdanken die neuen Technologien gerade dem Markt ihre massenweise Durchsetzung und die Lösung von den letztlich begrenzten Expertenkulturen der Wissenschaft: Ohne den »freien« Markt und seinen expansiven »Wissenskapitalismus« gäbe es die enorme Verbreitung des Internets und das exponentielle Wachstum nicht, das den allgemeinen Zugang zu diesen Technologien möglich macht. Einen Automatismus bei der Lösung sozialer Probleme kann es dabei allerdings nicht geben. Technologie, und sei es freie Software, ist keine Lösung, aber sie kann Möglichkeiten für nachhaltige Lösungsansätze bereitstellen.

Freie Software als Kulturtechnik ist ein wichtiger Bestandteil dessen, was man in Anlehnung an einen juristischen Begriff die »Public Domain« nennen könnte – des öffentlichen Bereiches in der Informationsgesellschaft. Ihr Erfolg zeigt, dass es neben der marktwirtschaftlichen nach wie vor auch andere Erfolg versprechende Dynamiken der gesellschaftlichen Entwicklung gibt. Die Balance zwischen Öffentlichem und Privatem ist mit der Durchsetzung der neuen Technologien prekär geworden: Trotz langer Erfahrungen in der Verhinderung schädlicher Monopolbildungen wird gegenwärtig der Betriebssystemmarkt von einem Anbieter, die Märkte für populäre und für wissenschaftliche Information von den Großen Vier oder Fünf bestimmt. Freie Software ist deshalb auch ein geeignetes Thema für die Bildung über politische Ökonomie: die Entwicklung von Monopolen und Oligopolen in der Software- und der Wissensindustrie, ihre Folgen und ihre Alternativen. Es zeigt sich, dass viele Regeln, die das Gleichgewicht der Kräfte über lange Zeiträume mühsam genug etabliert und aufrechterhalten haben, ihre Wirksamkeit verlieren und neu justiert werden müssen. Die Diskussion darüber ist mitten im Gange. Der Wettbewerb um die besten Lösungen ist ein Stück weit auch der offene Wettbewerb um die beste Balance zwischen beiden Sphären unter den Bedingungen der Informationsgesellschaft. Das Buch von Volker Grassmuck zeigt nicht zuletzt auch für technische Laien, wie wertvoll diese Balance ist und dass wir sie nicht leichtfertig verloren geben sollten.

Thorsten Schilling
Bundeszentrale für politische Bildung/ bpb

Georg Greve

»Am Anfang war alle Software frei.«

Mit diesem Satz beginne ich häufig einführende Vorträge zum Thema Freie Software, da er verdeutlicht, dass Freie Software keinesfalls ein Phänomen der 90er-Jahre ist, obwohl es teilweise gerne so dargestellt wird. Natürlich ist das auch nur die halbe Wahrheit. Anfangs machten sich die Beteiligten keine Gedanken um die Freiheit von Software, die nur als »Dreingabe« zur Hardware betrachtet wurde. Es lässt sich zu Recht sagen, dass die eigentliche Taufe Freier Software durch Richard Stallman vollzogen wurde, der 1984 das GNU-Projekt und 1985 die *Free Software Foundation* gründete. Dabei beschäftigte er sich zum ersten Mal mit der Frage, was Freie Software ist. Seine Definition Freier Software hat sich bis heute als die kompakteste und präziseste erwiesen.

Doch obwohl Freie Software je nach Betrachtungsweise bereits seit ungefähr 20 bzw. 40 Jahren existiert, hat sie sich bisher dem Verständnis der meisten Menschen entzogen. Auch heute hat nur eine sehr kleine Zahl von Menschen Freie Software wirklich verstanden. Die vielfältigen Versuche, Freie Software zu beschreiben oder zu erklären, erschöpfen sich zumeist in reiner Phänomenologie. Und auch wenn sie zutreffend sind, sind Betrachtungen der Quelloffenheit (»Open Source«) und des Entwicklungsmodells in vieler Hinsicht eher hinderlich, da durch sie von den essentiellen Fragen abgelenkt wird.

Insofern ist es erfrischend, ein Buch in Händen zu halten, das sich mit beachtlichem Erfolg um eine ausgewogene und gründliche Betrachtung bemüht.

Doch was ist nun Freie Software? Die einfachste – und doch in vieler Hinsicht unzureichendste – Antwort auf diese Frage liefert die Definition Freier Software. Oft gibt schon die Stellung einer Frage die Tendenz der Antwort vor und manchmal ist eine Antwort unbefriedigend, weil die falsche Frage gestellt wurde.

Die Welt der Freien Software ist geprägt von Dualismen. Freie Software ist sowohl kommerziell als auch nicht kommerziell, privat als auch öffentlich. Hinzu kommt, dass Software per se einen Dualismus darstellt. Sie ist nicht nur selber festgeschriebenes Wissen um Probleme und Problemlösungsstrategien, sie dient auch als Medium und Träger für Informationen und Erkenntnisse aller Art. Doch Software ist nicht nur abstraktes Wissen, sie ist auch kontrollierendes und ausführendes Organ in einem immer stärker von Computern durchdrungenen Alltag. Ihre Omnipräsenz macht das Wirtschafts- zum Kulturgut mit unmittelbarer Bedeutung für die gesamte Gesellschaft.

Dabei ist Software selbst zunächst ultimativ statisch, sie ändert sich nicht ohne äußere Einflüsse. Aus dem Bezugssystem des in einer dynamischen Welt lebenden Betrachters bedeutet dies, dass Software degeneriert, sie ist vom permanenten Verfall bedroht.

Software lebt nur durch die kontinuierliche Benutzung, Weiterentwicklung, Weitergabe und Pflege. Dieser Prozess ist Voraussetzung für die ungeheure Dynamik, die durch Software entfaltet werden kann, und wird bei unfreier (proprietärer) Software unterbrochen; sie wird gleichsam an eine Herz-/Lungenmaschine gekoppelt. Nur die in permanenter, eigenständiger Evolution befindliche Freie Software ist wahrhaft lebensfähig. Software ist also ebenso dynamisch wie auch statisch, die Reihe der Dualismen setzt sich fort.

Analog zum Welle-Teilchen-Dualismus der Physik, durch den Photonen sowohl als Teilchen wie auch als Wellen zu betrachten sind, zeigt sich hier ein Softwaredualismus, dessen Verständnis eine wesentliche Aufgabe am Übergang zum Informationszeitalter darstellt. Dabei ist die Frage nach dem Umgang mit dem Wissen letztlich so alt wie die Menschheit selbst. Das älteste mir bekannte Zitat zu diesem Thema geht zurück auf Aurelius Augustinus, der in seinem »De doctrina christiana« schreibt: »Omnis enim res, quae dando non deficit, dum habetur et non datur, nondum habetur, quomodo habenda est.« Dieses Zitat zur Frage der Wissensvermittlung, das sich frei etwa mit »Denn jede Sache, die durch Weitergabe an andere nicht verliert, besitzt man nicht, wie man soll, solange sie nur besessen und nicht an andere weitergegeben wird« übersetzen lässt, wurde bereits im Jahre 397 unserer Zeitrechnung geschrieben.

In der Vergangenheit war die Verbreitung und Vermittlung von Wissen mit einem zum Teil erheblichen Aufwand verbunden, erst heute besitzt die Menschheit die Möglichkeit, Wissen frei zirkulieren zu lassen. Schenkt man vor diesem Hintergrund der Idee des Softwaredualismus einen zweiten Blick, so wird offensichtlich, dass sich große Teile der Überlegung nicht nur auf Software im Speziellen sondern auch unmittelbar auf Wissen im Allgemeinen anwenden lassen; eventuell also von einem Wissensdualismus gesprochen werden muss, den es zu verstehen gilt. Das Verständnis dieser Problematik und die Lösung der dadurch entstehenden Fragen zählen zu den wichtigsten Aufgaben im Zusammenhang mit dem so genannten Informationszeitalter. Gleichzeitig ist es ein Gebiet, das augenblicklich fast ausschließlich der freien Entfaltung der Interessen einer Minderheit auf Kosten der Gesellschaft überlassen wird.

Da nachhaltige Lösungen von der Gesellschaft getragen werden müssen, ist es notwendig, ein Bewusstsein und Verständnis für diese Fragen zu schaffen. Denn nur wenn die Gesellschaft um diese Fragen weiß, kann dauerhaft sichergestellt werden, dass das Informationszeitalter nicht durch die blinde Durchsetzung von Minderheitsinteressen vorzeitig beendet wird.

In diesem Sinne handelt es sich bei dem vorliegenden Buch sowohl um einen Meilenstein zum Verständnis und zur Sicherung des »digitalen Zeitalters« als auch um eine der vollständigsten Betrachtungen zum Thema Freier Software.

Georg C. F. Greve,
Präsident der Free Software Foundation Europe,
Hamburg, den 20. August 2001

Volker Grassmuck
Initialize

Am Beginn der Überlegungen, die nun die Form dieses Buches angenommen haben, stand eine Beschäftigung mit Betriebssystemen. Um es gleich vorweg zu sagen, ich bin kein Informatiker, wenngleich durchaus technikaffin, wie man heute neudeutsch sagt. Nicht ohne Stolz kann ich berichten, dass mein erster Computer eine DEC PDP-11 war. Nun gut, nicht mein eigener, sondern der der Highschool in New Jersey, in der ich Mitte der 70er ein Jahr verbrachte. Doch die Erfahrung neben dem luftgekühlten Wandschrank und vor dem Blechterminal, auf dessen Endlospapier abwechselnd der Computer und ich klapperten, blieb nicht ohne Folgen. Schon früh im Soziologiestudium konzentrierte ich mich auf Medien im Allgemeinen und den Computer im Besonderen.[1] Meine Diplomarbeit schrieb ich über den Wissens- und Menschbegriff der Künstlichen Intelligenz (Grassmuck, 1988). Für meine Promotionsforschung über Medien- und Diskursgeschichte verschlug es mich nach Japan. Dort lernte ich schließlich auch das Internet und dadurch die Unix-Welt kennen.[2] Seit William Gibsons Neuromancer-Trilogie Mitte der 80er-Jahre hatte diese Zone ein Bild und einen Namen: Cyberspace. Nun hatte ich ein Fenster entdeckt, durch das ich in diesen Raum aus nichts als Bits hineinsehen und -greifen konnte – ein Privileg, das damals nur wenigen außerhalb der Universität zuteil wurde. Und selbst dort nutzten vor allem die mathematisch ausgerichteten Fakultäten das Inter-

1 Damals hätte ich allerdings den Computer noch nicht als Medium bezeichnet, auch wenn es rückblickend seit den ersten »Datenfernübertragungen« (DFÜ) per Akustikkoppler und Telefon zum Rechenzentrum der Freien Universität Berlin möglich erscheint. Für diese Erkenntnis musste erst der Band »Computer als Medium« (Bolz et.al. 1993) erscheinen.

2 Da ich gerade bei Initiationen bin, sei denn auch diese nicht verschwiegen. Eines Abends im Frühling 1990 saß ich mit Ioannis Zannos, einem Kollegen vom benachbarten KI-Labor am *Research Center for Advanced Science and Technology* der Tokyo Universität beim Essen. Er erzählte mir von gewaltigen Schlachten zwischen Raumschiffflotten, bei denen Hunderte von Teilnehmern als Navigator, Captain oder Kampfpiloten ihren Dienst versahen. Das ganze hieße StarTrek-MUD und finde im Cyberspace statt. Nach dem Essen gingen wir in mein Büro zurück, Ioannis loggte sich auf meinem Laptop in seinen Uni-Account ein und führte mich herum. In den nächsten Wochen war ich für die Welt der Atome verloren.

net. Die Sozialwissenschaften verwendeten es allenfalls, um ihre Statistiken auf den Großrechnern des Rechenzentrums abarbeiten zu lassen. Als Untersuchungsgegenstand war das Netz noch undenkbar.

Das änderte sich im Herbst 1993, als der gerade frisch gekürte US-amerikanische Vizepräsident Al Gore seine Vision einer nationalen und bald darauf globalen »Informationsinfrastruktur« verkündete. Japan steckte sich, wie die meisten anderen Länder des Globus, sogleich an und verfiel in ein schweres Internetfieber. Mit seiner massenhaften Verbreitung wurde das Netz auch zu einem kulturwissenschaftlich akzeptablen Thema. Im heimischen Berlin gründete sich 1994 die Projektgruppe Kulturraum Internet[3] am Wissenschaftszentrum Berlin für Sozialforschung (WZB). Noch einmal vier Jahre später saßen nach einer *mikro.lounge* zur Überwachung im Netz[4] Wolfgang Coy und ich in den Ledersesseln des WMF in der Johannisstraße, sinnierten über das anwesende Publikum und stellten mit nicht geringem Erstaunen fest, dass die Informatik von einer mathematisch-ingenieurwissenschaftlichen Disziplin zu einer Popkultur geworden war.

Die Informatiker und Netzwerker, die das Internet bauen und weiterentwickeln, betrachten ihr Tun als rein technisches. Auch die Sozialwissenschaftler sehen die Technik meist als gegeben an und untersuchen dann in der Technikfolgeforschung ihre »Auswirkungen« auf die Gesellschaft. Die WZB-Forscherinnen dagegen gehen vom Internet als einem Kulturraum aus, der über »regierende Techniken« verfügt, die ihrerseits durch eine Regulierung bestimmt werden, die gerne als »kooperative Anarchie« bezeichnet wird. In ihrem Abschlussbericht heißt es, »dass in einem technisch konstituierten Raum, in dem alles Handeln die Form von Datenflüssen hat, auch die gemeinsamen Angelegenheiten dieses Handelns, sozusagen die res publica, eine technische Gestalt annimmt«.[5] Sie untersuchten die Netzknoten, Übertragungsverfahren und Kommunikationsdienste, um dem »impliziten Designplan« des Internet auf die Spur zu kommen.

Inspiriert von einer solchen Art, die Organisationsstrukturen von Gemeinschaften und Gesellschaft mit denen ihrer Maschinen und Medientechnologien zusammenzudenken, hatte mich nun also die Faszination von der Grundlagenschicht des Computers gepackt, dem Betriebssystem. Bei Andrew Tanenbaum und anderen Standardautoren las ich von Systemaufrufen und Dämonen, Prozessen und Threads, von Muscheln

3 http://duplox.wz-berlin.de/
4 mikro.lounge #2, 8. April 1998, http://mikro.org/Events/19980408.html
5 Helmers / Hoffmann / Hofmann, 1998.

und virtuellen Maschinen. Nun zählen Betriebssysteme selbst unter Informatikstudenten nicht gerade zu den aufregendsten Themen. Für die meisten Computeranwender läuft das Betriebssystem ohnehin im Hintergrund ihres Bewusstseins. In Erscheinung tritt es allenfalls beim Systemstart oder bei Störungen. Den überwiegenden Teil seiner grundlegenden Operationen (Ressourcen verwalten, Aufgaben wie Input/Output steuern und koordinieren, Systemelemente koppeln) vollführt es im Verborgenen.

Während ich über das vom Betriebssystem choreografierte Wechselspiel der Computerkomponenten las, erstand vor meinem inneren Auge das Bild einer Fabrik mit Werkshallen, Lagern, Fuhrpark und Buchhaltung. Der Anthropomorphisierung des Rechners kann man sich nur schwer entziehen. Tanenbaum speist diese allzu menschliche Neigung, z.B. wenn es heißt, dass Protokolle eine Stoppuhr starten, wenn sie eine Nachricht senden und eine Antwort erwarten, und die Nachricht erneut senden, falls sie in der erwarteten Zeit keine Bestätigung bekommen: »Dieser Vorgang wird solange wiederholt, bis der Sender gelangweilt ist und aufgibt« (Tanenbaum 1995, S. 534). »Betriebsmittel« und »Fairness« bei ihrer Allozierung, »Organisation«, »Kontrollflüsse«, »Macht« – das waren vertraute soziologische Begriffe inmitten eines scheinbar rein technischen Diskurses. Verfolgt man die Ausläufer des Betriebssystems weiter, so entfaltet sich ein umfassendes Netz von Beziehungen nicht nur in alle Bereiche von Computerhardware und -software, sondern auch in Wirtschaft, Politik, Recht, Soziologie, Psychologie und Kultur.

Besonders evokativ war die Gegenüberstellung von Betriebssystemen mit einem monolithischen Makrokern und von verteilten Systemen mit einem Mikrokern. Tanenbaum, leidenschaftlicher Verfechter des zweiten Ansatzes, argumentiert rein technisch: Verteilte Systeme seien leistungsfähiger, wirtschaftlicher, flexibler, skalierbarer, könnten höhere Geschwindigkeiten erzielen und seien ausfallsicherer und daher zuverlässiger. »Falls der monolithische Kern der amtierende Champion ist, dann ist der Mikrokern der aufstrebende Herausforderer. [...] Der Mikrokern ist flexibel, da er fast nichts selbst erledigt. Er bietet nur vier minimale Basisdienste an: 1. einen Prozesskommunikationsmechanismus, 2. eine einfache Speicherverwaltung, 3. eine minimale Prozessverwaltung und ein einfaches Scheduling und 4. eine einfache I/O-Funktionalität« (Tanenbaum 1995, S. 477).

Gerade hier drängt sich eine Parallele zwischen der Mikroorganisation von Rechnerkomponenten und der Makroorganisation sozialer Institutionen auf. Einerseits die zentralisierte, hierarchische Steuerung der großen Bürokratien in Wirtschaft, Staat und Gesellschaft mit klaren Befehlsketten nach dem Vorbild der militärischen Führung: der monolithische Makro-*Kernel* als befehlshabender *Colonel*. Auf der anderen Seite stehen neue Konzepte in den Organisationstheorien, die flache Hierarchien und verteilte, dezentrale, selbstorganisierende Einheiten anstreben: der Mikrokern als Mediator, der nur die Kommunikation und Synchronisation in einem Netzwerk ohne zentrale Instanzen regelt. In diesem zweiten Modell lässt sich ein Widerhall aus der Ökologie mit ihren Netzwerken von autonomen, aber interdependenten, heterogenen Elementen hören. Ebenso liegen Analogien zu den dezentralen Organisationsformen der sozialen Graswurzelbewegungen der 60er- und 70er-Jahre nahe.

Etwa zur selben Zeit geriet das Betriebssystemmonopol Microsoft mit Kartellverfahren und wachsender Kritik an Missbrauchspraktiken in die Schlagzeilen. Als sein großer Gegenspieler trat das freie Betriebssystem GNU/Linux an. Zwar verfolgen beide einen Makrokernansatz, doch ist der Entstehungsprozess von Linux hochgradig verteilt und gewissermaßen um den minimalen Kern Linus Torvalds, den ursprünglichen Entwickler des Linux-Kerns, herum organisiert. Ein Beispiel für die unterschiedlichen sozialen und politischen Wertsetzungen der beide Modelle: Microsoft-Betriebssysteme wachsen, wie das sie produzierende Unternehmen, zu immer größeren Dimensionen aus, zielen auf die Auslastung der jeweils neuesten Intel-Prozessorgeneration und zwingen so die Konsumenten immer wieder zum Nachkauf. GNU/Linux dagegen läuft auch auf vermeintlich obsoleten Plattformen und schont daher Budgets und andere Ressourcen.

Dann fiel mir ein Aufsatz von Thomas Wulffen mit dem Titel »Betriebssystem Kunst« in die Hände. Er handelt von künstlerischen Positionen, die sich mit dem Kunstbetrieb selbst beschäftigen – also mit dem System von Museen und Galerien, Kuratorinnen und Kritikern, Zeitschriften und Hochschulen – und nicht auf etwas außerhalb der Kunst verweisen. Während Produzentinnen, Künstler und Rezipienten üblicherweise über ihre jeweiligen Benutzeroberflächen auf die Dienste des Betriebssystems zugreifen, thematisieren diese Positionen die inneren, »hardware-nahen« Abläufe des Systems. Ihr wesentliches Kennzeichen sei ihr Selbstbezug. Hier die Selbstreferenz des Computerbetriebssystems, das ausschließlich am reibungslosen Weiterlaufen der Maschine »interessiert« ist. Dort die Fremdreferenz der Anwendungsprogramme, die sich der Betriebssystemsdienste bedienen, um sich auf etwas außerhalb der Welt des Rechners oder der Kunst, auf den Anwender und seinen Kontext zu beziehen. Tatsächlich verwenden ja vergleichsweise wenige Mensch einen Computer, um Puffer zu adressieren oder Prozesse vor Kollisionen zu bewahren, viele dagegen, um Texte zu schreiben oder Webseiten zu bauen. Wenn mich auch Wulffens technisch unbeholfene Einführung noch nicht überzeugte, bekräftigte sie mich doch darin, der Sache nachzugehen.

Es folgten Diskussionen im Kreis von mikro.[6] Diese Gruppe von 15 Berliner Künstlerinnen, Theoretikern, Journalistinnen, Organisatoren und anderen Kulturproduzentinnen hatte sich Anfang 1998 zusammengefunden. Nein, behaupten zu wollen, wir seien von Tanenbaums Mikrokernen zu diesem Namen inspiriert worden, ginge dann doch zu weit.[7] Vielmehr drückt sich in beiden ein weit größerer Paradigmenwechsel aus, der kleinen beweglichen vernetzten Einheiten den Vorzug vor institutionellen Großstrukturen gibt. Die mikro.lounges zu Themen der digitalen Medienkultur gehen aus den lokalen, aber sich weltweit erstreckenden Kapillarstrukturen von mikro hervor. Auch die ersten Brainstormings über das Thema »Betriebssysteme von technischen und von sozialen Systemen« waren überaus angeregt und vielschichtig. Bald war klar, dass das Thema den Rahmen einer mikro.lounge sprengen würde, und es entstand die Idee, eine Konferenz daraus zu machen. Das Projekt wurde in seinem ersten Entwurf auch außerhalb von mikro neugierig aufgenommen, und so begannen die Vorbereitungen quasi aus dem Stand im Herbst 1998. Auch der Titel war bald gefunden: »Wizards of OS«.

»Wizard« ist in Computer-Kreisen ein Ehrentitel und meint jemanden, der ein komplexes Stück Hard- oder Software so weit gemeistert hat, dass er damit zaubern kann. Besonders für Unix-Experten hat sich der Begriff in den USA so weit etabliert, dass »Unix Wizard« als Stellenbezeichnung verwendet wird.[8] Solche Leute, die mit Betriebssystemen, Computern, Netzen und vielleicht auch sozialen Systemen virtuos und visionär umgehen und Dinge damit tun können, an die nie ein Mensch gedacht hat, wollten wir uns einladen – Hacker eben, die ihrer eigenen Ethik zufolge Computer verwenden, um »Kunst und Schönheit« zu schaffen.[9]

Und das »OS«? Richard Stallman fragte sofort misstrauisch, ob es für »Open Source« stehe. Richard und allen, die ähnliche Vermutungen hegen, sei erneut versichert, dass es von Anfang an und auch heute noch

6 http://mikro.org

7 Der Name tauchte aus einer Brainstorming-Session im Januar 1998 auf und setzte sich gegen starke Konkurrenten wie »tool« durch, das allerdings ebenfalls einen Link zum Werkzeugkonzept von Unix dargestellt hätte.

8 S. den Eintrag »Wizard« im *Jargon File*; http://www.tuxedo.org/~esr/jargon/

9 Hacker-Ethik, http://www.ccc.de/Hackerethik.html

»Operating Systems«, Betriebssysteme, meint.[10] Tatsächlich griffen wir das parallel aufbrodelnde Phänomen der freien Software erst während der Planung der Konferenz auf. GNU/Linux stand zwar von Anfang an auf der Themenliste, doch erst zu Beginn 1999 erweiterte sie sich um freie Softwareprojekte, die im strengen Sinne keine Betriebssysteme sind.[11]

Neben den Diskussionen innerhalb von mikro und in einem Netzwerk enger und lockerer Partner bildeten sich die Ideen zu den »Wizards of OS« – und damit zum vorliegenden Buch – auch maßgeblich im Rahmen des DFG-Forschungsprojektes »Von der Ordnung des Wissens zur Wissensordnung digitaler Medien.« Die Gespräche mit Wolfgang Coy und Jörg Pflüger, die mich in dieses Projekt im überregionalen Forschungsverbund »Medien Theorie Geschichte« eingeladen hatten, waren eine ständige Inspirationsquelle und ein wichtiges Korrektiv für meine Überlegungen zu Betriebssystemen und sozialen Systemen.

Im Juli 1999 war es schließlich soweit. Die Konferenz »Wizards of OS – Offene Quellen und Freie Software«[12] im Haus der Kulturen der Welt Berlin brachte 50 Vortragenden und rund 700 Teilnehmer zu zwei randvollen Tagen mit Plenarpräsentationen, Workshops und informellen Gesprächen zusammen. Kernthema war das Phänomen der in offener Kooperation über das Internet erstellten freien Software, das vor allem mit dem Betriebssystem GNU/Linux kurz zuvor ins Bewusstsein der Öffentlichkeit getreten war. Der Geschichte, der Kultur, den Kooperationsmechanismen der freien Software und ihrer Bedeutung in Wirtschaft, Bildung und im Wissenstransfer mit der »Dritten Welt« wurde breite Aufmerksamkeit eingeräumt, doch gingen die Fragestellungen der Konferenz darüber hinaus. Welche Anregungen bieten die Kooperationsmechanismen der freien Software für neue Modelle der Ökonomie? Welche Impulse gehen von ihr für andere Bereiche der Wissensordnung aus, für Literatur, Wissenschaft und Netzkunst? Wie verhält sich dieses kollektiv geteilte Wissen zu den vorherrschenden Praktiken des geistigen Eigentums?

Einer der Höhepunkte der WOS 1 war fraglos das Panel zu geistigem Eigentum und gemeinfreiem Wissen, auf dem es dem Bostoner Gründer

10 Kein Zufall war natürlich auch die Nähe zum »Wizard of OZ«, waren uns doch die furchtlose Dorothy und der unbekümmerte Toto bei ihrer Entlarvung des technischen Molochs immer ein leuchtendes Vorbild.

11 Obgleich es nicht übermäßig weit hergeholt wäre, Xfree86 als ein »Betriebssystem« für Grafikoberflächen und den Apache als ein »Betriebssystem« für das Web zu bezeichnen.

12 Wizards of OS 1 – Offene Quellen und Freie Software, 16.-17. Juli 1999, Haus der Kulturen der Welt, Berlin, Proceedings: http://mikro.org/Events/OS/proceedings.html

des GNU-Projektes, Richard Stallman, dem Berliner Gentechnikexperten von Greenpeace, Benny Härlin, und dem New Yorker Kunstkritiker und Kurator Timothy Druckrey gelang, Korrespondenzen und parallele Entwicklungen in scheinbar sehr verschiedenen Wissensbereichen aufzuzeigen. Zu den weiteren Vortragenden zählten führende Vertreter freier Softwareprojekte wie Kalle Dalheimer (KDE) und Lars Eilebrecht (Apache), Anwender und Distributoren wie SuSE, Intershop, Apple und die tageszeitung, einer der deutschen Internet-Pioniere, Claus Kalle (Rechenzentrum der Universität Köln), der führende deutsche Mikroökonom Prof. Norbert Szyperski und der Netzwerkökonom Rishab Aiyer Ghosh (Neu Delhi), die Netzwerkpolitologin Jeanette Hofmann (Wissenschaftszentrum Berlin) der Kulturwissenschaftler Prof. Friedrich Kittler, der Verleger Tim O'Reilly, die Juristen Prof. Bernd Lutterbeck (TU Berlin) und RA Jürgen Siepmann (Freiburg), der Netzkünstler Alexei Shulgin (Moskau), Ingo Ruhmann (BMBF), Hubertus Soquat (BMWi), Peter Bingel (Freie Software und Bildung e.V.) und der mexikanische Filmemacher Fran Ilich. Am Tag vor den WOS 1 richteten wir für das Bundeswirtschaftsministerium ein Fachgespräch »Open Source-Software« aus. Einige der bereits Genannten trafen hier in einem intensiven ganztägigen Gespräch mit Vertretern von Ministerien und Behörden wie dem Bundesamt für Sicherheit in der Informationstechnik (BSI) zusammen. Der Widerhall all dieser verschiedenen Stimmen ist in das vorliegende Buch eingegangen.

Waren uns an den Computerbetriebssystemen und am Internet Strukturmerkmale wie monolithisch – verteilt, makro – mikro, heterogen – homogen aufgefallen, so brachte die freie Software die Polaritäten frei – proprietär und offen – geschlossen hinzu. Solche schlichten Gegensatzpaare, zumal aufgeladen mit Wertungen wie »small is beautiful«, kann man natürlich nicht ohne einen gehörigen Rattenschwanz von Abers und Fragezeichen niederschreiben. Ist mikro wirklich besser als makro? Oder gibt es nicht vielmehr bestimmte Probleme, für die Großstrukturen nützlich, wenn nicht gar unabdingbar sind, und andere, die sich prima durch Netzwerke aus Mikroknoten lösen lassen? Die Welt ist nicht schwarz-weiß. Die genannten Begriffe sind ambivalent, von den großen, überfrachteten wie »offen« oder »frei« gar nicht erst anzufangen. Aber nehmen wir nur »frei – proprietär« im engeren Sinne von einerseits freier Software wie GNU/Linux und Gimp und andererseits gewöhnlicher kommerzieller Software wie die von Microsoft. Das scheint ein klare Sache zu sein. Dabei hat auch freie Software einen *proprietarius*, einen Copyright-Eigentümer, nämlich den Autoren, der sie z.B. unter der GPL (*GNU General Public License*) freistellt. Und was heißt »frei«? Man liest doch immer wieder, die GPL sei unter den Lizenzen der freien und Open Source-Software besonders »restriktiv«? Diese Fragen und ihre Hintergründe aufzuklären, hofft dieses Buch ein Beitrag zu leisten. Den Ungeduldigen sei die Antwort zumindest auf die letzte Frage hier schon vorweggenommen: Wenn es von der GPL heißt, sie schränke die Verwendung der Software ein, ist dies nur halb richtig. Genauer schränkt sie ihre Einschränkung ein.

In den folgenden beiden Semestern hatte ich dann die Gelegenheit, die Themen in einem Seminar am Institut für Informatik der Humboldt-Universität zu Berlin zusammen mit den Studenten und Gastvortragenden zu vertiefen. Der US-amerikanische Rechtsgelehrte Lawrence Lessig hatte gerade sein Buch »Code and Other Laws of Cyberspace« (1999)[13] vorgelegt. Darin entwickelt er die These, dass es neben Recht, Normen und Markt vor allem die Architektur des Netzes selbst sei, die den Cyberspace reguliert. Mit »Code« oder »Architektur« meint er vor allem die grundlegenden Schichten, die Betriebssysteme, Protokolle, Infrastrukturen für technische Rechtekontrolle usw., die die Regeln in der digitalen Umgebung zementieren und die niemandem (mit Ausnahme von findigen Hackern) die Wahl lassen, sich an diese Regeln zu halten oder nicht. Der Code, der diese »gebaute Umgebung« zu allererst konstituiert, bildet zugleich sein Gesetz. Ein Gesetz, das, von Maschinen interpretiert, sich so unausweichliche Geltung verschafft, wie kein juristisches Gesetz es je könnte. Verständlich, dass Regulierungsbestrebungen von Gesetzgebern, Industrien und Wizards, wie sie bereits die WZB-Forscherinnen untersucht hatten, an diesem Code ansetzen.

Mit aller Leidenschaft, die ein Anwalt aufzubringen vermag,[14] richtet sich Lessig vor allem gegen die Copyright-Industrie, die mit Hilfe von Code eine perfekte Kontrolle über ihr geistiges Eigentum erlangen möchte. Dagegen macht er sich stark für eine »intellektuelle Allmende«, deren Voraussetzungen auch in zukünftigen Versionen des Cyberspace erhalten bleiben müsse. Da Larry einen längeren Gastaufenthalt an der *American Academy* in Berlin verbrachte, nutzten wir die Gelegenheit, ihn im April 2000 zu einem Wizards of OS-Workshop in der Volksbühne einzuladen, bei dem es auch um zwei weitere Formen des geistigen Eigentums ging: um Softwarepatente (Daniel Rieck) und um Markennamen in ihrer Verwendung als Internet-Domain-Namen, deren Regulierung nun der *Internet Corporation for Assigned Names and Numbers* (ICANN) unter-

13 Deutsch: Code. Und andere Gesetze des Cyberspace, Berlin Verlag, 2001
14 Vgl. »Choices«, ebd., S. 140

stand (Jeanette Hofmann und Rob Blokzijl).[15] Dass die rechtliche, wirtschaftliche und technische Regulierung des so genannten geistigen Eigentums eine zentrale Rolle in der digitalen Wissensordnung spielen würde, hatte sich schon bei der Beschäftigung mit den Betriebssystemen sozialer Systeme erwiesen und bei der Konferenz über freie Software bestätigt. Lessigs Schlussfolgerung: »Offener Code bedeutet offene Kontrolle – es gibt eine Kontrolle, aber der Anwender ist sich ihrer bewusst. [...] offener Code ist eine Grundlage für eine offene Gesellschaft« (Lessig 1999, S. 107 f.).

Die Beziehung zwischen Bits und Paragraphen, zwischen Programmcode, Verhaltenskodex und juristischem Code und die Frage, wie Information überhaupt das Monopolrecht von jemandem sein kann, beschäftigten uns im WOS-Kreis weiter. Folglich griffen wir einen der zentralen Glaubenssätze aus der Gründungszeit des Internet für den nächsten WOS-Workshop auf: »*Information wants to be Free* – Die digitale Wissensordnung zwischen Rechtekontrollsystemen und Wissens-Allmende«, im September 2000 im Kunstverein Hamburg (mit Gabriele Beger, Helmut Spinner, Florian Cramer, Marko Peljhan, Sally Jane Norman, Phil Agre und Wolfgang Coy).[16]

In diesem Jahr hatte Napster bewiesen, dass ein neuer Code, eine neue Architektur Menschen auf ganz andere Weise miteinander in Beziehungen setzen und das Urheberrechtssystem gehörig in Unordnung bringen kann. Eine Gastprofessur an der Hochschule für Grafik und Buchkunst Leipzig bot die Gelegenheit, diesem Phänomen mit Studierenden und im nächsten öffentlichen Symposion in der WOS-Serie, »Napster und die Folgen« im Januar 2001 nachzugehen (mit Erik Möller, André Schirmer, Till Kreutzer, Thorsten Braun (nur schriftlich präsent) und Andreas A. Milles).[17]

Im Oktober 2001 fand die zweite Konferenz der »Wizards of OS« statt, diesmal mit dem Untertitel »Offene Kulturen und Freies Wissen«.[18] Sie hat viele der Gedankenstränge aus diesem Buch aufgegriffen und weitergeführt. Das Interesse an der Betriebssystemschicht der Wissensgesellschaft richtete sich dort unter dem Titel »Offene Infrastruktur« auf

15 Workshop on Cyberlaw, ICANN and Software Patents, 10. April 2000, Roter Salon der Volksbühne Berlin; http://mikro.org/Events/OS/lessig/

16 »Information wants to be free – Die digitale Wissensordnung zwischen Rechtekontrollsystemen und Wissens-Allmende«, im Rahmen der Interface 5, 22. September 2000, Kunstverein Hamburg; http://mikro.org/Events/OS/interface5/

17 »Napster und die Folgen«, Hochschule für Grafik und Buchkunst Leipzig, 26. Januar 2001; http://www.hgb-leipzig.de/~vgrass/semi-napster/symp.html

18 http://wizards-of-os.org

Standards und Geld. Ganz richtig, selbst »offenes, community-basiertes Geld« ist bereits im Einsatz.[19] Aus der freien Software standen Projekte im Vordergrund, die die kooperative Sammlung, Erstellung, Bearbeitung und Weiterentwicklung von Wissen unterstützen. Neben dem Wissen, das Gemeineigentum einer offenen Gemeinschaft ist, wurde auch das öffentliche Wissen der Gesellschaft in Bildung, Archiven, Rundfunk und Staat thematisiert. Und natürlich wurden auch aktuelle Fragen des geistigen Eigentums angesprochen.

Dieses Buch ist somit nur eine Momentaufnahme aus einem Prozess, in den es die geneigte Leserin und den geneigten Leser einladen möchte. Der Prozess ist offen für vielfältige Beteiligungen. Ich wünsche mir Leser, die nicht nur neugierig auf die Geschichte und die Bedeutung der freien Software, sondern auch mit Herz und Verstand, mit Engagement bei der Sache einer freien und offenen Wissensordnung dabei sind. »Die Freiheit des Wissens zu verteidigen, ist wahrscheinlich die wichtigste Aufgabe, die wir in der Zukunft vor uns haben,« sagte Prof. Dr. Norbert Szyperski auf den ersten Wizards of OS. Wenn Sie beim Kauf Ihrer nächsten Software an dieses Buch denken werden, hat es einen Teil zu dieser großen Aufgabe beigetragen.

History

Gilt von jedem Buch, dass es Produkt einer kollektiven Intelligenz ist, auch wenn diese sich im Haupt einer einzelnen Autorin manifestiert hat, so umso mehr von dem, das Sie gerade in der Hand halten. Es speist sich aus den »Wizards of OS 1«, den zahlreichen Diskussionen um sie herum, Aufsätzen zur Klärung des Konzepts, der Arbeit mit Wolfgang und Hugo an unserem Forschungsprojekt, den intensiven drei Tagen im Haus der Kulturen selbst, ihrer Nachbereitung mit der Arbeit an den Transkripten der Vorträge und Diskussionen und den folgenden Workshops und Seminaren in der WOS-Serie.

Dieser Text begann sein Dasein als Protokoll des Fachgesprächs des Bundeswirtschaftsministeriums. Eine weitere Ausarbeitung erfuhr er als Kapitel im Forschungsprojekt »Wissensordnung digitaler Medien«, das von der Deutschen Forschungsgemeinschaft (DFG) gefördert wurde. Er wird hier zusammen mit dem Kapitel »Urheberrecht« aus demselben Abschlussbericht in überarbeiteter und aktualisierter Fassung präsentiert. In allen wichtigen Punkten ist er auf den Stand vom Juli 2001 gebracht.

19 http://www.openmoney.org

Dem Ablaufen der Ereignisse hinterherschreiben zu wollen, ist natürlich ein müßiges Unterfangen. Insbesondere die Spätfolgen der Bauchlandung des Neuen Marktes, also der Computer- und Kommunikationsbranche insgesamt und damit auch des Sektors der freien Software, zeigen sich in ihrer ganzen Härte erst, während ich dies schreibe.

Auch publizistisch hat sich in den vergangenen Wochen und Monaten einiges getan. Daraus möchte ich Sie auf drei Titel aufmerksam machen, die hier noch keine Berücksichtigung finden konnten. Glyn Moodys »Die Software Rebellen. Die Erfolgsstory von Linus Torvalds und Linux« (deutsch: Linux-Magazin, 2001) ist eine spannende Reportage über das Entstehen von GNU/Linux von den Anfängen in Unix und dem GNU-Projekt über den öffentlichen Durchbruch 1999 bis zur Akzeptanz bei Hard- und Softwaregrößen wie IBM, SAP und HP. Andere wichtige Projekte wie Perl, TeX und Mozilla werden en passant skizziert, viele der Protagonisten kommen zu Wort.

Pekka Himanen erzählt in seinem, zusammen mit Linus Torvalds und Manuel Castells geschriebenen Buch »Die Hacker-Ethik. Vom neuen Geist des Informations-Zeitalters« (deutsch: Riemann, 2001) im Wesentlichen die gleiche Geschichte nach und verfolgt dabei die These von einem grundlegenden Wandel der Arbeitsmotivation. Vergnügen, Neugier, Lust am Lernen, Enthusiasmus, Leidenschaft – das sind die Beweggründe, die Autoren freier Software immer wieder nennen. Diese »Arbeitsethik der Hacker« kontrastiert Himanen mit dem verinnerlichten Pflichtgefühl der »protestantischen Ethik«, die Max Weber als den treibenden »Geist des Kapitalismus« erkannte. Die freie Software bildet damit nicht nur eine Alternative zum vorherrschenden Softwareentwicklungsmodell, sondern erinnert auch an Spiel und Spaß als wichtige Elemente bei der Beantwortung der Frage nach dem Sinn des Lebens.

Schließlich hat der »Revolutionär durch Zufall« Linus Torvalds zusammen mit David Diamond seine Version der Geschichte vorgelegt: »Just for Fun. Wie ein Freak die Computerwelt revolutionierte« (deutsch: Hanser, 2001) – ein Titel, mit dem er Himanens These von der Spaßkultur der freien Software untermauert.

Um der Langsamkeit des alten Mediums Buch zu begegnen, wird die »Freie Software zwischen Privat- und Gemeineigentum« von einer Website begleitet. Unter http://freie-software.bpb.de finden Sie den vollständigen Text mit klickbaren URLs, Korrekturen, Ergänzungen und nützlichen Linklisten. Hier gibt es auch die Möglichkeit, Bugreports und anderes Feedback einzubringen und sich an der Fortschreibung des Textes zu beteiligen.

Credits

Zu Dank verpflichtet bin ich zu allererst den Mitgliedern von mikro und dem sehr viel größeren Team, das die »Wizards of OS« möglich gemacht hat. Hervorzuheben ist vor allem Thorsten Schilling, der nicht nur bei der Konzipierung und Planung der Konferenz ein unschätzbarer Partner in allen Ups-and-Downs war, sondern es auch möglich gemacht hat, dass dieses Produkt der kollektiven Intelligenz sich nun auch als Buch manifestiert. Thomax Kaulmann, Inke Arns und Ellen Nonnenmacher haben das Projekt kontinuierlich mitgetragen. Dank geht auch an Pit Schultz und Diana McCarty für fruchtbare Diskussionen. Ebenso an die weiteren mikros Tilman Baumgärtel, Andreas Broeckmann, Stefan Schreck, Sebastian Lütgert, Ulrich Gutmair, Martin Conrads, Vali Djordjevic, Walter van der Cruijsen und Micz Flor.

Nicht nur für vielfältige Inspirationen und dafür, dass sie mir den Rücken freigehalten haben, bin ich Wolfgang Coy und Hugo Pflüger verpflichtet. Die Konferenz wäre nicht möglich gewesen ohne Philip Yoram Bacher, Holger Friese, Philipp Haupt, Wilhelm Schäfer, Oleg Stepanov, Robert Fürst und Katja Pratschke. Susanne Schmidt, Sebastian Hetze, Jeanette Hofmann, Florian Cramer, Frank Ronneburg, Bernd Sommerfeld, Geert Lovink und Eike Dierks waren mir wichtige Gesprächspartner, führten mich in neue Welten ein und standen mit Rat und Tat zur Seite. Von den vielen, die den Prozess mit ihren Ideen und Taten bereicherten, seien besonders herzlich Sabine Helmers, Boris Gröhndahl, Andy Müller-Maguhn, Bernd Lutterbeck, Tim Pritlove, David Hudson, Armin Haase, Florian Rötzer, Angelika Meier, Wau Holland, Armin Medosch, Sally-Jane Norman, Andreas Küppers, Christian Kirsch, padeluun, Rena Tangens, Andreas Lange, Uwe Pirr, Gusztàv Hàmos, Detlef Borchers und Julia Lazarus erwähnt.

Im Haus der Kulturen der Welt waren es besonders Maria Rosa Wonchee, Peter Winkels, Henrike Grohs und Bernd Scherer, die die Zusammenarbeit zu einem Vergnügen machten. Für das Fachgespräch des Bundesministerium für Wirtschaft und Technologie lässt sich das gleiche von Thomas Wahl und Bernd Bauche sagen. Von all den Unterstützern der WOS 1 seien besonders Eva Emenlauer-Blömers, Peter Weibel und Hubertus Soquat genannt. Viele wären noch zu nennen, wollte diese Liste vollständig sein, nicht zuletzt die Vortragenden und Workshopleiterinnen der verschiedenen WOS-Veranstaltungen und die Teilnehmer der Seminare WOS 1 und WOS 2 am Institut für Informatik der Humboldt-Universität zu Berlin und des Napster-Blockseminars an der Hochschule für Grafik und Buchkunst Leipzig. Um den Text in seiner vorliegenden Form haben sich besonders fünf Personen verdient gemacht. Peter Bingel von der Initiative »Freie Software und Schulen«, Georg Greve von der *Free Software Foundation Europe* sowie Alexander Stielau von der *Berlin Unix User Group* (BUUG) sei Dank für die kritische Durchsicht des Manuskripts und wichtige Ergänzungen und Korrekturen. Herzlicher Dank geht auch an die Projektleiterin in der Bundeszentrale für politische Bildung, Sabine Berthold, und an meine Lektorin Conny Schmitz, die selbst bei geplatzten Abgabefristen und anderen Alarmstufe-Rot-Situationen noch ein aufmunterndes Wort für mich hatte.

VOLKER GRASSMUCK,
vgrass@rz.hu-berlin.de
Berlin Kreuzberg, im August 2001

Navigation

Dies ist kein Buch über freie Software. Vielmehr handelt es von Menschen, die an denselben Problemen arbeiten, ihre Antworten austauschen, voneinander lernen und gemeinsam etwas Größeres schaffen als die Summe der Teile, anstatt miteinander zu konkurrieren. Was sich ganz alltäglich anhören mag und doch in einem gesetzten Marktsegment vollkommen unwahrscheinlich ist, wuchs zu einer der großen Auseinandersetzungen des ausgehenden 20. Jahrhunderts heran. Inzwischen haben freie Computerprogramme wie GNU/Linux und Apache ihre Qualität längst bewiesen. Microsoft darf man gerichtlich abgesichert als Monopol bezeichnen. Um den andauernden Streit von David und Goliath ist es ruhiger geworden, doch der Glaubwürdigkeitsverlust der proprietären, industriellen Produktion und Distribution von Wissensgütern und der Respektgewinn für seine Alternative – eine freie, offene Kooperation der kollektiven Intelligenz – werden uns noch lange beschäftigen. Wie Richard Stallman, einer der Gründerväter und Bannerträger der Bewegung zu sagen pflegt, geht es nicht um die Software, sondern um die Gesellschaft, in der wir leben wollen.

Wie freie Software ist dieses Buch modular aufgebaut. Man kann also ganz nach Leseinteresse beginnen, wo die Neugier einen hinlenkt, und dann vor- oder zurückspringen. Das Buch ist in zwei große Teile gegliedert. Von der freien Software handelt der zweite. Einen möglichen Einstieg bietet etwa das Kapitel »Was ist freie Software?«. Für ein Verständnis der Wissensumwelt, in der sie entsteht, und der Wurzeln der technischen Kulturen, die sie hervorbringen, sind die beiden Geschichtskapitel zum »Internet« und zum Betriebssystem »Unix« hilfreich. Wer skeptisch ist, ob es sich bei der freien Software nicht doch nur um eine Eintagsfliege handelt, wird sich zunächst über ihre »gesellschaftlichen und wirtschaftlichen Potenziale« unterrichten wollen. Unter der Überschrift »Die Software« finden sich kurze Portraits einiger wichtiger freier Projekte. Installations- und Bedienungshilfen darf man hier nicht erwarten. Für jedes der Programme bietet der Fachhandel eine Auswahl guter Handbücher.

Freie Software unterscheidet sich von »unfreier« vor allem durch ihre offenen, sozialen Prozesse der Wissenskooperation. Die Freiheit, gemeinsam Programmcode zu entwickeln, wird ihrerseits in einem anderen Code geschrieben. Neben einem Verhaltenskodex, der Ethik des offenen Austausches, sind es die Lizenzen der freien Software, die den Freiraum absichern, in dem eine offene Kooperation nur möglich ist. Ohne den Schutz dieser Lizenzen und der zu Grunde liegenden Urheberrechte hätte die freie Software niemals ihre heutigen Dimensionen erlangen können. Besonders bei den »Lizenzmodellen«, aber auch an vielen anderen Stellen im zweiten Teil wird die Frage auftauchen, welchen rechtlichen Status eine geordnete Menge von *Bits* eigentlich hat.

»Geistiges Eigentum ist die Rechtsform des Informationszeitalters«, schreibt der amerikanische Rechtsgelehrte James Boyle (1997). Wie es dazu kam, zeichnet der erste Teil nach. Er beginnt mit einem kurzen Überblick über die Geschichte des Urheberrechts, die heutigen Bestrebungen zu seiner internationalen Angleichung und das ökonomische Feld der an der Hervorbringung und Verbreitung von Wissen beteiligten Akteure. Mit neuen Medientechnologien wandeln sich die kreativen Praktiken, der Markt für ihre Produkte und dessen rechtliche Regulierung. Die beiden Hauptkapitel des ersten Teils beschäftigen sich mit den computergestützten Medien und den Bemühungen des Rechts, sie zu erfassen. Erst eine Vorstellung vom generellen Trend zur Verschärfung der Kontrolle durch die Wissensgüterindustrie lässt die Größe der Revolution erkennen, die die freie Software darstellt.

Wer sich besonders für Fragen des gemeinschaftlichen Eigentums interessiert, wird mit dem ersten Kapitel über die Allmende beginnen wollen, den zweiten Teil über freie Software als Exemplifikation lesen und im abschließenden Kapitel einen Ausblick auf eine Bewegung finden, die nicht nur Software, sondern Wissen jeder Art gemeinschaftlich erstellt und pflegt. Und natürlich kann man dieses Buch auch einfach von vorne nach hinten durchlesen ;-)

1. Teil: Die rechtliche Ordnung des Wissens

In jüngster Zeit liest man häufig dort, wo seit den 60er-Jahren »Informationsgesellschaft« gestanden hat, das Wort »Wissensgesellschaft«. Dieser noch nicht wirklich reflektierte Wandel in der Terminologie könnte eine Verschiebung der Gewichtungen andeuten. Mit der »Informationsgesellschaft« verbinden sich Vorstellungen vom Computereinsatz für die Steuerung des globalen Finanzsystems und von Werkzeugmaschinen, von Datenbanken und Expertensystemen, von Rasterfahndung und E-Commerce. Mit der »Wissensgesellschaft« tritt nun die maschinelle Seite zurück und das in den Vordergrund, was Menschen mit Information und Wissen machen. Nicht mehr Datenträger und -kanäle sind wichtig, also die Container, sondern der Content. Informatik und Telekommunikation können als gegeben betrachtet werden, bedeutsam sind jetzt vor allem Kultur und telekommunikatives Handeln. Die Vision der Künstlichen Intelligenz ist von der einer Kollektiven Intelligenz überholt worden, die in der computergestützten Vernetzung die Mittel erhalten hat, sich auszudrücken.

Wissensordnung

Der Philosoph der »Ordnung des Wissens« ist Helmut F. Spinner. Er beschreibt eine Neupositionierung des Wissens in allen Lebensbereichen: Wissen als Produktionsmittel, Wissen als »Unterhaltungs- und Verwaltungsmittel« (Spinner, 1994, S. 22), also zum einen als Ware, zum anderen als »Betriebssystem«, und Wissen als »Verkehrsmittel«, als Möglichkeit, Wege elektronisch abzukürzen – also das, was gewöhnlich Telekommunikation heißt. Spinner entwickelt das Konzept der Wissensordnung als dritte Basisstruktur der Gesellschaft neben der Wirtschafts- und der Rechtsordnung. Sie umfasst ihre bereichsspezifisch ausgebildeten Teilordnungen, hier besonders relevant die Eigentums-, Besitz-, Markt- und Verteilungsverhältnisse. Wissen als Produktivkraft, Konsumgut und Kontrollmittel, so Spinner, entwickelt seine eigenen Schutz- und Verwertungsbedingungen. Die »Wende von den vorherrschenden juristischen Schließungslösungen (durch Verbote, Zensur, Zweckbindung, Abschottung) zu ordnungspolitischen Offenheitslösungen (durch ›Waffengleichheit‹, informationelle Gewaltenteilung, Infrastrukturen der Kritik oder Gütekriterien gegen schlechtes Wissen u.dgl.)« (Spinner et.al., 2001, S. 12) liegt auch der vorliegenden Darstellung am Herzen.

In diesem Teil des Buches wird die Schnittmenge, in der die Ordnung des Wissens, die Rechts- und die Wirtschaftsordnung ineinandergreifen, von der juristischen Seite aus betrachtet. Das Immaterialrecht kontrolliert die Produktion, die ökonomische Verwertung, die Rezeption, den Gebrauch und das Fortschreiben von Wissen. Ebensowenig wie die technische Seite der Medien, ist auch die rechtliche nur eine »Randbedingung« für die wissensimmanenten und die kulturellen, ethischen, sozialen und ästhetischen Fragen des Wissens.

Urheberrecht im Wandel

Urheber- und Verwertungsrechte markieren das Spannungsfeld von Wissen als Ware und Wissen als öffentlichem Gut. Die rechtliche Regulierung der Wissensordnung strebt nach einer historisch wandelbaren Balance zwischen dem gesellschaftlichen Interesse an Urheber- und Investitionsschutz und dem an der ungehinderten Nutzung von Information durch alle Mitglieder der menschlichen Kulturgemeinschaft. Will man, so geht die Rechtslogik, dass Autoren ihre Werke veröffentlichen, so muss man einerseits Bedingungen schaffen, unter denen sie und ihre Verlage daraus Erträge erzielen können. Will man andererseits, dass neue Werke und neue Autorinnen heranwachsen, so muss man sicherstellen, dass bestehende Werke ohne allzu große finanzielle und sonstige Hemmschwellen zur Lehre und Inspiration für sie bereitstehen. Anders als im Falle materieller Waren sind die ausschließlichen Rechte an immateriellen Gütern auf einen bestimmten Zeitraum begrenzt. Darin drückt sich eine Anerkennung der Tatsache aus, dass jedes intellektuelle Produkt aus dem großen kulturellen Pool kollektiver Kreativität gekommen ist und dorthin zurückkehrt. Sind ein Foto, ein Film, ein Musikstück oder ein Roman einmal veröffentlicht, werden sie Teil der informationellen Umwelt in der Ausdehnung der jeweiligen medialen Reichweite und Teil des kulturellen Erbes. Es ist also nur natürlich, dass sich andere Mitglieder der Kulturgemeinschaft auf sie beziehen, sie zitieren und in eigenen Kreationen darauf reagieren. Beide gesellschaftlichen Werte gleichermaßen zu sichern, ist der Balanceakt, den das Urheber- und die anderen geistigen Eigentumsrechte ständig neu vollbringen.

Wissens- oder Informationsrechte verändern sich maßgeblich in Abhängigkeit von medientechnischen Entwicklungen und den sich dadurch wandelnden ökonomischen Gegebenheiten der Verwertung von Wissen. Mediale Vervielfältigung setzte bis vor kurzer Zeit Produzententechnologie voraus. Eine Druckerei oder ein Plattenpresswerk stellten Investitionsgüter dar, die die Reproduktion der materiellen Informationsträger nur einer überschaubaren Anzahl von Akteuren erlaubte. Der Streit um »Raubkopien« und Aufführungsrechte wurde im 19. Jahrhundert zwischen Drucker-Verlegern und Theatern geführt, private »Endverbraucher« spielten dabei keine Rolle. Mit dem Rundfunk ergaben sich neue Fragen der Rechte auf Verbreitung von Information und ihrer Vergütung. Doch auch ist die Zahl der beteiligten Akteure durch die Mangelressource Spektrum und den Kapitalbedarf für Studios und Sendeanlagen begrenzt.

Fotokopierer, Audio- und Videokassettenrekorder brachten erstmals Reproduktionstechnologien in die Privathaushalte. Die regulative Antwort darauf waren in Kontinentaleuropa Pauschalabgaben für aufnahmefähige Geräte, Leermedien und Fotokopien. Beiden Seiten der Balance ist Rechnung getragen: Das Recht auf private Kopien ist gesichert und die Urheber erhalten über ihre kollektive Rechtewahrnehmung (die Verwertungsgesellschaften) Vergütungen.

Ein markanter Einschnitt in der Entwicklung ergibt sich aus der Digitalisierung der Medientechnologien. Sie verändert Wissens- und Medienpraktiken und stellt das Urheberrechtsregime vor neue Herausforderungen. Mit der ersten massenhaft verbreiteten digitalen Medientechnologie, der Compact Disc (CD), wurden Privatpersonen zunächst wieder in die Rolle von Konsumenten der industriell gefertigten Informationsträger verwiesen. Es vergingen Jahre, bis CD-Brenner auch für sie erschwinglich wurden.

Auf der Produktionsseite senkte die neue Technologie die investitionelle Einstiegshürde. Kostengünstigere CD-Presswerke brachten in den 80er-Jahren eine Fülle von kleinen Musikverlagen, die *Independents* oder *Indies*, hervor. Musikautoren und -interpreten, die bislang durch die Auswahlraster der hochgradig konzentrierten Plattenindustrie fielen, erhielten jetzt eine Chance, ihre Werke an ein Publikum zu bringen. Eine Innovation der Produktionsmittel führte dazu, dass die Wissenslandschaft reicher und vielfältiger wurde. Seit Ende der 90er-Jahre führt ein Komprimierungsformat für Musik in CD-Qualität (→ MP3) dazu, dass die Daten vollends von ihren materiellen Trägern abheben.

Die Computertechnologie entwickelte sich anfangs auf einer von der Unterhaltungselektronik unabhängigen Linie.[1] Erst in den 70er-Jahren begann sich die Vorstellung zu etablieren, dass Software urheberrechtlich geschützt werden kann. Erst seit den 80ern konnte sie in den USA auch

1 Mit einigen Überschneidungen in Speichertechnologien (Magnetbänder, Audio-Cassetten).

mit Hilfe von Patenten geschützt werden. Software und Daten jeglicher Art sind in der Anwendungsumgebung des Computers ihrer »Natur« nach frei kopierbar. Eine Kopierschutz musste in einem zusätzlichen Schritt mit Hilfe von Code, Hardware (→Dongle) oder gesetzlichen Verboten hergestellt werden. Bezeichnenderweise war es nicht die Unterhaltungselektronik-, sondern die Computerindustrie, die CD-Geräte von einer reinen Abspieltechnologie in eine Abspiel- und Aufnahmetechnologie verwandelte. Mit dem CD-Brenner hielt die verlustfreie Reproduzierbarkeit großer digitaler Datenmengen Einzug in den Privathaushalt.

Datennetze schließlich lösen digitale Informationen von der Notwendigkeit eines materiellen Trägers. Natürlich beruht auch das Internet auf einer extensiven materiellen Infrastruktur (Kabel, →Router etc.), doch Inhalte wie Texte oder Software, die auf einer →Newsgroup gepostet werden, verbreiten sich ohne weiteres Zutun durch das →Usenet, so dass Kopien in kürzester Zeit auf Zehntausenden von Rechnern in aller Welt vorhanden sind. Von einem »Werkstück« zu reden, macht im Internet keinen Sinn mehr. Die Struktur des Netzes und die Kultur seiner Nutzerinnen führte nicht wenige Beobachter zu der Aussage, dass Information frei sein will.[2]

Damit nicht sein kann, was nicht sein darf, arbeitet die Rechteindustrie unter Führung der Musikindustrie derzeit daran, in die freizügige Struktur des Internet umfassende Mechanismen zur Verwaltung und Kontrolle urheberrechtlich geschützter Information einzuziehen. Urheberrechtskontrollsysteme implementieren privatwirtschaftlich-technologisch ein Verhältnis zwischen Rechteinhabern und Wissensnutzern, das bislang der öffentlichen Regelung durch Gesetzgeber und Rechtsprechung unterstand (vgl. Lessig, 1999). Ganz im Gegenteil des Versprechens von der »freien« Information zeichnet sich hier ein Grad von Kontrolle über die verschiedenen Nutzungsformen des Wissens bis hinunter zu kleinsten Informationseinheiten ab, wie er nie zuvor denkbar war. Und das, obgleich in Fachkreisen bis vor nicht allzu langer Zeit bezweifelt wurde, ob Information an sich überhaupt Eigentum sein könne oder solle.[3] Insbesondere für die in der freien Software zentralen Leitwerte der Veränderungs- und Verkehrsfreiheit ist der anhaltende Prozess der juristischen Selbstreflexion auf die sich wandelnden Medienumwelten von Bedeutung.

---

2 Der Satz geht auf Steward Brand zurück (s.u.). Für eine rechtsphilosophische Reflexion über die Freiheit der Information, s. Druey, 1995.

3 Samuelson, 1991: »Es könnte jedoch für das Florieren der Informationswirtschaft weder notwendig noch wünschenswert sein, eine allgemeine Rechtsnorm aufzustellen, die besagt, dass Information Eigentum ist.«

Aufbau des 1. Teils

Das folgende Kapitel führt zunächst einen Kollektiveigentumsbegriff ein, die »Allmende«, aus deren Aufteilung im Mittelalter das Konzept des Privateigentums ursprünglich entstand. Das noch jüngere Konzept eines Eigentums an Immaterialgütern bildete sich anhand der gutenbergschen Drucktechnologie und parallel zu einem sich gegenläufig artikulierenden Anspruch auf öffentlichen Zugang zum Kulturerbe in Sammlungen, Bibliotheken und Archiven. Unter den Rechten des geistigen Eigentums konzentriert sich dieses Kapitel auf die beiden Traditionen des kontinentaleuropäischen Urheberrechts und des angelsächsischen Copyright-Rechts. Patent- und Markenschutzrecht können nur am Rande angesprochen werden. Auch die im 20. Jahrhundert neu hinzukommenden informationsrechtlichen Regulierungen wie Datenschutz, Medienrecht, Kommunikationsdiensterecht und Informationsfreiheitsgesetze werden nur dort aufgegriffen, wo sie die urheberrechtliche Materie berühren. Da es nicht um eine rechtswissenschaftliche Darstellung gehen soll, sondern um die Interaktion der Wirtschafts- und Rechtsordnung sowie der Medientechnologie mit der Wissensordnung, werden daraufhin die wichtigsten Akteure, ihre Interessen und ihre Stellung in der Urheberrechtspraxis angesprochen. Da es in erster Linie die Dynamik der medientechnologischen Innovationen ist, die die rechtliche Entwicklung vorantreibt, werden diese als nächstes behandelt, wobei der Schwerpunkt auf den digitalen Medien und ihrer gesetzgeberischen Erfassung liegt.

Urheberrecht respektive Copyright erhalten heute zunehmend Flankenschutz, aber auch Konkurrenz durch zwei weitere Mechanismen: Zum einen werden die rechtlichen Bestimmungen durch privatrechtliche Lizenzverträge zwischen den Wissensanbietern und den Wissensnutzern überformt, zum anderen wird eine umfassende technologische Infrastruktur in die Mediengeräte und das Wissen selbst eingezogen, die die Werke und ihre Nutzer auf immer feinporigere Weise kontrolliert und überwacht. Abschließend und im Vorgriff auf den zweiten Teil des Buches wird eine sich in jüngster Zeit herausbildende digitale Wissens-Allmende umrissen. Auch hier werden Lizenzverträge eingesetzt, doch nicht wie von der Rechteindustrie, um eine maximale Kontrolle über die Verwertung zu bewirken, sondern um den Prozess der offenen kooperativen Wissenserzeugung und -pflege gegen die Gefahren der Privatisierung abzusichern.

Eigentum

> *»Einerseits will Information teuer sein, da sie so wertvoll ist. Die richtige Information am richtigen Ort verändert Ihr Leben. Andererseits will Information frei sein, da die Kosten sie zu verbreiten ständig geringer werden. Und so streiten sich diese beiden Seiten miteinander.«*
> (Stewart Brand, auf der ersten *Hackers' Conference*, Herbst 1984)

> *»Ich denke, dass jede allgemein nützliche Information frei sein sollte. Mit ›frei‹ beziehe ich mich nicht auf den Preis, sondern auf die Freiheit, Informationen zu kopieren und für die eigenen Zwecke anpassen zu können. Wenn Informationen allgemein nützlich sind, wird die Menschheit durch ihre Verbreitung reicher, ganz egal, wer sie weitergibt und wer sie erhält.«* (Richard Stallman, ca. 1990)

Die Vorstellung, dass Information einem Einzelnen und nicht vielmehr allen gehören könnte, ist vergleichsweise jung.[4] Weder das römische noch das germanische Recht kannten das abstrakte Konzept von Immaterialgütern. Erst mit dem Entstehen eines neuen Wissens- und Autorenbegriffs in der Renaissance tauchten erste staatlich verliehene Schutzrechte für Erfindungen, für literarische und dann auch musikalische, dramatische und andere künstlerische Werke auf. In ihrer kodifizierten Form weichen sie auffällig von anderen Eigentumsrechten ab. Zwar sind Urheber- und Patentrechte, zumindest in wesentlichen Aspekten, frei übertragbar, können durch gerichtliche Verfügung geltend gemacht werden und sind gegen staatliche Eingriffe geschützt, d.h. sie tragen Merkmale des Eigentums, doch anders als materielle Güter, sind sie zeitlich und ihrer Geltung nach begrenzt.

Dem liegt das Konzept einer Balance zwischen einem Interesse an Urheber- und Investitionsschutz und einem gesellschaftlichen Interesse an der freien Verfügbarkeit von Wissen zugrunde. Diese Balance zwischen *Private Domain* und →*Public Domain* verändert sich geschichtlich und wird vor allem durch medientechnologische Entwicklungen immer wieder herausgefordert. In der Informationsgesellschaft spitzt sich der in Stewart Brands Motto angesprochene »Streit« der beiden Seiten zu. Da in Datennetzen die Transaktions- und Distributionskosten gegen Null gehen, stand einerseits noch nie so vielen Menschen eine so gewaltige Menge an Information auf Knopfdruck zur Verfügung. Andererseits ist

4 Gemeint sind Eigentumsverhältnisse an veröffentlichter Information. Versuche, Information geheim zu halten, hat es zu allen Zeiten gegeben, vgl. z.B. Kahn, 1996.

Information zum zentralen Produktionsmittel und zur wichtigsten Ware geworden. Das Internet ist das ideale Medium, um Wissen frei zirkulieren zu lassen und Menschen bei der offenen, kooperativen Weiterentwicklung dieses Wissens zu unterstützen. Doch die gleichen Bedingungen seiner programmgesteuerten Übertragung, Speicherung und Veränderung werden heute benutzt, um eine umfassende Infrastruktur zu seiner Vermarktung und Kontrolle zu errichten.[5] Einerseits veralten Informationen durch ihren exponentiellen Zuwachs immer schneller, andererseits werden die rechtlichen Schutzfristen immer weiter ausgedehnt. Durch den Säurefraß stehen die papiergestützen Wissensspeicher vor der größten Wissenskatastrophe aller Zeiten, der nur durch eine groß angelegte Digitalisierung zu entkommen wäre – gleichzeitig werden die Etats der Bibliotheken gekürzt.

Aufbau des Kapitels

Dem Spannungsfeld von geistigem Eigentum und freiem Wissen nähert sich dieser Abschnitt in drei Schritten. Zunächst wird mit der »Allmende« oder englisch »*Commons*« an einen alten Kollektiveigentumsbegriff erinnert, der heute im Zusammenhang mit freier Software wieder auftaucht. Während die Allmende privatisiert wurde, gingen die in den Sammlungen der Reichen und Mächtigen gehorteten Kulturschätze den entgegengesetzten Weg: Die neu entstehende moderne bürgerliche Nation macht sie in Museen, Bibliotheken und Universitäten allen zugänglich. Schließlich wird in einem dritten Abschnitt die Gegenbewegung skizziert, in der sich der Begriff des geistigen Eigentums etabliert und damit die rechtlichen Schutzmechanismen, denen das literarische und dann auch die anderen Formen künstlerischen Schaffens unterstellt werden.

Allmende – vom Kollektiveigentum zum Privateigentum

Die gemeinsame Nutzung von natürlichen Ressourcen nennt sich mit einem althochdeutschen Wort »Al(l)mende«. Es stammt aus dem Bodenrecht und geht zurück auf *al[gi]meinida*, »gemeinsam genutztes Land einer Gemeinde, einer festen Nutzergemeinschaft; allen gemeinsamer Grund, besonders Viehweide, Waldgebiet, Fischgewässer; sonstiges gemeindeeigenes Gelände, z.B. Wege, Plätze u.ä. auch innerhalb von Ortschaften; als Einrichtung meint es das Recht der gemeinschaftlichen Nutzung von Ländereien und auch die Nutzergemeinschaft« (Grimm, 1998, S. 480 ff). Übrigens verweist auch das Wort »Ding« etymologisch auf ei-

5 Ein Vordenker dieser Rechtekontrollsysteme ist Mark Stefik vom Xerox PARC, der sie euphemistisch als »*Trusted Systems*« bezeichnet; s. z.B. Stefik, 1996.

ne Form der Allmende. Es geht zurück auf germanisch *thing*, Volks- und Gerichtsversammlung, und bezeichnet eine interessante Verbindung von Ort (dem *thing*-Platz, an dem man sich traf), Zeit[6] und sozialer Institution, der »Volksversammlung aller Freien«, die über Krieg und Frieden beschließt, den Heerführer oder König wählt und in der Recht gesprochen wird.[7] Vielleicht liegt hier der Grund dafür, dass auch heute noch Gesetze, Verordnungen, amtliche Erlasse und Entscheidungen als öffentliche Dinge vom urheberrechtlichen Schutz ausgenommen sind (§ 5 UrhG). Analog bezeichnet im angloamerikanischen Eigentumsrecht »*the Commons*« ein Stück Land für den kommunitären oder öffentlichen Gebrauch. In den amerikanischen Kolonien standen die *Commons* für einen Dorfanger oder einen öffentlichen Platz. Auch hier ursprünglich als gemeinschaftliche Weide genutzt, wurden die zentralen *Commons* zum Fokus des Gemeindelebens, wo Versammlungshäuser, Tavernen, Schmieden und Geschäfte errichtet und kommunalen sowie Erholungszwecken nachgegangen wurde.

Die überarbeitete Fassung des grimmschen Wörterbuches führt eine Fülle weiterer Fundstellen an, in denen auch eine bildliche Verwendung ablesbar ist. So ist im 14. Jahrhundert vom rubinroten Mund einer Frau die Rede, der zur Allmende geworden sei. Ab Mitte des 19. Jahrhunderts heißt es von der Muttersprache, dass sie eine Allmende sei, worauf sich die Gelehrten und die Ungelehrten aller Fächer weideten (Grimm, 1984).

Allmende als Gruppenmonopol

Das Recht an der Allmende entstand ursprünglich durch gemeinsame Urbarmachung, Waldrodung oder Erschließung z.B. von Moorgebieten. Unterschieden vom herrenlosen Wildland (engl.: *waste*) war die Allmende Kollektiveigentum der Almendgenossen, also der Mitglieder eines Stammes oder eines Dorfes. In seinem Werk »Wirtschaft und Gesellschaft« nennt Max Weber diesen Prozess die »Schließung« einer Gemeinschaft, die die Quelle des »Eigentums« am Boden ebenso wie aller anderen Gruppenmonopole bilde. Als Beispiele nennt er den Zusammenschluss der Fischereiinteressenten eines bestimmten Gewässers, die

---

6 ›Ding‹ und ›Zeit‹ haben ihre gemeinsame Wurzel in ie. **tenk*, ‚ziehen, dehnen, spannen, Zeitspanne‹; daraus auch lat. *tempus*; got. peihs als Übersetzung für griech. *kairós* meint ›eine für einen bestimmten Zweck festgelegte Zeit‹. Alle nach Zentralinstitut, 1995.

7 Mit den gesellschaftlichen Veränderungen nach der Völkerwanderungszeit setzt der Wandel zu ahd. *thing* ein, das vor allem die ›Gerichtsversammlung‹ meint, an der ein bestimmter Personenkreis teilnimmt, dann den ›Versammlungs- oder Gerichtstermin und -platz‹, die ›Gerichtsverhandlung‹ und deren Ergebnis ›Urteil, Vertrag‹, dann auch die zu verhandelnde ›Rechtssache‹, den ›Fall‹, ›Ursache‹, ›Grund‹. Daraus schließlich ›Sache, Gegenstand, Angelegenheit, Geschehen‹, oder in der mittelalterlichen Logik ›Wesen, Begriff‹ u. dgl. Den Hinweis verdanke ich Martin Burckhardt.

Schließung der Teilnahme an den Äckern, Weide- und Allmendnutzungen eines Dorfes gegen Außenstehende, aber auch einen Verband der Diplomingenieure, der das rechtliche oder faktische Monopol auf bestimmte Stellen für seine Mitglieder gegen die nicht Diplomierten zu erzwingen sucht (Weber, 1995, S. 140 ff). Hier wäre auch das Copyright selbst zu nennen, das die britische Krone im 16. Jahrhundert als Monopol an die Gilde der Drucker-Verleger (*Stationers' Company*) verlieh. Als treibende Kraft wirkte dabei stets die Tendenz zum Monopolisieren bestimmter, in der Regel ökonomischer Chancen gegen Außenstehende. Innerhalb des Kreises der monopolistisch Privilegierten, so Weber, könnten Chancen »offen« bleiben, also »freie« Konkurrenz »unter sich« walten. Offenbar ist aber auch hier eine »Tendenz« am Werk, die darauf zielt, diese Systeme auch nach innen zu schließen. Ein Teil des Gemeinschaftsmonopols wird einzelnen Gemeinschaftern zur Monopolnutzung zugewiesen. Die privat zu nutzenden Flächen können im saisonalen Turnus neu verteilt werden oder bis auf Widerruf oder lebenslänglich und schließlich endgültig an den Einzelnen und seine Erben übergehen. Eine Abtretung der Verfügungsgewalt kann nicht zugelassen sein oder nur an Gemeinschaftsgenossen sowie schließlich auch an Dritte. Die verschiedenen Phasen der inneren Schließung der Gemeinschaft nennt Weber »Stadien der *Appropriation* der von der Gemeinschaft monopolisierten sozialen und ökonomischen Chancen« (ebd., S. 143). Entsteht alles Eigentum aus der gemeinschaftlichen Schließung nach außen, so entsteht alles Privateigentum durch Schließung dieser Gemeinschaft nach innen. »Die völlige Freigabe der appropriierten Monopolchancen zum Austausch auch nach außen: Ihre Verwandlung in völlig ›freies‹ Eigentum bedeutet natürlich die Sprengung der alten monopolisierten Vergemeinschaftung ...« (ebd.).

Entstehung des Privateigentums

Ging die Allmende einerseits durch innere Differenzierung in Privateigentum[8] über, so begannen, mit dem Entstehen von Zentralgewalten, auch Krone und Kirche sie für sich zu beanspruchen. Markgenossen konnten allenfalls Teilansprüche, wie Waldweide- und Holznutzungsrechte behaupten. Auch mit der Etablierung eines Eigentumsbegriffs an Grund und Boden wurde die Verfügung über Wild, Wasser und Mineralien häufig gesondert geregelt.[9] Im feudalen England konnte der Fürst Teile des *Commons* für seine eigenen Zwecke appropriieren, sofern er ge-

8 Von lat. *privatus*, beraubt, befreit, abgesondert von Amtsgewalt oder Öffentlichkeit.

9 In England beanspruchte die Krone Gold-, Silber- und Bleivorkommen. Der Kontinent neigte dazu, alle Mineralien dem Staat zuzusprechen, während in den USA privates Eigentum daran die Regel war.

nug Land für das Vieh seiner Untertanen übrig ließ. Im 19. Jahrhundert ging dieses Recht der Aneignung auf den Staat über. Heute ist die gemeinsame Beweidung verschwunden, die *Commons* sind öffentliche Grundstücke vor allem für Erholungszwecke. In Preußen wurden die Allmenden mit der Verordnung vom Juni 1821 aufgeteilt. In Bayern haben sie sich bis ins 20. Jahrhundert erhalten.

Trieben die Sesshaften ihr Kollektiveigentum immer weiter in die Gebiete der eigentumslosen nomadischen Stämme vor, so okkupierte seinerseits das im 12. Jahrhundert entstehende Territorialrecht die gewohnheitsrechtlichen Strukturen der Markgenossenschaften: »Das duale System von kodifiziertem und traditionellem Recht, das Elemente eines subsidiären, dezentralen und den lokalen Verhältnissen angepassten Regelungssystems enthielt, zugleich aber unsystematisch war, öffnete der Willkür Tür und Tor« (Zingel, 1995). In zahlreichen Ländern, wie z.B. Indien, kam zum Konflikt zwischen regionalen und nationalen Regulierungen auch noch das koloniale Rechtssystem hinzu. »Während Nutzungskonkurrenz auf lokaler Ebene noch geregelt werden konnte, trafen bei Nutzungskonkurrenz mit Nutzern von außerhalb auch verschiedene Rechtsauffassungen aufeinander, wobei diejenigen, die sich auf kodifiziertes Recht berufen konnten, die stärkere Position hatten. [...] Schwierig ist die Bestimmung des Umfangs der Allmende: Hier handelt es sich vielfach um Unland (*waste*), als dessen Eigentümer sich der Staat empfindet. Häufig werden diese Flächen von der staatlichen Forstbehörde verwaltet, auch wenn es sich um Flächen ohne jeglichen Baumbestand handelt; solche Flächen werden sehr vielfältig genutzt, vor allem aber als Weide« (ebd.).

Das Allmende-Dilemma

Nach dem traditionellen System wurde im *Thing*-Kreis eine Kontingentierung beschlossen, wenn die gemeinsame Nutzung die vorhandenen Ressourcen zu erschöpfen drohte. Doch wenn die »Dinge« außer Rand und Band gerieten und die Menschen aus der Allmendgenossenschaft in den individuellen und korporativen Egoismus fielen, versagte die Mäßigung und die »Tragödie« oder das »Dilemma der Allmende« trat zutage. Der Aufsatz »The Tragedy of the Commons« von 1968 machte den Humanökologen Garrett Hardin von der Universität Kalifornien berühmt. Darin beschäftigt er sich mit der malthusschen Bevölkerungsdynamik, den Unwägbarkeiten der Spieltheorie und den Fragen von unbegrenztem Wachstum in einer begrenzten Welt. Die Allmende könne funktionieren, argumentiert Hardin, solange die Bevölkerung immer wieder durch Makro- und Mikrofressfeinde dezimiert und die Ertragsfähigkeit einer Umwelt nur zu einem Minimum ausgelastet wird, also keine Knappheit herrscht. Doch wenn soziale Stabilität, ein friedlicheres Verhältnis zu gegnerischen Stämmen, Raubtieren und Krankheiten und damit Wachstum einsetzen, erzeuge »die inhärente Logik der Allmende ... unbarmherzig ihre Tragik«.

Als rationales Wesen werde jeder Allmendgenosse danach streben, seinen Vorteil zu maximieren. Als Viehhalter werde er sich fragen, welchen Nutzen es für ihn hat, seiner Herde ein weiteres Tier hinzuzufügen. Der Nutzen setzt sich aus einer negativen und einer positiven Komponente zusammen. Da er den zusätzlichen Ertrag erhält, ist sein individueller Nutzen annähernd + 1. Die negative Komponente ergibt sich aus der zusätzlichen Belastung der kollektiven Weide. Die aber wird von allen gemeinsam getragen und ist für ihn daher nur ein Bruchteil von – 1. Das Ergebnis der Abwägung sei somit, dass er ein weiteres Tier hinzufügt und noch eines und noch eines. Alle anderen verhalten sich in dieser Nutzungskonkurrenz »nach innen« genauso. Darin liege die Tragödie der Allmende: Jeder versuche, in einer begrenzten Umwelt seinen Nutzen grenzenlos auszuweiten, denn: »Freiheit der Allmende bedeutet den Ruin für alle.« In einem Interview fast 30 Jahre und eine Fülle von Diskussionen später präzisiert Hardin: »In einer übervölkerten Welt kann eine unregulierte Allmende unmöglich funktionieren« (Straub, 1997).

Hardin geht dabei nicht von der klassischen Allmende aus, wie sie in Europa bis ins Mittelalter üblich war, die ohne Selbstbeschränkungsmechanismen natürlich keinen Bestand gehabt hätte, sondern vom 20. Jahrhundert, das sich der »Grenzen des Wachstums« schmerzhaft bewusst wird.[10] Längst ist aus einer sich kollektiv selbst regulierenden Gemeinschaft der Allmendgenossen eine Gesellschaft aus anonymen, egoistischen, individuellen und juristischen Personen geworden. Doch auch hier finde sich das Ganze wie von selbst, so will uns Adam Smith in seinem Fundamentalsatz über den freien Markt (1776 in *The Wealth of Nations*) glauben machen. Von der Magie der »unsichtbaren Hand« geleitet, fördere der Egoist zugleich das Allgemeininteresse. Dieser Geist Adam Smiths muss laut Hardin »ausgetrieben« werden, wenn wir die heutigen Dilemmata in den Griff bekommen wollten. Die Wurzel des Übels sei Überbevölkerung durch Geburtenzuwachs und Immigration. Hardin richtet sich vor allem gegen das herrschende *laissez faire* in der Fortpflanzung. Als »nicht zu verteidigende individuelle Freiheit«, die auch nicht

10 Zu den fatalen Folgen der Begegnung von ökologisch und sozial ausgewogenen Stammesabsprachen mit Geldwirtschaft und wissenschaftlich-technischem Fortschritt im Sozio- und Ökosystem der Sahel, s. den Aufsatz »The tragedy of the Sahel commons« von Nicholas Wade, in: Science, 185, 1974, S. 234–237, zitiert in: Hardin, 1977.

durch Appelle an »Gewissen«, »Verantwortlichkeit« oder andere Formen der Mäßigung aufgefangen werde, müsse an ihre Stelle »wechselseitig vereinbarter, wechselseitiger Zwang« treten.

Allmende-Dilemma heute

Die Allmende und damit ihr Dilemma zeigt sich heute in verschiedenen Formen. In der Zeit, als Hardin seinen Aufsatz schrieb, wurde zum Beispiel gerade die Übernutzungsgefahr in der Abfallbeseitigung schmerzlich offenkundig. Als eine unerschöpfliche »inverse« Entsorgungs-Allmende war bis dahin das Wasser, die Luft und die Erde erschienen. Als der Müll katastrophisch zurückkehrte (vgl. GRASSMUCK / UNVERZAGT, 1991), wurde deutlich, dass auch die allen gemeinsamen Naturelemente nur eine begrenzte »Ertragsfähigkeit« besitzen, also eine Fähigkeit, unseren Schmutzausstoß zu ertragen. Noch ganz am Anfang, so Hardin, stehe unser Verständnis der Übel einer »Allmende des Vergnügens«. Gemeint ist der nahezu unregulierte öffentliche Klangraum, der von hirnloser Musikbeschallung und Ultraschallflugzeugen attackiert, sowie der öffentliche Blickraum, der von Werbung verschandelt werde. Hierzu gehören auch die Erholungsressourcen, wie die Nationalparks, in denen sich immer mehr Besucher drängen und somit ihren Wert für alle senken.[11]

Am häufigsten findet sich der Begriff »Allmende« heute im Zusammenhang mit der Umweltpolitik. Besonders, wenn vermeintlich unerschöpfliche globale Ressourcen wie Luft und Meere, die ökologischen Gleichgewichte der Meeresböden und die Antarktis mit großindustriellen Mitteln erschöpfbar gemacht werden, ist von »Tragik« die Rede. So umfasst »das Aufgabenfeld der Umweltpolitik als globaler Umweltpolitik auch die Verhältnisse in der allen Ländern gemeinsamen globalen Umwelt (›globale Allmende‹) und daraus abgeleitet die Beeinflussung der Beziehungen aller Länder zu dieser Umwelt [...], die selber nicht als Völkerrechtssubjekt handeln kann« (KLOKE-LESCH, 1998).

Die Antwort auf die Dilemma-Logik liegt natürlich immer noch in kollektiven, auf dem globalen *thing*-Platz beschlossenen Kontingentierungen, wie Fischfangquoten für internationale Gewässer oder nationale Obergrenzen für CO^2-Emissionen. Das Problem dabei ist, dass eine Kooperationsverweigerung[12] auf kurze Sicht in der Regel mit nationalem

11 Hardin nennt verschiedene Optionen: Man könne die Parks als Privatbesitz verkaufen oder sie öffentlich belassen, aber das Zugangsrecht zuteilen, durch Versteigerung an die Wohlhabendsten, aufgrund von Verdiensten, durch Lotterie, ›wer zuerst kommt, wird zuerst bedient‹ oder nach einem anderen allgemein vereinbarten Standard, vgl. Hardin, 1968.

12 Wie sie z.B. von der neuen US-Regierung in Bezug auf das Kyoto-Abkommen betrieben wird.

Nutzen verbunden ist: »Die Auszahlungsmatrix des Dilemmas ändert sich erst auf lange Sicht, denn: Indem einzelne Staaten ihren (sofort anfallenden) Nutzen zu maximieren versuchen, verstärken sie als Weltgemeinschaft den (zeitlich verzögerten) Treibhauseffekt, der im Nachhinein jede kurzsichtig-rationale Nutzenmaximierung als fatal irrational überführen könnte« (Steurer, 1999). Mit anderen Worten, es geht um den zeitlichen Planungshorizont. In einer Zeit, in der Firmen unter einem dreimonatigen Erfolgszwang gegenüber ihren Aktionären stehen und »flexibilisierte« Menschen sich auf immer kürzere Ereignisfolgen einstellen, stimmt diese Erkenntnis umso bedenklicher.

Wissen: vom Eigentum zur Allmende

Während der Boden von Kollektiv- in Privateigentum überging, nahmen die geistigen Güter in der anbrechenden Moderne den entgegengesetzten Weg. Die Schatzkammern der Fürsten werden zugänglich gemacht – »zum Schmuck des Staates und Nutzen der Öffentlichkeit«.[13] In der gleichen Zeit, da das typografisch gedruckte Buch als das erste auf moderne Weise massenproduzierte Industriegut einem besonderen Kopierrecht unterstellt wurde, verlangten insbesondere Wissenschaftler, Schriftsteller, Gelehrte und Künstler nach Bildung und nach freiem Zugang zu dem in privaten Sammlungen der Reichen und Mächtigen angehäuften Wissen.

Die Gutenberg-Galaxis markierte eine tief greifende Umwälzung des intellektuellen Klimas. Am Ausgang des 13. Jahrhunderts begann es in Italien plötzlich von »Persönlichkeiten« zu wimmeln. Im 15. Jahrhundert trat der *uomo universale* auf: Es »erhebt sich mit voller Macht das *Subjektive,* der Mensch wird geistiges *Individuum* und erkennt sich als solches« (Burckhardt, 1976, S. 123). Diejenigen, die als Rezipienten Zugang zu den Kulturgütern verlangten, waren selbst Autoren, eine neue Art von individualisierten Werkemachern, die den Lohn für ihre Kreativität auf einem Markt eintreiben und daher ihre Werke schützen mussten. Mit den neuen Handelssubjekten veränderte sich der rechtliche Status von Verträgen. Die Autoren und Erfinder trieben eine neue Klasse von Immaterialrechten hervor, das Urheber- und das Patentrecht. Während sich das

13 Die letzte Medici, Anna Maria Luisa, im Vertrag vom 27. November 1737, in dem sie dem Großherzog der Toskana die Sammlung der Dynastie vermacht. Schon 1582 war das obere Stockwerk des Uffizien-Palastes umgebaut und der Öffentlichkeit zugänglich gemacht worden, um einige der Medici-Gemälde auszustellen, vgl. Pomian, 1998, S. 77 f.

Wissen der Vergangenheit zur Allmende öffnete, begann sich im gleichen Zuge die aktuelle Wissensproduktion zu proprietarisieren.

Museen und Bibliotheken

Die öffentlichen Museen und Bibliotheken, die im 17. und 18. Jahrhundert entstanden, gingen auf die Sammlungen der Könige, Fürsten und Bischöfe zurück, der reichen Händlerdynastien im Renaissance-Italien und ab dem ausgehenden 16. Jahrhundert auf die systematischen Sammlungen der gelehrten Gesellschaften, wie der *Royal Society* in London (1660) und der Akademie der Wissenschaften in Paris (1666). Hinzu kamen die kleineren Kabinette, die Kunst- und Wunderkammern der reichen Bürger, die ebenfalls ihren Weg in die Museen fanden. Bereits im Mittelalter gab es Klöster, die Funktionen von öffentlichen Leihbibliotheken erfüllten. Martin Luther forderte in seinem Manifest »An die Rathsherren aller Städte deutsches Lands« (1524) im öffentlichen Interesse staatlich organisierte obligatorische Kurse zur Beherrschung des neuen Informationsmediums Typendruck und die planmäßige Erweiterung des Systems von Bibliotheken (Gieseke, 1991, S. 473 f.). Die ersten öffentlichen Bibliotheken datieren aus dem frühen 17. Jahrhundert, so in Oxford von 1602, in Mailand von 1609 oder in Rom von 1620 (vgl. Schreiner, 1975).

In der Neuen Welt erinnert sich Benjamin Franklin in seiner Autobiographie an die ersten Schritte zur Gründung der »Mutter aller nordamerikanischen Subskriptionsbibliotheken«: »Etwa zu dieser Zeit [1730] wurde bei unserem Clubtreffen von mir der Vorschlag eingebracht, dass es von Vorteil für uns wäre, da wir uns in unseren Disputationen häufig auf unsere Bücher bezogen, diese dort zusammenzutragen, wo wir uns trafen, so dass wir sie nach Bedarf zu Rate ziehen konnten. Indem wir also unsere Bücher in einer gemeinsamen Bibliothek zusammenstellten, hätte jeder von uns den Nutzen der Bücher aller anderen Mitglieder, was fast genauso vorteilhaft wäre, als wenn jeder sie alle besäße.«[14]

An dieser Beobachtung Franklins wird der grundlegende Unterschied zwischen einer materiellen und einer informationellen Allmende deutlich. Im ersten Fall sinkt der anteilige Nutzen aus der gemeinsamen Ressource mit jedem neuen Allmendegenossen. Im Fall der gemeinsamen Bibliothek steigt der Nutzen für alle mit jedem neuen Mitglied, das weitere Bücher einbringt. Die Kosten/Nutzen-Bilanz der Allmende fällt für informationelle Güter viel günstiger aus. Die Kosten sind der Preis der erworbenen Bücher durch die Zahl der Mitglieder. Der theoretisch maximale Nutzen ist die Gesamtzahl der verfügbaren Bücher mal die Zahl der Mitglieder. Der mögliche Schaden durch egoistische Monopolisierung ist

14 Benjamin Franklin, Autobiographie, nach http://www.ecoplan.org

beschränkt. Sicher horten Menschen gelegentlich Bücher, die so dem allgemeinen Pool entzogen sind, aber in der Regel findet die temporäre Privatisierung ihre Grenze in der Zahl der Bücher, die jemand gleichzeitig lesen kann. Die gegensteuernde knappe Ressource ist hier Aufmerksamkeit.

250 Jahre und mehrere Generationen Medientechnologie später formuliert sich das gleiche Verhältnis im »Gesetz der Netzwerke«. Es wird Robert Metcalfe zugeschrieben, der sich als Erfinder des →*Ethernet* wie kein anderer mit verteilten Netzen auskennt. Metcalfes Gesetz besagt, dass der Wert eines Netzes im Quadrat der Zahl der angeschlossenen Rechner und Nutzer steigt. Die Magie der Verbindung: Mit jedem Inkrement steigt die Gesamtheit möglicher Verbindungen zwischen Menschen, Computern, Telefonen, Faxgeräten, Mobiltelefonen oder Büchern exponentiell (vgl. Gilder, 1993).

Nicht nur Bücher, sondern auch andere natürliche und künstliche Gegenstände wurden seit derselben Zeit systematisch zusammengetragen. Besonders im 16. und 17. Jahrhundert entwickelten Krone und Kirche eine Sammelleidenschaft, deren Resultate in den Louvre oder das British Museum eingegangen sind. Im Italien der Renaissance sowie in Frankreich und England kam im 18. Jahrhundert eine neue Schicht von privaten Sammlern auf. Sie waren gleichermaßen am Vergnügen, am Studium und am Wissenszuwachs, wie an der Erhaltung ihrer Sammlungen interessiert, hatten allerdings anders als die feudalen Dynastien nicht die Gewissheit, dass sie auf ihre Nachfolgegenerationen übergehen würden. Wenn diese Garantie nicht im Familienverband gefunden werden konnte, dann musste eine Erbnachfolge anderswo gesucht werden, und die korporative Einheit gewährte die größte Sicherheit. Wenn ferner Wissen eine bleibende Bedeutung haben sollte, musste es gemeinfrei (*in the public domain*) übertragen werden (vgl. Encyclopædia Britannica, 2000). Die ersten öffentlichen Museen entstanden, wie im Falle der Medici, aus der Übertragung von Privatsammlungen an den Staat (1683 Oxford, 1734 Rom, 1743 Florenz). Der Individualisierung der Subjekte ist also der Übergang der Wissensschätze aus der privaten in die öffentliche Domäne komplementär.

Um 1800 entstanden wissenschaftliche Museen. Die technisch-archäologischen in Paris, Kopenhagen und Berlin zeichneten den Weg des Menschen vom Naturzustand zur Kultur nach. Der Vergangenheit der Nation verliehen sie zeitliche Tiefe: »Hervorgegangen aus einem Zusammentreffen von Patriotismus und Wissenschaft, haben sie die Spuren der materiellen Kultur auf einen der Kunst vergleichbaren Rang erhoben«

(POMIAN, 1998, S. 105). Der Nationalismus war eine weitere wichtige Triebkraft für die Öffnung und den Ausbau der Sammlungen. Die Einheit von Volk, Territorium, Sprache und Geschichte im neuen Nationalstaat sollten die Bürger auch beim Gang durch das Kulturerbe in den Museen und in seinem Studium in den Bibliotheken erfahren.

Auch Revolutionen können der öffentlichen Kultur zuträglich sein.[15] Die Idee, den Louvre mit seinen, seit Mitte des 16. Jahrhunderts von den Monarchen zusammengetragenen Sammlungen zu einem öffentlichen Museum zu machen, kam schon früher im 18. Jahrhundert auf, doch erst die Revolutionsregierung verwirklichte sie, als sie 1793 den Bürgern das *Musée Central des Arts* in der *Grande Galerie* öffnete.

Im 19. Jahrhundert setzte sich die Vorstellung durch, dass es eine legitime Investition von öffentlichen Mitteln darstellt, möglichst vielen Menschen Zugang zu Büchern geben. Nicht ohne Widerstand wurden Gesetze erlassen, die es lokalen Behörden ermöglichten, öffentliche Bibliotheken einzurichten. Die *Boston Public Library*, die erste der großen öffentlichen Stadtbüchereien der USA und die erste, die durch direkte öffentliche Steuern finanziert wurde, hatte von Beginn an den Doppelcharakter einer Bibliothek für wissenschaftliche Forschungszwecke und für ein allgemeines Leseinteresse. In England wurden 1850 die ersten öffentlich finanzierten Bibliotheken eröffnet. Die Bedeutung des niedrigschwelligen Zugangs zu geschriebenen Kulturgütern drückte sich in den meisten Ländern in einer Gesetzgebung aus, die sicherstellen sollte, dass allen ohne Gebühren gute Bibliotheken zur Verfügung standen (vgl. Encyclopædia Britannica, 2000). Auch die Museen wurden ab dem 19. Jahrhundert als öffentliche Orte der Bewahrung und Zurschaustellung nationaler Kulturgüter, der Forschung und der Bildung betrachtet, die es wert sind, mit öffentlichen Mitteln unterhalten zu werden.

Universitäten

Im »Sondermilieu« der Universität reicht der öffentliche Charakter weiter zurück als bei Sammlungen. Seit den Athenern gehört es zu ihrem Wesen, dass das von ihr erzeugte und durch sie weitergegebene Wissen, anders als in geschlossenen und gar geheimen Forschungsstellen der Staaten oder der Industrien üblich, ungehindert zirkulieren können muss. Im Mittelalter wurde jemand, der Erfindungsgabe hatte, von irgendeinem Souverän eingesperrt, damit er um den Preis seines Kopfes Gold für ihn mache. Dagegen bildete sich die historische Errungenschaft der Freiheit von Forschung und Lehre heraus, auf der die Kooperation und der Wettbewerb um das beste Wissen für alle beruht. Die im Hoch-

15 Wobei ein prominentes Gegenbeispiel in China ausgerechnet den Namen ›Kulturrevolution‹ trägt.

mittelalter entstandenen europäischen Universitäten bildeten einen Medienverbund aus Verarbeitung des gesprochenen Wortes zu handschriftlichen Büchern, Speicherung in Bibliotheken und Übertragung von Texten in einem eigenen Universitätspostsystem. In der frühen Neuzeit übernahmen dank Gutenbergs Erfindung Verlage die Produktion von Büchern, die entstehenden Territorialstaaten und später Nationalstaaten beanspruchten das Postmonopol. An den Universitäten entwarf die Gelehrtenrepublik des 19. Jahrhunderts eine akademische Wissenschaftsverfassung, deren zentrales Element die Informationsfreiheit ist.

Wissen, das an der Universität entsteht, ruht auf den Schultern vorangegangener Generationen und gehört folglich nicht dem Einzelnen, der einen kleinen Baustein einfügt, sondern der Wissenschaftlergemeinschaft insgesamt. Aus erkenntnisphilosophischen und methodologischen Gründen müssen Forschungsergebnisse veröffentlicht werden, damit die Gemeinschaft der Fachleute sie überprüfen, replizieren, kritisieren und fortschreiben kann. Das ist es, was Robert Merton mit dem »Wissenskommunismus« der Wissenschaften meinte.[16] Auch hier bildet sich somit eine Form von Allmendgemeinschaft, die sich von den Konzepten und Institutionen Eigentum, Interessen, Praxis und Staat abkoppelt, und den Wissensfluss »nach innen« offen hält (Spinner, 1994, S. 91). Wissen als Gemeingut der Forschungsgemeinschaft kann von Kollegen frei nachvollzogen, überprüft und weiterentwickelt werden und in der Lehre frei der Reproduktion der Wissensträger in der nächsten Generation dienen. Durch diese fruchtbaren Bedingungen im »Sondermilieu« der Wissenschaften können die parallelen, kollektiven Bemühungen Ergebnisse hervorbringen, die kein Einzelner und kein einzelnes Team produzieren könnten.

Im Übergang von Wissen als Privileg Weniger zu etwas, worauf alle im Volk Anspruch haben, zeigt sich eine fundamentale Wertsetzung. Am Ursprung und in der Basis der modernen Gesellschaften steht ein ausgeprägtes Gefühl für die moralische Verwerflichkeit von Zugangsbeschränkungen zu Wissen, Information, Bildung, Kultur und Weisheit. Versteht man die Rezeption von herausgehobenen kulturellen Artefakten als ihre »Nutzung«, kann man von öffentlichen Museen und Bibliotheken also durchaus als Allmenden im Sinne von Orten einer Kollektivnutzung sprechen.

16 Robert K. Merton, The Sociology of Science, Chicago–London 1973, S. 273 ff.; zitiert nach Spinner, 1998, S. 36.

Wissen: von der Allmende zum Eigentum – Immaterialrecht

> *»Es handelt sich um eine Art von Eigentum, die sich gänzlich von anderen Arten des Eigentums unterscheidet.«* (aus dem ersten französischen Urheberrechtsgesetz von 1791)

Während die Archive des Überlieferten frei zugänglich wurden, entstand für die Erschaffung neuen Wissens eine vollkommen neue Ökonomie. Die Kategorie des »geistigen Eigentums« tauchte auf. Die Zuweisung, Verwendung und Übertragung materieller Güter ist in den frühesten Rechtssystemen geregelt. Das römische Recht gewährte dem Eigentümer (*proprietarius*) alle Rechte, Nutzungsprivilegien und die Übertragungsgewalt an einer Sache. Mit immateriellen Gütern tat sich das Recht jedoch erheblich schwerer. Das Mittelalter lehnte Abstrakta zumindest in irdischen Angelegenheiten ab. Der Status des Geldes z.B. war noch unklar. Wissen gegen Geld zu tauschen oder gar Geld gegen Geld war tabu. Das Zinsverbot begründete sich in der Vorstellung, dass der Wucherer Gottes Zeit stehle. Universitätsprofessoren wurden dafür angeprangert, dass sie sich für ihre Wissensvermittlung bezahlen ließen, da sie damit die göttliche Wahrheit verkauften. Bei knappen Kassen verminderten die Souveräne einfach den Edelmetallanteil der Münzen, was zu regelmäßigen Geldkrisen und zu der Frage führte, was es denn mit der bis heute mysteriösen Natur des Geldes auf sich habe und wem es gehöre. Im 14. Jahrhundert lautete die theoretischen Antwort: allen. Doch da es einer für alle begeben, verwalten und kontrollieren musste, blieb es bei der praktischen Antwort: dem Souverän, der den Münzen sein Antlitz aufprägte (vgl. von Oresme, 1999).

Eigentum an abstrakten Gegenständen

Noch schwieriger war es um den Stellenwert von Verträgen bestellt. Das römisch-kontinentale Recht (*Civil Law*) neigte dazu, die Möglichkeit von rechtlichem Eigentum an etwas, das man nicht anfassen kann, abzulehnen. Seit dem Mittelalter setzte sich zwar die Doktrin eines Quasieigentums an Rechten durch, die jedoch mit der Kodifizierung aufgegeben wurde. Das angloamerikanische Rechtssystem (*Common Law*) war für die Vorstellung offener, dass man Eigentümer eines Rechtes, einer Verfügungsgewalt (z.B. über ein Grundstück) oder eines Privilegs sein kann.

Civil Law und Common Law

In Bezug auf Grund und Boden erkennt das *Civil Law* den Besitzer eines Grundstücks als alleinigen Eigentümer an, während das *Common Law* eine Vielzahl von Eigentumsrechten an Land kennt und daher nicht den Eigentümer eines Grundstücks, sondern den Eigentümer von Nutzungsanteilen an dem Grundstück anerkennt – eine immaterielle, gesetzliche Abstraktion eines materiellen Gegenstandes. Umgekehrt kam im *Common Law* die Verschiebung von persönlichen Verträgen (z.B. Schuldscheinen) hin zu einem übertragbaren und somit handelbaren Gut, d.h. ihre Abstraktion zu einer Form von Eigentum, erst spät auf. Das galt auch für Bankkonten, Anleihen und Bürgschaften, die nur eine standardisierte Form von Vertragsrechten darstellen. Erst im 19. Jahrhundert wurden im *Common Law* Schuldscheine frei übertragbar und unabhängig von weitergehenden Vereinbarungen mit dem ursprünglichen Kreditgeber einforderbar. In Kontinentaleuropa waren begebbare Wertpapiere zwar anerkannt, allerdings in einer rechtlichen (separates Handelsrecht, eigene Gerichtsbarkeit) und sozialen (nur unter Händlern) Nische. In Frankreich setzte die Bewegung zur Anerkennung von Eigentumsanteilen an Immaterialgütern früh ein, während in Deutschland erst in der Mitte des 20. Jahrhunderts Mechanismen entwickelt wurden, mit denen Immaterialrechte auf ähnliche Weise wie materielle Eigentumsrechte übertragen und geschützt werden konnten, obgleich sie noch immer nicht als Eigentum bezeichnet wurden.

Staatlich verliehene Privilegien

Mit dem Entstehen des gutenbergianischen Druckmarktes kam eine weitere Klasse von immateriellem Eigentum hinzu: staatlich verliehene Rechte. Die wichtigsten waren das Urheber-, das Patent- und das Markenschutzrecht. Das exklusive Recht, ein literarisches, wissenschaftliches, musikalisches, dramatisches oder anderes künstlerisches Werk zu veröffentlichen, zu reproduzieren und zu verkaufen sowie das Recht zur exklusiven Verwertung einer Erfindung nehmen beide ihren Ausgang im Italien des 15. und im England des 16. Jahrhunderts. Sie wurden zunächst als gildische Privilegien von der Krone verliehen. Zu den Metaphern, die diese Frühzeit für den Autor fand, gehörten der »Hirte«, ein »Gefäß für die göttliche Inspiration«, ein »Magier« oder ein »Geistesmonarch«. Eine weit verbreitete Vorstellung über die Beziehung von Autor und Werk war die der »Vaterschaft«. Schließlich setzte sich jedoch in Analogie zur privatisierten Allmende eine Vorstellung von literarischen Werken als einem Grundbesitz durch, der vom Autor bestellt werden konnte (vgl. Halbert, 1998, Kapitel 2). Mit zunehmender Privatisierung der gildischen Genossenanteile wurde daraus der kapitalistische Medienmarkt, wobei sich mit Verwertungsgesellschaften, Verlegerverbänden und Mediengewerkschaften korporative Strukturen bis heute erhalten haben.

Patente

Das erste überlieferte Patent für eine industrielle Erfindung wurde 1421 an den Architekten und Ingenieur Filippo Brunelleschi vergeben. Es gab ihm für drei Jahre das Monopol, einen Lastkahn mit einer Winde herzustellen, der für den Transport von Marmorblöcken verwendet wurde. Im Laufe der folgenden zwei Jahrhunderte breiteten sich solche Privilegien für Erfinder von Italien über Europa aus. Häufig wurden sie im Zusammenhang mit der Einfuhr und Errichtung neuer Industrien vergeben. Bald wurde deutlich, dass zeitlich unbegrenzte Patente zu Monopolbildungen führten. Daher erließ das britische Parlament 1623 das *Statute of Monopolies*. Es untersagte die meisten königlichen Monopole, nahm aber das Recht davon aus, *Letters of Patent* für Erfindungen neuer Produkte für die Dauer von bis zu 14 Jahren zu verleihen. Die US-Verfassung von 1790 autorisierte in Artikel 1.8 den Kongress, ein Patentsystem zu errichten, das Erfindern für eine begrenzte Zeit das exklusive Recht an ihren Erfindungen gibt. Ein Jahr darauf verabschiedete Frankreich ein Patentgesetz.

Die Bedeutung »Schutzrecht für eine Erfindung« erlangte das Wort erst im 18. Jahrhundert. Vorher meinte »Patent« einen »landesherrlichen Befehl, amtliche Mitteilung, Freibrief, Berechtigungsschreiben, Bestallungsurkunde für Beamte und Offiziere«. Das mittellateinische *litterae patentes* stand für »behördliche (landesherrliche, bischöfliche) gesiegelte, aber nicht verschlossene Briefe«. In ähnlichem Sinne war im 18. Jahrhundert die Bedeutung »die in einem offen vorzuzeigenden amtlichen Brief bestätigte Anerkennung der Qualität einer Ware«. Patentartikel galten damals als besonders gut, da sie privilegiert, bevorrechtet, für die Nachahmung oder den Handel durch andere nicht freigegeben waren.

gewerbliche und geistige Immaterialrechte

Neben diesem gewerblichen Eigentum etablierte sich auch das Konzept des geistigen Eigentums (im Englischen: *industrial* und *intellectual property*). Diese Immaterialrechte sind frei übertragbar (nach dem kontinentaleuropäischen System mit Ausnahme der urheberpersönlichkeitsrechtlichen Anteile), können beliehen und vererbt, durch gerichtliche Verfügung geltend gemacht werden und sind gegen staatliche Eingriffe geschützt. Sie erfüllen somit die Bedingungen von Eigentumsrechten. Sie werden im deutschen Urheberrecht als »eigentumsähnliches« Recht behandelt. Die aktuellen →WIPO-Verträge und EU-Richtlinien bezeichnen sie als »Eigentum«.

Das Recht am geistigen Eigentum hat sich in zwei eigenständigen Traditionen entwickelt, dem angloamerikanischen *Copyright* und dem kontinentaleuropäischen *Droit d'auteur*. Der Kern der Unterscheidung liegt der Rechtsliteratur zufolge darin, dass das Copyright auf utilitären Prinzipien bei der Verfolgung eines öffentlichen Interesses beruht, während das Autorenrecht sich aus einem naturrechtlichen Verständnis der Persönlichkeitsrechte des Urhebers entwickelt. Mit der internationalen Angleichung in solchen Foren wie der *World Intellectual Property Organization* (WIPO) und der Welthandelsorganisation (WTO) nehmen die Differenzen zwischen den beiden Traditionen ab. Dennoch bleiben die rechtsphilosophischen Hintergründe bedeutsam, wenn es darum geht, dass der Gesetzgeber oder die Gerichte einen Interessenausgleich zwischen den Rechtsinhabern und der Öffentlichkeit erzielt (vgl. Guibault, 1997, S. 10).

Zwei Traditionen

Die angloamerikanische Copyright-Tradition

Das britische Copyright nahm seinen Ausgang in einem von der Krone an die Drucker-Verleger (*Stationers*) verliehenen Monopol (*Patent*), wie es im späten 15. Jahrhundert bereits in Venedig in Kraft war. Auslöser war die 1476 nach England eingeführte Druckerpresse. Die Krone verlieh der Buchhändlergilde, der *London Stationers' Company*, gegen eine Gebühr die *litterae patentes* für das Drucken von Büchern. Die Mitglieder der Gilde, also fast alle Drucker in England, registrierten den Titel eines Manuskripts (*Copy*) und respektierten dann das Recht des Eintragenden, dieses Werk exklusiv zu verwerten. *Copyright* entstand somit als ein Kopierrecht der Verlage, nicht als ein Eigentumsrecht der Autoren. Noch handelte es sich um ein privatrechtliches Übereinkommen, das nur gegenüber anderen Gildenmitgliedern durchgesetzt werden konnte. Daher strebten die Druckerverleger eine öffentliche Bestätigung und Kodifizierung ihrer privatrechtlichen Regelung an (vgl. Loren, 2000).

Ursprung des Gildenprivilegs in England

Diese erfolgte 1557 mit der königlichen *Charter Mary*, die das Monopolrecht der *Stationers' Company* bekräftigte und ihr zusätzlich das Recht verlieh, »ungesetzliche« Bücher aufzuspüren und zu vernichten. Die Gilde war nun auch in der Lage, gegen Nichtmitglieder vorzugehen, die registrierte Bücher nachdruckten. Zugleich wurde das Verlagswesen der Aufsicht des *Star Chamber*-Gerichts unterstellt. Ziel des Staates war es nicht, die Verleger oder gar die Autoren zu schützen, sondern einerseits Einnahmen durch die Gebühren für das Gildenprivileg zu erzielen und andererseits eine Zensur über die verlegten Inhalte durchzusetzen.

Copyright als Mittel der Zensur

Im Rahmen eines neu definierten Staatszieles, der »Ermunterung zum Lernen«, machte der *Act of Anne* von 1710 das Copyright zu einem Leistungsanreiz für Autoren und Verleger gleichermaßen. Danach konnten erstmals auch die Urheber das Copyright an ihren Werken erwerben. Die Versuche der *Stationers*, ihre Monopolstellung durch ein naturrechtlich begründetes ewiges *Common Law* Copyright des Urhebers sanktionieren zu lassen, wurden zurückgewiesen. Ebenso wie im Patent-, und Gebrauchsmuster- oder Markenrecht war die Eintragung in das jeweilige Register (die »Rolle«) konstitutive Voraussetzung für das Entstehen des Schutzes. Erst seit 1978 genießt in den USA ein Werk mit seiner Fixierung in einer greifbaren Form ohne weitere Bedingungen den Schutz des Copyrights.

Der *Act of Anne* etablierte die Vorstellung einer begrenzten Schutzfrist, die auf 28 Jahre festgelegt wurde. Damit wurde zugleich zum ersten Mal das Konzept einer geistigen *Public Domain* formuliert, eines Bereichs des gemeinfreien Wissens, in dem Werke nach Ablauf der Schutzfrist eingehen und gegenüber der nur neu geschaffene Werke einen Schutz erhalten können. Der Schutz umfasste nur spezifische Nutzungen (Druck, Veröffentlichung und Verkauf), nicht aber z.B. den Weiterverkauf eines Werkes nach seinem Erstverkauf.[17] Der Positivismus des Präzedenzfallsystems schuf in der Folgezeit einen Flickenteppich von Gesetzen, die nicht von einer Gesamtschau des Copyrights geleitet wurden. Noch heute wird das Copyright für alle öffentlichen Publikationen der Krone und des Parlaments von *Her Majesty's Stationery Office* (HMSO) gehalten. Ihm steht der *Controller* vor, der seine Autorität vom *Letters Patent* ableitet, die auf jeden nachfolgenden *Controller* übertragen werden. Unabhängig vom HMSO werden die Copyrights für alle anderen Publikationen vom privatisierten *Stationery Office Limited* verwaltet.[18]

Copyright in den USA

Die US-amerikanische Rechtsauffassung bildete sich am britischen Modell. Grundlage für Copyright- wie für das Patentrecht ist die US-Verfassung von 1790, die in Artikel 1, Sektion 8, Klausel 8 das Parlament ermächtigt, Autoren und Erfindern ein ausschließliches Recht an ihren Schriften und Erfindungen zu sichern, »um den Fortschritt der Wissenschaft und der nützlichen Künste zu fördern«:

> *»Die Gestalter der Verfassung der Vereinigten Staaten, denen alle Monopole von vornherein verdächtig waren, kannten das Copyright aus seiner Geschichte als ein Werkzeug der Zensur und der Pressekontrolle. Sie wollten sicherstellen, dass das Copyright in den Vereinigten Staaten nicht als Mittel der Unterdrückung und Zensur eingesetzt würde. Daher banden sie das Copyright ausdrücklich an einen Zweck: den Fort-*

17 Vgl. u.a. zu frühen Streitfällen: Halbert, 1998, Kapitel 2.
18 HMSO Licensing Division, http://www.hmso.gov.uk/copy.htm

> *schritt von Wissen und Bildung zu fördern. [...] Das Monopol des Copyright wurde zugelassen, aber nur als Mittel zu einem Zweck. Die Verfassung geht mit demselben Glauben an eine verrückte Idee an die Schaffung von Autorenwerken heran, wie Kevin Costner in dem Film* ›Field of Dreams‹: *die Vorstellung, ›wenn man sie schützt, werden sie kommen.‹ Indem es dieses vermarktbare Recht an der Nutzung des eigenen Werkes etabliert, liefert das Copyright den ökonomischen Anreiz, Ideen zu schaffen und zu verbreiten. Der Oberste Gerichtshof erkannte: ›Die unmittelbare Wirkung unseres Copyright-Gesetzes ist es, dem ›Autoren‹ ein faires Einkommen für seine kreative Arbeit zu sichern. Doch das eigentliche Ziel ist es, durch diesen Anreiz die künstlerische Kreativität zum Wohle der breiten Öffentlichkeit anzuspornen‹«* (LOREN, 2000).

Das eigentliche Ziel: Kreativität zum Wohle aller

Noch im selben Jahr setzte der US-Kongress den Verfassungsauftrag im ersten *Copyright Act* um. Auch wenn das eigentliche Ziel ein anderes sein mag, steht beim Copyright das Werk als eine Handelsware im Vordergrund. Es gewährt seinem Besitzer ein Monopol auf sein Werk, das ihm die Kontrolle über dessen Nutzung und den pekuniären Vorteil daraus sichert. Es schützt die Investoren, d.h. Urheber und Verleger, gegen Angriffe auf ihre Investitionen geistiger und materieller Art. In der damaligen Debatte stand einem Naturrechtsverständnis der exklusiven Rechte des Autors – in den Worten von Thomas Jefferson – die besondere »Natur« der Information entgegen:

> *»Wenn die Natur es so eingerichtet hat, dass ein Ding sich weniger für ausschließliches Eigentum eignet als alle anderen Dinge, so ist es die Handlung des Denkvermögens, die wir Idee nennen. Ein Einzelner mag sie allein besitzen, solange er sie für sich behält, doch sobald sie preisgegeben wird, drängt sie sich in den Besitz eines jeden und der Empfänger kann sich ihrer nicht wieder entledigen. Zu ihrem eigentümlichen Charakter gehört es ferner, dass niemand weniger besitzt, weil all anderen die Idee ebenfalls besitzen. Wer eine Idee von mir bekommt, erhält Unterweisungen ohne die meinigen zu mindern; so wie derjenige, der seine Fackel an meiner entzündet, Licht erhält, ohne mich zu verdunkeln. Dass Ideen sich für die geistig-sittliche und gegenseitige Unterweisung der Menschen und die Verbesserung ihrer Lage frei vom einen zum andern über den ganzen Erdball verbreiten sollten, scheint die Natur auf eigentümliche und gütige Weise eingerichtet zu haben, als sie sie wie das Feuer machte, ausdehnbar über den ganzen*

Raum, ohne dass sie an irgend einem Punkt an Dichte verlören, und wie die Luft, die wir atmen, in der uns bewegen und unser physisches Dasein fristen, ungeeignet sie einzusperren oder in unseren alleinigen Besitz zu nehmen. Erfindungen können daher ihrer Natur nach nicht dem Eigentum unterstellt werden.«[19]

Das Copyright-Gesetz von 1790 umfasste das Recht, geschützte Werke zu drucken, zu verlegen und zu verkaufen, nicht aber sie aufzuführen oder Adaptionen davon herzustellen. Es legte die Schutzfrist auf 14 Jahre fest, mit der Möglichkeit, sie einmalig um weitere 14 Jahre zu verlängern. Bedingung für einen Schutz ist nicht ein Begriff der »Schöpfungshöhe« oder »Originalität«, wie er im kontinentaleuropäischen Urheberrecht im Vordergrund steht, sondern ein Mindestmaß an »Arbeit, Fertigkeit und Urteilsvermögen« (*labour, skill and judgement*). Die materielle und geistige Beziehung des Urhebers zu seinem Werk endet mit der Übertragung an den Verleger. Diese wird nach dem allgemeinen Vertragsrecht geregelt (vgl. Ellins, 1997). 1802 wurde das US-Copyright-Gesetz auf Bilddrucke und 1831 auch auf musikalischen Kompositionen ausgeweitet. Die so genannten moralischen oder Urheberpersönlichkeitsrechte des *Droit d'auteur*-Modells erkennt das US-amerikanische Recht bis heute nicht an.

Britisches Copyright: der CDPA von 1988

Der britische *Copyright Act* von 1956 nimmt unter dem Einfluss der Tonträgerhersteller eine Trennung zwischen den Rechten der Autoren an Originalwerken (*original works*) und denen der Hersteller (*makers*) an Gegenständen (*subject matters*) vor. Der *Copyright, Designs and Patents Act* von 1988 (CDPA)[20] erfüllt die internationalen Verpflichtungen Großbritanniens im Rahmen der Berner Übereinkunft von 1971 und stellt eine gewisse Annäherung an das kontinentaleuropäische Urheberrechtsmodell dar. Der CDPA schrieb erstmals *moral rights* (Persönlichkeitsrechte) fest, doch ist deren Substanz durch eine Vielzahl von Ausnahmen und Einschränkungen unterminiert. Ein Veröffentlichungsrecht, wie es in vielen *Droit d'auteur*-Rechtsordnungen existiert, gibt es hier nicht. Das Urheberbezeichnungsrecht muss nach dem CDPA ausdrücklich geltend gemacht werden. Der Verzicht auf das Werkintegritätsrecht wird von den Produzenten regelmäßig zur Vertragsbedingung erhoben. Letztlich, schreibt Julia Ellins, bliebe auch die Durchsetzung der *moral rights* dem Reich der Vertragsfreiheit überlassen (vgl. Ellins, 1997).

19 Thomas Jefferson, Brief an Isaac Mcpherson, 13. August 1813 in: writings of Thomas Jefferson, 1790–1828, Vd. 6, hrsg. von H. A. Washington (1854), S. 180-81, nach Lessig 1998, S. 132, der davon ausgehend davor warnt, die Unmöglichkeit der Einschließung von Wissen in der digitalen Netzumgebung als Natur gegebene unveränderliche Tatsache aufzufassen.

20 In der Fassung vom 1/2/2000: http://www.jenkins-ip.com/patlaw/index1.htm

Die Unterscheidung in *original works* und *subject matters* wird durch den CDPA in einem umfassenden Werkbegriff aufgehoben, und damit auch die Möglichkeit der Unterscheidung in Urheberrechte und verwandte Schutzrechte. Außerdem wird der Begriff des *author* darin auf die Produzenten von Tonträgern, Filmen und Sendungen sowie Verleger typografisch gestalteter Ausgaben ausgeweitet. Allen Investitionen geistiger, schöpferischer, finanzieller, technischer und organisatorischer Art, die in das Endprodukt eingehen, wird Schutz gewährt. Der Begriff des »Autors« verbindet sich also nicht mit einer besonderen schöpferischen Tätigkeit, sondern mit einem neutralen Konzept des Schaffens. Das britische Copyright-Vertragsrecht hält keine besonderen Bestimmungen zum Schutz des Urhebers als der in den allermeisten Fällen schwächeren Partei in der Vertragswirklichkeit bereit.

Zu den Neuerungen des CDPA gehört der Einschluss der Rechte ausübender Künstler und die Ergänzung der strafrechtlichen Sanktionen gegen die Verletzung von Künstlerrechten durch das Instrument der Zivilklage. Im Kampf gegen das *Bootlegging*, das unautorisierte Aufzeichnen von Konzerten, wurde schließlich das neue Recht »von Personen mit ausschließlichen Aufnahmerechten an künstlerischen Darbietungen« eingeführt. Bei einer Übertragung des Copyright und unter Umständen auch bei einer Lizenzierung sind gegen eine Pauschalgebühr sämtliche Rechte betroffen. Der Produzent kann somit auch bei Altverträgen eine digitale Verwertung vornehmen, ohne eine Einwilligung des Urhebers einzuholen oder ihn dafür zu entschädigen (vgl. Ellins, 1997).

US-Copyright-Gesetz von 1976

In den USA wurde die große Revision des Copyright-Gesetzes von 1976 mit zwei Hauptzielen vorgenommen.[21] Zum einen sollte das Recht den medientechnologischen Entwicklungen und ihren Auswirkungen auf die Kopierbarkeit von Werken angepasst werden. Zum anderen diente es der Vorbereitung auf den Beitritt der USA zum Berner Urheberrechtsabkommen. Schützte das Gesetz zuvor nur Werke, die die Autorin oder der Verleger förmlich registriert und in der vorgeschriebenen Form (»Copyright © [Jahr der Erstveröffentlichung] [Rechteinhaber]«) gekennzeichnet hatte, so gilt der Schutz seither automatisch für jedes Werk von dem Moment an, in dem es in einem materiellen Ausdrucksmedium (»*in a tangible medium of expression*«) fixiert ist, und damit auch für nicht veröffentlichte Werke. Die Werkarten wurden spezifiziert. Dazu gehören literarische, musikalische und dramatische Werke, Pantomimen und choreografische Werke, bildliche, grafische und skulpturale Werke, Kinofilme und andere audiovisuelle Werke sowie Klangaufnahmen. Auch die

21 Copyright Law of the United States of America, in der Fassung vom April 2000, mit allen Änderungen seit 1976, http://lcweb.loc.gov/copyright/title17/

Herstellung abgeleiteter Werke und die öffentliche Aufführung und Zurschaustellung des Werkes sind seither geschützt. Auch die Beschränkungen des Copyright-Rechts veränderten sich. Erstmals werden die Rechtsdoktrinen des *Fair Use* und des Erstverkaufes kodifiziert (s. u. »Balance«).

Die Geltungsdauer des Copyrights wird ausgedehnt

Eine weitere zentrale Veränderung betrifft die Schutzdauer. Sie wurde auf die Lebenszeit des Autors plus 50 Jahre festgelegt. Für anonyme, pseudonyme und Auftragswerke betrug sie 75 Jahre nach der Erstveröffentlichung und bei nicht oder erst später veröffentlichten Werken 100 Jahre nach der Schöpfung. Copyrights, die vor 1976 angemeldet wurden und 28 Jahre geschützt waren, konnten um eine weitere Laufzeit von 47 Jahren bis zu einer Gesamtdauer von 75 Jahren nach Erstanmeldung geschützt werden. Hinter dieser Verlängerung steht einer der mächtigsten Akteure der Rechteindustrie, die Walt Disney Corp., und ihr wertvollstes geistiges Eigentum: Das Copyright für *Mickey Mouse* wurde ursprünglich 1928 – für die Verwendung der Figur in dem Stummfilm »Plane Crazy«– angemeldet. Nach einer Schutzdauer von zweimal 28 Jahren drohte die weltberühmte Maus somit 1984 gemeinfrei zu werden. Die Gesetzesänderung verlängerte den Schutz bis 2004.[22]

Das »Mickey Mouse-Gesetz«

Als dieses Verfallsdatum näher rückte und die berühmteste Maus der Weltgeschichte in die *Public Domain* zu fallen und damit Disneys Einnahmenstrom zu versiegen drohte, griff der Gesetzgeber erneut ein. Im Oktober 1998 verabschiedete der amerikanische Kongress den *Sonny Bono Copyright Term Extension Act*, der die Schutzdauer um weitere 20 Jahre ausdehnte. Ein wichtiges öffentlich vorgebrachtes Argument war die Angleichung an die europäische Schutzdauer von 70 Jahren nach Tod des Autors. Geistiges Eigentum, hieß es, sei das ökonomisch bedeutendste Exportgut der USA. Künstler beklagten sich, dass ihr Copyright-Schutz zu Hause früher ende als in Europa. Während viele Werke aus den 20er-Jahren nur noch für spezialisierte Kreise von Interesse sind, gibt es einige, die weiterhin einen Marktwert besitzen. Die Rechte an George Gershwins »Rhapsody In Blue« beispielsweise, 1924 zum Copyright angemeldet und nach der alten Schutzfrist ab dem 1. Januar 2000 in der *Public Domain*, wurden von United Airlines als Unternehmensmusik für den geschätzten Betrag von 500 000 Dollar angekauft. Mark Stefik, Vordenker der technischen Rechtekontrollsysteme am Xerox PARC, leistet Disney Schützenhilfe, indem er für das Copyright den zeitlichen Denkrahmen der amerikanischen Eingeborenen anführt, die für sieben Generationen planten, von den Großeltern bis zu den Großenkeln: »Diese zeitliche Per-

---

22 Vanpelt, 1999, argumentiert, dass Disney aufgrund von Formfehlern den Schutz verwirkt habe.

spektive aufzugreifen, könnte uns helfen, eine Institution zu schaffen, die einen dauerhaften Wert für die Menschheit darstellt« (STEFIK, 1996, S. 34).

Doch es gab auch Kritik. Eric Eldred, der einen Online-Selbstverlag für gemeinfreie Bücher betreibt, gestartet als Leseanreiz für seine Töchter, erhielt wachsende Anerkennung und Auszeichnungen u.a. von der *Nathaniel Hawthorne Society*. Eldred klagte wegen Verfassungswidrigkeit gegen das Gesetz. Er und andere Kritiker sahen in der Verlängerung einen Widerspruch zur Intention der US-Verfassung, die nicht die maximale Verwertung durch die Rechteinhaber, sondern in erster Linie das öffentliche Interesse an Zugang zu und Teilhabe an Wissensgütern schützt. Sie befürchteten innerhalb der nächsten 20 Jahre eine weitere Verlängerung der Schutzfrist, so dass diese sukzessive unendlich verlängert werde. Vor allem aber erbosten sie sich über die Art, wie das Gesetz verabschiedet wurde. Der *Starr Report* über die außerehelichen sexuellen Beziehungen des damaligen Präsidenten Bill Clinton war gerade erschienen. Presse und Öffentlichkeit waren von dem Skandal absorbiert. Mitten im Wahlkampf und kurz vor Ende der Legislaturperiode kam es zur mündlichen Abstimmung. Während die Öffentlichkeit nichts davon bemerkte, machte die Medienindustrie den Abgeordneten ihr Interesse an dieser Verlängerung deutlich. Mehr als 6,5 Millionen Dollar ließ sie in den laufenden Wahlkampf fließen. Disney war der größte Spender.

... doch Tote schaffen keine neuen Werke

Das Hauptargument von Harvard-Rechtsprofessor Lawrence Lessig,[23] dem *pro bono* Rechtsvertreter von Eldred in der Klage gegen das »Mickey-Mouse-Gesetz«, lautet, dass die Privilegien, die die US-Verfassung den Autoren gibt, an die Intention gebunden seien, ökonomische Anreize dafür zu schaffen, dass neue Werke entstehen: »Da man einem Toten keinen Anreiz mehr geben kann – das neue Gesetz verlängerte die Schutzfrist rückwirkend auf Werke von bereits verstorbenen Autoren – besteht es den Test nicht. Eine rückwirkende Erweiterung dieser Privilegien dient keinem der Ziele, für welche die Copyright-Klausel geschaffen wurde. Solange Menschen die Bedeutung der *Public Domain* nicht erkennen, befürchten wir, dass der Kongress fortfahren wird sie einzuzäunen« (nach FONDA, 1999).

Andere Rechtsgelehrte, wie Lydia Pallas Loren, lassen ebenfalls keinen Zweifel daran, dass die Ausweitung der Schutzfrist nicht den Autoren, sondern der Rechteindustrie nützt: »Die Erfahrung hat gezeigt, dass der Zuwachs an Monopolrechten von Copyright-Inhabern nicht zu einem Zuwachs an neuen Werken führt. Es scheint unwahrscheinlich, dass ei-

23 http://cyber.law.harvard.edu/eldredvreno/index.html

ne kreative Person, wenn sie überlegt, wie sie ihre begrenzte Zeit und Mittel verwendet, denkt: ›Ah, jetzt, da mein Copyright bis 70 Jahre nach meinem Tod gilt, investiere ich noch mehr in die Schaffung neuer Werke.‹ Die größere Reichweite dieser Monopole begünstigt stattdessen große Unternehmen, die eine beträchtliche Anzahl an Urheberrechten besitzen. Sie sind es, die den Großteil der Urheberrechte nach Entstehung der Werke von den ursprünglichen Autoren übertragen bekommen« (Loren, 2000). Das Verfahren Eldred versus Reno ist in der ersten Instanz abschlägig entschieden worden. Auch das Berufungsgericht wies im Februar 2001 die Anfechtung der Copyright-Verlängerung zurück.[24]

Die kontinentaleuropäische Droit d'auteur-Tradition

Naturrechtliches Autorenrecht: Anfänge in Frankreich

Ganz ähnlich wie in England regelte die französische Krone die Verlagsindustrie durch die Gewährung von Veröffentlichungsmonopolen, die zugleich Zensurzwecken dienten. 1789 beseitigte die Revolutionsregierung alle königlichen Privilegien, darunter auch die den Autoren und Verlegern verliehenen. Seither werden die Urheberrechte als ein dem Autor natürlich zufallendes Recht und als gerechte Belohnung für seine Arbeit und Kreativität erachtet. Diese Auffassung spiegelt sich auch in der Menschenrechtserklärung von 1793 wieder. Gegen eine naturrechtliche Auffassung einer Eigentümerschaft des Autors an seinem Werk argumentierten Autoren wie Condorcet für eine freie Zirkulation und Manipulation von Informationen und damit von Wissen als einem Gemeinschaftsbesitz (vgl. Halbert, 1998, Kapitel 2). Tatsächlich enthalten die 1791 und 1793 erlassenen Gesetze über die Autorenrechte, die eine *propriété littéraire et artistique*, einen »literarischen und künstlerischen Besitz« anerkannten, auch instrumentelle Züge, die die ökonomische Effizienz und das öffentliche Interesse berücksichtigen (Guibault, 1997, S. 12).

Auch in Deutschland setzte das Urheberrecht mit obrigkeitlich an Drucker gewährten Privilegien ein, die jedoch durch die kleinstaatliche Struktur einer regen »Raubdruckerei« jenseits der Territorialgrenzen keinen Einhalt gebieten konnten. Die Alphabetisierung immer größerer Teile der Bevölkerung spitzte die ökonomische Problematik zu. Parallel dazu wandelte sich der Begriff des »Autors« grundlegend.[25] Juristen und

24 Urteil des United States Court of Appeals im Verfahren Eric Eldred, et al. v. Janet Reno in ihrer offiziellen Funktion als Generalstaatsanwältin, verhandelt am 5. Oktober 2000, entschieden am 16. Februar 2001, http://pacer.cadc.uscourts.gov/common/opinions/200102/99-5430a.txt

25 Zum paternalen Konzept des Autors (der Mann als Gebährer und das Buch als sein Kind) und dem Auschluss weiblicher Autorenschaft vgl. Halbert, 1998, Kapitel 2.

Anfänge in Deutschland

Philosophen von Hegel und Kant (1987) bis Fichte bemühten sich um eine Gesamtschau des Problems und fanden ihre Hauptargumente in dem auf John Locke zurückgehenden Konzept des Naturrechts. Gegen Ende des 18. Jahrhunderts setzte sich die Idee eines geistigen Eigentums des Urhebers am Ausdruck seiner Ideen durch, zunächst als Hilfskonstruktion zur Begründung der Verlegerrechte an den von ihnen hergestellten physikalischen Vertriebsstücken, den Büchern, bald jedoch mit der Person des Urhebers im Zentrum. In der Debatte um die dogmatische Erfassung von Wesen und Inhalt des Urheberrechts, an der sich zahlreiche Intellektuelle beteiligten, setzte sich ein Modell durch, das den Schöpfungsakt des Urhebers ins Zentrum stellte.

Da das Problem des grenzüberschreitenden Büchernachdrucks noch immer nicht behoben war, drängte das Verlagskapital zu Beginn des 19. Jahrhunderts auf eine gesamtdeutsche Regelung. Preußen, dessen Verleger am meisten unter den »Raubdrucken« ihrer süddeutschen Kollegen zu leiden hatten, tat sich dabei besonders hervor. Es schuf 1837 mit dem »Gesetz zum Schutze des Eigenthums an Werken der Wissenschaft und Kunst in Nachdruck und Nachbildung« das ausführlichste und modernste Urheberrechtsgesetz seiner Zeit. 1870 wurde die erste gesamtdeutsche Regelung erzielt, das »Gesetz betr. das Urheberrecht an Schriftwerken, Abbildungen, musikalischen Kompositionen und dramatischen Werken«. Es stützte sich auf die Tradition des römischen Rechts sowie auf das Naturrecht und zog weder ein öffentliches Interesse noch einen besonderen pekuniären Anreiz für das kreative Schaffen in Betracht. 1901 wurde das »Gesetz betr. das Urheberrecht an Werken der Literatur und der Tonkunst« erlassen, das erst 1965 durch das noch heute geltende »Gesetz über Urheberrecht und verwandte Schutzrechte« (UrhG) abgelöst wurde. Ebenfalls 1901 folgten das Verlagsgesetz sowie 1907 das Kunsturhebergesetz. Das Sozialstaatsprinzip motivierte in den ersten beiden Jahrzehnten des 20. Jahrhunderts einen besonderen Schutz des Urhebers als wirtschaftlich und sozial schwächere Partei gegenüber dem Vertragspartner.

Unterschiede der beiden Traditionen

Der Hauptunterschied zwischen Copyright- und Droit d'auteur-Tradition liegt in der Stellung des Urhebers zu seinem Werk. In den Copyright-Ländern können (und werden in der Regel auch) die Copyright-Rechte vollständig an einen Verwerter übertragen. In den Ländern des Autorenrechts bleibt auch nach weitestgehendem Verkauf der Nutzungsrechte ein unzertrennliches Band zwischen Urheber und Werk bestehen. Das Urheberrecht unterscheidet die Rechte des Urhebers an seiner geistigen Schöpfung und die abgeleiteten Rechte der Verwerter und Mittler des Werkes, die diese vom Urheber erhalten können. Das Urheberrecht selbst ist nicht übertragbar. Die einzige Ausnahme bildet sein Übergang auf die Erben mit dem Tod des Urhebers (§ 28 u. 29 UrhG). Dritten werden allein die Nutzungsrechte eingeräumt.

Das Werk

Die Regulierungseinheit ist in beiden Fällen das »Werk«. Das deutsche Urhebergesetz definiert es als eine »persönliche geistige Schöpfung« (§ 2 Abs. 2 UrhG). Da Schöpfung individuellen Geist voraussetzt, schützt es kein korporativ produziertes Wissen, sondern ausschließlich das von einzelnen oder mehreren (§ 8 UrhG) Individuen. Ein Werk muss einen geistigen Gehalt aufweisen. Für Musikwerke z.B. gilt, dass die »Handschrift« des Arrangeurs, sein Stil und sein Temperament spürbar sein müssen.[26] Die erforderliche Schöpfungs- oder Gestaltungshöhe findet ihre Grenze im »handwerklichen Durchschnittskönnen« und der Arbeit eines »Durchschnittsgestalters«.[27] Ein rein handwerkliches, mechanisch-technisches Zusammenfügen des Materials liegt außerhalb der urheberrechtlichen Schutzfähigkeit. Diese Grenze wird ihrerseits eingeschränkt durch das Konstrukt der »kleinen Münze«, demzufolge auch ein geringes Maß an Individualität einen Schutz begründet.

Ein Werk muss in beiden Traditionen in einer für andere Menschen sinnlich wahrnehmbaren Form Ausdruck gefunden haben. Ideen sind in jeder, auch in juristischer Hinsicht frei.[28] Die Lehre von der Dichotomie von schutzfähiger Form und prinzipiell nicht schutzfähigem Inhalt ist komplex. Der informative Gehalt eines Werks wird von seinem konkret verkörperten Ausdruck unterschieden. Die Gedanken des Schöpfers müssen sinnlich wahrnehmbar in der Außenwelt in Erscheinung treten, um zum Gegenstand des Rechtsverkehrs werden zu können, doch zugleich ist die Identität des Werkes nicht von einem spezifischen medialen Träger abhängig. »Werk« im Sinne des Urhebergesetzes ist der vom sinnlich wahrnehmbaren Träger ablösbare geistige Gehalt (vgl. Ulmer, 1980, S. 12). Ob z.B. ein Foto optochemisch erzeugt und dann gescannt oder direkt digital aufgezeichnet wird, berührt den Werkbegriff nicht. Ebensowenig, ob ein Musikstück in Form einer Schellackplatte oder einer MP3-Datei »verkörpert« ist. Heute ist die Form-Inhalt-Dichotomie weithin ersetzt durch die von Eugen Ulmer eingeführte Unterscheidung zwischen individuellen Zügen eines Werkes und dem darin enthaltenen Gemeingut (vgl. ebd., § 19 IV).

---

26 Urteil des Berliner Landesgerichts vom 31. März 1998 (Nr. 16.0.639/97).

27 Vgl. BGH-Urteil »Inkassoprogramm« GRUR 1985, 1041–1047.

28 Vgl. die Unterscheidung von *expression* und *idea* im US-Copyright Act, Sec. 102 b; http://www.loc.gov/copyright/title17/

Vermögensrechte

Das Urheberrecht der Autorin an ihrem Werk ist tatsächlich ein ganzes Bündel von Rechten. Ein Teil davon sind die Nutzungsrechte: das Recht auf Vervielfältigung, auf Verbreitung, öffentliche Wiedergabe, Übersetzung, Sublizenzierung usw. Der Urheber räumt in der Regel einen Teil oder alle diese Rechte zur einfachen oder ausschließlichen Verwertung einem Verlag ein. Sie können räumlich, zeitlich oder inhaltlich beschränkt eingeräumt werden (§ 32 UrhG). Im Verlagsvertrag müssen die eingeräumten Nutzungsarten einzeln aufgeführt werden, sofern sie eigenständig verkehrsfähige Nutzungsarten betreffen, z.B. ein Buch und seine Übersetzung. Andernfalls ist die Einräumung der Nutzungsrechte auf den vereinbarten Nutzungszweck beschränkt (§ 31 Abs. 5 UrhG). Zum Zeitpunkt des Vertragsabschlusses noch nicht bekannte Nutzungsarten können nicht eingeräumt werden. Verpflichtungen hierzu sind unwirksam (§ 31 Abs. 4 UrhG), d.h. der Urheberschutz relativiert auch die Maximen der Vertragsfreiheit. Im Zweifel verbleibt dem Urheber das Recht der Einwilligung (§ 37 UrhG). Als Zeitungsverlage begannen, ihre Bestände auf CD-ROM und in Online-Datenbanken zweitzuverwerten, hätten sie also für jeden Jahrgang vor der Einführung dieser eigenständig verkehrsfähigen Nutzungsart mit jedem Autor darin enthaltener Artikel einen neuen Vertrag abschließen müssen. Die Auseinandersetzung der IG-Medien, des DJV und der VG Wort mit den Verlegern über die Einhaltung dieser Verpflichtung dauern derzeit noch an. Nach einem umstrittenen Urteil zur Videozweitauswertung von Kinofilmen gilt diese nicht als eigenständig.

Persönlichkeitsrechte

Ein weiteres Bündel neben den vermögensrechtlichen sind die so genannten moralischen oder Urheberpersönlichkeitsrechte. Im Berner Urheberrechtsabkommen (s.u.) heißt es dazu: »Unabhängig von den wirtschaftlichen Rechten des Urhebers und selbst nach Übertragung der besagten Rechte, soll der Urheber das Recht haben, die Autorenschaft an seinem Werk zu beanspruchen und Einspruch gegen jegliche Entstellung, Verzerrung oder sonstigen Eingriffe in oder herabsetzende Handlungen in Bezug auf das besagte Werk zu erheben, die sich nachteilig auf seine Ehre oder seinen Ruf auswirken könnten« (Art. 6 bis Ziff. 1).

Das deutsche Urhebergesetz umfasst entsprechend das Recht auf Urheberbezeichnung und Werkintegrität. »Der Urheber hat das Recht auf Anerkennung seiner Urheberschaft am Werk. Er kann bestimmen, ob das Werk mit einer Urheberbezeichnung zu versehen und welche Bezeichnung zu verwenden ist« (§ 13 UrhG). »Der Urheber hat das Recht, eine Entstellung oder eine andere Beeinträchtigung seines Werkes zu verbieten, die geeignet ist, seine berechtigten geistigen oder persönlichen

Interessen am Werk zu gefährden« (§ 14 UrhG). Das weit gefasste Werkintegritätsrecht schließt auch die Darstellung des Werkes in einem vom Urheber unerwünschten Sachzusammenhang ein. Will z.B. der derzeitige Besitzer das Bild eines antifaschistischen Malers in einer den Nationalsozialismus verherrlichenden Ausstellung zeigen, so kann der Urheber dies verbieten. Ferner kann er ein Nutzungsrecht gegenüber dem Inhaber zurückrufen, wenn sich seine in dem Werk zum Ausdruck kommenden Überzeugungen geändert haben (§ 42 UrhG). Das wichtigste Persönlichkeitsrecht des Urhebers, das allen weiteren zu Grunde liegt, ist es zu bestimmen, ob und wie sein Werk zu veröffentlichen ist (§ 12 Ziff. 1 UrhG).

Bis auf das Veröffentlichungsrecht, das mit der Erstveröffentlichung erlischt, wirken diese Rechte nach dem Verkauf von Nutzungsrechten an seinem Werk weiter. Sie bilden ein untrennbares Band zwischen dem Urheber und seinem Werk und erlöschen erst 70 Jahre nach seinem Tod. Das Copyright-Recht kennt keine solchen Konzepte. Mit der Abtretung des Copyrights an einen Verwerter endet die Kontrolle des Autors über sein Werk.

Internationale Regelungen

Während des 19. Jahrhunderts verabschiedeten die meisten Länder Gesetze zum Schutz der einheimischen künstlerischen und industriellen geistigen Güter, also der nationalen kulturellen Artefakte. Zugleich wurde deutlich, dass der wachsende grenzüberschreitende Verkehr von Immaterialgütern eine internationale Regulierung erforderlich machte. 1852 dehnte Frankreich den Urheberschutz auf die Werke der Autoren aller Nationalitäten aus. Die ersten zwischenstaatlichen Verträge waren das »Pariser Abkommen für den Schutz von Industriellem Eigentum« von 1883,[29] mit dem der Schutz von Patenten, Warenzeichen und industriellen Gestaltungen internationalisiert wurden, und das »Berner Abkommen zum Schutz von Werken der Literatur und Kunst« von 1886, das von ursprünglich 14 Staaten unterzeichnet wurde. Kern der Abkommen ist, dass die Unterzeichner den Bürgern der anderen Vertragsländer einen automatischen Schutz ihrer Werke gewähren. Das Berner Abkommen ging aus dem *Droit d'auteur*-Geist hervor. Es setzt keine Anmeldung eines Werkes voraus und erkennt die Urheberpersönlichkeitsrechte an. Dies führte zu einem lang anhaltenden Widerstand der Copyright-Nationen. Erst 1988 traten England und die USA dem Berner Abkommen bei und revidierten ihre Copyright-Gesetze entsprechend, wobei das US-amerika-

Berner Übereinkunft

29 http://www.wipo.int/treaties/ip/paris/

nische Recht noch immer keine moralischen Autorenrechte anerkennt. Die USA, die bis zum Beginn des 20. Jahrhunderts ausländischem geistigen Eigentum keinen Rechtsschutz gewährten, entsenden heute Regierungs- und Handelsmissionen in alle Welt (China, Thailand, Indien, Russland usw.), um dort die Verwertungsrechte der amerikanischen Software-, Musik- und Filmindustrie zu verteidigen. Das Berner Abkommen wurde 1971 grundlegend revidiert (*Revidierte Berner Übereinkunft* (→*RBÜ*))[30] und 1979 noch einmal geändert. Teilgebiete des Urheberrechts erfassen das Rom-Abkommen über den Schutz der ausübenden Künstler, der Hersteller von Tonträgern und der Sendeunternehmen vom 26. Oktober 1961[31] und das Genfer Tonträgerabkommen vom 29. Oktober 1971.[32] Heute sind die meisten Länder der Erde in bilaterale und internationale Abkommen über geistiges Eigentum eingebunden. **RBÜ**

Ein zweites umfassendes internationales Abkommen wurde 1952 in Genf verabschiedet und trat 1955 in Kraft: das Welturheberrechtsabkommen (*Universal Copyright Convention* (UCC)), aktuell in der Pariser Fassung vom 24. Juli 1971. Die RBÜ geht der UCC vor, wenn beide Abkommen anwendbar sind (vgl. Siepmann, 1999, Abs 74-75). Die UCC steht der US-amerikanischen Tradition näher, insofern sie eine Kennzeichnung durch das Coypright-Symbol verlangt. Nach dem Beitritt der USA zum Berner Abkommen hat die UCC an Bedeutung verloren. Für die Durchführung von Verwaltungsaufgaben, die sich aus dem Pariser und dem Berner Abkommen ergaben, wurden Büros eingerichtet. 1893 wurden die beiden zusammengelegt, um das *United International Bureaux for the Protection of Intellectual Property* (BIRPI) in Bern zu etablieren. 1960 zog das BIRPI nach Genf um, um näher an den Vereinten Nationen und anderen dort ansässigen internationalen Organisationen zu sein. Ein Jahrzehnt später wurde, als Folge des Abkommens über die Errichtung der *World Intellectual Property Organization* (→WIPO), das BIRPI in die WIPO umgewandelt. 1974 wurde die WIPO eine Behörde der Vereinten Nationen mit dem Mandat, im Auftrag der Mitgliedsstaaten der UNO Fragen des geistigen Eigentums zu behandeln. Im März 2001 hatten 177 Nationen ihren Beitritt zur WIPO ratifiziert. **UCC** **WIPO**

Die WIPO verabschiedete im Dezember 1996 zwei Richtlinien zu Autorenrechten in digitalen Medien, den *WIPO Copyright Treaty* (WCT)[33] und den *WIPO Performances and Phonograms Treaty* (WPPT),[34] die nun

30 http://www.wipo.int/treaties/ip/berne/
31 http://www.wipo.int/treaties/ip/rome/
32 http://www.wipo.int/treaties/ip/geneva/
33 http://www.wipo.int/treaties/ip/copyright/
34 http://www.wipo.int/treaties/ip/performances/

nach und nach in den nationalen Gesetzgebungen umgesetzt werden. Ebenfalls 1996 trat die WIPO in ein Kooperationsabkommen mit der Welthandelsorganisation (WTO) ein. Als Teil des Übereinkommens zur Errichtung der Welthandelsorganisation hatte die WTO 1994 das Abkommen über *Trade-Related Aspects of Intellectual Property Rights* (TRIPS)[35] verabschiedet.

TRIPS

Auch die Europäische Union bemüht sich um eine »Harmonisierung« der Urheberrechte der Mitgliedsländer mit dem Ziel, einen *Single Market* für neue Produkte und Dienstleistungen der Informationsgesellschaft zu schaffen, die auf geistigem Eigentum beruhen. In Europa stehen nur die Rechtsordnungen Großbritanniens und Irlands in der Tradition des *Copyrights*, während die übrigen 13 Staaten die *Droit d'auteur*-Philosophie vertreten, doch stehen Ersteren mächtige Vertreter des *Common Law*-Rechtskreises zur Seite, allen voran die USA. Eine europaweite Harmonisierung wird ferner dadurch erschwert, dass für das Urheberrecht in sechs Ländern die Justizministerien zuständig sind, in sechsen die Kulturministerien und in dreien die Wirtschaftsministerien.

EU-Urheberrechts-Richtlinie

1995 verabschiedete die EU das *Green Paper on Copyright and Related Rights in the Information Society*,[36] dem 350 Eingaben von interessierten Parteien folgten. Eine Konferenz in Florenz im Juni 1996 bildete den Abschluss des Konsultationsverfahrens. Seither arbeitete die Generaldirektion Binnenmarkt (vormals DG XV) an dem Richtlinienentwurf, der auch die Umsetzung der beiden »Internet-Abkommen« der WIPO von 1996 berücksichtigen muss. Am 21. Januar 1997 legte die Kommission dem Parlament und dem Rat einen Vorschlag für eine »Richtlinie des Europäischen Parlaments und des Rates zur Harmonisierung bestimmter Aspekte des Urheberrechts und der verwandten Schutzrechte in der Informationsgesellschaft« vor. Das Parlament billigte den Vorschlag im Februar 1999 mit den von ihm vorgenommenen Änderungen,[37] doch seine Verabschiedung verzögerte sich noch um mehr als zwei Jahre. Zu den Kernpunkten, über die lange keine Einigkeit erzielt werden konnte, gehören die Schranken des Urheberrechts unter digitalen Bedingungen und der Schutz der technischen Mittel zur Durchsetzung von Copyright-Rechten. Am 9. April 2001 schließlich erließ der EU-Ministerrat die Urheberrechtsrichtlinie, die nun innerhalb von 18 Monaten von den Mit-

---

35 http://www.wto.org/english/tratop_e/trips_e/t_agm1_e.htm

36 http://www.gn.apc.org/media/eugp.html

37 *Amended proposal for a Directive on copyright and related rights in the Information Society* (21 May 1999), http://europa.eu.int/comm/internal_market/en/intprop/intprop/news/copy2de.pdf

gliedsstaaten in nationales Recht umgesetzt werden muss.[38] Sie beinhaltet unter anderem eine abschließende fakultative Liste der Ausnahmen vom Urheberrechtsschutz, zu denen auch private Vervielfältigungen gehören, und die Gewähr, dass solche Ausnahmen von Schulen, Bibliotheken usw. auch dann in Anspruch genommen werden können, wenn die Werke in Kopierschutz- und Rechtekontrollsysteme eingekapselt sind. Damit ist die erste Generation von Harmonisierungsrichtlinien der EU abgeschlossen.

Neben WIPO, WTO und EU sind die G-8 Konferenzen zur Informationsgesellschaft ein weiteres Forum für Diskussionen und Verhandlungen über die internationale Angleichung der Urheberrechtsregularien. Zunehmend verlagert sich die Gesetzgebungsinitiative im Bereich des intellektuellen und industriellen Eigentums auf die globale Bühne. Vor allem durch die globalen Informationsflüsse im Internet wird die Notwendigkeit gesehen, die Gesetzgebung weltweit anzugleichen.

Balance

Auch wenn geistige Güter einen ähnlichen Eigentumscharakter annehmen wie materielle, bleiben doch wesentliche Unterschiede. Anders als bei Sachen bedarf es bei der Bestimmung immaterieller Rechte der Abwägung zwischen den Interessen der Öffentlichkeit an einer weitgehenden Informationsfreiheit und dem Bedürfnis nach der Schaffung exklusiver individueller Informationsnutzungsrechte, die schöpferische Leistungen belohnen und Anreiz für Innovation geben sollen, zwischen Informationsfreiheit und Urheberrecht.

Zwei geschützte Interessen: Öffentlichkeit und Autoren

Wer eine Einführung ins Immaterialrecht zur Hand nimmt, wird bald auf den Begriff der »Balance« stoßen. Auf der einen Waagschale liegen die Interessen der Öffentlichkeit und auf der anderen die der Urheber respektive der Besitzer von Copyright-Rechten. Die beiden Seiten des Gleichgewichts, das es immer wieder neu zu erzielen gilt, finden sich in vielen Rechtsquellen. Die Allgemeine Menschenrechtserklärung der Vereinten Nationen umreißt sie in Artikel 27 wie folgt: »(1) Jeder hat das Recht, am kulturellen Leben der Gemeinschaft frei teilzunehmen, sich an

38 Kurze Zusammenfassung: »Kommission begrüßt Richtlinie zum Urheberrecht in der Informationsgesellschaft« (9. April 2001), http://europa.eu.int/comm/internal_market/de/intprop/news/copyright.htm; Volltext der Richtlinie: http://europa.eu.int/comm/internal_market/en/intprop/news/com29de.pdf

den Künsten zu erfreuen und am wissenschaftlichen Fortschritt und dessen Errungenschaften teilzuhaben. (2) Jeder hat das Recht auf Schutz der geistigen und materiellen Interessen, die ihm als Urheber von Werken der Wissenschaft, Literatur oder Kunst erwachsen.«[39]

Der Urheber

Im Grundgesetz der Bundesrepublik Deutschland (GG) sind die beiden Seiten in den Artikeln 5 (Informationsfreiheit) und 14 (Schutz des Eigentums) formuliert. Nach dem Urheberrecht stehen allein dem Urheber die exklusiven Rechte zu, sein Werk zu veröffentlichen, zu verbreiten, zu vervielfältigen, auszustellen und in unkörperlicher Form öffentlich wiederzugeben sowie anderen Personen Nutzungsrechte einzuräumen. Er soll den wirtschaftlichen Vorteil aus seinem geistigen Eigentum ziehen. Die Lehre von der »Stimulanz« durch Entlohnung gehört zu den Grundüberzeugungen, auf denen sowohl das Urheber- als auch das Copyright-Recht basieren. Die Öffentlichkeit ist daran interessiert, dass Autoren ihre Werke öffentlich machen. Doch wenn das Werk die ausschließliche Kontrolle des Autors verlässt, wird es verwundbar gegenüber nicht autorisierter Verwertung. Das Urheberrecht sucht daher die monetären Anreize für den Autor gerade dann zu sichern, wenn er sein Werk öffentlich zugänglich macht.

Die Öffentlichkeit

Als ebenso schützenswert werden die »Interessen der Allgemeinheit an einem ungehinderten Zugang zu den Kulturgütern« angesehen (BVerfGE 31, 229, 230). Wie jedes Eigentum, so unterliegt auch das geistige einer Sozialbindung (Art. 14, Abs. 2 GG). Die ausschließlichen vermögensrechtlichen Ansprüche des Urhebers werden durch überwiegende Bedürfnisse der Allgemeinheit begrenzt. Geistiges Eigentum verpflichtet dazu, optimal zum geistigen, kulturellen und kulturwirtschaftlichen Fortschritt beizutragen. Ein »überwiegendes Bedürfnis der Allgemeinheit« besteht in dem ungehinderten Zugang zu Informationen. Dem hat der Gesetzgeber durch eine Reihe von Ausnahmeregelungen entsprochen, die das Urheberrecht beschränken.

Das Urheberrecht ist ein »Sozialvertrag« über die Rechte von Autoren, von Rezipienten und der allgemeinen Öffentlichkeit. Auf seiner Grundlage muss eine Balance zwischen einem Ausschließlichkeitsrecht des Autors und einem Allgemeininteresse an einer möglichst weitgehenden Partizipation an Informationen, Ideen, Forschungsergebnissen und künstlerischen Schöpfungen erzielt werden. Im Streitfall muss der Gesetzgeber die beiden Verfassungsgüter abwägen. Urheberrechtliches Schaf-

39 Allgemeine Erklärung der Menschenrechte, http://www.un.org/Depts/german/sonderli/ar217a3.htm

fen basiert auf der Ausübung der Informationsfreiheit. Ohne die Auseinandersetzung mit vorhandenen geistigen Werken wäre eine Weiterentwicklung in Wissenschaft, Kunst und Literatur nicht möglich. Freie Information sichert daher Fortschritt und Bildung.

Das zweckgebundene Copyright

Die gleiche Vorstellung einer Balance herrscht auch in den Copyright-Ländern. In der US-Verfassung heißt es in Art. 1 Ziff. 8: »Der Kongress soll die Macht haben, den Fortschritt der Wissenschaft und der nützlichen Künste zu fördern, indem er Autoren und Erfindern für eine begrenzte Zeit das ausschließliche Recht an ihren entsprechenden Schriften und Entdeckungen sichert.«[40] Loren weist darauf hin, dass es sich um die einzige von 18 Klauseln handelt, die ein Mittel (*für eine begrenzte Zeit das Recht sichert ...*) an einen ausdrücklichen Zweck (*den Fortschritt zu fördern ...*) bindet. Den Gründervätern sei nicht nur jede Form von Monopol verdächtig gewesen, auch die Geschichte des Copyright als Instrument der Zensur in England sollte in den USA nicht fortgeschrieben werden: »Sie haben daher den Zweck des Copyright ausdrücklich definiert: nämlich den Fortschritt von Wissen und Bildung zu fördern« (LOREN, 2000). Im gleichen Sinne schreibt auch Elkin-Koren:

> *»Die Verfassung berechtigt den Kongress, den Urhebern Rechte nur in dem Umfang zu bewilligen, der den Grundsätzen der Wissens- und Bildungsförderung dient. Die Autorität der Verfassung gewährt den Urhebern keine privaten Eigentumsrechte an ihren Werken. Der Kongress hat den Auftrag, die Rechte der Urheber nur als Mittel zum Zweck zu schützen und nur in dem Umfang, in dem ein solcher Schutz dem Verfassungsziel der Fortschrittsförderung dient. Folglich sind alle Rechte und kommerziellen Erwartungen Einzelner von instrumentellem Charakter und nur zum Nutzen des Fortschritts geschützt. Anders ausgedrückt sind die den Urhebern gewährten Rechte bedingte Rechte, die von ihrer instrumentellen Rolle bei der Steigerung von Wissen und Bildung abhängen. Deshalb vermittelt das Copyright-Gesetz zwischen zwei sich widersprechenden öffentlichen Interessen: dem öffentlichen Interesse, die Erzeugung von Information zu motivieren und dem öffentlichen Interesse, einen maximalen Zugang zu Information zu gewährleisten«* (ELKIN-KOREN, 1997).

In den *Droit d'auteur*-Ländern ergibt sich eine Beschränkung der Rechtsposition des Urhebers aus der Sozialpflichtigkeit des Eigentums. Die so

40 http://www.nara.gov/exhall/charters/constitution/constitution.html

Die Schranken des Urheberrechts

genannten Schranken des Urheberrechts (§ 45 ff.) betreffen u.a. die Nutzung von geschützten Werken in der Rechtspflege, im Kirchen- Schul- und Unterrichtsgebrauch (§ 46 UrhG) und in der Berichterstattung (§ 50). Journalisten gehören zu den von den Schranken Privilegierten, da sie einen öffentlichen Informationsauftrag haben. Die Wiedergabe von öffentlichen Reden (§ 48) und die Verwendung von Zitaten (§ 51), ausdrücklich auch für Zwecke von Kritik und Parodie – die die Rechteindustrie selten freiwillig lizenzieren würde –, ist erlaubt. Im Rahmen der aktuellen Berichterstattung dürfen in begrenztem Umfang auch Werke der bildenden Kunst reproduziert werden, ohne dass der Urheber hierzu seine Einwilligung geben muss. Ebenfalls ist es zulässig, ein Werk, das sich bleibend im öffentlichen Raum befindet, (zweidimensional) zu vervielfältigen. Bibliotheken haben für ihren öffentlichen Informationsauftrag ein Verleihrecht für alle veröffentlichten Werke (§ 17 Ziff. 2). Auch wissenschaftlichen Nutzungen räumt das Urhebergesetz einen besonderen Status ein. Die zitatweise Publikation von Werken in wissenschaftlichen Arbeiten ist zugestanden. Für wissenschaftlich-technische Werke gilt der Grundsatz der Freiheit wissenschaftlicher Gedanken und Lehren, wonach diese Gegenstand der freien geistigen Auseinandersetzung bleiben müssen. Die Form ist grundsätzlich schützbar, doch darf der Schutz nicht zu einer Monopolisierung der darin enthaltenen wissenschaftlichen Gedanken und Lehren führen (vgl. Saacke, 1998, S. 35 f).

Privatkopien sind erlaubt …

Schließlich ist es ohne Einschränkung der Nutzergruppe zulässig, einzelne Vervielfältigungsstücke eines Werkes zum privaten Gebrauch herzustellen. Eingeschlossen sind Fotokopien aus Büchern und Zeitschriften und die Audio- oder Videoaufzeichnung von durch Funk gesendeten Werken. Ausgenommen ist die Vervielfältigung von Noten und von vollständigen Büchern oder Zeitschriften, soweit sie nicht durch Abschreiben vorgenommen wird oder zu Archivzwecken geschieht, wenn als Vorlage für die Vervielfältigung ein eigenes Werkstück benutzt wird oder wenn es sich um ein seit mindestens zwei Jahren vergriffenes Werk handelt. In diesen Fällen ist die Einwilligung des Berechtigten einzuholen (§ 53). Die Ausnahme von der Ausnahme stellt Computersoftware dar: »Sowohl der Bundestag als auch die Organe der EU haben eine solche Schranke wegen der besonderen Anfälligkeit des Softwarewerkes für Urheberrechtsverletzungen abgelehnt« (Metzger/Jaeger, 1999, S. 841). In allen anderen genannten Fällen gilt eine gesetzliche oder Zwangslizenz zur Vervielfältigung als erteilt, die jedoch nicht vergütungsfrei ist.

Eine Vergütungspflicht für die genannten freien Nutzungen besteht für den Hersteller oder Importeur von Geräten zur Bild- und Tonaufzeichnung und Ablichtung, von Leermedien wie Audio- und Videokassetten sowie für den Betreiber von Fotokopiergeräten (§ 54 u. 54a). In den meisten Fällen sind Kopien ohne die Einholung einer ausdrücklichen Erlaubnis (Lizenz) des Rechteinhabers erlaubt. Die im Kaufpreis enthaltene gesetzlich festgelegte Pauschalgebühr (Anlage zum UrhG), z.B. zwei Pfennige pro A4-Fotokopie, wird von einer Verwertungsgesellschaft eingezogen und an die berechtigten Autoren ausgeschüttet.[41] Die Vergütungspflicht für die öffentliche Wiedergabe entfällt für Veranstaltungen der Jugend- und Sozialhilfe, der Alten- und Wohlfahrtspflege, der Gefangenenbetreuung sowie für Schulveranstaltungen, sofern sie nach ihrer sozialen oder erzieherischen Zweckbestimmung nur einem bestimmten abgegrenzten Kreis von Personen zugänglich sind (§ 52).

... aber nicht vergütungsfrei

Die Copyright-Rechtssysteme haben für die nicht gewerbliche private Vervielfältigung in geringem Umfang eine andere Lösung gefunden. Hier muss grundsätzlich fast jede Nutzung lizenziert werden. Ausnahmen vom Copyright-Schutz begründen sich in einem öffentlichen Interesse und einem Marktversagen. Da die Lizenzierungspflicht an praktische Grenzen stößt, es z.B. mit unzumutbarem Aufwand verbunden wäre, wenn man für die Anfertigung einer Fotokopie aus einem Buch den Rechteinhaber ausfindig machen und einen Nutzungsvertrag mit ihm aushandeln müsste, oder ein Rechteinhaber für Zitate in der kritischen Berichterstattung über eine Neuerscheinung keine Genehmigung erteilen möchte, hat sich das Konzept des *Fair Use* etabliert. Bereits kurz nach der Verabschiedung des *Act of Anne* 1709 erkannten die britischen Gerichte bestimmte nicht autorisierte Reproduktionen von copyrightgeschütztem Material, sofern sie der öffentlichen Bildung und Anregung geistiger Produktionen dienen, als *Fair Abridgement* und später als *Fair Use* an (vgl. Guibault, 1997, S. 16).

Im Copyright: Fair Use

Die US-amerikanische *Fair Use*-Doktrin[42] hat ihren Ursprung in dem Gerichtsstreit Folsom gegen Marsh von 1841. Dabei ging es um die Verwendung von Privatbriefen George Washingtons in einer fiktionalisierten Biographie des Präsidenten ohne Genehmigung des Eigentümers der Briefe. Das Gericht entschied, dass es sich nicht um einen Copyright-Verstoß handle. In seiner Begründung stellte Richter Storey fest: »Kurzum, bei der Entscheidung solcher Fragen müssen wir immer wieder einen Blick auf die Ursprünge und die Gegenstände der vorgenommenen Auswahl werfen, auf die Menge und den Wert der verwendeten Materialien und auf den Grad, mit welchem die Verwendung den Verkauf des Ori-

41 S.u. unter »Akteure: Verwertungsgesellschaften«

42 Für eine Ressourcensammlung zum Thema s. http://fairuse.stanford.edu/

ginalwerkes beeinträchtigt, dessen Profit mindert oder aber dieses ersetzt« (nach BRENNAN, o.J.).

England, Australien, Neuseeland und Kanada haben die *Fair Dealing*-Verteidigung für Vervielfältigungen zum Zwecke von Forschung, Bildung, Kritik, Rezension und Berichterstattung in ihren Copyright-Gesetzen kodifiziert.[43] Die USA nahmen die *Fair Use*-Doktrin 1976 in den U.S. Copyright Act auf. Er geht über die entsprechenden Bestimmungen in den Commonwealth-Ländern hinaus, die Liste der *Fair Use*-Zwecke ist offen (§ 107 U.S.C.). Zur gerichtlichen Feststellung, ob eine gegebene Nutzung fair war, gibt das Gesetz eine ebenfalls offene Liste von vier Kriterien vor, die an Richter Storeys Merkmale erinnern.[44] Die dem Richter aufgetragene Interpretation dieser *Fair Use*-Kriterien hat im Laufe der Jahre einen inkonsistenten Korpus von Fallrechtsurteilen hervorgebracht. Die Entscheidungen werden nicht von durchgängigen Prinzipien geleitet, sondern scheinen intuitive Reaktionen auf individuelle Tatsachenmuster zu sein, bei denen häufig das Gewicht auf den Schutz des Privateigentums gelegt wird (vgl. GUIBAULT, 1997, S. 18).

Zwei Antworten auf die Privatkopie

Die beiden Rechtssysteme haben also zwei verschiedene Lösungen für das Problem von privaten Kopien hervorgebracht. Das Copyright wählte eine generelle Lizenzierungspflicht plus gebührenfreiem *Fair Use*. Das *Droit d'auteur* entschied sich für eine Zwangslizenzierung plus Pauschalabgaben. Während die Urheberrechtsausnahmen unumstritten sind (problematisch werden sie allerdings bei digitalen Werkstücken und Online-Nutzungen; dazu s.u.) gibt es in den USA eine andauernde Debatte über den Status des *Fair Use*. Einige Rechtsgelehrte sehen darin ein positives Recht, während andere es nur für eine Abhilfe gegen Marktversagen halten, dessen Rechtfertigung mit neuen technischen Mitteln zur einfachen Lizenzierung entfällt. Diese Debatte wird in den beiden fol-

---

43 Gelegentlich findet sich der Begriff auch in Autorenrechtsländern. So bekräftigte das Niederländische Verfassungsgericht in einer Entscheidung, dass das niederländische Urheberrecht zusätzlich zu den rechtlichen Einschränkungen des Urheberrechts auch eine Fair-Use-Doktrin kenne. (*Parfums Christian Dior SA v Evora BV*, Supreme Court of the Netherlands, 20 October 1995, nr. 15735.)

44 »In die Entscheidung, ob die Nutzung eines Werkes im jeweiligen Fall einen *Fair Use* darstellt, sollen folgende Punkte eingehen – (1) Zweck und Charakter der Nutzung, einschließlich der Frage, ob die Nutzung kommerzieller Art ist oder gemeinnützigen Bildungszwecken dient; (2) die Art des urheberrechtlich geschützten Werkes; (3) Umfang und Ausmaß der genutzten Ausschnitte im Verhältnis zum urheberrechtlich geschützten Werk als Ganzem und (4) die Auswirkung der Nutzung auf den potenziellen Markt für das urheberrechtlich geschützte Werk und auf seinen Wert. Die Tatsache, dass ein Werk unveröffentlicht ist, soll allein nicht ausschließen, dass auf einen *Fair Use* erkannt wird, wenn bei einer solchen Entscheidung alle oben genannten Faktoren Berücksichtigung finden«(§ 107 U.S.C.).

genden Kapiteln über Digitalmedien und ihre Herausforderungen an das Recht wieder aufgegriffen.

Beide Rechtssysteme kennen weitere Einschränkungen. Dazu gehört die Erstverkaufsdoktrin: Wer ein Werkstück (ein Buch, eine Schallplatte, ein Computerprogramm) rechtmäßig erworben hat, darf es ohne Erlaubnis des Urhebers weiterverkaufen.[45] Weitere Mittel zur Sicherung des öffentlichen Interesses und gegen den Missbrauch von Urheberrechten durch die Rechteinhaber finden sich in den Verfassungen, im Zivilrecht, im Verbraucherschutz sowie im Wettbewerbsrecht (vgl. Guibault, 1997, S. 19 ff).

Ideen sind frei

Die grundlegendste Einschränkung gibt jedoch das Urheberrecht/Copyright selbst vor. Es sind dies die Freiheit der Ideen (des informativen Gehalts eines Werkes) und die, verglichen mit dem Sachenrecht, ungewöhnliche zeitliche Begrenzung der Schutzes. Darin drückt sich eine Anerkenntnis der Gesetzgeber aus, dass jede individuelle Schöpfung aus dem unermesslichen Bestand allen vorangegangenen Wissens hervorgekommen ist und dorthin zurückkehren wird. Ein einzelnes Werk – und sei es noch so genial – ist nicht mehr als ein Kräuseln auf dem Meer des kollektiven Wissens. Dagegen werden Monopolrechte nur zugestanden, um die Autorin in die Lage zu versetzen, weitere Werke zu schaffen. Vor diesem Hintergrund ist bereits die Ausdehnung der Schutzfrist über den Tod hinaus fragwürdig, da in der Regel auch größere Einnahmen Tote nicht dazu bewegen können, neue Werke zu schaffen. Da seit den ersten Schutzfristen von 28 Jahren nach Schöpfung die Umschlags- und Verfallsgeschwindigkeit des Wissens erheblich zugenommen hat, wäre eigentlich zu erwarten, dass auch die Schutzfristen kürzer werden. Tatsächlich zeigt die kontinuierliche Ausweitung der Schutzfrist in Deutschland und den USA auf 70 Jahre nach Tod des Autors, dass es nicht um die Interessen der Autorinnen oder der Öffentlichkeit geht, sondern um diejenigen der Rechteindustrie. Sie ist Teil einer generellen Tendenz der Verschiebung des Urheberrechts/Copyrights als einer Interessensabwägung der verschiedenen beteiligten Parteien hin zu einem Investitionsschutz.

Die Balance muss immer wieder neu gefunden werden

Die Balance ist ein bewegliches Ziel. Urheberrechtliche »Werke«, also der Ausdruck von schöpferischen Ideen ist an Medien gebunden, und diese haben sich in den vergangenen 100 Jahren mit einer rasanten Dynamik verändert. Entsprechend verschiebt sich die daraus jeweils resul-

45 Expliziert nur im Abschnitt zu Computerprogrammen, s. § 69c Nr. 3 UrhG.. Eine Ausnahme stellt das so genannte Folgerecht am Original eines Werkes der bildenden Künste dar, bei dessen Weiterveräußerung durch einen Kunsthändler oder Versteigerer dem Urheber ein Anteil von fünf Prozent am Veräußerungserlöses zusteht (§ 26 UrhG).

tierende Allokation von Rechten zwischen Eigentümer und Nutzer. Erkki Liikanen, EU-Kommisar für die Informationsgesellschaft skizziert die aktuelle Situation so:

> »*Wenn wir zu viele Barrieren errichten, wird sich der gesamte Sektor nicht entwickeln. Es wird keine Märkte geben. Das andere Risiko ist, dass es keine Lizenzeinnahmen geben wird. Aber ich denke, dass Lizenzgebühren einmal gezahlt werden sollten. Und wenn man das Werk dann später für private Zwecke nutzt, will man keine zweite Gebühr zahlen. [...] Ich bin sicher, wenn es keinen Markt für Künstler gibt, werden sie die Verlierer sein. Doch wenn Firmen in einem schwerfälligen, mehrstufigen System Tantiemen auf verschiedenen Ebenen bezahlen müssen, dann wird sich darauf keine keine Industrie aufbauen können. Wir alle werden dann verlieren. Was wir also tun müssen, ist, die richtige Balance zu finden*« (nach KREMPL, 4/2000).

Akteure der rechtlichen Ordnung des Wissens

An der Schöpfung, Herstellung, Verbreitung und sonstigen Verwertung von Produkten des geistigen Eigentums sind eine Vielzahl von Menschen beteiligt, von der Autorin über den Toningenieur und den Setzer, den Agenten und die Rechtsanwältin bis zum Zeitungsverkäufer. Es lassen sich jedoch vier Hauptparteien unterscheiden, die auf unterschiedliche Weise am geistigen Eigentum interessiert sind:

1. die Urheber (bei Patenten: Erfinder) mit vermögens- und persönlichkeitsrechtlichen Interessen, die häufig kollektiv durch Verwertungsgesellschaften vertreten werden,
2. die Verwerter und Mittler (Verleger, Bild- und Tonträger-, Software- und Datenbankhersteller, Betreiber von Rundfunk-, Kabel- und Internetdiensten, Betreiber von elektronischen Rechtekontrollsystemen) von Kleinstunternehmen bis zu weltweiten Oligopolen, mit Investitionsschutz- und Vermögensinteressen,
3. die Rezipienten (auch als »Verbraucher« bezeichnet, obgleich im Falle von Wissen ja gerade nichts verbraucht wird) mit einem Interesse an ständig neuer, vielfältiger, kostengünstiger und zugänglicher Information, darunter auch an Kopien für den privaten Gebrauch,
4. die Öffentlichkeit, die an einer freien Zugänglichkeit und einem Austausch und einer kreativen Weiterschreibung von Wissen in Bildung, Bibliotheken, Museen und in der Wissenschaft interessiert ist.

Autorinnen

In der Formationsphase des modernen Systems des geistigen Eigentums im 19. Jahrhundert engagierten sich individuelle Künstler für die Verbesserung der Rolle der Autoren, in der Literatur z.B. Johann Wolfgang Goethe, in der Musik etwa Richard Strauss. Ab den 20er-Jahren des 20. Jahrhunderts motivierte das Sozialstaatsprinzip den Gesetzgeber zu einem besonderen Schutz des Urhebers als der gegenüber den Verwertern wirtschaftlich und sozial schwächeren Partei.

Autoren als Partner ...

Nicht selten werden Autoren mit der Rechteindustrie zusammengedacht, die bei der Verbreitung der Werke auf dem Markt in der Tat gemeinsame Interessen haben. Zumindest die Verwertungsgesellschaften – die ebenfalls nicht mit den Autorinnen gleichgesetzt werden dürfen – stehen in Urheberrechtsfragen häufig Schulter an Schulter mit der Rechteindustrie. Beim Erstverkauf ihrer Werke an die Verlage stehen die Autoren diesen jedoch als Antagonisten gegenüber. Die Rechteindustrie ist nicht kreativ. Sie vermarktet die künstlerischen Werke, für deren Zulieferung sie auf die Autorinnen angewiesen ist. Autoren sind in den seltensten Fällen zugleich Akteure der Rechteindustrie, wie etwa Michael Jackson, der die Rechte an den *Beatles*-Werken erwarb.

... und als Antagonisten der Verwerter

Als Verkäufer und Käufer haben die beiden Seiten entgegengesetzte Interessen: Der Autor möchte einen möglichst hohen Preis für sein Manuskript erzielen, der Verlag möchte ihm möglichst wenig, im Idealfall gar nichts zahlen. Im Buchverlagswesen ist heute in Deutschland ein Autorenanteil von sechs bis acht Prozent des Nettoladenpreises üblich. Nicht selten erhält der Urheber nicht einmal diesen, sondern muss selbst einen Druckkostenzuschuss beibringen. Nur eine Hand voll Bestsellerautorinnen ist in der Position, günstigere Konditionen auszuhandeln. Nimmt man den substanziellen Zweck des Urheberrechts, dem Autor eine Entlohnung zu sichern, um ihn im Interesse der Allgemeinheit zur Schaffung neuer Werke zu stimulieren, beim Wort, so muss man feststellen, dass die Urheberwirklichkeit dieses Ziel nicht einfüllt. Bücherschreiben ist eine brotlose Kunst.

Urhebergewerkschaften

Die Interessen der kreativen Medienkulturschaffenden vertreten Verbände wie der Deutsche Journalisten Verband (DJV) oder die in ver.di aufgegangene Industriegewerkschaft (IG) Medien.[46] Für die Gewerkschaften stehen die Vergütungsinteressen und die Arbeits- und Lebensbedingungen ihrer Mitglieder sowie die tarifvertragliche Gestaltung oder Verbesserung der Konditionen der wachsenden Zahl von Freien und

46 http://djv.de; http://www.igmedien.de/

Selbständigen im Vordergrund. Häufig genug verpflichten Verlage Urheber und ausübenden Künstler, auf Rechte zu verzichten, die ihnen nach dem Urhebergesetz zustehen. Fotografen beispielsweise müssen in vielen Fällen ihr nach Gesetz nicht übertragbares Urheberpersönlichkeitsrecht auf Namensnennung abtreten. Auch die Verträge der Drehbuchautoren und anderer Urheber von Film- und Multimediawerken sehen in der Regel eine Übertragung ihrer Persönlichkeitsrechte vor.[47] Die Gewerkschaften sehen das Urheberrecht als das »Arbeitsrecht« der Autoren und ausübenden Künstler und engagieren sich für ein Urhebervertragsrecht der Kreativen.[48]

Nun klagen auch die Buchverleger über geringe Gewinnmargen trotz Buchpreisbindung. Wie sieht es dagegen in der einnahmestarken Musikindustrie aus? Von 40 Milliarden Dollar pro Jahr sollte doch einiges die Künstler erreichen. Hier gibt es noch weniger als in der Printindustrie verbindliche Richtwerte oder auch nur zuverlässige Zahlen über übliche Praktiken.

Piraten, das sind die Plattenfirmen

In einem Aufsehen erregenden Artikel rechnete die Rocksängerin Courtney Love von der Band *Hole* vor, was Musiker tatsächlich verdienen. Danach verkaufte die Band eine Millionen Platten, die der Plattenfirma einen Profit von 6,6 Millionen Dollar einbrachte und der Band einen von null Dollar: »Was ist Piraterie? Piraterie ist das Stehlen der Arbeit eines Künstlers, ohne die Absicht, dafür zu bezahlen. Ich spreche nicht von *napster*-artigen Systemen. Ich spreche von Verträgen mit großen Plattenfirmen.«[49] Love, die von ihrer Plattenfirma *Universal Records* in einen sieben Jahre andauernden Rechtsstreit verwickelt wurde, bezeichnet Labels als *Gatekeeper*, die ihre Macht aus ihrer Kontrolle über die begrenzte Produktion, die knappe Sendezeit der Radios, die knappe Stellfläche in den Musikgeschäften, kurz, über den Zugang zur Öffentlichkeit beziehen. »Künstler zahlen 95 Prozent von dem, was sie verdienen an *Gatekeeper*, weil wir bislang auf *Gatekeeper* angewiesen waren, damit unsere Musik gehört wird. Sie haben nämlich ein System und wenn sie sich entscheiden, genügend Geld auszugeben – Geld, das ich ihnen dann schulde –, können sie abhängig von einer Menge willkürlicher Faktoren gelegentlich Dinge durch dieses System schleusen.« Dazu gehören diverse markt- und vertragstechnische Faktoren, nicht aber die Musik, nicht der Ge-

47 Die IG Medien hat einige besonders drastische Beispiele solcher Vertragsbedinungen in einer ›Schwarzen Liste‹ zusammengestellt: http://www.igmedien.de/tarif_recht_betrieb/recht/urhebervertragsrecht/uvr_lep.pdf

48 http://www.igmedien.de/tarif_recht_betrieb/recht/urheber vertragsrecht/main.html

49 Love, 6/2000; vgl. auch einen ähnlichen Bericht von Steve Albini, unabhängiger Schallplattenproduzent von Bands wie Nirvana, Albini, o.J.

schmack der Hörer und nicht ein finanzieller Anreiz für den Künstler, sein nächstes Werk zu schaffen. Unter den 273 000 in der *American Federation of Musicians* organisierten Profimusikern, schreibt Love, liege das Durchschnittseinkommen bei etwa 30 000 Dollar im Jahr. Nur 15 Prozent von ihnen könnten ausschließlich von ihrer Musik leben:

> *»Wir Künstler glauben gerne, dass wir eine Menge Geld verdienen können, wenn wir Erfolg haben. Aber es gibt Hunderte Geschichten von 60- und 70-jährigen Künstlern, die pleite sind, weil sie nie einen Pfennig für ihre Hits bekommen haben. Für einen Nachwuchskünstler ist es heute ein langer Weg zum echten Erfolg. Von den 32 000 Neuerscheinungen pro Jahr verkaufen nur 250 mehr als 10 000 Exemplare. Und weniger als 30 bekommen Platin [...] Künstler, die der Industrie Milliarden von Dollar eingebracht haben, sterben arm und unversorgt. Und sie sind nicht etwa Darsteller oder sonstwie sekundär Beteiligte. Sie sind die rechtmäßigen Eigentümer, Urheber und ausübenden Künstler von Originalkompositionen. Das ist Piraterie.«* (LOVE 6/2000)

Mit dem Internet seien die *Gatekeeper* überflüssig geworden. Den Ressourcenmangel, den die Unternehmen verwalten, gebe es nicht mehr. Musiker und Hörer können in direkten Austausch miteinander treten. Zusammen mit ihrer 19-jährigen Webmistress betreibt Love daher ihre eigene Website.

Das Internet macht Gatekeeper überflüssig

> *»Da ich meine Musik im Grunde schon im alten System verschenkt habe, mache ich mir keine Sorgen über MP3-Dateien, Funktechnologien oder irgend welche anderen Bedrohungen meiner Copyrights. Alles, was meine Musik für mehr Menschen verfügbarer macht, ist großartig. [...] Ich werde es Millionen von Menschen erlauben, meine Musik umsonst zu bekommen, wenn sie möchten, und wenn sie sie ihnen gefällt, werden sie hoffentlich so freundlich sein, ein Trinkgeld zu hinterlassen.« (ebd.)*

Wenn die Musiker nur einen kärglichen Anteil an den Ladenverkäufen ihrer Werke erhalten, wie sieht es dann mit den Vergütungen aus, die die Verwertungsgesellschaften von den Plattenfirmen pro Einheit, von den Veranstaltern für Aufführungen und für die Wiedergabe im Rundfunk einziehen und an die Autoren und ihre Verlage weitergeben? Eine Untersuchung der britischen Kartellbehörde über die Auszahlungsstruktur der *Performance Rights Society*, die die Aufführungsrechte in England wahrnimmt, ergab, dass sich auch hier das von der Musikindustrie betriebene Starsystem widerspiegelt. Zehn Prozent der Komponisten erhalten 90 Prozent der Tantiemen.[50] Wie wussten schon die Bremer Stadtmusikanten zu sagen: »Etwas besseres als die Musikindustrie finden wir überall.«

Verwertungsgesellschaften

Die Idee, dass sich Autoren zusammentun, um Verlagsfunktionen in eigener Regie und auf eigene Rechnung zu übernehmen, führte schon Ende des 18. Jahrhunderts zur Gründung erster Selbstverlagsunternehmen (vgl. CZYCHOWSKI, 1998). Das Modell hat sich mit dem »Verlag der Autoren« oder dem »Filmverlag der Autoren« bis heute erhalten.

Kollektive Rechtewahrnehmung

Einmal veröffentlicht, konnten Noten von jedem Kaffeehausorchester gespielt werden, und vor allem das Abspielen der Schallplatte konnte in kommerziellen Etablissements beliebig oft für Tanz und Stimmung sorgen. Einen Tantiemenanspruch auf eine Teilhabe an jeder wirtschaftlichen Nutzung ihrer Werke begannen die Urheber Ende des 19. Jahrhunderts geltend zu machen. Da nun ein Musikautor nicht mit jedem Kaffeehausbesitzer einen Nutzungsvertrag aushandeln konnte, gründeten sich seit der Jahrhundertwende Gesellschaften zur kollektiven Wahrnehmung der Verwertungsrechte der Urheber. Die Musikautoren waren dabei führend, bald folgten entsprechende Gesellschaften auch für literarische Autoren und bildende Künstler.

Verwertungsgesellschaften sind private Einrichtungen, denen zur Wahrnehmung öffentlicher Aufgaben in vielen Ländern eine gesetzliche Monopolstellung zugewiesen wurde. Ihr Charakter liegt zwischen der quasi-gewerkschaftlichen Funktion einer Solidargemeinschaft der Urheberinnen gegenüber den wirtschaftlich stärkeren Verwertern und einer quasi-amtlichen Funktion, die Einhaltung der Meldepflicht von Vervielfältigungsstücken, öffentlichen Aufführungen und – mit dem neuen Medium Radio – auch der Sendung zu kontrollieren. Die Gesellschaft für musikalische Aufführungs- und mechanische Vervielfältigungsrechte (GEMA) wird z.B. gern als »Musikfinanzamt« bezeichnet. Der quasi-gewerkschaftliche Aspekt der Verwertungsgesellschaften als Anwälte der Kreativen und Tarifpartner der Rechtenutzer spricht aus folgendem Satz: »Nur Verwertungsgesellschaften mit einem umfangreichen, möglichst allumfassenden Repertoire sind in der Lage, ein Gegengewicht zur Marktmacht der Werknutzer, die durch die Zusammenschlüsse auf dem globalen Medienmarkt ständig wächst – über 80 Prozent ihrer Schall-

50 In der steil abfallenden so genannten Lorenz-Kurve, nach Kretschmer, 2000.

plattenumsätze macht die GEMA mit nur noch fünf Schallplattenproduzenten–, zu bilden« (vgl. KREILE/BECKER, 1997a, S. 638).

Als Dachverband der Verwertungegesellschaften hat sich 1926 in Paris die *Confédération Internationale des Sociétés d'Auteurs et Compositeurs* (CISAC)[51] gegründet. Heute umfasst sie 161 Mitgliedsorganisationen in 87 Ländern, die mehr als eine Million Urheber (*creators*) mit mehr als 100 Millionen Werken aus den Bereichen Musik, Literatur, Film und bildende Kunst vertreten. 1994 sammelten die CISAC-Mitgliedsgesellschaften Tantiemen und Gebühren in Höhe von etwa fünf Milliarden Dollar ein. In Deutschland unterstehen die Verwertungsgesellschaften der Aufsicht des Deutschen Patentamtes sowie aufgrund ihres, zwar seit 1945 nicht mehr gesetzlichen, aber dennoch faktischen Monopols, dem Bundeskartellamt (§ 18 UrhWahrnehmungsgesetz). Mit der Zunahme der auch für Konsumenten zugänglichen Vervielfältigungstechnologien wie dem Tonband, stellte sich die Frage, ob auch für die Kopien von Werken für den privaten nicht gewerblichen Gebrauch ein gebührenpflichtiger Rechteerwerb erforderlich sei. Das US-amerikanische Rechtssystem bejahte dies, führte aber zugleich die Ausnahmeregelung des vergütungsfreien *Fair-Use* ein. Das kontinentaleuropäische Recht entschied sich, die Herstellung einzelner Vervielfältigungsstücke eines Werkes zum privaten Gebrauch zuzulassen (§ 53 Abs. 1 UrhG), führte aber zugleich eine Pauschalabgabe für Reproduktionsgeräte und Leermedien ein.

CISAC

pauschale Vergütung für Privatkopien

Die grundlegende Novellierung des deutschen »Gesetzes über Urheberrecht und verwandte Schutzrechte« (UrhG) von 1965 etablierte einen Vergütungsanspruch des Urhebers gegenüber dem Hersteller und Importeur von Geräten und Bild- und Tonträgern, die erkennbar zur Vornahme von Vervielfältigungen bestimmt sind (§ 54 UrhG). Diese Rechte der Urheber nehmen kollektiv die GEMA und für den Sprachanteil von Hörfunk- und Fernsehsendungen die Verwertungsgesellschaft (VG) Wort wahr. Ihnen gegenüber sind die Hersteller meldepflichtig. Die Erträge werden an die in ihnen organisierten Autorinnen verteilt. 1985 wurde auch für die Hersteller und Importeure von Fotokopiergeräten sowie für diejenigen, die solche Geräte für die Herstellung von Ablichtungen entgeltlich bereithalten, eine Vergütungspflicht in das Gesetz aufgenommenen (§ 54a UrhG). Wo das Gesetz nur von einer »angemessenen« Vergütung spricht, spezifiziert die Anlage zu Paragraph 54d, Abs. 1 UrhG die Höhe der einzelnen Vergütungen.

Ebenfalls 1965 wurde das »Gesetz über die Wahrnehmung von Urheberrechten und verwandten Schutzrechten« erlassen. Demnach bedürfen

51 http://www.cisac.org

Das Verwertungsgesellschaftsrecht

juristische oder natürliche Personen, die von Urhebern mit der Wahrnehmung ihrer Nutzungsrechte, Einwilligungsrechte oder Vergütungsansprüche beauftragt werden, einer Erlaubnis durch die Aufsichtsbehörde, das Patentamt (§§ 1 und 2 UrhWG). Die Einnahmen sind nach einem öffentlichen Verteilungsplan aufzuteilen, um ein willkürliches Vorgehen ausschließen. Der Verteilungsplan soll dem Grundsatz entsprechen, dass kulturell bedeutende Werke und Leistungen zu fördern sind (§ 7 UrhWG).

Durch ihren Monopolstatus in Bezug auf die von ihr vertretenen Werke hat eine Verwertungsgesellschaft einen Abschlusszwang gegenüber Werknutzern. Die Verwertungsgesellschaft ist verpflichtet, auf Grund der von ihr wahrgenommenen Rechte jedermann auf Verlangen zu angemessenen Bedingungen Nutzungsrechte einzuräumen oder Einwilligungen zu erteilen (§ 11 UrhWG). Die Verwertungsgesellschaft hat Tarife aufzustellen und dabei auf religiöse, kulturelle und soziale Belange der zur Zahlung der Vergütung Verpflichteten einschließlich der Belange der Jugendpflege angemessene Rücksicht nehmen (§ 13 UrhWG). Schließlich soll die Verwertungsgesellschaft Vorsorge- und Unterstützungseinrichtungen für die Inhaber der von ihr wahrgenommenen Rechte oder Ansprüche einrichten (§ 8 UrhWG). Dieser Anspruch auf sozialen Schutz von Künstlern und Publizisten in der Renten-, Kranken- und Pflegeversicherung wurde durch das Künstlersozialversicherungsgesetz (KSVG) von 1983 weiter geregelt.[52]

GEMA[53] – Der Komponist und preußisch-königliche Generalmusikdirektor Richard Strauss rief im Jahre 1903 in Berlin zusammen mit weiteren Komponisten wie Gustav Mahler einen Berufsverband und eine musikalische Verwertungsgesellschaft ins Leben. Aus ihr ging die »Gesellschaft für musikalische Aufführungs- und mechanische Vervielfältigungsrechte« (GEMA) hervor. Heute vertritt sie 45 000 Komponisten, Textdichter und Musikverleger sowie, im Zuge der internationalen Zusammenarbeit, über eine Million ausländische Berechtigte. Im Jahr 2000 nahm sie 1,6 Milliarden Mark ein, 3,4 Prozent mehr als im Vorjahr. 1,3 Milliarden davon wurden an die Berechtigten ausgeschüttet. Die GEMA beansprucht das Alleinvertretungsrecht des gesamten Repertoires ihrer Mitglieder. Diese haben also nicht die Möglichkeit, einzelne Werke nicht bei der GEMA anzumelden und deren Rechte selbst wahrzunehmen. Bei der Verwendung von Musik im Film besteht immerhin ein Rückfallrecht an

---

52 http://www.kuenstlersozialkasse.de/
53 http://www.gema.de/

den Autor. Werden Songs online verkauft, müssen die üblichen zwölf Prozent des Verkaufspreises an die GEMA abgeführt werden. Fragwürdig ist jedoch, dass auch Musiker, die ihre eigenen Stücke kostenlos zu Werbezwecken ins Internet stellen, Abgaben an die GEMA leisten sollen. Dadurch sieht der »Deutsche Rock- & Pop-Musikerverband«, der die Interessen von 70 000 deutschen Bands vertritt, die Möglichkeiten von Musikern im Internet stark eingeschränkt. Ihr Sprecher rechnete vor, dass Bands mit 2 000 Mark jährlichen Vorauszahlungen rechnen müssten, wenn sie pro Jahr zehn ihrer Songs ins Internet stellen: »Für die große Mehrheit der kreativen, unbekannten Musikgruppen und Interpreten ist diese Vorauszahlung nicht finanzierbar.«[54]

GVL[55] – Die »Gesellschaft zur Verwertung von Leistungsschutzrechten mbH« wurde 1959 durch die Deutsche Orchestervereinigung und die Deutsche Landesgruppe der *International Federation of the Phonographic Industry*, London (→IFPI) gegründet. Sie nimmt die Zweitverwertungsrechte der ausübenden Künstler, Tonträgerhersteller, Videoproduzenten und Filmhersteller wahr. Das Inkasso führt die GEMA für die GVL mit durch. Für das Inkasso der Rekorder- und Leermedienabgaben ist die »Zentralstelle für Private Überspielungsrechte« (ZPÜ), ein Zusammenschluss aller urheberrechtlichen Verwertungsgesellschaften, zuständig.

DMV – Ist die GEMA für die mechanischen Rechte und die GVL für die Aufführungsrechte zuständig, so liegt die Wahrnehmung der graphischen Rechten der Musikverleger, also die Ansprüche aus der Verwertung der Noten, beim Deutschen Musikverleger-Verband e.V.[56]

VG Wort[57] – Die Verwertungsgesellschaft Wort wurde 1958 gegründet und kassiert die Tantiemen aus Zweitnutzungsrechten von Sprachwerken auch in Funk und Fernsehen ein. Berechtigte sind Autoren, Übersetzer und Verleger von schöngeistigen und dramatischen, journalistischen und wissenschaftlichen Texten, die der Urheber der VG Wort per Meldekarten angezeigt hat. Da mit Fotokopien, Audio- und Videocassetten jeweils Wort, Musik und Bild kopiert werden können, legen die beteiligten Verwertungsgesellschaften untereinander einen Verteilschlüssel für die daraus erzielten Einnahmen fest, dem empirische Teststudien des kopierbaren und vermieteten Materials zu Grunde gelegt werden. Seit der Reform des Urheberrechts von 1972 steht den Autoren und Verlagen auch

54 Musikerverband kritisiert Internet-Pläne der Gema (jk/c't), Heise-News, 16.04.2000, http://www.heise.de/newsticker/data/jk-16.04.00-002/

55 http://www.gvl.de/

56 Vgl.Norbert Thurow, Die digitale Verwertung von Musik aus der Sicht von Schallplattenproduzenten und ausübenden Künstlern, in: Becker/Dreier, 1994, S. 77–84.

57 http://www.vgwort.de/

für die Ausleihe ihrer Werke in öffentlichen Bibliotheken eine Vergütung zu. Weitere Einnahmen kommen aus Lesezirkelvergütungen für das Ausleihen und Vermieten von Werken, Vergütungen für die Nutzung von Artikeln in Pressespiegeln und für Nachdrucke in Schulbüchern.

Die Gebühren werden nach einem komplexen Verteilungssschlüssel einmal jährlich an die Autorinnen ausschüttet. Ein Teil der Einnahmen geht in die gesetzlich vorgeschriebenen Sozialeinrichtungen. Mehr als 220 000 Autoren und 5 500 Verlage haben Wahrnehmungsverträge mit der VG Wort abgeschlossen. Im vergangenen Jahr lagen ihre Einnahmen bei rund 127 Millionen Mark, von denen nach Abzug der Verwaltungskosten 94 Millionen ausgeschüttet wurden.[58]

VG Bild-Kunst[59] – Bildende Künstler, Fotografen, Designer, Karikaturisten, Pressezeichner und Bildagenturen, sowie Filmproduzenten, Regisseure, Kameraleute, Cutter, Szenen- und Kostümbildner und Choreografen sind durch die 1968 gegründete Verwertungsgesellschaft Bild- Kunst vertreten. Die Tantiemenquellen sind im Wesentlichen dieselben wie bei der VG Wort, hinzu kommen Museen, Kunstvereine und Artotheken. Eine weitere Besonderheit ist das Folgerecht, das Recht des bildenden Künstlers auf prozentuale Beteiligung am Erlös aus der Weiterveräußerung seines Werkes im Kunsthandel. Da er das Original seines Kunstwerks nur einmal verkaufen kann, wäre er ohne dieses Folgerecht von Wertsteigerungen am Kunstmarkt ausgeschlossen. 1992 nahm die VG Bild-Kunst aus Folgerechten Gebühren in Höhe von 4,2 Millionen Mark ein.

Internationale Dachverbände – Zur Wahrnehmung der ausländischen Autorenrechte haben sich die Verwertungsgesellschaften zu europäischen und internationalen Vereinigungen zusammengeschlossen. Der Dachverband aller VGs ist die bereits genannte CISAC. Im Musikbereich vertritt das *Bureau International des Sociétés gérant les Droits d'Enregistrement et de Reproduction Mécanique* (BIEM) die Interessen der Urheber im mechanischen Recht. Das BIEM handelt mit dem internationalen Verband der Plattenindustrie IFPI ein Rahmenabkommen aus, demzufolge 9,009 Prozent des Händlerabgabepreises als Gebühren abzuführen sind. Weitere Dachverbände sind die GESAC (*Groupement Européen des Sociétés d'Auteurs et Compositeurs*) und EVA (*European Visual Artists*).

Mit der Zunahme des internationalen Handels mit geistigem Eigentum wird der Ruf nach einer zentralen Rechte-Clearingstelle laut. Eine solche Clearingstelle würde in einer gewaltigen Datenbank Informatio-

58 Vgl. Bericht des Vorstands über das Geschäftsjahr 2000, VG Wort 2001.

59 http://www.bildkunst.de/

nen über möglichst alle Werke und Leistungen bereithalten, über die daran bestehenden Rechte, über die Rechteinhaber und die Bedingungen, unter denen sie zu einer Lizenzierung bereit sind. Die Clearingstelle könnte stellvertretend direkt einen Linzenzvertrag mit dem Produzenten abschließen oder die Anfrage an den individuellen Rechteinhaber weiterleiten. Ein erster Schritt dazu ist das 1995 in Kooperation der GEMA, der französischen Verwertungsgesellschaften im Urheber- und mechanischen Recht →SDRM/→SACEM[60] und der britischen →MCPS[61] gegründete *Bureau for European Licensing.* Einen umfassenderen Ansatz stellt das im Aufbau befindliche *Common Information System* der CISAC dar.[62]

Rechteindustrie

Als treibende Kraft seit den Anfängen des Urheberrechts wirken die Verlage. Aus dem Handwerk, das zu Beginn noch die Funktionen von Verleger, Drucker und Buchhändler in einer Person vereinigte, ist über verschiedene Medientechnologiegenerationen hinweg das geworden, was nach der Frankfurter Schule »Kulturindustrie« heißt. Der Karlsruher Wissensphilosoph Helmut Spinner nennt ihre korporativen Akteure zeitgemäßer die »Datenherren« (SPINNER, 1998, S. 28). Generisch wird sie als »Rechteindustrie«, im Zusammenhang mit dem Internet auch als »Content-Industrie« bezeichnet, um anzugeben, dass ihre Produkte nicht Romane, Operetten, Sciencefiction-Filme oder Kinderserien sind, sondern die Verwertungsrechte daran, die Ware Inhalt, die die Medienkanäle füllt. Viele Künstler wie Courtney Love verbitten es sich ausdrücklich, ihre Arbeit als »Content« zu bezeichnen. Diese Rechte erwerben die Unternehmen von den Autoren und verwerten sie entweder selbst, wie das in der Printindustrie üblich ist, oder lizenzieren sie an einen Hersteller, etwa als Musikverlag an eine Plattenfirma oder an Dritte, wie z.B. an *McDonalds*, die die Figuren des jeweils neuesten Disney-Films in ihrem Marketing einsetzen.

Die Datenherren

Die Rechteunternehmen sind *Gatekeeper*, wie Courtney Love schrieb, zwischen den Kreativen und den Rezipienten ihrer Werke. Wenn sie etwas produzieren, dann ist es Massenaufmerksamkeit und die Kontrolle über ihren Rechtebestand. Auch sie genießen einen Schutz für ihre Leistungen, aber eben keine Urheberrechte, sondern so genannte Leistungsschutzrechte, die Teil der »verwandten Schutzrechte« aus dem Titel des

60 http://www.sacem.tr/
61 http://www.maps.co.uk
62 http://www.worksnet.org

Urhebergesetzes sind. Es handelt sich zwar nur um abgeleitete Rechte, dennoch sind die primär berechtigten Autoren auf die Verwerter angewiesen, um ihre Werke verkaufen zu können. Das Land des Wissens wird von Urhebern und Rezipienten bevölkert – regiert wird es jedoch von den Datenherren.

Die Rechteindustrie wächst schneller als andere Industrien

Diese Rechteindustrie ist in den letzten 20 Jahren nach Angaben der *International Intellectual Property Alliance* (IIPA) in den USA mehr als doppelt so schnell gewachsen wie der Rest der Wirtschaft. Laut ihres Jahresberichts 2000 trug die gesamte Copyright-Industrie 1999 677,9 Milliarden Dollar oder 7,33 Prozent zum Bruttosozialprodukt der USA bei. Gegenüber 1998 stellte dies einen Zuwachs von 9,9 Prozent dar.[63] Sie stellt einen bedeutenden Teil der Arbeitsplätze, produziert mehr Exportgewinne als die Chemie-, Elektronik- oder Autoindustrie. Die IIPA muss es wissen. Sie ist eine Koalition von US-amerikanischen Rechteindustrievereinigungen, die zusammen mehr als 1350 Unternehmen repräsentieren.[64] Zusammengeschlossen haben sie sich, um sich für den Schutz ihrer Besitzstände gegen Rechte-»Piraterie« zuhause und im Ausland einzusetzen. Derzeit richtet sich die IIPA vor allem gegen die »inadequaten Copyright-Praktiken« in der Ukraine, in Brasilien, Russland und Uruguay.

In anderer Konstellation und mit dem immer wieder hervorgehobenen Ziel der effektiven Selbstregulierung hat sich die Industrie im *Global Business Dialogue on Electronic Commerce*[65] (GBDe) zusammengefunden. Der GBDe repräsentiert eine weltweite Kooperation zwischen Vorstandsmitgliedern und leitenden Angestellten von Hunderten Unternehmen, die im Bereich des E-Commerce tätig sind. Der GBDe, der sich auf einer Konferenz in Paris im September 1999 konstituierte,[66] sieht die Herausforderung besonders in der grenzüberschreitenden Natur des Internet und setzt, wo immer möglich, auf technologische Lösungen. Der Umfang und die Gewichtung seiner Tätigkeit wird aus seinen neun Arbeitsgruppen (unter Leitung von) ersichtlich: Authentifizierung und Sicherheit (NEC Corporation), Vertrauen der Verbraucher (DaimlerChrysler), Content (The Walt Disney Company), Informations-Infrastruktur/Marktzugang (Nortel Networks), Geistige Eigentumsrechte (Fujitsu Limited), Ge-

Die Datenherren erschließen sich das Internet

63 Copyright Industries in the U.S. Economy: The 2000 Report, (Executive Summary), http://www.iipa.com/pdf/2000_SIWEK_EXEC.pdf

64 Zu den Mitgliedern gehören die *Association of American Publishers* (AAP), AFMA (American Film Marketing Association), die *Business Software Alliance* (BSA), die *Interactive Digital Software Association* (IDSA), die *Motion Picture Association of American* (MPAA), die *National Music Publishers' Association* (NMPA) und die *Recording Industry Association of American* (RIAA).

65 http://www.gbde.org

66 http://www.gbde.org/conference/recommendations.html

richtsbarkeit (EDS), Haftung (Telefónica), Schutz persönlicher Daten (Toshiba Corporation), Steuern/Zölle (Deutsche Bank).

Zur Frage von nicht autorisierten Inhalten im Internet will der GBDe unter dem Vorsitz von zwei Disney-Angestellten einen allgemeinen Selbstregulierungsrahmen für freiwillige *Notice and takedown*-Prozeduren entwickeln, nach denen ein Internet-Anbieter Inhalte seiner Nutzer von seinen Servern entfernt, wenn er davon unterrichtet wird, dass sie vorgeblich gegen geistige Eigentumsrechte verstoßen. Dabei sollen auch Haftungsfragen berücksichtigt werden.[67] Bei all dem immer wieder betonten Willen zur Selbstregulierung durch von der Industrie selbst eingeführte Verhaltensregeln und von ihr entwickelte Technologien richtet sich der GBDe sehr wohl auch an Regierungen, Verwaltungen, Parlamente und internationale Organisationen. Hier ist sein Ziel die rasche Unterzeichnung der WIPO-Copyright-Verträge, die Implementierung des TRIPs-Abkommens und die Angleichung des geistigen Eigentumsschutzes weltweit.

Die Giganten der Rechteindustrie

Die Bundesbürger gaben laut Baseler Prognos-Institut 1996 130 Milliarden Mark für Medien und Kommunikation aus. 2010 sollen es schon 235 Milliarden sein. Für 1997 nannte Hubert Burda, Präsident des Verbandes Deutscher Zeitschriftenverleger, einen Gesamtumsatz der deutschen Medienindustrie von 160 Milliarden Mark. Unter den 50 größten Medienkonzernen der Welt fanden sich 1996 acht mit Sitz in Deutschland. Bertelsmann rangierte auf Platz 2 (hinter Time-Warner), die ARD auf Platz 8, Kirch auf Platz 20. Zu den weiteren Mediengrößen gehören die Springer AG, die WAZ-Gruppe, Bauer, Holtzbrinck und das ZDF.[68] Bertelsmann war der weltgrößte integrierte Rechtekonzern, bis das Verlags- und TV-Unternehmen *Time Inc.* 1989 das Film- und Musikunternehmen *Warner Communications* übernahm. 1999 war das Jahr der »Elefantenhochzeiten« unter Telekommunikations-, Kabel-, Software- und Content-Unternehmen. Time-Warner wurde – in einem symbolischen Akt der Machtübernahme der alten Medien durch die digitalen Netze – Anfang 2000 vom weltgrößten Internet-Zugangsanbieter America On Line (AOL) geschluckt. Kurz darauf bemühte sich das Mega-Konglomerat um die britische Plattenfirma EMI, die Bands wie die *Rolling Stones* und die *Spice Girls* unter Vertrag hat.

Die Konzentration nimmt weiter zu

Die Rechteindustrie ist also durch eine hochgradige Konzentration gekennzeichnet. In der Musikbranche etwa teilen fünf Hauptakteure (Bertelsmann Music Group, PolyGram, Sony, Warner Chappell und EMI)

67 http://www.gbde.org/structure/working/ipr.html
68 Genauer aufgeschlüsselt bei: Hautsch, 1998.

den Weltmarkt mit 40 Milliarden Dollar unter sich auf. Ein Drittel der Einnahmen wird in den USA generiert, ein Drittel in Europa. In den vergangenen zehn Jahren hat sich der Markt vervierfacht. Zugleich beklagt die Industrie Einnahmeverluste durch privates Kopieren auf Cassetten (»Hometaping Kills Music«) und seit jüngstem auf CDs. Auch in Deutschland läuft eine Kampagne »Copy Kills Music«, die von der GEMA und dem Deutschen Musikrat getragen wird.[69] Ein weiteres Charakteristikum ist die Tendenz zur medienübergreifenden Integration. Eine geeignete Konzernstruktur vorausgesetzt, kann ein Roman als Kinoverfilmung, Sound-Track, TV-Serie, Computerspiel, Web-Site, Kaffeetasse, Marketing für andere Produkte und vieles mehr maximal verwertet werden. Originäre Werke können so aus einer Hand für die verschiedenen Medienformate aufbereitet werden, die sich gegenseitig in der Aufmerksamkeit des Publikums verstärken.

... ebenso die Bandbreite der Verwertung

Die Digitalisierung der Medienbestände läutet eine neue Runde der Verwertung ein. Doch noch tun sich die alten Medien schwer mit den neuen. Die Filmstudios halten die wertvollsten Copyrights, doch ist es ihnen bislang am wenigsten gelungen, sie mit Hilfe digitaler Distribution gewinnträchtig umzusetzen. Dass eine Online-Distribution von Musik möglich ist, haben Netzfirmen wie *MP3.com* der Musikindustrie vorgemacht, doch auch diese ist bei eigenen Schritten noch zögerlich.

Entscheidend für diesen Akteur ist die Kontrolle möglichst über die gesamte »Wertschöpfungskette« der Rechteflüsse. Dafür ist mit weiteren Integrationsbewegungen von Unternehmen, Rechteportofolios, Technologien und rechtlichen Instrumenten zu rechnen. Tim Berners-Lee, der Vater des →*World Wide Web*, unterscheidet vier Schichten des Netzes: das Übertragungsmedium, die Computerhardware, die Software und die Inhalte – er warnt eindringlich vor Versuchen ihrer vertikalen Integrationen. Monopolbildungen innerhalb einer Schicht seien weniger gefährlich, weil sichtbarer. Schichtübergreifende Integration könne heimtückischer sein und beeinflusse die Qualität von Information: »Aus Sicht der Softwareentwicklung ist [die Unabhängigkeit der Schichten] das Grundprinzip der Modularität. Aus wirtschaftlicher Sicht ist es die Trennung von horizontal konkurrierenden Märkten von der nicht konkurrierenden vertikalen Integration. Aus Informationssicht bedeutet dies redaktionelle Unabhängigkeit und Neutralität des Mediums« (Berners-Lee, 1999, S. 192).

Vertikale Integration bedroht die Qualität der Information

Bei der Bildung des Konglomerats AOL-Time-Warner-EMI sicherten alle Beteiligten die Unabhängigkeit der Bestandteile zu. Doch auch der *Merger* von Disney und ABC hat, trotz gegenteiliger anfänglicher Beteue-

69 http://www.copykillsmusic.de/

rungen, sehr wohl dazu geführt, dass Disney seinen »*Content*« verstärkt in die Fernsehkanäle von ABC gespielt hat.

Ein weiteres Beispiel für die Bildung von Wissensmonopolen ist Bill Gates' Unternehmen *Corbis*. 1989 gegründet, hält es die Rechte an mehr als 65 Millionen Bildern – die weltgrößte Sammlung digitaler Bild. Corbis lizenziert seine Bestände an kommerzielle Nutzer, wie Bildredaktionen von Zeitungen und Zeitschriften,[70] und an Konsumenten, die sie als Fotodrucke im Postkarten- oder Posterformat und als Download für die eigene Webseite bekommen können.[71] Die Bilder sind mit digitalen Wasserzeichen versehen, so dass ihre lizenzkonforme Nutzung überwacht werden kann. Zum Corbis-Bestand gehören Werke von Fotografen wie Ansel Adams und Annie Griffith Belt, die digitalen Bildrechte an Sammlungen wie die der Nationalgalerie London oder der Hermitage in St. Petersburg, das Fotoarchiv von *United Press International* (12 Millionen Bilder) und die Fotos von Unterhaltungsstars und anderen Berühmtheiten des angekauften *Lynn Goldsmith International*. Im Juni 1999 kaufte Corbis die Pariser Bildjournalismus-Agentur Sygma, die größte der Welt, mit Beständen von mehr als 40 Millionen Fotos.[72] Ob ein Foto in den Zeitschriften *Newsweek* oder *Stern*, einer Werbebroschüre oder auf einer Webseite auftaucht – die Wahrscheinlichkeit ist hoch, dass es Bill Gates gehört.

z. B. Bill Gates' Corbis

Öffentlichkeit

Die gleiche strukturelle Interessenopposition wie zwischen Autoren und Rechteindustrie besteht zwischen Rechteindustrie und Medien-»Verbrauchern«. Erstere möchte möglichst teuer verkaufen, Letztere möglichst billig kaufen, im Idealfall umsonst. Doch anders als die anderen Parteien hat die Öffentlichkeit keine organisierte Interessenvertretung im Kräfteringen um die juristische, wirtschaftliche und technische Neuordnung des Wissens nach seinem Eintritt in den *Cyberspace*. Dezidierte Konsumentenschutzorganisationen, die systematisch Lobbyarbeit für die Interessen der Endnutzer von digitalen Medienprodukten betreiben würden, gibt es nicht.

Eine Gruppe, die einer solchen Organisation am nächsten kommt, ist die *Electronic Frontier Foundation* (→EFF).[73] 1990 gegründet, engagiert sie

EFF

70 http://www.corbisimages.com
71 http://www.corbis.com
72 http://www.sygma.com/
73 http://www.eff.org/

sich vor allem für die Redefreiheit und den Datenschutz im Cyberspace. Sie liefert Expertisen für Gesetzgebungsverfahren, betreibt Öffentlichkeitsarbeit und organisiert Rechtsschutz, um die Grundrechte einschließlich der Rechte der Urheber und den freien Fluss der Information bei der Formation neuer Technologien wie Kryptologie-Infrastrukturen und DVD zu erhalten. Die EFF unterhält dazu u.a. eine umfangreiche Ressourcen-Sammlung zu Copyright-, Patent- und Warenzeichenfragen.[74] Sie arbeitet mit ähnlichen Gruppen, wie der *Global Internet Liberty Campaign* (GILC)[75] und der *Internet Free Expression Alliance* (IFEA)[76] zusammen und hat *Electronic Frontier*-Organisationen in Australien,[77] Kanada[78] und Italien[79] inspiriert. In Deutschland ist es vor allem der »Förderverein Informationstechnik und Gesellschaft« (FITUG),[80] der sich in Sachen Netz und Politik in die öffentliche Debatte einschaltet.

Bibliotheksverbände

Stellvertretend für die Öffentlichkeit engagieren sich die professionellen Wissensvermittler für einen ungehinderten Zugang zu Wissen, allen voran die Bibliothekare und Archivare. In Europa ist es der Dachverband *European Bureau of Library, Information and Documentation Associations* (EBLIDA),[81] der sich unter dem Motto »Lobbying for Libraries« in die Urheberrechtspolitik einschaltet, um die Schrankenbestimmungen, auf denen ihr öffentlicher Auftrag beruht (Erstverkaufsdoktrin und Verleihrecht), in den digitalen Wissensraum hinüberzuretten. In den USA ist neben der *American Library Association* (ALA)[82] vor allem die *Association of Research Libraries* (ARL)[83] eine der konsistentesten Stimmen in der öffentlichen Debatte, mit dem Ziel »einen fairen Zugang sowie eine effektive Nutzung des aufgezeichneten Wissens im Dienste von Unterricht, Forschung, Bildung und sozialen Dienstleistungen zu fördern«. Wie das EBLIDA ist das Tätigkeitsspektrum der ARL sehr viel breiter, doch Copyright-Fragen stehen natürlich auch hier im Zentrum.[84]

Bildung

Auch Wissenschaft und Bildung haben besondere Privilegien aus dem Urheberrecht und Copyright zu verteidigen (Kopierrechte für den Schul- oder Unterrichtsgebrauch und für den wissenschaftlichen Ge-

74 http://www.eff.org/pub/Intellectual_property/
75 http://www.gilc.org
76 http://www.ifea.net
77 Electronic Frontiers Australia, http://www.efa.org.au/
78 Electronic Frontier Canada, http://www.efc.ca/
79 Electronic Frontiers Italy, http://www.alcei.it/
80 http://www.fitug.de/
81 http://www.eblida.org/
82 http://www.ala.org/washoff/ip.html
83 http://www.arl.org/
84 http://www.arl.org/info/frn/copy/copytoc.html

brauch). In Großbritannien befasst sich die *Copyright in Higher Education Workgroup* (CHEW) mit den finanziellen und pädagogischen Barrieren für das Lehren und Lernen durch den restriktiven Einsatz des Copyrights.[85] Derzeit stehen die Auseinandersetzungen um den *Higher Education Copying Accord*[86] im Zentrum der Aktivitäten von CHEW, den die Hochschulen mit der *Copyright Licensing Agency*, in der die britischen Verwertungsgesellschaften zusammengeschlossen sind, aushandeln. Eine deutschsprachige Ressourcensammlung zu Urheberrecht in Schule und Hochschule bietet das Juristisches Internet-Projekt Saarbrücken, Abteilung Urheberrecht, an.[87] Besonders der Fernunterricht ist durch neue »Digital-Gesetze« vor Herausforderungen gestellt.[88]

Presse

Die Journalisten gehören natürlich zu den Autoren, haben aber andererseits ebenfalls einen besonderen öffentlichen Auftrag der Wissensvermittlung, zu deren Erfüllung ihnen das Urheberrecht gleichfalls eine Sonderstellung einräumt (Zitierrecht, Wiedergabe von Reden, Auskunftsrecht gegenüber öffentlichen Instanzen, Zeugnisverweigerungsrecht). Zensur und Behinderung dieses Auftrags prangert die IG Medien sehr wohl an, doch in Bezug auf die Urheberrechtsentwicklung sind es ausschließlich die finanziellen Interessen ihrer Mitglieder, die sie durch eine Stärkung des Urhebervertragsrechts zu sichern sucht.

Freie Software

Auf verschiedenen Ebenen finden sich inzwischen auch Ansätze zu einem Lobbying durch die Bewegung der freien Software. Im europäischen Kontext ist die von der Generaldirektion Informationsgesellschaft initiierte *Working Group on Libre Software*[89] aktiv, die Empfehlungen an die Europäische Kommission erarbeitet, die auch Urheberrechtsfragen berühren. Mit einer anhaltenden Kampagne und etwa 80 000 Unterschriften gegen die Einführung der Patentierbarkeit von Software in Europa haben sich die EuroLinux-Allianz[90] und ihr Mitglied, der Förderverein für eine Freie Informationelle Infrastruktur (FFII), hervorgetan.[91]

In den USA ist schließlich noch die *Home Recording Rights Coalition* (HRRC)[92] zu nennen, eine Koalition aus Konsumenten, Einzelhändlern und Herstellern von Audio- und Videogeräten mit Sitz in Washington.

---

85 http://www.mailbase.ac.uk/lists/copyrights/
86 http://www.cla.co.uk/www/heaccord.htm
87 http://www.jura.uni-sb.de/urheberrecht/remus/literatur.html
88 Ein guter Einstiegspunkt ist: http://distancelearn.about.com/education/distancelearn/msubip.htm
89 http://eu.conecta.it/
90 http://www.eurolinux.org/indexde.html
91 http://www.ffii.org
92 http://www.hrrc.org/

Gegründet wurde die HRRC im Zusammenhang mit dem Rechtsstreit Sony gegen Universal in den 70er-Jahren. Das Kinounternehmen hatte Sony auf Beihilfe zum Copyright-Verstoß verklagt, weil seine Betamax-Videorekorder benutzt wurden, um Fernsehsendungen aufzuzeichnen. Das US-Verfassungsgericht etablierte schließlich 1984 das Recht, im privaten Haushalt Kopien zum zeitversetzten Betrachten von Sendungen anzufertigen. Die HRRC tritt seither regelmäßig für das »Grundrecht« auf *home taping* ein und preist sich damit, mehrfach dazu beigetragen zu haben, Versuche des Kongresses abzuwehren, eine als »Steuer« bezeichnete Tantiemenpauschale für Rekorder und Leermedien einzuführen.

Öffentlichkeit als schwächster Akteur

Alle genannten Gruppen sind wesentlich für die Förderung und Erhaltung der Wissensinfrastruktur, aus der alle kreativen Werke hervorgehen. Doch wie sich im Folgenden immer wieder zeigen wird, haben sie in der Auseinandersetzung um die Neustrukturierung der Wissensordnung unter digitalen Bedingungen die schwächste Position unter den vier genannten Akteuren.

Medientechnologie und ihre Digitalisierung

Die rechtliche Ordnung des Wissens umfasst – stärker in der Autorenrechtstradition – auch philosophische Aspekte der Beziehung zwischen dem Urheber, seinem Werk und dessen Lesern. Für die rechtspraktische Auseinandersetzung mit dieser flüchtigen immateriellen Materie stehen jedoch die Technologien der Reproduktion und der Vermittlung des Wissens und die damit einhergehenden wirtschaftlichen Gepflogenheiten im Zentrum. Gesetzgebung und Rechtssprechung in diesem Bereich setzten mit der Erfindung des Buchdrucks ein und veränderten sich mit jeder neuen Generation von Medientechnologie. Anfangs schützte das Urheberrecht/Copyright nur literarische Werke. Es folgte der Schutz von Musik, erst von Noten für öffentliche Aufführungen von Musikwerken und ab Ende des 19. Jahrhunderts auch von Schallplatten. Neue Technologien zur Bildreproduktion sowie die Fotografie führten wiederum zu einer Änderung des Rechts. Der Tonfilm konfrontierte es erstmals mit dem, was wir heute unter dem Begriff »Multimedia« kennen. Darin verbinden sich vielfältige Einzelrechte, wie die von Skriptautor und Komponist, die der ausführenden Künstler (Schauspieler und Musiker), der Kameraleute an ihrer bildlichen Gestaltung, der Urheber von Werken der bildenden oder der Baukunst, die abgefilmt werden sowie die des Regisseurs an der Gesamtkomposition eines Filmwerkes. Die unterschiedlichen Rechtsnormen und die betroffenen Institutionen wie die verschiedenen Verwertungsgesellschaften mussten in Einklang gebracht werden. Die Rundfunktechnik schließlich machte einen Schutz von Text- und Tonwerken, die Fernsehtechnik auch von Filmwerken bei deren Ausstrahlung sowie einen Schutz der Werke selbst vor unautorisierter Weiterverbreitung erforderlich. Die am Text und am gutenbergschen Verlagswesen gebildeten Konzepte wirken bis heute: Als Computerprogramme in den 1970ern erstmals Urheberschutz erhielten, wurden sie ebenfalls als »literarische Werke« klassifiziert.

Jedes neue Medium eine Herausforderung

Bis zur Mitte des 20. Jahrhunderts setzte die Anfertigung von Reproduktionen in nennenswertem Umfang Investitionsgüter wie Druckmaschinen, Plattenpresswerke oder Filmkopieranlagen voraus. Rechtsstreitigkeiten wegen unautorisierten Kopierens richteten sich also nicht gegen Privatpersonen, sondern gegen »schwarze Schafe« innerhalb derselben Zunft. Dies änderte sich mit der Markteinführung von Konsumententechnologien, die nicht nur zum Abspielen etwa von Schallplatten, sondern auch zur Aufnahme und Vervielfältigung geeignet waren. Das Tonband in den 1960ern und das 1964 von Philips eingeführte *Compact*

Cassetten-Format waren die ersten, für Privatpersonen erschwinglichen Technologien, mit denen sich Konzerte aufzeichnen (*Bootlegs*), Radiosendungen mitschneiden und Schallplatten kopieren ließen. Gegebenes Material kann in eigenen Kompilationen zusammgestellt und mit Hilfe von Mehrspurtonbandmaschinen so weitgehend verändert werden, dass abgeleitete Werke entstehen. Die Musikindustrie wehrte sich zunächst gegen die Cassetten-Rekorder, ohne allerdings die Gesetzgeber zum Einschreiten bewegen zu können. Bald jedoch begann sie selbst, voraufgezeichnete Musik auf Cassette zu vertreiben. In den 80er-Jahren wurden mit dem Fotokopierer und dem Videorekorder weitere private Vervielfältigungstechnologien verfügbar. Das Urheberrecht/Copyright sah sich jetzt nicht mehr nur einer überschaubaren Zahl von Profis gegenüber, sondern einer ungleich größeren Zahl von Individuen, die potenziell rechteverletzende Nutzungen geschützter Werke vornehmen können.

Kopiertechnik in Konsumentenhand …

Da es nicht praktikabel ist, von all diesen Einzelpersonen zu verlangen, dass sie für jede Kopie einen Nutzungsvertrag mit dem Rechteinhaber abschließen, begegneten die Autorenrechtsländer der Herausforderung durch die Einführung von Pauschalvergütungen für Aufzeichnungs- und Ablichtungsgeräte, Leermedien und Fotokopien. Die Vergütung für das unvermeidliche Kopieren wird von Verwertungsgesellschaften eingezogen und an die Berechtigten weitergegeben. Damit sind die rechtlich in die Pflicht Genommenen auf eine überschaubare Zahl von professionellen Herstellern, Importeuren und Betreibern reduziert. Es ergibt sich zwar eine gewisse Unschärfe, da nicht im Einzelnen überprüft werden kann, welches Material kopiert wird und ob es sich dabei überhaupt um geschützte Werke Dritter handelt. Trotzdem ist diese Vorgehensweise ein handhabbarer Kompromiss, der einen fairen Interessenausgleich unter Urhebern, Privatnutzern, Geräteindustrie und Rechteindustrie darstellt.

… in den USA

Auch in den Copyright-Ländern mit ihrer generellen Lizenzierungspflicht und *Fair-Use*-Ausnahmen gibt es Ansätze zu einer ähnlichen Lösung. Die Revision des US-Copyright-Gesetzes von 1978 führte gesetzliche Pflichtlizenzen für bestimmte Zweitausstrahlungen in Kabelfernsehen- und Satelliten-Direktübertragungssystemen sowie für Münzgeräte zum Abspielen von Schallplatten (*Jukeboxes*) ein. Für die Festsetzung der Gebührenhöhe wurde das *Copyright Royalty Tribunal* unter der Ägide der Kongress-Bibliothek etabliert. Das Inkasso und die Umverteilung an die Berechtigten übernimmt die Copyright-Registrierungsbehörde.[1] Dabei handelt es sich allerdings nicht um private, son-

1 U.S.C., Chapter 81, Copyright Arbitration Royalty Panels, http://lcweb.loc.gov/copyright/title17/92chap8.html

dern ausschließlich um kommerzielle Nutzungen. Pauschalgebühren für Aufnahmegeräte und Leermedien führte die Revision des US-Copyright-Gesetzes von 1992 ein (s.u.).

Sony vs. Universal: das Recht auf private Kopien

Eine bahnbrechenden Entscheidung für den Bereich von privaten Videokopien fällte das US-amerikanische Verfassungsgericht 1984. Universal City Studios und Walt Disney Corp. reichten 1976 eine Klage gegen Sony Corp., den Hersteller von Betamax-Videorekordern, ein. Der Vorwurf lautete, Sony unterstütze Copyright-Verstöße, da die Käufer seiner Geräte unberechtigterweise Fernsehprogramme aufzeichnen können. Sony gewann den Prozess, das Berufungsgericht hob das Urteil jedoch auf und machte damit private Videorekorder im Wesentlichen illegal. Das oberste Gericht, der *Supreme Court*, hob schließlich im Januar 1984 das Urteil des Berufungsgerichts auf. Kern der Entscheidung *Sony v. Universal* ist, dass seither die Aufzeichnung von Fernsehsendungen zum Zwecke des zeitversetzten Betrachtens als ein legitimer *Fair Use* angesehen wird.[2] In der folgenden Rechtsprechung wurde die *Time-shifting*-Freiheit von 1984 um das Recht auf eigene Anordnung (Erstellung von Kompilationen von Stücken aus verschiedenen Platten) und auf Ortsverschiebung (z.B. eine Cassettenaufnahme einer rechtmäßig erworbenen Platte, um sie im Auto zu hören) erweitert.

Technische Rechtekontrolle für Analogmedien

Technische Systeme zur Verhinderung bestimmter Nutzungen, die bei digitalen Medien eine zentrale Rolle spielen werden, sind auch schon für analoge Medien eingeführt worden. Ein solches *Analog Protection System* (APS), das größere Verbreitung gefunden hat, ist *Macrovision*,[3] das das Kopieren von Videobändern verhindert. Auf den Bändern (z.B. für den Verleih in Videotheken) sind bestimmte Markierungen gesetzt, die entsprechende Schaltkreise, die inzwischen in allen neueren Videorekordern eingebaut sind, ansprechen und ein Kopieren verhindern. Die Firma *Macrovision* bezieht Lizenzgebühren für jedes Band und jeden Rekorder. Zwar führt die Technologie auf älteren Geräten auch beim reinen Abspielen solcher Bänder zu Störungen, doch nimmt die Rechteindustrie die Beschwerlichkeiten einiger ihrer Kunden inkauf, da sie damit ein Maß an Kontrolle über ihr Eigentum erhält, wie es bis dato unvorstellbar war. Bürger, die sich hinreichend über die Behinderung ärgern, finden im Einzelhandel Geräte für etwa 150 Mark, die den Kopierschutz aufheben.

---

2 Home Recording Rights Coalition, http://www.hrrc.org/html/betamax.html

3 *Macrovision* bietet auch Scrambling-, Wasserzeichen- und andere Technologien zum Schutz von Pay-TV, Satelliten-TV, Multimedia und Softwareprodukten (http://www.macrovision.com/).

Das gleiche Schicksal erfuhr auch eine Schutztechnologie für das Satellitenfernsehen. In den 70ern wurden Fernsehsatelliten als Verteiltechnologie verwendet, um Programme zur Weiterverbreitung an lokale Kabel-TV-Inseln zu liefern. In den frühen 80ern entwickelte die General Instrument Corp. (GI) das *Scrambling*- oder »Zerhacker«-Protokoll *VideoCipher* (VC).[4] Zur selben Zeit begannen die ersten Konsumenten, sich für noch stolze 10 000 Dollar Satellitenschüsseln zuzulegen und in den wachsenden Informationsstrom aus dem Himmel zu richten. Die Preise für die Empfangsstationen sanken, und was als *Business-to-Business* begonnen hatte, war zum Satelliten-Direkt-TV für den Endkunden geworden. 1986 begann *Home Box Office* (HBO), eine Tochter von Time Inc., sein Signal mit *Video-Cipher* zu kodieren. Andere Satellitenprogramm-Anbieter wie CNN folgten. GI vermarktete die Dekoder zunächst ausschließlich an Kabel-TV-Unternehmen. Konsumenten bot das Unternehmen, das die Exklusivlizenz an der *VideoCypher*-Technologie und damit die vollständige Kontrolle über Hard- und Software inne hatte, die Geräte schlicht nicht an. Nach einem Aufschrei der Empörung brachte GI schließlich sechs Monate später VC II-Geräte für 700 Dollar auf den Markt. Jeder Dekoder verfügt über eine individuelle Kennung, die über einen Freischalt-Code angesprochen werden kann, der zusammen mit dem Fernsehstrom ausgestrahlt wird. Wer seine monatlichen Abonnementgebühren nicht bezahlt, dessen Bild bleibt verzerrt. Sechs Monate später war der erste Hack verfügbar: Ein kleiner Eingriff verschaffte Hunderten von Dekodern dieselbe Kennung. GI begann, den Autorisierungscode in kürzeren Abständen zu ändern. Auch die Hacker verfeinerten ihre Methoden. Es entstand ein ganzes Netzwerk aus Fernsehgeschäften, die die Manipulationen an den Dekodern vornahmen, und aus Kommunikationskanälen, über die die gehackten Codes verteilt wurden. Charles Platt (1994), der die Untergrundnetzwerke und ihre Wechselwirkungen mit den industriellen Akteuren sehr anschaulich schildert, schätzte die Zahl der Besitzer manipulierter Satelliten-Dekoder in den USA 1994 auf über eine Million. Ein ehemaliger GI-Mitarbeiter nennt eine Schätzung, derzufolge 80 Prozent der Satelliten-TV-Einzelhändler beteiligt seien. Die Freiheitsliebe, die sie dazu bringt, das Risiko einer Strafe von bis zu 500 000 Dollar und fünf Jahren Gefängnis auf sich zu nehmen, drückt einer von Platts Interviewpartnern so aus:

Satelliten-Scrambling

»›*Der Äther sollte für alle frei sein. Wenn ein Sendesignal unerlaubt über meinem Grund und Boden geht, dann sollte ich damit verdammt*

4 VC setzt den regierungsoffiziellen Kryptografiealgoritmus *Data Encryption Standard* (DES) für die Schlüsselverwaltung ein.

noch mal machen können, was ich will, da hat die Regierung sich nicht einzumischen.‹ [...] Die Piraten zitieren das Kommunikationsgesetz aus dem Jahre 1934, das die Nutzung von Stör- und Verschlüsselungsgeräten verboten hat und allen Amerikanern das Recht gab, jede Art von Radioübertragung zu nutzen. Diese Gesetzgebung basierte auf einem wichtigen Grundsatz: Das Radiospektrum ist eine begrenzte natürliche Ressource, wie Luft oder Sonnenlicht und jeder sollte Zugriff darauf haben« (PLATT, 1994).

Dieser gesetzliche Freiraum von 1934 wurde jedoch durch den *Cable Communications Policy Act* von 1984 geschlossen. Seither ist die Verletzung privater verschlüsselter Satelliten-Kommunikation, damals vom Gesetzgeber noch für die Kabel-TV-Zulieferung gedacht, mit drakonischen Strafen belegt.

Demokratiesierung der medialen Produktion

Es sieht also so aus, als würde die medientechnologische Entwicklung den freien Informationsfluss fördern. Audio- und Videocassettenrekorder sowie Fotokopierer erlauben es, mit Konsumentengeräten Informationen zu lesen und zu schreiben, sie nicht nur abzuspielen, sondern auch aufzuzeichnen, zu kopieren und in Grenzen zu modifizieren. Der Effekt wird sich beim Computer noch steigern. Er bewirkt eine Verbreitung von Medienkompetenz und damit der Voraussetzung für eine Teilnahme an den mediengestützten politischen und kulturellen Prozessen. Außerdem bringt er eine Fülle von »kleinen« Kommunikationen und von zwanglosen beiläufigen Kreationen hervor. Jeder ist ein Autor im medialen Austausch mit anderen. Vilém Flusser schrieb über die Lage nach der Einführung des Fotokopierers: »Der Mythos des Autors (und des Originals) verzerrt die Tatsache, dass Informationserzeugung ein Dialog ist ... Alle Autoren, Gründer, Stifter, Mosesse, Founding Fathers und Marxe (inklusive dem Göttlichen Schöpfer) sind angesichts der kybernetischen Verknüpfung der Dialoge und angesichts der Copyshops redundant geworden« (FLUSSER, 1985, S. 83).

Wenn der Kopierer die Autoren und mit ihnen die Monopole der Autorenrechte ins Wanken bringt, um wieviel mehr noch der Computer? Platts Fazit nach einer gründlichen Recherche über die vermeintlich so banale Welt des Satellitenfernsehens sieht so aus:

»Unterschätzen Sie niemals die Graswurzel-Opposition. [...] Für die meisten Menschen ist Datendiebstahl überhaupt kein moralisches Problem; es ruft noch nicht einmal Gewissensbisse hervor. Die Verbraucher sind heutzutage unbeeindruckt von den Rechten des Copyrights oder

den damit verbundenen möglichen Strafen. [...] Tatsächlich geben Computer jedermann Macht. Wir haben das oft gehört, doch jetzt sehen wir, wohin das geführt hat. Seit acht Jahren bekämpft eine Handvoll Hacker einige große, wohlhabende Unternehmen, und auch Hacker aus diesen reichen Unternehmen haben andere Unternehmen bekämpft – diese Unternehmen haben bisher nicht gewonnen. In einer Informationswirtschaft können die Pläne einer mächtigen Institution durchkreuzt werden oder sie kann sogar von ein paar cleveren, raffinierten Leuten, die einen Mikrocomputer haben, ruiniert werden« (ebd.).

Digitalmedien

Mit dem Computer wird alles anders, sagen die einen. Eigentlich bleibt, mit einigen kleineren Anpassungen, alles beim Alten, sagen die anderen, zu denen vor allem die Bestandswahrer des Urheberrechts gehören. Eine sachlichere Betrachtung wird sich an die drei Grundoperationen eines jeden Mediensystems halten – Speichern, Übertragen, Modifizieren – und feststellen, dass sich alle drei durch den vernetzten Computer wandeln. Grundlegend neu sind das verlustfreie Kopieren von Werken, die Leichtigkeit, mit der die körperlosen Erscheinungsformen von Werken durchs Netz reisen, und ihre beliebige Modifizierbarkeit mit Hilfe der Universalmaschine.

Offline-Medien

CD

Die *Compact Disc* (CD), 1982 von Philips und Sony eingeführt, war das erste für Konsumenten zugängliche digitale körperliche Übertragungsmedium. Die CD verwendet eine optische Speicherung, die mit einem Laserstrahl abgetastet wird. Eine CD speichert ein Audio-Signal unkomprimiert mit einer Abtastrate von 44,1 KHz und einem Frequenzbereich von 2 bis 22 KHz. Neben den Audiodaten kann sie Zusatzinformationen wie Kennungen der Stücke, Aufnahmen und Rechteinhaber enthalten.[5] Kleiner, handlicher und mit einer geringeren Abnutzung sollte sie die Vinyl-Schallplatte ablösen. Dies gelang so gründlich, dass 1991 japanische Zeitungen die Einstellung des letzten Vinyl-Presswerkes im Land vermeldeten. Audio-Connaisseure und eine neue DJ-Kultur verschafften der Schallplatte wenig später zwar ein neues Leben, doch die überwiegende Mehrzahl aller voraufgenommener Musik wird heute auf CD vertrieben.

5 NN, Unofficial CD Text FAQ, http://www.freenet.carleton.ca/~aa571/cdtext.htm

Die Computerwelt erschloss sich den neuen Massendatenträger mit einiger Verzögerung. 1986 fand auf Einladung von Microsoft die erste internationale Konferenz zur CD-ROM (*Read-Only Memory*) in Seattle, Washington statt. Da die Computersoftware immer umfangreicher wurde, bot sich der neue Speicher als ideales Vertriebsmedium an. Seit den frühen 90er-Jahren werden viele PCs standardmäßig mit einem CD-ROM-Laufwerk ausgeliefert. Noch war die CD für die Endnutzerin ein reines Lesemedium. Die Errichtung einer CD-Produktion unter Reinraumbedingungen erforderte 1983 noch eine Investition von 50 Millionen Dollar. In den frühen 90ern brachte die HiFi-Industrie erste Haushaltsgeräte zum Schreiben von CDs auf den Markt, allerdings noch zu einem Preis, der außerhalb der Reichweite der meisten Konsumenten lag. Heute sind zwei Formate verfügbar, die einmal beschreibbare *CD-Recordable* (CD-R) und die *CD-Rewritable* (CD-RW), die sich wie eine Computerdiskette mehrfach beschreiben lässt.[6] Der neue optische Datenträger wurde auch für Bildinformationen erschlossen. Dazu gehören die FotoCD, die VideoCD[7] und die CD-i (interactive).[8] Auch die Hersteller von Videospielkonsolen gingen dazu über, ihre Spiele-Software auf CD auszuliefern.

Das *Digital Audio Tape* (DAT) ist ein digital beschreibbares Magnetband, das Mitte der 80er-Jahre von Sony und Philips entwickelt wurde, um den Konsumenten dieselbe Kopiermöglichkeit für CDs zu bieten, wie **DAT** sie die Analog-Cassette für die Schallplatte darstellt. Bis dato waren Videorekorder (U-Matic, Beta, VHS) die einzigen Bandmaschinen, die in der für digitale Audioaufnahmen erforderlichen Geschwindigkeit Daten schreiben konnten. Tatsächlich wurde auch für DAT ein diagonal zum Band angeordneter Rotationsschreibkopf gewählt, wie er für Videocassettenrekorder entwickelt wurde. DAT speichert unkomprimierte Audiodaten in drei Auflösung: 16 Bit mit einer Abtastrate von 48 KHz, die von Studios verwendet wird, 16 Bit bei 44,1 KHz, dieselbe wie bei Audio-CDs, so dass bei einer Überspielung keine Konvertierung notwendig ist, und 12 Bit bei 32 KHz.[9] DAT-Geräte verfügen neben analogen auch über digitale Ein- und Ausgänge. So lassen sich perfekte Kopien erstellen, ohne dass

6 Andy McFadden's, CD-Recordable FAQ, http://www.fadden.com/cdrfaq/; s.a. http://www.cd-info.com/

7 Von Philips und Sony 1993 eingeführt, verwendet das komprimierte MPEG-1-Format und liefert eine mit VHS vergleichbare Qualität, s. Russil Wvong, Video CD FAQ, basierend auf den Newsgroups alt.asian-movies und alt.video.dvd newsgroups, http://www.geocities.com/Athens/Forum/2496/vcdfaq.html

8 NN, CD-i FAQ 2000 Edition, http://www.icdia.org/faq/index.html

9 Letzteres ein Format, das in Japan für Audio-DBS (direct broadcast satellite) verwendet wird. S. DAT FAQ, http://www.freenet.carleton.ca/~aa571/datfaq.htm

die Daten erst verlustbehaftet in ein analoges Signal gewandelt werden müssten. Eine weitere Spur erlaubt das Einbringen von Sub-Code wie bei der CD. DAT wurde anfangs vor allem professionell im Studiobereich und bei Live-Aufnahmen eingesetzt, kaum jedoch für den Vertrieb von voraufgezeichneter Musik. DAT-Laufwerke werden auch als Backup-Speicher für Computerdaten eingesetzt. Die Cassetten sind dieselben, aber das Format *Digital Data Storage* (DDS)[10] ist verschieden, so dass Audiorekorder und Computerlaufwerke die Bänder des anderen nicht ohne weiteres lesen können.

Arbeiteten Sony und Philips bei CD und DAT zusammen, gingen sie 1992 getrennte Wege. Philips führte die *Digital Compact Cassette* (DCC) ein, deren Geräte auch die ebenfalls von Philips entwickelten analogen Audio-Cassetten abspielen konnten. Anders als CD und DAT komprimiert DCC die Musikdaten, d.h. das dekomprimierte Signal enthält weniger Information als das Ausgangssignal. Entsprechend verlieren Kopien mit jeder Dekompression und Rekompression an Qualität. DCC konnte sich gegen die konkurrierenden Digitalformate nicht durchsetzen. Die Produktion wurde im Oktober 1996 eingestellt.[11]

MD

Ebenfalls 1992 brachte Sony die *MiniDisc* (MD) als neues digitales Konsumenten-Audio-Format auf den Markt. MD verwendet eine überschreibbare magneto-optische Speicherung und eine verlustbehaftete Kompression mit einem Verhältnis von 6:1. Sony gesteht zu, dass die Qualität nicht an die CD heranreicht, aber zielt vor allem auf mobile Verwendung (MD-Walkman). Auch auf MD wird voraufgenommene Musik angeboten.[12]

DVD

Die im November 1996 auf dem japanischen Markt eingeführte DVD gilt als das nächste universale digitale Speichermedium nach der CD in all ihren Varianten. Anfangs wurde sie für die großen Datenmengen von Videoinformation plaziert, weshalb DVD für *Digital Video Disc* stand. Nachdem Anwendungen für Computersoftware und (zumindest die Option auf) Audio hinzukam, heißt sie heute *Digital Versatile Disc.*

Eine gewöhnliche DVD fasst mehr als zwei Stunden hochqualitatives Video, eine doppelseitige doppellagige DVD acht Stunden in hoher Qualität oder 30 Stunden in VHS-Qualität. Bis zu acht Audiospuren mit jeweils bis zu acht Kanälen können Synchronisationen in verschiedenen Sprachen und Surround-Sound-Systeme unterstützen. DVD ermöglicht

10 DDS-1 schreibt 2Gb auf ein 90m Band, Datenkompression verdoppelt die Kapazität.
11 Jac Goudsmit, DCC FAQ, http://www.xs4all.nl/~jacg/dcc-faq.html
12 vgl. http://www.minidisc.org/ und Sony Produktinformation: http://www.sel.sony.com/SEL/rmeg/audio/cat3.html

eine nahtlose Verzweigung des Videostroms für so genannte interaktive Filme oder eine Auswahl aus bis zu neun Kamerapositionen bei der Wiedergabe. Neben den üblichen Sub-Code-Informationen können bis zu 32 Untertitel oder Karaoke-Spuren enthalten sein. Video wird meist mit verlustbehafteter MPEG-2-Kompression gespeichert, die bei der Darstellung gelegentlich Artefakte erzeugen kann. Wie die CD gibt es DVDs in verschiedenen physikalischen und Applikationsformaten. Die ersten beschreibbaren DVDs für Computerdaten kamen im Herbst 1997 auf den Markt.

Private ...

Nahm bei analogen Kopierverfahren die Qualität von Generation zu Generation rapide ab, so kann ich jetzt einige Kopien einer Musik-CD an Freunde verschenken, die wiederum Kopien weiterverschenken und so fort, bis schließlich die gesamte Weltbevölkerung damit versorgt ist, und die letzte Kopie wird originalgetreu wie das ursprüngliche Vertriebsstück klingen. Jede digitale Kopie ist ein Master. Der einzige »Mehrwert«, den die kommerzielle Kopie bietet, ist der Aufdruck auf der CD und das Booklet. Doch wer einmal eine Viertelstunde neben den Farbkopierern eines Copyshops zugebracht hat, weiß, dass viele auch das nicht als ein wirkliches Problem sehen.

... und kommerzielle Kopien

Zu den Zentren der industriellen Fertigung von CD-Raubkopien gehören Hong Kong, Macau, Bulgarien und Russland. Davon betroffen sind nicht nur die Musik-, Film- und Softwareindustrien in den USA und Europa. Sehr viel massiver sind die Auswirkungen auf diese Industrien in den »Piratenländern« selbst. Eine eigenständige Softwarebranche kann sich nicht entwickeln, wenn z.B. russische Programme sofort nach der Markteinführung auf dem Schwarzmarkt für umgerechnet vier bis fünf Mark angeboten werden. Selbst die Filmindustrie in Hong Kong, die zweitgrößte nach Hollywood, leidet darunter, dass Filme zur selben Zeit oder noch bevor sie in den Kinos anlaufen für die Hälfte des Preises einer Eintrittskarte auf VideoCD vertrieben werden.[13]

Online-Medien

Offline-Medien sind aus der Sicht der Rechteindustrie problematisch genug. Noch sehr viel ernsthafteres Kopfzerbrechen bereiten ihr die digitalen Kanäle für unköperliche Übertragung, allen voran das Internet. Die klassischen Rundfunkmedien senden von einem Zentrum an alle, wobei die Kontrolle über den Zugang zum Sender gewährleistet ist.[14] Mit indi-

13 Strauss, 1998; zu Software s. Neumann, 1995.

14 Mit einigen Unschärfen, wie Piratenradios und nicht autorisierte Einspeisung in Kabel-TV-Netze.

viduellen Kennungen in den Dekodern wird es möglich, vom Sendezentrum aus jede einzelne Empfangsstation anzusprechen und so die Kontrolle auf die Endgeräte auszuweiten. Im Internet jedoch hat jeder Knoten nicht nur Zugriff auf alle verfügbaren Inhalte des gesamten Netzes, sondern kann auch selber »senden« – potenziell an alle anderen Knoten. Eine solche Bidirektionalität gab es bislang nur im Telefon, jedoch (mit Ausnahme von Konferenzschaltungen) beschränkt auf Punkt-zu-Punkt-Verbindungen, und, durch rechtliche Restriktionen inhaltlich stark eingeschränkt, im Amateurfunk.

Mailboxen und Internet

Bulletin Board Systems (deutsch: Mailboxen) waren zunächst lokale Strukturen für den Zweiwegaustausch von digitalen Informationen. In den 80er-Jahren entstanden jedoch mit Anbietern wie CompuServe und AOL bereits weltweite Strukturen. Die massenhafte Verbreitung des Internet ab Mitte der 90er schließlich machte es für fast jeden in der »Ersten Welt« erschwinglich, einen Netzknoten einzurichten und allen anderen Angeschlossenen eigene Inhalte zugänglich zu machen – oder eben geschützte Inhalte Dritter. Alle digitalen Werkarten können über das Internet weltweit übertragen (per → ftp und E-Mail), ausgestrahlt (»gestreamt«) und zum Abruf auf Webservern bereitgestellt werden.

Zu den Kanälen für die unkörperliche Verbreitung von digitalen Werken gehören ferner die terrestrische und die Satellitenaustrahlung von Radio- und Fernsehen (*Digital Audio Broadcast* (DAB) und *Digital Video Broadcast* (DVB)) und das Kabel-TV-Netz, dessen Digitalisierung und Zweiwegschaltung in Deutschland jedoch erst 1999 begann.[15] Die Digitalisierung der Rundfunk- und Kabelinfrastruktur ist mit hohen Investitionen verbunden, die die Bildung von Allianzen aus Sendeunternehmen, Rechteindustrien und Telekommunikationsunternehmen motivieren. Der digitale Telefondienst → ISDN hat eine gewisse Relevanz für den Vertrieb von Werken, jedoch nur in Verbindung mit dem Internet. Mobiltelefonie wird erst mit neuen breitbandigen Standards wie → UMTS genügend Kapazität aufweisen, um mehr als kurze Textbotschaften austauschen zu können.

Das Netz erlaubt es, vier grundlegende Kostenfaktoren der Medienindustrie, die Kosten für Druck oder Pressung, für Lagerhaltung, Transport und für den Handel, die auch bei den physischen digitalen Speichern anfallen, drastisch zu reduzieren. Diese Attraktivität des Internet für die Medienindustrie wird einerseits durch die Schwierigkeit konterkariert, die

---

15 Vgl. die Aussagen von Jörg Hänel, Leiter Produktmanagement Neue Dienste der Kabel Deutschland GmbH über die Pläne für die Berliner Kabelinsel auf der mikro.lounge #24, am 7. Juni 2000, http://mikro.org/Events/20000607.html

Werke zu kontrollieren. Andererseits bereitet die eingeschränkte Übertragungskapazität des Internet Probleme beim Transport von hochauflösenden Musik- oder gar Videodaten. Die 4,7 → Gigabyte einer DVD zu übertragen, würde über ein 56 → Kbps-Modem mehr als eine Woche dauern. Die Lösung liegt in einer kräftigen Komprimierung.

Die *Moving Picture Experts Group* (MPEG)[16] ist eine Arbeitsgruppe der *International Organization for Standards* und der *International Electrotechnical Commission* (→ ISO/IEC), die sich mit der Entwicklung und Standardisierung von Codierungsverfahren für digitales Audio und Video befasst. Sie konstituierte sich 1988 im Zuge der Standardisierung von MPEG-1. Die Videokompression von MPEG-1 wird z.B. auf der Video-CD verwendet. MPEG-1 Layer 3 – kurz MP3 – ist der heutige Standard für die Musikcodierung im Netz. **MPEG**

MP3 wurde maßgeblich am Fraunhofer Institut für Integrierte Schaltungen (IIS) in Erlangen entwickelt.[17] 1987 begann das IIS im Rahmen eines EU-Projektes über psychoakustische Komprimierung zu forschen. Das Verfahren geht von der Beobachtung aus, dass bestimmte Klanganteile andere »maskieren«, diese also vom menschlichen Ohr nicht wahrgenommen und deshalb ohne subjektive Qualitätsreduktion eingespart werden können. Der Maskierungseffekt ist abhängig vom syntaktischen Gehalt des jeweiligen Musikstücks. Die Datenreduktion kann also nicht »mechanisch« vorgenommen werden, sondern setzt eine Analyse des Ausgangsmaterials voraus. In zahlreichen Hörtests verfeinerten die IIS-Forscher den Kompressionsalgorithmus. Schließlich gelang es ihnen, die 1,4 MBit/s einer CD ohne wahrnehmbaren Klangverlust um den Faktor 12 auf 112 KBit/s zu vermindern. Damit lässt sich hochqualitative Musik über die beiden 64 KBit/s-Datenkanäle des damals gerade eingeführten ISDN in Echtzeit übertragen. MP3 wurde von ISO/IEC als Standard übernommen und vom Frauenhofer-Institut patentiert. **MP3**

MP3 verbreitete sich Mitte 1997 wie ein Lauffeuer im Internet. Entgegen der üblichen Praxis der ISO-Standardisierung, gedruckte Versionen der Spezifikation zu verkaufen, hatte das Fraunhofer IIS nicht nur die Spezifikation, sondern auch eine Referenzimplementation des → Encoders auf seinen Webseiten zur Verfügung gestellt. Sie wurde vielfach studiert und bald erschienen im Internet kostenlose En- und Decoder und ein Fülle von Musik im MP3-Format. Etwa ein Jahr später begann das IIS Abmahnungen an alle zu verschicken, die auf ihren Internetseiten freie MP3-Encoder anboten. Das Institut machte die Betroffenen darauf auf-

16 MPEG Home Page, http://www.cselt.it/mpeg/

17 http://www.iis.fhg.de/amm/techinf/layer3/

merksam, dass das IIS ein Patent an der Technologie besitze. Nutzer hatten entweder eine Lizenz zu erwerben oder die Verbreitung ihrer Encoder einzustellen.[18]

Während das IIS die patentrechtlichen Ansprüche an seinem geistigen Eigentum geltend machte, beklagte die Musikindustrie die zunehmende Verletzung ihrer verwertungsrechtlichen Ansprüche, da viele der im Internet verbreiteten Musikstücke nicht von den Anbietern, sondern von kommerziell vertriebenen CDs stammten. Sie entdeckte Zehntausende illegale MP3-Stücke im Netz und behauptete Umsatzeinbußen. Die *Recording Industry Association of America* (→ RIAA) z.B. verklagte die Firma Diamond, die den ersten portablen MP3-Player namens »Rio« vorgestellt hatte und die Firma Lycos, die eine auf MP3-Dateien spezialisierte Suchmaschine betreibt. Sie schickt regelmäßig Abmahnungen an → ISPs, Universitäten und andere Netzbetreiber, auf deren Servern sie nicht lizenzierte Musikdateien entdeckt. Die RIAA startete ein Anti-»Piraterie«-Programm namens *soundbyting*.[19] Die deutsche Sektion der IFPI zog mit einer ähnlichen Kampagne nach (»Copy kills Music«).[20]

SDMI

Im Dezember 1998 schloss sich die RIAA mit ihrem japanischen Pendant RIAJ und der *International Federation of the Phonographic Industries* (IFPI) zur *Secure Digital Music Initiative* (→ SDMI)[21] zusammen, um auf Hard- und Softwarehersteller, den Gesetzgeber und die Öffentlichkeit einzuwirken. Während sich die SDMI einerseits mit der Entwicklung von technischen Schutzsystemen für MP3 und anderen Datenformaten beschäftigt – das Fraunhofer IIS spielt hierbei eine führende Rolle –, betreibt sie andererseits eine beispiellose Kampagne, um MP3 pauschal zu verdammen, da es zu nichts anderem als dem »Raub« von geschützter Musik tauge. All die Musiker, die ihre eigenen Stücke im MP3-Format verschenken, um z.B. ein neues Album zu bewerben oder weil sie darin eine Chance sehen, die *Gatekeeper*-Funktion der Musikindustrie zu umgehen, werden geflissentlich ignoriert.

Die Vorteile des Internet kommen dann voll zum Tragen, wenn Autorinnen auf die Kontrolle über die Nutzung ihrer Werke verzichten. Junge Bands, die ihre Musik bekannt machen möchten, akademische Autoren, die ihre Texte für den globalen wissenschaftlichen Austausch

---

18 Vgl. Diskussion mit Nils Rump, IIS, auf der mikro.lounge #7, 7. Oktober 1998, http://mikro.org/Events/19981007/

19 http://www.soundbyting.com

20 http://www.copykillsmusic.de

21 Heute nehmen etwa 200 Firmen an dem Industriekonsortium teil (http://www.sdmi.org).

verfügbar machen, Hobbyisten jeglicher Couleur, die anderen stolz ihre Kreationen zeigen wollen, oder Programmierer, die gemeinsam mit Tausenden anderer freie Software entwickeln – sie alle können die genannten Kosteneinsparungen ausnutzen und das seit Jahren, ohne dass sie erst darauf warten müssten, dass die Gerätehersteller, Hollywood und die Großen Fünf der Musikindustrie sich auf einen Schutzstandard einigen. Der Verzicht auf die maximale Inanspruchnahme der Verwertungsmöglichkeiten, die ihnen das Urheberrecht/Copyright gibt, und die besondere Struktur des Netzes, in dem jeder Empfänger auch ein Sender ist, erlauben es den Urhebern, ihre Werke unter Umgehung von oligopolistischen Verlagen, Herstellern und Vertrieben direkt zu den Rezipienten zu bringen. Und wer Interessenten findet, wird – nach dem Shareware-Prinzip, durch den Postversand von eigenen CDs oder *Printing-on-Demand* der eigenen Bücher – auch finanziell nicht leer ausgehen.

Das Internet ist ideal für freien Austausch

Sampling

Auch das Material auf analogen Datenträgern wie Zelluloid und Magnetband lässt sich bereits modifizieren. Mit Hilfe von Retusche, Schnitt, Mehrspuraufnahmen, Effekten (Hall, Echo) usw. können aus eigenem oder dem Material Dritter neue abgeleitete Werke erstellt werden. Liegen die Daten jedoch in digitaler Form in einer programmgesteuerten Umgebung vor, sind ihren Modifikationsmöglichkeiten keine Grenzen gesetzt. Am dramatischsten trat dieser Effekt durch die digitale Bildbearbeitung ins öffentliche Bewusstsein, die inzwischen bei fast jedem Foto in Zeitungen und Zeitschriften vorgenommen wird. War die Vorstellung, dass Fotos nicht lügen, schon durch analoge Montage und Retusche fragwürdig, so trugen die spurlosen digitalen Manipulationen den verbliebenen Glauben an die Authentizität eines Originals auf dem Friedhof der Mediengeschichte zu Grabe. Der Werkbegriff verändert sich grundlegend. Kleinste Werkbestandteile (ein Augenpaar, ein Gitarren-Riff, eine Handbewegung) können extrahiert, verändert und in eigenen Schöpfungen weiterverwendet werden. *Sampling* wurde zum Inbegriff einer neuen – postmodernen – ästhetischen Praxis der 80er, nicht nur in der Musik, sondern auch im Graphik-Design, in Video und Text.

Sampling als Inbegriff einer neuen Ästhetik

Der erste analoge Musik-Sampler, das *Mellotron*, wurde 1963 erfunden, im selben Jahr, als Dr. Moog seinen ersten Synthesizer baute. Es bestand aus einer Klaviatur, hinter deren Tasten sich jeweils kurze Magnetbandschleifen befanden. Auf ihnen konnten beliebige Klänge (*Samples*) aufgenommen und durch Anschlag der Taste wiedergegeben werden.

Um 1980 herum folgte die erste Generation von digitalen Samplern. Wie das Mellotron waren sie so kostspielig, dass nur die größten Studios sie sich leisten konnten. Experimentelle Musiker wie Brian Eno arbeiteten damit. Künstler wie Bob Ostertag oder John Zorn verliehen dem Sampling die Ehrwürdigkeit der U-Musik. Sampler haben sich in den Studios und bei Live-Sets als Produktionshilfe und als Musikinstrument fest etabliert. Die Gruppe »Kraftwerk« entwickelten ihre Vision von den Kindern, die nach der Schule am Heimcomputer ihre eigene Musik basteln. Mit der Demokratisierung der Musikproduktionsmittel kündige sich die Zeit an, da Sampling zur neuen Volksmusik würde.

Zu den weiteren Möglichkeiten, die die digitale Umgebung eröffnet, gehört die Durchsuch- und Verknüpfbarkeit der Information auf der eigenen Festplatte, im → Intranet und im Internet. Die Verbindungen, die im analogen Wissensraum mühsam über Kataloge, Register, Zettelkästen oder das Gedächtnis hergestellt werden müssen, werden im digitalen durch Suchmaschinen, Links und algorythmische Operationen unterstützt.

Kopierschutz

Schießlich erlauben es ihre programmierbaren Existenzbedingungen, Schutzsysteme für digitale Werke zu schaffen, die die Einhaltung der urheberrechtlichen und lizenzvertraglichen Nutzungsbedingungen technisch erzwingen. Die Daten von Bildern, Musikstücken, Videos und Texten werden in »kryptografische Umschläge« gehüllt und mit »Wasserzeichen« versehen, die entsprechend ausgerüstete Endgeräte steuern und ausschließlich die vom Rechteinhaber autorisierten Nutzungen zulassen.

Den Bemühungen der Rechteindustrie, solche Kontrollinfrastrukturen aus Hard- und Software zu errichten, auf die das folgende Kapitel genauer eingeht, stehen zwei grundsätzliche Probleme entgegen. Erstens ist im Prinzip jede Operation, die ein Computer vornimmt, von einem Computer auch wieder rückgängig zu machen, und muss es auch sein, da autorisierte Nutzer das Werk schließlich dafür bezahlt haben, es zu rezipieren.[22] Zweitens muss ein Werk bei noch so starkem kryptografischem Schutz während der Speicherung und Übertragung letztlich zu seiner legitimen Darstellung und Nutzung entschlüsselt werden. Spätestens dann ist es gegenüber Angriffen verwundbar.

---

22 »Im Prinzip«, weil die Mathematik sehr wohl Einwegfunktionen kennt. Und praktisch ist die heutige Generation von Kryptosystemen mit der heutigen Generation von Computern nicht in akzeptabler Zeit zu brechen.

Lange bevor die traditionelle Medienindustrie begann, sich Gedanken über technischen Rechteschutz zu machen, war die Computersoftware-Industrie mit den neuen Herausforderungen und Möglichkeiten konfrontiert. Seit den 70ern entwickelte diese sozusagen im Computer heimische Branche immer ausgefeiltere Kopierschutzsysteme. Aber ganz gleich, ob sie auf Software oder Hardware *(→ Dongle)* basierten – Hacker benötigten nie sehr lange, um die Systeme zu brechen oder zu umgehen. Für diejenigen, die sich den Ladenpreis der Programme nicht leisten konnten, waren bald kopierschutzbefreite Versionen von »dBase« oder »Lotus 1-2-3« verfügbar. Unterdessen hatten zahlende Kunden darunter zu leiden, dass sie keine Sicherungskopien anfertigen konnten, die Programme von der Festplatte nicht ordnungsgemäß liefen oder sie ihren Dongle verlegt hatten. Der sich gegenseitig hochschaukelnde Wettlauf zwischen Schützern und Hackern und die wachsende Verärgerung der autorisierten Nutzer führte schließlich dazu, dass die Softwareverleger den Kopierschutz im Wesentlichen aufgaben. Keiner von ihnen ist darüber bankrott gegangen. Viele Nutzer sind bereit, Software regulär zu kaufen, wenn sie den Preis für angemessen halten und einen Mehrwert in Form von gedruckter Dokumentation und technischem Support erhalten.

Kopierschutz für Computerprogramme …

Im Falle der Musik-CD wurde die Entwicklung von der Geräteindustrie vorangetrieben. Die Rechteindustrie begann erst mit einiger Verzögerung, Kopierschutzmaßnahmen einzuführen. Dazu gehören Abweichungen vom Standard, Veränderungen im Dateiverzeichnis und irreführende Informationen im *Error Correction Code* (ECC), die der Kopie Fehler hinzufügt, so dass sie bereits in der ersten Generation unlesbar werden kann. Programme, die die Daten Bit für Bit auslesen und auf den Rohling schreiben (eine *Image*-Kopie), umgehen viele dieser Maßnahmen. Auch gegen die meisten anderen Schutztechniken ist spezialisierte Kopiersoftware verfügbar.[23]

… für CDs

Anders als bei der Einführung von CD-Brennern war die Musikindustrie bei der Entwicklung der DAT-Technologie von Anfang an beteiligt. In den Verhandlungen mit der Geräteindustrie wurden verschiedene technische Systeme vorgeschlagen, darunter eine Geldkarte, von der bei jeder Kopie eines geschützten Musikstücks automatisch ein bestimmter Betrag abgezogen werden sollte.[24] Schließlich einigten sich die beiden Seiten auf das *Serial Copy Management System* (→ SCMS). Die beiden SCMS-Kopier-

… für DAT

23 CD-R FAQ, [2-4] *How does CD-ROM copy protection work?* und Ebd. [3-18] *Can I make copies of copies?*, http://www.fadden.com/cdrfaq/faq02.html

24 DAT-Heads FAQ, 92sep2, Third Release, http://www.minidisc.org/dat-heads-faq.html

Bits werden im Sub-Code-Kanal über das ganze Band geschrieben und können drei Werte annehmen:

00 Kopieren unbeschränkt erlaubt,
11 eine Folgegeneration von Kopien erlaubt,
10 Kopieren verboten.

Liest ein Rekorder aus der Vorlage den Wert 10, weigert er sich, eine Kopie anzufertigen. Liest er 11, setzt er den Wert auf der Kopie auf 10. Liest er 00, schreibt er abhängig vom Gerät wieder 00 oder 11. Bei einem analogen Eingangssignal ohne SCMS-Information schreibt er 11. CDs haben einen SCMS-Wert von 11, so dass die gesetzlich zugestandene Kopie für Datensicherung und ortsversetztes Hören möglich ist, von dieser aber keine weiteren Kopien erstellt werden können.

... durch das Gesetz

Nachdem eine technische Lösung gefunden war, stand die Rechteindustrie vor dem Problem, dass sich niemand freiwillig Geräte mit einer eingeschränkten Kopierfunktion kaufen würde, für deren Einschränkung er zudem auch noch extra bezahlen müsste. Also wurde der Gesetzgeber auf den Plan gerufen, der 1992 das US-Copyright-Gesetz um den *Audio Home Recording Act* (AHRA)[25] ergänzte, der maßgeblich auf die DAT-Technologie zugeschnitten war. Der AHRA verbietet die Herstellung, Einfuhr und Verbreitung von Geräten für digitale Audioaufnahmen, die nicht über ein SCMS oder ein vergleichbares System verfügen. Gleichzeitig verbietet er Geräte, deren primärer Zweck es ist, solche Kopierschutzmechanismen zu umgehen, zu entfernen oder zu deaktivieren. Schließlich kodifiziert er erstmals in den USA ein Gebührensystem für digitale Audioaufnahmegeräte und Leermedien.[26] Immerhin stellt der AHRA die Hersteller und Importeure von Geräten und die Konsumenten, die sie für nicht kommerzielle digitale oder analoge Musikkopien verwenden, von der Verfolgung wegen vermeintlicher Copyright-Verstöße ausdrücklich frei. Auch teurere professionelle DAT-Geräte für den Studiogebrauch ignorieren SCMS. Spätestens seit Mitte der 90er waren alle DAT-Rekorder für den Konsumentenmarkt mit SCMS ausgerüstet. Technisch ist es möglich, die SCMS-Information aus dem Datenstrom herauszufiltern. Geräte für diesen Zweck, die zwischen zwei DAT-Rekorder gesteckt werden, sind in den USA ab 200 Dollar zu haben.[27]

---

25 Als Kapitel 10 »Digital Audio Recording Devices and Media« (§§ 1001 - 1010) in das U.S.C. eingegangen, http://lcweb.loc.gov/copyright/title17/

26 Diese Tantiemenpauschale wurde in den USA unter dem Begriff »DAT-Steuer« diskutiert, vgl. Stallman, 1992.

27 DVD FAQ: http://www.freenet.carleton.ca/~aa571/datfaq.htm oder http://www.dvd-demystified.com/dvdfaq.html

Das bei der DVD verwendete Kopierschutzverfahren ist identisch mit SCMS, heißt hier aber *Copy Generation Management System* → (CGMS). Darüber hinaus werden die Videodaten mit dem *Content Scrambling System* (→ CSS) verschlüsselt, die Überspielung auf einen analogen Videorekorder wird von Macrovision blockiert und ein Regionalcode verhindert das Abspielen von DVDs aus anderen Regionen.

... für DVD

Verzögerte sich bereits die Markteinführung von Video-DVD-Geräten aufgrund weiterer Anforderungen der Filmindustrie, ist der Effekt bei der Audio-DVD noch ausgeprägter. Seit 1996 wird eine marktfertige Technologie zurückgehalten, weil bislang keine Einigung über eine Rechtekontrolltechnologie zwischen Musik- und Geräteindustrie erzielt werden konnte. Das DVD-Forum verabschiedete die endgültigen DVD-Audio 1.0 Spezifikationen – noch immer ohne Kopierschutz – im Februar 1999. Erste Geräte waren für Mitte 2000 angekündigt. Doch die offenkundig gewordenen Schwächen von CSS und weitere Forderungen der *Secure Digital Music Initiative* (→ SDMI) zur Verschlüsselungs- und zur Wasserzeichentechnologie verhinderten auch diesen Termin.

Bei Werkstücken, die aus nichts mehr als einer Kette von Daten bestehen, muss die Information, die die Einschränkung ihrer Nutzungen steuert, möglichst untrennbar in diese Daten selbst eingebettet werden. Die Endgeräte enthalten dann Mechanismen, die diese Information interpretieren und Nutzungen unter bestimmten Bedingungen zulassen, unter anderen nicht. Der MP3-Standard beinhaltet keinen solchen Rechtekontrollmechanismus. In einem zweiten Schritt entwickelte das Fraunhofer IIS das *Multimedia Protection Protocol* (MMP).[28] Dateien werden dabei kryptografisch »eingekapselt«. In einen Dateivorspann und in regelmäßigen Abständen auf die ganze Datei werden dazu Informationen über die Rechteinhaber verteilt und die erlaubten Nutzungen eingefügt. Darin kann stehen, dass z.B. eine MP3-Datei nur vom Käufer angehört, nur vom Server, nicht aber von einer lokalen Kopie abgespielt oder nicht auf CD gebrannt werden kann.

... fürs Internet

1995 vorgestellt, war MMP eines der ersten Schutzsysteme im Internet. Möchte eine Kundin Multimedia-Information bei einem E-Commerce-Anbieter kaufen, muss sie sich zunächst registrieren. Der »Medien-Distributor« schickt ihr dann einen individuellen Registrierungs-Code, den sie in ihre soft- und hardwarebasierten Medien-Player einträgt. Bestellt sie nun ein Musikstück, geht ihre Kennung in die Verschlüsselung der Datei ein. Diese Datei ist beliebig kopierbar, aber angehört werden

28 http://www.iis.fhg.de/amm/techinf/ipmp/index.html

kann sie nur mit einem Player, der die Kennung enthält, auf die sie kryptiert wurde.

Zu den ersten Nutzern von MMP gehörten das von der EU geförderte Projekt *Musik on DEmand* (MODE)[29] und das vom Südwestfunk (heute Südwestrundfunk) in Zusammenarbeit mit der Deutschen Telekom entwickelte Pilotprojekt »SWR on Demand«, das auf der Berliner Funkausstellung 1995 vorgestellt wurde. An der Entwicklung waren auch die GEMA und die Vereinigung der Deutschen Phonographischen Industrie beteiligt, die mit der Telekom Rahmenverträge abschlossen. Derzeit werden im *Audio on Demand*-System[30], das die Telekom jetzt allein weiterbetreibt, 70 000 Titel angeboten. Zusätzlich zu MMP werden hier die MP3-Dateien durch ein Rückrufsystem gesichert: Die Musik wird über das Internet nur ausgewählt, dann kappt der Server die Internet-Verbindung und wählt die bei der Registrierung angegebene ISDN-Nummer des Kunden, um die Dateien zu übertragen. Über das Abrechnungsverfahren brauchte sich die Telekom keine Gedanken zu machen. Die Kosten bucht sie einfach auf die Telefonrechnung.

... und in den Codierungs-standards

Inzwischen gibt es eine ganze Reihe solcher Kontrollsysteme. Die MPEG-Familie von Codierungsstandards wird weiterentwickelt. So ist MPEG-1 bereits weitgehend durch MPEG-2 ersetzt, das in Dekodern für digitales Fernsehen und für DVD-Video Verwendung findet. MPEG-4 und MPEG-7, das *Multimedia Content Description Interface*, sollen die neuen Standards für Multimediadaten im Internet werden. Anders als bei MP3, bei dem ein Rechtekontrollmechanismus extern hinzugefügt werden muss, enthalten die aktuellen Standards einen solchen von vornherein. Urheber können zwar noch die Rechtekontrolle auf »Kopieren unbeschränkt erlaubt« setzen, doch die Option, keine Rechtekontrolle zu verwenden, werden sie bald nicht mehr haben.

Sah es eine Zeit lang so aus, als würde die technologische Entwicklung die Balance zugunsten der Öffentlichkeit verschieben, lässt sie jetzt das Pendel in die andere Richtung zurückschlagen. Digitalen Daten, die ihrer Natur nach beliebig oft vervielfältigt werden können, wird durch zusätzliche Mechanismen ein Werkstückcharakter verliehen. Anders als bei einem Buch oder einer CD wird dieses Werkstück außerdem auf den Käufer maßgeschneidert. Konnte er materielle Werkstücke nach ihrer Lektüre auf dem Second-Hand-Markt weiterverkaufen, sind die digitalen für Dritte nutzlos. Nutzlos werden sie selbst für den rechtmäßigen Besit-

29 http://www.mode.net/
30 http://www.audio-on-demand.de

zer, wenn in einigen Jahren die Technologie sich wandelt und die Daten- oder die Schutzformate nicht mehr lesbar sind.[31]

> »*[D]er zentrale wunde Punkt der ganzen IP-Ökonomie (IP im Sinne von Intellectual Property, aber auch Internet): Sie floriert unter anderem nur deswegen, weil die Knappheit der Güter, die den Austausch darunter treibt, eine rein virtuelle Knappheit ist. Konsequent umgesetzt führt die IP-Ökonomie jedoch zu einer kulturellen Verarmung, weil sie nicht nachhaltig ist. Eine Umsetzung von Intellectual Property nach den Ideen, die hinter dem DMCA* [dem US-Digital Millennium Copyright Act (s.u.)] *stehen, bedeutet eigentlich, dass jedem Subjekt eines Kulturraums Kommunikationsbeschränkungen auferlegt werden... Ultimativ ist in einem solchen ökonomischen Modell aber jede Äußerung, jeder Mausklick, ja jeder Atemzug von mir geldwert*« (KÖHNTOPP, 2/2000).

31 Zu den diversen Bemühungen, digitales Audio und Video für die Meinungsäußerungsfreiheit offen zu halten, s. die Initiative *Campaign for Audiovisual Free Expression* (CAFE) der *Electronic Frontier Foundation*, http://www.eff.org/cafe/

Rechtliche Herausforderungen durch Digitalmedien

> *»Das Copyright-Gesetz ist völlig veraltet. Es ist ein Artefakt aus der Zeit Gutenbergs. Da es sich um einen reaktiven Prozess handelt, wird es wahrscheinlich vollkommen zusammenbrechen müssen, bevor es korrigiert wird.«* (NEGROPONTE, 1995)

> *»Das Recht auf geistiges Eigentum kann ebensowenig ausgebessert, rückwirkend angepasst oder erweitert werden, um der digitalen Welt gerecht zu werden, wie das Immobilienrecht dahingehend revidiert werden kann, eine Zuteilung des Sendespektrums abzudecken (was hier versucht wird, erinnert jedoch ein wenig daran). Wir müssen ganz neue Methoden entwickeln, die den neuen Umständen gerecht werden.«* (BARLOW, 1994)

Alles wird anders

Das Urheberrecht sieht sich in den digitalen Medien mit ungleich größeren Problemen konfrontiert als in den analogen. Bislang waren Werke an Werkstücke gebunden. Sie existierten nicht anders denn als physische Erscheinungsformen. Ein Kopiervorgang erforderte erhebliche Investitionen. In Zeiten des Bleisatzes musste ein Buch vollständig neu gesetzt werden, um es nachdrucken zu können. Mit der Reprofotografie konnten die Druckplatten mit einem wesentlich geringeren Aufwand direkt von der veröffentlichten Vorlage erstellt werden. Durch den Fotokopierer wurde das Erstellen einzelner Kopien zu einem Kinderspiel. Die Kopplung des informationellen Gehalts an seinen materiellen Träger wurde mit jedem Schritt lockerer, bis die Digitalisierung sie schließlich vollends aufhob. Der beliebigen Vervielfältigung der Form eines Werkes sind – zumindest ökonomisch – keine Grenzen gesetzt. Die Handhabung von Atomen ist kostspielig, Bits dagegen lassen sich fast umsonst kopieren und verbreiten. Die technischen und juristischen Antworten auf diese Herausforderung zielen darauf, mit großem Aufwand den Werkstückcharakter aus der analogen Welt künstlich in der digitalen nachzubilden. Auch hier bestätigt sich Marshall McLuhans Beobachtung, dass wir in der formativen Phase der neuen Medien in sie hineinprojizieren, was uns von ihren Vorläufern vertraut ist.

Die Industrie reagiert, wie im Fall von DVD und MP3 gezeigt, auf technologische Herausforderungen mit technologischen Lösungen. Die Gesetzgebung flankiert diese Lösungen. Der im Zusammenhang mit der DAT-Technologie bereits genannte US-amerikanische *Audio Home Re-*

cording Act (AHRA) von 1992 ist ein frühes Beispiel dafür. Geräte ohne Rechteschutzsysteme werden verboten, ebenso Technologien zu ihrer Umgehung. Doch die Rechtspraxis führte viele amerikanische Beobachter, wie den Chef des MIT-Media-Labs Negroponte und den Sprecher der *Electronic Frontier Foundation* (→ EFF) Barlow, Mitte der 90er-Jahre dazu, die überlieferten Copyright-Mechanismen grundsätzlich in Frage zu stellen. Als schädlich erachtet auch der Gründer des GNU-Projekts, Richard Stallman, das traditionelle Copyright in der neuen digitalen Welt:

> *»Das Copyright ist eine künstliche Einschränkung, die dem Fortschritt dienen soll. Die Frage ist aber, ob der Fortschritt, der auf diese Weise gefördert wird, die ganzen Probleme wert ist, die dadurch verursacht werden. [...] Das Copyright war in Ordnung, als die Druckerpresse das wichtigste Instrument zur Verbreitung von geistigem Eigentum war. Der Leser musste kein Recht aufgeben, von dem er tatsächlich hätte Gebrauch machen können – es entstand also kein Verlust. Im Computerzeitalter stimmt das nicht mehr. Die Einschränkungen durch das Copyright wirken sich negativ aus. Anstelle einer Einschränkung nur für die Herausgeber haben wir heute eine Einschränkung der Leser. Und das macht die Sache schlecht. Das Copyright hat jetzt einen schädlichen Effekt, der vorher nicht da war.«*[1]

Alles bleibt, wie es ist

In der Rechtsdebatte dagegen herrschte die Auffassung vor, dass für das Urheberrecht durch die Digitalisierung im Prinzip alles beim Alten bleibe: »Die tragenden Prinzipien bleiben im Wesentlichen unangetastet; zur Lösung der anstehenden Probleme erscheinen einzelne Maßnahmen der Anpassung und Klarstellung erforderlich, aber auch ausreichend.«[2] Die Digitalisierung eines Werkes gelte nicht als Bearbeitung oder Umgestaltung. Sie schaffe keine neue Werkart. Daher seien grundsätzlich dieselben Regelungen anwendbar, wie für analoge Werke. Charakteristisch ist die Haltung der GEMA, die Datenträger wie Disketten, Festplatten, CD-I und CD-ROM analogen Datenträgern wie Schallplatten oder Cassetten gleichstellt und für deren Musikanteil gleichermaßen Tantiemen erhebt. Auch für den Online-Bereich überträgt sie überlieferte Kategorien. Ein *Music-on-Demand*-System stuft sie auf die gleiche Weise ein wie ein Plattenpresswerk. Beide sind verpflichtet, der GEMA eine monatliche Aufstellung ihrer Kunden, Katalognummern, Titel und Auflagen der gepressten Platten respektive der auf dem Server angebotenen und der

1 Interview mit Stallman, in: Hohmann, 1999.
2 Götting, in: Götting, 1998,S. 197.

abgerufenen Musikstücke vorzulegen.[3] Dennoch ist es unverkennbar, dass urheberrechtliche Grundbegriffe wie »Urheber«, »Werk« und »Leistung« durch die Digitalisierung einem Wandel unterliegen. So wurde z.B. debattiert, ob eine digital gespeicherte Fotografie aus urheberrechtlicher Sicht als Fotografie, als Datenbank oder als Computerprogramm anzusehen sei (vgl. ELLINS, 1997, S. 342 ff.).

WIPO-Abkommen als Rahmen für nationales Recht

Die Internationalisierung des Wissensraumes hatte bereits ab Mitte des 19. Jahrhunderts zu ersten Rahmenabkommen geführt. Die Globalisierung durch grenzüberschreitende Direktsatelliten, vor allem aber durch das Internet verstärkte diesen Bedarf nach einer Vereinheitlichung der nationalstaatlichen Regelungen und einer Anpassung an die neuen Sachverhalte. So hat der *WIPO Copyright Treaty* (WCT) vom Dezember 1996 ein neues exklusives Recht des Urhebers zur »Kommunikation an die Öffentlichkeit« eingeführt, das die Bereitstellung von Werken im Internet erfasst. Neben die Veröffentlichung in Form von physischen Verbreitungsstücken und die Sendung in Rundfunk und Kabelsystemen trat die Abbrufbarkeit durch Mitglieder der Öffentlichkeit. Dieses »Zugänglichmachen« kann als ein Konzept eines genuinen *lex digitalis* gesehen werden.

Andere Differenzen zwischen den nationalen Rechtsräumen sträuben sich gegen eine Harmonisierung. So haben viele Länder Auflagen für die Ein- und Ausfuhr sowie für die Verwendung von Kryptografieprodukten verhängt, die mit Hilfe von Servern in andere Ländern leicht unterlaufen werden können. Pornografie und nationalsozialistische Embleme sind in einigen Ländern verboten, im Internet jedoch nur einen Mausklick weit entfernt. Einige Länder haben Bestimmungen über den Anteil lokaler Inhalte von Rundfunkprogrammen erlassen. Firmen können nationales Steuerrecht unterlaufen, indem sie ihre E-Commerce-Server in Steueroasen wie die Bahamas auslagern. Auch das nationalstaatlich geregelte Markennamenrecht steht durch den grenzen- und branchenüberschreitenden Digitalraum vor Problemen. Wessen Anspruch auf den Internet-Domain-Namen »apple.com« soll überwiegen, der des US-amerikanischen Computerherstellers oder der des britischen Schallplattenunternehmens?

Die EU-Datenbankrichtlinie vom 11. März 1996 schuf ebenfalls einen neuen Schutzgegenstand. Es handelt sich um ein *sui-generis*-Recht für den Investitionsschutz an Sammlungen, die den urheberrechtlichen Anforderungen an die kreative Schöpfungshöhe nicht genügen. In der Verschiebung von Urheber- zu Leistungsschutzrechten drückt sich eine Angleichung der *Droit d'auteur*-Tradition an die Copyright-Länder aus, die

3 GEMA News, 157, S. 77 ff.

nicht nur Produkte schützen, die ein Autor dank seiner Kreativität, sondern auch »im Schweiße seines Angesichts« geschaffen hat. Dem Unterschied wurde durch die kurze Schutzdauer für Datenbanken von 15 Jahren Rechnung getragen.

Eine Reihe von »digital-weltlichen« Rechtsabkommen sind bereits genannt worden, wie die Revidierte Berner Übereinkunft und die beiden WIPO-Verträge vom Dezember 1996. In Deutschland diente der Diskussionsentwurf eines »Fünften Gesetzes zur Änderung des Urheberrechtsgesetzes« aus dem Juli 1998[4] dazu, die internationalen Verpflichtungen umzusetzen und das Urheberrecht den Entwicklungen im Bereich der Informations- und Kommunikationstechnologie, insbesondere der digitalen Technologie, anzupassen. Nachdem im April 2001 die »EU-Richtlinie zur Harmonisierung des Urheberrechts« verabschiedet wurde, ist es nun an der Bundesregierung, das nationale Urhebergesetz entsprechend anzupassen.

In den USA war es der *Digital Millennium Copyright Act* (DMCA)[5] von 1998, der das Copyright-Gesetz auf die Höhe der neuen Zeit brachte. Das Gesetz wurde wohl kaum im Jahr-2000-Rausch betitelt. Hier markiert der Name eines Gesetzes eine neue Epoche, die nur zufällig mit einer runden Zahl im christlichen Kalender zusammenfällt. Der Titel sagt: Mit der Digitalität wird alles anders.

Im Folgenden sollen die zentralen Punkte der Digital-Gesetze angesprochen werden.

Hard- und Software

Grundlage für die Erzeugung und Nutzung digitaler Werke sind Hard- und Software. Hardware fällt überwiegend in den Zuständigkeitsbereich des Patentrechts, das Layout der Schaltkreise im Inneren der Computerchips ist mit Hilfe des Urheberrechts erfasst worden. Vor dem Hintergrund des damaligen »Chip-Kriegs« zwischen den USA und Japan wurde 1984 der *U.S.-Semiconductor Chip Protection Act* erlassen. Im Dezember 1986 folgte die EU-Richtlinie 87/54/EEC über den Rechtsschutz für die Topografien von Halbleiterprodukten diesem Beispiel.

Software als Literatur

Der rechtliche Status von Software war in den 60er-Jahren noch ungeklärt. 1974, also noch bevor eine eigenständige Softwareindustrie entstanden war, berief der US-Kongress eine Kommission ein, die sich mit dem rechtlichen Status von Computerwerken befassen sollte. Die CONTU (*Commission on New Technological Uses of Copyrighted Works*) empfahl,

4 http://www.bmj.bund.de/misc/1998/urh_98.htm
5 http://www.loc.gov/copyright/legislation/hr2281.pdf

Computerprogramme zukünftig als »literarische« Werke unter den Schutz des Copyright zu stellen. Die US-Copyright-Reform von 1976 folgte dieser Empfehlung, stellte spezifischere Regulierungen jedoch bis zum Abschlussbericht der CONTU aus, dessen Formulierungen fast wörtlich in der nächsten Revision von 1980 übernommen wurde. Überdies können Programme, die Teil eines Produktes oder eines Prozesses sind, seither in den USA auch durch Patente geschützt werden.

Das Revidierte Berner Übereinkommen von 1979 folgte dem Beispiel und unterstellte Computerprogramme dem Schutz für literarische Werke. Im Mai 1991 verabschiedete die Europäische Kommission die »Richtlinie zum Schutz von Computerprogrammen« (91/250/EEC).[6] In Deutschland wurde zu Beginn der Debatte über Multimedia-Produkte verschiedentlich die Auffassung geäußert, eine solche Anwendung einschließlich der Benutzeroberfläche, der integrierten Medien, Steuerungssoftware und Hardware sei eine einheitliche technische Anwendung und daher insgesamt als Computerprogramm zu schützen. Durchgesetzt hat sich jedoch eine Trennung der Software und der durch sie präsentierten Inhalte. In den Regelungen zu Datenbanken, sowohl in der EU-Richtline (Art. 1 Abs. 1) wie im Urhebergesetz drückt sich diese Trennung aus. In Paragraph 4 Abs. 2 Satz 2 UrhG heißt es: »Ein zur Schaffung des Datenbankwerkes oder zur Ermöglichung des Zugangs zu dessen Elementen verwendetes Computerprogramm ist nicht Bestandteil des Datenbankwerkes.«[7]

In Deutschland genossen Computerprogramme bis 1993 keinen wirkungsvollen gesetzlichen Urheberrechtsschutz. Seither zählen Computerprogramme in Umsetzung der EU-Richtlinie neben Schriftwerken und Reden ebenfalls zu den geschützten Sprachwerken (§2 Abs. 1 UrhG). Die Computerrechtsnovelle fügte ferner die »Besonderen Bestimmungen für Computerprogramme« (§ 69a ff.) ein. Während an alle andere Werke das Kriterium der kreativen Schöpfungshöhe angelegt wird, sind für die Schutzfähigkeit von Programmen keine anderen Kriterien, insbesondere nicht qualitative oder ästhetische, anzuwenden. Die Übertragung des

6 Neun Jahre später stellte sie den »Report from the Commission to the Council, the European Parliament and the Economic and Social Committee on the implementation and effects of directive 91/250/EEC on the legal protection of computer programs (10 April 2000)« vor, http://europa.eu.int/comm/internal_market/en/intprop/intprop/docs/reportde.pdf

7 Beim Einsatz von Standardsoftware ist die Trennung meist einfach vorzunehmen. Auch rein computer-generierte Werke werden vom Urhebergesetz nicht als persönliche Schöpfung angesehen und sind daher nicht geschützt. Problematischer scheint die Trennung, wenn ein Künstler den Grafik- oder Audio-Algorithmus eines Dritten modifiziert. Auch bei interaktiven Programmen, die einen weitgehenden, durchaus kreativen Input des Nutzers erlauben, verschwimmen die Grenzen zwischen der Leistung des Programmierers und der des Anwenders.

Konzepts der Kopie auf das Medium Computer führte in der Anfangszeit zu einer der absurdesten Episoden des Digitalrechts – dem Verbot des Kopierens in den Arbeitsspeicher (*Random Access Memory* – RAM).

Die RAM-Kopie

> *»Die Extrapolation der Analogie sagt, dass sogar das Übertragen von Bits in einen Computerspeicher unter ›kopieren‹ fällt und somit das Urheberrecht verletzt. Moderne Computer haben aber keinen einfachen, undifferenzierten Speicher. Ein typischer Fall wäre z.B., wenn ein Computer Daten von einem Gerät empfängt und die Bits normalerweise in einen Eingangspuffer geladen werden. Sie können dann in den Hauptspeicher kopiert werden und anschließend in einen High-Speed-Cache (Pufferspeicher), parallel zum Hauptspeicher. Dann würden sie in einen Zwischenspeicher kopiert, bevor sie auf dem Bildschirm erscheinen. Wenn man es ganz genau nimmt, müsste man sagen, dass das Urheberrecht von einem Computer mit moderner Architektur mehrfach verletzt wird, bevor überhaupt jemand das Werk sieht«* (STEFIK, 1997a).

Dass all diese »Kopien« nichts mit dem Nachdrucken eines Buches gemein haben, erscheint jedem Computerbenutzer als Selbstverständlichkeit, und auch der Abschlussbericht der CONTU erkannte dies an.[8] Das hinderte US-Gerichte nicht, in mehreren umstrittenen Fällen in nichts als dem Einschalten eines Computers und dem Starten eines Programms einen copyrightverletzenden Kopiervorgang zu erkennen.[9]

Auch in Europa war die »RAM-Kopie« virulent, besonders verstärkt durch das Internet, denn auch hier müssen natürlich alle im Netz bereitgestellten Daten zur Darstellung auf den Rechner der Betrachterin geladen werden. Paragraph 69c Nr. 1 UrhG besagt: »Soweit das Laden, Anzeigen, Ablaufen, Übertragen oder Speichern des Computerprogramms eine Vervielfältigung erfordert, bedürfen diese Handlungen der Zustimmung des Rechtsinhabers.« Theoretisch könnte der Rechtsinhaber den Käufern seiner Software diese Zustimmung in einem Lizenzvertrag verweigern. In Paragraph 69 d Ziff. 1 wird eingeschränkt, dass diese Handlungen nicht der Zustimmung bedürfen, »wenn sie für eine bestimmungsgemäße Benutzung [...] des Computerprogramms notwendig sind«, doch nur »soweit keine besonderen vertraglichen Bestimmungen

8 *Final Report of the National Commission on New Technological Uses of Copyrighted Works* (1978). H.R.Rep. No. 1307, 96th Cong., 2d Sess., Ziffer 13

9 MAI Systems Corp v. Peak Computer Inc., 991 F.2d 511 (9th Cir. 1993) und Triad Corp. v. Southeastern Express, 95 C.D.O.S.6889 (9th Cir. 1995), vgl. Nicholson, 1995 und Katz/Hart, 1996.

vorliegen«. Die EU-Richtlinie vom April 2001 beseitigt diese Unsicherheit endlich: Danach sind »technische Vervielfältigungshandlungen, die als wesentlicher und unerlässlicher Teil eines technischen Verfahrens bei einer netzvermittelten Übertragung« gelten, erlaubt.

Multimedia

Multimedia-Produkte sind eines der zentralen Themen in der deutschsprachigen Rechtsliteratur. Sie erschweren eine Abgrenzung der einzelnen Werk- und Leistungsarten. Wird eine Multimedia-Anwendung als solche oder als Summe der enthaltenen Werke und Leistungen geschützt? Worauf soll das Kriterium der Originalität Anwendung finden? Auch das Rechtemanagement kompliziert sich gegenüber einfachen Werkarten, da unter Umständen eine große Zahl von Rechteinhabern aufgespürt und Lizenzbedingungen und -gebühren ausgehandelt werden müssen.

Multimedia-Werke haben alle Merkmale mit digitalen Trägern nur einer Werkart (Musik, Text, Bild) gemein, aber darüber hinaus ergeben sich besondere Probleme durch die Kombination von Text, Musik, Foto, Film zu einem neuen Ganzen. Nach der möglichst weiten Bestimmung des Rechtssystems ist Multimedia durch die Digitalisierung der zusammengeführten Bestandteile, durch die Kombination früher medial getrennter Inhalte und durch Interaktivität charakterisiert (vgl. Saacke, 1998, S. 20). Es handelt sich somit um einen mehrschichtigen Schutz, der das einzelne aufgenommene Werk, das Multimediaprodukt als strukturierte Gesamtheit und die zu Grunde liegende Software umfasst.

Multimedia als Film ...

In der Literatur wurde Multimedia in Analogie zu drei bestehenden Werkarten diskutiert, zu Computerprogrammen, filmähnlichen Werken oder zu Sammelwerken. Bei Filmwerken – in ihrer Verbindung von aufführenden Künsten, Bild und Ton die »multimedialsten« vor dem Computer – herrscht die Auffassung vor, dass hier die Verwertungsrechte für die einzelnen schöpferischen Beiträge an den Produzenten übertragen werden. Keine andere Werkart kennt eine solche Übertragung. Bei einer Auffassung von Multimedia als »filmähnlichem Werk« (§ 2 Abs. 1 Nr. 6 UrhG) würde diese Übertragung auch wirksam sein, selbst wenn eine CD-ROM nicht ausschließlich aus Filmsequenzen besteht.

... oder als Datenbank

In der Umsetzung der EU-Datenbankrichtlinie vom März 1996 wurde Paragraph 4 UrhG geändert. Danach sind Sammelwerke als »Sammlungen von Werken, Daten oder anderen unabhängigen Elementen, die aufgrund der Auswahl oder Anordnung der Elemente eine persönliche geistige Schöpfung sind« definiert und unbeschadet der Urheberrechte an den einzelnen Elementen geschützt. Datenbankwerke sind als solche Sammelwerke bestimmt, deren »Elemente systematisch oder methodisch angeordnet und einzeln mit Hilfe elektronischer Mittel oder auf andere Weise zugänglich sind«. Die Software für die Schaffung des Datenbankwerkes oder für den Zugang zu ihm ist nicht Bestandteil des Datenbankwerkes.

Ein subtiler Unterschied wird zwischen einem Datenbank*werk*, für das das Kriterium der Schöpfungshöhe gilt, und einer Daten*bank* vorgenommen, die keine »persönliche geistige Schöpfung«, sondern eine »wesentliche Investition« erfordert (§ 87a UrhG). Multimediawerke wie Computerspiele, deren Bestandteile neu geschaffen werden, fallen in die erste Kategorie. Dagegen sind reine Datenaggregationen, wie eine elektronische Bibliographie oder ein Telefonbuch, Datenbanken im Sinne des Paragraphen 87a mit einer eingeschränkten Investitionsschutzdauer von 15 Jahren nach Veröffentlichung (§ 87 d). Auch bei wissenschaftlich-technischen Werken kann der individuelle Gestaltungsspielraum durch Konventionen, Logik des Gegenstandes (alphabetische oder chronologische Anordnung) und technische Notwendigkeiten (Standard-Datenbanksoftware, Kompatibilität) eingeschränkt sein.

Um die bestehenden Urheberrechte an den aufgenommenen Elementen zu wahren, bleibt der Autor des Multimediawerkes verpflichtet, diese Rechte einzeln zu ermitteln und Nutzungslizenzen zu erwerben. Die Multimedia-Industrie hat dies als Investitionshemmnis beklagt, doch inzwischen wird hier technische Abhilfe gesucht. Online-Datenbanken wie das *Multimedia Clearing House* (CMMV) der GEMA oder das *Common Information System* (CIS) der CISAC sollen es Verwertern einfacher machen, Rechte an Multimedia-Werkteilen zu klären und zu lizenzieren.

Sampling

Kleinste schützbare Einheit

Sampling-Technologien warfen eine der frühesten, bis heute anhaltende Urheberrechts-Kontroverse um die digitale Weiterverwendung von Werken auf. Mit Hilfe von *cut-and-paste* (»ausschneiden und einfügen«) ist es möglich, Elemente aus bestehenden Werken zu entnehmen und in eigenen Werken zu zitieren, zu collagieren und zu verfremden. Die Frage gilt somit der kleinsten schützbaren Informationseinheit (vgl. Münker, 1995). Nach vorherrschender Auffassung ist das Schutzkriterium eines Musik-Samples nicht eine minimale Anzahl von Takten oder Sekunden, sondern die Erkennbarkeit der Melodie. Auch eine Tonfolge aus drei Noten kann bereits so charakteristisch sein, dass sie dieses Kriterium erfüllt. Die GEMA vertritt hier eine eigene Auffassung: »Wird als Klangquelle ein Tonträger oder Mitschnitt einer Rundfunksendung verwendet, sind die Zustimmung der berechtigten ausübenden Künstler, der Tonträgerhersteller oder der Sendeanstalt selbst dann einzuholen, wenn nur kleinste Klangteile, unabhängig von der Erkennbarkeit der Melodie, verwendet werden.«[10]

Öffentliche Wiedergabe

Eine bevorstehende Anpassung des Urheberrechts betrifft das Recht der öffentlichen Wiedergabe und die entsprechenden Schrankenregelungen. Die internationalen WIPO-Verträge (Artikel 8 WCT sowie Artikel 10 und 14 WPPT), die aktuelle »EU-Richtlinie zur Harmonisierung bestimmter Aspekte des Urheberrechts und verwandter Schutzrechte« sowie der deutsche Diskussionentwurf eines »Fünften Gesetzes zur Änderung des Urheberrechtsgesetzes« sehen ein neues Ausschließlichkeitsrecht für Urheber, ausübende Künstler und Tonträgerhersteller vor, das so genannte *right of making available*. Dieses Recht umfasst das zur Verfügung Stellen geschützter Inhalte zum individuellen Abruf in digitalen Netzen. Im deutschen Entwurf ist es als Teil des Rechts der öffentlichen Wiedergabe konzipiert und umfasst nicht nur *pull media* (auf Abruf des Empfängers), sondern auch *push media*, bei denen der Werkverwerter den Akt der Zugänglichmachung steuert. Bislang definiert das Urhebergesetz »Öffentlichkeit« als »eine Mehrzahl von Personen«, die nicht durch gegenseitige Beziehungen persönlich untereinander verbunden sind (§ 15 Abs. 3 UrhG). Versteht man den Begriff so, dass die Verwertung gegenüber den Adressaten *gleichzeitig* erfolgen muss, dann wäre die Wiedergabe im Rahmen von *On-demand*-Diensten keine öffentliche Wiedergabe in diesem Sinne des Begriffs. Der Entwurf stellt deshalb klar, dass eine öffentliche Wiedergabe auch dann vorliegt, wenn das Werk »für eine Mehrzahl von Angehörigen der Öffentlichkeit zugänglich oder gleichzeitig wahrnehmbar gemacht wird oder aufgrund eines an die Öffentlichkeit gerichteten Angebotes für einen einzelnen Angehörigen der Öffentlichkeit zugänglich gemacht wird« (§ 15 Abs. 2 E).[11]

Neuer Begriff von Öffentlichkeit

Dies hat Auswirkungen auf die Schrankenregelungen des Urheberrechts, also jene Regelungen, die im Interesse der Allgemeinheit das ausschließliche Verwertungsrecht der Urheber einschränken, wie private

10 GEMA, Digitaltechnik, 1997.

11 Diskussionsentwurf eines Fünften Gesetzes zur Änderung des Urheberrechtsgesetzes, Juli 1998, http://www.bmj.bund.de/misc/1998/urh_98.htm

Einzelkopien, Zitate oder Pressespiegel. Der Diskussionsentwurf unternimmt dabei bewusst noch keine durchgängige Neuregelung, da diese erst jetzt nach der Verabschiedung der EU-Richtlinie möglich ist. Die Verzögerung in Brüssel, für die vor allem die schwierige Einigung über die Schrankenregelungen verantwortlich war, führte in der »nachgeordneten Instanz« zu einem Gesetzgebungsstau. Absehbar ist jedoch bereits, dass mit dem ausschließlichen Recht der Urheber auf die Zugänglichmachung ihrer Werke im Internet den Versuchen der Verleger, Werke aus den alten Medien ohne zusätzliche Vergütung online anzubieten, endgültig ein Ende gesetzt ist (vgl. Lühr, 1998).

Keine digitale Zweitverwertung ohne Beteiligung der Autoren

Schrankenbestimmungen

Auch die Einschränkungen des Urheberrechts können nicht ohne weiteres auf die digitale Welt übertragen werden. Dazu gehört die Erstverkaufsregel, derzufolge der Käufer eines Buches dieses nach der Lektüre weiterverschenken oder verkaufen kann. Im Falle eines digitalen Werkstückes könnte man meinen, dass der rechtmäßige Käufer es auf seine Homepage stellen und an alle Interessierten verschenken könnte. Anders als bei materiellen Werkstücken erhöht diese Art der Nutzung jedoch die Zahl der nutzbaren Kopien, so dass theoretisch die gesamte Online-Bevölkerung der Welt damit versorgt werden könnte. Computerprogramme dürfen weitergegeben werden, aber ausschließlich in Form des originalen Vertriebsstückes und nachdem alle installierten oder Sicherungskopien gelöscht wurden.[12] Die vorherrschende Auffassung in den Diskussionen um Digital-Gesetze ist, dass die Erstverkaufsdoktrin im Netz obsolet sei. Kritische Rechtsgelehrte sehen darin die Gefahr einer weiteren Monopolisierung des Mediensektors: »Die Erstverkaufsdoktrin abzuschaffen würde die Macht der Eigentümer steigern, den Sekundärmarkt ihrer Werke zu kontrollieren und würde die Informationsverbreitung weiter zentralisieren« (Elkin-Koren, 1996).

Keine Antiquariate für digitale Information?

Es ist auch die Erstverkaufsdoktrin, die es Bibliotheken erlaubt, die erworbenen Werkstücke zu verleihen, ohne eine besondere Lizenz vom Rechteinhaber einzuholen. Bibliothekare und Archivare warnen daher vor den Regelungen, wie sie unter anderem die EU-Richtlinie vorsieht. Das *European Bureau of Library, Information and Documentation Associations* (→ EBLIDA) stellt in einem Positionspapier fest, dass die Richtlinie zur Folge hätte, dass Bibliotheken und Archive ohne eine besondere Li-

Keine digitale Information in Bibliotheken?

12 Dies gilt nicht für *Original Equipment Manufacturer*-Software, die nur gekoppelt an die entsprechende Hardware weitergegeben werden darf.

zenz es ihren Nutzern nicht gestatten dürften, geschütztes elektronisches Material in ihren Räumen – geschweige denn übers Netz – anzusehen oder anzuhören, davon für private und Bildungszwecke Kopien anzufertigen, es im Zuge der Fernleihe anderen Bibliotheken zugänglich zu machen oder für Archivzwecke eigene Kopien anzufertigen (EBLIDA, 1998).

Eine technologische Antwort kommt von Mark Stefik, der mit der Feststellung beginnt: »ohne Kopiekontrollen würden die digitalen Bibliotheken zu Zentren für die kostenlose Verbreitung« (STEFIK, 1997a). Mit einer entsprechend konzipierten Infrastruktur aus technischen Rechtekontrollsystemen (*Rights Control System*, → RCS) dagegen, könne ein Autor oder ein Verleger seine digitalen Werke mit einem Verleihrecht versehen, aber die Möglichkeit sperren, Kopien zu erstellen oder Ausdrucke anzufertigen. Indem RCSs einen Werkstückcharakter in den Digitalraum einführen, könnte eine Bibliothek, wie bislang, eine bestimmte Anzahl von Werkstücken ankaufen, und nur diese Zahl kann gleichzeitig ausgeliehen werden. Vorteilhaft für die Verleger könnte jedes Bibliotheksexemplar einen »Kauf mich«-Knopf enthalten, falls der Leser sich entscheidet, ein eigenes Exemplar erwerben zu wollen.

Stefik argumentiert, dass Bibliotheken unter dem ständigen Druck der Kostenreduktion stünden. Digitale Werkstücke in einem RCS würden die Handhabung von physikalischen Büchern und CDs beseitigen und den Leihverkehr automatisieren. Mehr noch könnte sie eine neue Einnahmequelle darstellen. »Nehmen wir einmal an, eine Bibliothek kauft zehn digitale Exemplare eines Bestsellers, um diese kostenlos an ihre Benutzer auszuleihen und zehn weitere Exemplare, die gegen eine Gebühr abgegeben werden. Diejenigen, die wirtschaftlich denken, können warten, bis kostenlose Exemplare verfügbar werden. Nutzer, die es eilig haben und bereit sind, mehr Geld auszugeben, können die gebührenpflichtigen Exemplare ausleihen, anstatt zu warten. Die Einkünfte aus den gebührenpflichtigen Exemplaren können die kostenlosen Exemplare finanzieren« (ebd.). Da aber bislang kein einziges RCS auch nur eine Anstrengung unternommen hat, ein solches Verleihrecht zu implementieren, kann Stefiks Szenario ins Reich der Sciencefiction verwiesen werden.

Drei-Stufen-Test für nicht zustimmungspflichtige Nutzung

In der Diskussion um die neuen Digital-Gesetze wird die unbestrittene Notwendigkeit von Schranken im Hinblick auf den so genannte Drei-Stufen-Test behandelt. Er ähnelt dem von Richter Storey im 19. Jahrhundert etablierten und in die *Fair-Use*-Doktrin des Copyright eingegangenen Test (s.o. unter »Balance«). In seiner aktuelle Fassung geht er von Artikel 9(2) des Revidierten Berner Übereinkommens (RBÜ) aus: »Es sollte

Sache der Gesetzgebung in den Mitgliedsländern sein, die Reproduktion solcher Werke [1] in bestimmten, besonderen Fällen zu erlauben, [2] vorausgesetzt, dass eine solche Reproduktion nicht im Widerspruch mit einer ›normalen Verwertung‹ des Werkes steht und [3] dass sie in Bezug auf die rechtmäßigen Interessen des Autors keine unzumutbaren Nachteile darstellt.«[13] Die Möglichkeit von Schranken ist somit grundsätzlich auch im digitalen Wissensraum gegeben, doch handelt es sich bei »normaler Verwertung« und »unzumutbaren Nachteilen« um auslegungsfähige Kriterien. Guibault fragt:

> *»Was aber begründet die normale Verwertung eines Werkes in der digitalen vernetzten Welt? Wenn die Technologie es den Inhabern von Urheberrechten ermöglicht, jede Nutzung ihrer Werke auf dem Informations-Highway zu kontrollieren und für jede autorisierte Nutzung Gebühren einzutreiben, bedeutet das zwangsläufig, dass sie das auch dürfen? Würde die Auferlegung einer Copyright-Beschränkung in diesem Fall automatisch die normale Verwertung des Werkes verhindern? Es ist offensichtlich, dass der Drei-Stufen-Test von Artikel 9(2) des Berner Abkommens ein wichtiger Faktor ist, der bei der Einführung der Copyright-Beschränkungen in der digitalen vernetzten Welt in Betracht gezogen werden muss; unserer Meinung nach sollte er aber sicherlich nicht der einzige Faktor sein, der berücksichtigt werden muss«* (GUIBAULT, 1997).

Elkin-Koren analysiert die Verschiebung in der Balance zwischen Rechteinhabern und Nutzern und zeigt, dass die überkommenen Konzepte von privater und öffentlicher Informationsübermittlung nicht mehr tragen, wenn technische Zugangssysteme es der Rechtindustrie erlauben, jeden individuellen Zugang zu Werken zu kontrollieren, dabei aber effektiv überhaupt nichts mehr an die Öffentlichkeit kommunizieren:

> *»Der Mangel an Verständnis für die Art und Weise, in der der Copyright-Diskurs den Bedürfnissen bestimmter Technologien dient, begünstigt die Interessen der Stakeholders. Die Rechte, die notwendig waren, um die Interessen der Verleger und Sendeanstalten zu schützen, sind möglicherweise nicht länger vertretbar. Die Copyright-Reform sollte nicht auf die Übersetzung bestehender Copyright-Konzepte zielen, um neue technologische Gebiete abzudecken. Stattdessen sollte sie die*

13 Nummerierung eingefügt, VG. Die beiden WIPO-Verträge verweisen in Artikel 10 auf den Drei-Stufen-Test der RBÜ, das TRIPS-Abkommen in Artikel 13.

Möglichkeiten und auch die Bedrohungen für Wissenschaft und Bildung im Cyberspace ermitteln« (ELKIN-KOREN, 1996).

Verträge statt Recht: Lizenzen

Die Nutzungsrechte an einem Werk werden in den meisten Fällen zwei Mal übertragen, vom Urheber an den Verleger und vom Verleger an den »Endnutzer«. Ein (Musik-, Text-, Bild-) Autor erschafft als freier Unternehmer ein Werk, dessen Verwertungsrechte er an einen Verlag verkauft. Verlag und Urheber können dazu im Prinzip einen Vertrag frei aushandeln, der von beiden Seiten unterschrieben wird. »Im Prinzip«, weil tatsächlich die meisten Verlage den meisten Autoren nicht verhandelbare »Friss-oder-stirb«-Verträge vorlegen. Eine Vertragsfreiheit besteht für alle außer Bestsellerautoren nur in der Theorie.

In den Verträgen mit den Verlagen sind die Autorinnen die Schwächeren

Die Schutznorm, die den pauschalen »Abkauf« des Urheberrechts verbietet, wurde 1965 in das deutsche Urhebergesetz eingeführt, da es immer wieder zu massiven Übervorteilungen der Urheber gekommen war. Bereits mit dem Verlagsgesetz von 1901 erkannte der Gesetzgeber die Schutzbedürftigkeit der Autoren als der wirtschaftlich schwächeren Partei gegenüber dem Verleger an.[14] Die Vertragswirklichkeit orientiert sich jedoch seit langem nicht mehr am Verlagsgesetz. Auch das Urhebergesetz selbst enthält Rechte, auf die vertraglich nicht verzichtet werden kann, z.B. die Ungültigkeit der Einräumung noch nicht bekannter Nutzungsarten (§ 31 Abs. 4 UrhG). Als Mitte der 90er-Jahre CD-ROMs und Internetarchive aufkamen, stellten sie eine eigenständige Nutzungsart dar, die zum Zeitpunkt des Vertragsabschlusses über die Text- und Bildverwertungen in den Printausgaben der Zeitungen und Zeitschriften noch nicht bekannt war. Dennoch weigerten sich die Verlage, die Autoren dafür zu vergüten.[15] Tatsächlich müssen sich Autoren häufig vertraglich verpflichten, die Verwertungsrechte an ihrem Werk für »alle Ausgaben und Auflagen« in allen Nutzungsformen bis zum Ablauf der gesetzlichen Schutzfrist gegen eine einmalige Vergütung abzutreten. Fotografen müssen sich regelmäßig zum Verzicht auf das – nach dem Gesetz nicht abtretbare – Urheberpersönlichkeitsrecht auf Namensnennung verpflichten. Auch bei Film- und Multimediawerken ist es üblich, dass alle Rechte

14 1965 und 1994 revidiert, http://transpatent.com/gesetze/verlagsg.html

15 »Leider ist die rechtliche Situation – was die Bereitstellung Ihrer Texte im Internet angeht – noch ungeklärt. Aus diesem Grund können wir auch kein Honorar für die neue Nutzung zahlen.« (Bayerischer Rundfunk, Rundschreiben 1999), nach IG Medien, »Schwarze Liste«, http://www.igmedien.de/tarif_recht_betrieb/recht/urhebervertragsrecht/uvr_lep.pdf

der beteiligten Künstler an den Produzenten abgetreten werden. Das Gesetzesrecht wird somit durch Formularverträge außer Kraft gesetzt. Die IG Medien schilderte die aktuelle Lage der Autoren in einer Stellungnahme an das Bundesjustizministerium und forderte eine Reform des Urhebervertragsrechts, um Autoren gegen die Aushöhlung desselben zu schützen, ihnen eine angemessene Vergütung für jede Nutzung gesetzlich zuzusichern, die bestehenden Verzichts- und Abtretungsverbote z.B. der Urheberpersönlichkeitsrechte klarzustellen sowie die Vertragslaufzeiten zu begrenzen.[16]

Neues Urhebervertragsrecht vor der Verabschiedung

In Anerkennung einer längst überfälligen gesetzlichen Regelung des Urhebervertragsrechts erarbeiteten fünf namhafte deutsche Rechtsgelehrte einen Entwurf zur Änderung des Urhebergesetzes, den sie im Mai 2000 der Bundesjustizministerin übergaben.[17] In der Begründung weist dieser so genannte Professorenentwurf auf das eklatante Missverhältnis der Einkommenssituation der Urheber zu der volkswirtschaftlichen Bedeutung ihrer Arbeit hin.[18] »Die Gründe dafür liegen [...] zu einem Teil in der häufig unangemessenen Vergütung ihrer Leistungen auf der Grundlage ihrer Verträge mit den Verwertern.«[19] Die IG Medien hat zusammen mit anderen Gewerkschaften, Organisationen und Berufsverbänden im Kultur- und Medienbereich die »Initiative für die Reform des Urhebervertragsrechts« ins Leben gerufen, um dem Professorenentwurf Nachdruck zu verleihen. Sie sieht eine reelle Chance, dass das Urhebervertragsrecht noch in der laufenden Legislaturperiode verabschiedet wird.[20]

Ist der Vertrag mit der Autorin geschlossen, gibt der Verlag die Herstellung der vereinbarten Zahl von Werkstücken (Bücher, Zeitschriften, CDs) in Auftrag, die über den Handel an den »Endkunden« vertrieben werden. Der Konsument erwirbt keineswegs das Werk selbst, sondern nur ein Werkstück mit bestimmten Nutzungsrechten daran. Diese Verbreitung geschieht entweder über das Erstverkaufsrecht von Copyright/Urheberrecht oder über Nutzungslizenzen. Im ersten Fall muss eine Endkundin, um ein Werkstück und damit Zugang zum enthaltenen geistigen Eigentum zu erwerben, nicht in eine Pauschallizenz oder gar in einen in-

16 Stellungnahme der IG Medien zur Reform des Urhebervertragsrechts. Schreiben an das Bundesministerium der Justiz vom 29. November 1999, http://www.igmedien.de/tarif_recht_betrieb/recht/urhebervertragsrecht/uvr1_nov.pdf

17 http://www.bmj.bund.de/ggv/entwurf.pdf

18 Die Gewerkschaft verweist auf eine Studie des Instituts für Wirtschaftsforschung (IFO) im Auftrag des Bundesjustizministeriums aus dem Jahr 1989, derzufolge das durchschnittliche Jahreseinkommen freischaffender Urheber und ausübender Künstler kaum 20 000 Mark beträgt; ebd. S. 18 f.

19 Ebd., S. 19.

20 IG Medien, Material zur Forderung für eine Reform des Urhebervertragsrechts, http://www.igmedien.de/tarif_recht_betrieb/recht/urhebervertragsrecht/material.html

dividuell ausgehandelten Vertrag mit dem Verleger einwilligen. Büchern ist kein seitenlanger Text vorangestellt, der spezifiziert, was die Leserin damit machen darf und was nicht. Es findet sich allein der Vermerk »Copyright © [Jahr] [Rechteinhaber] Alle Rechte vorbehalten.« Oft folgt noch ein Hinweis, dass die Vervielfältigung, Übersetzung, Verwendung in elektronischen Systemen usw. ohne schriftliche Zustimmung des Verlags strafbar ist, doch bei beiden handelt es sich nur um einen Hinweis auf die ohnehin bestehende Rechtslage. Und die wird vom Urheberrecht/ Copyright bestimmt, ohne von zusätzlichen Auflagen eingeschränkt zu werden.

Verträge zwischen Anbieter und Endkunden

Beim Vertrieb über Nutzungslizenzen handelt es sich um eine Innovation, die gelegentlich auch schon in den analogen Medien versucht wurde. So findet sich auf alten *Victrola*-Schallplattenhüllen die Auflage, dass der Käufer die Aufnahme nur auf einem einzigen *Victrola*-Gerät benutzen und sie nicht weiterverkaufen dürfe. Auch Buchverleger versuchten, einen Wiederverkauf ihrer Produkte an Auflagen zu binden. Ein in der US-Copyright-Geschichte wichtiger Rechtsstreit war Bobb-Merril gegen Straus.[21] Der Verleger Bobb-Merrill verklagte den Buchhändler Straus, weil dieser gegen die Lizenzauflage verstoßen hatte, die das Recht des Wiederverkaufs an die Bedingung knüpfte, einen Mindestpreis von einem Dollar pro Exemplar nicht zu unterschreiten. Das Urteil des US-Verfassungsgerichts von 1908 zugunsten von Straus trug zur Etablierung der Rechtserschöpfungs- oder Erstverkaufsdoktrin bei, derzufolge Verleger nach dem ersten Verkauf ihrer Werkstücke kein Recht haben, den weiteren Verkauf zu kontrollieren (vgl. Samuelson, 1998).

Wer Software gekauft hat, darf sie noch nicht benutzen

Was die Gerichte für diese Mediengeneration unterbanden, brachte erst die Softwareindustrie zur vollen Blüte. Als Ende der 70er-Jahre eine eigenständige Softwareindustrie aufkam, wurden Vertriebsstücke zunächst genauso angeboten wie Bücher oder Schallplatten. Doch kurz darauf wurden ihnen immer elaboriertere Lizenzen mitgegeben. Wenn heute ein Kunde im Einzelhandel ein Computerprogramm erwirbt, schließen die beiden Parteien einen Kaufvertrag ab. Wenn er zuhause die Schachtel öffnet oder spätestens, wenn er beginnt, die Software zu installieren, wird er damit konfrontiert, eine Lizenz zu akzeptieren. Er muss also in einen zweiten Vertrag einwilligen, diesmal mit dem Softwareverlag, nicht für das Werkstück – das besitzt er ja bereits –, sondern für die Nutzung des darin enthaltenen Werkes. Beim unkörperlichen Vertrieb von Software über das Internet entfällt der erste Schritt. Auf die gleiche Weise werden zunehmend auch andere digitale Werkarten lizenziert.

---

21 U.S. Supreme Court, Bobb-Merrill Co. v. Straus, 210 U.S. 339 (1908), http://laws.findlaw.com/US/210/339.html

In diesen Lizenzen muss sich der Nutzer häufig verpflichten, zusätzliche Bedingungen zu erfüllen und auf Rechte zu verzichten – z. B. das Programm zu dekompilieren –, die ihm nach Copyright- und Urheberrecht zustehen. Lizenzen, wie die konventionelle Softwareindustrie sie verwendet, verbieten die Nutzung durch Dritte, das Kopieren, die Weiterverbreitung und die Modifikation. Sie lizenziert binäre, also ausschließlich ausführbare, nicht aber veränderbare Versionen.[22] Wer nachlesen möchte, wie Unternehmen von Sega über Microsoft und AT&T bis Caldera ihr geistiges Eigentum untereinander lizenzieren, wird im Internet unter »*Tech Deals: Intellectual Property Licenses*«[23] reiche Beute finden.

Microsofts *End User License Agreement* (EULA) ist ein Beispiel für solche Lizenzen. Microsoft verkündete zum 1. Januar 2000 eine Innovation in seiner Lizenzpolitik, derzufolge künftige Versionen von MS-Windows nicht mehr frei reinstallierbar sind.[24] *Original Equimpment Manufacturers* (OEMs), wie Compaq, Toshiba oder Dell, die Computersysteme mit vorinstallierter Software verkaufen, dürfen seither keine vollwertigen Windows-CDs mit ihrer Hardware mehr ausliefern. Vielmehr dürfen sie neben dem *Disk-Image* des Betriebssystems auf der Festplatte (eine 1:1-Kopie der gepackten Installationsdateien) ihren Kunden nur eine »*Recovery CD*« geben. Diese wiederum ist über eine Kennung im → BIOS nur auf diesem individuellen Computer verwendbar.

Dieses *BIOS Lock* soll Software-»Piraterie« verhindern.[25] Es verhindert aber auch völlig legale Nutzungen. Tauscht der Kunde z.B. die Grundplatine seines Rechners mit dem BIOS-ROM aus, so verliert er vollständig die Möglichkeit, von seinen erworbenen Nutzungsrechten an der Software Gebrauch zu machen. Er kann sie auch nicht auf seinem PC deinstallieren, um sie auf seinem Laptop neu zu installieren. Nach der Erstverkaufsdoktrin von Copyright und Urheberrecht darf der rechtmäßige Besitzer eines Buches, einer Musik-CD usw. dieses Werkstück weiterverkaufen. Doch das *BIOS Lock* macht es unmöglich, dass jemand, der GNU/Linux auf dem betreffenden Rechner installiert, einen Teil der Investitionen in die Microsoft-Software zurückgewinnt, indem er sie ver-

---

22 In einigen Fällen wird auch der Quellcode angeboten, gegen zusätzliche Gebühren und nur für beschränkte Zwecke, vgl. z.B. Netscapes *Tools End User License Agreement*, http://developer.netscape.com/software/jsdebug_license.html

23 http://techdeals.findlaw.com/license/index.html

24 Microsoft trägt sich schon seit einigen Jahren mit dem Plan, Software überhaupt nicht mehr zeitlich unbegrenzt zu lizenzieren, sondern nur noch zu »vermieten«. Aufgrund des laufenden Kartellverfahrens nahm das Unternehmen davon bislang noch Abstand.

25 Zur Technologie von Bios-Lock und Recovery-CD vgl. die Information von @priori, einem Dritthersteller für die neue Microsoft-Anforderung, http://www.at-priori.com/ und /faq.htm

kauft. Ein Markt für gebrauchte Software wird so unterbunden. Was rechtens ist und bleiben sollte, macht Microsofts Strategie technisch unmöglich.

Bis 1999 die großen OEMs begannen, auch Rechner mit vorinstalliertem Linux anzubieten, gab es für einen Käufer nur einen Weg, an Microsoft vorbeizukommen: die Lizenz zu verweigern. Wer bei »Akzeptieren?« auf »Nein« klickt, dem wird die Nutzung der MS-Software verweigert und mitgeteilt, dass er sein Windows gegen Rückerstattung des Kaufpreises zu seinem Händler zurückbringen kann.[26] Doch auch diese Option war eine rein hypothetische, bis Ende 1998 ein australischer GNU/Linux-Nutzer nach hartnäckigen und langwierigen Bemühungen, bei denen sich Microsoft, OEM und Händler gegenseitig die Verantwortung zuschoben, tatsächlich erstmals eine Rückerstattung erwirken konnte.

Gesetzliche Rechte durch Lizenzen ausgehebelt

Das alles hat mit Copyright/Urheberrecht wenig zu tun. Beide geben dem Konsumenten das Recht, Sicherheitskopien anzufertigen, Software zu dekompilieren, um Fehler zu beheben und interoperable Programme zu erstellen, und ein nicht mehr benötigtes Programm an Dritte weiterzuverkaufen – Rechte, die ihm diese Lizenzen verweigern. Genaugenommen ist ein Urheberrechtsanspruch nicht einmal erforderlich. Eine Firma könnte selbst gemeinfreies Material unter einer restriktiven Lizenz verkaufen, solange ihre Kunden bereit sind, sie zu akzeptieren. Bei den genannten Mechanismen wird das Urheberrecht mit seiner lästigen Balance zwischen Rechteinhaber und Öffentlichkeit gleichsam links liegen gelassen, während die möglichen Nutzungen von Lizenz und Technologie regiert werden.

Anders als bei der Rechteübertragung zwischen Urheber und Verlag sind die Vertragsparteien bei diesen Massenmarktlizenzen einander nicht bekannt und bekunden ihre Zustimmung nicht durch ihre Unterschrift. Ob durch das Öffnen der Schutzhülle (*Shrink-wrap License*) oder das Anklicken eines »Akzeptieren«-Knopfes (*Click-through License*) tatsächlich ein gültiger Vertrag zustande kommt, war in den USA lange und ist in Deutschland noch immer umstritten. Die Reform der US-amerikanischen Entsprechung des Allgemeinen Geschäftsbedingungs(AGB)-Gesetzes von 1999 hat diese Klasse von Verträgen unterdessen im Wesentlichen legalisiert.

---

26 »Falls Sie den Bestimmungen dieses Lizenzvertrags nicht zustimmen, geben Sie bitte das unbenutzte Produkt unverzüglich gegen Rückerstattung des Kaufpreises zurück.« (MS-Windows 98)

Der Uniform Computer Information Transactions Act (UCITA)

Lizenzen waren individuell zwischen Firmen ausgehandelte und unterzeichnete Verträge, bis mit dem PC ein anonymer Massenmarkt für Software aufkam. Für diesen Bereich entwickelten die »Inhaltsbesitzer« vereinfachte anonyme Lizenzierungsverfahren. Auch die Lizenzen der freien Software sehen nach demselben Mechanismus vor, dass der Nutzer durch Verbreitung oder Veränderung des Programms seine Einwilligung in die Lizenzbedingungen anzeigt. Doch viele amerikanische Richter weigern sich bislang, die *Shrink-wrap* Lizenzen durchzusetzen. Mit der Bezahlung der Ware im Laden, so die Argumentation, sei ein Kaufvertrag zustande gekommen. Die Lizenz, die der Käufer erst zur Kenntnis nehmen kann, wenn er die Packung öffnet, sei ein Versuch, die Natur der Transaktion durch zusätzliche Bedingungen nachträglich zu verändern. Diesen geänderten Vertragsbedingungen müsse der Käufer separat zustimmen, und dafür reiche ein Mausklick nicht aus. Siepmann schreibt für die deutsche Rechtslage: »AGB auf Schutzhüllen von Datenträgern (so genannte ›Shrink-Wrap-Agreements‹) haben aus vertragsrechtlicher Sicht im Allgemeinen keine Gültigkeit, da diese erst nach Vertragsschluss zur Kenntnis genommen werden können. Sie können jedoch urheberrechtlich von Bedeutung sein« (SIEPMANN, 1999, Abs. 53).

Legalisierung anonymer Massenmarktlizenzen

Diese Rechtsunsicherheit sollte im Zuge der Revision des US-amerikanischen *Uniform Commercial Code* (UCC), dem Äquivalent zu den deutschen AGB, beseitigt werden. Zur Begründung heißt es: »Da die Nation sich von einer Ökonomie, die sich um Waren- und Dienstleistungstransaktionen dreht, hin zu einer Informations-Ökonomie entwickelt, ist der Bedarf an konsistenten und berechenbaren Rechtsnormen drastisch angestiegen, auf die sich die Verträge stützen, die dieser Ökonomie zu Grunde liegen. Ein Mangel an Einheitlichkeit und Klarheit der Rechtsnormen, die diese Transaktionen bestimmen, ruft Unsicherheit, Unvorhersehbarkeit und hohe Transaktionskosten hervor.«[27]

Die Reform des UCC wurde gemeinsam vom *American Law Institute* (ALI) und der *National Conference of Commissioners on Uniform State Laws* (NCCUSL) betrieben, da Vertragsrecht in den USA Ländersache ist. Anfangs waren die Bestimmungen zu Computerprogrammen als Artikel 2b des UCC geplant, wobei das Gesetz ansonsten den Handel mit materiellen Gütern behandelt. Mitte 1999 gaben die Beteiligten bekannt, dass

27 ALI und NCCUSL, Presseerklärung, April 7, 1999, http://www.law.upenn.edu/bll/ulc/ucita/2brel.htm

die Regeln für Transaktionen von computergestützter Information in einem eigenständige Rahmengesetz, dem *Uniform Computer Information Transactions Act* (UCITA)[28] geregelt werden, das derzeit in den einzelnen US-Bundesländern umgesetzt wird.[29]

Der UCITA legalisiert *Shrink-Wrap-* (Ziff. 209) und Online-Lizenzen (Ziff. 211) für die Nutzung von »Computerinformation« (nicht nur Programme, sondern jede Art elektronischer Inhalte, die von einem Computer verarbeitet werden können, einschließlich der dazu gehörigen Dokumentation – Ziff. 102.10), sofern der Lizenznehmer die Möglichkeit hat, die Vertragsbedingungen zur Kenntnis zu nehmen, bevor er seine Zustimmung manifestieren muss. Daneben regelt der UCITA den Zugang zu Online-Informationen für eine bestimmte Zeitspanne (Ziff. 611).

»Wiederaneignung durch elektronische Selbsthilfe«

Besonders umstritten ist der Passus, der es Softwareherstellern erlaubt, Mechanismen zur *Electronic Self-Help Repossession* in ihre Produkte einzubauen, die im Falle eines Vertragsbruchs durch den Lizenznehmer ausgelöst werden können (Ziff. 816). Mit »Wiederaneignung durch elektronische Selbsthilfe« ist gemeint, dass das Unternehmen bei einem (tatsächlichen oder vermeintlichen) Verstoß des Lizenznehmers, ohne ein Gericht anzurufen, die Lizenz widerrufen und 15 Tage nach einer Vorwarnung[30] mit elektronischen Mitteln,[31] z.B. über das Internet, die Programmversion des Kunden deaktivieren oder löschen kann. Die »Selbsthilfe« der Industrie ist an einige Bedingungen gebunden (der Abschnitt ist auch nicht mit »*Self-Help*«, sondern »*Limitations on Electronic Self-Help*« betitelt), doch grundsätzlich problematisch an dieser »Wiederaneignung« bleibt, dass das Rechtsgut der geschützten Privatsphäre (der Festplatte des Nutzers) im Interesse des Rechts von Copyright-Eigentümern, die Nutzung ihrer Werke zu kontrollieren, eingeschränkt wird.

Auch ein Verbot auf den Wiederverkauf von Massenmarktlizenzen, sofern es deutlich kenntlich gemacht wird, legalisiert der UCITA (Ziff. 503.4). Tatsächlich liefert Ziffer 503.1(b) (»Das vertragliche Interesse einer Partei darf übertragen werden, es sei denn, die Übertragung würde materiell das Eigentum der anderen Partei oder die Wahrscheinlichkeit

---

28 Die gültige Fassung ist die vom 9. Februar 2000, entworfen im Juli 1999, http://www.law.upenn.edu/bll/ulc/ucita/ucita200.htm. Der offizielle Kommentar dazu: http://www.law.upenn.edu/bll/ulc/ucita/ucitacom300.htm. Zu Entwurfsgeschichte, Revisionen und offizieller Kommentierung s. http://www.law.upenn.edu/bll/ ulc/ulc.htm#ucita

29 Maryland und Virginia haben bereits entsprechende Gesetze erlassen. Für Implementierungs-Updates s. http://www.ucitaonline.com/whathap.html

30 Selbst diese Auflage scheint durch Ziff. 816(i) wieder aufgehoben zu werden.

31 In der Debatte war von »vernünftig konfigurierten elektronischen Mitteln« die Rede. Im offiziellen Kommentar heißt es dazu: »Die bisherige Rechtslage bei der Nutzung elektronischer Mittel, um Abhilfe bei Verstößen zu schaffen, ist unklar.«, http://www.law.upenn.edu/ bll/ulc/ucita/ucitacom300.htm

oder Erwartung, Gegenleistungen zu erhalten, beeinträchtigen«) das Argument dafür, jeglichen Second-Hand-Markt für digitales Wissen zu unterbinden.

Keine Garantie auf digitale Information?

Befürworter des UCITA sehen ihn als einen Fortschritt im Konsumentenschutz. Zwar gewährt er (den Inhaltsanbietern) weitgehende Vertragsfreiheit, aber er schreibt auch einen Minimalsatz von Rechten fest, auf deren Verzicht keine (für den Konsumenten nicht verhandelbare) Lizenz die Vertragsparteien festschreiben kann (Ziff. 113), darunter explizite und implizite Garantieansprüche (Teil 4), z.B. die – wenn auch mehrfach eingeschränkte – Garantie, dass die gelieferte Information das hält, was der Anbieter in Werbung oder Vorführungen versprochen hat.

Interessanterweise betont Carol Kunze auf der nicht offiziellen Website *Ucitaonline.com*[32] unter dem Titel »Myths about UCITA«, dass er gerade nicht verhindere, dass Hersteller alle Garantieansprüche ausschließen. Das ist tatsächlich übliche Praxis in der Branche. Die Rechtslage ändere sich nicht. Software wird »so wie sie ist« verkauft, ohne Ansprüche der Kundin darauf, dass sie so ist, wie es ihr der Hersteller versprochen hat. Die Belehrung ist direkt an die GNU/Linux-Anhänger adressiert, die »das traurigste Beispiel« für häufige Missverständnisse des UCITA abgeben würden.[33] Ihre Ablehnung begründe sich darin, dass die GNU/Linux-Anhänger gesagt bekommen hätten, dass der UCITA den Lizenzgebern erlaube, sich von allen Garantieansprüchen freizusprechen, was zur Auslieferung von defekten Produkten führen würde. Die absurde Missinterpretation der Kritik der freien Softwarewelt benutzt Kunze, um sie zu widerlegen. Diese, sagt sie – zu Recht –, habe gerade kein Interesse an rechtlichen Garantieansprüchen. Es sei ja gerade die Möglichkeit des Garantieausschlusses, die den Aufstieg der freien Software hervorgebracht habe [sic!]. Auch die verbreitete Fehlersuchtechnik der Betaversionen würde verschwinden, wollte man eine Garantieverpflichtung vorschreiben.[34]

Die juristische Untermauerung für diese vertrackte Logik lieferte Robert Gomulkiewicz in der *Houston Law Review* unter dem Titel »Wie das Copyleft Lizenzrechte verwendet, um die Open Source-Revolution zum Er-

32 Vormals unter http://www.SoftwareIndustry.org

33 Kunze empfiehlt ihnen, dass sie sich einen Anwalt nehmen, bevor sie sich selbst schaden, und stellt zugleich ihren eigenen Mangel an Verständnis der freien Software unter Beweis (z.B. indem sie den Microsoft-InternetExplorer als freie Software bezeichnet).

34 An anderer Stelle fügt sie hinzu, dass auch die Kunden kommerzieller Softwareunternehmen kein Interesse daran haben könnten, aufgrund von Garantieansprüchen, Prozessen und Haftungsleistungen höhere Preise für die Software zu zahlen, vgl. Kunze, 3/1997.

Freie Software als unfreiwillige Schützenhilfe für die Ausweitung des Vertragsrechts

folg zu führen, und seine Bedeutung für Artikel 2B« (Gomulkiewicz, 1999). Der Artikel beginnt mit einem Debian GNU/Linux-Zitat: »Um frei zu bleiben, muss Software urheberrechtlich geschützt und lizenziert werden«, und liefert dann einen kundigen Überblick über die Lizenzmodelle der freien Software. Gomulkiewicz weist pikanterweise nach, dass einige zentrale Kritikpunkte an 2B UCC respektive jetzt UCITA auch für die freie Software unerlässlich sind. Pikant, da Gomulkiewicz Vorsitzender der damals noch UCC-2B-Arbeitsgruppe der *Business Software Alliance* sowie leitender Unternehmensanwalt von Microsoft war. Sein zentraler Punkt ist, dass es sich bei freien Lizenzen um »standardisierte, nicht ausgehandelte ›friss oder stirb‹-Lizenzen« handelt, deren Rechtmäßigkeit der UCITA ja gerade absichern soll. Auch am Punkt der Garantiepflicht treffen sich die Interessen von Industrie und Freien. Beide sind gleichermaßen »nicht bereit, das Risiko einer mehrere Millionen Dollar teuren Sammelklage einzugehen« und möchten die Möglichkeit von Softwareentwicklern bewahren, »das Risiko frei zu verteilen«. Seine Conclusio zur Zukunft der Open Source-Software ist die Folgende: »Die Lizenzierung wird im Zentrum ihres Erfolges oder Misserfolges stehen. Artikel 2B sollte einen Vertragsrechtsrahmen zur Verfügung stellen, der es Revolutionären, wie den Open Source-Hackern, ermöglicht, erfolgreich zu sein.«

Dass die freie Software der Softwareindustrie, gegen deren Schließungsmechanismen sie sich gegründet hat, unfreiwillige Schützenhilfe leistet, ist ein Treppenwitz der Geschichte. Tatsächlich würde die freie Software jeglichen Schutz verlieren, wenn Massenmarktlizenzen für ungültig erklärt würden, und im Bankrott enden, wenn sie gesetzlich verpflichtet wäre, eine Garantieleistungsinfrastruktur zu unterhalten. Würde es einmal zu einer gerichtlichen Überprüfung der *GNU General Public Licence* (GPL) kommen (vgl. Powell, 6/2000) und ginge es dabei auch um die Frage der grundsätzlichen Gültigkeit von Massenmarktlizenzen, könnte – nächste Stufe des Treppenwitzes – die *Free Software Foundation* (FSF) Rückendeckung von Microsoft und den UCITA-Befürwortern bekommen – falls Microsoft nicht selbst der Gegner im Gerichtssaal wäre.

Schwer wiegende Konsequenzen für die freie Software und ihre Lizenzen sind vom UCITA auf den ersten Blick nicht zu erwarten. Auch sie fallen unter den Schutz der Vertragsfreiheit. Gomulkiewicz nennt die »Lückenfüller-Regel« des UCITA, die bei Abwesenheit von Vereinbarungen zwischen den Vertragsparteien wirksam werden. Auch das, was die freien Lizenzen nicht explizit festlegen, würde durch Standardregeln aufgefüllt. Doch zum einen darf man annehmen, dass die Softwareindustrie ihr Bestes dafür gegeben hat, dass diese für Informationsanbieter möglichst harmlos ausfallen werden, zum anderen kommen Kriterien wie »Angemessenheit« und »redliche Verkehrsübung« zur Geltung, die dem freien Softwaremodell – mit über 15 Jahren Praxis und millionenfacher Verbreitung – ein schwer zu bestreitendes »Gewohnheitsrecht« verleihen. Generell ist jedoch damit zu rechnen, dass durch den UCITA das Klima, in dem wir Wissen schaffen und austauschen, rauher wird. Hat man früher ein Buch gekauft, wenn man die darin enthaltene Information haben wollte, so kauft man heute eine Lizenz – die handelbare Konkretisierung von Wissen: »Wenn Information jemals frei sein wollte, muss sie es sich anders überlegt haben, denn nach UCC 2B scheint Information die Absicht zu haben, lizensiert zu werden« (Samuelson, 1998). Der schwer wiegendste Aspekt des UCITA ist, dass er den Trend einen gewaltigen Schritt vorantreibt, Vertragsrecht über Urheberrecht dominieren zu lassen (und damit US-Landesrecht über Bundesrecht[35]). Zwar heißt es in Ziffer 105 UCITA, dass Bundesgesetze Vorrang haben vor den UCITAs der Länder sowie natürlich vor allen mit ihnen kompatiblen Lizenzen, doch ausgerechnet für das Copyright scheint dies nicht zu gelten. Das Wort »Copyright« taucht in dem länglichen Gesetzestext nur viermal peripher auf, obgleich der UCITA an zahlreichen Stellen in den Geltungsbereich des Copyright-Rechts hineinragt. Während z.B. ein Copyright nach Ablauf einer Frist verfällt, d.h. der Eigentumsstatus des Wissens sich verändert, kann nach dem UCITA ein Lizenzvertrag den Kunden auf alle Zeiten binden. Die Aufgaben der Bibliotheken, wie Zugänglichmachung und Erhaltung von Wissen, können vertraglich und technisch unmöglich gemacht werden.[36] Was das Coypright nach der *Fair Use*-Doktrin erlaubt, kann eine Lizenz verbieten. Anbieter von Information können ihre Kunden und auch ihre Autoren zwingen, auf Rechte zu verzichten, die sie nach dem Copyright-Gesetz haben. Wem's nicht gefällt, der kann ja woanders kaufen oder verkaufen. Der Markt wird's schon regeln.

Samuelson zieht das Fazit, dass es bei der Aushebelung des Copyright-Rechts durch Massenmarktlizenzen darum gehe, »ob Copyright-Inhaber beides auf einmal haben können.« Das Copyright schreibt mit Verfassungsmandat eine Balance zwischen den Rechten der Autoren und der Öffentlichkeit vor. Diese Balance sei Angriffen durch die überbreite Copyright-Gesetzgebung der jüngsten Zeit, durch einen verstärkten Schutz für

35 Wie Samuelson feststellt, haben Landesgerichte wenig Erfahrung mit dem Copypright, für das die Bundesgerichte zuständig sind, und werden daher geneigt sein, Copyrightrechtliche Aspekte in lizenzrechtlichen Verfahren außen vor zu lassen, vgl. Samuelson, 1998.

36 Für eine der zahlreichen Kritiken am UCITA aus der Bibliothekswelt s. Statement of James G. Neal, Dean, University Libraries - Johns Hopkins University, February 3, 2000, http://www.arl.org/info/frn/copy/nealstmt.html

Datenbanken und nun durch Vertragsrecht ausgesetzt: »Wir sollten sie damit nicht durchkommen lassen. Wenn die Verleger die Rechte haben wollen, die das Copyright ihnen gewährt, müssen sie auch die Verantwortung übernehmen, die diese Rechte mit sich bringen« (SAMUELSON, 1998).

Lizenzen gefährden Bibliotheken

Wenn dieses Beispiel in Deutschland Schule machen sollte, würde legalisiert, was die Anbieter von digitalem Wissen heute ohnehin bereits ihren Kunden abverlangen: dass diese auf ihre Rechte zur Dekompilierung, zur Erstellung einer Sicherungskopie, zum Weiterverkauf usw. verzichten. Ein Ausschluss des Verleihrechts würde den Auftrag der öffentlichen Bibliotheken, Wissen bereit zu stellen, unmöglich machen. So warnt die Copyright-Beauftragte der Bundesvereinigung Deutscher Bibliotheksverbände, Beger: »Das bedeutet, dass bei zunehmender Verbreitung über Lizenzverträge die Ausnahmetatbestände in den Urheberrechtsgesetzen ihre Bedeutung verlieren, soweit sie nicht zwingend anzuwenden und durch Vertrag nicht auszuschließen sind. Deshalb muss es Ziel aller Bemühungen im Rahmen von Gesetzgebungsverfahren sein, zwingende Normen zu den Ausnahmetatbeständen zu erreichen, die den ungehinderten Zugang zu Informationen für jedermann auch im digitalen Umfeld in Übereinstimmung mit dem Drei-Stufen-Test gemäß Artikel 9, Absatz 2 RBÜ gewährleisten.«[37]

Während Urheberrecht und Copyright theoretisch darauf zielen, das Verhältnis zwischen Autorinnen und Öffentlichkeit zu regeln, ist es tatsächlich die Rechteindustrie, die mit Hilfe von Verträgen einerseits den Autorinnen und andererseits der Öffentlichkeit die Nutzungsbedingungen diktiert. Der Professorenentwurf könnte im ersten Teil der Rechtetransaktion Abhilfe schaffen. Der Öffentlichkeit stehen jedoch zusätzlich zu den Lizenzverträgen auch noch technische Systeme zu ihrer Einhaltung bevor. »Dabei handelt es sich um elektronische Verträge, deren Einhaltung von den ›Informationsbehältern‹ selbst erzwungen wird.« (STEFIK)

Code statt Recht: Rechtekontrollsysteme

> *»Dieselben technischen Mittel, die die globale Nutzung der Netze ermöglichen, werden auch die globale Kontrolle dieser Netze ermöglichen.«*[38]

---

37 Gabriele Beger, Abstract zum Workshop »Wos 1 of OS. Information wants to be free«, auf der Interface5, http://mikro.org/Events/OS/interface5/speakers.html#abs beger

38 Kreile, in: GEMA News, 157, S. 6.

Werke existieren heute in digitaler Form in einer auf Code beruhenden Umgebung. Da ihre Existenzbedingungen und die Modi ihrer Übertragung, Speicherung und Veränderung programmiert und programmierbar sind, müsste es doch eigentlich möglich sein, jedem Werk eine »intelligente«, aktive Copyright-Information mitzugeben, die seine Verwendung regelt. Grundsätzlich ist das Problem dasselbe wie bei digitalem Geld: Die beteiligten Parteien müssen eindeutig identifiziert und die betroffenen Zeichenketten kryptografisch zu Unikaten gemacht werden. Ein Werk könnte – eine geeignete Infrastruktur vorausgesetzt – selbst »wissen«, von wem, wo, wie oft, in welcher Weise und zu welchem Preis es konsumiert werden darf. Ein Dokument könnte »selbsttätig« seinen Rechteinhaber über seinen Verbleib unterrichten. Software oder Daten könnten sich beim Eintreffen bestimmter Voraussetzungen (Ablauf oder Bruch der Nutzungslizenz) gar »selbst« zerstören.

Informationen mit eingebauter Kontrolle

Genau eine solche umfassende Infrastruktur zu errichten ist derzeit das Hauptprojekt der Rechteindustrie. Unter Namen wie *IP-Management Systems, Automatic Rights Management* oder *Trusted Systems* werden E-Commerce-Lösungen für Texte, Bilder, Bewegtbilder, Musik, Multimedia, Interaktionen (z.B. Online-Games) und Computerprogramme entwickelt, die einen Grad an Kontrolle über Werknutzungen erlauben sollen, wie er nie zuvor in der Geschichte des Urheberrechts vorstellbar war. Eine generische Bezeichnung hat sich noch nicht durchgesetzt. Häufig werden sie *Digital Rights Managment-Systeme* (DRM) genannt, eine doppelt irreführende Bezeichnung, da es bei diesen Systemen nicht um Verwaltung oder Geschäftsführung geht und sie außerdem auch analoge Medien wie Fotokopien erfassen. Daher wird hier durchgängig die Bezeichnung *Rights Control Systems* (Rechtekontrollsysteme – RCS) verwendet. Eine Vorreiterrolle bei ihrer Etablierung spielt die Musikindustrie. Für das Netz hat das Audio-Codierungsformat MP3 dabei die größte Sichtbarkeit und damit die größte Regulierungsdringlichkeit erlangt. Die Filmindustrie entwickelte ähnliche Aktivitäten für den Offline-Datenspeicher DVD. Für gestaltete Textdokumente hat sich das *Portable Document Format* → (PDF) als Standard etabliert, für das ebenfalls entsprechende kryptografische »Kapseln« entwickelt werden. Die vermeintliche Bedrohung, die für die Datenherren in der freien Zirkulation von Wissen liegt, begreifen sie als Gelegenheit zu Errichtung von flächendeckenden Kontrollsystemen.

In diesem Abschnitt werden eine Reihe solcher RCS-Technologien vorgestellt. Mark Stefik vom Xerox PARC ist nicht nur einer ihrer Vordenker, sondern spielt bei ihrer konzeptuellen Entwicklung und techni-

Elektronischer Schutzwall um Deutschland

schen Implementierung eine zentrale Rolle. Um den gesamten weltweiten Wissensraum zu erfassen, sind zu allererst Nummerierungsstandards erforderlich. Die zentrale Technologie, um Werke gegen nicht autorisierte Nutzungen zu schützen, ist die Kryptografie. Eine Fülle von öffentlichen Forschungsprojekten, Firmen und Industriekonsortien sind in diesem Bereich aktiv. Wenn sowohl die Schutzsysteme versagen als auch eine Handhabe gegen Internet-Rechner mit nicht mehr geschützten Werken unmöglich ist, soll, nach den Vorstellungen des deutschen Verbandes der internationalen Musikindustrie, ein elektronischer Schutzwall um Deutschland wenigstens verhindern, dass Bundesbürger sich diese Werke beschaffen. Da, wie an allen behandelten Beispielen aufgezeigt wird, technische Maßnahmen untauglich sind, digitale Werke zuverlässig zu schützen, greifen die Gesetzgeber flankierend ein, um über die ohnehin bestehenden Verbotsrechte hinaus die Schutztechnologien zu schützen. Der Abschnitt schließt mit einer kritischen Diskussion und Überlegungen zu den Auswirkungen von RCSs auf die Wissensordnung.

Mark Stefik: Trusted Systems

Xerox PARC: Vertrauen der Datenherren

Eine Art abstrakten Generalplan für RCSs gab Mark Stefik in seinem Ende 1994 geschriebenen Aufsatz »Letting Loose the Light« vor (STEFIK, 1996). Stefik ist ein führender Wissenschaftler im Labor für Informationswissenschaften und -technologie und heute Leiter der neuen *Secure Document Systems*-Gruppe am *Xerox Palo Alto Research Center* (PARC). In seinem Aufsatz greift er Barlows Herausforderung vom »Tod des Copyright« und die damals allgemein verbreitete Ansicht auf, dass digitale Informationsbehälter inhärent durchlässig seien, und setzt dem ein Szenario für eine Infrastruktur aus »*Trusted Systems*« entgegen.[39] Digitale Werke, einmal im Internet veröffentlicht, würden sich – freigesetzt wie der Geist aus der Flasche – verbreiten, ohne dass Autoren und Verlage die Möglichkeit hätten, eine Kompensation zu erhalten. Aus diesem Grund würden Autoren und Verlage keine hochwertigen Informationen ins Netz stellen. Eine Lösung dieses Problems sei also auch im Interesse der Informationskonsumenten. Wie in der magischen Logik nur das Schwert die Wunde, die es schlug, heilen kann, so ist auch hier die Lösung eines technologischen Problems technologisch: »Richtig entworfene Digitalsysteme können stärkere und flexiblere Instrumente für den Handel mit

39 Der Begriff wird üblicherweise in der Verteidigungswelt verwendet und meint dort Systeme verschiedener Sicherheitsstufen, vgl. »Department of Defense Trusted Computer System Evaluation Criteria«, DoD 5200.28-STD, December 26, 1985.

Publikationen sein als jedes andere Medium. Der scheinbare Konflikt zwischen digitaler Veröffentlichung und Vermarktung ist lediglich eine Folge davon, wie Computersysteme bis heute entworfen worden sind« (STEFIK, 1996, S. 6).

Steffik hält es für das Problem des bisherigen Computerdesigns, dass es sich um Allzweckrechner mit Allzweckbetriebssystemen und Allzweckprogrammen handelt. → Turings Universalmaschine möchte er ersetzen durch Spezialmaschinen mit dem primären Zweck, Urheberrechte zu wahren. Eine Hierarchie von *Trusted Systems* würden als eine Art Verkaufsautomaten für digitale Werke jeder Art fungieren, die die Werkstücke außerdem mit einer Liste erlaubter und verbotener Nutzungsmöglichkeiten ausstatten. *Trusted Systems* meint nicht etwa ein wechselseitiges Vertrauensverhältnis zwischen Anbieter und Käufer von Information, das z.B. die Datenschutzbedürfnisse der Kunden berücksichtigen würde. Vertrauen sollen sie bei der Rechteindustrie wecken, indem sie deren differenzierte Schutzbedürfnisse »unfehlbar« implementieren und zugleich allen Informationsnutzern betrügerische Absichten unterstellt.[40]

Misstrauen Kunden gegenüber

Trusted Systems sind → *Blackboxes*, die den Content und seine Nutzungsumgebung enthalten. Stefik nennt sie auch »Repositorien«. Auf der Client-Seite denkt er dabei an persönliche Unterhaltungsgeräte zum Abspielen von Musik oder Filmen, Video-Game-Konsolen oder kreditkartengroße Geräte. Filmdarstellungsgeräte könnten zwischen Heim-, Kino- und Sendegebrauch unterscheiden. Rundfunksender und -empfänger könnten mit unterschiedlichen Rechten ausgestattet sein. Sie alle enthalten Computer, aber auch ein PC als solcher kann ein Repositorium sein.[41] Gegen dessen universelle Verwendung wird er durch eine Kombination von Hard- und Software geschützt. Ein verschweißtes Gehäuse verhindert nach Stefiks Vorstellung auf der niedrigsten Sicherheitsstufe ein physikalisches Eindringen in ein Repositorium. Auf einer höheren Stufe

---

40 »Eine Betrachtungsweise ist, dass *Trusted Systems* unterstellen, dass der Verbraucher unehrlich ist. Diese Vorstellung ist bedauerlich und vielleicht unkorrekt, aber gleichwohl real.«, ebd. S. 15. Da sie auf dem Sprichwort »Vertrauen ist gut, Kontrolle ist besser« beruhen, sind *Trusted Systems* weniger euphemistisch als *Control Systems* zu bezeichnen. Der Begriff *»privacy«* taucht in Stefiks 42-seitigem Aufsatz übrigens an keiner einzigen Stelle auf.

41 Aber eben nur um den Preis seiner radikalen Funktionsbeschränkung: »Was die Zertifizierungsaufgabe für Repositorien leichter macht, als für Computer im Allgemeinen, ist, dass Repositorien begrenzte Funktionen hätten. Sie würden eine begrenzte Anzahl sehr spezifischer Abläufe in Bezug auf die Nutzungsrechte, Protokolle und Buchhaltung erledigen müssen. Außerdem gäbe es Verfahrensweisen, die garantieren, dass die gesamte installierte Software nicht gegen unerlaubte Eingriffe und Änderungen gesichert ist.«, Stefik, 1996, S. 26.

würde ein Sensor den Versuch wahrnehmen und Schlüsseldaten löschen. Ein *Trusted System* der höchsten Stufe würde um Hilfe telefonieren, einen Alarm auslösen und sich selbst zerstören.

Der Schlüssel zu Kontrolle: Kryptografie

Kryptografie und Zertifizierung würden Information und Software im Repositiorium und auf dem Transport über offene Netze vor unerwünschten Zugriffen schützen. Versteckte Identifikationsinformationen würden es erlauben, unrechtmäßige Kopien ausfindig zu machen und auf das Repositorium zurückzuführen, das sie in Umlauf gebracht hat. Stefik sieht ferner eine Definitionssprache für Nutzungsrechte vor, eine *Copyright Markup Language*, ähnlich → HTML für → Hypertext. Marker sagen, was ein Kunde mit einem Werk oder einem seiner Bestandteile machen darf und was er dafür bezahlen muss. Marker können nicht entfernt werden. Die Nutzungsrechte, die dieser elektronisch implementierte Vertrag festschreibt, betreffen den Transport der Werke, ihre Darstellung, ihre Verwendung in abgeleiteten Werken und das Anfertigen von Sicherungskopien.

Bei den Rechten zur Darstellung (*rendering*) unterscheidet Stefik das Abspielen (von Musik, Film, Game, Text) und das Drucken. Das Abspielen erlaubt natürlich die Rezeption des Werkes. Damit ist es möglich, vom Bildschirm oder Lautsprecher analoge Kopien anzufertigen. Dies ist nicht zu verhindern, aber für die Rechteinhaber zu verschmerzen, da diese von einer deutlich niedrigeren Qualität sind als das digitale Werkstück. Problematisch aus ihrer Sicht ist das Drucken: »Der Begriff ›Drucken‹ bedeutet im digitalen Bereich, die Kopie eines medialen Werkes außerhalb der Gebrauchsrechtekontrolle zu erstellen, sei es auf Papier oder indem man sie in eine Datei auf einem externen Speichergerät schreibt.« Hier müssten somit die stärksten Schutzmechanismen greifen. Ein Transferrecht würde es gestatten, ein digitales Werk, genauso wie ein ausgelesenes Taschenbuch, an einen Freund weiterzugeben. A und B verbinden dazu ihre Repositorien, A überträgt das Werk (mit »Bewegen«, nicht mit »Kopieren«), so dass es nun bei B, aber nicht mehr bei A vorliegt. A könnte B das Werk auch nur für eine Woche ausleihen. In dem Fall wäre es immer noch bei A vorhanden, doch könnte er erst nach Ablauf der Leihfrist und nachdem es automatisch bei B gelöscht und bei A freigeschaltet worden ist, wieder darauf zugreifen.[42] Mit diesem Mechanismus wäre auch ein Leihverkehr von öffentlichen Bibliotheken denkbar. Ausgeliehene Werkexemplare würden im Bibliotheksrepositorium temporär deakti-

42 Voraussetzung dafür wäre es natürlich, dass die Uhr in einem jedem Repositorium zuverlässig gegen Manipulationen geschützt ist.

viert. Ihre »Rückgabe« bestünde darin, dass sie beim Leser gelöscht und in der Bibliothek wieder aktiviert würden. Stefiks Ziel dabei ist es, die Zahl der im Umlauf befindlichen Kopien identisch zu halten.

Jeder Konsument ein unbezahlter Vertriebspartner

Auch eine private Vervielfältigung ist vorstellbar, wenn A ein Musikstück selber behalten, aber es auch an B verschenken möchte oder wenn B so begeistert von As Berichten über ein neues Computergame ist, dass sie eine eigene Kopie haben möchte. In diesem Fall würde ein mit den entsprechenden Rechten versehenes Werkstück die Abbuchung der Gebühr für diese Kopie entweder bei A oder B veranlassen. In der Möglichkeit dieser »Konsumenten gestützten Distribution« sieht Stefik einen besonderen Vorteil seines Systems.[43] In der Tat muss die Vorstellung, dass jeder Konsument eines Werkes dessen potenzieller Mikro-PR-Agent und -Verkäufer ist, verlockend für eine Industrie sein, der so die Arbeit abgenommen wird.

Jedes Repositorium wäre mit einem Kredit-Server ausgestattet, der verschiedene Zahlungsmodalitäten anbietet. Um eine Kaufentscheidung zu fördern, könnten kurze Ausschnitte aus dem Werk kostenlos dargestellt werden (*pre-listening, pre-viewing*). Einzelne Nutzungsrechte würden zu spezifischen Konditionen (Darstellung für eine Stunde, fünf Jahre, zeitlich unbegrenzt) verkauft werden. Die Nutzung von Werken, die laufend aktualisiert werden, wie Enzyklopädien, könnten pro Zugriff (*pay-for-play*) oder als Subskription mit einer bestimmten Nutzungsdauer pro Monat erworben werden. Tageszeitungen könnten unterschiedliche Preise für die einmalige Darstellung und für das Recht der Archivierung verlangen.

Russische Wertschöpfungspuppe

Um alle heute an der Wertschöpfungskette beteiligten Parteien auch in einer digitalen Ökonomie profitieren zu lassen, schlägt Stefik ineinander geschachtelte Nutzungsrechte vor. Der Autor eines Romans legt die Rechte und Gebühren fest, zu denen er sein Werk veröffentlicht. Dazu kapselt er das Werk in eine erste kryptografische Hülle (*shell*). Sein Verleger fügt eine weitere Hülle hinzu, in der er den Preis für seine Leistungen (Werbung etc.) festlegt. Auch der Distributor und der Buchhändler umgeben das Werk mit ihren *Shells*. Wenn schließlich ein Kunde eine Kopie des Werkes kauft, öffnet sein Repositorium eine Hülle nach der nächsten, wie bei einer russischen Puppe, interpretiert die Nutzungsbedingungen

43 Ebd., S. 20 f. Sowohl das Geschäft, bei dem das Musikstück oder das Spiel ursprünglich gekauft worden ist, wie der Distributor, der Verleger und der Autor, »obwohl niemand von ihnen während der Transaktion gegenwärtig ist«, würden Gebührenzahlungen erhalten.

und veranlasst den Kredit-Server, jeder Partei den entsprechenden Betrag zu überweisen.[44]

Ein dritter Komplex von Nutzungsrechten neben Darstellung und Transfer/Kopie umfasst die Zweitverwertung und die Erstellung von abgeleiteten Werken. Eine Professorin, die eine Textsammlung für ein Seminar zusammenstellt, kann, sofern die Ausgangswerke dies zulassen, von einem »Extraktionsrecht« Gebrauch machen. Ist das »Original« mit einem »Editierrecht« versehen, kann sie in dessen Grenzen Änderungen vornehmen und die Ausschnitte dank eines »Einbettungsrechtes« in ihre Sammlung aufnehmen. Die Kompilation kann sie mit einer zusätzlichen Hülle umgeben, in der sie ihre eigenen Nutzungsbedingungen spezifiziert. Kauft nun ein Student das Kursmaterial, werden den Rechteinhabern jedes Bestandteils und der Professorin Gebühren gutgeschrieben. Bislang setzte die Erstellung einer solchen Kompilation das aufwändige Einholen aller einzelnen Rechte voraus, weshalb ihre Erteilung nach der *Fair Use*-Doktrin implizit unterstellt wurde und ohne Gebührenzahlungen erfolgte. Ein automatisiertes RCS dagegen würde, so Stefik, die kommerzielle Wiederverwendung von Werken erheblich fördern.

Digitale »Tickets« sollen, nach dem Vorbild einer Eintrittskarte oder einer Fahrkarte, die einmalige Nutzung eines Werkes gestatten. Sonderangebote oder Werbegeschenke könnten über Tickets realisiert werden. Software würde mit einer Anzahl Tickets ausgeliefert, die es erlauben, Upgrades zu bestellen.

Der gläserne Kunde

Ein besonders brisantes Konstrukt sind die digitalen »Lizenzen«, die sich Stefik als eine Art Führerschein vorstellt. Es geht also nicht um eine Lizenz, die einem Werkstück anhaftet, sondern um die Zertifizierung eines Informationsnutzers, die es ihm erlaubt, bestimmte, vom Werk vorgesehene Nutzungen vorzunehmen. Als Beispiele nennt er Lizenzen für Bibliothekare, Bibliotheksnutzer, Lehrer, Schüler, Arme.[45] Auf dieselbe Weise sollen auch Händler und Distributoren lizenziert werden.

44 Ebd., S. 19 f. Worin sich in einer solchen digitalen Umgebung die Funktionen von »Verlag«, »Vertrieb« und »Einzelhandel« unterscheiden, führt Stefik nicht aus. Weiter unten schreibt er jedoch: »Distributoren, die der Kette zwischen Hersteller und Verbraucher nur wenig Wert hinzufügen, würden wahrscheinlich verdrängt.«, ebd., S. 32. Verlage dagegen würden durch ihre Firmennamen und ihre Qualitätskontrolle weiterhin eine Rolle spielen, auch wenn Autorinnen ihre Werke zunehmend selbst verlegten.

45 Vgl. ebd., S. 30: »Zum Beispiel könnte eine Wohltätigkeitsorganisation oder eine Behörde Einkommensschwachen oder Jugendlichen in Problembezirken Zertifikate ausstellen. Sozialbewusste Verleger könnten dann den Inhabern solcher Zertifikate auf bestimmte digitale Werke Rabatte oder eine begrenzte kostenfreie Nutzung einräumen.«, ebd. S. 23. Weniger sozial denkende Anbieter können die derart markierten Einkommensschwachen von ihren Diensten ausschließen.

Würde ein Händler versuchen, ein Computerspiel zu verkaufen, bei der Abfrage seiner Lizenz jedoch nicht dazu autorisiert werden, würde sein Repositorium den Transfer in das des Kunden verweigern. An anderer Stelle spricht Stefik von »Identitätszertifikaten«, die das Alter eines Kunden abrufbar und damit einen automatisierten Jugendschutz möglich machen.

Die Kontrollzentrale: der DPT

Für diese Zertifizierung benötigt Stefik einen letzten Baustein in seiner umfassenden Kontrollinfrastruktur, eine autoritative Institution, ein Master-Repositorium der Hochsicherheitsstufe, das er als *Digital Property Trust* (DPT) bezeichnet. Der DPT müsste die Interessen der verschiedenen beteiligten Parteien ausbalancieren und die »Gesundheit« des digitalen Verlagswesens sichern. Vor allem aber müssten die mächtigsten Marktteilnehmer dahinter stehen: »Der DPT würde die Vertretung und Unterstützung der mächtigsten Technologieanbieter und Verleger benötigen, damit seine Entscheidungen die erforderliche Durchsetzungskraft bekommen.«[46] Der DPT soll eine gemeinsame operationale Terminologie von Nutzungsrechten etablieren, die Sicherheit von *Trusted Systems* zertifizieren und unterhalten sowie den Handel mit digitalen Werken fördern. Er würde digitale Zertifikate ausgeben, die sicherstellen, dass bestimmte Plattformen und Software das Konzept der Nutzungsrechte wahren und erzwingen. Bei ihm würden die öffentlichen Schlüssel jedes einzelnen *Trusted Systems* hinterlegt. Die Kosten für den Betrieb des DPT sollen aus Gebühren für Repositoriumstransaktionen und für erneuerbare Lizenzen für Plattformen und Software bestritten werden. Jedes Repositorium müsste sich bei jeder Transaktion mit einem anderen durch ein Zertifikat von einem Master-Repositorium identifizieren. Wird bekannt, dass die Sicherheit eines Repositoriums kompromittiert wurde, weigerten sich andere Repositorien, mit ihm weitere Transaktionen durchzuführen.

Die Chance, eine RCS-Infrastruktur flächendeckend durchzusetzen, sieht Stefik vor allem dort, wo neue Technologiegenerationen wie das digitale Fernsehen eingeführt werden. Kontrollierte Räume, wie Buchhandlungen, in denen man sich Dokumente ausdrucken lassen kann, und geschlossene Plattformen, wie Video-Game-Konsolen, die keine Kompatibilität mit Allzweckbetriebssystemen wahren müssen, erscheinen ihm ebenfalls besonders geeignet.

46 Ebd., S. 35. Hier heißt »Trust« also nicht mehr »Vertrauen« sondern vielleicht »Treuhand«, sicher aber »Kartell«.

Drei Jahre später schreibt Stefik rückblickend, 1994 sei die Vorstellung von digitalen Rechten und *Trusted Systems* erschütternd und unerwartet gewesen, heute (1997) jedoch habe sich die Situation sehr gewandelt. Erstens seien technologische Ansätze für RCSs verfügbar, zweitens begännen die an digitalem Eigentum interessierten Parteien ihre Positionen zu artikulieren. Kollektiv verstehe die Gesellschaft die Verschiebung jedoch noch immer nicht. »Die Ideen fordern den gesunden Menschenverstand im Hinblick auf Computer und Information heraus. Sie müssen sich langsam setzen« (STEFIK, 1997a).

Für jede Frage eine neue, technisch implementierte Regel

Seine eigenen Konzepte haben sich gegenüber »Letting Loose the Light« nicht wesentlich verändert. Die Frage der Grenzenlosigkeit des Internet sieht er durch die Identifizierung und Zertifizierung von Informationskonsumenten als gelöst an. Da auch deren Mobilität zunimmt, fügt er die Idee hinzu, Laptops in einem Land zu registrieren, so wie heute bereits Schiffe unter einer Nationalflagge fahren, gleich, wo auf der Welt sie sich befinden: »Digitale Zertifikate können praktikabel eingesetzt werden, um in den Cyberspace Repräsentationen von Grenzen und Identitäten einzuführen, was eine Kontrolle praktisch durchführbar macht.«

Ein weiteres Problem wurde an ihn herangetragen: das der Sicherungskopie, die einen unerlässlichen und de jure zugestandenen Schutz dagegen bietet, dass Datenträger unlesbar werden. Stefiks Antwort darauf ist es, weitere Rechte für → *Backup* und *Restore* einzuführen. Diesen Rechten können Bedingungen und Gebühren anhängen, z.B. könnte ein *Trusted System* beim Verleger um Erlaubnis bitten, bevor es die Sicherungskopie wiederherstellt. »Dies ist eine weitere Stelle, an der der Wettbewerb zu einem de facto Recht führen kann, Back-up-Kopien zu erstellen und wiederherzustellen« (ebd.). Eine weitere Neuerung ist die Idee von *Trusted Printers*: »*Trusted Printers* (vertrauenswürdige Drucker) kombinieren vier Elemente: Druckrechte, kryptografische Online-Distribution, automatische Abrechnung von Kopien sowie digitale Wasserzeichen zur Kennzeichnung der gedruckten Kopien.« Letztere sollen Pixelmuster (Wasserzeichen) mit Copyright-Informationen in die Druckflächen eines Ausdrucks einfügen, die von einem *Trusted* Kopierer oder Scanner erkannt und ausgewertet werden können.

Das öffentliche Interesse delegiert Stefik an die Bibliotheken

Stefik diskutiert auch die Frage, was mit Werken in *Trusted Systems* geschieht, wenn ihre Schutzfrist abläuft. Ein Verfallsdatum des Schutzes in das Werkstück einzuschreiben, scheitert daran, dass weder der Tod eines (oder gar mehrerer) Autoren noch Änderungen in der nationalen Gesetzgebung während der Laufzeit vorherzusehen sind. Unterschiede in den nationalen Schutzfristen könnten dazu führen, dass ein Werk in einem

Land bereits gemeinfrei, in anderen noch geschützt ist. Stefiks Lösungsvorschlag ist, öffentliche Einrichtungen wie die *Library of Congress* damit zu betrauen, den Zeitpunkt festzustellen und dann eine RCS-freie *Public Domain*-Version des Werkes bereitzustellen. Die RCS-gekapselten Werkstücke blieben davon unberührt, sie könnten nach Stefiks Vorstellung weiterhin kostenpflichtig angeboten werden.

Stefik mahnt: »*Trusted Systems* verschieben die Balance und verleihen den Verlegern mehr Macht.« Um nun die andere Seite der Balance, die öffentlichen Interessen z.B. von Bibliothekaren und »Konsumenten«, wieder zu stärken, sieht er dedizierte soziale Institutionen vor und nennt den *Digital Property Trust* als ein Beispiel dafür. Vertreter der Öffentlichkeit sollen in den Entscheidungsgremien des DPT sitzen. Durch die Effizienz, die die Automatisierung des E-Commerce mit digitalen Werke mit sich bringe, sei es vernünftig, die »seltenen Fälle«, in denen ein öffentliches Interesse den kommerziellen Interessen gegenübersteht, nach menschlichem Ermessen zu entscheiden. Im Falle einer *Fair Use*-Verteidigung könnte der DPT ein Schlichtungsverfahren anbieten. Für besondere Nutzergruppen, wie Bibliothekare, Forscher und Lehrer könnten besondere Lizenzen eine vergünstigte oder kostenfreie Nutzung ermöglichen.[47] Da Stefik hierin gleich wieder die Gefahr einer Verschiebung der Balance zugunsten der Öffentlichkeit sieht, schlägt er vor, das Risiko dieser »weniger kontrollierten« Nutzungen mit Hilfe einer Versicherung auszugleichen. Jeder Schritt in der Kette der Transaktionen beinhalte eigene Risiken. Auch hier solle der DPT einspringen und mit Hilfe einer weiteren Gebühr für jede Transaktion eine Versicherung abschließen.

Der DPT spielt eine zentrale Rolle in Stefiks Überlegungen, doch stehe eine organisierte Bewegung zu seiner Formierung noch aus. Im Gegenteil arbeiteten verschiedene Unternehmen an Patent-Portfolios, um ihre eigenen Rechtekontroll-Technologien zu schützen. Dies könne zu Marktverwirrung und Patentstreitigkeiten führen. Daran, dass sich ein Markt für *Trusted Systems* entwickeln wird, bestehe kein Zweifel, die Geschwindigkeit und Reichweite dieser Entwicklung hinge jedoch davon ab, ob die Wettbewerber zusammenarbeiteten, um Standards zu fördern.

In einem Aufsatz aus demselben Jahr spricht Stefik die Kosten für den Endverbraucher an: »Zuerst würden die Sicherheitsmerkmale in einem Drucker oder einem tragbaren digitalen Lesegerät gebündelt. Dies wäre mit Zusatzkosten für die Verbraucher verbunden, da diese die Möglichkeit hätten, auf höherwertiges Material zuzugreifen. Die Kosten wür-

47 Er fügt hinzu, dass eine Verlegerorganisation diese *Fair Use*-Lizenzen ausstellen könnte; vgl. Stefik, 1997b.

Technologie ist besser als Recht

den schließlich sinken, wenn sich die Technologie weithin durchsetzt« (STEFIK, 1997b). Wiederum ist das Argument dafür, dass »Konsumenten« sich auf ein Arrangement einlassen sollten, »in dem sie weniger als die absolute Kontrolle über Gerätschaften und Daten in ihrem Besitz haben«, dass andernfalls die Rechteindustrie hochwertige Information nicht in digitaler Form verfügbar machen würde. Hier spielt Stefik erstmals explizit seinen technologischen Ansatz gegen den der Gesetzgebung aus: »In einigen Fallen könnte dieser technologische Ansatz, Autoren und Verleger zu schützen, die Notwendigkeit von massiven gesetzlichen Regeln vermeiden, die den digitalen Veröffentlichungsmarkt ersticken könnten.«

Ebenfalls zum ersten Mal taucht der Begriff »*Privacy*« auf, in einem bezeichnenden Zusammenhang: »Die Verleger müssen Maßnahmen ergreifen, um die Privatsphäre der Verbraucher, die *Trusted Systems* nutzen, zu schützen, obwohl dieselbe Technologie, die die Eigentumsrechte der Verleger schützt, auch die persönlichen Angaben über die Verbraucher schützen könnte« (ebd.).

Stefiks Visionen wurden hier so ausführlich dargestellt, weil sie im Gegensatz zu den meisten anderen Publikationen in diesem Bereich eine vollständige Infrastruktur durchdenken und die zu Grunde liegende Vorgehensweise deutlich machen. Er setzt mit seinem Modell nicht direkt beim Copyright-Recht an, sondern bei den Vertragsbeziehungen, die technologisch modelliert werden. Jede beteiligte Vertragspartei muss identifizierbar gemacht und jedes einzelne Verbreitungsstücke eines Werkes muss digital individualisiert werden. Vorbei die Zeiten, in denen man – ohne seinen Ausweis vorzulegen – eine Zeitschrift am Kiosk kaufen und seine Mitbewohner an deren Lektüre teilhaben lassen konnte. Wenn man sich einmal auf eine RCS-Infrastruktur eingelassen hat, wird jede potenzielle Durchlässigkeit durch das Hinzufügen eines weiteren *Trusted Systems* geschlossen. Für alle Fragen, die die gesamte Infrastruktur betreffen (Standardisierung, Registrierung, Lizenzierung, Schlichtung), wird eine zentrale Instanz, der DPT eingesetzt. Alle Bedürfnisse, die der Markt nicht bedient – der öffentliche »Rest« –, werden an staatliche Einrichtungen wie die Kongressbibliothek delegiert.

Heute sind viele der Elemente von Stefiks Systementwurf Wirklichkeit. Grundlage für die automatisierte Rechtekontrolle ist eine standardisierte Kennung für alle relevanten Elemente. Bisher verwendeten Verwertungsgesellschaften, Verleger, Produzenten und Rundfunkunternehmen jeweils ihre eigenen Nummerierungsschemata. Hier engagiert sich seit dem Aufstieg des Internet vor allem der internationale Dachverband

Eine ID-Nummer für alles und jeden

der Verwertungsgesellschaften CISAC (*Confédération Internationale des Sociétés d'Auteurs et Compositeurs*). Seit 1994 entwickelt und implementiert er das *Common Information System* (CIS),[48] das sicherstellen soll, dass die CISAC-Gesellschaften und ihre Partner weltweit standardisierte Nummerierungssysteme verwenden. Das CIS soll Berechtigte, Werke, Verträge, Aufnahmen, Tonträger und audiovisuelle Produktionen identifizieren und in einheitlichen Formaten über Online-Datenbanken weltweit zugänglich machen, die als gemeinsame Referenz für Rechteindustrie, Verwerter und Autoren dienen. Außerdem arbeitet das CIS-Gremium mit der Rechteindustrie zusammen, um Identifikatoren in die digitalen Objekte selbst einzubetten und Lösungen für ihre automatisierte Verfolgung und Überwachung zu entwickeln. Dazu beteiligt es sich an benachbarten Initiativen, wie dem EU-Projekt IMPRIMATUR (*Intellectual Multimedia Property RIghts Model And Terminology for Universal Reference*)[49] und dem entstehenden MPEG-4 ISO-Standard für die Codierung, den Schutz und die Rechtekontrolle von audiovisuellen Informationen (mit Hilfe eines *Intellectual Property Identification Data Set*, Wasserzeichen und Kryptografie). Einige der Rechtkontrollsysteme, die im Wesentlichen Stefiks Plan auf der technologischen Höhe der Zeit formulieren, sollen im Folgenden angesprochen werden.

Kryptografie

Kryptografie ist die zentrale Technologie, um Inhalte bei der Übertragung, ob unkörperlich übers Netz oder auf voraufgezeichneten Medien, über die gesamte Kette vom Hersteller über den Vertrieb bis zum Endkunden gegen unautorisierte Nutzungen zu schützen und Inhalte, die einem RCS entkommen sind, ausfindig zu machen und auf ihren Eigentümer zurückzuführen. Verschiedene Forschungseinrichtungen, Unternehmen und Industriekonsortien arbeiten an Lösungen für eine kryptografische Infrastruktur.

Eines der umfassenderen Rahmenkonzepte dafür haben Anfang 2000 die vier Unternehmen IBM, Intel, Matsushita und Toshiba (4C) mit der *Content Protection System Architecture* (CPSA) vorgelegt (Intel u.a., 2/2000). Sie beschreiben deren Ziel so: »Die wachsende Zahl von Content-Schutzsystemen macht deutlich, dass eine übergreifende Systemar-

---

48 http://www.cisac.org = http://www.worksnet.org

49 IMPRIMATUR lief von 1996 bis 1998 und hatte den umfassenden Anspruch, unter Berücksichtigung der verschiedenen Interessengruppen möglichst alle technischen, wirtschaftlichen, rechtlichen und gesellschaftlichen Elemente einer IPR-Infrastruktur zu erfassen, http://www.imprimatur.alcs.co.uk/

Alle Inhalte immer verschlüsselt

chitektur erforderlich ist, um sicherzustellen, dass die Einzelteile ein zusammenhängendes Ganzes bilden.« Die 4C arbeiten eng mit der *Secure Digital Music Initiative* (SDMI) zusammen. Der Rahmen schreibt den Schutz von analogen und digitalen Audio- und Video-Inhalten vor, die auf physikalischen Medien sowie elektronisch vertrieben werden. Neben den Elektronikgeräteherstellern richtet sich das Papier an Inhalteanbieter und Sendeunternehmen. Die CPSA legt elf »Axiome« fest, die die drei kritischen Aspekte eines Rechtekontrollsystems absichern sollen – Content-Management-Information (CMI), Zugang und Aufnahme – und an die sich konforme Geräte (z.B. Videorekorder, Fernseher, Set-Top-Boxen oder CD-Brenner für PCs) halten müssen.

In der CMI legt der Eigentümer fest, auf welche Weisen seine Inhalte genutzt werden können. Sie sind gewissermaßen eine maschinenlesbare Form des Lizenzvertrages. Sie wird in einem Dateivorspann den Contentdaten vorangestellt. Sie kann zusätzlich auch in Form eines »Wasserzeichens« (s.u.) in die Daten selbst integriert werden. So kann auch bei einer Datei, deren → Header entfernt oder manipuliert wurde, die CMI ausgelesen und vom jeweiligen Gerät befolgt werden.

Die Axiome zur Zugangskontrolle beginnen: »Der gesamte CPSA-Content auf voraufgezeichneten Datenträgern ist kryptiert.« Kryptografie sei der Schlüsselaspekt der Architektur, »es ist der ›Angelhaken‹, der die Benutzer zwingt, die Vorschriften des *Content Protection System* zu beachten.« Alle Kopien, sofern die CMI-Einstellungen sie erlauben, und alle Übertragungen an Ausgabegeräte müssen ebenfalls kryptiert sein.

Die Axiome zu Aufnahmegeräten fordern, dass diese die *Copy Control Information* (CCI) lesen, interpretieren und, falls zugestanden, beim Kopieren die CCI der Kopien entsprechend den Vorgaben setzen. Erlaubt ein Content z.B., dass eine Sicherungskopie angefertigt wird, so setzt ein konformes Gerät die CCI dieser Kopie so, dass von ihr keine weiteren Kopien erstellt werden können.[50]

Widerrufung »illegaler Geräte«

Wie Stefiks Architektur benötigen diese Systeme eine zentrale Instanz, die die technischen Standards pflegt, ihre industrieweite Einhaltung durchsetzt, Lizenzen vergibt und kryptografische Schlüssel verwaltet. Eine solche Institution betreiben seit September 1998 die 5C (5 *Companies:* Hitachi, Intel, Matsushita, Sony und Toshiba) unter dem Namen *Digital*

50 CCI entspricht dem für DAT-Recorder eingeführten und für DVD weiterentwickelten *Copy Generation Management System* (CGMS), s.o.

Transmission Licensing Administration (DTLA).[51] Die DTLA zertifiziert direkt Gerätehersteller, Betreiber von Content-Servern und Rundfunkstationen. Indirekt, nämlich mit Hilfe von *System Renewability Messages* (SRMs), zertifiziert sie immer aufs Neue auch jedes einzelne Endgerät. Dieser Mechanismus zur Entziehung der Lizenz eines Gerätes, das z.B. zur Umgehung des Schutzsystems manipuliert wurde, ist besonders bemerkenswert. »Systemerneuerbarkeit stellt die langfristige Integrität des Systems sicher und ermöglicht die Widerrufung nicht autorisierter Geräte.«[52]

Zentrale an Videorekorder: Stirb!

Die SRM enthält neben einem Datum eine aktuelle *Certificate Revocation List* (CRL). In dieser Liste stehen einzelne oder ganze Blöcke von Kennungen von Geräten, die nicht die Anforderungen der DTLA erfüllen. Es ist die Rede von »illegalen Geräten« und von »für die Umgehung des Schutzes verwendete, kompromittierte Geräte«. Anträge auf Widerrufung von Geräten können offenbar Regierung, Gerätehersteller und Content-Anbieter an die DTLA richten (Hitachi u.a., 1998, S. 12, 13).

Bei der Produktion von Geräten, Datenträgern (z.B. einer DVD) und Rundfunksendungen erhalten diese eine zu dem Zeitpunkt gültige SRM. Treten nun zwei Geräte, z.B. ein Abspiel- und ein Aufzeichnungsgerät, miteinander in Kommunikation, tauschen sie als erstes mit Hilfe des ersten Schlüssels ihre Zertifikate aus und verifizieren wechselseitig ihre Signaturen. Dabei wird anhand der SRM überprüft, ob das andere Gerät nicht »widerrufen« worden ist. Dann werden die zugestandenen Nutzungen der Daten (Darstellen, Kopieren, usw.) gelesen. Sind all diese Hürden genommen, wird ein zweiter Schlüssel für den Austausch der eigentlichen Content-Daten errechnet, der schließlich beginnen kann.

Auf die gleiche Weise wird die Widerrufungsliste übertragen, wenn eine DVD abgespielt, eine entsprechend codierte Sendung per Kabel-TV empfangen oder ein Video-Stream aus dem Internet auf dem PC angeschaut wird. Ist die SRM des Content neuer als die des Geräts, so speichert das Gerät sie und gibt sie seinerseits weiter, wenn es mit anderen Geräten Daten austauscht. Trifft ein »legitimiertes« Gerät nun auf eines, dessen Nummer in der neuesten Widerruffungsliste enthalten ist, bricht es die Verbindung ab.

Softwarebotschaften isolieren »illegale« Hardware

Durch die wechselseitige Verifizierung, mit der jeder Datenaustausch beginnt, pflanzt sich die »schwarze Liste« durch das gesamte Netzwerk der vorhandenen Geräte fort, bis alle »illegalen Geräte«, alle Sicherheitslücken im Copyright-Schutz vollständig isoliert sind. Ein des Vertrags-

51 Digital Transmission Content Protection, Whitepaper, Hitachi et.al. 1998
52 Ebd., S. 3.

bruches verdächtiger PC würde nun von einer → Set-Top-Box keine Sendungen mehr erhalten, ein digitaler Fernseher keine Signale von ihm mehr darstellen. Ob das »illegale Gerät« in seiner Funktionstüchtigkeit noch weitergehend eingeschränkt wird, was es nach seiner »Entlarvung« mit nicht geschütztem Inhalt machen wird oder ob gar eine Botschaft an die Zentrale ausgelöst wird, die es einer Copyright-Polizei erlauben würde, »illegale Geräte« ausfindig zu machen, geht aus der spärlichen veröffentlichten Information der DTLA nicht hervor.[53]

Die Pläne haben zu einiger Unruhe in der Branche geführt, so dass sich die DTLA im Januar 1999 zu einiger »Klarstellung« gezwungen sah. Darin wird versichert, dass die Widerrufung eines Gerätes nur aufgrund eines »geregelten Verfahrens«, nur nach Aufforderung dazu autorisierter Behörden und mit einem Einspruchsrecht der betroffenen Hersteller verhängt werde. Sie werde nur in spezifischen Fällen eingesetzt, in denen Schlüssel kompromittiert, z.B. aus lizenzierten Geräten extrahiert und in andere Geräte kopiert wurden. Keineswegs werde sie sich gegen eine ganze Produktlinie eines Herstellers richten (DTLA, 1999, S. 1 f.).

Die System-»Auffrischung« durch Widerrufungslisten kann man sich als eine Art laufende virale Verbreitung von Existenzentzügen an Mediengeräte im Dienste der Verwertungsindustrie vorstellen. Eine zentrale Stelle setzt Codes in Umlauf, die durch das Netz der Heimelektronikgeräte diffundieren und alle »illegalen Gerät« auf ihrem Weg lahmlegen. Ein wahrer »Sieg der Botschaft über das Medium«. So wird jedes Mediengerät im Wohnzimmer ein Erfüllungsgehilfe der Rechteindustrie. Eines der berühmtesten Beispiele für die Regulierung mit Hilfe von Architektur sind die Brücken, die der New Yorker Stadtplaner Robert Moses in den 1920ern auf Long Island baute. Zu niedrig für die öffentlichen Doppeldeckerbusse, bildeten sie einen effektiven Filter, mit dem die Armen, vor allem Schwarze, vom Naherholungsgebiet der Wohlhabenden fern gehalten wurden. Schützte dort die gebaute Umwelt die Erhohlungsinteressen der Reichen, so schützt hier die digital »gebaute« Umwelt die Verwertungsinteressen der Datenherren. HiFi- und Videogeräte werden zu Copyright-Polizisten, die sich ohne Zutun ihrer Besitzer gegenseitig überwachen.

53 Detaillierte technische Information ist nur nach Unterzeichnung eines *Nondisclosure Agreements* erhältlich. Aus den Veröffentlichungen geht noch hervor, dass man sich über einen Mechanismus in einer zukünftigen Version der SRMs Gedanken macht, die »Widerrufung« von Geräten rückgängig zu machen, z.B. für den Fall, dass sie irrtümlich verhängt wurde, Hitachi u.a., 1998, S. 12.

Content Scrambling System (CSS)

CSS[54] ist ein Verfahren zum Schutz von voraufgezeichneten DVD-Videoinhalten. Es wurde hauptsächlich von Matsushita und Toshiba entwickel und wird von der *DVD Copy Control Association* (CCA), einem gemeinnützigen Unternehmen der Film- und der Konsumelektronikindustrie, lizenziert.[55] Die Lizenz selbst ist gebührenfrei, es wird jedoch eine Verwaltungsgebühr von 5 000 Dollar im Jahr erhoben.[56]

CSS beruht auf einem einmaligen Master-Schlüssel. Dieser wird wiederum mit einem Zugangsschlüssel verschlossen. Die lizenzierten Hersteller von DVD-Playern, gleich ob Hard- oder Software, erhalten von der CCA Zugangsschlüssel aus einem Satz von etwa 400 Stück. Jede DVD enthält 400 Kopien des Master-Schlüssels, kryptiert mit jedem der 400 Zugangsschlüssel. Das CSS-Modul des Players versucht nun, die DVD mit seinem Schlüssel zu öffnen. Gelingt es, gibt die DVD den Master-Schlüssel zusammen mit den für die DVD und die einzelnen Titel (z.B. eine Videosequenz) spezifischen Schlüsseln frei und die Entschlüsselung der eigentlichen Daten beginnt. Schließlich müssen diese noch dekodiert werden (DVD-Video verwendet MPEG-2-Kompression), bevor sie endlich dargestellt werden. Eine Gerätelizenz kann widerrufen werden, indem der entsprechende Schlüssel von allen neu produzierten DVDs entfernt wird. CSS verhindert also keineswegs die Erstellung von bitgetreuen Kopien einer DVD, sondern das Abspielen von DVDs auf Geräten, die nicht von der CCA autorisiert sind.

Die Welt, aufgeteilt in Verwertungszonen

Außer an einem nicht autorisierten Player kann das Abspielen auch daran scheitern, dass man sich im falschen Teil der Welt aufhält. Die *Regional Playback Control* (RPC) ist eine Besonderheit von CSS, die sich aus den spezifischen Vermarktungsmechanismen von Kinofilmen begründet.[57] Neue Filme werden zuerst in den Kinos gezeigt, danach im *Pay-per-View*-Fernsehen, und schließlich werden sie als Kauf- oder Verleihvideo und im Fernsehen angeboten. Da es mit heutiger Celluloid-Ver-

54 http://www.dvdcca.org/dvdcca/css/. Übrigens unter eigener URL, aber auf der selben Site wie die 4C-Entity mit DTCP, DTLA, CPRM und CPPM, alles unter dem Firmennamen *License Management International*, LLC.

55 Für eine Darstellung der komplexen Lizenzierungsprozedur an DVD-Geräte- und Content-Hersteller s. Procedural Specifications, http://www.dvdccs.org/dvdcca/data/css/css_proc_spec11.pdf

56 Vgl. DVD CCA Update, CP TWG, 15. Juni 2000, http://www.dvdcca.org/dvdcca/data/pres/cptwg_20000615.pdf. OpenDVD.org spricht dagegen von einer Lizenzgebühr in Höhe von annähernd einer Million US-Dollar, http://www.opendvd.org/myths.php3

57 Die RPC-Sperre gilt nicht für DVD-ROMs mit Computersoftware und (noch) nicht für Audio-DVDs, deren Standardisierung noch nicht abgeschlossen ist.

vielfältigungstechnologie nicht möglich sei, so die *Motion Picture Association of America* (→ MPAA),[58] alle Erstaufführungskinos der Welt gleichzeitig mit Kopien zu versorgen, läuft z.B. ein neuer Hollywood-Film zuerst in den USA, einige Monate später in Europa und Japan und weitere Monate später in Lateinamerika an. Zu diesem Zeitpunkt werden in den USA bereits Video- und eben DVD-Kopien für den Privatmarkt verkauft, die, wenn sie nach Lateinamerika gelangen, den Kinomarkt untergraben würden. Die Studios verkaufen Vertriebsrechte an verschiedene Distributoren in diesen Regionen und wollen ihnen einen exklusiven Markt garantieren. Um die Kinos zu schützen, so die Filmindustrie, erlaubt es die RPC, DVDs in einer von acht Weltregionen ausschließlich auf Geräten dieser Region abzuspielen. Ohne diese Regionensperre, heißt es, müssten alle Konsumenten auf die DVD-Release warten, bis die Kinoverwertung des Films auf der ganzen Welt abgeschlossen ist.

Bei allen Bemühungen der Industrie, die genaue Funktionsweise von CSS geheimzuhalten, muss die Technologie doch in jedem von Millionen von Geräten und in noch mehr DVDs ausgeliefert werden. Und dort scheint das Know-How nicht besonders gut gesichert zu sein. Auch vorher schon war so genannte *Ripper*-Software verfügbar, die die Daten abfängt, wenn sie zur Darstellung entschlüsselt und dekodiert sind, und dann erlaubt, sie ungeschützt zu speichern. Auch Informationen zur Umgehung der Regionalsperre finden sich auf verschiedenen Internet-Sites. Schließlich verbreitete sich im Oktober 1999 das Programm »DeCSS« im Internet, mit dem sich CSS umgehen lässt.[59] DeCSS »rät« innerhalb von einigen Sekunden die 400 Zugangsschlüssel. Verwendet wurde es, um DVD-Laufwerke unter GNU/Linux nutzbar zu machen, eine Plattform, die bis dahin wegen ihrer Quelloffenheit von der CSS-Lizenzierung ausgeschlossen war.[60]

58 Der sieben Hollywood-Studios, darunter Universal, Paramount, Disney, Sony und Time Warner angehören. Vgl. MPAAs DVD FAQ, http://www.mpaa.org/Press/DVD_FAQ.htm

59 Für einen Bericht über den Ablauf des Hacks siehe den »Chaos Computer Club«, der CSS als ein »laienhaftes Verschlüsselungssystem« bezeichnet: http://www.ccc.de/tvcrypt/dvd/. Bruce Schneier, einer der führenden Kryptografen, nannte CSS »ein sehr schwaches Programm mit einem sehr schwachen 40 Bit Schlüssel gestützt auf einen schwachen Algorithmus.« (in seiner Aussage im New Yorker DeCSS-Verfahren, http://cryptome.org/mpaa-v-2600-rb.htm#Schneier) Die MPAA gibt in ihrem FAQ eine klägliche Stellungnahme zu dem Vorwurf, CSS sei leicht zu hacken gewesen: »Es gibt kein perfektes Verschlüsselungssystem, das immun gegen Angriffe ist. Derzeit werden neuere und komplexere Kopierschutzsysteme entwickelt; wir geben jedoch zu, dass entschlossene ›Diebe‹ versuchen werden, auch diese Schutzsysteme zu umgehen.«, MPAA, DVD FAQ, http://www.mpaa.org/Press/DVD_FAQ.htm

60 Damals konnte man DVD-Laufwerke nur unter MS-Windows und MacOS betreiben. Inzwischen ist es dank des *Linux Video and DVD Project* (LiViD) möglich, DVDs auch auf GNU/Linux-Rechnern anzuschauen.

DeCSS öffnete GNU/Linux für DVDs

Bei DeCSS handelt es sich somit um ein → *Reverse Engineering* zur Herstellung von Interoperabilität, das in den meisten Rechtsordnungen legal ist (z.B. § 69e UrhG). Mit der Herstellung von nicht autorisierten Kopien hat es nichts zu tun, da CSS diese, wie gesagt, gar nicht verhindert. Selbst wenn private Kopien die Hauptsorge der Industrie wären, so sind diese und damit ihr möglicher Marktschaden auf »natürliche« Weise begrenzt. Angesichts der Datenmassen (4,7 GB auf einer einseitigen und 17 GB auf einer doppeseitigen DVD) ist es äußerst unwahrscheinlich, dass sich viele Menschen den Inhalt einer DVD aus dem Internet herunterladen. Ebenso unwahrscheinlich ist es, dass er auf selbst gebrannten DVDs weiterverbreitet wird, da ein Rohling etwa 40 bis 50 Dollar kostet, während kommerziell bespielte DVDs für 15 bis 30 Dollar angeboten werden.

Solcher praktischen Überlegungen ungeachtet verklagten die DVD CCA (wegen Verstoßes gegen den Geschäftsgeheimnisschutz) und die MPAA (wegen Verstoßes gegen das Umgehungsverbot von Rechtekontrollsystemen nach dem neuen US-Copyright-Gesetz) die Betreiber von Websites, die DeCSS anboten. In einer ersten Entscheidung im Dezember 1999 lehnte es ein kalifornisches Gericht ab, eine einstweilige Verfügung gegen die Site-Betreiber zu verhängen. Doch im Januar 2000 revidierte der Richter sein Urteil. Auch ein Gericht in New York gab der MPAA-Klage gegen drei Websites statt. In Norwegen durchsuchte die Polizei die Wohnung eines mutmaßlich an der Entwicklung von DeCSS beteiligten damals 15-Jährigen und beschlagnahmte dessen Computerausrüstung sowie dessen Mobiltelefon. Im August 2000 entschied ein Bezirksgericht in New York, dass ein weiterer Webseitenbetreiber DeCSS nicht mehr zugänglich machen und auch nicht auf andere Sites linken darf, die es weiterhin anbieten.

Streit um DeCSS noch offen

Die juristischen Angriffe gegen diejenigen, die DeCSS zugänglich machen, löste eine Welle der Empörung aus. Rechtsgelehrte und Informatiker schalteten sich mit Expertisen gegen die fachlich unsinnigen Vorwürfe ein. Die Kosten der Verteidigung werden von der *Electronic Frontier Foundation* übernommen, die durch die Klage das Grundrecht auf freie Meinungsäußerung gefährdet sieht.[61] Unterstützung kommt auch von *Berkman Center for Internet and Society* der Harvard Law School, das eine Gefahr darin sieht, dass digitalisierte Inhalte auf diese Weise effektiv dem öffentlichen Diskurs entzogen werden.[62] Im Mai 2001 ging

61 http://www.eff.org/pub/Intellectual_property/Video/

62 http://eon.law.harvard.edu/openlaw/DVD/

das New Yorker Verfahren in die zweite Berufungsinstanz. Die Rektorin des Rechtsinsituts der Stanford Universität sprach sich darin für Redefreiheit und den Schutz der *Public Domain* aus.[63]

Weitere Initiativen wie die *Global Internet Liberty Campaign*[64] und *OpenDVD* engagieren sich gegen CSS. *OpenDVD* wurde von Soft- und Hardwareingenieuren gegründet, die neue und bessere Wege suchen, um DVD industrieweit einzusetzen. Auch sie wollen die Rechte der Urheberrechtsinhaber schützen, aber es auch Konsumenten ermöglichen, eigene DVD-Videos herzustellen und von ihren *Fair Use*-Rechten Gebrauch zu machen. Zu diesem Zwecke bildete sich das *Linux Video and DVD Project* (LiViD), das im Februar 2001 das *Open Media System* vorstellte, mit dem DVDs nun endlich auch unter dem Betriebssystem GNU/Linux abgespielt werden können.[65]

Hollywood-Filme fünffach gesichert

CSS ist ein gutes Beispiel dafür, wie die verschiedenen Regularien ineinandergreifen, um die Interessen der Rechteindustrie zu schützen. Der Content ist ohnehin durch Copyright und darüber hinaus technisch durch das *Content Scrambling*-System geschützt. Die CSS-Technologie selbst ist durch Geschäftsgeheimnis- und Patentrechte geschützt. Die Lizenzvorschriften legen den autorisierten Nutzern vertragsrechtlich weitgehende Restriktionen auf. Und schließlich untersagt das Verbot von Umgehungstechnologie für technische Schutzmaßnahmen in den neuesten Copyright- und Urhebergesetzen generell die Herstellung, den Besitz und die Verbreitung von DeCSS und ähnlichen Technologien. Das ganze System ist somit fünffach abgesichert. Bezahlen muss dafür die Kundin, ohne für den höheren Preis auch nur eine Minute Videoinformation mehr zu erhalten. CSS ist auch ein gutes Beispiel dafür, dass die technologischen, juristischen und politischen Auseinandersetzungen um die Rechtekontrolle in der digitalen Wissensgesellschaft noch ganz am Anfang stehen.

Wasserzeichen

Von Geldscheinen und edlem Briefpapier sind uns Wasserzeichen vertraut.[66] In der Digitalwelt bezeichnet der Begriff eine weitere kryptografi-

63 Zur Dokumentation und der laufenden Berichterstattung über die Verfahren s. Open Law der Harvard Law School, http://eon.law.harvard.edu/openlaw/DVD/

64 Mit einem offenen Brief »Zur Verteidigung der freien Meinungsäußerung im Internet« im Januar 2000, deutsche Übersetzung: http://www.quintessenz.at/gilcd.html

65 http://www.opendvd.org/

66 Italienische Papiermacher führten die Technik im 13. Jahrhundert ein, um ihre Produkte zu identifizieren, vgl. Gravell, 1990.

sche Schutztechnik neben der Zugangskontrolle durch die Verschlüsselung der Inhalte und der Authentifikation durch digitale Signaturen. Steganografie nennt sich der Zweig der Kryptografie, der sich mit dem Verstecken von Informationen in Bildern oder Klängen befasst. Während eine gewöhnliche verschlüsselte Botschaft als solche erkennbar ist, kann ein Angreifer hier auf den ersten Blick nicht einmal feststellen, ob ein bestimmtes Bild geheime Information enthält.

Auch digitale Wasserzeichen[67] sind – meist mit dem bloßen Auge oder Ohr nicht wahrnehmbare – Markierungen in Audio-, Bild-, Text- oder Videodaten. Doch hier geht es nicht darum, auf diesem Weg einem Adressaten für Dritte nicht erkennbar Nachrichten zukommen zu lassen. In vielen Fällen kann sich jeder mit frei verfügbaren Werkzeugen die enthaltene Information anzeigen lassen. Vielmehr sollen, da Datei-Header oder andere »Umhüllungen« des Inhalts vergleichsweise leicht entfernt oder manipuliert werden können, Copyright-Informationen mit Wasserzeichen derart in die Inhaltsdaten selbst eingebettet werden, dass sie nicht wieder entfernt werden können, ohne diese Inhalte zu zerstören. Ein Werk und seine Nutzungsbedingungen sollen untrennbar miteinander verkoppelt werden. Folglich integrieren viele Wasserzeichensysteme den Kodierungsalgorithmus direkt in die Hardware von Digitalkameras und Scannern, so dass Bilder schon während der Aufnahme markiert werden.[68]

Copyright, mit allen Wassern gewaschen

Alle bereits beschriebenen Techniken von Kopiergenerationskontrolle bis Regionalsperre können in Wasserzeichen eingebettet und von entsprechend ausgestatteten Abspiel-, Lese- und Aufzeichungsgeräten gelesen und befolgt werden. Wasserzeichen lassen sich auch mit Verschlüsselung kombinieren. Gelingt es einem Angreifer, eine gesicherte Datei zu entschlüsseln, sie aus dem Rechtekontrollsystem zu entnehmen und Kopien davon zu erstellen, bleibt die Copyright-Information im Wasserzeichen dennoch erhalten. Sie könnte dann als technischer Nachweis eines Missbrauchs dienen. Einige Verfahren erlauben es, an jeder Station des

67 Umfangreiche, wenn auch nicht ganz aktuelle Linkliste: Frank Hartung, Uni Erlangen, WWW References on Multimedia Watermarking and Data Hiding Research & Technology, http://www-nt.e-technik.uni-erlangen.de/~hartung/water/markinglinks.html. Gute Textsammlung vor allem zum akademischen Forschungsstand: Alessandro Piva, Dipartimento di Elettronica e Telecomuncazioni, Laboratorio Comunicazioni & Immagini, Università di Firenze, http://cosimo.die.unifi.it/~piva/Watermarking/watermark.html

68 Z.B. *VeriData* von Signum Technologies (http://www.signumtech.com/), das für die Belange der Anwender bei Polizei-, und Justizbehörden entwickelt wurde und das bei der Beweisaufnahme am Tatort, der Strafverfolgung, Unfallursachenermittlung, Medizin, Überwachung, Sicherheitskontrolle, in SmartCard-Systemen und bei der Dokumentenverwaltung z.B. im Bankenwesen eingesetzt wird.

Vertriebsweges vom Aufnahmestudio bis hin zum Endkunden jeweils eigene Codes einzubetten, so dass sich an nicht autorisierten Kopien ablesen lässt, an welcher Stelle sie dem Kontrollsystem entnommen wurden.[69]

Zudem können spezialisierte Suchmaschinen das Internet nach mit Wasserzeichen markierten Dateien durchforsten.[70] Andere Hersteller richten sich mit ihren Technologien besonders an den Rundfunk. Auch hier gibt es passende Überwachungsstationen, die markierte Radio- und Fernsehsendungen registrieren und z.B. automatische Playlists oder Nachweise darüber erstellen, wie häufig ein Werbeclip gesendet wurde.[71] Die Firma Blue Spike[72] wirbt für ihre so genannten »forensischen« Wasserzeichen mit dem Versprechen: »Ihr Content kann fast zuhause anrufen«.

Fingerabdrücke auf ungreifbaren Digitalwerken

Eine Variante der Wasserzeichen sind die so genannten Fingerabdrücke. Erwirbt ein Kunde in einem E-Commerce-System ein Musikstück, so kodiert das System seine persönliche Kennung in die MP3-Datei, die er erhält. Tauchen Kopien dieser Datei im Internet auf, lässt sich anhand des Fingerabdrucks feststellen, wer sein Werkstück unautorisiert in Umlauf gebracht hat. Auch ein markiertes Foto, das ohne Lizenz in einer Zeitschrift abgedruckt wird, kann auf diese Weise auf den vertragsbrüchigen Lizenznehmer zurückgeführt werden. Die *Fingerprints* in Wasserzeichen sind aus datenschutzrechtlichen Gründen kryptiert, so dass nur der Rechteinhaber oder der E-Commerce-Anbieter, der es ursprünglich verschlüsselt hat, diese Information wieder auslesen kann.[73] Finger-

69 Z.B. die Produkte der britischen Firma Central Research Laboratories (CRL), http://www.crl.co.uk/

70 Digimarc z.B., eines der ältesten (seit 1996) und am weitesten verbreiteten kommerziellen Wasserzeichensysteme, bietet den Suchdienst *MarcSpider* an, der eine nicht genannte kommerzielle Suchmaschine verwendet, um dem registrierten Besitzer – sofern er diesen Dienst zusätzlich abonniert – Bericht zu erstatten, wo seine Bilder, autorisiert oder nicht, im Web auftauchen (http://www.digimarc.com). *SpiderCop* ist der Suchdienst für das *System for Copyright Protection* (SysCoP: http://www.igd.fhg.de/igd-a8/projects/supplies/SysCoP_e.html), das vom Fraunhofer Institut für Graphische Datenverarbeitung entwickelt und inzwischen zur Kommerzialisierung an die Spin-off-Firma MediaSec Technologies LLC (http://www.mediasec.com/) übertragen wurde.

71 Vgl. z.B. die Audio- und Video-Wasserzeichen der britischen Firma Central Research Laboratories. Das Rundfunküberwachungssystem der Firma Verance (http://www.verance.com/) überwacht seit Ende 2000 alle Radio-, Fernseh- und Kabelsignale in den wichtigsten 100 US-amerikanischen Medienmärkten rund um die Uhr auf Verance-Wasserzeichen. Die Ergebnisberichte verkauft sie unter dem Markennamen *ConfirMedia* an Rechteinhaber, Verwertungsgesellschaften, Werbeindustrie usw.

72 http://www.bluespike.com/

73 *AudioKey MP3 tMark* der Firma Cognicity (http://www.cognicity.com/) ist ein Transaktions-Wasserzeichen zum *Fingerprinting* von MP3-Downloads. Nachdem die erste Schicht des Wasserzeichens (Kennungen für Rechteinhaber, Händler, Stück) bereits vorab geschrieben wurde, erfolgt die Transaktions-Markierung (Kennung für den Käufer) nach der Bestellung in »Echtzeit« (3-5 Sekunden). Der Kunde, heißt es, werde sich gut überlegen, ob er eine solche MP3-Datei, die auf ihn verweist, mit anderen teilt.

prints können ferner den Urhebernachweis und die Integrität von Dokumenten im elektronischen Geschäftsverkehr sichern. Wer den geheimen Schlüssel besitzt, um den Fingerabdruck eines Dokuments zu dekodieren, muss auch derjenige sein, der es ursprünglich verschlüsselt hat. Wird ein Dokument verändert, zeigt sich bei der Entschlüsselung des Fingerabdrucks eine Diskrepanz der Prüfsummen, und die Manipulation wird offenkundig.

Wasserzeichen werden gelegentlich auch sichtbar eingebracht, um z.B. von einer unautorisierten Weiterverbreitung abzuschrecken, in der Regel wird der rechtmäßige Besitzer jedoch nicht an einer Verfremdung oder einem Qualitätsverlust des erworbenen Dokuments interessiert sein. Eine Anforderung ist also, dass Wasserzeichen zwar für Maschinen lesbar, aber für die menschliche Wahrnehmung nicht erkennbar sind. Dazu wird im Rauschanteil von Bild- oder Klangdaten ein zusätzliches Rauschen eingebracht, eben das Wasserzeichen. Bei Bildern kann es sich um minimale Veränderungen der Helligkeit einzelner Bildpunkte handeln. In einfarbigen Flächen sind solche Veränderungen leicht erkennbar. Frühe Wasserzeichen-Technologien (wie sie z.B. von *Divx* verwendet wurde) erzeugten noch störende »Regentropfen«-Muster und andere Artefakte. Heutige Verfahren analysieren das jeweilige Bild und bringen die Markierungen bevorzugt in den detailreichsten Bereichen ein. Da Wasserzeichen im Rauschanteil der Pixel oder Klangdaten enthalten sind, können Vektorgrafiken ebensowenig markiert werden wie Computerprogramme.

Der Spion, der aus dem Rauschen kam

Die zweite zentrale Anforderung an Wasserzeichensysteme ist, dass sie gegenüber Manipulationen »robust« sind. Damit die Markierung auch dann noch feststellbar bleibt, wenn nur ein Bildausschnitt oder eine kurze Sequenz aus einem Video entnommen wird, verteilen die Systeme die meist nur einige Bits lange Botschaft redundant in vielen Kopien über den gesamten Content. Die Markierung soll auch bei Formatkonvertierungen (z.B. → JPEG in → GIF oder Farbbild in Graustufen) oder bei Kompression erhalten bleiben, bei der ja gerade die nicht wahrnehmbaren Rauschanteile entfernt werden. Sie soll Manipulationen wie »Rotieren«, »Verschmieren« oder »Schärfen« von Bildern überstehen. Und selbst bei einer analogen Ausgabe (als Video, Audio oder auf einem Drucker) soll das Wasserzeichen auslesbar bleiben, so dass z.B. ein entsprechend ausgestatteter Fotokopierer sich weigern würde, den Ausdruck eines geschützten Textes oder Bildes zu kopieren, oder ein aus dem Radio auf Analog-Cassette aufgezeichnetes Musikstück weiterhin geschützt bliebe. Eine praktische Anforderung ist schließlich, dass das Wasserzeichen in akzeptabler Geschwindigkeit eingebracht und ausgelesen werden können muss, bei zeitbasierten Medien, wie Musik und Video, also in Echtzeit oder schneller.

Ein Standard für Wasserzeichen ist ebensowenig in Sicht wie für andere Kontrolltechnologien. Konsortien der Musikindustrie (die *Secure Digital Music Initiative* – SDMI[74]) und der Filmindustrie (die *Copy Protection Technical Working Group* der DVD-Industrie) evaluieren die verfügbaren Produkte. So entschied die SDMI Ende 1999, dass die Wasserzeichen-Technologien der Firma Verance zum Industriestandard für den Schutz von DVD-Audio werden soll. An konforme Produkte vergibt die SDMI dann das Warenzeichen DMAT (*Digital Music Access Technology*).

Ein öffentliches Forum für die Standardisierung von Codierungsverfahren ist die ISO. Wie bereits geschildert, wird die → MPEG-Familie von Video- und Audiokompressionstechnologien in der nächsten Generation von vornherein Rechtekontrollmechanismen enthalten. Die Entsprechnung zu MPEG für die Kompression von fotografischen, grafischen und Textbildern ist die *Joint Photographic Experts Group* (JPEG).[75] Der gegenwärtige JPEG-Standard ist über zehn Jahre alt. Derzeit arbeitet das Gremium an einem Nachfolger, der ebenfalls bereits im Standard eine Wasserzeichenmarkierung vorsieht.

Was ein Computer geschrieben hat, kann ein Computer auch wieder ändern

Nach den Erfahrungen mit dem *Content Scrambling System* wird man fragen, wie zuverlässig und »robust« die verschiedenen Wasserzeichentechnologien sind. Bei all den jahrelangen Bemühungen in akademischen und Industrielaboren, in europäischen Forschungsprojekten, einzelnen Unternehmen, Konsortien und internationalen Standardisierungsorganisationen sind die Ergebnisse überraschend schwach. Neben anderen ist es vor allem ein Informatiker von der Cambridge-Universität, der die Verwundbarkeit von bislang noch jeder Wasserzeichentechnologie aufgezeigt hat. Fabien Petitcolas[76] entwickelte ein generisches Werkzeug namens *StirMark*, mit dem sich die Robustheit von Bildmarkierungs- und anderen steganografischen Techniken testen lässt. In seiner einfachsten Version simuliert StirMark eine Neuabtastung des Bildes, wie sie bei einem Ausdruck, gefolgt von einem Einlesen durch einen Scanner geschieht. Dazu werden kleine geometrische Verzerrungen eingeführt; das Bild wird geringfügig gestreckt, verschoben oder gedreht und dann neu gesampelt. Alle Eingriffe bewegen sich unterhalb der Wahrnehmungs-

---

74 http://www.sdmi.org

75 http://www.jpeg.org

76 Fabien Petitcolas, Computer Laboratory, University of Cambridge, The Information Hiding Homepage - Digital Watermarking & Steganography, http://www.cl.cam.ac.uk/~fapp2/steganography/index.html [Dank an Andreas Pfitzmann, TU Dresden, für den Hinweis]

schwelle. Die Mehrzahl der kommerziell angebotenen Produkte überleben *StirMark* schon in der Standardeinstellung nicht.

> »*Unsere Erfahrungen bei Angriffen auf existierende Markierungssysteme hat uns überzeugt, dass jedes System, das versucht, allen anerkannten Anforderungen für Wasserzeichen gerecht zu werden, versagen würde: Wird die Robustheit als Bedingung erfüllt, würde die Bandbreite ungenügend sein. [...] Unsere eher allgemeine Schlussfolgerung aus dieser Arbeit ist, dass das ›Markierungsproblem‹ zu sehr verallgemeinert worden ist; es gibt nicht ein ›Markierungsproblem‹, sondern eine ganze Reihe Problemkonstellationen. Wir glauben nicht, dass man eine allgemeingültige Lösung finden kann. Man wird sich immer entscheiden müssen, insbesondere zwischen Bandbreite und Robustheit. Solche Abwägungen sind entscheidend für den Entwurf eines spezifischen Systems*« (Petitcolas / Anderson / Kuhn, 1998, S. 233).

Seither entwickeln Petitcolas und seine Kollegen *StirMark* zu einem Vergleichstest (*Benchmark*), um die Qualität von Wasserzeichensystemen zu testen.[77]

Elektronische Bücher: E-Books in verschlüsseltem PDF

PDFs unter Verschluss

Adobes 1993 eingeführtes *Portable Document Format* (PDF) ist ein heute weitverbreitetes Format, um gestaltete Textdokumente im Internet zugänglich zu machen.[78] Die PDF-Kodierung selbst erlaubt es bereits, den Zugang zu einem Text mit einem Passwort zu schützen und einzelne Operationen wie Drucken, Verändern, Auswahl und Kopieren einzelner Passagen sowie das Hinzufügen von Anmerkungen zu unterbinden. Neben Adobe bieten andere Firmen wie SoftLock und Glassbook zusätzliche Rechtekontrolltechnologie für PDF-Dateien. Diesen beiden bot sich eine spektakuläre Marketing-Gelegenheit, als der Großverlag Simon & Schuster[79] ihnen den Auftrag gab, eine Kurzgeschichte des Starautors Stephen King auf ihren E-Commerce-Servern zu verbreiten.

---

77 Vgl. Petitcolas/Anderson, 1999. Sie weisen darauf hin, dass die Verwendung von *StirMark* für andere als Forschungs- und Evaluationszwecke gesetzlich verboten ist. Wer es in der Forschung einsetzt, möge sich auf seine Aufsätze berufen.

78 PDF ist komprimiert und bietet überdies Link-, Index- und Formular-Funktionen. http://www.adobe.com/products/acrobat/adobepdf.html. 1982 gegründet, ist Adobe Systems Inc. das drittgrößte Softwareunternehmen der USA mit einem Jahresumsatz von mehr als einer Milliarde Dollar.

79 Der Verlagsbereich von Viacom, Inc., http://www.SimonSays.com

SoftLock[80] ist bereits seit 1994 im Bereich des verschlüsselten Vertriebs von Inhalten aktiv.[81] Erst im September 1999 war die Firma eine Partnerschaft mit Adobe eingegangen, um ihre patentierte Technologie für das PDF-Format einzusetzen, und erst im Dezember 1999 hatte sie ein E-Book-Angebot gestartet. SoftLock ist ein so genannter *E-Market Maker*, der die Wertschöpfungskette im *Busines-to-Business*-Bereich »re-intermediiert«, sich also als neuer Mittler zwischen andere Firmen schaltet. Sein Hauptprodukt ist E-Merchandising, ein System, das Content-Vermarktung, Copyright-Schutz, Zahlungsabwicklung über Kreditkarten und Distribution integriert. Verleger von PDF-Inhalten und Online-Buchverkäufer stellen ihren Content auf dem Server von SoftLock ein und legen darauf einen Link von ihrer eigenen Website aus. Kunden des Händlers bemerken nicht einmal, dass sie dessen Site verlassen. Der Leser verwendet den üblichen »AcrobatReader«, ein Leseprogramm für PDF-Dateien. Verleger können für die Freischaltung der Betrachter- und der Druckfunktion separate Gebühren erheben. »Wenn Ihre Firma Inhalte anmeldet, entscheiden Sie über Preis, Kategorie, Freigabedatum und Dauer. Sie haben die vollständige Kontrolle darüber, wo Ihr Content verwendet werden könnte.«

Der SoftLock-Client installiert sich im Plugin-Verzeichnis des AcrobatReader und – um den Download-Prozess zu kontrollieren – von Netscape. Die Entschlüsselung erfolgt während des Herunterladens, bei dem das Dokument an die vorgefundene Version des AcrobatReaders gekoppelt wird. Der Käufer kann es also nicht auf einem anderen Rechner, z.B. seinem Laptop öffnen. Das Dokument liegt nur im Reader unverschlüsselt vor, bei Speicherung auf der Festplatte oder Weitergabe an Dritte ist es kryptiert. Eines der Features der Firma ist das so genannte virale Marketing. Ein Abschnitt der verschlüsselten Datei ist als Leseprobe freigeschaltet. Verschickt eine begeisterte Leserin einen gekauften Text an einen Freund, so findet dieser am Ende einen Link, von dem aus er den Schlüssel bestellen kann, um den Rest des Textes zu öffnen.

Der König an der Kette

Noch Anfang 2000 richtete sich SoftLocks Business-Plan vor allem auf *knowledge workers*, Angestellte, die für ihre Firmen technische Dokumentationen oder Berichte erstellen und sich so für jeden Abruf durch ihre Arbeit bezahlen lassen können. Doch dann wandte sich der CEO von

80 http://www.softlock.com

81 1994 bot die Firma DOS-Tools zu Verschlüsselung von Content und Software an. Nutzer bekamen ein Password per Telefon. SoftLock.exe entschlüsselte, Password vorausgesetzt, eine Datei, übergab sie z.B. an MS Word und verschlüsselte sie wieder, wenn sie auf die Platte zurückgeschrieben wurde. (http://scholar.lib.vt.edu/ejournals/vpiej-l/vpiej-l.log9402.html)

Simon & Schuster an die Firma und fragte, ob SoftLock den Bestseller-Autor hosten wolle.

Der zweite Distributor, Glassbook,[82] bietet E-Book-Verlagen und -Händlern ganz ähnliche Dienstleistungen an. Es verwendet keinen zentralen Server, sondern lizenziert den *Glassbook Content Server* an seine Kunden.[83] Der Server nimmt die Kryptierung, die Zuweisung der Nutzungsrechte und die Authentifikation der Transaktionen vor. Als Client produziert Glassbook einen eigenen Reader, mit dem der Leser Markierungen und Anmerkungen im Text anbringen kann. Als Kryptografietechnologie verwendet Glassbook das *Electronic Book Exchange* (EBX)-Format,[84] das die Firma zusammen mit anderen in der E-Book-Branche entwickelte. Bei EBS liegt der Schlüssel, der den Content öffnet, im ausgelieferten Dokument vor, ist aber selbst mit dem → *Public-Private-Key*-Verfahren verschlüsselt. Den symmetrischen Content-Schlüssel kryptiert der Server mit dem öffentlichen Schlüssel des Käufers, der ihn mit seinem privaten Schlüssel wieder lesbar machen kann.

Wer im Glasbuch sitzt ...

Am 14. März 2000 erschien Stephen Kings Kurzgeschichte »Riding the Bullet« exklusiv im Netz, am ersten Tag bei vielen Online-Buchläden kostenlos, danach zum Preis von 2,50 Dollar. SoftLock bearbeitete allein am ersten Tag mehr als 100 000 Bestellungen. Große Online-Buchhändler wie Amazon.com und Barnes & Noble wählten die Glassbook-Technologie, um Kings Geschichte zu vermarkten. Aufmerksamkeit war allen Beteiligten sicher – allerdings auch für die unrühmlichen Folgen: Zwei Tage nach dem Verkaufsstart verbreiteten sich zunächst → *Screen-Shots* des Textes in Internet-Newsgroups. Noch einen Tag später folgte die ungesicherte PDF-Datei selbst.

Diese Sicherheitslücke sorgte für einige Verlegenheit unter E-Book-Verlegern und Distributoren. Wie der Hack genau erfolgte, ist unklar. Anhand der unterschiedlichen Titelblätter in den Versionen von SoftLock und Glassbook wurde deutlich, dass Letztere das Opfer des Angriffs waren. Der Präsident der Firma hielt es für unwahrscheinlich, dass das Verschlüsselungssystem gebrochen worden sei. Er und Vertreter von Adobe sagten jedoch, dass sie künftig längere Schlüssel einsetzen wollten. Aufgrund des bis Januar 2000 bestehenden Exportverbots der USA für starke Kryptografieprodukte ist nur ein 40-Bit langer Schlüssel zum Einsatz gekommen. 40-Bit, so der Adobe-Sprecher, seien ausreichend, um das Kopieren durch die meisten Nutzer zu verhindern, aber wahrscheinlich

82 http://www.glassbook.com/ (inzwischen von Adobe aufgekauft)
83 Gegen eine jährliche Lizenzgebühr von 900 Dollar plus einem Drei-Prozent-Anteil an jedem Verkauf durch den Server.
84 http://www.ebxwg.com

nicht genug, um einen entschlossenen Hacker abzuwehren. Wahrscheinlicher ist, dass der Hacker den Content-Schlüssel aus einer mit Applikationen gelinkten Bibliothek, einer so genannten .dll-Dateien extrahiert hat. Tatsächlich stellte ein anonymer Internet-Nutzer auf einer kostenlosen Webseite Anweisungen bereit, wie ein Glassbook-EBX-Dokument zu entschlüsseln ist und lieferte gleich zwei Plugin-Programme dazu, eines, das den Schlüssel aus einer bestimmten Link-Bibliothek im Glassbook-Verzeichnis des Rechners zieht und eines, um eine ungeschützte Kopie der PDF-Datei zu speichern. Wiederum wurde die Gefahr für Sicherungssysteme beschworen, die von Universalcomputern ausgehe. Größeren Schutz böten dedizierte Hardwaresysteme, wie spezielle E-Book-Lesegeräte (vgl. Sanders / Roush, 3/2000).

Verlag und Distributoren forderten die Sites, auf denen der Text verfügbar war, auf, ihn zu entfernen – doch der Geist war einmal aus der Flasche, es gab keinen Weg zurück. Simon & Schuster ließ sich durch den Reinfall nicht vom E-Publishing abhalten. Seither werden auch S&S Bücher von Mary Higgins Clark, Shirley McLaine und CBS bei SoftLock angeboten.

Firewall um Deutschland: Rights Protection System (RPS)

Die Bemühungen der Rechteindustrie, die gesamte Medienwelt nach ihren Bedürfnissen neu zu erfinden, sind vom Anspruch her vermessen und in der Durchführung zum Scheitern verurteilt. Dessen ungeachtet setzte der Bundesverband der Phonographischen Industrie (BPI/Deutsche IFPI)[85] noch eins drauf, als er im September 1999 das *Rights Protection System*[86] vorstellte. Soll Kryptografie verhindern, dass Werke auf eine andere, als die vom Rechteinhaber autorisierte Weise genutzt werden, sollen Wasserzeichen dazu dienen, Werke ausfindig zu machen, die einem »sicheren« Kryptosystem entnommen und unverschlüsselt ins Netz gegeben wurden, so wählt der BPI einen dritten Weg. Er durchsucht das Netz nach Musikstücken, die ohne Genehmigung der betreffenden Plattenfirmen angeboten werden. Befindet sich der Server in Deutschland, fordert er den Betreiber auf, die Dateien zu entfernen. Nach dem Teledienstegesetz ist der Provider dann für fremde Inhalte verantwortlich, wenn er von einem Urheberrechtsverstoß in Kenntnis gesetzt wird und technisch in der Lage ist, die Nutzung zu verhindern (*Notice-and-Take-down*). Auf diese Weise wurden bis Anfang 2001 mehr als 2 000 deutsche

Notice-and-Take-down

85 http://www.ifpi.de/
86 http://www.ifpi.de/recht/re-22.htm

Websites geschlossen (vgl. BPI, 2001). Befindet sich der Server jedoch im Ausland, etwa in Osteuropa oder Südamerika, so hat der BPI diese rechtliche Handhabe in vielen Fällen nicht. Wenn der BPI schon nicht gegen die »illegalen« Dateien selbst vorgehen kann, möchte er zumindest verhindern, dass deutsche Internetnutzer darauf zugreifen können. Das vorgeschlagene RPS soll dazu den gesamten grenzüberschreitenden Datenverkehr überwachen und die als illegal identifizierten Dateien außen vor halten.

Das geplante System gleicht technisch den Filterungsverfahren, die zum Jugendschutz gegen Pornografie[87] verwendet werden: Eine von Hand zusammengestellte Liste von → URLs (Internetadressen) kann durch den Filter nicht mehr aufgerufen werden. Jugendschutzfilter werden üblicherweise von Eltern auf dem Rechner ihrer Kinder installiert. Die URL-Liste abonnieren sie bei einem Anbieter, der sie, ähnlich wie bei Viren-Scannern, in regelmäßigen Abständen über das Netz aktualisiert. Filter werden aber auch in den *Firewalls* (»Brandschutzmauern«) von Unternehmen eingesetzt, um zu verhindern, dass Arbeitnehmer während der Arbeitszeit auf Unterhaltungsinformation zugreifen, oder von Universitäten, um Ressourcen schluckende Dienste wie Online-Spiele zu unterbinden. Schließlich sind unrühmliche Beispiele bekannt, bei denen Länder wie China oder Singapur Filter in den Gateways zwischen Ländern eingesetzt haben, um ihren Bürgern Informationen von Dissidenten im Ausland unzugänglich zu machen. Filter können also eine nützliche Aufgabe erfüllen, wenn sie freiwillig an einem Endpunkt des Netzes verwendet werden. An zentralen Verkehrsknotenpunkten installiert, bewirken sie eine Bevormundung und Zensur für ein große Zahl von Nutzern.

Virtuelle Zollstationen

Genau das beabsichtigt der BPI. Alle deutschen Provider, die über eine Verbindung ins Ausland verfügen (nach IFPI-Angaben nicht mehr als 50 bis 70), sollen RPS-Server aufstellen. Der gesamte Datenverkehr würde dort zunächst zwischengespeichert, um ihn zu filtern. Die URL-Negativliste mit den bekannten, vermeintlich gegen das Urheberrecht verstoßenden Adressen soll bis zu stündlich auf dem Laufenden gehalten, von den Rechteinhabern bestückt und nach Möglichkeit unter der Ägide von offizieller staatlicher Seite, wie etwa den Zollbehörden, verwaltet werden (vgl. Bortloff, 1999). Fände das RPS im durchfließenden Datenverkehr eine URL aus der Liste, würde sie den Zugang sperren. Die deutsche IFPI sieht dies als eine »virtuelle Grenzbeschlagnahme« an.

Nach Abschluss des laufenden Feldversuchs will die IFPI alle Internetprovider mit Border-Gateway-Routern ansprechen, damit sie dieses

87 Z.B. Cyberpatrol, http://www.cyberpatrol.com/

System installieren. Dabei wies ihr Justiziar darauf hin, dass die Provider hierzu gesetzlich verpflichtet seien, da mit dem RPS eine solche Filterung »technisch möglich und zumutbar« sei (vgl. Schulzki-Haddouti, 2/2000).

Es ist technisch relativ einfach möglich, ein solches System zu umgehen, würden Anbieter und Nutzer von nicht autorisierten Inhalten eine Verschlüsselung verwenden, die Daten per E-Mail verschicken, die URLs von Zugängen aus dem Ausland aufrufen oder ihre Server in kurzen Abständen wechseln, wie bei Anbietern von Pornografie üblich.

Das eigentliche Problem liegt in den politischen Implikationen. Die Vorstellung, dass eine Industrievereinigung im Interesse ihrer Mitglieder die Funktionalität einer öffentlichen Infrastruktur für alle rund 20 Millionen Internetnutzer in Deutschland beschneiden will, ist skandalös. Die Industrie ist sich der Brisanz eines solchen Systems bewusst: »Die Gefahr, in die Zensurecke gedrängt zu werden, ist groß«, fürchtet ein Sprecher des BPI (vgl. Krempl, 9/1999).

»Rights Protection System« ist ein doppelt irreführender Name. Er verschleiert, dass es sich keineswegs um ein Rechtekontrollsystem im hier behandelten komplexen Sinne handelt, sondern um eine Filterung. Vermutlich soll damit eine Assoziation zu der Mitte der 90er-Jahre heftig geführten Debatte über Filterung und zu ihrem Ergebnis vermieden werden: dass nämlich Filterung auf dem Rechner des Endanwenders und unter dessen Kontrolle ein gutes Hilfsmittel für die informationelle Selbstbestimmung, jede Filterung an einer vorgelagerten Stufe (beim Internetprovider oder Gateway) aber abzulehnen sei.[88] Zum anderen ist er irreführend, weil das System weder Inhalte vor Urheberrechtsverstößen schützt, noch gegen Sites vorgeht, die Inhalte anbieten, die die Rechteindustrie nicht zu schützen in der Lage war. Vielmehr soll all den Millionen von Internetnutzern in Deutschland der Zugang zu einer von der Musikindustrie bestimmten (und natürlich geheimgehaltenen) Liste von URLs verwehrt werden.

Die Musikindustrie und das nationale Interesse

Damit nicht genug, will die Musikindustrie die Lösung ihres Partikularproblems auch noch als »nationales Schutzsystem« verkaufen, das, einmal etabliert, auch gleich den Zoll- und Strafverfolgungsbehörden sowie dem Fiskus dienen soll. Der IFPI-Justiziar Nils Bortloff behauptete, dass das RPS helfe, das nationale Recht im Internet umzusetzen. Es eigne sich nicht nur zum Schutz des Urheberrechts, sondern könne auch gegen den Vertrieb illegaler Produkte oder rechtswidrigen Materials ein-

88 Vgl. z.B. Berners-Lee, 1999, S. 167 ff., zu der Auseinandersetzung über den *US-Communications Decency Act* und die *Platform for Internet Content Selection* (PICS).

gesetzt werden (vgl. Bortloff, 1999, S. 117.). Die Musikindustrie – zweifellos groß, aber hier mit deutlichen Anflügen von Größenwahn – maßt sich an, im Alleingang eine technische Lösung für Probleme einzuführen, die bislang in die Kompetenz von öffentlichen, demokratisch gewählten Instanzen wie der Bundesregierung oder der Europäischen Kommission fielen. Diese haben jedoch bislang aus gutem Grund keine Schritte unternommen, nationale Grenzen im Cyberspace nachzubauen.

Es ist zu vermuten, dass die IFPI hier ihre deutsche Sektion vorgeschickt hat, um einen Testballon zu starten. In den USA hätte die ansonsten keineswegs zurückhaltende RIAA einen solchen Vorstoß wohl kaum gewagt, da sie sich eines allgemeinen Aufschreies der Internetwelt hätte gewiss sein können. In Deutschland dagegen haben die RPS-Pläne, bis auf die Artikel einiger aufmerksamer Fachjournalisten, keinerlei Reaktion ausgelöst. Es scheint als würde die Welt nach den Interessen der Rechteindustrie neu geordnet. Nicht nur die Endgeräte und die Kommunikationsnetze werden neu gestaltet, das Wissen in kryptografische Umschläge gehüllt und Kontrollmechanismen in das Wissen selbst eingebettet, die Leser und Hörer registriert und bis in ihre Festplatten hinein überwacht, nun wollen die Datenherren auch noch elektronische Schutzwälle um die Nationen errichten.

Rechtliche Absicherung von Rechtekontrollsystemen (RCS)

Ob CSS, Wasserzeichen oder PDF-Kryptierung, bislang ist noch jedes Schutzsystem gebrochen worden. Daher drängte die Rechteindustrie darauf, die technischen Schutzsysteme zusätzlich rechtlich zu schützen. Den Rahmen geben wiederum die WIPO-Verträge von 1996 ab. In Artikel 11 des *WIPO Copyright Treaty* verpflichten sich die Unterzeichnerstaaten, »adäquaten gesetzlichen Schutz und effektive Rechtsmittel gegen die Umgehung von wirksamen (*effective*) technischen Maßnahmen bereitzustellen«, die von Autoren verwendet werden, um ihre Rechte zu schützen.[89] Artikel 12 erläutert, dass damit das Entfernen oder Verändern von elektronischen Rechtemanagementinformationen von Werkkopien und das Verbreiten der dadurch ungeschützten Werke gemeint ist.[90]

WIPO-Rahmen schreibt rechtlichen Schutz von RCSs vor

In der Erläuterung zu Artikel 12 heißt es, dass die Vertragsparteien sich nicht auf ihn berufen dürfen, um Rechtekontrollsysteme zu imple-

89 Sinngemäß Artikel 18 des *WIPO Performances and Phonograms Treaty*, nur dass hier statt »Autoren« »aufführende Künstler und Produzenten von Schallplatten« steht. http://www.wipo.int/treaties/ip/performances/

90 http://www.wipo.int/treaties/ip/copyright/

mentieren, die die Ausübung der von der Berner Konvention oder des WCT zugestanden Rechten unterbinden, »die den freien Warenverkehr untersagen oder die Ausübung eines unter diesen Vertrag fallenden Rechtes behindern.«[91] Damit sind die Schrankenbestimmungen angesprochen, die bei der Umsetzung der Verträge in nationales Recht die größten Schwierigkeiten bereiten.

Verschiedene WIPO-Mitgliedsländer haben diese Vorgaben inzwischen in nationales Recht umgesetzt, Großbritannien z.B. im Artikel 296 des *Copyright, Designs and Patents Act.*[92] In den USA hatte bereits der *Audio Home Recording Act* von 1992 die Herstellung, Einfuhr und Verbreitung von Geräten, die nicht über ein *Serial Copy Management System* oder ein vergleichbares System verfügen, sowie Geräte, deren primärer Zweck es ist, solche Kopierschutzmechanismen zu umgehen, zu entfernen oder zu deaktivieren, unter Strafe gestellt (§§ 1002 (a) und 1002 (c) U.S.C.). Allerdings bezog sich der AHRA ausschließlich auf Geräte für digitale Audioaufnahmen. Der *Digital Millenium Copyright Act* (DMCA) schuf daraus in Umsetzung der WIPO-Verträge ein komplexes Regelwerk gegen die *Circumvention of Copyright Protection Systems* (§§ 1201–1205 U.S.C.), das im Oktober 2000 in Kraft trat. Auch hier bezieht sich das Verbot auf Technologien, die »primär« für eine Umgehung entworfen worden sind, außer der Umgehung nur begrenzten kommerziellen Nutzen haben oder für den Zweck der Umgehung vermarktet werden. Allzweckcomputer, die »gefährlichste Waffe« eines Hackers, sind damit ausgeschlossen.

RCSs, per Definition wirksam

Ausdrücklich ausgeschlossen ist ebenfalls, dass das Umgehungsverbot die Schranken einschließlich des *Fair Use* sowie die Meinungsäußerungs- und Pressefreiheit beeinträchtigt. Weitere Ausnahmen gelten für öffentliche Bibliotheken und für Strafverfolgungsbehörden. Das Recht zum *Reverse Engineering* zur Herstellung von interoperablen Softwarewerken bleibt unberührt. Selbst eine »Kryptografie-Forschung« ist erlaubt, sofern sie dazu dient, den Erkenntnisstand in diesem Feld voranzutreiben. Schließlich ist eine Umgehung erlaubt, wenn die technologische Maßnahme personenbezogene Daten über das Online-Verhalten des Nutzers sammelt und weitergibt, sofern die Umgehung dazu dient, diese Eigenschaft des Systems zu identifizieren und auszuschalten. Das Strafmaß bei Zuwiderhandlung beträgt bis zu fünf Jahren Gefängnis und 500 000 Dollar Strafe (§ 1204). Darüber hinaus können zivilrechtlich Schadensersatzansprüche geltend gemacht werden (§ 1205).

91 http://www.wipo.int/treaties/ip/copyright/statements.html#12
92 http://www.jenkins-ip.com/patlaw/cdpa7.htm#s296

Die Autorenrechtstradition tat sich mit der Erfassung der Rechtekontrolle schwerer. Nach langwierigen Verhandlungen erließ das Europäische Parlament im Mai 2001 die EU-Richtlinie zur Harmonisierung bestimmter Aspekte des Urheberrechts und verwandter Schutzrechte.[93] Auch sie dreht sich zentral um den Schutz von technischen Maßnahmen für die Rechtekontrolle. Während die Einführung eines solchen Rechtsschutzes den Mitgliedsstaaten verpflichtend auferlegt wird, formuliert die Richtlinie Schrankenregelungen für Privatkopien, Bibliotheken, Unterricht, Wissenschaft und Presse nur als Kannvorschrift.[94] Verpflichtend ist hier wiederum, dass Schranken nur »in bestimmten Sonderfällen angewandt werden, in denen die normale Verwertung des Werks oder sonstigen Schutzgegenstands nicht beeinträchtigt wird und die berechtigten Interessen des Rechtsinhabers nicht ungebührlich verletzt werden.« Falls die Richtlinie sich um eine Balance der Interessen der Rechteinhaber und der Öffentlichkeit bemüht hat, ist sie gründlich gescheitert. Der parteiische Geist spricht aus der Erwägung 39: »Entsprechende Ausnahmen oder Beschränkungen sollten weder den Einsatz technischer Maßnahmen noch deren Durchsetzung im Falle einer Umgehung dieser Maßnahmen behindern.« M.a.W., setzt ein Anbieter technische Maßnahmen ein, entfallen Ausnahmerechte, die die Nutzer andernfalls hätten. Oder ganz unmissverständlich in Erwägung 51: »Der Rechtsschutz technischer Maßnahmen gilt unbeschadet des in Artikel 5 zum Ausdruck kommenden Gesichtspunkts des Allgemeininteresses.« Eine Vorlage, die das öffentliche Interesse betont, hätte gerade umgekehrt formuliert, dass technische Maßnahmen die Wahrnehmung der Ausnahmen nicht behindern dürfe. Solchen möglichen Ausnahmen auch tatsächlich nutzbar zu machen, wird zunächst den Rechtsinhabern aufgetragen. Erst wenn diese nicht innerhalb einer angemessenen Frist freiwillige Maßnahmen dazu ergreifen, sind die Mitgliedsstaaten verpflichtet sicherzustellen, dass Nutzer von ihren Schrankenrechten Gebrauch machen können (Art. 6 (4)). Die EU-Richtlinie muss nun bis Dezember 2002 in den Mitgliedsstaaten in nationales Recht umgesetzt werden.

Auch wenn die Motive begreiflich sind, muss einem nüchternen Beobachter diese Konstruktion als ein juristischer *Overkill* erscheinen.

93 http://europa.eu.int/comm/internal_market/en/intprop/news/com29de.pdf

94 Art. 5, Abs. 3 und 3. Im Widerspruch hierzu heißt es in der vorangestellten Erwägung 14, es »müssen allerdings Ausnahmen und Beschränkungen im öffentlichen Interesse für den Bereich Ausbildung und Unterricht vorgesehen werden.« Auch die Erwägung 31 sagt, »es muß ein angemessener Rechts- und Interessenausgleich ... zwischen den verschiedenen Kategorien von Rechtsinhabern und Nutzern von Schutzgegenständen gesichert werden.«

Juristischer Overkill

Zunächst sind Werke durch Copyright und Urhebergesetz rechtlich geschützt, was eine Warnung vorab und eine Handhabe bei ihrer Verletzung darstellt. Wie bei der Regel »Du sollst nicht in anderer Leute Haus einbrechen«, ist es verständlich, dass der Besitzer sich nicht allein auf die gesetzlichen Mittel verlässt, sondern zusätzlich ein Schloss anbringt. Nun sind die handelsüblichen Schlösser so schlecht konstruiert, dass sie regelmäßig geknackt werden. Also haben die Content-Besitzer Gesetze erwirkt, die eigens die Schlösser schützen. Zwar sind diese Schlösser bereits, wie jede andere Software, durch Urheberrecht/Copyright und, wie die meisten anderen Technologien, durch Patente gegen Eingriffe geschützt, doch damit nicht genug, wurde ein *sui generis*-Gesetz für die Klasse von Rechtekontrolltechnologien geschaffen. Im Extremfall ist es also vorstellbar, dass sich eine Person, die ein RCS gehackt hat, um ein enthaltenes Werk unautorisiert zu nutzen, nach Urheber/Copyright-Recht in Bezug auf das Werk und auf das RCS, nach Patentrecht in Bezug auf das RCS sowie nach dem Umgehungsverbot strafbar macht und zusätzlich zu den strafrechtlichen Folgen auch noch mit einem zivilrechtlichen Haftungsanspruch rechnen muss. Im Falle von DeCSS ist es somit vorstellbar, dass die Filmindustrie den Schaden und entgangenen Profit für sämtliche auf DVD veröffentlichten Filme geltend macht.

Für eine informationelle Nachhaltigkeit

> *»Das Netz behandelt Zensur als eine Funktionsstörung und umgeht sie«* (JOHN GILMORE)

Vier Modi der Regulierung

Der renommierte Verfassungsrechtler und *Cyberlaw*-Spezialist Lawrence Lessig von der Harvard Law School[95] unterscheidet vier Arten der Verhaltenssteuerung: Recht, soziale Normen, Märkte und Architektur. Sie wirken auf verschiedene Weisen und über unterschiedliche Sanktionen. Eine Regulierung des Rauchens beispielsweise kann über Gesetze geschehen, die den Verkauf von Zigaretten an Minderjährige oder das Rauchen an bestimmten Orten verbieten. Soziale Normen führen in den USA auch an den wenigen Orten, an denen das Rauchen noch nicht untersagt ist, zu einer Ächtung von Rauchern. Die Hersteller können über den Marktpreis und der Staat über die Tabaksteuer das Rauchen regulieren. Schließlich können Technologien wie Sucht erzeugende Zusätze oder rauchlose Zigaretten das Rauchverhalten beeinflussen. Die »Netto-

95 Heute an der Stanford Law School.

Regulierung« ist die Summe der vier Effekte, der vier *modalities of constraint.* Sie können sich ergänzen oder konkurrieren (vgl. Lessig, 1999, S. 90 ff). Eine Regulierung mit Hilfe von Architektur ist die am wenigsten offenkundige, aber deshalb nicht weniger wirksame Modalität. Zu Lessigs Beispielen aus der materiellen Welt gehören die stadtplanerischen Veränderungen von Paris durch Haussmann Mitte des 19. Jahrhunderts: Viele der schmalen Straßen, die von den Revolutionären einfach barrikadiert werden konnten, wurden durch Boulevards ersetzt, um es Aufständischen unmöglich zu machen, die Kontrolle über die Stadt zu ergreifen (ebd., S. 92).

Auch der Cyberspace wird durch diese vier Modalitäten reguliert. Die → *Netiquette,* die Verhaltensregeln für das Internet, besagen z.B., dass man nicht dieselbe E-Mail an Hunderte von Newsgroups schickt. Weder Gesetze noch Technologien können dies verhindern, ein Schwall von bösen Antworten wären dem Absender jedoch gewiss. Der Zugang zum Netz selbst und zu bestimmten Informationsangeboten hat seinen Preis, durch den das Verhalten von potenziellen Nutzern gesteuert wird. Der Gesetzgeber überträgt einerseits bestehende Regelungen auf den neuen Raum und schafft andererseits spezifische Gesetze, die den Eigenheiten der digitalen Umgebung gerecht werden sollen. Kinderpornografie, Verleumdung oder Urheberrechtsverstöße sind online ebenso strafbar wie offline. Das Verbot von Umgehungstechnologien für RCSs ist spezifisch auf digitale Medien ausgerichtet. Die »Architektur« des digitalen Raumes ist der Code, aus dem er besteht. Angefangen von Betriebssystemen und Netzwerkprotokollen wie TCP/IP, über Passwortabfragen und → *Cookies,* bis zu Rechtekontrollinfrastrukturen gibt es dort nichts, was nicht mit bestimmten Absichten geschaffen worden wäre.

Die vier Modalitäten unterscheiden sich nach ihrer Reichweite, ihrer Formbarkeit, den Akteuren, die sie betreiben, und nach den Werten, die sie hochhalten oder ignorieren. Betrachten wir nun nach dem bislang Gesagten die Frage des Urheberrechts in der digitalen Wissensordnung in Hinsicht auf diese vier Regulierungsmechanismen. Die sozialen Normen sind kein besonders guter Garant für den Schutz des Urheberrechts. Das Kopieren und Weitergeben von Informationen ist ein natürliches Element des kulturellen Austausches. Weithin mangelt es an einem Unrechtsbewusstsein, Verletzungen werden allenfalls als Kavaliersdelikt angesehen. Gegen etwas angehen zu wollen, was die Mehrzahl der Weltbevölkerung als ihr gutes Recht ansieht, ist zum Scheitern verurteilt. Die Aufklärungskampagnen der Rechteindustrie belegen nur ihre Vergeblichkeit.

Zwei Welten: Computer und alte Medien

Der Markt ist dort ein effektiver Mechanismus zur Durchsetzung von Urheberrechten, wo, wie derzeit bei DVDs, vorbespielte Medien billiger angeboten werden als Rohlinge. Doch dies ist die Ausnahme. In den allermeisten Fällen wird ein ökonomisch rational abwägender Nutzer sich, wenn er die Wahl hat, ein digitales Werk zu kaufen oder es gegen nominelle Kosten zu kopieren, für Letzteres entscheiden. Ziel der Rechteindustrie ist es daher, diese Kopierkosten in die Höhe zu treiben. Dazu bemühen sie sich, die Architektur des digitalen Wissensraumes und die flankierende Rechtslage zu verändern. Die Architektur dieses Raumes aus Computer und Internet ist daraufhin entworfen, alles zu berechnen, zu speichern und zu übertragen, was in digitaler Form codiert werden kann. Es besteht ein grundlegender und unauflösbarer Interessenkonflikt zwischen der Computerwelt, für die es selbstverständlich ist, dass Computer vom Anwender frei programmierbare Universalmaschinen sind, und der Welt der alten Medien, die Computer als Geräte betrachten, über die sie »Content« an »Konsumenten« ausliefern. Die »Konvergenz«, die seit einigen Jahren angekündigt wird, stellt sich die Rechteindustrie so vor, dass Computer zu Set-Top-Boxen werden und das Internet zu einer Art Kabelfernsehnetz mit einer großen Bandbreite, um audiovisuelle Datenströme zum Käufer zu pumpen, und einem minimalen Rückkanal, über den dieser seine Auswahl aus einem gegebenen Angebot kundtun und seine Kreditkartennummer übermitteln kann.

Urheberrechtsmaschinen statt Universalcomputer

Das Vorstellungsvermögen der Datenherren und des Rechts wird von den überlieferten Copyright-Praktiken geleitet: »Das Ideal scheint zu sein, Computer zu zwingen, dass sich digitale Daten wie physische Gegenstände, z.B. CDs, DVDs und Bücher verhalten. Die alten Medien werden dieses Verhalten akzeptieren, da sie daran gewöhnt sind, und das Rechtssystem wird es durchsetzen, weil es genau das ist, für dessen Durchsetzung das bestehende Recht und die bisherige Rechtsprechung entworfen wurden.« (B. Bell, 6/2000).

Warum aber sollten Anwender einen Computer mit eingeschränkter Funktionalität und zudem einem höheren Preis akzeptieren, wenn sie eine Universalmaschine haben können? Noch sind keine Vorschläge (öffentlich) geäußert worden, Universalcomputer gesetzlich zu verbieten. Die Strategie der Rechteindustrie läuft über den Markt und besteht aus zwei Schritten. In einem »Selbstregulierungsprozess« der Rechte-, Soft- und Hardwareindustrien werden Standards etabliert und ihre Einhaltung durch alle Beteiligten durchgesetzt. Die Konsumenten werden dann gelockt, diese Techologien zu akzeptieren, weil neue attraktive Inhalte nur noch in Formaten veröffentlicht werden, die diese Technologien voraussetzen.

In den Darstellungen zu Rechtekontrollsystemen (RCS) wird man nirgends einen Anspruch der Rechteindustrie auf maximalen Profit finden. Vielmehr seien sie »vor allem« zum Vorteil der Konsumenten (Intel u.a., 2000, S. 6). Da dies auf den ersten Blick widersinnig erscheint – jede, die wählen kann, ob sie eine Information in einer digitalen Zwangsjacke und gegen einen Preis erhält oder frei und gratis, wird sich für Letzteres entscheiden –, läuft das Argument über den Umweg des Verlegerinteresses. Die Rechteindustrie werde ihre Schätze nur digital verfügbar machen, wenn sie ihre Investitionen amortisieren und einen Gewinn erzielen kann. Da bislang im Internet kein Mechanismus verfügbar war, der dies garantierte, gebe es dort keinen Inhalt von hoher Qualität. Die zahlreichen wissenschaftlichen und technischen Werke, die der vorliegende Band mit ihren Webadressen zitiert, belegen zwar das Gegenteil, doch dessen vollkommen ungeachtet unterstellen die RCS-Befürworter, dass man dafür weiterhin in eine Buchhandlung oder ein Musikgeschäft gehen müsse. Da nun aber Leser und Hörer gerne die Vorteile der weltweiten 24 Stunden x 7 Tage-Verfügbarkeit von Inhalten im Internet nutzen möchten, seien ihre Interessen identisch mit denen der Rechteindustrie. Die zentrale Rechtfertigung für RCSs lautet in der pathetischen Formulierung von Stefik: »Es würden mehr digitale Werke geschaffen, weil mehr potenzielle Autoren die Möglichkeit hätten, durch die Erschaffung solcher Werke ihren Lebensunterhalt zu verdienen. Das ist der Haupteffekt – das Licht freizusetzen.«[96]

Ohne Zwangsjacke keine wertvollen Inhalte im Netz

Dabei wird außerdem eine direkte Korrelation zwischen der Investitionshöhe für die Produktion eines Werkes, zwischen dessen Verkaufswert sowie der erforderlichen Sicherung gegen dessen ertragslose Verbreitung unterstellt. Dies mag für Hollywood-Produktionen zutreffen, wo berechenbar mit jeden zehn Millionen Dollar mehr an Investitionen die Chancen auf einen Kassenschlager wachsen. Das gegenteilige Extrem einer Wissensproduktion bildet die freie Software, die nicht nur gratis, sondern auch ohne Restriktionen für das Kopieren und Modifizieren zirkuliert und deren hohe Qualität dennoch – oder genauer: gerade deshalb – unbestritten ist. Dazwischen liegt ein weites Spektrum von Wissenskreationen, bei denen die Korrelation zwischen dem Bedürfnis von Werkschaffenden, ihren Lebensunterhalt zu verdienen und der Qualität ihrer Werke nur sehr locker ist. Ganz davon zu schweigen, dass die Autoren an den Erträgen, die die Verwerter erzielen, ohnehin nur marginal oder gar nicht beteiligt sind.

96 Stefik, 1996, S. 31. In expliziter Anspielung auf die Lichtmetaphorik der Aufklärung.

Problematisch an der Darstellung der RCS-Vertreter ist ferner, dass sie jeden Rezeptionsvorgang von verwertbarem Wissen jeglicher Art als »Konsum« präsentieren. Zwar wird gelegentlich die Klasse von Inhalten genannt, die diese Entwicklung vorantreibt – »*commercial entertainment content*« (Intel u.a., 2000, S. 14) – es ist jedoch abzusehen, dass keine Form von Wissen davon verschont bleiben wird, wenn eine solche umfassende Kontrollinfrastruktur einmal etabliert ist. Schon heute werden wirtschaftsrelevante Expertisen unter restriktiven Konditionen verkauft.[97] Auch in der Hochschul- und Fortbildung werden digitale Lehrmaterialien zu Waren werden.[98] Selbst gemeinfreies Wissen wird in die Zwangsjacke der RCSe geraten, wie das Beispiel Corbis zeigt.[99] Für das Privileg, Fernsehsendungen wie »Die Simpsons«, die »X-Akte« oder auch die *Encyclopaedia Britannica* im Netz abrufen zu können, wird der Konsument, so Stefiks Logik, bereitwillig sein Geburtsdatum, seine Einkommenverhältnisse, seine Kreditkarteninformationen in eine zentrale Datenbank eingeben, auf die die *Trusted Systems* der Datenherren vor jeder Transaktion zugreifen. Trotz aller Rhetorik, dass RCSs »vor allem« den Interessen der »Konsumenten« dienten, ist kaum damit zu rechnen, dass diesen irgendein Mitspracherecht bei ihrer Etablierung eingeräumt wird.

Die technologische »Selbsthilfe« der Wirtschaft findet ihre Grenzen in der Technologie selbst. Wie bereits an einigen Beispielen gezeigt, ist noch jede Schutztechnologie gebrochen worden:

Der Schwachpunkt jedes Schutzsystems: Letzlich muss das Werk dargestellt werden

> *»Das Knacken von Microsofts* Windows Media Audio *(WMA)-Format zeigt einige Probleme auf, die die alten Medien bei dem Bestreben, ihre Urheberrechte zu schützen, erwarten. Anstatt zu versuchen, herauszufinden, wie WMA codiert ist, sichert ›unfuck.exe‹ nur die Ausgabe des Decoders bevor diese an die Soundkarte geschickt wird. Für jedes Audio-Format muss der Medien-Player die Daten zu unverschlüsselten, unkomprimierten, digitalen Tönen decodieren, bevor er sie an die Soundkarte schickt, so dass diese Methode bei jedem proprietären Decoder-Programm funktioniert. [...] Die technische Realität ist, dass jeder*

97 Z.B. wird ein Wiederverkauf nach dem Erstveröffentlichungsrecht ausgeschlossen.

98 Vgl. z.B. das EU-Projekt COPICAT *(Copyright Ownership Protection in Computer Assisted Training)* 1993–1997 im Rahmen des ESPRIT-Programms: »Ausgewähltes Multimedia-Lernmaterial dient als Beispiel für Materialien, die Copyright-Schutz benötigen. Bildung wurde ausgewählt, da das Projekt-Konsortium meint, dass sie einer der ›worst case‹-Bereiche ist, in dem fast alle Copyright-Schutzprobleme auftreten. Die meisten anderen Bereiche scheinen weniger strenge Randbedingungen zu setzen.«, s. http://www.ispo.cec.be/ecommerce/issues/ipr.html#C

99 Die Fotos der Kategorie »royalty-free license« verkauft Corbis für 19,95 Dollar in der Zwei-MB-Auflösung und 129,95 Dollar für 32 MB, s. http://www.corbisimages.com

auf Software basierende Kopierschutz nur ›Sicherheit durch Undurchsichtigkeit‹ bedeutet und anfällig für Reverse-Engineering ist. Jeder Player, der verbreitet genug ist, dass sich der Aufwand lohnt, wird dem Reverse-Engineering unterzogen« (B. BELL, 6/2000).

Bruce Bells präzise Analyse zeigt auf, dass hardwaregestützte Systeme, wenn auch nicht prinzipiell unverwundbar, so doch erheblich aufwendiger zu brechen oder zu umgehen sind:

Die größte Gefahr für technische Rechtekontrolle: der Universalcomputer

»Um überhaupt erfolgreich zu sein, müssen die Trusted-Client-Computer zuerst als kleine, günstige, integrierte Systeme auftreten, wie z.B. konvergierte tragbare Mobiltelefon-, PDA- und Medien-Abspielgeräte oder Spielekonsolen, deren Funktionen nach und nach erweitert werden, bis sie schließlich diejenigen eines Einsteiger-Desktop-Computers umfassen. Diese Geräte neigen ohnehin dazu, aus proprietärer Soft- und Hardware zu bestehen, und sie sind so billig, dass sie es sich erlauben können, verkrüppelt zu sein.

Vertikal integrierte Konglomerate, wie Sony, die überall ihre Finger im Spiel haben, werden wahrscheinlich die ersten sein, die versuchen, Trusted-Client-Computer zu vermarkten. Obwohl die Playstation nur zum Abspielen von Spielen und CDs geeignet ist, wird die nächste Generation von Spielekonsolen Internetzugang und andere Leistungsmerkmale aufweisen, die wir von Universalcomputern gewohnt sind. Sony ist in einer guten Position, um sich die ganze Vertriebskette anzueignen, von der Musik- und Filmproduktion, über Abspielgeräte im Konsumelektroniksektor und Computer bis zur physischen Datenhaltung.

Auch der Elektronikgigant Intel ist gut positioniert, um die Trusted-Client-Hardware einzuführen. Intel kann den Prozessor, die Grafikfunktionen und unterstützende Hardware auf einem Chip integrieren, diesen auf eine Karte stecken und günstig verkaufen« (ebd.).

Wo Moral, Markt und Architektur versagen, mobilisiert die Rechteindustrie die Regularien des Gesetzes. Wo technisch versierte Menschen im Wettlauf mit den RCS-Konstrukteuren die Nase vorn haben, droht ihnen das Umgehungsverbot der aktuellen Digital-Gesetze mit Gefängnis und Geldstrafen. Die Verurteilungen der amerikanischen Website-Betreiber, die DeCSS zugänglich gemacht hatten oder gegen die Firma Napster sind Präzedenzfälle, von denen eine Signalwirkung für den Stellenwert des herkömmlichen Urheberrechts im Internet ausgeht.

Eine Zeitlang schien es, als sei es der »natürliche Drang« der Information im Netz, frei zu sein. Die Rechteindustrie beschwor den Untergang der Welt oder doch zumindest den der Rechteindustrie herauf und warnte, dass die Autoren leiden würden, weil sie keine Vergütung für die Früchte ihrer Arbeit erhielten, ebenso wie die Öffentlichkeit, weil sie keine neuen Werke von hoher Qualität mehr angeboten bekäme. Je mächtiger der Feind (»Terroristen«, »Drogenhändler«, »organisiertes Verbrechen«, »Daten-Piraten«), desto massiver der Gegenschlag. Mit dem Ergebnis, dass es heute scheint, als seien die Verwertungsrechte an Informationen besser geschützt als je zuvor seit ihrer Erfindung. Der Information werden elektronische Fußfesseln angelegt. An der langen Leine ihrer Eigentümer wird sie gleichsam voltigiert und kann jederzeit zurückgezogen werden. Das Recht steht Gewehr bei Fuß, um jeden, der versucht, diese elektronische Leine zu durchtrennen, mit drakonischen Strafen zu belegen. Selbst dort, wo es die Intention des Gesetzgebers war, die Rechte der Eigentümer zu beschränken, beschneiden die Eigentümer diese Beschränkungen, indem sie die Leser und Hörer verpflichten, freiwillig darauf zu verzichten.

Selbsthilfe der Industrie statt Gesetz

Es fällt nicht schwer, sich dystopische Visionen einfallen zu lassen, in denen sich Menschen strafbar machen, wenn sie einen Freund ein Buch in ihrem Besitz lesen lassen oder wenn sie einen → *Debugger* besitzen – die gefährlichste »Waffe« im Software-»Krieg«.[100] Tatsächlich arbeiten massive Kräfte daran, solche allumfassenden – um nicht zu sagen »totalitären« – Szenarios Wirklichkeit werden zu lassen. All dies geschieht im Gestus der Selbstregulierung der Industrie, auf dass der Staat sie nicht reguliere, und unter Hochhaltung des »freien Marktes«: Wenn die Kundschaft eine gegebene Vemarktungsstrategie für Wissen nicht akzeptiert, wird es Anbieter geben, so die Argumentation, die andere Lösungen versuchen – die Kunden werden mit den Füßen darüber abstimmen. Diese Logik scheitert daran, dass Werke nicht ausstauschbar sind. Wenn ich die Musik einer bestimmten Band hören möchte, die exklusiv bei einer Plattenfirma unter Vertrag ist, kann ich nicht zu einem anderen Anbieter gehen, um »etwas ähnliches« zu hören. Sie scheitert vor allem dann, wenn es keine Alternativen mehr gibt, weil sich die gesamte Industrie auf einen einzigen Standard geeinigt hat. Bruce Bell schreibt treffend: »Überall, wo es Konkurrenz gibt, werden die *Trusted-Client-Systems* im Nachteil sein« (B. Bell 6/2000). An dieser Stelle setzt die »Selbstregulierung« des Marktes ein: Um den Nachteil der RCSs zu beseitigen, muss die Konkurrenz,

---

100 S. z.B. Stallman, 1997, und Jeter, 1999, bei dem Copyright-Verletzer den Tod und Schlimmeres erleiden müssen.

die vor nicht eingeschränkten Geräten ausgeht, beseitigt werden.

Was ist nun aber verwerflich daran, dass Eigentümer ihr Eigentum schützen? Wer wollte es einem Wohnungsinhaber verdenken, dass er seine Haustür abschließt? Die Antwort darauf besteht aus zwei Teilen: Zum einen unterscheiden sich materielle und Immaterialgüter grundsätzlich voneinander. Zum anderen verschiebt sich mit dem Wechsel der Regulierung durch Recht hin zur Regulierung durch Code die Instanz, die über Konflikte entscheidet und somit auch die Werte, die einer Entscheidung zugrunde gelegt werden: »In diesem Modell sind *Trusted Systems* eine Alternative zum Schutz von geistigen Eigentumsrechten – eine private Alternative zum Gesetz. Sie müssen nicht der einzige Mechanismus sein; es gibt keinen Grund, nicht sowohl das Gesetz als auch die *Trusted Systems* zu verwenden. Nichtsdestoweniger erledigt der Code im Effekt die Aufgabe, die sonst vom Gesetz geregelt wird. Durch den Code wird der gesetzliche Schutz viel effektiver ausgeübt, als vom Gesetz selber« (Lessig, 1999, S. 130).

Das Recht schützt nicht allein Urheber und Verwerter, sondern auch die Öffentlichkeit

Ein Urheberrechtsstreit in der analogen Welt wird von einer Richterin entschieden, die eine Güterabwägung zwischen dem Schutz des geistigen Eigentums und seinen Schranken im Interesse der Öffentlichkeit vornimmt. Die Rechteindustrie dagegen erzwingt mit Hilfe der Architektur des digitalen Wissensraumes Regularien, die naturgemäß ihre eigenen, also partikulare Interessen vertreten: »Die Interessen des Staates sind allgemein, nicht partikular. Es gibt Gründe, Rechte zu schaffen, wenn diese einem gemeinsamen Ziel und nicht einem speziellen Ziel dienen« (ebd., S. 131). Natürlich gehen in die Erzielung einer Balance auch die berechtigten Interessen der Urheber ein, doch wenn Urheberrechte durch Technologie und privatrechtliche Lizenzverträge geschützt werden, gibt es umgekehrt nichts, was eine vergleichbare Balance erfordern würde. Verträge sind, bei aller Freiheit, in einen rechtlichen Rahmen eingebunden. Sittenwidrige oder dem Urheberrecht widersprechende Bestimmungen können zur Entscheidung vor Gerichte gebracht werden. Aber welche Instanz, fragt Lessig, können wir gegen sittenwidrige Technologie anrufen? Er erinnert an die Grundlagen des Urheberschutzes:

> »*Geistige Eigentumsrechte sind ein Monopol, das der Staat den Erzeugern von geistigem Eigentum im Austausch für ihre Erzeugung von geistigem Eigentum gewährt. Nach einer begrenzten Zeit geht das Produkt ihrer Arbeit in das Eigentum der Öffentlichkeit über, die damit machen kann was sie möchte.* Das ist *Kommunismus, und zwar im*

Kern unseres verfassungsrechtlichen Schutzes für geistiges Eigentum. Dieses ›Eigentum‹ ist kein Eigentum im gewöhnlichen Sinne. [...] In das geistige Eigentumsrecht sind Grenzen eingebaut, die die Macht der Autorin beschränken, die Nutzung der von ihr geschaffenen Ideen zu kontrollieren. [...] Zusammengenommen geben diese Regeln dem Urheber ein bedeutendes Maß an Kontrolle über die Nutzung seiner Werke, aber niemals eine perfekte Kontrolle. Sie geben der Öffentlichkeit einen gewissen Zugang, aber nicht einen vollständigen Zugang. Sie sind auf eine Balance hin entworfen, aber unterscheiden sich von dem Interessenausgleich, den das Recht für gewöhnliches Eigentum schafft. Sie sind von der Verfassung so eingerichtet worden, dass sie dazu beitragen, eine geistige und kulturelle Allmende aufzubauen« (ebd., S. 134 f.).

Ein wichtiges Element dieser kulturellen Allmende ist das *Fair Use*-Konzept. Sein Stellenwert im US-amerikanischen Copyright-Recht ist nicht unumstritten. Bei den kodifizierten Schrankenbestimmungen des Autorenrechts kann kein Zweifel bestehen, dass es sich um positive Rechte handelt, doch in der amerikanischen Debatte stehen sich zwei Positionen gegenüber. Die eine Fraktion sieht den *Fair Use* als ein technologisches Residuum, das durch RCSs überflüssig wird. Die andere erachtet ihn als eine positives (*affirmative*) Recht, das auch in einer RCS-Umgebung gewahrt bleiben muss.

Fair Use – überflüssig?

RCS-Apologeten sehen die Rechtfertigung für die *Fair Use*-Doktrin in einem Marktversagen. Da es unter herkömmlichen Bedingungen zu aufwändig war, die Rechteinhaber von Texten, die z.B. ein Hochschullehrer in einer Kurssammlung mit einer Kopierauflage von 30 Exemplaren aufnehmen möchte, ausfindig zu machen, Nutzungsverträge mit ihnen auszuhandeln und Gebühren abzurechnen, gestand die *Fair Use*-Doktrin ihre Verwendung frei und gratis zu. Solange die Kosten für den Erwerb unverhältnismäßig hoch waren und die Nutzung den kommerziellen Wert der Vorlage nicht beeinträchtigte, konnte man von einer »fairen Verwendung« ausgehen. Durch ein RCS entfällt dieser Aufwand. In einer geeigneten technologischen Infrastruktur können der Professor oder seine Studierenden mit einem Mausklick ein Nutzungsrecht erwerben und den Rechteinhabern einen Obolus zukommen lassen. Diese Auffassung spricht aus Stefiks Definition: »Die *Fair Use*-Doktrin findet Anwendung, wenn jemand durch den Besitz eines Werkes die Möglichkeit hat, es in einer Art und Weise zu nutzen, die dessen Schöpfer als unfair empfindet. [...] Digitale Rechtekontrollsysteme könnten jedoch Transaktionen selbst gegen einen nominellen Geldbetrag ermöglichen und verändern so die

Konfrontationsfrage, ob eine Nutzung gebührenpflichtig oder kostenlos ist, zu der praktischen Frage, wieviel soll sie kosten?« (Stefik, 1996, S. 29 f.). Die Verfügbarkeit und der Preis von Rechten, so argumentiert diese Fraktion, sei nicht länger eine Frage der rechtlichen Interpretation, sondern des Wettbewerbs auf einem »gesunden Markt« (Stefik, 1997a).

Der wort- (und Fußnoten-) gewaltigste Vertreter dieses Lagers ist Tom W. Bell. Seine zentrale Aussage ist: Wo *Fared Use*, also die Verwendung gegen Gebühr praktikabel ist, wird *Fair Use* überflüssig (T. Bell, 1998). Bell, ein Vertreter des amerikanischen »libertären« Lagers, Student von Richard Posner, Gewinner der »Hayek Fellowship« und affiliiert mit dem Cato Institut,[101] tritt für eine Welt jenseits des Copyright ein, in der Lizenzen und Technologie allein den Markt der Informationen regulieren. Die Gesetzgeber sollten sich nicht in den noch offenen Prozess der Etablierung von RCSs einmischen, vielmehr sollten sie den »Verbrauchern und Anbietern von Informationen erlauben, das Copyright-Recht zu verlassen und zum Vertragsrecht zu wechseln«. RCSs seien attraktiv für Informationsanbieter, da sie die Durchsetzung ihrer Rechte »sauber und effizient« bewerkstelligten, ohne auf ungewisse und kostspielige Rechtsstreitigkeiten zurückgreifen zu müssen. Bell greift auch die Argumente der Gegenfraktion auf, denen zufolge *Fair Use* ein integraler Teil des verfassungsgemäßen *quid pro quo* ist. Auch Akademiker, Künstler und Journalisten, die geschützte Werke verwenden, seien durch die verschwommenen Grenzen des *Fair Use* – von dem Bell nur als »Verteidigung« gegen Copyright-Verstöße spricht – von möglichen Prozessen bedroht: »ARM [*Automated Rights Management,* RCSs] schafft klare Verhältnisse, die denen unmittelbar zugute kommen, die urheberrechtlich geschützte Werke zweitnutzen möchten – und durch sie ihrem Publikum –, indem es Sicherheit vor Copyright-Rechtsstreitigkeiten erzeugt.« Dabei bezieht er sich auf Stefik, der schreibt, dass RCSs Sonderkonditionen für Bibliothekare, Forscher und Lehrer vorsehen könnten – was aber bislang eine rein hypothetische Annahme ist.

Macht besserer Schutz Werke billiger?

Auch andere Mitglieder der Öffentlichkeit würden profitieren. Durch den besseren Schutz stiege der Wert von Werken, weshalb ihr Preis fallen würde. Der Preisdruck des Wettbewerbs mache diese wundersame Logik möglich: »Die Erlöse, die das ARM den Copyright-Eigentümern bringt, würden somit an die Verbraucher in Form von reduzierten Zugangsgebühren weitergegeben.« Auch dies ist eine hypothetische Annahme, die von der Erfahrung mit CDs widerlegt wird. Auch hier behaupteten die Hersteller anfangs, ihr Preis werde fallen, sobald sich die Herstellungs-

101 Mit Dank an Christopher Kelty für den Hinweis.

technologie amortisiert habe, da CDs kostengünstiger herzustellen sind als Vinylplatten. Das Gegenteil ist der Fall. Im Verlauf der Argumentation wird deutlich, dass selbst Bell einen Rest an *Fair Use*-Anwendungen nicht abstreiten kann: »Verbraucher würden natürlich weiterhin das Recht haben, die Zahlung für Nutzungen zu verweigern, die die Voraussetzungen für einen *Fair Use* erfüllen. Aber sie werden zweifellos die Aussicht begrüßen, die Rechtsunsicherheit auszuräumen, und die Zahlung via ARM nicht als Belastung empfinden.« In seinem grenzenlosen Vertrauen in den freien Markt fordert er, dass erwachsene Menschen in gegenseitigem Einverständis frei sein sollten, auf eine Weise Informationen zu geben und zu erhalten, wie sie es für richtig halten. Dazu sollte der Gesetzgeber Informationsanbietern (wohlgemerkt: nicht Autoren, die er in seinem langen Aufsatz kein einziges Mal erwähnt) die Option geben, zwischen Copyright-Recht und dem Vertragsrecht zu wählen. Im zweiten Falle würden sie permanent auf die Vorteile des Copyright verzichten und ihren Schutz ausschließlich auf technische Lösungen und Lizenzen stützen. Gegen Ende seiner Argumentation fragt Bell, was geschähe, wenn ein *Worst-case*-Szenario einträfe:

Werden die Datenherren auf das Copyright verzichten?

> *»Verträge über eine individuelle Vergütungsabrechnung entwickeln sich dahin, dass die traditionelle Bedeutung, die das Copyright dem öffentlichen Interesse zumisst, in digitalen Intermedien gänzlich unrepräsentiert bleibt. Die angemessene Reaktion wäre es nicht, solche Vereinbarungen für ungültig zu erklären, und somit private Vertragsparteien dafür zu bestrafen, dass sie ganz selbstverständlich ihre privaten Interessen verfolgen. Die angemessene Reaktion wäre es stattdessen, ihnen die öffentlichen Vorteile des Copyright zu entziehen. Informationsanbieter, die Verträge dem Copyright vorziehen, müssten sich auf ARM verlassen, um ihre Waren zu schützen, die davon abgesehen gemeinfrei würden. Diejenigen, die das Copyright vorziehen, müssten auf übermäßig restriktive Verträge verzichten.«*

Bell nimmt das Quid-pro-quo des Copyright ernst, wenn er argumentiert, dass die Verwertungsindustrie nicht nur seinen Eigentums- und Investitionsschutz beanspruchen könne, ohne den öffentlichen Verpflichtungen des Copyright nachzukommen. So folgerichtig ein Herausspringen aus dem Copyright-Recht erscheint, so unwahrscheinlich ist es in in der Praxis. Schutztechnologie ist unwirksam ohne ein flankierendes Umgehungsverbot, das aber gerade im Copyright verankert ist. Die Rechteindustrie würde also mit dem Copyright auch auf das gerade neu geschaffene Instrument zur Verhinderung von Angriffen auf ihre technische Lösung verzichten. Gegen ISPs oder die direkten Anbieter von Kopien hätte sie keine Handhabe mehr, da die Werke ja nun nicht mehr ihr Eigentum, sondern gemeinfrei wären. Als Sanktion zur Kontrolle ihrer Werke bliebe ihr nur, wegen Vertragsbruch zu klagen, doch Dritte sind vertraglich nicht gebunden. Bells Vorschlag käme einer Selbstenteignung der Rechteindustrie gleich.

Das viel wahrscheinlichere Szenario, dass die Rechteindustrie den Schutz des Copyright in Anspruch nimmt sowie Lizenzverträge *und* technische Systeme einsetzt, unterschlägt Tom Bells Rhetorik.

Cohen: das Recht, Rechtekontrollen zu hacken

Damit das öffentliche Interesse nicht »gänzlich unrepräsentiert« bleibt, halten Andere drastische Mittel für angebracht. Zu denen, die in *Fair Use* ein positives Recht sehen, das nicht einfach verschwindet, wenn Technologie es zu umgehen erlaubt, gehört die Rechtsgelehrte Julie Cohen. Sie erinnert wie Lessig daran, dass nicht jede unautorisierte Nutzung eines geschützten Werkes unrechtmäßig ist. Sie stellt fest, dass – selbst unter der unwahrscheinlichen Annahme, dass die Rechteindustrie Schutzsysteme entwerfe, die öffentliche Interessen berücksichtigen – diese einige Handlungen verhindern werden, die das Copyright-Recht erlaubt. Dies führt die Juristin zu der Frage nach der »rechtmäßigen Manipulation« von Rechtekonktrollsystemen und den Folgen eines rechtlichen Umgehungsverbots: »Nehmen wir einmal eine Person, die das CMS *[Copyright Management System]* manipuliert, um eine Nutzung zu ermöglichen, die sie für fair hält. Ihre Handlungen geschehen wissentlich, sie hat aber keine Absicht, ein Recht zu verletzen; tatsächlich beabsichtigt sie entschieden, kein Recht zu verletzen. Sollte sich ihre Ansicht bezüglich des *Fair Use* als falsch herausstellen, wird sie für die Rechtsverletzung verantwortlich gemacht. Sie auch wegen unerlaubter Manipulation haftbar zu machen, scheint sowohl unfair als auch unnötig« (COHEN, 1997). Die Manipulation von RCSs dürfe nicht strafbar gemacht werden, wenn die Handlung, die die Manipulation ermöglicht, rechtens sei: »Man kann den Copyright-Inhabern nicht verbieten, den Zugang zu ihren Werken schwieriger zu machen; es sollte ihnen aber nicht gestattet werden, andere davon abzuhalten, ihre technologischen Barrieren zu umgehen. Ansonsten würde der bloße Akt, ein Werk in einem CMS zu verschlüsseln, auf wundersame Weise dem Verkäufer größere Rechte gegenüber der breiten Öffentlichkeit geben als das Copyright zulässt.«

Diese Überlegung, die als das »Cohen-Theorem« in die Debatte eingegangen ist, leitet sich nicht nur aus den Bibliotheks- und *Fair Use*-Schranken ab, sondern vor allem auch aus Datenschutzerwägungen. Was

Das Recht, anonym zu lesen

Menschen lesen, hören und ansehen, enthüllt mehr noch als andere Formen von Konsumverhalten ihre Ansichten, Überzeugugen und Geschmäcker. Daher leitet Cohen aus der Meinungsfreiheit des *First Amendment* ein Recht ab, anonym zu lesen (vgl. Cohen, 1996). Da RCSs zum Teil hochdetaillierte Nutzungsprofile erstellen, folgt aus dem »Recht, anonym zu lesen« ein Recht, die Systeme zu hacken, nicht um Copyrightverstöße zu begehen, sondern um in Selbsthilfe den Schutz der eigenen Privatsphäre zu sichern (vgl. Cohen, 1997).

Das Umgehungsverbot ist in den USA mit dem DMCA von 1998 Gesetz geworden. Das Cohen-Theorem verliert damit aber keineswegs an Bedeutung, zumal diese Entscheidung in der deutschen Urheberrechtsrevision noch aussteht. Es bleibt zu hoffen, dass das Autorenrecht mit seiner solideren Tradition von Schrankenbestimmungen auch bei der Regulierung der Rechtekontrollsysteme andere Wege gehen wird. Der Drei-Stufen-Test der RBÜ und der WIPO-Verträge, der fordert, dass die Schrankenbestimmungen nicht mit der »normalen Verwertung« eines Werkes konfligieren und den legitimen Interessen der Autoren keine »unzumutbaren Nachteile« bringen, erscheint angesichts einer RCS-Infrastruktur, die die Verwertung jedes kleinsten Bestandteils einer Nutzung »normalisiert«, auf jeden Fall unzureichend.

Ebenso bleibt zu hoffen, dass die solidere Datenschutztradition in Europa in die Beschlussfindung eingehen wird. RCSs richten *Blackboxes* auf der Festplatte eines Anwenders ein, über die dieser keinerlei Kontrolle hat. Schon heute kontaktieren Client-Programme, wie die von *RealNetworks* oder *Glassbook* ihre Herstellerfirmen, wenn sie eine TCP/IP-Verbindung wahrnehmen, mutmaßlich, um zu überprüfen, ob es *Updates* gibt. Sie tun dies, ohne den Besitzer des PCs darüber zu unterrichten, geschweige denn, um Erlaubnis zu fragen. Wenn der Anwender keine zusätzliche Software benutzt, um seine ein- und ausgehenden Internetverbindungen zu überwachen, wird er diese Eigenaktivitäten seiner Programme nicht einmal bemerken. Als bekannt wurde, dass Microsofts *Internet-Explorer* während der Installation die Festplatte scannt, um sein Durchsuchungsprotokoll bei der ersten sich bietenden Internetverbindung an den Konzern zu schicken, ging ein Aufschrei durch die Computerwelt. Inzwischen sind die Programme »intelligenter« und ihre Kommunikationsformen undurchsichtiger geworden. Selbst wenn der Anwender von einer Kontaktaufnahme seines Clients weiß, ist es ja gerade Sinn eines RCS, dass es den Inhalt der Kommunikation geheim hält. Da der Markt die urheberrechtlich vorgeschriebenen Informationsfreiheiten nicht von sich aus wahren wird, ist es am Gesetzgeber, dafür zu

Selbsttätige Blackboxes und Datenschutz

sorgen, dass die Grundwerte von Freiheit und ungehinderter offener Kooperation, von Schutz der Privatsphäre, von Redefreiheit, Anonymität und universellem Zugang in die Architektur der digitalen Wissensordnung eingehen.

Nicht nur für das Individuum, sondern auch für den Wissensbestand gehen absehbare Gefahren von RCSs aus. Wird Wissen zunehmend nur noch in Rechtekontrollsystemen eingekapselt, ohne dass parallel gedruckte Versionen publiziert würden, fällt es aus dem öffentlichen Bibliothekssystem heraus. Einsicht und Ausleihe sind ebenso erschwert oder ausgeschlossen, wie die Aufgaben der Bibliothekare, Wissen für künftige Generationen zu konservieren. Bei allem, was wir über die kurze Geschichte des Computers wissen, müssen wir damit rechnen, dass in fünf oder zehn Jahren die Technologie, die erforderlich ist, um ein Werk zu lesen, nicht länger verfügbar und damit die darin eingekapselten geistigen Güter unzugänglich sein werden. Hardware, Software und Protokolle entwickeln sich weiter und machen ältere Versionen inkompatibel. Datenträger haben eine begrenzte Lebenszeit. Firmen gehen bankrott, mit ihnen geraten ihre proprietären Technologien unwiderruflich in Vergessenheit.

> *»Wegen der begrenzten technischen Gebrauchsdauer einzelner Kaufstücke digitaler Medien bedeutet dies de facto, dass es insoweit keine privaten [und öffentlichen, VG] Archive mehr geben wird. [...] Nur der Rechteinhaber hat das Archivmonopol, da er nach Belieben die Inhalte digital umkopieren und somit über einen langen Zeitraum archivieren kann. Was der Rechteinhaber nicht mehr verkaufen will (oder* darf!, *der Staat könnte sich hier auch noch einmischen), ist nach spätestens ein bis zwei Jahrzehnten für den Normalverbraucher einfach nicht mehr verfügbar. Spätestens dann, wenn auch wichtige Literatur hauptsächlich digital vermarktet wird, werden wir damit ein großes kulturpolitisches Problem haben. Leute, schmeißt eure Hardcopy-Bücher noch nicht weg, vielleicht werden wir sie noch einmal brauchen«* (Horns, 2000).

Aus den Fehlern lernen: Nachhaltigkeit

Die Lebensdauer von Computerprogrammen mag begrenzt sein, doch auch hier haben Nutzer, die ihre in den 80er-Jahren mit *dBase* dem Programm angelegten Datenbanken nicht in regelmäßigen Abständen auf neue Formate migriert haben, heute ihre Arbeit von Jahren verloren. Wie ließe es sich rechtfertigen, dass ich ein digitales Buch, eine Fotosammlung, eine Enzyklopädie, die ich heute kaufe, in zehn Jahren nicht mehr benutzen kann, selbst wenn der Rechteinhaber nicht explizit ein Verfallsdatum eingebaut hat? Die einzige Möglichkeit, dieses Wissen zu erhalten, ist es, die Dateien in regelmäßigen Abständen in die aktuellen physikalischen und logischen Formate zu konvertieren. Genau das wird aber mit Kopierschutzmechanismen unterbunden.

In Bezug auf die natürliche Umwelt hat unsere Generation schmerzhaft die Bedeutung der *Nachhaltigkeit* gelernt. Parallel dazu stellte sich eine technologische Innovation in der Papierproduktion am Ende des 19. Jahrhunderts als Zeitbombe für die gedruckten Wissensbestände heraus. Selbst mit den größten Anstrengungen wird es nur möglich sein, einen Bruchteil der Bücher, Noten, Karten, Handschriften eines ganzen Jahrhunderts vor dem Säurefraß zu retten. Hätte unsere Wissenskultur etwas aus diesen Erfahrungen gelernt, würde sie heute nicht sehenden Auges in die nächste Katastrophe rennen. Statt der Kontrolltechnologien, die auf einen kurzfristigen Investitionschutz von Partikularinteressen ausgelegt sind, würde eine Wissenspolitik im Interesse der Allgemeinheit, das auch kommende Generationen einschließt, die Verwendung von offenen Technologien vorschreiben. Nur so ist eine Nachhaltigkeit zu gewährleisten, die die Lebensdauer einer Startup-Firma überschreitet.

Eine andere Art von Technologie, eine andere Art von lizenzvertraglicher Regelung und – wenn man so will – eine andere Art von Selbstregulierung, die in der digitalen Wissensordnung eine wesentlich nachhaltigere intellektuelle und kulturelle Informationslandschaft schaffen hilft, wird im zweiten Teil des Bandes besprochen.

Teil 2
Die Wissens-Allmende

Nachdem wir uns im ersten Teil mit der Geschichte, Struktur, der Denkweise und den aktuellen Trends des geistigen Eigentums beschäftigt haben, wird es im zweiten Teil um die Alternative zum Privatbesitz an geistigen Gütern gehen.

Geschichte

»Wissenskommunismus« der Wissenschaften

Seit den Athenern gehört es zur Universität, dass das von ihr erzeugte und durch sie weitergegebene Wissen, anders als das in geschlossenen und gar geheimen Forschungsstellen der Staaten oder der Industrien üblich ist, ohne den Schutz von Patenten und Copyright zirkulieren können muss. Die im Hochmittelalter entstandenen europäischen Universitäten bildeten einen Medienverbund aus Verarbeitung des gesprochenen Wortes zu handschriftlichen Büchern, Speicherung in Bibliotheken und Übertragung von Texten in einem eigenen Universitätspostsystem. In der frühen Neuzeit übernahmen dank Gutenbergs Erfindung Verlage die Produktion von Büchern, entstehende Territorial- und später Nationalstaaten beanspruchten das Postmonopol. Die Informationsverarbeitung, so Friedrich Kittler, wurde einer Hardware übertragen, die in den geschlossenen Kreisen der militärischen Nachrichtentechniken entstand. Die Computersoftware dagegen sei eine Schöpfung der Universität gewesen. Die universale Turing-Maschine stammte als Konzept und als Software aus einer akademischen Dissertation: »Ganz entsprechend stammt die noch immer herrschende von-Neumann-Architektur von einem, der es vom Göttinger mathematischen Privatdozenten schließlich zum Chefberater des Pentagon brachte. Auf diesem Weg zur Macht hat das Wissen, das in Computer und ihre Algorithmen versenkt ist, einmal

Universitäten als mediale Maschinen

mehr jene Schließung erfahren, die einst bei der Übernahme der Universitäten durch die Territorialstaaten drohte.«[1]

Solcher realen Vereinnahmungen zum Trotz entwirft die Gelehrtenrepublik des 19. Jahrhunderts eine akademische Wissenschaftsverfassung, die auf der Freiheit von Lehre und Forschung beruht. Konstitutiv für diese klassische Wissensordnung humboldtscher Prägung und fortgeschrieben in der Forschungsgemeinschaft des letzten Jahrhunderts durch Autoren wie Weber, Popper, Merton, Spinner usw. sind vier große Abkopplungen:

Grundlagen einer freien Wissenschaft

- Die Trennung von Erkenntnis und Eigentum: Forschungsergebnisse müssen veröffentlicht werden, um sie in einem *Peer Review*-Prozess überprüfen, replizieren, kritisieren und fortschreiben zu können. Das ist es, was Robert Merton mit dem »Wissenskommunismus« der Wissenschaften meinte,[2]
- die Trennung von Ideen und Interessen,
- die Trennung von Theorie und Praxis,
- die Trennung von Wissenschaft und Staat: Lehre und Forschung folgen keinen externen Anweisungen. Das heißt nicht, dass sie nicht öffentlich finanziert werden dürften, ganz im Gegenteil. Tatsächlich wurde die Grundlagenforschung für die neue Ordnung digitaler Medien, also der Computer und Datennetze, mit öffentlichen Mitteln betrieben (Spinner, 1994, S. 15 f).

Der für die freie Software wesentliche Punkt ist die »Abkopplung der Ideenwirtschaft von der normalen Güterwirtschaft« (ebd., S. 91). Mit seiner Veröffentlichung wird das Wissen zum Gemeingut der Forschungsgemeinschaft. Es kann von Kollegen frei nachvollzogen, überprüft und weiterentwickelt werden und in der Lehre frei der Reproduktion der Wissensträger in der nächsten Generation dienen. Durch diese fruchtbaren Bedingungen im »Sondermilieu« der Wissenschaften können die parallelen, kollektiven Bemühungen Ergebnisse hervorbringen, die kein Einzelner und kein einzelnes Team produzieren könnten. Die einzelne Wissenschaftlerin erhält im Wissenskommunismus als Anerkennung für die von ihr erarbeiteten Erkenntnisse keine Geldzahlungen – um von dieser Notwendigkeit freigestellt zu sein, alimentiert sie der Staat –, sondern ein symbolisches Entgelt in Form von fachlicher Reputation, wie sie sich z. B.

1 Friedrich Kittler, in: WOS1, 7/1999.

2 Robert K. Merton, The Sociology of Science, Chicago 1973, S. 273 ff., zit. nach Spinner 1998, S. 36.

an der Zahl der Einträge im → *Citation Index* ablesen lässt. Statt eines Monopolverwertungsrechts, wie es das Patentsystem für Erfindungen von industriellem Wert gewährt, steht hier das Recht auf Namensnennung im Vordergrund.

Die Wissensordnung dieses Sondermilieus strahlt über ihren eigentlichen Geltungsbereich hinaus auf seine Umwelt in der modernen, demokratischen Gesellschaft aus, mit der zusammen sie entstanden ist:

> *»Der Wissenstransfer in das gesellschaftliche Umfeld konnte unter günstigen Bedingungen (Rechtsstaat, Demokratie, liberale Öffentlichkeit) wesentliche Bestandteile dieser Wissensordnung in die ›Wissensverfassung‹ der Gesellschaft einfließen lassen. Die freie wissenschaftliche Forschung, Lehre, Veröffentlichung findet so ihre Ergänzung in der ›Freien Meinung‹ des Bürgers[3] und verwandter Wissensfreiheiten, wie in unserem Grundgesetz verankert. So spannt sich der Bogen der ordnungspolitischen Leitvorstellungen, mit Abstrichen auch der positiven Regulierungen und praktischen Realisierungen, vom Wissenskommunismus der Forschungsgemeinschaft bis zur informationellen Grundversorgung in der Informationsgesellschaft und dem geforderten weltweiten freien Informationsfluss ...«[4]*

Internet

Das Internet ist mediengeschichtlich eine Anomalie. Übliche Modelle der Medien- wie der Technikgenese allgemein laufen vom Labor über die Entwicklung hin zur Anwendungsreife bis zur gesellschaftlichen Implementierung entweder als staatliche Militär- oder Verwaltungskommunikation, als wirtschaftliches Kontroll- und Steuerungsinstrument oder als Massenprodukt der Individualkommunikation oder Massenmedien. Anders hingegen im Falle von akademischen Datennetzen. Hier gab es in den ersten Jahren keine Trennung zwischen Erfindern, Entwicklern und Anwendern.

Das Netz ist Forschungsgegenstand und Medium zugleich

Die Informatik hat im Netz nicht nur ihren Forschungsgegenstand, sondern zugleich ihr Kommunikations- und Publikationsmedium. Es ist gleichzeitig Infrastruktur und Entwicklungsumgebung, die von innen heraus ausgebaut wird. Innovationen werden von den Entwickler-An-

3 An anderer Stelle fügt Spinner die öffentlich-rechtlichen Medienlandschaft hinzu, vgl. Spinner, 1998, S. 66.

4 Ebd, S. 48 f.

wendern in der Betaversion, d.h. ohne Garantie und auf eigene Gefahr, in die Runde geworfen, von den Kollegen getestet und weiterentwickelt. Darüber hinaus stellt sie den anderen, zunehmend computerisierten Wissenschaften die gleiche Infrastruktur zur Verfügung. Der Zugang zu Rechenressourcen, der Austausch innerhalb einer weltweiten Community von Fachkollegen, das zur Diskussion Stellen von *Pre-Prints*, die Veröffentlichung von Konferenzreferaten und Datenbanken im Internet – all dies gehört seit den 80er-Jahren zu den täglichen Praktiken in der Physik und Astronomie, der Informatik selbst und zunehmend auch in den »weicheren« Wissenschaften. Schließlich ist das Weiterreichen der Grundwerkzeuge an die Studierenden Teil der wissenschaftlichen Lehre. Da das Netz, anders als die meisten Laborgeräte, keinen eng definierten Anwendungsbereich hat, sondern eben Medium ist, kommen hier auch studentische private und Freizeitkulturen auf – eine brisante Mischung aus Hightech und Hobbyismus, *Science* und *Science Fiction*, Hackern und Hippies.

Die Geschichte des Internet lässt sich grob in drei Phasen einteilen: in der Frühphase ab Mitte der 60er-Jahre werden die Grundlagen gelegt, die Technologie demonstriert und zur Anwendungsfähigkeit entwickelt. Zeitgleich mit dem Wechsel von der militärischen zur akademischen Forschungsförderung Ende der 70er begann das Wachstum und die internationale Ausbreitung des Internet. In dieser Zeit gedieh das, was gemeinhin mit der »wilden Phase« des ursprünglichen Internet assoziiert wird: eine Tauschökonomie für Software und Information, eine graswurzel-basierte Selbstorganisation, emergierende Communities und der Hacker-Geist, der jede Schließung, jede Beschränkung des Zugangs und des freien Informationsflusses zu umgehen weiß. 1990 wurde das → ARPANET abgeschaltet, es begann die kommerzielle Phase des Internet.

Frühphase

Time Sharing fördert den sharing spirit

In den späten 50er-Jahren leitete J.C.R. Licklider eine Forschungsgruppe beim US-Rüstungslieferanten Bolt, Beranek and Newman (BBN), die auf einer PDP-1, einem Großrechner der Firma Digital Equipment Corporation (DEC), eines der ersten *Time-Sharing*-Systeme bauten. Computerhersteller und die meisten Vertreter des Informatik-Establishments waren der Ansicht, dass *Time-Sharing* eine ineffiziente Verwendung von Computerressourcen darstelle und nicht weiter verfolgt werden solle. Lickliders Argument war umgekehrt, dass Rechner für eine Echtzeit-Interaktion – für »kooperatives Denken mit einem Menschen« – zu schnell und zu kostspielig seien, weshalb sie ihre Zeit zwischen vielen Nutzern aufteilen müssten. Licklider war auch der Architekt des MAC-Projektes (*Multiple-Access Computer* oder *Machine-Aided Cognition* oder *Man And Computer*) am Massachusetts Institute of Technology (MIT). 1962 wechselte er von BBN zur *Advanced Research Projects Agency* (ARPA) des US-Verteidigungsministeriums, wo er Leiter des *Command and Control Research* wurde, das er sogleich in *Information Processing Techniques Office* (IPTO) umbenannte.[5]

Von Rechnern zu Kommunikationsgeräten

Seine Erfahrungen mit *Time-Sharing*-Systemen erlaubten es ihm, eine Neudefinition vom Computer als Rechenmaschine zum Computer als Kommunikationsgerät vorzunehmen. Als Leiter des ARPA-Forschungsbereiches war er nun in die Lage versetzt, diesen Paradigmenwechsel in der Netzplanung zur Wirkung zu bringen:

> *»Das ARPA-Leitmotiv ist, dass die Möglichkeiten, die der Computer als Kommunikationsmedium zwischen Menschen bietet, die historischen Anfänge des Computers als einer Rechenmaschine in den Schatten stellen. [...] Lick war einer der ersten, die den Gemeinschaftsgeist wahrnahmen, der unter den Nutzern des ersten Time-Sharing-Systems entstand. Indem er auf das Gemeinschaftsphänomen hinwies, das zum Teil durch den gemeinsamen Zugriff auf Ressourcen in einem Time-Sharing-System aufkam, machte Lick es leicht, sich eine Verbindung zwischen den Gemeinschaften vorzustellen, die Verknüpfung von interaktiven Online-Gemeinschaften von Menschen ...«*[6]

Autonome Pakete

Zeitgleich findet ein telekommunikationstechnischer Paradigmenwechsel von leitungsorientierten zu paketvermittelten Konzepten statt. Er geht auf parallele Arbeiten von Paul Baran an der RAND Corporation[7] (der erste *Think Tank*, 1946 von der U.S. Air Force gegründet) und von Donald Watts Davies am *National Physical Laboratory* in Middlesex, England, zurück. Die Zerlegung von Kommunikationen in kleine Datenpakete, die, mit Ziel- und Absenderadresse versehen, »autonom« ihren Weg durch das Netzwerk finden, war Voraussetzung für die verteilte, dezentrale Architektur des Internet. Sie war auch der Punkt, an dem die Geister der Computer- und der Telekommunikationswelt sich schieden.

---

5 Zu Licklider vgl. David S. Bennahums Webseite http://www.memex.org/licklider.html, wo sich auch Licks Texte »Man-Computer Symbiosis« (1960) und »The Computer as a Communications Device« (1968, zusammen mit Robert Taylor) finden.

6 ARPA draft, III-24 und III-21, zitiert nach Hauben/Hauben, 1996, Kapitel 6.

7 S. http://www.rand.org/publications/RM/baran.list.html, besonders »On Distributed Communications Networks« (1964).

Die Telefonbetreiber der Zeit waren durchaus an Datenkommunikation sowie an der Paketvermittlung interessiert, nachdem nachgewiesen worden war, dass diese Technik nicht nur überhaupt machbar war, sondern dass sie die vorhandene Bandbreite viel wirtschaftlicher nutzte als die Leitungsvermittlung, doch die vorrangigen Designkriterien der nationalen Monopole waren flächendeckende Netzsicherheit, Dienstequalität und Abrechenbarkeit. Diese sahen sie nur durch ein zentral gesteuertes Netz mit dedizierter Leitungsnutzung für jede einzelne Kommunikation gewährleistet. Die Telekommunikationsunternehmen vor allem in England, Italien, Deutschland und Japan unterlegten daher den unberechenbaren Paketflüssen eine »virtuelle Kanalstruktur«. Auch in diesem System werden Pakete verschiedener Verbindungen auf derselben physikalischen Leitung ineinandergefädelt, aber nur bis zu einer Obergrenze, bis zu der die Kapazität für jede einzelne Verbindung gewährleistet werden kann. Außerdem ist dieses Netz nicht verteilt, sondern über zentrale Vermittlungsstellen geschaltet. Die Spezifikationen dieses Dienstes wurden im Rahmen der Internationalen Telekommunikations-Union (ITU) verhandelt und 1976 unter der Bezeichnung »X.25« standardisiert. Die Bundespost bot ihn unter dem Namen »Datex-P« an. Damit ist der Gegensatz aufgespannt zwischen einem rhizomatischen Netz, das aus einem militärischen Kalkül heraus von einzelnen Knoten dezentral wuchert, und einer hierarchischen, baumförmigen Struktur, die zentral geplant und verwaltet wird.

Rhizom versus Baum

Doch zurück zum Internet. Die ARPA-Forschungsabteilung unter Licklider schrieb die verschiedenen Bestandteile des neuen Netzes aus. Das *Stanford Research Institute* (→ SRI) erhielt den Auftrag, die Spezifikationen für das neue Netz zu schreiben. Im Dezember 1968 legte das SRI den Bericht »A Study of Computer Network Design Parameters« vor. Zur selben Zeit arbeitete Doug Engelbart und seine Gruppe am SRI bereits an computergestützten Techniken zur Förderung von menschlicher Interaktion. Daher wurde entschieden, dass das SRI der geeignete Ort sei, ein *Network Information Center* (→ NIC) für das ARPAnet einzurichten. Die → DARPA-Ausschreibung für ein *Network Measurement Center* ging an die University of California in Los Angeles (→UCLA), wo Leonard Kleinrock arbeitete, der seine Doktorarbeit über Warteschlangentheorie geschrieben hatte. Ebenfalls im UCLA-Team arbeiteten damals Vinton G. Cerf, Jon Postel und Steve Crocker.

Den Zuschlag für die Entwicklung der Paketvermittlungstechnologien, genauer eines *Interface Message Processors* (→IMP), erhielt BBN. Dort arbeitete u.a. Robert Kahn, der vom → MIT gekommen war und auf den ein Großteil der Architektur des Internet zurückgeht. Die IMPs – Vorläufer der heutigen → *Router* – hatten die Aufgabe, die niedrigste Verbindungsschicht zwischen den über Telefonleitungen vernetzten Rechnern (→ *Hosts*) herzustellen. Die ersten IMPs wurden im Mai 1969 ausgeliefert.

Der Startschuss zum Internet fiel im Herbst 1969, als die ersten vier Großrechner in der UCLA, im SRI, der University of California in Santa Barbara (UCSB) und der University of Utah miteinader verbunden wurden.[8] Bereits ein halbes Jahr vorher war das erste von Tausenden von *Request for Comments*-Dokumenten (→ RFCs)[9] erschienen, die die technischen Standards des Internet spezifizieren. Diese Standards werden nicht im Duktus eines Gesetzes erlassen, sondern als freundliche Bitte um Kommentierung. Steve Crocker, Autor des ersten RFC, begründete diese Form damit, dass die Beteiligten nur Doktoranden ohne jede Autorität waren. Sie mussten daher einen Weg finden, ihre Arbeit zu dokumentieren, ohne dass es schien, als wollten sie irgendjemandem etwas aufoktroyieren, in einer Form, die offen für Kommentare war. RFCs können von jedem erstellt werden. Sie sind als Diskussionspapiere gedacht, mit dem erklärten Ziel, die Autorität des Geschriebenen zu brechen.[10] Neben den meist technischen Texten werden auch die Philosophie (z. B. RFC 1718), die Geschichte (RFC 2235) und die Kultur des Netzes aufgezeichnet und zuweilen sogar gedichtet (RFC 1121). Die freie Verfügbarkeit der Spezifikationen und der dazugehörigen Referenzimplementationen waren ein Schlüsselfaktor bei der Entwicklung des Internet. Aus dem ersten RFC ging ein Jahr später das *Network Control Protocol* (→ NCP) hervor, ein Satz von Programmen für die Host-Host-Verbindung, das erste ARPANET-Protokoll.

RFCs

---

8 Ein Diagramm dieses ersten 4-Knoten-ARPAnets s. http://www.computerhistory.org/exhibits/internet_history/full_size_images/1969_4-node_map.gif

9 Erster RFC: »Host Software« von Stephen D. Crocker über die Kommunikation zwischen IMP und dem bereits vorhandenen Host-Rechner; ftp://ftp.denic.de/pub/rfc/rfc1.txt

10 »Der Inhalt einer NWG [Network Working Group]-Anmerkung kann ein Gedanke, ein Vorschlag, etc. sein, der sich auf die Host-Software oder auf einen anderen Aspekt des Netzes bezieht. Die Anmerkungen sollen eher schnell erscheinen als ausgefeilt sein. Akzeptiert werden philosophische Stellungnahmen ohne Beispiele oder sonstige Details, spezifische Vorschläge oder Implementierungstechniken ohne einleitende Erklärungen oder Hintergrundinformationen sowie explizite Fragen ohne den Versuch, diese zu beantworten. Eine NWG-Anmerkung sollte aus mindestens einem Satz bestehen. Diese Standards (oder deren Mangel) werden aus zwei Gründen ausdrücklich genannt. Erstens neigt man dazu, eine schriftliche Aussage eo ipso als autoritativ zu betrachten und wir hoffen, den Austausch und die Diskussion von deutlich weniger als autoritativen Ideen zu fördern. Zweitens gibt es eine natürliche Hemmschwelle, etwas Unausgefeiltes zu veröffentlichen und wir hoffen, diese Hemmung mindern zu können.« (Steve Crocker, RFC 3-1969)

1971 bestand das Netz aus 14 Knoten und wuchs um einen pro Monat.[11] Nach Fertigstellung des NCP und Implementierung für die verschiedenen Architekturen entstanden jetzt die höheren Dienste Telnet (RFC 318) und → FTP (File Transfer Protocol, RFC 454). Ray Tomlinson von BBN modifizierte ein E-Mail-Server-Programm für das ARPANET und erfand die »user@host«-Konvention. Larry Roberts schrieb hierfür einen → *Mail-Client.*

Die erste öffentliche Demonstration des neuen Netzes

Das Netzwerk konnte sich sehen lassen. Es war Zeit für eine erste öffentliche Demonstration, die 1972 auf der *International Conference on Computer Communications* in Washington stattfand. Im Keller des Konferenzhotels wurde ein Paketvermittlungsrechner und ein *Terminal Interface Processor* (TIP) installiert, der anders als ein IMP den Input von mehreren Hosts oder Terminals verarbeiten konnte. Angeschlossen waren 40 Maschinen in den ganzen USA. Zu den Demonstrationen gehörten interaktive Schachspiele und die Simulation eines Lufverkehrskontrollsystems. Berühmt wurde die Unterhaltung zwischen ELIZA, Joseph Weizenbaums künstlich-intelligentem Psychiater am MIT, und PARRY, einem paranoiden Programm von Kenneth Colby an der Stanford Universität. Teilnehmer aus England, Frankreich, Italien und Schweden waren dabei. Vertreter von AT&T besuchten die Konferenz, verließen sie jedoch in tiefer Verwirrung. Im selben Jahr starteten Projekte für radio- und satellitengestützte Paketvernetzung, Letztere mit Instituten in Norwegen und England. Bob Metcalfe umriss in seiner Doktorarbeit an der Harvard Universität das Konzept für ein *Local Area Network* (→ LAN) mit multiplen Zugangskanälen, das er »Ethernet« nannte. Am Xerox PARC entwickelte er das Konzept weiter, bevor er später 3COM gründete.

ARPANET, SATNET und das Radionetz hatten verschiedene Schnittstellen, Paketgrößen, Kennzeichnungen und Übertragungsraten, was es schwierig machte, sie untereinander zu verbinden. Bob Kahn, der von BBN an die DARPA ging, und Vint Cerf, der jetzt an der Stanford Universität unterrichtete, begannen, ein Protokoll zu entwickeln, um verschiedene Netze miteinander zu verbinden. Im Herbst 1973 stellten sie auf einem Treffen der *International Network Working Group* in England den ersten Entwurf zum *Transmission Control Protocol* (→ TCP) vor. Im Jahr darauf wurde TCP zeitgleich an der Stanford Uni, bei BBN und dem University College London (Peter Kirstein) implementiert. »Somit waren

11 Für eine zuverlässige Internet-Chronologie s. Robert Hobbes Zakon, Hobbes' Internet Timeline, http://www.isoc.org/guest/zakon/Internet/History/HIT.html; eine weitere ausgezeichnete bebilderte Chronologie vom Computer Museum, Moffett Field, California: http://www.computerhistory.org/exhibits/internet_history/

die Bemühungen, die Internet-Protokolle zu entwickeln, von Anfang an international« (Cerf, 1993). Es folgten vier Iterationen des TCP-Protokollsatzes. Die letzte erschien 1978.

1974 startete BBN »Telenet«, den ersten öffentlichen paketvermittelten Datenkommunikationsdienst, eine kommerzielle Version des ARPANET. Aufgrund der DARPA-Förderung besaß BBN kein exklusives Recht am Quellcode für die IMPs und → TIPs. Andere neue Netzwerkunternehmen forderten BBN auf, ihn freizugeben. BBN sträubte sich zunächst, da der Code ständig verändert würde, gab ihn jedoch 1975 frei.

Der erste kommerzielle Ableger des ARPANET

Wachstum

Mit der Forschungsförderung für die Implementierung von TCP hatte die DARPA ihre initiale Mission erfüllt. 1975 wurde die Verantwortung für das ARPANET an die *Defense Communications Agency* (später umbenannt in *Defense Information Systems Agency*) übertragen. BBN blieb der Auftragnehmer für den Betrieb des Netzes, doch militärische Sicherheitsinteressen wurden jetzt wichtiger. Zusätzlich zur DARPA förderte auch die *National Science Foundation* (→ NSF) die Forschung in Informatik und Netzwerken an rund 120 US-amerikanischen Universitäten. Weitere Einrichtungen, wie das Energieministerium und die NASA starteten eigene Netzwerke. Anfang 1975 verfügte das ARPANET über 61 Knoten.[12] Die erste *Mailinglist* wurde eingerichtet. Zusammen mit den RFCs werden Mailinglisten zum wichtigsten Mittel der offenen Kooperation der technischen Community. In der beliebtesten Liste dieser Zeit diskutierte man jedoch über Sciencefiction. Der *Jargon File*, ein Wörterbuch der Hacker-Kultur, zusammengestellt von Raphael Finkel, wurde zum ersten Mal publiziert, natürlich im Netz.

NSF fördert Internet

UUCP (*Unix to Unix Copy*) wurde 1976 an den AT&T Bell Labs entwickelt und als Teil der Unix Version 7 verbreitet. Einrichtungen, die sich keine Standleitung leisten konnten, ermöglichte es UUCP, über Wählerverbindungen auf normalen Telefonleitungen Daten mit Rechnern am ARPANET auszutauschen. Das neue netzwerkverbindende TCP wurde im Juli 1977 erstmals in einem aufwändigen Versuchsaufbau demonstriert. Die Übertragungsstrecke begann mit einem mobilen Paketsender in einem fahrenden Auto auf dem San Francisco *Bayshore Freeway*, lief zu einem Gateway bei BBN, über das ARPANET, über eine Punkt-zu-Punkt-Satellitenverbindung nach Norwegen, von dort via Landleitung nach Lon-

12 Karte s. http://www.computerhistory.org/exhibits/internet_history/full_size_images/1975_net_map.gif

Militärisch interessant

don, zurück über das *Atlantic Packet Satellite Network* (SATNET) ins ARPANET und schließlich zum Informatikinstitut der University of Southern California: »Was wir also simulierten, war jemand auf einem mobilen Kriegsschauplatz, der sich über ein kontinentales Netz bewegt, dann über ein interkontinentales Satellitennetz und dann zurück in ein Leitungsnetz und zum Hauptrechenzentrum des nationalen Hauptquartiers geht. Da das Verteidigungsministerium dafür bezahlte, haben wir nach Beispielen gesucht, die für ein militärisches Szenario interessant sein könnten« (Cerf, 1993).

ARPANET beendet

Seit Mitte der 70er-Jahre wurden Experimente zur paketvermittelten Sprachübertragung durchgeführt. TCP ist auf zuverlässige Übertragung ausgelegt. Pakete, die verloren gehen, werden erneut geschickt. Im Falle von Sprachübertragung ist jedoch der Verlust einiger Pakete weniger nachteilig als eine Verzögerung. Aus diesen Überlegungen heraus wurden 1978 TCP und IP getrennt. IP spezifiziert das *User Datagram Protocol* (→ UDP), das noch heute zur Sprachübertragung verwendet wird (vgl. ebd.). Damit wird 1978 das ARPANET-Experiment offiziell beendet. Im Abschlussbericht heißt es: »Dieses ARPA-Programm hat nichts weniger als eine Revolution in der Computertechnologie hervorgebracht und war eines der erfolgreichsten Projekte, das die ARPA je durchgeführt hat. Das volle Ausmaß des technischen Wandels, der von diesem Projekt ausgeht, wird sich vielleicht erst in vielen Jahren ermessen lassen.«[13] Einer der Pioniere erinnert sich an die entscheidenden Faktoren:

> *»Für mich war die Teilnahme an der Entwicklung des ARPANET und der Internetprotokolle sehr aufregend. Ein entscheidender Grund dafür, dass es funktionierte, ist meiner Meinung nach, dass es viele sehr kluge Menschen gab, die alle mehr oder weniger in dieselbe Richtung arbeiteten, angeführt von einigen sehr weisen Menschen in der Förderungsbehörde. Das Ergebnis war, dass eine Gemeinschaft von Netzwerkforschern entstand, die fest daran glaubte, dass unter Forschern Zusammenarbeit mächtiger ist als Konkurrenz. Ich glaube nicht, dass ein anderes Modell uns dahin gebracht hätte, wo wir heute stehen.«*[14]

Institutionalisierung

Um die Vision eines freien und offenen Netzes fortzuführen, richtete Vint Cerf 1978 noch vom DARPA aus das *Internet Configuration Control*

13 ARPANET Completion Report, January 3, 1978, zit. nach http://www.computerhistory.org/exhibits/internet_history/internet_history_70s.page

14 Robert Braden in: Malkin, 1992, RFL 1336.

Board (ICCB) unter Vorsitz von Dave Clark am MIT ein. 1983 trat das *Internet Activities Board* (→ IAB) (nach der Gründung der Internet Society umbenannt in *Internet Architecture Board*) an die Stelle des ICCB.

IETF, die technische Leitung des Internet

Für die eigentliche Entwicklungsarbeit bildeten sich 1986 unter dem IAB die *Internet Engineering Task Force* (→ IETF)[15] und die *Internet Research Task Force* (IRTF). Anders als staatliche Standardisierungsgremien oder Industriekonsortien ist die IETF – »nach Gesetz und Gewohnheitsrecht« – ein offenes Forum. Mitglied kann jeder werden, indem er eine der etwa 100 aufgabenorientierten Mailinglisten subskribiert und sich an den Diskussionen beteiligt. »Theoretisch erhält ein Student, der ein technisch fundiertes Anliegen in Bezug auf ein Protokoll anspricht, dieselbe sorgfältige Beachtung, oder mehr, als jemand von einem Multi-Milliarden-Dollar-Unternehmen, der sich Sorgen über die Auswirkungen auf seine ausgelieferten Systeme macht« (Alvestrand, 1996, S. 61). Alle Arbeit – mit Ausnahme des Sekretariats – ist unbezahlt und freiwillig.

»Grober Konsens und ablauffähiger Code«

Die Entwicklungsarbeit innerhalb der IETF gehorcht einem begrenzten Anspruch. Die Ergebnisse müssen ein anstehendes Problem möglichst direkt und, gemäß einer Hacker-Ästhetik von Eleganz, möglichst einfach und kompakt lösen. Sie müssen mit den bestehenden Strukturen zusammenarbeiten und Anschlüsse für mögliche Erweiterungen vorsehen. Da es keine scharf umrissene Mitgliedschaft gibt, werden Entscheidungen nicht durch Abstimmungen getroffen. Das Credo der IETF lautet: »Wir wollen keine Könige, Präsidenten und Wahlen. Wir glauben an einen groben Konsens und an ablauffähigen Code.«[16] Wenn sich ein interessantes Problem und genügend Freiwillige finden, wird diskutiert, ein ablauffähiger Code auch für alternative Lösungsansätze geschrieben und solange getestet, bis sich ein Konsens herausbildet. Wenn dies nicht geschieht, das Verfahren auf unlösbare Probleme stößt oder die Beteiligten das Interesse verlieren, kann ein Standard auch vor seiner Verabschiedung stecken bleiben. Standards oder Code werden in jeder Phase der Entwicklung im bewährten RFC-Format für jeden Interessierten zugänglich veröffentlicht. Dies führt dazu, dass sie frühzeitig von einer Vielzahl von Anwendern unter den unterschiedlichsten Bedingungen getestet werden und diese breiten Erfahrungen in den Entwicklungsprozess eingehen, bevor ein Standard offiziell freigegeben wird. Die Standards sind offen und frei verfügbar. Anders als im ISO-Prozess können von den an der Standardisierung Beteiligten keine Patente erworben werden, und anders als die ISO finanziert sich die IETF nicht aus dem Verkauf der Do-

15 http://www.ietf.org/
16 Dave Clark, IETF Credo (1992), http://info.isoc.org:80/standards/index.html

kumentation von Standards. Der kontinuierlichen Weiterentwicklung dieses Wissens steht somit nichts im Wege.

Cert

EFF

Eine weitere Internet-Institution ist das CERT. 1988 legte der außer Kontrolle geratene »Morris-Wurm«, ein ausgerechnet vom Sohn eines führenden Kryptografieexperten losgelassenes virusartiges Programm, 6 000 der inzwischen 60 000 Hosts am Internet lahm.[17] Daraufhin bildet die DARPA das *Computer Emergency Response Team* (CERT), um auf zukünftige Zwischenfällen dieser Art reagieren zu können. Die 1990 von Mitch Kapor gegründete *Electronic Frontier Foundation* (→ EFF) ist keine Internet-Institution im engeren Sinne, doch als Öffentlichkeits- und Lobbyingvereinigung zur Wahrung der Bürgerrechte im Netz hat sie in den USA eine bedeutende Rolle gespielt.

ISOC

Als Dachorganisation für alle Internetinteressierten und für die bestehenden Gremien wie IAB und IETF gründeten u.a. Vint Cerf und Bob Kahn 1992 die *Internet Society* (ISOC).[18] Im Jahr darauf etablierte die NSF das InterNIC (*Network Information Center*), das bestimmte Dienste in seinem Aufgabenbereich an Dritte ausschrieb, nämlich Directory- und Datenbankdienste an AT&T, Registrierungsdienste an Network Solutions Inc. und Informationsdienste an General Atomics/CERFnet.

Netzwerkforschung

Auf Initiative von Larry Landweber erarbeiteten Vertreter verschiedener Universitäten (darunter Peter Denning und Dave Farber) die Idee eines Informatik-Forschungsnetzes (CSNET). Ein Förderungsantrag an die NSF wurde zunächst als zu kostspielig abgelehnt. Auf einen überarbeiteten Antrag hin bewilligte die NSF 1980 dann fünf Millionen Dollar über einen Zeitraum von fünf Jahren. Das Protokoll, das die verschiedenen Subnetze des CSNET verbindet, ist TCP/IP. 1982 wurde beschlossen, dass alle Systeme auf dem ARPANET von NCP auf TCP/IP übergehen sollen – obgleich davon nur einige hundert Computer und ein Dutzend Netze betroffen waren, keine einfache Operation (vgl. RFC 801).

Die Supercomputerkrise

CSNET und ARPANET wurden 1983 verbunden, doch US-amerikanische Wissenschaftler klagten, dass die Supercomputer des Landes nicht zugänglich seien. Astrophysiker mussten nach Deutschland reisen, um einen in den USA hergestellten Supercomputer verwenden zu können. Im Juli 1983 gab daraufhin eine NSF-Arbeitsgruppe einen Plan für ein *National Computing Environment for Academic Research* heraus. Die Su-

17 http://www.mmt.bme.hu/~kiss/docs/opsys/worm.html
18 http://www.isoc.org

percomputer-Krise führte zur Verabschiedung eines Etats von 200 Millionen Dollar für die Einrichtung von Supercomputer-Zentren an verschiedene Universitäten und des NSFnet. Das NSFnet startete 1986 mit einem landesweiten 56 Kbps-Backbone, der bald auf 1,5 Mbps- und 1989 auf 44,7 Mbps-Leitungen ausgebaut wurde. Zu der Zeit planten Bob Kahn und Vint Cerf bereits ein Versuchsnetz mit 6 Gigabit pro Sekunde. Um den NSFnet-Backbone herum entwickelte sich eine ganze Reihe NSF-geförderter regionaler Netzwerke. Von Anfang 1986 bis Ende 1987 stieg die Gesamtzahl der Netzwerke am Internet von 2 000 auf beinah 30 000.

Das NSFnet startet

Neue Architekturen, Protokolle und Dienste

Neben TCP/IP wurden weiterhin proprietäre Protokolle eingesetzt, aber es entstanden auch neue offene Protokolle. Das wichtigste darunter ist das → BITNET (*Because It's Time NETwork*), das 1981 als ein kooperatives Netzwerk an der City University of New York startete und die erste Verbindung an die Yale Universität legte. Zu den Eigentümlichkeiten von BITNET gehört z. B., dass es die Dateiübertragung per E-Mail realisiert. 1987 überschritt die weltweite Zahl der BITNET-Hosts 1 000.

TCP/IP wurde zum *de facto* Standard, doch die Anerkennung als offizieller Standard blieb ihm verwehrt. Ein Irrweg in der Netzwerkentwicklung begann, als die *International Standards Organization* (ISO) ab 1982 ein Referenzmodell für einen eigenen verbindungsorientierten Internetzwerk-Standard namens *Open Systems Interconnection* (→ OSI) entwickelte. Im Gegensatz zum horizontalen Prozess der Internetcommunity beruht das Standardisierungsverfahren der ISO auf einem vertikalen, mehrschichtigen Prozess aus Vorschlägen, Ausarbeitungen und Abstimmungen, der zwischen den nationalen Standardisierungsorganisationen, den Arbeitsgruppen und schließlich dem Plenum der ISO hin- und hergeht. Dabei sollen alle Interessen berücksichtigt werden. Der Standard soll in einem theoretischen Sinne vollständig sein. Er soll zugleich rückwärts kompatibel und abstrakt genug sein, um zukünftige Entwicklungen nicht zu verbauen. Durch die begrenzte Zirkulation in den am Verfahren beteiligten Institutionen werden Standards auch nur begrenzt getestet, bevor sie verabschiedet werden. Ist ein Standard endlich verabschiedet, ist er von der Technologie oft genug schon überholt. OSI hat sich nie sehr weit von den Papierkonzepten in den praktischen Computereinsatz hinein entwickelt und gilt heute als gescheitert. Bis in die 90er-Jahre hinein dekretierten die Forschungs- und Technologiebehörden vieler Länder,

Die »ordentliche« aber gescheiterte Version von TCP/IP: OSI

darunter Deutschland und Japan, jedoch, dass OSI das offizielle und damit das einzige Netzwerkprotokoll sei, in das Forschungsmittel fließen. Selbst die US-Regierung schrieb noch 1988 vor, dass alle Rechner, die für den Einsatz in staatlichen Stellen angekauft werden, OSI unterstützen müssen und erklärte TCP/IP zu einer »Übergangslösung«.

1983 beschloss das US-Verteidigungsministerium, das Netz in ein öffentliches ARPANET und das vertrauliche → MILNET aufzuteilen. Nur 45 der 113 Host-Rechner blieben im ARPANET übrig. Die Zahl der an diese Hosts angeschlossenen Rechner war natürlich viel größer, vor allem durch den Übergang von *Time-Sharing*-Großrechnern hin zu Workstations in einem *Ethernet*-LAN. Jon Postel wies den einzelnen miteinander verbundenen Netzen erst Nummern zu, dann entwickelte er zusammen mit Paul Mockapetris und Craig Partridge das *Domain Name System* → (DNS),[19] mit einem ersten Name-Server an der University of Wisconsin, der Namen in Nummern übersetzt. Gleichzeitig empfahl er das heute übliche »user@host.domain«-Adressierungsschema. Das neue Adressensystem institutionalisierte sich 1988 mit der *Internet Assigned Numbers Authority* (→ IANA), deren Direktor Postel wurde.

Das Domain-Name-System

1981 begann Bill Joy an der Berkeley Universität mit einem Forschungsauftrag der DARPA, die TCP/IP-Protokolle in die dort gepflegte freie Version des Betriebssystems Unix zu integrieren. Sie wurden im August 1983 in der → BSD (*Berkeley Systems Distribution*)-Unix-Version 4.2 veröffentlicht. Die Betriebssysteme von Computer und Netz waren verschmolzen. Nicht zuletzt deshalb begannen viele Computerunternehmen, wie z. B. das von Joy mitgegründete Sun Microsystems, BSD zur Basis ihrer Workstations zu machen. Die freie Software 4.2BSD verbreitete sich rasch. Tausende von Entwicklern in der ganzen Welt übernahmen es und legten so die Grundlage für das heutige globale Internet. 1977 waren mit dem Tandy TRS-80 und dem Commodore Pet die ersten Computer für den Privatgebrauch auf den Markt gekommen, Steve Wozniak und Steve Jobs kündigten den Apple II an. Der IBM-PC folgte 1981 und kurz darauf die ersten IBM PC-Clones. Durch die billigen Kleinstrechner und ihre Fähigkeit, per Modem zu kommunizieren, betrat eine neue Generation von Nutzerkulturen die Informatik- und Netzwelt.

Das Internetprotokoll verbindet sich mit Unix

Die Integration von TCP/IP und lokalen *Ethernets* trieb die Ausbreitung des Internet voran.[20] *Ethernet*-Karten wurden auch für PCs verfüg-

19 Die generischen *Top-Level Domains* sind .gov, .mil, .edu, .org, .net, .com und das wenig gebrauchte .int für internationale Organisationen. Domains außerhalb der USA erhalten einen Ländercode aus zwei Buchstaben nach ISO-Norm, z. B. .de, .nl, .jp.

20 1981 brachte Metcalfes 3COM UNET auf den Markt, ein Unix TCP/IP-Produkt, das auf *Ethernet* läuft.

bar. Anfang der 80er-Jahre entwickelten Studenten von Professor David Clark am MIT den ersten TCP/IP-Stapel (*Stack*) für MS-DOS. Der Quellcode für PC/IP und einige einfache Netzapplikationen verbreiteten sich rasch und inspirierte viele andere, den PC für das Internet zu erschließen. Da das Betriebssystem → DOS nicht multitasking-fähig ist, konnte PC/IP nur eine einzige Verbindung (ein *Socket*) unterstützen. Für einige Anwendungen (wie Telnet) stellt die Beschränkung kein Problem dar, FTP dagegen benötigt zwei Verbidungen gleichzeitig, einen Kontroll- und einen Datenkanal. Phil Karn, damals bei den Bell Labs beschäftigt, begann 1985 einen neuen TCP/IP-Stack zu schreiben, bei dem er Multitasking innerhalb der Applikation realisierte – ein waghalsiger Trick, der aber funktionierte. Für CP/M entwickelt, portierte Karn den Code bald auf DOS und, da er ein leidenschaftlicher Amateurfunker war, überarbeitete er ihn außerdem für die Verwendung über *Packet*-Radio. Unter dem Namen seines Rufzeichens KA9Q[21] gab er den Code für nicht kommerzielle Verwendung frei (vgl. Baker, 1998).

Der PC geht ans Netz

1979 entstand das USENET, das zu einem internetweiten schwarzen Brett werden sollte. Steve Bellovin schrieb dazu einige Kommandozeilen-Skripte, die es einem Rechner erlauben, über UUCP Nachrichten auf einem anderen Rechner abzurufen. Technisch ist das → USENET ein frühes Beispiel für Client-Server-Architekturen. Sozial bildet es einen öffentlichen Raum, in dem jeder lesen und schreiben kann, zu Themen, die so ziemlich alles unter der Sonne umfassen.[22] Eine andere Form von kooperativem sozialem Raum, der zusätzlich synchrone Kommunikation ermöglicht, sind *Multi-User Dungeons* (→ MUDs). Angelehnt an Tolkiens *Dungeons and Dragons*-Motive erlauben es diese Welten mehreren Spielern, gemeinsam durch rein textbasierte Räume zu ziehen, Drachen zu töten, Puzzle zu lösen und miteinander zu plaudern. Als Spielumgebungen entstanden, fanden MUDs später auch für Bildungs- und Diskussionszwecke Verwendung. Das erste von ihnen, das MUD1, schrieben ebenfalls 1979 Richard Bartle und Roy Trubshaw an der University of Essex. 1988 kommt mit dem *Internet Relay Chat* (→ IRC) von Jarkko Oikarinen ein weiteres synchrones Kommunikationsformat hinzu.

Online Communities

Parallel zum Internet kamen lokale Diskussionsforen, *Bulletin Board Systems* (→ BBS) auf, zunächst als allein stehende PCs mit einer oder mehreren Einwahlverbindungen. Mit Hilfe von Telefonleitungen und X.25 vernetzten sich auch diese Kleinrechner, z. B. zum »FidoNet«, 1983 von Tom Jennings entwickelt. 1985 gründet Stewart Brand das legendäre

21 Der Quellcode ist abrufbar unter http://people.qualcomm.com/karn/code/ka9qos/
22 Zur Kultur des USENET siehe ausführlich Hauben/Hauben, 1996.

Zugang

BBS *Whole Earth 'Lectronic Link* (WELL) in San Francisco. Kommerzielle BBSs wie CompuServe und AOL folgten. Auch diese separaten Netze richteten Ende der 80er-Jahre Gateways zum Internet ein, über die sie seither E-Mail und News austauschen können (Fidonet z. B. 1988, MCI-Mail und Compuserve 1989). Um auch Menschen außerhalb der Universitäten den Zugang zum Internet zu ermöglichen, entstanden eine Reihe von so genannten Freenets. Das erste, das »Cleveland Freenet«, wurde 1986 von der *Society for Public Access Computing* (SoPAC) in Betrieb genommen.

Navigation

Die Masse der im Internet verfügbaren Informationen wurde immer unüberschaubarer. Der Bedarf nach Navigations- und Suchwerkzeugen führte zu neuen Entwicklungen an verschiedenen Forschungseinrichtungen. Am → CERN stellte Tim Berners-Lee 1989 Überlegungen zu einem verteilten Hypertext-Netz an, aus dem das *World-Wide Web* → (WWW) geworden ist. Ähnliche Verknüpfungen bieten die im folgenden Jahr gestarteten Dienste »Archie« (von Peter Deutsch, Alan Emtage und Bill Heelan, McGill University) und »Hytelnet« (von Peter Scott, University of Saskatchewan). 1991 kamen *Wide Area Information Servers* (WAIS, von Brewster Kahle, *Thinking Machines Corporation*) und »Gopher« (von Paul Lindner und Mark P. McCahill, University of Minnesota) hinzu. Die erste Version von Berners-Lees WWW wurde freigegeben. Im Jahr darauf entstand am *National Center for Supercomputing Applications* (→ NCSA) der erste Web-Browser »Mosaic«. Ebenfalls 1992 veröffentlich die University of Nevada »Veronica«, ein Suchwerkzeug für den »Gopher«-Raum. Im selben Jahr startete der Bibliothekar Rick Gates die »Internet Hunt«, ein Suchspiel nach Informationen, bei dem auch diejenigen aus den veröffentlichten Lösungsstrategien lernen konnten, die sich nicht selber beteiligten. 1990 wurde die erste fernbedienbare Maschine ans Netz gehängt, der »Internet Toaster« von John Romkey. Bald folgten Getränkeautomaten, Kaffeemaschinen und eine Fülle von Webkameras.

Sicherheit

Die offene Architektur des Internet macht es jedoch möglich, jede Kommunikation an allen Knoten zwischen Sender und Empfänger abzuhören. Die Antwort auf dieses Problem lautet Kryptogragfie, doch die galt als militärisch-staatliches Geheimwissen. Das erste für Normalsterbliche zugängliche Kryptografie-Werkzeug war → PGP (*Pretty Good Privacy*), 1991 von Philip Zimmerman freigegeben.

Multimedia

Neben Texten fanden sich auch schon in den 80ern Bilder und Audiodateien im Netz, doch ihre Integration hatte mit dem WWW gerade erst begonnen. Die ersten regelmäßigen »Radiosendungen« im Netz waren die Audiodateien von Interviews mit Netzpionieren, die Carl Malamud ab

1993 unter dem Namen *Internet Talk Radio* ins Netz stellte. Weiter ging der »Multimedia-Backbone« (→ MBONE), über den 1992 die ersten Audio- und Video-Multicasts ausgestrahlt wurden. Anfangs konnten sich daran nur wenige Labors mit einer sehr hohen Bandbreite beteiligen, doch bald wurden die hier entwickelten Werkzeuge auch für den Hausgebrauch weiterentwickelt. Das Programm »CUSeeMe« (ein Wortspiel auf »I see you seeing me«) bot Video-Conferencing für den PC. Das Streaming-Format »RealAudio« (1995) machte es möglich, Klanginformationen in Echtzeit im Netz abzurufen. Multimediale Inhalte können mit → MIME *(Multimedia Internet Mail Extensions* – RFC 1437) seit 1993 auch in E-Mails verschickt werden.

Internationalisierung

Anfänge des Internet in Deutschland

In Europa gab es Anfang der 80er-Jahre bereits erste auf Wählverbindungen und UUCP basierende Netze, wie z. B. das 1982 etablierte »Eunet« (*European Unix Network*) mit Knoten in Holland, Dänemark, Schweden und England. In Deutschland kannte man das Internet höchstens aus dem Kino (z.B. »War Games«), wie sich einer der deutschen Internetpioniere, Claus Kalle vom Rechenzentrum der Universität Köln, erinnert.[23] Großrechner kommunizierten über das teure »Datex-P«. Das erste Rechnernetz, das über einen E-Mail-Link in die USA und dort über ein Gateway ins Internet verfügte, war das 1984 gestartete → EARN (*European Academic Research Network*). Natürlich wurde auch bald mit TCP/IP experimentiert – die RFCs, die man sich per E-Mail über EARN beschaffen konnte, machten neugierig – doch das Klima war für TCP/IP nicht günstig. Als 1985 der Verein zur Förderung eines Deutschen Forschungsnetzes e.V. (DFN-Verein) gegründet wurde, vertrat er ausschließlich die offizielle OSI-Linie. »In Deutschland und Europa war man damals vollkommen davon überzeugt und förderte auch politisch und finanziell, dass die Protokolle der OSI-Welt in Kürze weit verfügbar und stabil implementiert seien, und damit eine Basis für die herstellerunabhängige Vernetzung existieren würde.«[24] Die ersten Verbindungen von Rechnern außerhalb der USA liefen über UUCP. 1984 wurde z. B. das → JUNET (*Japan Unix Network*) etabliert, und eine erste Botschaft von »Kremvax« sorgte für Aufregung, da seither auch die UdSSR an das USENET angeschlossen war.

23 Vgl. Kalle, in: WOS1, 7/1999.
24 Ebd.; da OSI maßgeblich von Europa und Japan vorangetrieben wurde und als »Gegenentwicklung« zum US-amerikanischen TCP/IP galt, stand es in einem blockpolitisch aufgeladenen Feld.

Die Initiative für ein IP-Netz in Deutschland ging 1988 von der Universität Dortmund aus. Es hatte im Rahmen des europaweiten »InterEUnet«-Verbundes eine Anbindung erst über »Datex-P«, dann über eine Standleitung nach Amsterdam und von dort aus an das US-amerikanische Internet. Die Informatik-Rechnerbetriebsgruppe (IRB) der Universität Dortmund betrieb einen anonym zugänglichen FTP-Server. »Besonders förderlich war es, mit den recht frischen Kopien der GNU- und anderer Public-Domain-Pakete (emacs, gcc, ISODE usw.) zu arbeiten. Auch war auf diesem Wege erstmalig Zugang zu Netnews und Internet-Mail möglich, so dass man sich auf dem Laufenden halten konnte.«[25] Eine ähnliche Initiative gab es am Informatik-Lehrstuhl von Professor Zorn an der Universität Karlsruhe, die zum Aufbau des XLINK (eXtended Lokales Informatik Netz Karlsruhe) führte, das ebenfalls eine Verbindung in die USA zum New Yorker NYSERnet *(New York State Education and Research Network)* anbot.

Das OSI-Regime des DFN lockerte sich nach und nach. Das X.25-basierte Wissenschaftsnetz (WiN) sollte gleich von seinem Start an auch TCP/IP-Hosts unterstützen.[26] Die europäischen Netzanbieter schlossen sich 1989 auf Initiative von Rob Blokzijl am *National Institute for Nuclear Physics and High-Energy Physics* in Amsterdam zum → RIPE *(Reseaux IP Européens)* zusammen, um die administrative und technische Koordination für ein paneuropäisches IP-Netzwerk zu gewährleisten. Zur Konsolidierung der bereits existierenden europäischen IP-Netze begannen 1991 einige Netzbetreiber, eine europäische IP-Backbone-Struktur namens → EBONE zu planen und aufzubauen. 1992 begannen auch Initiativen wie Individual Network e.V. (IN) mit dem Aufbau alternativer Verfahren und Strukturen zur Bereitstellung von IP-Diensten. Auch das IN nahm im Weiteren aktiv an der Gestaltung der deutschen IP-Landschaft teil. Nicht zuletzt die Netnews-Verteilung wäre ohne die IN-Mitarbeit nur schleppend vorangekommen.

Die Länder der Welt im Internet

Der Zuwachs der internationalen IP-Konnektivität lässt sich an der Anmeldung von Länder-Domains ablesen. 1988 kamen Kanada, Dänemark, Finland, Frankreich, Island, Norwegen und Schweden dazu. Im November 1989 sind insgesamt 160 000 Hosts am Internet. Australien, Deutschland, Israel, Italien, Japan, Mexiko, Holland, Neuseeland und Großbritannien schließen sich an. 1990 kommen Argentinien, Österreich, Belgien, Brasilien, Chile, Griechenland, Indien, Irland, Südkorea, Spanien und die Schweiz dazu. 1991 sind es Kroatien, die Tschechische

25 Kalle, in: WOS1, 7/1999.

26 Zu den Auseindandersetzungen zwischen dem offiziellen OSI-Lager und der wachsenden Zahl von TCP/IP-Verfechtern in Deutschland, s. Kalle, in: WOS1, 7/1999.

Republik, Hong Kong, Ungarn, Polen, Portugal, Singapur, Südafrika, Taiwan und Tunesien. 1992 überschreitet die Zahl der Hosts die Eine-Million-Marke. Immer kleinere Länder und Territorien wie Zypern, die Antarktis, Kuwait und Luxemburg melden Länder-Domains an. 1997 kommen noch eine Reihe von Inselnationen und Protektorate hinzu, so dass heute die gesamte Weltkarte auf den Adressraum des Internet abgebildet ist.

Kommerzialisierung

Das Entstehen eines kommerziellen Marktes für Internetanbieter anzuregen und zu fördern, war eines der Ziele der NSFnet-Initiative. Zu den ersten Nutznießern gehörten Firmen wie Performance Systems International (PSI), *Advanced Network and Systems* (ANS – von IBM, MERIT und MCI gegründet), Sprintlink und CERFNet von General Atomics, das auch das *San Diego Supercomputer Center* betrieb. Die kommerziellen ISPs sollten Ende der 80er den Erhalt und Ausbau des Internet von den Universitäten und Forschungbehörden übernehmen. Dadurch entstand auch ein bedeutender Markt für internetbasierte Produkte. Len Bozack, ein Stanford-Student, gründete Cisco Systems. Andere, wie 3COM, Proteon, Banyan, Wellfleet und Bridge gingen ebenfalls in den Router-Markt. Die erste Internet-Industriemesse, die »Interop« in San Jose 1988, zog 50 Aussteller und 5 000 Besucher an.

Das Werbeverbot im Internet fällt

1991 hob die NSF das bis dahin bestehende Werbeverbot (die *acceptable use policy*) in der öffentlichen Netzinfrastruktur auf. Damit war der Weg frei dafür, dass sich sich General Atomics (CERFnet), PSI (PSInet) und UUNET Technologies, Inc. (AlterNet) in Kalifornien zum ersten → CIX *(Commercial Internet Exchange)* zusammenschlossen, um den uneingeschränkten Verkehr zwischen den kommerziellen Netzen zu organisieren. Auch in Deutschland begann Anfang der 90er die Privatisierung der universitären Infrastruktur. Das Drittmittelprojekt »Eunet« der Informatik-Rechnerbetriebsgruppe der Uni Dortmund wurde Ende 1992 zur GmbH. Im Jahr darauf wurde auch das XLINK-Projekt an der Uni Karlsruhe zur Tochter der NTG, ihrerseits Tochter von Bull.[27]

Wende ab 1990

Ein Wendepunkt lässt sich am Übergang von den 80er- zu den 90er-Jahren ausmachen. Das ARPANet wird 1990 offiziell abgeschaltet. Die NSF

27 Vgl. Kalle, in: WOS1, 7/1999.

verlagert die Netzwerkförderung von einer direkten Finanzierung der akademischen Backbone-Infrastruktur hin zur Bereitstellung von Etats, mit denen die Universitäten sich Konnektivität von kommerziellen Anbietern einkaufen. Mit der schwindenden Rolle der NSF im Internet endete auch die Verbindlichkeit der *Acceptable Use Policy*. Zunächst behutsam, dann in einem unaufhörlichen Strom setzten die Werbebotschaften im Netz ein.

Die verlorene akademische Unschuld

Die im CIX zusammengeschalteten Netzanbieter vermarkteten das Internet als Businessplattform. Über die Gateways der kommerziellen BBSe kamen Nutzerkulturen, die es gewohnt waren, für Informationen zu bezahlen und ihrerseits die Kanäle hemmungslos für gewerbliche Zwecke zu verwenden. Einen berüchtigten Konflikt löste die Anwaltsfirma Canter & Siegel aus Arizona aus, als sie 1994 Massen-E-Mails (→ *Spam*) zur Bewerbung ihrer Green-Card-Lotteriedienste ins Internet schickte. Die Netzbewohner reagierten heftig und unterbanden diesen Missbrauch, indem sie ihrerseits die Firma massenhaft mit E-Mails eindeckten.

Ab 1990 wurden gezielte Anstrengungen unternommen, kommerzielle und nicht kommerzielle Informationsdiensteanbieter ins Netz zu holen. Unter den ersten befanden sich Dow Jones, Telebase, Dialog, CARL (die *Colorado Alliance of Research Libraries*) und die *National Library of Medicine*. 1991 trat das WWW seinen Siegeszug an. Mehr als 100 Länder waren an das Internet angeschlossen, mit über 600 000 Hosts und fast 5 000 einzelnen Netzen. Im Januar 1993 waren es schon über 1,3 Millionen Rechner und über 10 000 Netzwerke.

Der damalige US-Präsident Bill Clinton und Vize Al Gore gaben im Februar 1993 unmittelbar nach ihrem Amtsantritt auf einem *Town Meeting* im Silicon Valley eine Erklärung über ihre Technologiepolitik ab, in der das Internet bereits eine zentrale Rolle spielte. Damit lösten sie eine Art Vorbeben aus, in einer geopolitischen Situation, in der die USA sich in einer Wirtschaftskrise befanden, Europa im Aufschwung und Japan an der Weltspitze. Die eigentliche Schockwelle ging über die Welt hinweg, als Al Gore am 15. September des Jahres die *National Information Infrastructure Agenda for Action* verkündete, in der er Netzwerke nicht nur selbst zu einer Multi-Milliarden-Dollar-Industrie, sondern zu einer Grundlageninfrastruktur für Wirtschaft, Bildung, Wissenschaft und Kultur erklärte.[28] Das Bewusstsein, in einem Schlüsseltechnologiesektor hinter den USA herzuhinken, löste allerorten hektisches Treiben aus. Spätestens damit begann die kommerzielle Erschließung und die Massenbesiedlung des Internet.

Al Gores Agenda macht das Internet zur »nationalen Infrastruktur«

28 Im selben Jahr richtete die US-Regierung als Erste einen Web-Server ein (http://www.whitehouse.gov/).

Für die neuen Generationen von Nutzern gibt es nur eine Information, die frei und möglichst weit zirkulieren soll: Werbung. Alle andere Information ist für sie Ware. Um nun in diesem promiskuitiven Milieu eine Information (z. B. Börsendaten, Lehrmaterial, Musikstücke) derjenigen und nur derjenigen zugänglich zu machen, die dafür bezahlt hat, mussten in das Internet zusätzliche, aufwendige Schutzmechanismen, Zonen mit Zugangskontrollen und kryptografisch abgesicherte Rechtekontrollsysteme eingezogen werden. Die Rechteindustrie (Bertelsmann, Sony, Time-Warner usw.) arbeitet seit etwa 1994 nach Kräften daran, ihre Waren über das Netz verkaufbar zu machen und technisch abzusichern. Nichts demonstrierte die neue Qualität des Internet besser, als die erste Cyber-Bank »First Virtual«, die 1994 ihren Betrieb aufnahm.

Microsoft und das Internet

Microsoft (MS) hatte das Internet zunächst verschlafen. Bill Gates erwähnte in der Erstausgabe seines 1995 erschienen Buches »The Road Ahead« das Internet mit keinem Wort. Kurz darauf schwenkte er den Ozeanriesen Microsoft auf Internet-Kurs. Noch im selben Jahr erschien die erste Version des Web-Browsers »MS Internet Explorer«. Nachdem die Kopplung von Hard- und Software gebrochen war, löste das Web die Verbindung von jeweils spezifischer Software und Information auf. Microsoft Network (MSN) war dagegen ein Versuch, erneut eine solche Kopplung zu legen: ein geschlossenes Format, in dem Firmen kostenpflichtige Informationen und Dienstleistungen anbieten konnten – sofern sie eine Startgebühr von 50 000 Dollar und einen Anteil aller Einnahmen an MS zahlten. Es handelte sich um eine verspätete Imitation der geschlossenen BBSe wie Compuserve oder AOL, die bereits durch das WWW überholt waren, das es jedem erlaubte, gebührenfrei Informationen anzubieten.

Wem gehört mtv.com?

Domain-Namen waren bislang nichts als eine Mnemotechnik gewesen, die die darunter liegenden numerischen IP-Adressen handhabbarer machten. Durch den Einzug großer Unternehmen mit ihren geschützten Warenzeichen wurden sie zu einem aggressiv umstrittenen Territorium. Der erste prominente Streit darüber, ob Domain-Namen geistiges Eigentum sind, war der von MTV Networks gegen Adam Curry. Etwa im Mai 1993 hatte Curry, ein MTV-Video-Jockey, auf eigene Faust und Kosten ein Informationsangebot unter »mtv.com« gestartet. In Gesprächen mit führenden Angestellten von MTVN und deren Mutterfirma Viacom New Media hieß es, MTV habe kein Interesse am Internet, hindere Curry aber auch nicht an seinen Aktivitäten. Also baute Curry sein Informationsangebot weiter aus, u.a. mit einem schwarzen Brett, auf dem sich Musiker und Vertreter der Musikindustrie miteinander unterhielten. In den von ihm moderierten Fernsehprogrammen wurden E-Mail-Adressen wie »popquiz@mtv.com« eingeblendet. Im Januar 1994 forderte MTVN Curry förmlich auf, die Verwendung von »mtv.com« einzustellen. Dennoch verwiesen MTV-Sendungen weiterhin auf diese Adresse, und ein führender Angestellter bat Curry im Februar, bestimmte Informationen in seiner Site aufzunehmen. Inzwischen hatten MTVN und AOL einen Vertrag abgeschlossen, um einen kostenpflichtigen Dienst anzubieten, der u.a. ein schwarzes Brett für Musikprofis beinhalten sollte, das dem von Curry auffällig glich. MTVN verklagte Curry u.a. wegen des Verstoßes gegen Trademark-Ansprüche auf Freigabe der Domain »mtv.com«. Currys Versuche, den Streit gütlich beizulegen, scheiterten. Er kündigte. Letztlich kam es doch zu einer außergerichtlichen Einigung, bei der Curry die Domain an MTV aufgab.[29]

Die Situation war typisch für die Zeit um 1993-94: Große Unternehmen, auch aus der Medienbranche, ignorierten oder unterschätzten die Bedeutung des Internet, während innovative Einzelpersonen durch ihr persönliches Engagement populäre und kostenlose Informationsangebote aufbauten, nur um zusehen zu müssen, wie ihnen die Früchte ihrer Arbeit mit Hilfe des Rechtssystems abgesprochen wurden. Nachdem in zahlreichen Urteilen entschieden war, dass Domain-Namen dem Warenzeichenregime unterliegen, setzte ein reger Handel ein. CNET beispielsweise kaufte 1996 die URL »tv.com« für 15 000 Dollar. »business.com« wurde 1997 für 150 000 Dollar verkauft und zwei Jahre später für bereits 7,5 Millionen Dollar weiterverkauft.

Der NSF-Backbone hat seinen Dienst getan

Bis 1995 war die kommerzielle Backbone-Infrastruktur in den USA soweit errichtet und untereinander verschaltet, dass der NSFNET-Backbone-Dienst eingestellt werden konnte.[30] Im selben Jahr gingen eine Reihe von Internetunternehmen an die Börse, am spektakulärsten das auf der NCSA-Browser-Technologie errichtete Netscape mit dem drittgrößten Nasdaq-IPO-Wert aller Zeiten.

Im Gefolge der Wirtschaft hielten auch die Rechtsanwälte Einzug ins Internet. Als Teil der Verrechtlichung unternahm auch der Gesetzgeber Schritte zur Regulierung. 1996 wurde in den USA der umstrittene *Communications Decency Act* (CDA) verabschiedet, der den Gebrauch von »un-

---

29 Offener Brief von Adam Curry auf der »Lectric Law Library«-Liste vom 10. Mai 1994, http://www.lectlaw.com/files/inp10.htm; MTV v. Adam Curry case from 867 F.Supp. 202., United States District Court, S.D. New York, Oct. 28, 1994; http://www.loundy.com/CASES/MTV_v_Curry.html

30 Vgl. Merit's History. The NSFNET Backbone Project, 1987–1995, http://www.merit.edu/merit/archive/nsfnet/transition/

anständigen« Wörtern im Internet verbietet. Einige Monate später verhängte ein Gericht eine einstweilige Verfügung gegen die Anwendung dieses Gesetzes. 1997 erklärte das höchste US-Gericht den CDA für verfassungswidrig. Dennoch wurde in dieser Zeit der vermeintlich rechtsfreie Raum des Internet in die gesetzlichen Regularien von Gebieten wie der Kryptografie über das Urheberrecht bis zu den Allgemeinen Geschäftsbedingungen einbezogen.

Gesetzgeber und Gerichte entdecken das Internet

In vielen Ländern greifen Gerichte und staatliche Behörden in den Cyberspace ein. China verlangt, dass ISPs und Nutzer sich bei der Polizei registrieren. Ein deutsches Gericht entschied, dass Compuserve den Zugang zu Newsgroups, die sich im weitesten Sinne mit Sexualität beschäftigen, unterbinden muss. Da Compuserve sein weltweites Informationsangebot in seiner Zentrale in Ohio vorrätig hält und es technisch nicht nach einzelnen Länder differenzieren konnte, schaltete es die Newsgroups für alle Nutzer ab, was eine vor allem amerikanische Protest- und Boykottwelle gegen Deutschland auslöste. Saudi Arabien beschränkt den Zugang zum Internet auf Universitäten und Krankenhäuser. Singapur verpflichtet Anbieter politischer und religiöser Inhalte, sich staatlich registrieren zu lassen. Neuseeland klassifiziert Computerdisketten als »Publikationen«, die zensiert und beschlagnahmt werden können. Amerikanische Telekommunikationsunternehmen nahmen Anstoß an Internet-Telefoniediensten und forderten das Parlament auf, die Technologie zu verbieten.

Die Selbstregulierung des Netzes platzt aus allen Nähten

Auch die Selbstorganisation der technischen Entwicklung der Internetgrundlagen veränderte ihren Charakter. Saßen in den jährlichen Treffen von IETF-Arbeitsgruppen Mitte der 80er-Jahre höchstens 100 Personen, sind es jetzt nicht selten 2 000 bis 3 000. Entsprechend sind sie kein kollektives Brainstorming mehr, sondern dicht gedrängte Abfolgen von Präsentationen. Die eigentliche Arbeit findet immer häufiger in kleinen geschlossenen Gruppen, den Design-Teams, statt. Während die mehr als 20 Jahre alte Technologie des Internet erstaunlich stabil skaliert, stoßen die Communitystrukturen an ihre Grenzen. Auch die Zusammensetzung der Arbeitsgruppen veränderte sich: »Seit den späten 80er-Jahren hat sich der Anteil akademischer Mitglieder in der IETF stetig verringert – und das nicht nur, weil die Zahl der Unternehmen immer mehr anstieg, sondern auch, weil immer mehr Gründungsmitglieder in die Wirtschaft wechselten.«[31] Das kollektive Streben nach der besten Lösung für das Internet als Ganzes, so Jeanette Hofmann, drohe, von den Interessen konkurrierender Unternehmen unterlaufen zu werden, die ihre jeweili-

31 Jeanette Hofmann, in: WOS1, 7/1999.

Das Internet ist in der Normalität angekommen

gen Produkte durchsetzen wollten. Schließlich führten die schiere Größe, die nachrückende Generation von Ingenieuren und das Gewicht der gewachsenen Struktur dazu, dass die Standardentwicklung dazu neigt, konservativer und mittelmäßiger zu werden. Hofmanns Fazit: Die IETF sei auf dem besten Weg, eine Standardisierungsorganisation wie jede andere zu werden: »Das Internet und seine Gemeinde sind in der Normalität angekommen. Irgendwann werden sich die Väter unter der wachsenden Zahl gleichberechtigter Mitglieder verloren haben – und mit ihnen ein Teil der Ideen und Prinzipien, die die Entstehung des Internet umgaben.«[32]

The Beginning of the Great Conversation

Welche Bedeutung hat nun die hier geschilderte Entwicklung des Internet für die Wissensordnung digitaler Medien allgemein und für die freie Software im Besonderen? Das Netz der Netze ist offen, verteilt, dezentral und heterogen. Im Gegensatz zum zentralistischen Telefonsystem beruht es auf lokalen *Peering*-Abkommen zwischen geografisch benachbarten Netzen. Das Internet ist offen, weil es von Beginn an auf den verschiedensten Rechnerarchitekturen implementiert wurde, weil es auf jede Netzwerk-Technologie (Radio, Satelliten, ISDN, Frame Relay, ATM usw.) aufsetzen kann,[33] und weil es seinerseits andere Protokolle (AppleTalk, Novell IPX, DECNet usw.) gekapselt transportieren kann. Offen ist es auch von Beginn an für internationale Zusammenarbeit. Offen ist es schließlich, weil die öffentliche Förderung – durch die US-Wissenschaftsbehörden ARPA und NSF und mit Verzögerung auch durch die entsprechenden Behörden anderer Länder – eine proprietäre Schließung der Forschungsergebnisse verhinderte. Der antikommerzielle Geist in dieser öffentlichen Infrastruktur der Wissenschaftsgemeinde wurde in der *Acceptable Use Policy* der NSF kodifiziert, die bis Ende der 80er-Jahre jegliche kommerzielle Nutzung, wie Werbung oder Verkauf von Waren und Dienstleistungen im Internet, untersagte. Es ging beim Internet um Grundlagenforschung, in einem Gebiet, in dem viele Leute kooperieren mussten, durchgeführt an Universitäten und in seinem ersten Jahrzehnt noch ohne militärische[34] und wirtschaftliche Anwendung. Aus all diesen

32 Ebd.

33 Eines der Hauptziele des Projekts war, wie Cerf es beschreibt, »IP auf allem«, vgl. Cerf, 1993.

34 Erst Ende 1978 begannen sich die operativen Streitkräfte dafür zu interessieren: »1979 richteten wir in Fort Bragg Paketfunksysteme ein; diese wurden für Truppenübungen eingesetzt… 1980 wurde beschlossen, dass TCP/IP das bevorzugte militärische Protokoll sein sollte«, Cerf, 1993.

Faktoren erwuchs eine kooperative Community, die das Netz trägt und die von ihm getragen wird.

Das Internet stellt eine Symmetrie von Lesen und Schreiben her

Aus dieser Zeit und aus diesem Wissensmilieu stammt der Grundsatz der Wissensordnung digitaler Medien, den einige Unverdrossene auch heute im Zeitalter der *Dot-com*-Wirtschaft aufrecht erhalten: Information will frei sein. Die besondere Qualität dieser Umgebung ergibt sich aus der Zweiweg-Kommunikationsstruktur und der Archivfunktion des Netzes. Die schlichte Tatsache, dass jeder Teilnehmer Einzelne oder Gruppen beliebiger Größe von anderen Teilnehmern ansprechen kann, und dass viele der öffentlichen Äußerungen nachlesbar und referenzierbar bleiben, führt zu dem, was John Perry Barlow als »das Ende der Rundfunkmedien und den Beginn des Großen Gesprächs« (*The Great Conversation*) bezeichnet hat. »Wenn es mit einemmal möglich wird, Ideen weithin zu verbreiten, ohne sie erst durch eine zentral gesteuerte und hochkapitalisierte industrielle Maschinerie schleusen zu müssen – ob es sich um den Komplex der Buchindustrie oder 50 000 Watt-Sender handelt – ... wird die Freiheit der Meinungsäußerung nicht länger nur jenen gehören, die Druckerschwärze tonnenweise oder Sendeleistung nach Kilowatt kaufen. Niemand wird sich in seinen öffentlichen Äußerungen mehr auf Ideen beschränken müssen, die den Medienfürsten und ihren Inserenten genehm sind.« (Barlow, 1996).

Weite, aber flache Netze

Kommunikationsmittel, die in vergleichbarer Form nur großen Unternehmen und gut besoldeten staatlichen Stellen verfügbar waren (z. B. Video-Conferencing), erlauben es jetzt Individuen, ad hoc oder kontinuierlich zusammenzuarbeiten. Daraus ergeben sich für einzelne Gruppen wie für das Internet insgesamt Strukturcharakteristika, die Helmut Spinner für die viel versprechendste nicht technische Neuerung der aktuellen Wissensordnung hält: »Es sind die weiten, aber trotzdem flachen Informationsnetze, die erstmals in der Geschichte das traditionelle ›Organisationsgesetz‹ durchbrechen, demzufolge Größenwachstum unvermeidlich mit Abschließung nach außen und Hierarchiebildung im Innern verbunden ist, vom Sportverein über den Wirtschaftsbetrieb bis zum Großreich« (Spinner, 1998, S. 9). Das Internet entwickelt sich selbst im Modus der offenen Kooperation und wird zur Voraussetzung für eine Wissensentwicklung durch Tausende auf der ganzen Welt verteilter Individuen, ohne Management- und andere Overhead-Kosten, in einer direkten Rückkopplungsschleife mit den Anwendern. Damit ist es auch die essenzielle Bedingung für das Phänomen der freien Software.

Geschichte der Softwareentwicklung

Der Wandel der Wissensordnung im 20. Jahrhundert wird durch drei Dynamiken charakterisiert: »Technisierung des Wissens, Kommerzialisierung der Wissensdienste, Globalisierung der Rahmenbedingungen unter dem Ordnungsregime der Wirtschaftsordnung« (SPINNER, 1998, S. 34). Eine zentrale Rolle darin spielt der Computer: »Als Buchdruck und Nationalstaat die Medientechniken der mittelalterlichen Universität schluckten, blieben die Inhalte des Wissens ziemlich unberührt. Die Speicherung und Übertragung wurden zwar privatisiert oder verstaatlicht, aber die eigentliche Verarbeitung des Wissens lief weiter in jenem schönen alten Rückkopplungskreis aus Auge, Ohr und Schreibhand. Genau das hat die Computerrevolution verändert. Universale Turing-Maschinen machen auch und gerade die Verarbeitung des Wissens technisch reproduzierbar.«[35]

Am Anfang war alle Software frei

In den frühen Tagen des Computers war alle Software quelloffen und frei. Auch in der kommerziellen Computerwelt waren damals die Quellen verfügbar, einfach weil Software noch keinen eigenständigen Markt darstellte. Die Hardwarehersteller lieferten sie gleichsam als Gebrauchsanweisung zu ihren Rechnern dazu, alles weitere schrieben die Anwender selbst. Die Computerunternehmen hatten es also mit programmierkompetenten Nutzern zu tun und förderten deren Selbstorganisation und gegenseitige Unterstützung in *User-Groups* wie IBMs SHARE[36] und DECs DECUS. Auch in Zeitschriften wie in der Algorithmen-Rubrik der *Communications of the ACM* oder in Amateurfunkzeitschriften zirkulierte uneingeschränkter Quellcode. Entwickler bauten auf den wachsenden Bestand der vorhandenen Software, verbesserten sie, entwickelten sie weiter und gaben ihre Ergebnisse wieder zurück an die Nutzergemeinschaft. Bezahlt wurden sie, ob in Universität oder Firma, für das Programmieren, nicht für die Programme. Auch an den Universitäten war es bis in die 70er-Jahre üblich, die dort entwickelte Software frei zu verbreiten.

In den 60er-Jahren dominierten Hardware-Firmen wie IBM, DEC, Hewlett-Packard und Data General die Computerindustrie. Eine Unterscheidung in Hard- und Softwareunternehmen existierte noch nicht. Beim Marktführer IBM konnten Kunden Hardware nur in einem Paket kaufen, das Software, Peripheriegeräte, Wartung und Schulung einschloss. Kleinere Wettbewerber hatten kaum eine Chance, diese Leistun-

35 Kittler, in: WOS1, 7/1999.
36 1955 gegründet, ist SHARE auch heute noch aktiv, s. http://www.share.org

gen anzubieten. 1969 begann IBM diese Bündelung aufzugeben. Die offizielle Firmengeschichte von IBM bezeichnet diesen Schritt euphemistisch als »Innovationen im Marketing«.[37] Tatsächlich erfolgte er unter dem Druck des gerade vom US-Justizministerium eingeleiteten Kartellverfahrens.[38] Die »freiwillige« Entkopplung (*Unbundling*) beinhaltete, dass ein Teil der Software als separate Produkte angeboten wurde. Eine große Zahl von Programmen stand jedoch frei zur Verfügung, da IBM sie als gemeinfrei (in der *Public Domain*) erachtete. Da sie aus der Nutzergemeinschaft stammten, hätte das Unternehmen auch kaum ein Urheberrecht darauf beanspruchen können. Dieser Schritt zog weitere Kritik nach sich, da natürlich niemand eine Softwarefirma dafür bezahlen würde, die gleichen Programme zu schreiben, die es von IBM bereits kostenlos gab.[39]

Das Unbundling von IBM führt zur Bildung einer Software-industrie

Trotz der Konkurrenz durch freie Software, schuf diese Entkopplung die Voraussetzung für eine eigenständige Softwareindustrie, auch wenn die in den 70ern neu entstandenen Softwarefirmen meist noch Satelliten von Hardwareherstellern waren. Software war erstmals zu einer Ware geworden. Eine berüchtigte Episode ist der »*Open Letter to Fellow Hobbyists*« von 1976.[40] Bill Gates beklagte darin, dass die meisten seiner Fellows ihre Software »stehlen« würden, was verhindere, dass gute Software geschrieben werden könne. Der neue Zeitgeist war umso bemerkenswerter, als Gates kurz vorher beinahe aus der Harvard Universität geflogen wäre, weil er die öffentlich finanzierten Ressourcen missbraucht hatte, um proprietäre, kommerzielle Software zu schreiben. Nachdem er gezwungen worden war, seine Software in die *Public Domain* zu stellen, verließ er Harvard und gründete Microsoft – und damit das Zeitalter von Software aus der Schachtel. Den überwiegenden Teil der Software stellen auch heute noch maßgefertigte Programme dar, die in den EDV-Abteilungen oder bei externen

Gründung von Microsoft

37 http://www.ibm.com/ibm/history/story/text.html

38 Das Justizministerium wollte IBM, das damals mit einem 70-Prozentanteil und sieben Milliarden Dollar Umsatz den Computermarkt dominierte, in sieben Unternehmen aufteilen. Das Verfahren kam nie zu einem Abschluss. Unter der Reagan-Regierung wurde es 1981 eingestellt.

39 »Vor der Entkopplung versuchte eine Softwarefirma tatsächlich eine einstweilige Verfügung zu erwirken, die es IBM verbieten sollte, ihren Kunden ein kostenloses Sortierprogramm zur Verfügung zu stellen, das einem Programm glich, das der Kläger für 200 Dollar pro Monat vermietete. Der Richter wies die Klage ab; allerdings nicht weil IBM das Recht hatte, seine Programme kostenlos abzugeben und auch nicht, weil die Verfügung die Benutzer zwingen würde, für etwas zu bezahlen, was sie umsonst haben konnten. Die Begründung lautete, dass es keine Indizien dafür gebe, dass IBM das Programm hauptsächlich mit dem Ziel zur Verfügung stellte, der anderen Firma Geschäfte zu entziehen oder dass diese Firma auf irreparable Weise geschädigt worden ist«, Baase, 1974.

40 http://www.eskimo.com/~matth/hobby.html

Dienstleistern geschrieben werden. So entstanden Tausende von nahezu identischen Buchhaltungs-, Abrechnungs- und Datenbanksystemen, immer aufs Neue. Zu Beginn des Zeitalters von Software als Massenware aus dem Regal stand eine weitere folgenreiche Entscheidung von IBM.

Die zufällige PC-Revolution

Anfang der 80er-Jahre brachte das Unternehmen den IBM-PC heraus und nahm ihn gleichzeitig nicht ernst. Erst nach einigen Überzeugungsversuchen und Provokationen (Mitarbeiter warfen IBM vor, nicht in der Lage zu sein, einen so kleinen Computer zu bauen) gab die Firmenleitung ihre Skepsis auf und der Entwicklergruppe um Don Estridge in Boca Raton den Auftrag, einen *Personal Computer* zu entwickeln. Statt wie bislang alle Komponenten im eigenen Haus zu fertigen, kaufte IBM die Bestandteile wie Prozessor und Betriebssystem von außen zu. Die → CPU kam von Intel (8088), das Betriebssystem DOS von einer 32-köpfigen Firma namens Microsoft. Einen tief greifenden Wandel der Computerlandschaft bewirkte ferner IBMs Entscheidung, die Spezifikation der Hardwarearchitektur des IBM-PC zu veröffentlichen. Ob es ebenfalls an der Verkennung des PC lag, an einem Zufall, einer subversiven Aktion oder an einer glücklichen Fügung des Schicksals,[41] auf jeden Fall hat IBM mit der Veröffentlichung sich selbst Konkurrenz und den Computer zur Massenware gemacht.

Ein Industriestandard, unabhängig von einem einzelnen Unternehmen, war gesetzt. Eine Fülle neuer Hardwarehersteller aus West und Fernost unterboten sich mit ihren Preisen für IBM-PC-*Clones*. Leute wie Michael Dell begriffen, dass es nicht mehr vorrangig um die Erfindung neuer Rechnerarchitekturen ging, sondern um Verkauf, Marketing und Distribution von etwas, das zu einem Gebrauchsgegenstand geworden war (vgl. Dell/Fredman, 1999). Computer wurden billig genug für den Privatgebrauch. Die Branche zollte ihrem ehemaligen Führer Ehre, indem noch jahrelang Intel-Rechner aller Hersteller dieser Welt als »IBM-kompatibel« bezeichnet wurden. Der eine große Gewinner an diesem Wendepunkt war Intel, da jeder PC mit der offenen, IBM-kompatiblen Architektur einen seiner Prozessoren enthielt.

Der andere große Gewinner war Microsoft. Wie so oft spielte dabei der Zufall eine Rolle. Das am weitesten verbreitete Betriebssystem für die damalige Generation von 8-Bit-Rechnern war → *CP/M*. 1973 hatte Gary Kildall begonnen, einen PL-1 Compiler auf dem Intel-8080-Prozessor zu implementieren und einige kleinere Routinen zum *Control Program for*

41 »Und diese Entscheidung von IBM war zum Teil ein Versehen, zum Teil Inspiration einiger Rebellen innerhalb der Firma, die sie am Top-Management vorbei schleusten, zum Teil vielleicht ein Geniestreich, teilweise aber auch ein Zufall«, Tim O'Reilly, in: WOS1, 7/1999.

Microcomputers (CP/M) zusammenzufassen (vgl. Fritsch, 1992). 1975 wurde CP/M erstmals von Digital Research (DR) auf dem Markt angeboten. Es wurde weltweit schätzungsweise 500 000 mal installiert und bot ein umfangreiches Spektrum an Anwendungsprogrammen diverser Softwarefirmen, darunter das am weitesten verbreitete Textverarbeitungssystem »WordStar«.[42] Als sich IBM 1980 nach einem Betriebssystem für den PC umsah, war es nahe liegend, dass sie sich an Digital Research wandten. Das Millionengeschäft mit IBM ging jedoch an Microsoft, das damals vor allem für das auf fast jedem Mikrocomputer verfügbare MS-BASIC bekannt war, weil Kildall einer Anekdote nach am entscheidenden Tag mit seinem Privatflugzeug unterwegs und damit nicht erreichbar war (vgl. Fritsch, 1992). Wie viele seiner Produkte hatte Microsoft MS-DOS nicht selbst entwickelt, sondern von einer Firma namens Seattle Computer gekauft. Es handelte sich um eine abgespeckte Version von CP/M, von der Digital Research noch dazu behauptete, dass Seattle Computer den Quellcode gestohlen habe. Die Industrie war sich einig, dass CP/M ein weit überlegenes Betriebssystem war, doch mit der Unterstützung durch IBM, das sicherstellte, dass alle Programme, die anfänglich für den IBM-PC ausgeliefert wurden, nur mit MS-DOS, nicht aber mit DRs CP/M kompatibel waren, dominierte MS-DOS in kürzester Zeit den Markt. »Microsoft hatte bereits die Kunst gemeistert, Druck auf Hardwaregeschäfte auszuüben sowie Anwendungssoftware und Betriebssystem in einer sich wechselseitig verstärkenden Strategie zu koppeln, um Rivalen auszuschalten, selbst wenn diese bessere Produkte anzubieten hatten« (Newman, 1997). Im neuen Zeitalter des Desktop-Computers bildete die Kontrolle über das Betriebssystem den Schlüssel zur Etablierung eines Imperiums, wie IBM schmerzvoll feststellen musste. Microsoft erbte gleichsam IBMs Monopol, das zeitgleich zu Ende ging.

Das zufällige Betriebssystem-monopol

Digital Research versuchte noch gut zehn Jahre, durch Innovationen mit MS zu konkurrieren. Während die Kundschaft MS vorwarf, wenig für die Weiterentwicklung von MS-DOS zu tun, waren spätestens 1984 CP/M-Versionen *multitasking*- und *multiuser*-fähig. Als Digital Researchs CP/M-Weiterentwicklung DR-DOS einen deutlichen Marktanteil im Desktop-Bereich errang, verlautbarte MS 1990, dass das → *Release* von MS-DOS 5.0 unmittelbar bevorstehe. Der Nachfolger des 1986 erschienen MS-DOS 3.3 sollte alle Features enthalten, die Anwender an DR-DOS schätzten. Es dauert noch mehr als ein Jahr, bis MS-DOS 5.0 tatsächlich

42 Vgl. Computerwoche, Nr. 39 vom 21.09.1984, http://www.computerwoche.de/archiv/1984/39/8439c096.htm. CP/M lief auf Rechnern wie denen von Zenith, Kaypro, Osborne, Xerox, Vector Graphics, NorthStar, IMSAI, Commodore, Amstrad, Sharp und Starlet.

auf den Markt kam, doch bremste allein die Ankündigung den Absatz von DR-DOS. Als es schließlich erschien, hatte sich MS ein neues Marketingverfahren einfallen lassen, das DR und alle anderen PC-Betriebssystemhersteller endgültig aus dem Markt drängte.[43] MS verlangte von allen Hardwareverkäufern, die MS-DOS auf einigen ihren Rechnern installieren wollten, dass sie eine Lizenzgebühr für sämtliche Computer an MS bezahlten, auch wenn sie einige davon mit anderen Betriebssystemen auslieferten (vgl. Newman, 1997).

MS Windows

Die Möglichkeiten zur Integration erweiterten sich mit MS-Windows, der grafischen Benutzeroberfläche über DOS. Hauptkonkurrent hier war der Mac von Apple, der diese neue Art der Computerbedienung am Markt eingeführt hatte, aber auch Window-Umgebungen auf DOS, wie Quarterdecks *Desqview* und DRs *Graphics Environment Manager* (Gem). 1983 führte MS seinen *Interface Manager* erstmals öffentlich vor, ausgeliefert wurde er als Windows 1.0 erst zwei Jahre später. Im Monat der Auslieferung unterzeichneten Apple und MS eine Vereinbarung über MSs Verwendung von Apples Copyrights auf das Grafik-Display des Mac. Knapp drei Jahre später verklagt Apple MS wegen Urheberrechtsverletzung in Bezug auf Windows 2.03. Und noch ein Jahr später wird Apple seinerseits verklagt. Xerox behauptete, die grafische Benutzeroberfläche von Lisa und Mac sei eine Kopie des Interface von Xerox' Star-System.

Auf der Intel-Plattform war es gleichsam ein Heimspiel für MS. Es verwendete nicht veröffentliches Wissen über die Arbeitsweise von MS-DOS und MS-Windows, um Wettbewerber auszuschließen. So gaben frühe Versionen von MS-Windows falsche Fehlermeldungen aus, die suggerierten, dass es inkompatibel zu DR-DOS sei. Selbst mit dem ehemaligen Bündnispartner IBM nahm MS es auf. 1987 brachten MS und IBM die 1.0-Version des gemeinsam entwickelten *multitasking*-fähigen grafischen Betriebssystems OS/2 auf den Markt, das für höherwertige PCs an die Stelle von DOS/Windows treten sollte. 1990 stellen MS und IBM die gemeinsame Arbeit an Betriebssystemen ein. MS konzentrierte sich auf das im selben Jahr vorgelegte Windows 3.0. IBM versuchte noch einige Jahre, OS/2 gegenüber MS-Betriebssystemen zu plazieren.[44] MS änderte 1991 den Namen des Projekts OS/2 v3.0 in »Windows NT«.

---

43 DRI wurde schließlich von Novell aufgekauft und dann von Caldera übernommen, das derzeit die Urheberrechte für alle DRI-Software besitzt. Im September 1996 veröffentlichte Caldera den Quellcode für alle DR-Produkte. Eine Sammlung »aufgegebener« kommerzieller Software ohne Quelle unter http://deltasoft.fife.wa.us/cpm. (CP/M-FAQ maintained von Donald C. Kirkpatrick, http://www.psyber.com/%7Etcj/)

44 1993 lag laut MS die Zahl der lizenzierten Windows-Nutzer bei 25 Millionen. Im selben Jahr meldete IBM einen Jahresverlust von 8,1 Milliarden Dollar – etwa so hoch waren MSs Gewinne, vgl. Rice/Pecot, o.J.

Das Imperium wächst

Auf der Grundlage seiner Betriebssysteme DOS, Windows[45] und NT schuf MS neue Formen von → *Bundling*. Es konnte seine Applikationen wie Word, Excel, SQL, PowerPoint[46] und Quicken[47] als Standards auf Intel-Rechnern durchsetzen. Kombinationen dieser Anwendungen brachte MS in den Software-Suiten MS-Works (in der ersten DOS-Version 1987 erschienen) und MS-Office auf den Markt, die zumindest suggerierten, zuverlässig untereinander Daten austauschen zu können. Mit Hilfe von proprietären Dateiformaten verhinderte MS den Datenaustausch mit Programmen anderer Hersteller. Zwar schuf die neue Plattform auch Chancen für andere Softwareanbieter, doch bis WordPerfect, Lotus oder Corel ihre Produkte auf die jeweils neueste Version von Windows angepasst hatten, hatte MS den Markt bereits in der Tasche. Ganze Kategorien von Softwarewerkzeugen, wie Dateimanager und Kompressionsprogramme, die zuvor separat angeboten worden waren, integrierte MS in Windows und trocknete so effektiv den Markt für alternative Produkte aus. Diese Strategie der Integration in Windows setzte MS mit Software für Sprach- und Handschrifterkennung und dem Web-Browser »MS-Internet Explorer« fort. Durch ein System von Lehrmaterialien, Schulung, Zertifizierung, Entwicklerwerkzeugen, abgestufter Freigabe von programmierrelevanten Informationen sowie Sonderkonditionen für Universitäten sicherte sich MS die Kontrolle über die Welt der Entwickler, sowohl für den Privat- wie für den Geschäftsbereich.[48] Ausgehend von Betriebssystemen und Applikationen erweitert MS sein Imperium um Content (z. B. mit »Encarta«, der ersten Multimedia-Enzyklopädie für den Computer, der Allianz mit dem US-amerikanischen Rundfunknetzwerk NBC und seinen Investitionen in den Hollywoodfilm- und musikproduzenten Dreamworks), um Finanz- und Handelsdienstleistungen (durch Allianzen

45 Die wachsende Marktmacht lässt sich an den Absatzzahlen ablesen. 1987 wurde die Millionste Kopie des zwei Jahre zuvor erschienen Windows verkauft. Als 1992 Windows 3.1. erschien, wurde die Millionengrenze schon nach den ersten 50 Tagen überschritten, beim MS-DOS 6.0 Upgrade von 1993 nach nur 40 Tagen, und als kurz vor Ende des Jahres 1995 Windows 95 erschien, wurden eine Million Kopien innerhalb der ersten vier Tage verkauft, vgl. Rice/Pecot, o.J.

46 Ein Präsentationsgrafikprogramm, das MS 1987 zusammen mit seinem Hersteller Forethought einkaufte.

47 Eine Finanz-Software, die MS 1994 zusammen mit ihrem Hersteller Intuit aufkaufte.

48 1997 verwendeten 65 Prozent aller Softwareentwickler weltweit MS-Produkte. 2,4 Millionen professionelle Entwickler unterstützten, reproduzierten und erweiterten die MS-Plattform, vgl. Newman, 1997. Zur Pflege des Netzwerks von externen Entwicklern gehören MSs Lizenzen mit rund 50 Universitäten und staatlichen Forschungslabors, denen Quelltext von Windows-NT u.a. bereitgestellt wird. Auch OEMs und andere Technologiepartner erhalten Zugang zu Quellcode, nicht jedoch das Recht, abgeleitete Software zu verwerten. MS profitiert vom Austausch mit Informatikern in der Forschung. Gelegentlich kommt auch Code an MS zurück, der aber erst der firmeninternen Qualitätskontrolle unterzogen wird, vgl. Cusumano/Selby, 1997.

mit Banken, den Online-Verkauf von Flugtickets, Autos, Nachrichten und Unterhaltung) und um Netzkonnektivität (mit Microsoft Network, dem Aufkauf von WebTV, den Investitionen in die Kabelunternehmen Comcast und US West und Bill Gates' Milliardenprojekt eines Satellitennetzes namens Teledesic). Die monopolistischen Praktiken von MS waren immer wieder Gegenstand von Kartellverfahren u.a. des US-Justizministeriums und der Europäischen Kommission.

Der Machtwechsel von IBM zu Microsoft stellte eine Verschiebung von Hardware zu Software dar. Hardware wurde zur Massenware, Software wurde zum ersten Mal überhaupt zu einer eigenständigen und zugleich zu einer Massenware. Seither kaufen Privatanwender ebenso wie Firmen ihre Software in eingeschweißten Packungen von der Stange. Im nächsten Schritt, den nun seinerseits MS zu verschlafen schien, eröffnete das Internet ein neues Marktsegment, in dem MS sich neue Gelegenheiten für vertikale Integration und das *Bundling* erschloss.

Infoware statt Software

Der Verleger Tim O'Reilly erzählt immer wieder gern die Geschichte von einer computerlosen Freundin, die ihm eines Tages sagte, sie wolle einen Computer kaufen, um bei Amazon online kaufen zu können. Online-Buchbestellung sei eine »Killer-Applikation«, die Leute dazu bringt, sich einen Rechner zuzulegen, ähnlich wie es Tabellenkalkulationsprogramme in den frühen 80er-Jahren waren. O'Reilly begann nach diesem Erlebnis, Amazon und Yahoo als Applikationen zu begreifen, nicht als Websites: »Eine Website war etwas, das man ›publizierte‹, und alles drehte sich um Dokumente, die online gestellt wurden. Aber Applikationen drehen sich um Dinge, die Menschen tun.«[49] Er bezeichnet sie nicht als Software-Applikationen, sondern als Infoware-Applikationen. Natürlich beruht auch Infoware auf Soft- und Hardware, doch der Schwerpunkt liegt nicht auf der Nutzeroberfläche oder der Funktionalität, sondern auf den Inhalten. Das alte Paradigma sei: wenig Information eingebettet in viel Software (in MS Word z. B. ein bisschen Hilfeinformation in einem → *Pull-Down-Menü*). Nach dem neuen Paradigma ist in vergleichsweise wenig Software (z. B. einigen Perl-Skripten) viel Information eingebettet (z. B. eine riesige Datenbanken, aus der dynamisch Webseiten generiert werden[50]). Die herkömmliche aufgedunsene → *Bloatware* bietet ihren

49 Tim O'Reilly, in: WOS1, 7/1999.

50 Bei *Yahoo* beispielweise sind Skripte im Einsatz, die ständig den unaufhörlichen Strom von Börseninformationen aus den unterschiedlichsten Quellen filtern und in den Yahoo-Börsenticker abbilden, so dass eine Surferin einen Börsenwert anklicken kann und die jeweils neuesten Berichte dazu erhält. Es handelt sich also um eine Applikation, die ununterbrochen und in Echtzeit abläuft. Perl wird gern als das »Klebeband« des Internet bezeichnet: Etwas, das es erlaubt, verschiedene Module wie Datenbanken, Formulare und Webseiten schnell, flexibel und dynamisch miteinander zu verbinden.

Kunden immer mehr Menüs für ihr Geld. Eine *Infoware*-Anwendung im Sinne O'Reillys manifestiert sich durch nicht mehr als etwa einen »What's related«-Knopf im Browser oder in der Suchmaschine. Dahinter stehen jedoch aufwändige semantische Modelle und Verknüpfungen, die beständig erneuert werden. »Hier ist Software ein Prozess eher als ein Produkt.«[51]

Für das neue Infoware-Paradigma steht → *HTML* als einfaches Format mit geringer Einstiegshürde durch einen »*View Source*«-Button (Ansicht/Seitenquelltext), der es jedem erlaubt, von den Webseiten anderer zu lernen. Man muss kein Programmierer sein, um Webseiten zu bauen. Daher betrachtet O'Reilly HTML als eine neue Schicht über der Software, die es einer Flut von Menschen ermöglicht, zu Informationsanbietern zu werden. Denselben Effekt wie die Quelloffenheit von HTML haben Skripte in Perl, Python oder Tcl, die sich in der Regel ebenfalls jeder herunterladen, studieren, modifizieren und für eigene Zwecke verwenden kann. Beide sind charakteristisch für den Geist der freien Software-Gemeinde. Umgekehrt sei Microsofts ActiveX bei dem Versuch gescheitert, das Web in ein Softwareprodukt zurückzuverwandeln.[52] Im Internet haben wir heute die Protokolle der unteren Schicht wie TCP/IP, eine mittlere Schicht wie HTTP und darüber XML-basierte Datenaustauschprotokolle. Kritisch für die Zukunft wird sein, wer diese letzte Schicht kontrolliert.

View Source

Vor dem Hintergrund dieser Entwicklungen der vergangenen 20 Jahre ist das Auftauchen der freien Software umso verblüffender. Doch auch unter proprietären Anbietern setzt sich die Erkenntnis wieder durch, dass Software keinen Produktmarkt darstellt, sondern einen Dienstleistungsmarkt. So erzielen Firmen wie IBM und DEC einen überwiegenden Teil ihrer Einnahmen heute durch Dienstleistungen. Freie Software bietet die ideale Grundlage für eine maßgeschneiderte Anpassung und für die Wiederverwendung von Modulen und deren Weiterentwicklung, ohne das Rad neu erfinden zu müssen. Ohne wirklich selbst akademisch zu sein,

Software ist überwiegend ein Servicemarkt

51 Tim O'Reilly, in: WOS1, 7/1999.

52 Nachdem dieser Versuch, mit ActiveX von den Anwendern zurückgewiesen worden war, reagierte MS darauf mit Active Server Pages (ASP) und Umgebungen, die für die Skripting-Szene sehr viel ansprechender sind. Eine Suchmaschinenanfrage nach »*.asp« und nach »*.pl » zeigt, dass sie damit Erfolg haben. Microsoft konkurriert direkt mit den freien Skriptsprachen wie Perl, Python oder Tcl. ASP ist kein Industriestandard, sondern wird ausschließlich von MS unterhalten (ASP-FAQ: http://www.asp-zone.com/ aspfaq.asp). ASP wird derzeit außer von MS Internet Information Server und MS Personal Web Server nur von O'Reillys Website »Pro« unterstützt.

beerbt sie die Wissenschaftstradition des freien Austausches.[53] Um dem Phänomen näher zu kommen, wird im Folgenden die von der PC-Welt getrennte Entwicklungslinie der Software für Großrechner und Workstations geschildert, die sich ab Anfang der 90er durch PC-Unixe mit der hier nacherzählten Software-Linie zu überschneiden beginnt.

Betriebssysteme

Betriebssysteme sind eine Art Mnemotechnik. Im Prinzip könnte ein Programmierer bei jedem Projekt mit der nackten Maschine beginnen und seine eigenen Anweisungen für die Ansteuerung der Datenträger, die Struktur der Dateien oder das Aufleuchten von Pixeln auf dem Schirm schreiben. Genau das geschah auch, bis IBM 1962 einen Satz dieser immer wieder benötigten Routinen zusammenstellte und unter der Bezeichnung »OS/360« veröffentlichte – das erste Betriebssystem war in der Welt. Ein Betriebssystem enthält hardwarenahe Basisoperationen, auf die jedes Anwendungsprogramm zurückgreift. Es stellt also eine infrastrukturelle Schicht über einer Hardware (z. B. der IBM 360er-Serie) dar, auf der ein Programmierer aufsetzt, um eine Statistik- oder Textverarbeitungssoftware zu schreiben. Statt sich um Hardwaremanipulation kümmern zu müssen, kann er sich auf die Symbolmanipulation konzentrieren. Da sein eigener Code an zahlreichen Stellen mit der zu Grunde liegenden Betriebssystemschicht interagiert, muss er wissen, wie diese funktioniert. »Daher ist ein proprietäres, geschlossenes, geheimes Betriebssystem ein Widerspruch in sich. Es läuft dem eigentlichen Sinn eines Betriebssystems zuwider« (STEPHENSON, 1999).

Anwender und Programmierer

Mit dem Aufkommen eines Massenmarktes für *Personal Computers* trat neben die Programmierer eine neue Gruppe von reinen Anwendern. Die beiden Gruppen haben eine sehr unterschiedliche Sicht auf Computer und Software. Betriebssysteme sind die Arbeitsumgebungen der Programmierer, die daher zugänglich, flexibel und offen sein müssen. Auch für Anwender ist Software eine Arbeitsumgebung, doch Gegenstand ihrer Arbeit ist nicht die Software selbst, sondern Texte, Bilder oder Musik. Das Betriebssystem läuft für sie möglichst unsichtbar im Hintergrund. Es

53 Auch heute noch wird Software, die an Universitäten entwickelt wird, der Gemeinschaft der Wissenschaftler frei zugänglich gemacht. Beim DFN-Verein laufen z. B. Projekte im Bereich des verteilten Lehrens und Lernens, bei denen Vorlesungen über das Wissenschaftsnetz an andere Universitätsstandort in Deutschland übertragen werden. Dafür werden die *MBONE-Tools* und andere freie Software eingesetzt und weiterentwickelt, die dann den Universitäten und Forschungseinrichtungen für ihre eigenen Belange zur Verfügung stehen, vgl. Paffrath (DFN), Fachgespräch, 7/1999.

ist die Voraussetzung für die Ausführung von Applikationen. Nur wenn etwas schief geht, tritt es in den Vordergrund.

> *»Es liegt in der Natur von Betriebssystemen, dass es keinen Sinn macht, dass sie von einer bestimmten Firma entwickelt werden, deren Eigentum sie dann sind. Es ist sowieso ein undankbarer Job. Applikationen schaffen Möglichkeiten für Millionen von leichtgläubigen Nutzern, wohingegen Betriebssysteme Tausenden von missmutigen Codern Beschränkungen auferlegen. Daher werden die Betriebssystemhersteller für immer auf der Hassliste aller stehen, die in der Hightech-Welt etwas zählen. Applikationen werden von Leuten benutzt, deren großes Problem es ist, alle ihre Funktionen zu begreifen, wohingegen auf Betriebssystemen Programmierer hacken, die von deren Beschränkungen genervt sind«* (ebd.).

Unix

Da Unix – das Betriebssystem und die Kultur seiner Entwickler und Anwender – im Folgenden eine zentrale Rolle spielen wird, sei hier kurz auf die Zufälle und Wendungen seiner Geschichte eingegangen.

Unix war eine Reaktion auf das ab 1964 gemeinsam vom MIT, General Electric und AT&T entwickelte Betriebssystem »Multics«[54]. Nachdem der allumfassende Anspruch des Multics-Projekts gescheitert war, zog sich AT&T 1969 aus der Kooperation zurück. Als Ken Thompson von den AT&T Bell Laboratories daraufhin einen neuen Versuch startete, setzte er auf seinen Erfahrungen mit Multics auf, wählte aber einen entgegengesetzten Design-Ansatz. Statt alles für alle zu sein, sollte Unix aus kleinen, einfachen, effizienten Werkzeugen bestehen, die miteinander kombiniert werden können, um komplexere Aufgaben zu lösen. Es sollte auf verschiedenen Plattformen einsetzbar sein, da AT&T Rechner verschiedener Hersteller im Einsatz hatte. Und es sollte *Time-Sharing* unterstützen, also eine interaktive Computernutzung, statt, wie damals üblich, eine Verarbeitung von Lochkartenstapeln, die Tage dauern konnte. Der *Time-Sharing*-Betrieb, bei dem mehrere Nutzer gleichzeitig in nahezu Echtzeit auf einem Großrechner arbeiten können, wurde Anfang der 60er-Jahre erstmals im Betriebssystem CTSS (*Compatible Time-Sharing System*) des MIT implementiert und im Multics-Projekt weiterentwickelt. Dennis Ritchie,

54 *Multiplexed Information and Computing Service;* Ken Thompson nahm den Begriff aus der Telefonie scherzhaft in seinem *Uniplexed Information and Computing Service* auf, doch aus »UNICS« wurde bald »Unix« und der Ursprung des Akronyms geriet in Vergessenheit.

der Co-Autor von Unix, schrieb: »Wir wollten nicht nur ein gutes Programmierumfeld bewahren, in dem programmiert wird, sondern ein System, um das herum sich eine Zusammengehörigkeit bilden kann. Aus Erfahrung wussten wir, dass das Wesen der gemeinschaftlichen Computernutzung, wie sie fernnutzbare *Time-Shared*-Computer bieten, nicht darin liegt, Programme in einen Terminal einzutippen, statt in einen Kartenlocher, sondern darin, eine dichte Kommunikation unter den Beteiligten zu ermuntern« (Hauben/ Hauben, Kapitel 9).

Lokale Gemeinschaften: Time-Sharing

Um eine Portierbarkeit auf andere Rechner zu erreichen, wurde Unix 1971 in der Programmiersprache C neu geschrieben. Damit führte es das Konzept der *Source Code*-Kompatibilität ein. Der Objektcode eines Programms lässt sich nicht von einem Unix-System auf ein anderes übertragen, doch der Quellcode kann auf dem Zielsystem zu einer ablauffähigen Version kompiliert werden.[55] Im selben Jahr machte AT&T Unix offiziell zum internen Standardbetriebssystem.

Als staatlich reguliertem Telefonmonopol war es AT&T untersagt, sich in anderen Wirtschaftsbereichen zu engagieren. Es war also aus kartellrechtlichen Gründen nicht in der Lage, Unix regulär zu vermarkten. Stattdessen gaben die Bell Labs den Unix-Quellcode zum Selbstkostenpreis von etwa 50 Dollar, ähnlich den heutigen GNU/Linux-Distributionen, an Universitäten ab. Die Kompaktheit, Modularität und Zugänglichkeit durch C ermunterte viele Benutzer, eigene Entwicklungen durchzuführen, so dass Unix schnell einen hohen Reifegrad erreichte. »Dies ist deshalb bemerkenswert, da kein Entwicklungsauftrag hinter diesem Prozess stand und die starke Verbreitung von Unix nicht auf den Vertrieb oder die Werbung eines Herstellers, sondern primär auf das Benutzerinteresse zurückzuführen ist« (Gulbin/Obermayr, 1995, S. 7).

Um die Wartungsarbeiten auf entfernten AT&T-Rechnern zu erleichtern, wurde an den Bell Labs ein Verfahren zur automatischen Herstellung von Telefonverbindungen und Übertragung von Software entwickelt. → *UUCP* (*Unix to Unix Copy*) wurde als Teil der Unix Version 7 (1978) ausgeliefert. Da AT&T für ihr Unix keinerlei Support anbot, blieb den Nutzern gar nichts anderes übrig, als sich zu einer Community zusammenzufinden. Diese kommunizierte bereits mit Hilfe von Newslettern und Konferenzen, doch mit UUCP bekam sie ein Medium innerhalb der Unix-Umgebung selbst zur Verfügung, noch bevor die meisten Universitäten Zugang zum ARPANET hatten. Dateiübertragung, E-Mail und Netnews, die bereits vorher zur Bildung von lokalen Communities um je-

Globale Gemeinschaften: UUCP und NetNews

55 »Source-Code-Kompatibilität war eben das Konzept, das Unix auch voran gebracht und am Leben erhalten hat, allen Anstrengungen internationaler Softwarekonzerne zum Trotz, das ganze zu Fall zu bringen.« Patrick Hausen, in: WOS1, 7/1999.

weils einen interaktiven, *Multiuser-Time-Sharing*-Rechner geführt hatten, konnten jetzt eine weltweite Community potenziell aller Unix-Nutzer unterstützen. Elektronische »schwarze Bretter« dienten bereits Dutzenden oder Hunderten von Nutzern einer einzelnen z.B. PDP-11 (ein damals weitverbreiteter Großrechner der Digital Equipment Corporation (DEC)) zum Austausch nicht nur über computerbezogene Themen. 1979 lud Thompson einen Doktoranten an der Duke Universität und ebenfalls leidenschaftlichen Computerschachspieler, Tom Truscott, zu einem Sommerjob in die Bell Labs ein. Nachdem Truscott aus dem Unix-Himmel an die Duke Universität zurückgekehrt war, begann er im Herbst des Jahres, die Usenetsoftware zu schreiben. Durch den *Polling*-Mechanismus von UUCP erlaubt sie einem Rechner, zu einer festgelegten gebührengünstigen Tageszeit einen anderen Rechner anzurufen und die neuesten Nachrichten auszutauschen. Nach einigen solcher Verbindungen waren alle neuen Nachrichten auf allen an das Usenet angeschlossenen Rechnern[56] angekommen. Bald wurde an der Berkeley Universität ein *Gateway* zu den Mailinglisten des ARPANET eingerichtet. In kürzester Zeit hatten Universitäten, Unternehmen (DEC, Microsoft, Intel usw.) sowie Forschungseinrichtungen Zugang zum Usenet.[57]

In den Newsgroups wurde über Schach, Sciencefiction und das allgegenwärtige »Weltnetz« der Zukunft debattiert, vor allem aber war das Usenet das Medium, in dem die Mitglieder der Unix-Community sich gegenseitig unterstützten. Hier baten Nutzer um Hilfe und boten ihre Erfahrungen und ihre Programme an, so dass andere darauf aufbauen konnten, ohne das Rad immer wieder neu erfinden zu müssen:

> *»Oft schauen sich die Leute den Code der anderen an, kommentieren ihn persönlich oder durch Interuser-Kommunikation und verwenden Teile davon für ihre eigenen Zwecke. Die Vorstellung von Programmierteams und egolosem Programmieren passt gut in die Unix-Philosophie, da sie das (Mit)Teilen dem Alleingang vorziehen lässt. ... Der Code, den die Leute sehen, dann aufnehmen und imitieren, ist gewöhnlich gut strukturiert. Durch Nachahmung und sofortiges Feedback erlernen sie das Kodieren ebenso, wie sie ihre Muttersprache lernen.«*[58]

56 1980 waren es acht über die USA verstreute Computer, 1982 waren es schon 50 und die erste transatlantische Verbindung nach Amsterdam stand, vgl. Hauben/Hauben, 1996, Kapitel 10.

57 1980 hatten mehr als 90 Prozent aller Informatiklabors in den USA einen oder mehrere Unix-Rechner. Auch in Europa und Australien begann sich das Betriebssystem zu verbreiten.

58 Brian Kernighan und John Mashey, in: Hauben/Hauben 1996, Kapitel 9.

Berkeley Unix

Die Bell-Forscher um Thompson waren sehr bereitwillig, ihre Wissen in den Newsgroups mit der Unix-Community zu teilen. Gelegentlich verbreiteten sie auch Datenbänder mit *Fixes*, Verbesserungen und Zusätzen, doch ihre Hauptaufgabe war es, Unix für den Gebrauch innerhalb von AT&T weiterzuentwickeln. Zum Zentrum der akademischen Forschung dagegen wurde Thompsons Alma Mater, die Universität von Kalifornien in Berkeley, die 1974 ihr erstes Unix auf einer neuen PDP-11 installiert hatte. Da es vergleichsweise leicht zu studieren und zu lehren war und noch klein genug, um von einem Einzelnen überschaut zu werden,[59] wurde es unter den Studenten schnell populär. Einige ihrer Programme, wie die Verbesserungen am Pascal-Compiler und der Editor »ex«, waren sehr gefragt, so dass ein Doktorant namens Bill Joy 1977 die erste *Berkeley Software Distribution* (BSD) zusammenstellte, von der im Laufe des Jahres etwa 30 freie Kopien verschickt wurden (vgl. McKusick, 1999, S. 33 ff.).

An der Berkeley Uni entsteht das erste freie Unix

Joy entwickelte »ex« weiter zu »vi«, integrierte die Reaktionen auf das Pascal-System und stellte sie in 2.11BSD (1978) zu einer vollständigen Unix-Distribution zusammen. Berkeley steuerte selbst zahlreiche weitere Innovationen und Portierungen auf neue Hardware bei und übernahm die Sammlung der Unix-Erweiterungen aus der akademischen Community, während parallel dazu AT&T mit wachsendem Nachdruck auf stabile kommerzielle *Releases* an der eigenen Version von Unix weiterarbeitete.

In dieser Zeit suchte das ARPANET-Projekt nach einer Möglichkeit, die Computerumgebung des Netzes zu vereinheitlichen. Von allen Knotenbetreibern zu verlangen, dass sie dieselben Rechner anschafften, war ausgeschlossen, also entschied man, die Vereinheitlichung auf der Ebene des Betriebssystems vorzunehmen. Durch seine nachgewiesen einfache Portierbarkeit fiel die Wahl auf Unix. 1980 gelang es der Berkeley Universität, einen Forschungsauftrag der ARPA zu erhalten, um die BSD nach den Anforderungen der ARPANET-Gemeinde weiterzuentwickeln. Bill Joy wurde zum Projektleiter.[60] Die Anwälte von AT&T und der Universität erarbeiteten eine Lizenz, mit der alle Seiten leben konnten. Zu den wichtigsten Berkeley-Innovationen dieser Periode gehören ein schnelleres Dateisystem, ein Mechanismus für die Kommunikation zwischen Prozessen, der verteilte Systeme möglich machte, und vor allem die Integration der ARPANET-Protokollfamilie TCP/IP in das BSD-Unix.

59 Version 6 (1975) hatte weniger als 10 000 Zeilen Code.

60 Er verließ Berkeley 1983, um zusammen mit Andreas von Bechtolsheim, Scott McNealy und Vinod Khosla Sun Microsystems zu gründen.

Die neue stabile und dokumentierte Version wurde im August 1983 als 4.2BSD herausgegeben.

> *»Die Popularität von 4.2BSD war beeindruckend; in achtzehn Monaten wurden mehr als 1 000 Site-Lizenzen ausgestellt. Somit waren mehr Exemplare der 4.2 BSD ausgeliefert worden, als von allen vorherigen Berkeley Software-Distributionen zusammen. Die meisten Unix-Anbieter lieferten ihre Systeme mit einem 4.2BSD aus, statt mit dem kommerziellen System V von AT&T. Der Grund dafür war, dass das System V weder Netzwerkfähigkeit noch das Berkeley Fast File System bieten konnte«* (McKusick, 1999, S. 38).

AT&T wird zerschlagen

Im Jahr darauf wurde AT&T aufgespalten.[61] Mit dem Ende des Telefonmonopols konnte das Unternehmen Unix deutlicher als kommerzielles Produkt vermarkten, als dies ohnehin seit einigen Jahren der Fall gewesen war. Zu diesem Zweck gründete es das Tochterunternehmen Unix System Laboratories (USL).[62] Die Firma bot Schulungen, Support, Wartung und Dokumentation an, machte Werbung für Unix und veränderte die Lizenzen. Auch vorher schon hatten andere Hersteller den von AT&T lizenzierten Unix-Code auf bestimmte Hardwareplattformen oder Anwendungsgebiete hin optimiert und ihre eigenen Unix-Versionen vermarktet. Neben AT&Ts und BSDs Unix entstanden weitere untereinander zunehmend inkompatible Verzweigungen der Code-Basis. AT&T hatte versucht, mit System V.0 (1983) die Unix-Welt auf einen einheitlichen Standard festzulegen, und erneut im System V.4 (1990) die divergierenden Hauptlinien in einem einzigen Unix zu integrieren. Zu den heutigen proprietären, kommerziellen Unixen, die meist von USLs Unix V.4 ausgehen, gehören AIX (IBM), HP/UX (Hewlett Packard), SCO-

Mit der Kommerzialisierung spaltet sich die Unix-Linie auf

61 Bereits 1912 hatte sich die Regierung gezwungen gesehen, gegen die Marktmacht des von Alexander Graham Bell gegründeten Unternehmens vorzugehen. Weil die Gesetzgeber den Vorteil eines einheitlichen, flächendeckenden Telefonnetzes sahen, gewährten sie AT&T mit dem *Willis-Graham Act* von 1921 eine staatlich regulierte Monopolstellung. Mit der Carterphone-Entscheidung von 1968 und dem Urteil im Kartellverfahren des US-Justizministeriums von 1974 wurde die Auflösung des Monopols vorbereitet, doch es dauerte noch bis 1984, bis AT&T tatsächlich in ein Stammunternehmen (AT&T), das auf dem deregulierten Markt für Ferngespräche konkurrierte, sieben regionale so genannte Baby-Bells und die Forschungs- und Entwicklungseinrichtungen (Bellcore) aufgeteilt wurde.

62 AT&T versuchte vergeblich, der freien Kooperation des Netzes eine geschlossene Industriekooperation entgegenzusetzen, indem es einigen großen Unix-Firmen Minderheitsbeteiligungen an USL anbot, »bis 1993 die Firma Novell USL vollständig übernahm – sehr zum Ärger vieler Unix-Anbieter, die um die Unabhängigkeit der Unix-Quellen und deren Zugang fürchteten.«, (Gulbins/Obermayr, 1995, S. 8.)

Unix (Santa Cruz Operation), Sinix (Siemens), Sun/OS und Solaris (Sun), Unixware (Novell), Ultrix und OSF/1 (DEC). Nach dem Konvergenzpunkt von V.4 laufen die Entwicklungslinien aufgrund von lizenztechnischen Mechanismen und der vermeintlichen Marktnotwendigkeit, sich durch proprietäre Zusätze von den Konkurrenten zu unterscheiden, wieder auseinander. Die Quellcodekompatibilität geht verloren. Anwendungshersteller müssen Versionen für die einzelnen Unixvarianten anbieten.

In der BSD-Welt führte der wachsende Lizenzdruck zu einer Befreiung des Code. Bis 1988 mussten alle Nutzer von BSD, das immer mit sämtlichen Quellen ausgeliefert wurde, gleichzeitig eine AT&T-Quellcodelizenz erwerben – der Preis für eine solche Lizenz stieg nun kontinuierlich. Händler, die BSD-Code verwenden wollten, um TCP/IP-Produkte für den PC-Markt zu entwickeln, baten die Berkeley Universität, die Netzwerkelemente aus BSD separat unter einer freieren Lizenz anzubieten. Da der TCP/IP-Netzwerkcode vollständig an der Berkeley Universität entwickelt worden war, konnte sie ihn zusammen mit den umgebenden Werkzeugen 1989 im »Networking Release 1« als Berkeleys ersten frei weitergebbaren Code veröffentlichen. Die BSD-Lizenz erlaubte es, den Code in Quell- und Binärform, modifziert und unmodifiziert ohne Gebühren frei zu verbreiten, solange er den Urheberrechtsvermerk der Berkeley Universität enthielt. Berkeley verkaufte die Datenbänder für 1 000 Dollar, doch in kürzester Zeit stand der Code auch auf anonymen ftp-Servern zur Verfügung.

Aufgrund des Erfolgs des »Networking Release 1« wollte Keith Bostic von der Berkeley-Gruppe weitere Bestandteile des BSD-Unix freigeben. Seine Kollegen waren skeptisch, da es bedeutet hätte, Hunderte von Werkzeugen, die riesige C-Bibliothek und den → *Kernel* auf AT&T-Code hin zu durchforsten und diesen zu ersetzen.

> »*Unverdrossen erfand Bostic das Verfahren einer hochgradig parallelen, netzbasierten Entwicklungsanstrengung. Er warb Leute ein, die die Unix-Dienstprogramme* (Utilities) *gestützt auf nichts als ihre veröffentlichte Beschreibung von Grund auf neu schrieben. Ihre einzige Entschädigung dafür war, dass ihr Name unter den Berkeley-kontributoren neben dem Namen des Programms, das sie neu geschrieben hatten, aufgelistet wurde. ... Innerhalb von 18 Monaten waren fast alle wichtigen Dienstprogramme und Bibliotheken neu geschrieben*« (McKusick, 1999, S. 42).

Mike Karels, Bostic und McKusick verbrachten daraufhin die nächsten Monate damit, auch die Kernel-Dateien von AT&T-Codeteilen zu befreien, was ihnen mit Ausnahme von sechs Dateien gelang. Das Ergebnis wurde 1991 als »Networking Release 2« unter derselben Lizenz wie »Release 1« veröffentlicht. Weitere sechs Monate später hatte Bill Jolitz auch die ausstehenden sechs Kernel-Dateien ersetzt. Das jetzt voll funktionstüchtige freie Betriebssystem, kompiliert für den 386er PC, stellte Jolitz Anfang 1992 unter dem Namen 386/BSD ins Netz.

Das erste vollständige freie Unix für den PC

Das Unix auf dem PC wurde begeistert aufgenommen und bald setzte eine Flut von → *Bug Fixes* und Erweiterungen ein, die Jolitz nicht mehr alleine bewältigen konnte. So bildeten die regesten Nutzer die NetBSD-Gruppe, die das System unterhielt und weiterentwickelte. Auf NetBSD und die Varianten FreeBSD und OpenBSD wird später im Rahmen der freien Softwareprojekte näher eingegangen. Zusätzlich zu den freien Gruppen bildet sich auf Grundlage des »Networking Release 2« die Firma Berkeley Software Design, Inc. (BSDI). Auch sie programmierte die fehlenden sechs Kernel-Dateien nach und verkaufte 1992 ihre kommerziell unterstützte Version einschließlich Quellcode für 995 Dollar. Der Preis für Unix System V von AT&Ts USL inklusive Quellcode lag zu diesem Zeitpunkt bereits bei 100 000 Dollar.

USL strengte daraufhin eine Klage gegen BSDI an, damit diese für ihr Produkt nicht länger den markenrechtlich geschützten Namen Unix verwendete, da es proprietären USL-Code und Handelsgeheimisse enthalte. Nach einem zweijährigen Prozess, in den sich auch die Berkeley Universität mit einer Gegenklage einschaltete und in dessen Verlauf USL von Novell aufgekauft wurde, mussten schließlich drei der 18 000 Dateien aus dem »Networking Release 2« entfernt und einige andere geringfügig geändert werden (McKusick, 1999, S. 44 ff.).

Die derart gesegnete Version wurde 1994 unter dem Namen 4.4BSD-Lite veröffentlicht. Sie wurde weiter gepflegt, bis die → *Bug Reports* und Erweiterungen versiegten. Die letzten Änderungen wurden im Juni 1995 als 4.4BSD-Lite, Release 2 vorgelegt. Die Forschungsgruppe an der Berkeley Universität wurde aufgelöst. Nachdem sie fast 20 Jahre lang die freie akademische Entwicklung von Unix getragen hatte, war es Zeit für andere, die Stafette zu übernehmen.

Das GNU-Projekt

Als Richard Stallman 1971 seine akademische Laufbahn am Labor für Künstliche Intelligenz (KI) des MIT aufnahm, gab es noch keine ›unfreie‹

Software, nur autoritärere und freiere Informatikinstitute. Harvard, wo Stallman als Experte für Assemblersprachen, Betriebssysteme und Texteditoren gearbeitet hatte, gehörte zur ersten Kategorie. Auf der Suche nach einer hacker-freundlicheren Atmosphäre wechselte er dann als Systemprogrammierer an das MIT, dessen KI-Labor ein damals bereits legendäres Hackerparadies war, ein Kloster, in dem man lebte, um zu hacken und in dem man hackte, um zu leben. Steven Levys 1984 geschriebener Klassiker »Hackers. Heroes of the Computer Revolution« (Levy, 1994) verfolgt das Phänomen zurück bis in den Modelleisenbahnclub am MIT der späten 50er. Im Club gab es zwei Fraktionen, eine, die es liebte, Modellhäuser, Landschaften und Replikas historischer Züge zu bauen – heute würde man sie die Interface-Designer nennen. Die andere Fraktion verbrachte die meiste Zeit mit dem Steuerungssystem unter der Platte, mit der Stromversorgung, den Kabeln und elektromagnetischen Relais, die sie von einem Telefonhersteller bekommen hatten. Diese zweite Gruppe strebte nach Höherem, doch der zentrale MIT-Rechner, eine IBM 704, die Lochkartenstapel verarbeitete, war von der Computerpriesterschaft abgeschirmt. Als das MIT 1959 einen der ersten transistor-betriebenen Rechner der Welt bekam, der außerdem mit einem Kathodenstrahlmonitor ausgestattet war, verloren sie bald das Interesse an Modelleisenbahnen. Die TX-0 des Lincoln Labs war ein Zwerg im Vergleich zur 704, doch auf ihr bekam man Zeitabschnitte zugewiesen, in denen man sie exklusiv für sich benutzen konnte. Zum ersten Mal konnte man am Computer sitzen, während dieser ein Programm durchrechnete, und auf der Stelle neue Anweisungen in die Tastatur hacken. Während bislang und auch später beim »strukturierten Programmieren« der größte Teil des Softwareentwurfs abstrakt auf Papier stattfand, war es mit der neuen »interaktiven« Computernutzung möglich, eine Idee in die Tasten zu hacken, das Programm laufen zu lassen, Fehler zu entdecken, die Korrekturen einzugeben und es sofort wieder ablaufen zu lassen. Diese Art der iterativen Ad-hoc-Programmierung trug den Namen »Hacken« (Levy, 1994, S. 21 ff.).

Ein Paradies für Hacker...

Was Stallman am KI-Lab mochte, war, dass es »keine künstlichen Hindernisse, Dinge, auf denen bestanden wird, die es den Menschen schwerer machen, ihre Arbeit zu erledigen – Dinge, wie Bürokratie, Sicherheit oder die Weigerung mit anderen Leuten zu teilen«, gab (ebd., S. 416). Dort traf Stallman auf Hackerlegenden wie Richard Greenblatt und Bill Gosper und tauchte in eine Kultur des freien Wissensaustausches ein, eine Oase der konstruktiven Kooperation im allgemeinen Kampf von jedem gegen jeden.

»Ich hatte in den 70er-Jahren das Glück, Teil einer Gemeinschaft zu sein, in der die Menschen Software miteinander teilten. Wir entwickelten Software und wann immer jemand ein interessantes Programm geschrieben hatte, wurde es weitergegeben. [...] So arbeitete einer nach dem anderen, um die Software zu verbessern und weiterzuentwickeln. Man konnte in dieser Gemeinschaft immer eine zumindest passive Mitarbeit eines jeden erwarten. Sie mochten zwar nicht bereit sein, ihre Arbeit zu unterbrechen, um stundenlang etwas für dich zu tun, aber das, was sie bereits erledigt hatten, konntest du gerne benutzen.«[63]

Neben seiner Arbeit als Systementwickler und am Editor »Emacs« erwarb er gleichzeitig einen *Magna cum laude*-Abschluss in Physik an der Harvard Universität. Emacs, das »Schweizermesser« unter den Editoren, war damals Stallmans bekanntestes Werk. Basierend auf einem Lisp-Dialekt, ist es beliebig konfigurierbar und erweiterbar. Seine weit offene Architektur ermunterte viele, Zusätze und Verbesserungen zu schreiben. Stallman betrieb das Projekt Emacs im selben *sharing spirit*, den er am KI-Lab schätzte. Er gab das Programm frei an jeden weiter, unter der Bedingung, dass alle, die Erweiterungen schrieben, diese mit der Emacs-Community teilten.

... und sein Niedergang

In den ausgehenden 70ern und frühen 80ern erlebte Stallman jedoch auch den Verfall der Hackerethik und die Auslöschung der Gemeinde am KI-Lab mit. Es begann damit, dass auf den Systemen des MIT-Rechenzentrums Passwörter eingeführt wurden. Als echter Hacker verachtete Stallman Passwörter. Die Rechner, die er am KI-Lab administrierte, hielt er frei davon und auf den anderen führte er einen Feldzug zur Durchsetzung eines »leeren« Passwortes, also der schlichten Betätigung der Eingabetaste, bis schließlich das US-Verteidigungsministerium drohte, das KI-Lab vom ARPAnet abzuhängen. In einem zunehmend wichtigeren Netz ginge es nicht an, dass jedermann, ohne eine Legitimation vorzuweisen, durch diese weit offene Tür spazieren und sich in militärischen Rechnern tummeln könne. Stallman und andere waren jedoch der Ansicht, dass es genau so sein sollte. Doch der Schließungsdruck wurde stärker: Nach und nach verließen die Hacker der ersten und zweiten Generation das MIT, um für Computerfirmen zu arbeiten, eigene zu gründen oder gar zu heiraten.

Die nachwachsende Generation, die Stallman jetzt als »Touristen« auf seinen Lab-Rechnern beobachtete, war nicht in die Hackerethik hineingewachsen. Nicht alle sahen offene Systeme als Chance, Gutes zu

63 Stallmann, in: WOS1, 7/1999.

tun und zu lernen, um selbst einmal den Titel eines »echten Hackers« zu erwerben. Viele von ihnen sahen auch nichts Verkehrtes in der Idee eines Eigentums an Programmen. Wie ihre Vorgänger schrieben sie aufregende Software, doch immer häufiger tauchte beim Starten ein Copyright-Vermerk auf dem Schirm auf. Gegen diese Form der Schließung des freien Austauschs kämpft Stallman bis heute: »Ich finde nicht, dass Software Eigentum sein sollte«, zitiert Steven Levy ihn im Jahr 1983, »weil mit dieser Praxis die Menschlichkeit im Ganzen sabotiert wird. Sie verhindert, dass die Menschen aus einem Programm den maximalen Nutzen ziehen.«[64]

Die Magie wird zum Industriegeheimnis

Die zunehmende Kommerzialisierung war auch der Grund für das Ende der Hackerkultur am KI-Lab. Seit 1975 hatte Richard Greenblatt zusammen mit einigen anderen an einem Hackertraum, der LISP-Maschine, gearbeitet, einem Computer, dessen Architektur speziell auf die Anforderungen dieser mächtigsten und flexibelsten, aber auch ressourcenhungrigen Programmiersprache zugeschnitten war. Nach jahrelanger Entwicklungsarbeit hatten die MIT-KI'ler schließlich 32 LISP-Maschinen gebaut. Greenblatt begann seine fortgeschrittene Technologie als Element in Amerikas Kampf mit Japan um die Führung im Bereich der Künstlichen Intelligenz zu sehen. Dieses Potenzial sah er am besten durch ihre Verbreitung durch den kommerziellen Sektor verwirklicht. Greenblatt wollte eine Firma gründen. Aus den Auseinandersetzungen mit seinen Hackerkollegen am MIT und externen Beratern ging erst LISP Machine Incorporated (LMI) sowie ein knappes Jahr später die hochkapitalisierte Firma Symbolics hervor. Die beiden Firmen warben fast alle verbliebenen Hacker vom KI-Lab ab. An die Stelle des *sharing spirit* war eine Konkurrenz um Marktanteile für dasselbe Produkt getreten, mit all ihren kommunikationswidrigen Umständen, wie Vertraulichkeitsvereinbarungen (*Nondisclosure Agreements*, → *NDA*) und geschlossener Quellcode.

> *»Sie konnten nicht über das sprechen, was am Wichtigsten war – die Magie, die sie entdeckt und in die Computersysteme eingebracht hatten. Die Magie war nun ein Industriegeheimnis. Dadurch, dass die Mitglieder der puristischen Hackergemeinschaften im Auftrag von Firmen arbeiteten, hatten sie das Schlüsselelement der Hackerethik fallengelassen: den freien Informationsfluss«* (LEVY, 1994, S. 424).

64 Levy, 1994, S. 419; vgl. Stallman, 1994.

Als »letzter Überlebender einer toten Kultur«,[65] wie er sich selbst bezeichnete, blieb Richard Stallman zurück. Das lebende Beispiel dafür, dass eine »anarchistische und großartige Einrichtung« möglich ist, war ausgelöscht.

> *»Wenn ich Leuten erzählte, dass es möglich ist, auf einem Computer keinerlei Sicherheit zu haben, ohne dass andere ständig deine Dateien löschen, und kein Vorgesetzter dich davon abhält, Dinge auszuprobieren, konnte ich zumindest auf das KI-Labor verweisen und sagen: ›Schau, wir machen das. Komm und nutze unseren Rechner! Sieh selbst!‹ Jetzt kann ich das nicht mehr. Ohne dieses Beispiel wird mir niemand glauben. Eine Zeit lang haben wir ein Vorbild für den Rest der Welt gesetzt. Wo soll ich jetzt, da es das nicht mehr gibt, wieder anfangen?«*[66]

Der Hacker-Geist ist tot, lang lebe er in jedem PC

Steven Levys Buch »Hackers« von 1984 endet auf einer positiven Note: Das Hackerzentrum am MIT war verschwunden, doch sein Geist – so Levys Fazit – habe sich mit dem persönlichen Computer allgemein verbreitet. Millionen von Menschen wurden der Magie ausgesetzt. Die Hackerethik war vielleicht nicht mehr so rein wie in den Jahren der »Priesterschaft«, und tatsächlich hatten die Hacker der dritten Generation ihre eigenen Vorstellungen, doch weiterhin bietet jeder PC die Chance, die Magie zu entdecken, die Kreativität anzustacheln und – ein Hacker zu werden.

Doch bevor sich Levys Prognose machtvoll beweisen sollte, trat die Computerwelt in eine dunkle Phase ein. Anfang der 80er war fast alle Software proprietär. Den Begriff »Hacker« hatte die Presse inzwischen zu »Computer-Einbrecher« verkehrt. Seit 1981 kann in den USA Software, die bis dato als Algorithmen oder mathematische Formeln und damit als unschützbar angesehen wurde, zum Patent angemeldet werden. DEC stellte seine PDP-10-Serie ein, für die die KI-Lab-Hacker das freie *Incompatible Timesharing System* (ITS) geschrieben hatten – unter den Betriebssystemen der bevorzugte Tummelplatz für Hacker. Die neue Generation von Rechnern, wie die VAX oder der 68020 von Motorola, kamen mit ihren eigenen proprietären Betriebssystemen. Die durch die Aufspaltung

---

65 Ebd., S. 427. Stallman führte daraufhin einen Rachefeldzug gegen den vermeintlichen Schurken Symbolics, indem er die neueste Software, die er für MITs Symbolics-Maschine bekam, *reverse engineerte* und die Ergebnisse an LMI weitergab. Auf diese Weise hackte er gegen mehr als ein Dutzend Weltklasse-Hacker an. Greenblatt bemerkte bewundernd: »Er hat sie alle übertroffen«, ebd., S.426.

66 Ebd., S. 427.

von AT&T 1984 einsetzende Privatisierung und Schließung von Unix verhinderte zwar nicht, dass die Hacker an freien Unixvarianten weiterarbeiten konnten, doch sie machte viele der zahllosen Informatiker in der ganzen Welt, die an dem Betriebssystem mitentwickelt hatten, wütend.

Als Schlüsselerlebnis nennt Stallman eine Episode Anfang der 80er um einen Xerox-Netzwerkdrucker am MIT. Es kam regelmäßig vor, dass jemand einen Druckauftrag abschickte und einige Zeit später in den Raum ging, wo der Drucker stand, nur um festzustellen, dass sich das Papier gestaut hatte oder ausgegangen war. Stallman wollte nun eine Funktion einfügen, die den Druckerstatus direkt am Arbeitsplatz anzeigte. Er fand auch jemanden bei Xerox, der den Quellcode des Druckertreibers hatte, doch weigerte dieser sich, ihn herauszugeben, da er sich zu Nichtweitergabe verpflichtet hatte (z. B. Stallman in Hohmann, 1999). In dieser Erfahrung verdichtete sich der neue Geist der Zeit: Ein praktisches Problem stellt sich. Die Lösung besteht darin, eine bestehende Software um eine Funktion zu erweitern. Früher hätte man den Autor der Software um den Quellcode gebeten und hätte diesen fortgeschrieben – die Technologie wäre für alle Betroffenen nützlicher geworden. Doch jetzt stand vor dem Quellcode und vor einer Kooperation von Programmieren eine Mauer namens »geistiges Eigentum«. Eine Lösung war damit nicht unmöglich geworden, doch die Firma zu bitten, die Funktion zu implementieren und es im nächsten *Update* zu verbreiten, ist langwierig und unsicher, und eine Dekompilierung ist mühsam, zeitraubend und nur in engen Grenzen legal.

Start des GNU-Projekts

Stallman fragte sich also, was er tun könne, um erneut die Voraussetzungen für eine Gemeinschaft zu schaffen. Um einen Computer zu betreiben, benötigt man zu allererst ein Betriebssystem. Betriebssysteme waren eines von Stallmans Spezialgebieten. Also startete er 1984 das GNU-Projekt. Das rekursive Akronym steht für »GNU's not Unix«, doch genau das war sein Ziel: ein Betriebssystem zu schreiben, das funktional äquivalent zu Unix ist, aber keine einzige Zeile von AT&T geschütztem Code enthält und vor allem, das in freier Kooperation weiterentwickelt werden kann, ohne irgendwann dasselbe Schicksal zu erleiden wie Unix. Die Wahl fiel auf Unix und nicht ein anderes Betriebssystem, weil es sich bewährt hatte, weil es portabel war und weil es bereits eine aktive weltweite Unix-Gemeinde gab, die durch seine Kompatibilität leicht zu GNU wechseln konnte.

Stallman kündigte seinen Job am MIT, weil seine Arbeit als Angestellter der Universität gehören würde,[67] die damit die Vertriebsbedin-

67 Als »*work for hire*«, so auch nach deutschem Urheberrecht, vgl. UrhG § 69b.

gungen seiner Software bestimmen konnte. Er wollte verhindern, dass er erneut eine Menge Arbeit investierte, nur um hilflos zuzusehen, wie das MIT ein proprietäres Softwarepaket daraus machte. Er rechnet es dem damaligen Leiter des KI-Labs hoch an, dass er ihn einlud, auch nach seiner Kündigung die Einrichtungen des Labors zu benutzen.[68]

Im September 1983 kündigte Stallman in Unix-Newsgroups sein Projekt einer »neuen Unix-Implementation« an und lud zur Mitarbeit ein.[69] Er startete, zunächst noch allein, mit dem GNU C-Compiler (GCC) und seinem Editor GNU Emacs:

> *»So fingen wir an, die Komponenten dieses Systems zu schreiben. Die Struktur dieses Systems besteht aus vielen einzelnen Programmen, die miteinander kommunizieren; und es war dokumentiert, so dass man nachvollziehen konnte, wie die Schnittstellen zwischen diesen Programmen aussahen. Wir konnten nach und nach alle Bestandteile als Ersatz für die entsprechenden Teile eines Unix-Systems schreiben und schließlich testen. Wenn alle Teile ersetzt sind, fügt man diese zusammen und erhält so das vollständige System. Und das taten wir. Es war eine sehr dezentralisierte Vorgehensweise, was zu einer eher amorphen und dezentralisierten Community von Freiwilligen, die überall in der Welt hauptsächlich über E-mail kommunizierten, passte.«*[70]

Sein ursprüngliches Emacs für die PDP-10 hatte er auf einem anonymen ftp-Server verfügbar gemacht und alternativ Interessierten angeboten, ihm einen frankierten Rückumschlag und ein leeres Datenband zu schicken, auf das er dann die Software spielte. Da Stallman kein Einkommen mehr hatte, bot er – neben der weiterhin kostenlosen ftp-Distribution – jetzt ein Band mit Emacs für 150 Dollar an. Als das Interesse an Emacs wuchs, mussten neue Finanzierungsmöglichkeiten erschlossen werden. Zu diesem Zweck wurde 1985 die gemeinnützige *Free Software Foundation* (→ FSF) errichtet. Die FSF übernahm die Distribution der Datenbänder, erst für Emacs, dann auch für andere GNU-Software. Die Mittel aus dem Verkauf von Software (in Quellcode und vorkompiliert für bestimmte Plattformen) und Handbüchern sowie Geld- und Sachspenden verwendet die FSF, um Entwickler dafür zu bezahlen, dass sie bestimmte, für eine vollständige Betriebssystemsumgebung notwendige Programme schreiben.

---

68 Vgl.Stallman, 1999, S. 57; s.a. http://www.gnu.org/gnu/thegnuproject.html; die Domain »gnu.ai.mit.edu« ist bis heute in Gebrauch.

69 Das Posting ist archiviert unter http://www.gnu.org/gnu/initial-announcement.html

70 Stallman, in: WOS1, 7/1999.

Das GNU-Manifest

Im »GNU Manifest« (vgl. Stallman, 1985) – aus dem selben Jahr – begründet Stallman die Philosophie der freien Software auf dem kantschen Imperativ: »Ich denke, dass die goldene Regel vorschreibt: Wenn ich ein Programm gut finde, muss ich es mit anderen Leuten, die es gut finden, teilen« (ebd.). Wer umgekehrt die Nutzungsmöglichkeiten eines Programms einschränkt, um Geld von den Nutzern zu extrahieren, verwende destruktive Mittel. Wenn jeder sich so verhalten würde, würden wir alle durch die wechselseitige Destruktion ärmer werden. Der Wunsch, für seine Kreativität belohnt zu werden, rechtfertige es nicht, der Welt die Ergebnisse dieser Kreativität vorzuenthalten. Stallman nennt hier bereits eine Reihe Möglichkeiten, wie Softwareentwickler und -firmen mit freier Software Geld verdienen können, die in den 80ern erprobt wurden und in den 90ern Schule machten: Vertrieb und Dokumentation; Support in Form von echter Programmierarbeit und »Händchen halten« für unerfahrenere Nutzer; Hardwarehersteller, die für die Portierung eines Betriebssystems auf ihre Rechner bezahlen; Schulung; eine User's Group, die gemeinsam einen Programmierer beauftragt, gewünschte Zusätze zu schreiben.[71] Der wachsenden Tendenz, Information zu horten, hält er einen Begriff von Freundschaft, Gastfreundschaft (*hospitality*) und Nachbarschaftlichkeit entgegen, wie etwa auf den Konferenzen »*Wizards of OS1*«:

Wissensaustausch als Grundlage einer menschlichen Gesellschaft

> *»Außerdem sollte es möglich sein, eine Kopie [von einem Programm] für einen Freund zu erstellen, so dass der Freund ebenfalls davon profitiert. Dies ist nicht nur nützlich, diese Art der Kooperation ist ein fundamentaler Akt von Freundschaft unter Leuten, die Computer benutzen. Der fundamentale Akt von Freundschaft unter denkenden Wesen besteht darin, einander etwas beizubringen und Wissen gemeinsam zu nutzen. [...] Jedes Mal, wenn man die Kopie eines Programms weitergibt, ist dies nicht nur ein nützlicher Akt, sondern es hilft die Bande des guten Willens zu verstärken, die die Grundlage der Gesellschaft bilden und diese von der Wildnis unterscheiden. Dieser gute Wille, die Bereitschaft unserem Nächsten zu helfen, wann immer es im Bereich des Möglichen liegt, ist genau das, was die Gesellschaft zusammenhält und was sie lebenswert macht. Jede Politik oder jedes Rechtssystem, das diese Art der Kooperation verurteilt oder verbietet, verseucht die wichtigste Ressource der Gesellschaft. Es ist keine materielle Ressource, aber es ist dennoch eine äußerst wichtige Ressource.«*[72]

71 Die damalige Idee einer »Softwaresteuer«, die von einer Institution wie der NSF benutzt wird, um Softwareentwicklung zu finanzieren, hat sich bald darauf verflüchtigt. Ein privates Umverteilungssystem, bei dem z. B. die FSF Spenden oder Steuermittel entgegennimmt, um Entwickler damit zu bezahlen, ist dagegen durchaus üblich.

72 Stallman, in: WOS1, 7/1999.

Im »Manifest« ist von der Solidarität unter Programmierern die Rede: »Der fundamentale Akt der Freundschaft unter Programmierern liegt in der gemeinsamen Nutzung der Programme.« Es finden sich auch naturrechtliche Argumentationen: »Das teilweise oder komplette Kopieren eines Progammes ist für einen Programmierer genauso natürlich wie das Atmen und genauso produktiv. Und genauso frei müsste es sein.« Fluchtpunkt der Vision ist eine Welt jenseits des Mangels. Bereits heute sei die Menge der notwendigen Arbeit für die Produktivität der Gesellschaft stark zurückgegangen. Dass sich dies nicht in eine größere Freizeit übersetzt, liege vor allem an den nicht produktiven Aktivitäten wie Verwaltung und Konkurrenz: »Freie Software wird diese Vergeudung im Bereich der Softwareproduktion erheblich reduzieren. Wir müssen dies tun, um technische Fortschritte in weniger Arbeit für uns umzuwandeln.«

Im Kern der Vision steht ein freies Softwareuniversum: »Das ultimative Ziel besteht darin, freie Software für alles anzubieten, die alles kann, was Menschen mit den Computern machen möchten – so dass proprietäre Software obsolet wird.«[73] Das GNU-Projekt ist mehr als nur ein Sammelbecken für diverse freie Programme. Es wird von einer Gesamtvision für ein vollständiges System geleitet. Systematisch wurden alle Bestandteile einer freien Betriebsumgebung in eine *Task List* eingetragen und nach und nach erarbeitet.

Der juristische Hack: die GPL

Zentrales Instrument zur Absicherung dieses expandierenden Universums der freien Software ist die Lizenz, unter der es steht. Die Freiheit, die die *GNU General Public License* (*GPL*) den Nutzern einer Software gewährt, umfasst (1) den Zugang zum Quellcode, (2) die Freiheit, die Software zu kopieren und weiterzugeben, (3) die Freiheit, das Programm zu ändern und (4) die Freiheit, das veränderte Programm – unter denselben Bedingungen – zu verbreiten. Die vierte Auflage verhindert, dass freie Software privatisiert und ihrer Freiheiten entkleidet wird. Die Philosophie der freien Software schreibt nicht vor, dass die Weiterverbreitung kostenlos zu geschehen hat. Für Dienstleistungen wie Zusammenstellung, Produktion und Vertrieb von CD-ROMs, Support, Schulung und Handbüchern ist die Erhebung einer Gebühr ausdrücklich erlaubt, nicht jedoch für die Software selbst. Auf diese vielleicht wichtigste Innovation Richard Stallmans, die GPL, wird im Abschnitt »Lizenzmodelle« eingegangen.

73 Overview of the GNU Project, updated 2 May 1999, jonas, http://www.gnu.org/gnu/gnu-history.html

Mit der GPL von 1989 beginnen die FSF und ihre Advokaten, wie der New Yorker Rechtsprofessor Eben Moglen,[74] auf dem Feld von Copyright- und Vertragsrecht zu intervenieren. In anderer Form tut dies auch die *League for Software Freedom*,[75] die 1989 anlässlich von Apples *Look-and-Feel*-Verfahren gegen Microsoft von John Gilmore und Richard Stallman gegründet wurde. Die *League* engagiert sich bis heute gegen User-Interface-Copyrights und Softwarepatente.

Mit der Zeit konnten immer mehr zu ersetzende Unix-Komponenten von der *Task List* gestrichen werden, der Schwerpunkt verlagerte sich auf Anwendersoftware. Viele der GNU-Komponenten entwickelten ein Eigenleben. Da sie die entsprechenden Komponenten von Unixsystemen ersetzen konnten und nicht selten besser waren als ihre proprietären Gegenstücke, verbreiteten viele sich als Standardwerkzeuge auch unter Verwaltern proprietärer Unixsysteme. 1990 war das GNU-System nahezu vollständig. Die einzige wesentliche Komponente, die noch fehlte, war ein Kernel. Hier war die Wahl auf einen Mikrokernansatz gefallen. Der Microkernel *Mach*, von der Carnegie Mellon University entwickelt und dann von der University of Utah übernommen, sollte als Basis dienen. Darüber sollen die verschiedenen Betriebssystemsfunktionen als eine Sammlung von Servern (*a herd of gnus*; eine Herde Gnus) mit dem Namen HURD implementiert werden, doch das Debugging solcher interagierender Server stellte sich als schwieriger heraus, als erwartet.

1991 kam Linus Torvalds dem GNU-Projekt mit dem Linux-Kernel zuvor. Ob nun Linux als letzter Baustein in das GNU-System eingefügt wurde oder die GNU-Systemkomponenten um Torvalds' Kernel – wie man es auch sehen mag, auf jeden Fall gibt es seither ein vollständiges, leistungsfähiges, freies System mit dem Namen GNU/Linux.

GNU ist das erste »bewusste« freie Softwareprojekt. Die Freiheiten, die in der vorangegangenen Hackerkultur unausgesprochene Selbstverständlichkeit waren, wurden nun expliziert und in einem Vertrag zwischen Autoren und Nutzern (der GPL) rechtsverbindlich festgeschrieben. Mit seinen Tools ist GNU außerdem Geburtshelfer aller folgenden Projekte. Schließlich eröffnet es einen Blick weit über die Software hinaus: »Der Kern des GNU-Projekts ist die Vorstellung von freier Software als soziale, ethische, politische Frage. Kurzum: Wie soll die Gesellschaft beschaffen sein, in der wir leben wollen?«[76]

74 Moglens Hompage: http://emoglen.law.columbia.edu/
75 http://lpf.ai.mit.edu/
76 Stallman, in: WOS1, 7/1999.

GNU/Linux[77]

Zwischenspiel: Minix

Ein Zwischenspiel stellt das 1987 von Andrew Tanenbaum entwickelte *Minix* dar, ein Unix-Derivat für 286er PCs, das der Informatikprofessor an der Universität Amsterdam speziell für Lehrzwecke entworfen hat.[78] In der Usenet-Newsgroup comp.os.minix konnten Interessierte seine Entwicklung mitverfolgen. Ende der 80er-Jahre gab es bereits mehr als 50 000 Minix-Anwender.

Linus Torvalds und die Folgen

Darunter befand sich auch der finnische Informatikstudent Linus Torvalds. Er hatte sich einen PC mit dem gerade neu erschienen 386er-Prozessor angeschafft, der erstmals echten Speicherschutz und → Multitasking anbot. Ausgehend von Minix begann er, einen neuen unixartigen Betriebssystemskern zu schreiben, der die neuen Möglichkeiten unterstütze, zuerst in Assembler, dann in C. Auch Torvalds veröffentlichte den Quelltext seiner Arbeit im Netz, tat die Adresse in der Minix-Newsgroup kund und lud zur Mitarbeit ein. Die Werkzeuge aus dem GNU-Projekt (C-Compiler, Linker, Editoren usw.) taten dem Projekt gute Dienste. Linux ist heute das Paradebeispiel einer solchen unwahrscheinlichen Organisationsform, bei der Tausende von Menschen in der ganzen Welt in einer verteilten, offenen, locker gekoppelten Zusammenarbeit ein komplexes Softwareprojekt entwickeln. »Tatsächlich glaube ich, dass Linus' cleverster und erfolgreichster Hack nicht der Entwurf des Linux-Kernels selbst war, sondern vielmehr seine Erfindung des Linux-Entwicklungsmodells« (Raymond, 1998).

Im Januar 1992 lag der bereits stabile Linux-Kernel 0.12 vor. Und da man mit einem Kernel allein wenig anfangen kann, benutzte die wachsende Community dazu das GNU-System. Ebenfalls vom GNU-Projekt übernommen wurde die Copyleft-Lizenz (GPL), die die Freiheit von Linux und aller abgeleiteter Software sichert. Als Basis einer grafischen Benutzeroberfläche wurde von einem benachbarten freien Projekt XFree86 übernommen. Im März 1994 erschien GNU/Linux Version 1.0.

Um eine Aufspaltung des Projekts in verschiedene »Geschmacksrichtungen« (das so genannte *Code-Forking*) zu verhindern, etablierte sich unter der weithin akzeptierten Autorität von Torvalds ein System, wonach bestimmte Entwickler für Teilbereiche des Kerns zuständig sind, er aber das letzte Wort darüber hat, was in den Kern aufgenommen wird. Den Projektleitern (*Maintainern*) arbeitet ein große Zahl von Leuten zu, die die Software testen, Fehler melden und beheben und weitere Funktionen

77 S. http://www.linux.org/; Linux Newbie FAQ, http://www.tomix.de/linux/faq/

78 S. Minix Information Sheet, http://www.cs.vu.nl/~ast/minix.html

hinzufügen. Neben dem → *Core-Team* für den Kernel[79] bildeten sich Standardisierungsgremien: die *Linux File System Standard Group* (im August 1993 gegründet[80]), das *Linux Documentation Project* (LDP)[81] und – zur Sicherstellung der Kompatibilität der Betriebsumgebung in verschiedenen Distributionen – die Linux Standard Base (LSB).[82]

GNU/Linux wird erwachsen

Die Distribution erfolgte zunächst nur übers Netz, spätestens ab 1993 auch auf Disketten und kurz darauf auf CD-ROM. Ab 1993 stellten kommerzielle Anbieter wie SuSE, Caldera und Yggdrasil Distributionen mit dem neuesten Kernel, Tools und Anwendungen zusammen. Ab 1994 erschienen spezialisierte Zeitschriften (wie das *Linux Journal* und das deutschsprachige *Linux Magazin*) und Online-Foren (wie »Linuxtoday« und »Slashdot.org«). Ab 1993 (und inzwischen in der 7. Auflage von 1997) erscheint das »Linux Anwenderhandbuch« unter der GPL, das schnell zum Standardwerk im deutschsprachigen Raum wurde (vgl. Hetze/Hohndel/Müller/Kirch, 1997). 1995 gab es bereits 500 000 GNU/Linux-Nutzer. Ein Jahr darauf waren es 1,5 Millionen, 1997 schon 3,5 und 1998 7,5 Millionen. Was als freie Software aus dem GNU-Projekt begann und sich um andere freie Software wie dem Linux-Kernel anreicherte, stellte inzwischen eine Plattform dar, die auch für die Anbieter von Anwendungssoftware interessant wurde. Mehr als 1 000 Anwendungen stehen heute auf GNU/Linux zur Verfügung, der größte Teil davon kostenlos.

Auch kommerzielle Office-Pakete von Applixware und Star Division, Corels WordPerfect oder Datenbanken von Adabas und Oracle wurden auf GNU/Linux portiert. Linuxer können heute zwischen den grafischen Benutzeroberflächen KDE (*K Desktop Environment*) und Gnome (*GNU Network Object Model Environment*) mit jeweils verschiedenen Window-Managern wählen. Die Nutzerfreundlichkeit nimmt zu. Während für alte Unix-Hasen der normale Weg die Source Code-Installation ist, wird unter GNU/Linux-Software zunehmend als → *Binary* installiert, wie das in der PC-Welt üblich ist.

Auch die häufig zu hörende Kritik, für GNU/Linux gebe es keinen Support, ist gründlich widerlegt. Tausende von engagierten GNU/Linux-Nutzern gewähren Anfängern und Hilfe Suchenden in Newsgroups und Mailinglisten Unterstützung und reagieren auf Bugs manchmal schon

---

79 The Linux Kernel Archives: http://www.kernel.org/

80 Vgl. Garrett D'Amore, The Linux File System Standard, http://www2.linuxjournal.com/lj-issues/issue15/1104.html

81 http://www.linuxdoc.org/

82 http://www.linuxbase.org/

innerhalb von Stunden mit → *Patches*. Schon 1997 verlieh die Zeitschrift *Infoworld* der Linux-Gemeinde für diesen einzigartig leistungsfähigen Support den *Best Technical Support Award*. Auch die kommerziellen Distributoren wie SuSE und Red Hat bieten ihren Kunden Unterstützung. Daneben etablierte sich eine wachsende Zahl von Systemhäusern, die Installation, Schulung und Wartung von GNU/Linux-Systemen kommerziell anbieten.

Heute gibt es schätzungsweise 30 Millionen Installationen weltweit. GNU/Linux hat inzwischen auch in Wirtschafts- und Verwaltungskreisen Popularität als zuverlässige und kostengünstige Alternative zu Microsoft-NT vor allem im Serverbereich erlangt. Zu GNU/Linuxgroßanwendern gehören Unternehmen wie Edeka, Sixt, Debis und Ikea. Große Computervertreiber begannen ab Mitte 1999, Desktop-Rechner, Workstations und vor allem Server mit vorinstalliertem GNU/Linux auszuliefern. Nach den Hochburgen Europa und den USA erobert Linux auch den pazifisch-asiatischen Raum von Japan über China bis Indien.[83] Linus Torvalds ist ein unangefochtener Star der freien Software. GNU/Linux gelangte durch den Film »Titanic« zu Hollywood-Ruhm, dessen Computergrafiken auf einem GNU/Linux- → *Cluster* gerechnet wurden. Seit der Linux-World Expo im März 1999 – eine Art Volljährigkeitsparty für das Projekt – hat Linux auch seine eigene Industriemesse. Sogar in der Kunstwelt fand es Anerkennung, als dem Projekt 1999 der »Prix Ars Electronica« (in der Kategorie ».net«) verliehen wurde.

Alma Mater der freien Quellen

Somit nahmen sowohl das GNU- wie das Linux-Kernel-Projekt ihren Ausgang in Universitäten. Wie Friedrich Kittler betont, war es eine praktische Kritik an der Schließung des wissenschaftlich frei zirkulierenden Wissens, »... dass am Massachusetts Institute of Technology einige Programmierer der Käuflichkeit widerstanden und dass an der Universität Helsinki ein einsamer Informatikstudent die herbei geredete Angst vor Assemblern und Kaltstarts – denn darum geht es – überwand. So direkt waren offene Quellen und freie Betriebssysteme an die Freiheit der Universität gekoppelt. Schauen Sie wieviel ›edu‹ da drinsteht in den Linux-Kernel-Sources. So direkt hängt aber auch die Zukunft der Universität von diesen freien Quellen ab.«[84]

83 Führender Distributor dort ist TurboLinux. Zur Verbreitung 3in Indien s. Harsh, 2/1999.
84 Kittler, in: WOS1, 7/1999.

Von »Free Software« zu »Open Source Software« und zurück

»frei«, ein schmutziges Wort?

Der Schlüsseltext für die begriffliche Wende in der Debatte ist Eric S. Raymonds Aufsatz »The Cathedral and the Bazaar« (Raymond, 1998). Darin stellt er ein zentral gelenktes Projekt wie einen Kathedralenbau oder Microsoft Windows dem kreativen, selbst organisierenden Gewusel eines Basars oder eben der Linux-Gemeinde gegenüber. In den Textversionen bis zum Februar 1998 sprach Raymond darin von »Free Software«, dann ersetzte er den Ausdruck durch »Open Source Software«.[85] »Free« ist nicht nur zweideutig (»Freibier« und »Freie Rede«), sondern offensichtlich war es in *The Land of the Free* zu einem unanständigen, »konfrontationellen«, irgendwie kommunistisch klingenden *four-letter word* geworden. Jedenfalls war es das erklärte Ziel der *Open Source Initiative* (OSI), den mindestens 14 Jahren zuvor von Richard Stallman geprägten Begriff »Free Software«, unter dem sich die Bewegung weit über das GNU-Projekt hinaus gesammelt hatte, durch einen Begriff zu ersetzen, der auch mutmaßlich in den Vorstandsetagen und Aktionärsversammlungen schmackhaft gemacht werden konnte.

Der neue Begriff wurde auf dem Gründungstreffen der OSI im Februar 1998 geprägt. Daran nahmen neben Raymond Vertreter einer Linux-Firma und der Silicon Valley Linux User Group teil. Christine Peterson[86] (Foresight Institute) erdachte den Begriff »Open Source«. Anlass für dieses Treffen war Netscapes Ankündigung Ende Januar jenen Jahres gewesen, den Quellcode seines Browsers offen zu legen. Netscape hatte Raymond eingeladen, dabei zu helfen: »Wir begriffen, dass Netscapes Ankündigung ein kostbares Zeitfenster geöffnet hatte, in dem es uns endlich gelingen könnte, die Unternehmenswelt dazu zu bringen, sich anzuhören, was wir ihr über die Überlegenheit eines offenen Entwicklungsmodells beizubringen hatten. Wir erkannten, dass es an der Zeit war, die Konfrontationshaltung abzulegen, die in der Vergangenheit mit der ›freien Software‹ in Verbindung gebracht wurde, und die Idee ausschließlich mit den pragmatischen, wirtschaftlichen Argumenten zu verkaufen, die auch Netscape dazu motiviert hatte.«[87]

Quelloffenheit wird populär...

Bruce Perens, Autor der *Debian Free Software Guidelines* und der davon abgeleiteten *Open Source Definition* (→ *OSD*) (s.u. »Lizenzmodelle«), meldete »Open Source« als Warenzeichen an. Die Website »www.opensource.org« wurde gestartet. Viele kritisierten den Begriff und zogen das

85 Für den Begriffswechsel siehe ebd.,»14. Version and Change History«

86 http://www.foresight.org/FI/Peterson.html

87 History of the Open Source Initiative, http://www.opensource.org/history.html

etablierte »Free Software« vor, andere innerhalb der lockeren Bewegung folgten der Wende (vgl. Perens, 1999, S. 174). So lud der O'Reilly Verlag im April 1998, kurz nachdem Netscape den Quelltext seines Navigators freigegeben hatte, noch zu einem *Free Software Summit* ein. Im August des Jahres organisierte der Verlag dann den *Open Source Developer Day*. Die Computer-, aber auch die Finanzpresse griff nach Netscapes Schritt den Begriff »Open Source« auf.

...doch ihr Sinn ist die Modifikationsfreiheit

Quelloffenheit ist eine zwingende, wenngleich nicht hinreichende Voraussetzung auch von »Freier Software«, doch indem diese neue Fraktion die das Phänomen konstituierende Freiheit in den Hintergrund rückte, öffnete sie einer Softwarelizenzierung die Tore, die mit Freiheit nichts zu tun hat. So ist auch Quellcode, den man einsehen, aber nicht modifizieren darf, »quelloffen«. Oder Softwareunternehmen behalten sich vor, nach firmenstrategischen Gesichtspunkten zu entscheiden, ob sie die Modifikationen von freien Entwicklern aufnehmen oder nicht. Der Versuch der OSI, das Warenzeichen »Open Source« als Gütesiegel für Software durchzusetzen, deren Lizenz der Open Source-Definition genügt, ist gescheitert. Heute führen viele Produkte das Label, die keine Modifikationsfreiheit gewähren – und genau sie ist der Sinn der Quelloffenheit.

Hinter der neuen Sprachpolitik standen auch Angriffe gegen die Person Stallmans – eine Art Vatermord: »Für die neue Generation ist Stallman eine Peinlichkeit und ein Hindernis. Er muss um jeden Preis in ein Hinterzimmer verbannt werden, bevor er die Investoren verschreckt« (Leonard, 8/1998). Andrew Leonard führte in einem Artikel im *Salon Magazine* Stimmen an, die von einem Generationswechsel sprechen und Kritik an Stallmans Stil äußern, seine Projekte zu leiten. Eine »übertriebene Kontrollmentalität« sagen sie ihm nach. Der Unterschied im »Führungsstil« war es auch, der Raymond dazu veranlasste, GNU als ein Kathedralen-Projekt dem Basar-Modell von Linux und anderen Projekten der dritten Generation gegenüberzustellen.

Stallman selbst sieht durch diesen Begriffswechsel das Gleichgewicht zwischen Verbreitung und Aufklärung bedroht: »Somit konzentrieren sich die Argumente von ›Open Source‹ auf die Möglichkeit, eine hohe Qualität und eine mächtige Software zu erhalten, vernachlässigen aber die Vorstellungen von Freiheit, Community und Prinzipien« (Stallman, 1999, S. 69 f.). Die Open Source-Fraktion betone allein die pragmatischen Aspekte, die Nützlichkeit, die Features, die Zuverlässigkeit und Effizienz der Software: »Die Herangehensweise oder die Haltung, die mit Linux verbunden ist, ist eine ganz andere, eher technologisch, wie die Ein-

Pragmatik ist gut, aber was zählt ist Freiheit

stellung eines Ingenieurs: Wie können wir mächtige Software herstellen, wie können wir ›erfolgreich‹ sein. Diese Dinge sind nicht schlecht, aber ihnen fehlt das Wichtigste.«[88] Entsprechend beharrt das GNU-Projekt auf der Bezeichnung »Free Software«, um zu betonen, dass Freiheit und nicht allein Technologie zählt. »Das ist der wahre Unterschied zwischen freier Software und Open Source. Freie Software verfolgt eine politische Philosophie, Open Source ist eine Entwicklungsmethodologie – und deswegen bin ich stolz, Teil der ›Freien-Software‹ -Bewegung zu sein und ich hoffe, Sie werden es auch sein« (ebd.).

Perens, der mit der *Open Source Definition* (s.u. »Lizenzmodelle«) die Messlatte für die Erteilung des Gütesiegels Open Source geschaffen und zusammen mit Raymond die *Open Source Initiative* (→ *OSI)* zu seiner Zertifizierung gegründet hatte, wechselte ein Jahr später das politische Lager. Die OSI habe ihre Aufgabe, der Nicht-Hacker-Welt die freie Software nahe zu bringen, erfüllt: »Und jetzt ist es Zeit für die zweite Phase: Jetzt, wo alle Welt zusieht, ist es für uns an der Zeit, Sie über Freie Software aufzuklären. Beachten Sie, ich sagte Freie Software und nicht etwa Open Source« (Perens, 1999a). Er bedauerte, dass Open Source die Bemühungen der FSF überschattet habe – »eine Spaltung der beiden Gruppen hätte sich niemals entwickeln dürfen« – verließ die OSI und wählte wieder die Seite von → *SPI* und FSF.

Leonards Fazit dazu im *Salon Magazine:* »Wenn er auch ungekämmt und verschroben sein mag, so verkörpert Stallman doch die Inbrunst und den Glauben, die es wert machen, sich der freien Software zu verschreiben. Wenn die Pragmatiker der Open-Source-Sache ihn opfern, um freie Software ungefährlich fürs Business zu machen, scheint es mir, setzen sie die Seele der Bewegung aufs Spiel« (Leonard , 8/1998).

Nachdem das vorangegangene Kapitel die Wurzeln und die Netzwerkumgebung, in der die freie Software lebt, behandelte, werden wir uns nun einige technische, soziale und wirtschaftliche Zusammenhänge der freien Projekte näher ansehen. Nähere Informationen zu den einzelnen Softwareprojekten, auf die sich diese Beobachtungen stützen, folgen im nächsten Kapitel.

88 Stallman, in: WOS1, 7/1999.

Was ist freie Software, wie entsteht sie, wer macht sie?

Grundeigenschaften freier Software

Freie Software stellt eine von der proprietären Software grundlegend verschiedene Welt mit ihrer eigenen Kultur dar. Alle weiteren Merkmale ergeben sich aus ihren vier Grundeigenschaften: (1) die Software darf ohne Einschränkungen benutzt werden, (2) der Quellcode freier Software ist verfügbar; er darf skidiert und aus ihm darf gelernt werden, (3) sie darf ohne Einschränkungen und ohne Zahlungsverpflichtungen kopiert und weitergegeben werden, (4) sie darf verändert und in veränderter Form weitergegeben werden.[1] Diese Eigenschaften bilden die idealen Voraussetzungen für eine offene, d.h., nicht auf Arbeitsvertragsverhältnissen beruhende, kooperative Softwareentwicklung und eine weitestgehende Beteiligung der Anwender.

Jedes größere Softwareprojekt wird von Gruppen von Entwicklern erstellt. Auch in der Industrie haben heute Teams, die über eine kreative Selbständigkeit verfügen, ihren Code synchronisieren und in regelmäßigen Abständen das gemeinsame Produkt stabilisieren, die hierarchischen Verfahren unter einem Chefprogrammierer weitgehend abgelöst. Beobachter wollen selbst bei Microsoft eine hochskalierte Hackermethodik im Einsatz sehen (vgl. Cusumano / Selby, 1997). Die freie Software dagegen hat dank der genannten Eigenschaften und dank des Internet die Zusammenarbeit auf alle ausgeweitet, die sich beteiligen möchten. Da hier weder Leistungslohn noch Geheimhaltungsvorschriften die Teamgrenzen bestimmen, kann das entstehende Wissen nur allen gehören.

Quellcode und Objektcode

Software stellt eine besondere Klasse von Wissen dar. Es handelt sich um operative Anweisungen, die sich, von Menschen geschrieben, an einen Computer richten. Menschen schreiben diese Anweisungen in einer höheren Programmiersprache, wie Pascal, C, oder C++. Dieser Quelltext wird einem → *Compiler* übergeben, einem Softwarewerkzeug, das ihn in eine maschinennähere, für Menschen nicht mehr lesbare Form, den Objektcode übersetzt. Diese binäre Form des Programms erst veranlasst den Rechner, für den Menschen (meist) sinnvolle Zeichenoperationen auszuführen.

1 Diese drei Eigenschaften in einer Vertragsform verbindlich festzuschreiben war die große Innovation der *GNU General Public License*; s.u. »Lizenzmodelle«

Kompilierung ist ein im Wesentlichen irreversibler Prozess, denn aus dem Binärcode lässt sich allenfalls mit großen Anstrengungen der Quellcode rekonstruieren – mit annähernd so viel Mühe, wie die ursprüngliche Codierung gekostet hat.[2] Proprietäre Software wird nur in einer für eine bestimmte Prozessorplattform vorkompilierten Form ausgeliefert, ohne Quellen. Das stellt zwar keinen Kopierschutz dar, das Wissen darüber, wie ein solches *Blackbox*-System macht, was es macht, ist jedoch für alle praktischen Belange effektiv geschlossen. Böse Zungen mutmaßen, dass viele Firmen ihre Quellen nicht veröffentlichen, damit niemand sieht, von wie geringer Qualität ihre Software ist, doch der Hauptgrund liegt natürlich im Schutz des geistigen Eigentums. Microsoft wehrte sich gegen die Offenlegung des Quellcode von Windows in einem Rechtsstreit mit Caldera mit der Begründung, es handele sich um eines der wertvollsten und geheimsten Stücke geistigen Eigentums auf der Welt.

Quellcode ist Voraussetzung für Veränderungsfreiheit

Für reine Anwender mag eine *Blackbox* zunächst keine wirkliche Qualitätseinschränkung bedeuten, für Entwickler und Systemadministratoren macht es ihre Arbeitsumgebung jedoch zu einer Welt voller Mauern und verbotener Zonen. Für Anpassung, Integration, Fehlerbehebung und Ergänzung müssen sie Veränderungen an der Software vornehmen, und das ist nur am Quelltext möglich. Freie, quelloffene Software bietet ihnen diese Möglichkeit. Bei proprietärer Software bleibt ihnen nur, auf die Unterstützung durch den Hersteller zu hoffen oder sich durch umständliches und nur in engen Grenzen legales *Reverse Engineering* zu behelfen.

Ein häufig von Anbietern proprietärer Software vorgebrachtes Argument lautet, ihre Software umfasse mehrere Millionen Zeilen Code, weshalb ihre Kunden gar kein Interesse hätten, den Quellcode zu lesen. Im Übrigen verfalle durch einen Eingriff in die Software die Gewährleistungsgarantie, und der Support würde ungleich komplexer.[3] Das Gegenargument lautet, dass keine Software 100-prozentig das leistet, was Anwender sich wünschen. Außerdem veraltet Software rasch, wenn sie nicht ständig den sich schnell verändernden Soft- und Hardwaregegebenheiten angepasst wird. Anspruchsvolle Anwender werden also in jedem Falle die Möglichkeit schätzen, in den Quellcode eingreifen oder andere damit beauftragen zu können, die gewünschten Veränderungen für sie vorzuneh-

---

2 Nämlich durch *Reverse Engineering*, Dekompilierung oder Disassemblierung, die sämtlich in den gängigen Lizenzen proprietärer Software untersagt werden. Eine solche Rückübersetzung ist jedoch nach den Urheberrechts- und Copyright-Gesetzen zulässig, sofern sie der Herstellung der Interoperabilität eines unabhängigen Computerprogramms dient (z.B. § 69 e, UrhG).

3 Vgl. Frank Gessner von Intershop, in: WOS 1, 7/1999, Diskussion. Er fügte hinzu, dass Systemintegratoren, Dienstleister oder Design-Agenturen, die darauf bestehen, den Quellcode von Intershop-Softwaresystemen erhalten könnten.

men. Selbst wenn keine Änderungen vorgenommen werden sollen, ist es sinnvoll, den Quellcode mitzuliefern, da Interessierte ihn lesen und daraus lernen können.

Modifikationen an proprietärer Software sind technisch nur schwer möglich und lizenzrechtlich nicht erlaubt. Die Datenformate, die diese Software schreibt, sind häufig nicht dokumentiert, weshalb die Gefahr besteht, dass ein Generationswechsel oder die Einstellung einer Software, z. B. durch Verkauf oder Konkurs des Herstellers, die über Jahre angesammelten Daten unlesbar und unkonvertierbar macht. Modifikationsfreiheit ist also auch eine Voraussetzung für Investitionssicherheit. Auch die urheberrechtlich geschützten Handbücher dieser Software erlauben keine Anpassung und Fortschreibung, um Änderungen oder die an einzelnen Arbeitsplätzen eingesetzten Varianten zu dokumentieren.

Zwei grundverschiedene Modelle

Mit der freien und der proprietären Software stehen sich also zwei grundlegend verschiedene Auffassungen über das Wissen gegenüber. Hier der Quelltext als ein in geschlossenen Gruppen, unter Vertraulichkeitsverpflichtung gefertigtes Masterprodukt, das in geschlossener, binärer Form vermarktet und mit Hilfe von Urheberrechten, Patenten, Markenschutz und Kopierschutzmaßnahmen vor Lektüre, Weitergabe und Veränderung geschützt wird. Dort der Quelltext als in einer offenen, nicht gewinnorientierten Zusammenarbeit betriebener Prozess, bei dem eine ablauffähige Version immer nur eine Momentaufnahme darstellt, zu deren Studium, Weitergabe und Modifikation die Lizenzen der freien Software ausdrücklich ermutigen. Hier eine Ware, die dem Konsumenten vom Produzenten verkauft wird, dort ein kollektives Wissen, das allen zur Verfügung steht. Hier konventionelle Wirtschaftspraktiken, die tendenziell immer auf Verdrängung und Marktbeherrschung abzielen. Dort ein freier Wettbewerb um Dienstleistungen mit gleichen Zugangschancen zu den Märkten.

Wie funktioniert ein Projekt der freien Software?

Es beginnt meist damit, dass jemand ein Problem hat. Das Sprichwort »Notwendigkeit ist die Mutter aller Erfindungen« übersetzt Eric Raymond in eine der Faustregeln der freien Software: »Jedes gute Softwarewerk beginnt damit, dass ein Entwickler ein ihn persönlich betreffendes Problem angeht« (Raymond, 1998). So wollte Tim Berners-Lee 1990 die Informationsflut, die am europäischen Hochenergiephysikzentrum → *CERN* produziert wird, in den Griff bekommen und begann, das

WWW-Protokoll zu entwickeln (vgl. Berners-Lee, 1999). Rob McCool am US-amerikanischen Supercomputerzentrum → *NCSA* wollte einen Server für dieses Format haben und schrieb den »NCSA-httpd«. David Harris arbeitete an einer Universität in Dunedin, Neuseeland, die 1989 ein Novell NetWare-Netzwerk installierte, nur um festzustellen, dass es kein E-Mailsystem enthielt. Das Budget war aufgebraucht, die kommerziellen E-Mailpakete sehr teuer, also schrieb Harris in seiner Freizeit ein einfaches Programm namens »Pegasus Mail«, das er seither zu einem mächtigen und komfortablen Werkzeug weiterentwickelt hat und weiterhin verschenkt.[4] Brent Chapman wurde 1992 zum Administrator von 17 technischen Mailinglisten. Mit der damals verfügbaren Software musste der Listenverwalter jede Subskription und andere Administrationsvorgänge von Hand eintragen, was eine Menge Zeit kostete. Deshalb begann er »Majordomo« zu entwickeln, heute ein immer noch weit verbreiteter Mailinglistenserver (vgl. Chapman, 1992). Ein finnischer Informatikstudent namens Linus Torvalds wollte ein Unix auf seinem 386er-PC laufen lassen, fand allein Andrew Tanenbaums Kleinst-Unix »Minix«, das seinen Ansprüchen nicht genügte, und so begann er Linux zu entwickeln. In einem Interview mit der Zeitschrift *c't* zeigt sich Torvalds noch zehn Jahre später verwundert über den Erfolg:

Am Anfang steht das eigene Interesse an einer Lösung

> *»Ich muss sagen, dass ich niemals etwas Vergleichbares erwartet hätte. Nicht einmal annähernd. Ich wollte ein System haben, das ich selbst auf meiner Maschine nutzen konnte, bis es etwas Besseres gäbe. Ich habe es im Internet zur Verfügung gestellt, nur für den Fall, dass jemand anderes an so einem Projekt Interesse hätte. Dass es nun Millionen von Anwendern gefunden hat und im Internet ziemlich bekannt ist, hätte ich mir niemals träumen lassen.«*[5]

Freie Software entsteht also zunächst nicht auf Anweisung eines Vorgesetzten oder Auftraggebers. Sie ist vielmehr eine eigenmotivierte Tätigkeit, angetrieben von dem Wunsch, ein auf der Hand liegendes Problem bei der Arbeit oder Forschung zu lösen. Eine Ausnahme bildet das GNU-Projekt, das von der Vision eines vollständigen freien Betriebssystems geleitet wurde.

Eine eigenmotivierte Tätigkeit

4 Vgl.»History of Pegasus Mail« aus dem Help-Menü des Programms: http://www.pmail.com. Harris bezeichnet Pegasus als »Free Software«, im technischen Sinne handelt es sich jedoch um Freeware. Es kann kostenlos weiterverbreitet, aber nicht modifiziert werden und ist nicht zu einem kooperativen Projekt geworden, vgl. »Terms and Conditions«, ebd.

5 Nach Sommerfeld, 1999, Kap. 7, »Linux wird bekannt«.

All diese Männer der ersten Stunde – es scheint tatsächlich nicht eine einzige Frau unter ihnen zu geben[6] – veröffentlichten ihre Projekte frühzeitig, in der Annahme, dass sie nicht die Einzigen sind, die das jeweilige Problem haben, und dass es andere gibt, die ihnen bei der Lösung helfen würden. Meist bildet sich schon bald nach der Erstveröffentlichung um den Initiator eine Gruppe von Mitstreitern, die ihre Kenntnisse und Zeit in das Projekt zu investieren bereit sind und die, wenn die Zahl der Beteiligten wächst, als Maintainer (eine Art Projektleiter) eine koordinierende Verantwortung für Teile des Projekts übernehmen.

Core-Team und Maintainer

Wenn die Zahl der Mitentwickler und Anwender wächst, bildet diese Gruppe das zentrale Steuerungsgremium des Projekts, das *Core-Team*. Ein solches Team rekrutiert sich meist aus den Leuten, die entweder schon am längsten daran arbeiten oder sehr viel daran gearbeitet haben oder derzeit am aktivsten sind. Beim Apache umfasst es 22 Leute aus sechs Ländern. XFree86 hat ein Core-Team von elf Personen und eine Community von etwa 600 Entwicklern. Innerhalb des Core-Teams werden Entscheidungen über die allgemeine Richtung der Entwicklung gefällt, über Fragen des Designs und interessante Probleme, an denen weitergearbeitet werden soll. Große Projekte werden in funktionale Einheiten, in *Packages* oder Module gegliedert, für die jeweils ein oder mehrere Maintainer zuständig sind. Die Rolle eines Maintainers ist es zunächst, Ansprechpartner für die jeweilige Software zu sein. Häufig handelt es sich um altgediente Coder, die sich eine Reputation erworben haben, als treibende Kraft wirken, die Gemeinschaft koordinieren, zusammenhalten und andere motivieren können. An jedem Einzelprojekt arbeiten mehrere Dutzend bis hundert Entwickler weltweit mit. Änderungen werden an das Core-Team geschickt und von diesem in den Quellcode integriert.

Beim Linux-Kernel gibt es kein offizielles Entwicklerteam. Im Laufe der Zeit hat sich meritokratisch eine Gruppe von fünf oder sechs Leuten herausgeschält, die das Vertrauen des zentralen Entwicklers Linus Torvalds genießen.[7] Sie sammeln die eintreffenden → *Patches*, die »Code-

---

6 Sollfrank, 1999, kommt in ihrer Untersuchung über diese Frage zu dem Ergebnis: »Es gibt KEINE weiblichen Hacker.« Der Augenschein z. B. auf Konferenzen der freien Software bestätigt die Vemutung, dass es sich um eine vorwiegend männliche Beschäftigung handelt.

7 U.a. Dave Miller, Stephen Tweedie und Alan Cox.

Flicken«, sortieren Unsinniges und Unfertiges aus, testen den Rest und geben ihn an Torvalds weiter. Er trifft dann aufgrund der Vorentscheidungen seiner Vertrauten die letzte Entscheidung (vgl. DIETRICH, 1999).

Die Community

Die neueren Projekte, wie Linux und Apache messen der Entwicklergemeinschaft einen größeren Stellenwert bei, als das ältere GNU-Projekt. Im »GNU Manifest« von 1985 schrieb Stallman: »GNU ... ist ... das Softwaresystem, das ich schreibe, um es frei weiterzugeben... Mehrere andere Freiwillige helfen mir dabei« (STALLMAN, 1985). In einem Interview im Januar 1999 antwortete er auf die Frage, wie viele Menschen im Laufe der Jahre an GNU mitgearbeitet haben: »Es gibt keine Möglichkeit, das festzustellen. Ich könnte vielleicht die Anzahl der Einträge in unserer Freiwilligendatei zählen, aber ich weiß nicht, wer am Ende wirklich etwas beigetragen hat. Es sind wahrscheinlich Tausende. Ich weiß weder, wer von ihnen echte Arbeit geleistet hat, noch ist jeder, der echte Arbeit geleistet hat, dort aufgeführt.«[8] Bei den jüngeren Projekten wird stärker auf das – im Übrigen auch urheberpersönlichkeitsrechtlich verbriefte – Recht auf Namensnennung geachtet. Der Pflege der Community, die die Basis eines Projektes bildet, wird mehr Aufmerksamkeit gewidmet. Das Debian-Team besteht aus etwa 500 Mitarbeitern weltweit. Bei XFree86 sind es rund 600. Bei den meisten freien Softwareprojekten gibt es keine festgelegte Aufgabenverteilung. Jeder macht das, was ihn interessiert und programmiert oder implementiert das, wozu er Lust hat.

Jeder macht, wozu er Lust hat...

Auch der Apache-Webserver wird natürlich nicht allein von den 22 Core-Team-Mitgliedern entwickelt. Es gibt sehr viele Leute, die – regelmäßig, gelegentlich, zum Teil auch nur einmalig – Fehler im Apache beheben. Die Beteiligung fängt bei simplen Fehlerberichten (*Bug Reports*) an und geht über Vorschläge für neue Funktionen (*Feature Requests*) und Ideen zur Weiterentwicklung bis hin zu *Patches* oder größeren Funktionserweiterungen, die von Nutzern erstellt werden, die ebenfalls Spaß am Entwickeln haben und ihren Teil dazu beitragen wollen, den Apache zu verbessern.[9] Auch das freie X-Window-System beruht auf einem solchen Spektrum vielfältiger Mitarbeit:

> *»Die Anzahl der neuen Leute, die Interesse zeigen und in so ein Projekt einsteigen, ist absolut verblüffend. Das Interesse ist riesig. ›Entwickler‹*

---

8 Interview mit Stallman, in: Hohmann, 1999.
9 Vgl. Lars Eilebrecht, Apache-Core-Team-Mitglied, in: WOS 1, 7/1999.

ist natürlich ein bisschen grob gegriffen. Die Zahl der Leute, die mehr als 1000 Zeilen Code im XFree86 drin haben, ist vielleicht zwei Dutzend, mehr sind das nicht. Es gibt jede Menge Leute, die mal einen ein- bis dreizeiligen Bug Fix gemacht haben, aber auch ›nur‹ Tester. Leute, die Dokumentationen schreiben, sind wahnsinnig wertvoll. Denn, das werden viele Free Softwareprojektleiter mir bestätigen können: Coder schreiben keine Dokumentation. Es ist leicht, Leute zu finden, die genialen Code schreiben. Es ist schwierig, Leute zu finden, die bereit sind, diesen genialen Code auch für den Anfänger lesbar zu dokumentieren.«[10]

Entscheidungsfindung: »rough concensus and running code«

Das Credo der Internet-Entwicklergemeinde lautet: »Wir wollen keine Könige, Präsidenten und Wahlen. Wir glauben an einen groben Konsens und an ablauffähigen Code.«[11] Die gleiche Philosophie herrscht auch in den meisten freien Softwareprojekten. Auch die Core-Team-Mitglieder sind keine Projektleiter oder Chefs. Lars Eilebrecht über den Apache, der mit Abstimmungsverfahren und Widerspruchsfreiheitspflicht im *Core-Team* unter den freien Projekten mit über die formalisiertesten Entscheidungsverfahren verfügt:

... und dennoch entsteht ein funktionierendes Ganzes

»Alle Entscheidungen, die getroffen werden, sei es nun welche Patches, *welche neuen Funktionalitäten in den Apache eingebaut werden, was in der Zukunft passieren soll und sonstige Entscheidungen werden alle auf Basis eines Mehrheitsbeschlusses getroffen. Das heißt, es wird auf der Mailingliste darüber abgestimmt, ob ein bestimmter* Patch *eingebunden wird oder nicht. Bei* Patches, *die eine große Änderung darstellen, ist es typischerweise so, dass sich mindestens drei Mitglieder der Apache-Group [des* Core-Teams*] damit beschäftigt haben müssen, das heißt, es getestet haben und dafür sein müssen, dass der Patch eingebaut wird. Und es darf keinerlei Gegenstimmen geben. Wenn es sie gibt, dann wird typischerweise das Problem, das jemand damit hat, behoben und, wenn der* Patch *dann für sinnvoll erachtet wird, wird er irgendwann eingebaut.«*[12]

Selbstverständlich gibt es auch in diesen Projekten Meinungsverschiedenheiten, doch anders als bei philosophisch-politischen Debatten, die oft auf Abgrenzung und Exklusion von Positionen zielen, scheinen Debatten

10 Dirk Hohndel, in: WOS 1, 7/1999.
11 Dave Clark, IETF Credo (1992), http://info.isoc.org:80/standards/index.html
12 Eilebrecht, in: WOS 1, 7/1999.

über technische Fragen eher zu inklusiven Lösungen zu neigen. Wirkliche Zerreißproben hat Dirk Hohndel in den Projekten, in denen er in den letzten acht Jahren beschäftigt war, noch nicht erlebt.[13] Das offen-kooperative Verhältnis ändert sich auch nicht notwendig dadurch, dass Firmenvertreter an Entscheidungsprozessen teilnehmen. Auch im Core-Team des Apache-Projekts gibt es, wie Eilebrecht berichtet, gelegentlich Konflikte.

> *»Dabei ist es aber uninteressant, ob die Person, die damit irgendein Problem hat, von einer Firma ist oder ob sie privat bei der Apache-Group dabei ist. Wir haben zwar vom Prinzip her, ich will nicht sagen Kooperationen, aber Firmen mit in der Apache-Group dabei, in Form eines Vertreters dieser Firma. So ist etwa IBM mit dabei, Siemens und Apple demnächst. Aber sie haben bei Abstimmungen jeweils nur eine Stimme. Im Fall von IBM sind es mittlerweile zwei, aber das ist ein anderes Thema. Wenn aber die meisten anderen Mitglieder etwas dagegen haben, dass bestimmte Änderungen gemacht werden oder bestimmte Entscheidungen nicht gewollt sind, dann haben die keine Chance, das irgendwie durchzusetzen. Dann müssen sie entweder aussteigen oder akzeptieren, dass es nicht gemacht wird.«*[14]

Code-Forking

Die Freiheit, eigene Wege zu gehen

Das eben Gesagte bedeutet nicht, dass Konflikte prinzipiell nicht dazu führen können, dass Fraktionen getrennte Wege gehen. Tatsächlich hat es verschiedentlich Spaltungen von Projekten gegeben, bei denen sich mit der Entwicklergruppe natürlich auch die Code-Basis verzweigt (von engl. *fork,* die Gabel). Im schlimmsten Fall bedeutet dies den Tod eines Projekts, oder es entstehen daraus zwei ähnliche Projekte, die um Entwickler und Anwender konkurrieren – die Gesamtbemühungen verdoppeln sich. Im günstigsten Fall kann eine Spaltung fruchtbar sein. Die entstehenden Einzelprojekte entwickeln die Software für verschiedene komplementäre Anwendungsschwerpunkte weiter, ergänzen sich und profitieren von Innovationen in den anderen Projekten (so geschehen bei den drei aus BSD-Unix hervorgegangenen Entwicklungslinien FreeBSD, NetBSD und OpenBSD). Die Möglichkeit, sich jederzeit von einem Projekt abzusetzen und es in eine eigene Richtung weiterzutreiben, wird auch als heilsam erachtet. Sie verhindert, dass nicht zu wartende Mam-

---

13 Vgl. Hohndel, in: WOS 1, 7/1999, Diskussion.
14 Eilebrecht, ebd.

mutprogramme entstehen und Personen, die Verantwortung für Programme tragen, sich nicht mehr darum kümmern. Vor allem steuert sie den Prozess: Wenn die Entwicklung am Bedarf von ausreichend vielen vorbei geht, kommt es irgendwann zur Verzweigung.

Die Werkzeuge

Die zentralen Kommunikationsmittel für die weltweit ortsverteilte Kooperation sind E-Mail, genauer Mailinglisten sowie Newsgroups. Für Echtzeitkommunikation verwenden einige Projekte auch den *Internet Relay Chat* (→ *IRC*). Die Projekte präsentieren sich und ihre Ressourcen auf Websites. Das zentrale Instrument zur kooperativen Verwaltung des Quellcode sind CVS-Server. Das *Concurrent Versions System* (*CVS*) ist ein mächtiges Werkzeug für die Revisionsverwaltung von Softwareprojekten, das es Gruppen von Entwicklern erlaubt, gleichzeitig an denselben Dateien zu arbeiten, sich zu koordinieren und einen Überblick über die Veränderungen zu behalten. CVS ist Standard bei freier Software, aber auch viele Firmen, die proprietäre Software erstellen, setzen es ein. Jeder kann lesend weltweit auf die → *Quellcodebäume* zugreifen und sich die aktuellste Version einer Software auf seine lokale Festplatte kopieren.

CVS

Wer die Software weiterentwickeln möchte, muss sich registrieren, um für andere Entwickler ansprechbar zu sein. Die Sammlung von Dateien liegt in einem gemeinsamen Verzeichnis, dem *Repository*. Um mit der Arbeit zu beginnen, führt man den *Checkout*-Befehl aus, dem man den Verzeichnispfad oder den Namen des Moduls übergibt, an dem man arbeiten möchte. Das CVS kopiert dann die letzte Fassung der gewünschten Dateien aus dem Repository in einen Verzeichnisbaum auf der lokalen Festplatte. Der Entwickler kann diese Dateien nun mit einem Editor seiner Wahl verändern, sie in eine Output-Datei »bauen« (*build*) und das Ergebnis testen. Ist er mit dem Ergebnis zufrieden, schreibt er es mit dem *Commit*-Befehl in das Repository zurück und macht damit seine Änderungen anderen Entwicklern zugänglich.

Wenn andere Entwickler zur selben Zeit dieselben Dateien bearbeiten, werden die verschiedenen neuen Versionen lokal mit dem *Update*-Befehl verschmolzen. Lässt sich das Ergebnis korrekt bauen und testen, werden die verschmolzenen Dateien gleichfalls in den CVS-Baum zurückgeschrieben. Ist das nicht automatisch möglich, müssen sich die beteiligten Entwickler über die Integration ihrer Änderungen untereinander verständigen. Diese als »kopieren-verändern-zusammenfügen«

bezeichnete Methode hat den Vorteil, keine Sperrung der Quelldateien zu erfordern, die gerade von einem Entwickler bearbeitet werden.

Damit Anwender die neuen Funktionen sofort verwenden können, ohne die gesamte Software neu installieren zu müssen, werden daraus *Patches* erstellt, die sie in ihre bestehende Installation einfügen können. In regelmäßigen Abständen, gewöhnlich wenn bestimmte Meilensteine in der Entwicklung erreicht sind, werden Zweige des Quellbaums eingefroren, um sie für die folgende *Release*, die Freigabe als stabile Version vorzubereiten.[15]

Debugging

Software enthält Fehler, die nach einer Motte, die 1945 einen Hardwarekurzschluss verursachte, als *Bugs* bezeichnet werden.[16] Einer Informatikerfaustregel zufolge steckt in jedem Programm pro 100 Zeilen Code ein *Bug*. Sich dieser Tatsache des Lebens öffentlich zu stellen, fällt Softwareunternehmen schwer. Bei ihnen herrscht, was Neal Stephenson eine »institutionelle Unehrlichkeit« nennt.

Fehler werden nicht versteckt...

> *»Kommerzielle Betriebssysteme müssen die gleiche offizielle Haltung gegenüber Fehlern einnehmen, wie sie die kommunistischen Länder gegenüber der Armut hatten. Aus doktrinären Gründen war es nicht möglich zuzugeben, dass Armut in den kommunistischen Ländern ein ernstes Problem darstellte, weil der Kommunismus sich ja gerade zum Ziel gesetzt hatte, die Armut zu beseitigen. Ebensowenig können kommerzielle Betriebssystemhersteller wie Apple und Microsoft vor aller Welt zugeben, dass ihre Software Fehler enthält und ständig abstürzt. Das wäre so, als würde Disney in einer Presseerklärung bekanntgeben, dass Mickey Mouse ein Schauspieler in einem Kostüm ist... Kommerzielle Betriebssystemanbieter sind als direkte Folge ihrer kommerziellen Ausrichtung dazu gezwungen, die äußerst unredliche Haltung einzunehmen, dass es sich bei Bugs um selten auftretende Abweichungen handelt, meist die Schuld von anderen, und es daher nicht wert sind, genauer über sie zu sprechen«* (STEPHENSON, 1999).

---

15 Für Information über CVS im CVS-Format s. http://www.loria.fr/~molli/cvs-index.html

16 Die Motte starb in den Klauen eines elektromagnetischen Relays eines der ersten Computer überhaupt, des Mark I. U.S. Navy Capt. Grace Murray Hopper entfernte sie und klebte sie in ihr Logbuch ein, das am Smithsonian Institut aufbewahrt wird, s. z.B. http://www.waterholes.com/~dennette/1996/hopper/bug.htm

Freie Softwareprojekte dagegen können sich dem Problem offen stellen. Ihr Verfahren, mit *Bugs* umzugehen, stellt einen der wichtigsten Vorteile gegenüber proprietärer Software dar. Die Stabilität dieser Software, d.h. ihr Grad an Fehlerfreiheit, verdankt sich nicht der Genialität ihrer Entwickler, sondern der Tatsache, dass jeder Anwender Fehler an den Pranger stellen kann und die kollektive Intelligenz von Hunderten von Entwicklern meist sehr schnell eine Lösung dafür findet.

...damit sie behoben werden können

Wer z. B. in Debian GNU/Linux einem *Bug* begegnet, schickt einen E-Mailbericht darüber an »submit@bugs.debian.org«. Der Bug erhält automatisch eine Nummer (Bug#nnn), sein Eingang wird dem Anwender bestätigt und er wird auf der Mailingliste »debian-bugs-dist« gepostet. Hat der Einsender den Namen des Pakets, in dem der *Bug* aufgetreten ist, angegeben, erhält auch der Maintainer dieses Pakets eine Kopie. Betrifft der Fehler eines der in der Debian-Distribution enthaltenen selbständigen Pakete (XFree86, Apache etc.), erhalten auch die Zuständigen für dieses Projekt eine Kopie. In das Rückantwort-Feld der E-Mail wird die Adresse des Einsenders und »nnn@bugs.debian.org« eingetragen, so dass die Reaktionen darauf an alle Interessierten in der Projekt-Community gehen. Übernimmt der Maintainer oder ein anderer Entwickler die Verantwortung für die Lösung des Problems, wird auch seine Adresse hinzugefügt. Er ordnet den *Bug* einer von sechs Dringlichkeitskategorien (»kritisch«, »schwer wiegend«, »wichtig«, »normal«, »behoben« und »Wunschliste«) zu. Gleichzeitig wird er in die webbasierte, öffentlich einsehbare Datenbank »http://www.debian.org/Bugs« eingetragen. Die Liste ist nach Dringlichkeit und Alter der offenen Fehler sortiert und wird einmal pro Woche auf »debian-bugs-reports« gepostet. In vielen Fällen erhält man binnen 24 Stunden einen *Patch*, der den Fehler beseitigt, oder doch zumindest Ratschläge, wie man ihn umgehen kann. Auch diese Antworten gehen automatisch in die *Bug*-Datenbank ein, so dass andere Nutzer, die mit demselben Problem konfrontiert werden, hier die Lösungen finden.[17]

Die Stärke der freien Projekte beruht also darauf, dass alle Änderungen an der Software eingesehen werden können, sobald sie in den CVS-Baum eingetragen sind, und dass *Releases* in kurzen Abständen erfolgen. Dadurch können sich Tausende von Nutzern am Auffinden von *Bugs* und Hunderte von Entwicklern an ihrer Lösung beteiligen. Das *Debugging* kann hochgradig parallelisiert werden, ohne dass der positive Effekt durch erhöhten Koordinationsaufwand und steigende Komplexität konterkariert würde. In der Formulierung von Raymond lautet diese Faustre-

17 Die meisten freien Projekte verwenden ein solches Bug-Tracking-System; siehe z. B. die Datenbank der KDE-Bug-Reports: http://bugs.kde.org/db/ix/full.html

gel: »Wenn genügend Augen sich auf sie richten, sind alle Fehler behebbar« (Raymond, 1998). Gemeint ist nicht etwa, dass nur triviale Fehler auf diese Weise beseitigt werden könnten, sondern dass durch die große Zahl von Beteiligten die Chance steigt, dass einige von ihnen genau in dem fraglichen Bereich arbeiten und relativ mühelos Lösungen finden können.

Frank Rieger weist darauf hin, dass dieses Verfahren nicht nur durch seine Geschwindigkeit den Verfahren in der proprietären Software überlegen ist, sondern auch durch die Gründlichkeit seiner Lösungen:

> *»[D]adurch, dass die Sourcen offen sind, werden oft genug nicht nur die Symptome behoben, wie wir das z. B. bei Windows-NT sehen, wo ein Problem im Internet-Information-Server ist und sie sagen, wir haben dafür jetzt gerade keinen Fix, weil das Problem tief im Kernel verborgen liegt und da können wir jetzt gerade nichts tun, sondern wir geben euch mal einen Patch, der verhindert, dass die entsprechenden Informationen bis zum Kernel durchdringen – also: Pflaster draufkleben auf die großen Löcher im Wasserrohr. Das passiert halt in der Regel bei Open Source-Systemen nicht, da werden die Probleme tatsächlich behoben.«*[18]

Die Geschlossenheit des proprietären Modells ist nützlich für den Schutz des geistigen Eigentums. Für die Stabilität der Software ist es ein struktureller Nachteil, durch den es nicht mit freier Software konkurrieren kann:

> *»In der Welt der Open Source-Software sind* Fehlerberichte *eine nützliche Information. Wenn man sie veröffentlicht, erweist man damit den anderen Nutzern einen Dienst und verbessert das Betriebssystem. Sie systematisch zu veröffentlichen, ist so wichtig, dass hochintelligente Leute freiwillig Zeit und Geld investieren, um* Bug-*Datenbanken zu betreiben. In der Welt der kommerziellen Betriebssysteme ist jedoch das Melden eines* Fehlers *ein Privileg, für das Sie eine Menge Geld bezahlen müssen. Aber wenn Sie dafür zahlen, folgt daraus, dass der* Bug-Report *vertraulich behandelt werden muss – sonst könnte ja jeder einen Vorteil aus den von Ihnen bezahlten 95 Dollar ziehen«* (Stephenson, 1999).

18 Frank Rieger, in: WOS 1, 7/1999.

Natürlich gibt es auch in der proprietären Softwarewelt Testverfahren und *Bug-Reports*. Nach einer ersten Testphase, die innerhalb des Hauses mit einer begrenzten Gruppe von Mitarbeitern durchgeführt wird, geben Unternehmen üblicherweise → *Beta-Versionen* heraus. Diese enthalten natürlich keinen Quellcode. Nur das Finden, nicht aber das Beheben von Fehlern wird von den Beta-Testern erwartet. Für diese unentgeltliche Zuarbeit müssen die Tester auch noch bezahlen. Die Beta-Version von Windows 2000 beispielsweise verkaufte Microsoft in Deutschland für etwa 200 Mark. Wer *Bug-Reports* einsendet, erhält als Dank z. B. ein MS-Office-Paket geschenkt und bekommt einen Nachlass beim Kauf der »fertigen« Version. Käufer von Betatest-Versionen sind neben leidenschaftlichen Anwendern, die sofort alles haben möchten, was neu ist, vor allem Applikationsentwickler, die darauf angewiesen sind, dass ihre Programme mit der neuen Version von Windows zusammenarbeiten. Kommt schließlich die erste »fertige« Version der Software auf den Markt, stellt der Kundendienst eine weitere Quelle für den Rücklauf von Fehlern dar.

Die 95 Dollar, von denen Stephenson spricht, sind der Preis, den Kunden bei Microsoft nach dem *Pay Per Incident*-System zu entrichten haben. Bei diesem Kundendienst können gewerbliche Anwender von Microsoftprodukten »Zwischenfälle«, die sie nicht selbst beheben können, melden und erhalten dann innerhalb von 24 Stunden eine Antwort von einem *Microsoft Support Professional*. Seit Stephenson seinen Aufsatz schrieb, ist der Preis auf 195 Dollar für Zwischenfälle, die über das Internet gemeldet werden, und 245 Dollar für solche, die per Telefon durchgegeben werden, gestiegen.[19] Die Fehlerhaftigkeit ihrer Software sehen solche Unternehmen als zusätzliche Einnahmequelle an.

Die Releases

Schnelle Entwickler-versionen und stabile Produktionsversionen

Durch die beschleunigten Innovationszyklen in der von der wissenschaftlich-technologischen Wissensproduktion vorangetriebenen »nachindustriellen Gesellschaft« (Daniel Bell) werden auch materielle Produkte in immer kürzeren Abständen durch neue Versionen obsolet gemacht. Nirgends ist diese Beschleunigung deutlicher als in der Informations- und Kommunikationstechnologie und hier besonders in der Software. Nach der herkömmlichen Logik kommt eine Software auf den Markt,

19 Zu Microsofts *Pay Per Incident*-System, das übrigens nur in den USA und Kanada angeboten wird, s. http://support. microsoft.com/support/webresponse/ppi/ppifaq.asp. Eine Liste nicht etwa der offenen, sondern nur der behobenen *Bugs* in Windows NT 4.0 findet sich unter http://support.microsoft.com/support/kb/ARTICLES/Q150/7/34.asp.

wenn sie »ausgereift« ist, tatsächlich jedoch, wenn der von der Marketingabteilung bekannt gegebene und beworbene Termin gekommen ist. Freie Projekte dagegen veröffentlichen Entwicklerversionen frühzeitig und in kurzen Abständen. Offizielle Versionen werden dann freigegeben (*released*), wenn sie den gewünschten Grad an Stabilität erreicht haben. Das Ausmaß der Änderung lässt sich an den Versionsnummern ablesen. Eine Veränderung von Ver(sion) 2 auf Ver 3 markiert ein fundamental neues Design, während ein Wechsel von Ver 3.3.3.1 zu Ver 3.3.4 einen kleineren Integrationsschritt darstellt.

Freie Software ist kein Produkt, sondern ein Prozess

Freie Software wird heute, wie mehrfach angesprochen, nicht als Produkt, sondern als kontinuierlicher Prozess verstanden. Zahlreiche Projekte haben bewiesen, dass eine Entwicklergemeinschaft ihre Software über lange Zeit zuverlässig und in hoher Qualität unterstützen und weiterentwickeln kann. In der amerikanischen Debatte ist von einer »evolutionären« Softwaregenese durch Mutation, Selektion und Vererbung die Rede. Der »Basar« sorge dafür, dass in einem »darwinistischen Selektionsprozess« die bestangepasste und effizienteste Software überlebe.[20]

Abhängig von der Geschwindigkeit, mit der ein Projekt sich verändert, werden täglich oder im Abstand von Wochen oder Monaten neue *Releases* herausgegeben.[21] Im Entwickler-Quellcodebaum werden laufend neue *Patches* eingegeben, die über das CVS abrufbar sind. Die jeweils avancierteste Fassung einer Software ist naturgemäß noch nicht sehr stabil und daher nicht für den täglichen Einsatz geeignet. Sind die für eine neue Version gesteckten Ziele erreicht, wird der Source-Baum für weitere Änderungen gesperrt. Erst nachdem alle Änderungen weithin getestet und korrigiert worden sind und zuverlässig mit den vorbestehenden Bestandteilen zusammenarbeiten, wird ein offizielles *Release* veröffentlicht.

Im Unterschied zu den auftrags- und termingebundenen Entwicklungsarbeiten für proprietäre Software können bei freier Software die Ideen bis ins Detail ausdiskutiert und optimiert werden. Dirk Hohndel (von XFree86) sieht darin eine der Stärken von freien Softwareprojekten: »Denn ich kann einfach sagen: ›Naja, das funktioniert noch nicht. Ich release das Ding nicht.‹ Wenn ich jetzt natürlich schon 25 Millionen US-Dollar ausgegeben habe, um den 4. Mai als den großen Release-Tag in der Presse bekannt zu machen, dann sagt mein Marketing-Department mir: ›Das ist mir wurscht. Du released das Ding.‹«[22] Mit der zunehmenden In-

20 Vgl. Seiferth, 1999; Hetze, 1999, S. 3.
21 Bei älteren Projekten machen tägliche Releases keinen Sinn, doch z. B. in der Frühphase des Linux-Kernels veröffentlichte Torvalds täglich neue Versionen.
22 Hohndel, in: WOS 1, 7/1999.

tegration freier Software in konventionelle Wirtschaftsprozesse könnte der Druck jedoch wachsen, angekündigte *Release*-Termine einzuhalten, um an anderen Stellen die Planbarkeit zu erhöhen. Als z. B. Linus Torvalds in seiner Keynote-Ansprache auf der *LinuxWorld* im Februar 2000 in New York ankündigte, dass sich die Veröffentlichung des Linux-Kernels 2.4 um ein halbes Jahr verschieben werde, wertete die IT-Fachpresse dies als eine Schwäche.[23]

Institutionalisierung: Stiftungen und nicht profitorientierte Unternehmen

Freie Projekte entstehen als formloser Zusammenschluss von Individuen. Da unter den Beteiligten keinerlei finanzielle oder rechtliche Beziehungen bestehen, stellt dies für das Innenverhältnis kein Problem dar. Sobald jedoch die Außenverhältnisse zunehmen, sehen die meisten Projekte es als vorteilhaft, sich eine Rechtsform zu geben. Anlass dazu können Kooperationen mit Firmen sein, die z. B. unter einer Vertraulichkeitsvereinbarung Hardwaredokumentation bereitstellen, so dass Treiber für Linux entwickelt werden können, die Beteiligung an Industriekonsortien, die Möglichkeit, Spenden für Infrastruktur (Server) und Öffentlichkeitsarbeit entgegenzunehmen oder die Notwendigkeit, Warenzeichen anzumelden oder die Interessen des Projekts vor Gericht auszufechten. Daher bilden sich meist parallel zu den weiterhin offenen Arbeitsstrukturen formelle Institutionen als Schnittstellen zu Wirtschaft und Rechtssystem.

Zwei Welten begegnen sich

Am augenfälligsten wird die Problematik an einer Episode aus dem April 1998. Damals trat IBM an die Apache-Gruppe mit dem Wunsch heran, deren Server als Kernstück in IBMs neues E-Commerce-Paket »WebSphere« aufzunehmen. Es handelte sich um ein Geschäft mit einem Marktwert von mehreren Millionen Dollar, und IBM war gewillt, die Apache-Entwickler dafür zu bezahlen. Doch sie mussten erstaunt feststellen, dass diese nur aus 20 über die ganze Welt verstreuten Individuen ohne eine Rechtsform bestanden: »Habe ich das wirklich richtig verstanden?«, zitierte *Forbes Magazine* einen der IBM-Anwälte, »wir machen ein Geschäft mit einer … Website?«[24] Für eine Geldzahlung von IBM hätte es also gar keinen Empfänger gegeben. Die Apache-Gruppe willigte unter der Bedingung in das Geschäft ein, dass der Webserver weiterhin im

---

23 Vgl. z. B. Infoworld, 3.2.2000, http://www.infoworld.com/ articles/pi/xml/00/02/03/000203piibmlinux.xml

24 Forbes Magazine, 8/1998.

Quellcode frei verfügbar bleiben müsse. IBM zeigte sich in der Währung der freien Softwareszene erkenntlich: mit einem Hack. IBM-Ingenieure hatten einen Weg gefunden, wie der Apache-Webserver auf Windows-NT schneller laufen kann. Diese Software gaben sie im Quellcode zur freien Verwendung an die Szene weiter. Aufgrund dieser Erfahrung gründete sich aus dem Apache-Core-Team die *Apache Software Foundation* (ASF).[25] Die ASF ist ein mitgliederbasiertes gemeinnütziges Unternehmen. Individuen, die ihr Engagement für die kooperative freie Softwareentwicklung unter Beweis gestellt haben, können Mitglied werden. Hauptzweck der ASF ist die administrative Unterstützung der freien Entwicklungsprojekte.[26]

ASF

Die erste rechtskräftige Institution entstand 1985 aus dem GNU-Projekt. Die *Free Software Foundation* (FSF)[27] kann als gemeinnützige Einrichtung steuerlich abzugsfähige Spenden entgegennehmen. Ihre Haupteinnahmen stammen jedoch aus dem Verkauf von freier GNU-Software (damals auf Datenbändern, heute auf CD), von freien Handbüchern und von Paraphernalia wie T-Shirts und Anstecker. Die Gewinne werden benutzt, um Entwickler dafür zu bezahlen, dass sie einzelne vorrangige Softwareelemente schreiben. Rechtsschutz (z. B. bei Lizenzstreitigkeiten) und Öffentlichkeitsarbeit sind weitere Aufgaben der FSF.[28] Um diese Ziele diesseits des Atlantiks besser verfolgen zu können und regionaler Ansprechpartner für Politik, Medien und Wirtschaft zu sein, gründete sich im März 2001 die FSF Europe (http://fsfeurope.org). Die FSF India folgte im Juli des Jahres (http://www.fsf.org.in/).

FSF

Software in the Public Interest (SPI)[29] dient als Dachorganisation für verschiedene Projekte, darunter die Debian GNU/Linux-Distribution, Berlin (ein Windowing-System), Gnome, die Linux Standard Base, Open Source.org und Open Hardware.org.[30] 1997 gegründet, erhielt SPI Inc. im Juni 1999 den Status der Gemeinnützigkeit. Spenden werden verwendet, um Domain-Namen (z. B. debian.org) zu registrieren, CDs für das Testen neuer Releases zu brennen oder Reisekosten für Treffen und Konferenzen zu bezahlen. Auch Hardwarespenden und Netzressourcen

SPI

25 http://www.apache.org/foundation/

26 Bylaws der ASF: http://www.apache.org/foundation/bylaws.html

27 http://www.fsf.org/fsf/fsf.html

28 Vgl. Richard Stallman, The GNU Project, http://www.gnu.org/gnu/the-gnu-project.html

29 http://www.spi-inc.org/; By-Laws of SPI Inc., Revision 1, December 10, 1997, http://www.chiark.greenend.org.uk/~ian/spi-bylaws.html

30 »Diese Projekte nutzen die monetäre und rechtliche Infrastruktur, die ihnen durch SPI zur Verfügung steht, um ihre individuellen Ziele zu verwirklichen. SPI dient nur als anleitende Organisation, kontrolliert aber die Projekte, mit denen sie affiliert ist, nicht aktiv.«, Pressemitteilung 29. 10. 1998, http://www.debian.org/News/1998/19981029

sind immer willkommen. SPI meldet ferner *Trademarks* (TM) and *Certification Marks* (CM) an. SPI ist Eigentümer der CMs »Open Source« und »Open Hardware« und des TM »Debian«, wobei die Verwaltung der Rechte den einzelnen Projekten obliegt.

XFree 86, Inc.

Beim XFree86-Projekt entstand die Notwendigkeit einer Rechtsform daraus, dass das X-Consortium, in dem die industrieweite Standardisierung und Weiterentwicklung des X-Window-Systems verhandelt wird, nur Unternehmen als Mitglieder aufnimmt. Das 1992 gegründete Projekt hatte Ende 1993 die Wahl, unter dem Dach einer Organisation teilzunehmen, die bereits Mitglied des Konsortiums war, oder selbst eine Rechtsform zu etablieren. Nachdem sich ein Anwalt fand, der bereit war, eine Unternehmensgründung *pro bono* vorzunehmen, wählte man den zweiten Weg. Durch das aufwändige Anerkennungsverfahren dauerte es bis Mai 1994, bis das gemeinnützige Unternehmen, die XFree86 Project, Inc.,[31] gegründet war. Als wissenschaftliche Organisation dient sie der Forschung, Entwicklung und Implementation des X-Window-Systems und der Verbreitung von Quellcode, Objektcode, Ideen, Informationen und Technologien für die öffentliche Verwendung.[32]

Werkzeuge oder Wasserköpfe?

Die Konstruktion dieser Organisationen ist sorgfältig darauf bedacht, eine Verselbständigung zu verhindern. Ämter werden, ähnlich wie bei NGOs, in der Regel ehrenamtlich wahrgenommen. Die wichtigsten Lizenzen der freien Software sind darauf angelegt, eine proprietäre Schließung der Software zu verhindern. Es ist jedoch noch zu früh, um einschätzen zu können, ob Spannungen zwischen der freien Entwickler- und Nutzerbasis und ihren Institutionen sowie die Herausbildung von bürokratischen Wasserköpfen vermieden werden können. Gerade durch den Erfolg und die derzeitige Übernahme von Aspekten des freien Softwaremodells durch herkömmliche Unternehmen ist die Gefahr nicht von der Hand zu weisen, dass die freie Software ein ähnliches Schicksal erleidet, wie zahlreiche soziale Bewegungen vor ihr.

Die Motivation: Wer sind die Leute und warum machen die das ..., wenn nicht für Geld?

> *»Jede Entscheidung, die jemand trifft, beruht auf den Wertvorstellungen und Zielen dieser Person. Menschen können viele verschiedene Wertvorstellungen und Ziele haben; Ruhm, Geld, Liebe, Überleben,*

31 http://www.xfree86.org/legal.html

32 Bylaws der XFree86 Project, Inc., http://www.xfree86.org/by_laws.html; s.a. Corporate Profile:http://www.xfree86.org/corp_profile.html

Spaß und Freiheit sind nur einige der Ziele, die ein guter Mensch haben kann. Wenn das Ziel darin besteht, anderen ebenso wie sich selbst zu helfen, nennen wir das Idealismus. Meine Arbeit an freier Software ist von einem idealistischen Ziel motiviert: Freiheit und Kooperation zu verbreiten. Ich möchte dazu beitragen, dass sich freie Software verbreitet, um proprietäre Software zu ersetzen, die Kooperation verbietet, und damit unsere Gesellschaft zu einer besseren zu machen.« (RICHARD STALLMAN, 1998)

Unsere Gesellschaften kennen wohltätige, karitative und kulturelle Formen des Engagements für eine gute Sache, die nicht auf pekuniären Gewinn zielen. Gemeinnützige Tätigkeiten sind steuerlich begünstigt und sozialwissenschaftlich in Begriffen wie Zivilgesellschaft, Dritter Sektor und NGOs reflektiert. Doch während einer Ärztin, die eine Zeit lang in Myanmar oder Äthiopien arbeitet, allgemeine Anerkennung gezollt wird, ist die erste Reaktion auf unbezahlte Softwareentwickler meist, dass es sich entweder um Studenten handeln muss, die noch üben, oder um Verrückte, da ihre Arbeit in der Wirtschaft äußerst gefragt ist und gut bezahlt würde.

Selbsttätiges Schaffen als Wert an sich

»Jedes Geschäft – welcher Art es auch sei – wird besser betrieben, wenn man es um seiner selbst willen als den Folgen zuliebe treibt«, weil nämlich »zuletzt für sich Reiz gewinnt«, was man zunächst aus Nützlichkeitserwägungen begonnen haben mag, und weil »dem Menschen Tätigkeit lieber ist, als Besitz, ... insofern sie Selbsttätigkeit ist«.[33] Diese humboldtsche Erkenntnis über die Motivlage der Menschen bietet einen Schlüssel für das Verständnis der freien Software.[34] Ihre Entwicklung gründet in einem kreativen Akt, der einen Wert an sich darstellt. Ein *Learning-by-Doing* mag noch von Nützlichkeitserwägungen angestoßen werden, das Ergebnis des Lernens ist jedoch nicht nur ein Zuwachs an Verständnis des Einzelnen, sondern eine Schöpfung, die man mit anderen teilen kann. Statt also aus dem Besitz und seiner kommerziellen Verwertung einen Vorteil zu ziehen, übergeben die Programmiererinnen und Programmier der freien Software ihr Werk der Öffentlichkeit, auf dass es bewundert, kritisiert, benutzt und weiterentwickelt werde. Die Anerkennung, die ihnen für ihre Arbeit gezollt wird, und die Befriedigung, etwas in den großen Pool des Wissens zurückzugeben, spielen sicher eine Rolle.

---

33 Wilhelm von Humboldt, Ideen zu einem Versuch, die Grenzen der Wirksamkeit des Staates zu bestimmen (1792), zitiert nach: Spinner, 1994, S. 48.

34 Dass externe Belohnung die Motivation nicht nur nicht steigern, sondern senken kann, zeigen verschiedene Untersuchungen, vgl. z. B. Kohn, 1987.

Die wichtigste Triebkraft vor allen hinzukommenden Entlohnungen ist die kollektive Selbsttätigkeit.[35]

Entgegen einer verbreiteten Auffassung, dass vor allem Studenten mit viel Freizeit sich für freie Software engagieren, ist das Spektrum erheblich breiter. Bei XFree86 beispielsweise liegt das Altersspektrum der Beteiligten zwischen 12 und 50 Jahren, und sie kommen aus allen Kontinenten der Erde.[36] Die Voraussetzung für die Kooperation, in der freie Software entsteht, ist das Internet. Mit seiner zunehmenden Verbreitung wächst somit auch die Zahl derjenigen, die potenziell an solchen Projekten mitarbeiten. Viele sind tatsächlich Studenten – bei XFree etwa ein Drittel, beim GIMP, der von zwei Studenten gestartet wurde, ist es die Mehrzahl. Viele andere haben eine Anstellung als Programmierer, Systemarchitekt oder Systemadministrator, aber auch in nicht computerbezogenen Berufen und entwickeln in ihrer Freizeit an freien Projekten.

Freie Zeit für freie Software

> *»Das sind ganz normale Leute, die nach ihrer ganz normalen 60-Stunden-Woche gerne auch noch mal 20, 30 Stunden etwas machen, was Spaß macht. Ich glaube, das entscheidende Kriterium für Leute, die sehr produktiv sind und viel in solchen Projekten arbeiten, ist einfach die Faszination am Projekt. Und diese Faszination bedeutet auch sehr oft, dass man sich abends um sieben hinsetzt, um noch schnell ein kleines Problem zu lösen und auf die Uhr schaut, wenn es vier Uhr früh ist.«*[37]

Auch die produktivsten Entwickler bei KDE haben einen ganz normalen Tagesjob, oft auch als Programmierer. Für sie ist es eine Frage der Prioritäten. Der Bundesbürger verbringe im statistischen Mittel, so Kalle Dalheimer, 28 Stunden in der Woche vor dem Fernseher. Er selbst besitze keinen und vergnüge sich in dieser Zeit mit Programmieren.[38]

Die Lust des Lernens

Vom Programmieren fasziniert zu sein, ist natürlich eine Grundvoraussetzung für die Beteiligung an freien Projekten. Der Computer als die universelle Maschine bietet ein großes Spektrum möglicher Kreativität. In ihm etwas Nützliches zu schaffen und von ihm ein sofortiges Feedback zu bekommen, kann etwas sehr Erfüllendes sein. Hinzu kommt, dass die Arbeit in einer offenen, konstruktiven Szene stattfindet, die guten Beiträgen bereitwillig Anerkennung zollt. Die Aufmerksamkeit, das Image, der

35 Für eine frühe Analyse der Motivation bei der Erstellung öffentlicher Güter am Beispiel von Linux vgl. Kollock, 1996.

36 Vgl. Hohndel, in: WOS 1, 7/1999, Diskussion.

37 Hohndel, ebd.

38 Dalheimer, ebd.

Ruhm und die Ehre, die in dieser meritokratischen Wissensordnung zu erlangen sind, werden häufig als Antriebskraft genannt. Lob aus dieser Szene trägt fraglos dazu bei, das Selbstwertgefühl zu erhöhen. Sebastian Hetze weist jedoch darauf hin, dass noch vor allen Eitelkeiten schon Neugier und Lernbegierde eine hinreichende Motivation darstellen:

Kritik und Bestätigung von der Community

> »*Wenn ich etwas dazu tue, dann veröffentliche ich nicht nur für mein Ego, sondern ich setze mich auch der Kritik aus. Und da ist es ganz klar so, dass in der Welt der freien Software ein sehr positives, ein konstruktives Kritikklima herrscht, d.h. ich werde ja für einen Fehler – Software hat* Bugs *–, den ich in einem Programm gemacht habe, nicht runtergemacht. Es sind ganz viele Leute da, die versuchen, Fehler mit mir gemeinsam zu beheben, d.h. ich lerne. Und das ist eine ganz wichtige Motivation für sehr viele Menschen, die sich einfach auch daran weiterentwickeln wollen. An dieser Stelle sind die Motivationen ganz offenbar so stark, dass sie über das rein Monetäre hinausgehen. Ich muss vielleicht sogar an dieser Stelle diese Ego-Präsentation ein bisschen zurücknehmen. Es ist bei den großen Softwareprojekten so, dass natürlich oben immer welche im Rampenlicht stehen, aber die vielen hundert Leute, die nichts weiter machen, als mal einen* Bugfix *oder eine gute Idee reinzugeben, kriegen niemals diese Aufmerksamkeit. Ich habe selber viel* Source Code *gelesen – das musste ich, um das Linux-Handbuch zu schreiben – und enorm viel gelernt, und ich bin dafür enorm dankbar. Ich lese es einfach nur, um es zu lernen, weil es mich bereichert.*«[39]

Die Forscherinnen des sozialwissenschaftlichen Projekts »Kulturraum Internet« am Wissenschaftszentrum Berlin fassen die Beweggründe der freien Entwickler folgendermaßen zusammen:

> »*Eine interessante Frage lautet: Was motiviert die Menschen, etwas zu einem freien Softwareprojekt beizutragen? Es gibt individuelle und soziale Motivationen:*
>
> - *intellektuelle Herausforderung und Spiel,*
> - *Kreativität und der Stolz auf etwas selbst Geschaffenes,*
> - *etwas verwirklichen, das den eigenen Ansprüchen an Stil und Qualität genügt,*
> - *ein sozialer Kontakt mit Leuten, die dieselben Ideen und Interessen teilen,*

39 Hetze, ebd.

- *Ruhm,*
- *Förderung der kollektiven Identität«* (Helmers/Seidler, 1995).

Wenngleich die Motivation der freien Entwickler nicht auf wirtschaftlichen Profit zielt, zahlt sich die Möglichkeit, sich über ein Projekt zu profilieren, schließlich auch auf dem Arbeitsmarkt aus. Wer sich beim Management eines freien Projektes oder durch seinen Code bewiesen hat, ist ein begehrter Mitarbeiter der Softwareindustrie. Im besten Fall wird er dann dafür bezahlt, im Rahmen seines Arbeitsverhältnisses weiterhin freie Software zu entwickeln. Cygnus z. B. war eines der ersten Unternehmen, die auf die Entwicklung und den Support von GNU-Software setzten. Auftraggeber sind häufig Hardwareunternehmen, die die GNU-Tools (wie den C-Compiler) durch Cygnus auf eine neuen Architektur portieren lassen. Bezahlt wird die Arbeit. Ihre Resultate stehen unter der GPL wieder allen zur Verfügung.[40] Auch der Unix-Distributor SCO, das Linux-Kontor oder Be entwickeln freie Software stückchenweise im Kundenauftrag.

Selbstmotivation und Geld verdienen schließen sich nicht aus

In zunehmendem Maße haben Leute also auch im Rahmen ihrer Anstellung bei einem Internet Service Provider, einem Hardwarehersteller oder einer dedizierten freien Softwarefirma die Gelegenheit, an freier Software zu arbeiten. Eine Umfrage unter den XFree86-Entwicklern ergab, dass rund zehn Prozent von ihnen (65 Personen) ihren Lebensunterhalt direkt mit freier Software verdienen.[41] GNU/Linux-Distributoren wie Red Hat, Caldera oder SuSE bezahlen Angestellte dafür, Software zu entwickeln, die an die freie Softwaregemeinde freigegeben wird. Die Ausweitung der installierten Basis allein – der europäische Marktführer SuSE verkaufte von seinem GNU/Linux-Paket 6.0 innerhalb von zwei Monaten mehr als 100 000 Stück – gewährleistet Einnahmen aus Support, weiteren Dienstleistungen und kommerziellen Zusatzprodukten. Das kooperative Klima in einer solchen freien Umgebung motiviert auch angestellte Entwickler, länger an einem Projekt zu arbeiten. Cygnus verzeichnet einen Personalwechsel, der nur ein Zehntel dessen anderer Silicon Valley-Firmen beträgt (vgl. Tiemann, 1999, S. 85).

Die Zusammensetzung der Entwicklergemeinschaft ist von Projekt zu Projekt sehr unterschiedlich. Auch nach der Art der Aufgaben unterscheiden sich die Beteiligten. Große Programmierarbeiten, wie Betriebssystemkerne, werden eher von fest angestellten oder in ihrer Freizeit ar-

40 Cygnus ist jetzt im Besitz von Red Hat: http://www.redhat.com/about/cygnus_1999/redhat-cygnus111599.html; s.a. Tiemann, 1999.

41 Hohndel, in: WOS 1, 7/1999, Diskussion.

beitenden erfahrenen Programmierern übernommen, während die Entwicklung von kleineren Tools und das *Bugfixing* von einer viel größeren und heterogeneren Gruppe getragen wird.

> *»FreeBSD kann sich den Luxus leisten, dass viele der Hauptentwickler fest angestellt sind von größeren Firmen, z. B. von Walnut-Creek CD-ROM, die ja ihren FTP-Server-Betrieb auf FreeBSD fahren. [...] Ein anderer Entwickler sitzt bei der NASA und baut für die gerade einen Parallelrechner auf FreeBSD-Basis auf, und auch das geht alles als* Feedback *in das Projekt zurück. Soweit mal zum Kernel, wo wir den größten Teil an zentral anfallender Hauptarbeit haben. Bei den* Utilities *außenrum ist es wirklich ein Heer von Leuten, die Kleinigkeiten machen, so wie ich das hin und wieder auch tue.«*[42]

Lieber freischaffend als angestellt

Mit der zunehmenden Kommerzialisierung der freien Software nehmen auch die Bemühungen der Unternehmen zu, freie Entwickler anzuwerben. Bemerkenswert ist, dass viele den Verlockungen einer Festanstellung widerstehen. Linux-Entwickler Alan Cox sagte in einem *c't*-Interview, dass es viele seiner Kollegen vorzögen, ihre Entwicklungsarbeit weiterhin als Hobby zu betreiben. Statt weisungsgebunden zu arbeiten, schätzen sie die Freiheit höher, ihre eigenen Probleme zu wählen und sie in ihrer eigenen Zeit zu bearbeiten. Auch diejenigen, die mit GNU/Linux Geld verdienen, aber gleichzeitig unabhängig bleiben möchten, haben die Gelegenheit dazu: »Es gibt Hersteller, die ein Problem mit ihrer Hardware haben, aber nicht die Möglichkeit, es innerhalb ihrer Firma zu lösen. Solche Auftragsarbeiten werden weltweit vergeben – eine gute Sache für Leute, die nicht im Silicon Valley leben, sondern sonstwo in der Welt« (Diedrich, 1999).

Softwarezyklus: Entwickler, Power-User, Endnutzer

Man kann drei große Phasen im Leben eines freien Softwareprojekts unterscheiden. In der ersten Phase zieht es ausschließlich Entwickler an. Die Software ist noch nicht mehr als eine rohe Skizze, ein Entwurf dessen, was es verspricht, zu werden. Jeder kann sich die Software beschaffen, aber nur wer selbst am Quellcode mitarbeiten möchte, wird es tun. In der zweiten Phase hat die Software ein Stabilität erlangt, die sie für *Power-User* (z. B. Systemadministratoren) interessant macht, die sie nicht primär weiterentwickeln, sondern einsetzen wollen. Installation, Integra-

42 Hausen, in: WOS 1, 7/1999, Diskussion.

tion und Wartung erfordern auch jetzt noch weiterreichende Programmierfähigkeiten, doch diese Nutzergruppe erhält dafür eine Funktionalität, Flexibilität und ein Maß an Kontrolle über die Software, die sie zu einer attraktiven Alternative zu proprietärer Software macht.

Von den Hackern zu den Anwendern

Hat die Software einen Grad an Stabilität erreicht, die sie für den praktischen Einsatz geeignet macht, gibt das Projekt ein offizielles *Release* heraus. Parallel zu dieser Produktionsversion wird an einer Entwicklerversion weitergearbeitet. Diese Zweiteilung erlaubt einerseits eine kontinuierliche Verbesserung und Erweiterung, an der sich alle Interessierten beteiligen können sowie andererseits das Einfrieren, Durchtesten und Stabilisieren von Momentaufnahmen aus diesem Prozess, die bis zum nächsten Release unverändert für diejenigen bleibt, die die Software in ihrer täglichen Arbeit verwenden wollen. In der dritten Phase erhält die Software Merkmale wie Installationshilfen und Dokumentation, die sie schließlich auch für technisch weniger bedarfte Nutzer zugänglich macht. Dieser Schritt wird oft nicht mehr von den selbst motivierten Teilnehmern des freien Projekts durchgeführt (»Coder schreiben keine Dokumentation«), sondern von Dienstleistungsfirmen, die oft eigens für den Support von freier Software gegründet wurden.

Auf dieser Stufe stellt sich auch die Frage einer Integration vom Betriebssystem über die grafische Benutzeroberfläche bis zu den Anwendungen. Zentralistischen Modellen von Unternehmen wie Apple oder Microsoft gelingt dies naturgemäß gut, ebenso einem enger gekoppelten Projektverbund wie GNU. In einer weniger eng gekoppelten Umgebung besteht dagegen ein Bedarf an Abstimmung, ohne dafür jedoch auf zentralisierte Gremien zurück fallen zu wollen. Christian Köhntopp beschreibt die Problematik so:

Integrierte Systeme brauchen gute Koordination

> *»Wenn man Gesamtinstallationen eines Systems betrachtet, dann kann man sagen, die haben einen gewissen Reichtum oder eine Komplexität. Die ergibt sich einmal aus der Anzahl der* Features, *die in dem System zur Verfügung stehen und auf der anderen Seite aus der Anzahl der Integrations- oder Kombinationsmöglichkeiten dieser* Features. *Ein Problem, das ich bei vielen Projekten im Open Source-Bereich sehe, ist eine schlechte oder mangelnde Koordination über solche Projektgrenzen hinweg. Viele solche Open Source-Projekte schaffen es sehr gut, sich selbst zu managen und im Rahmen ihres Projektes auch entsprechende Integrationen zu schaffen, aber über Projektgrenzen hinweg ist das in der Regel deutlich schlechter entwickelt. Bei so großen Projekten wie KDE gibt es innerhalb des Projektes eine vergleichsweise gute Integrati-*

on. Es war jedoch äußerst schmerzhaft, das KDE-Projekt und das vergleichbare Gnome-Projekt aufeinander abzustimmen. Es gab in der Vergangenheit sehr große Schwierigkeiten, etwa die XFree-Entwicklung und vergleichbare Projekte auf anderer Ebene miteinander abzustimmen. In diese Richtung müssten bessere Kommunikationsmöglichkeiten geschaffen oder unterstützt werden« (KÖHNTOPP, Fachgespräch 7/1999).

Freie Software stößt auf gewisse Grenzen, wo sie Berührungsflächen mit einer unfreien Umgebung hat. So macht es proprietäre Hardware schwierig, Treiber für GNU/Linux und XFree86 zu schreiben. Jeder neue Drucker, jede Grafik- oder ISDN-Karte erfordert ein aufwändiges *Reverse Engineering*, um sie unter freier Software nutzbar zu machen. Mit der wachsenden Installationsbasis nimmt jedoch auch das Interesse von Hardwareherstellern zu, ihre Produkte der GNU/Linux-Welt zugänglich zu machen, und sie bieten entweder von sich aus Treiber an oder stellen den Projekten unter Vertraulichkeitsbedingungen die erforderliche Dokumentation zur Verfügung.

Unfreier Code lockt mit Features, »kontaminiert« aber freien Code

Unfreie Bibliotheken stellen eine weitere Bedrohung dar. Sie locken Programmierer mit attraktiven Features in die Falle der Unfreiheit. Die Problematik stellte sich zum ersten Mal in den 80er-Jahren mit dem proprietären »Motif-Tookit«, auf den das X-Window System aufsetzte. Das freie XFree86 ersetzte »Motif« 1997 durch das freie »LessTif«. Eine ähnliche Problematik ergab sich ab 1996, als der Grafik-Desktop KDE die proprietäre GUI *Toolkit Library* namens »Qt« der norwegischen Firma Troll Tech AS verwendete. Auch hier führte die Verwendung einer geschlossenen Software zu einem System mit mehr Fähigkeiten, aber weniger Freiheit. Drei Reaktionen darauf stellten sich ein, alle drei maßgeblich auf Initiative der FSF, die dafür bei vielen der Community auf Ablehnung stieß: Das Insistieren auf Freiheit sei übertrieben. 1997 startete Miguel des Icaza ein neues Projekt für einen Grafik-Desktop namens GNOME (*GNU Network Object Model Environment*), das ausschließlich freie Software verwendet. »Harmony« ist eine Bibliothek, die »Qt« ersetzt und somit auch KDE zu einer vollständig freien Software macht. Schließlich veränderte Troll Tech auf Drängen der GNU/Linux-Welt 1998 die Lizenzbedingungen für »Qt«, so dass die Bibliothek seither in freien Umgebungen einsetzbar ist (vgl. STALLMAN, 1999, S. 66 f).

Das Scheitern von Mozilla

Die Popularität und die inhärenten Vorteile des freien Entwicklungsmodells haben aus unterschiedlichen Gründen eine Reihe von Firmen veranlasst, den Quellcode ihrer proprietären Software offenzulegen. Ob ein Softwareprojekt erfolgreich von einem geschlossenen in einen offenen Modus umgeschaltet werden kann, ist jedoch fraglich. Der spektakulärste Versuch ist Netscapes Mozilla, das von vielen als gescheitert angesehen wird. Zunächst fand der offengelegte Quelltext eine enthusiastische Aufnahme. Bereits Stunden nach der Freigabe setzte ein Strom von Code ein, der jedoch bald versiegte. Die Hauptarbeit, die daran geleistet wurde, kam von Netscape-Angestellten. Einer der Protagonisten, Jamie Zawinski, schrieb in seiner öffentlichen Kündigung: »Warum auch immer, das Projekt wurde von Außenstehenden nicht angenommen. Es blieb ein Netscape-Projekt ... die Wahrheit ist, dass dank der Tatsache, dass die Gruppe der Mozilla-Kontributoren aus etwa 100 Vollzeit arbeitenden Entwicklern von Netscape und etwa 30 freien Entwicklern von außen bestand, die nur einen Teil ihrer Zeit investierten, das Projekt immer noch vollständig Netscape gehörte – denn nur diejenigen, die den Code schreiben, kontrollieren das Projekt wirklich.«[43]

Im selben Text nennt Zawinski eine Reihe möglicher Gründe für das Scheitern. Was Netscape freigab, war nicht der Code der aktuellen Version des Navigators, u.a. fehlten die Module für E-Mail, Java- und Kryptografie. Code, den Netscape von anderen Firmen lizenziert hatte, wurde vor der Freigabe entfernt. Bei dem, was übrig blieb, handelte es sich um eine riesige Menge Code, aber nichts, was man tatsächlich hätte kompilieren und benutzen können. Die Menge war so groß, dass es sehr lange gedauert hätte, sich einzuarbeiten, um sinnvolle Beiträge leisten zu können. Zu vermuten ist, dass auch die innere Struktur einer Software, die in einem geschlossenen Modus erarbeitet wird (so genannter Spaghetti-Code), eine andere ist, als die, die in einem freien Projekt entsteht. Selbst wenn der Quellcode vollständig einsehbar ist, können die grundlegenden Designentscheidungen hinter den Details der Codierung unsichtbar bleiben.[44] In seinem Fazit warnt Zawinski davor, aus dem Scheitern von Mozilla zu schließen, dass das Open Source-Modell insgesamt nicht funktioniere. »Wenn man daraus eine Lehre ziehen kann, so ist es die, dass man nicht einfach ein sterbendes Projekt nehmen, es mit dem magischen Feenstaub des ›Open Source‹ besprenkeln und erwarten kann, dass dann alles märchenhaft funktioniert« (Zawinski, 3/1999).

43 Zawinski, 3/1999. Eine Statistik von Ende 1999 bis Mai 2000 zeigte pro Monat zwei bis drei Dutzend aktive Entwickler außerhalb von Netscape, etwa doppelt so viele *250*, und einige Hundert gemeldete Bugs, s. http://webtools.mozilla.org/miscstats/

44 »Komplexität und Größe schließen effektiv den Quellcode für Systemprogrammierungsprojekte wie Compiler ab einer Größe von, sagen wir, 100000 Zeilen Code, wenn es keine gute Dokumentation auf einer höheren Beschreibungsebene gibt, oder die Teilnahme an dem Projekt in einem frühen Stadium einsetzt... ›Zeige den Code, aber verberge die Küche, in der er gekocht wurde.‹« Bezroukov, 12/1999.

Im freien Modus nur auf ausgetretenen Pfaden oder auf Neuland?

Eine letzte Frage stellt sich in Bezug auf das freie Entwicklungsmodell: Kann es etwas grundsätzlich Neues hervorbringen? GNU/Linux, XFree86 oder GIMP sind von exisitierender proprietärer Software ausgegangen. Das bedeutet natürlich nicht, dass es einfach wäre, diese Programme unter freien Bedingungen zu rekonstruieren, aber die grundsätzlichen Designentscheidungen und die Zielvorgaben lagen vor, als die Projekte begannen. Es scheint, als könnte ein freies Projekt nur ein bekanntes Ziel verfolgen, aber sich keine neuen setzen. Ein Beleg dafür könnte der Betriebssystemkern des GNU-Projekts, der »Hurd«, sein, der dem seinerzeit aufregendsten, innovativsten Ansatz folgte, der Mikrokernarchitektur. Dass bis heute keine einsatzfähige Version des Hurd zustande gekommen ist, ist zweifellos auf dieselben Gründe zurückzuführen, aus denen sich Mikrokerne auch in der akademischen und kommerziellen Forschung nicht haben durchsetzen können. Torvalds dagegen wählte bei seinem Ansatz für Linux das altbewährte Makrokernmodell. Raymond fragt: »Nehmen wir einmal an, Linus Torvalds hätte versucht, während der Entwicklung [von Linux] fundamentale Innovationen im Design von Betriebssystemen vorzunehmen; ist es überhaupt vorstellbar, dass der so entstandene Kernel so stabil und erfolgreich wäre, wie der, den wir jetzt haben?« Er behauptet kathegorisch: »Im Basar-Stil kann man testen, debuggen und verbessern, aber es wäre sehr schwierig, ein völlig neuartiges Projekt im Basar-Modus zu starten« (RAYMOND, 1998, Kap. 9). Bei einem Betriebssystem, also einer Infrastruktur für Anwendungssoftware, ist es wichtiger, dass es stabil und zuverlässig ist, als dass es radikal neue Strukturen ausbildet, was auch zur Folge hätte, dass alle darüber laufende Anwendungssoftware umgeschrieben werden müsste.

Innovation in kleinen Schritten

Wenn auch noch zu beweisen wäre, dass auch freie Projekte zu revolutionären konzeptionellen Sprüngen in der Lage sind, so steht doch außer Zweifel, dass sie sich für eine evolutive Weiterentwicklung in kleinen iterativen Schritten hervorragend eignen. Tatsächlich hat sich in einigen Fällen der Fokus der Innovation von den proprietären Vorlagen zu den freien Projekten verlagert:

> *»War das PC-X[-Window] anfangs ein Anhängsel der großen, seriösen Workstation-X-Entwicklung, hat sich das Verhältnis inzwischen umgekehrt. Auch Jim Gettys, einer der Urväter von X, sieht heute XFree86 als die Gruppe, die die Entwicklung von X an sich weiter trägt. X.org soll diese Rolle wieder übernehmen, sofern die Gruppe endlich mal ins Rollen kommt, aber im Moment ist es die XFree86-Gruppe.«*[45]

45 Hohndel, in: WOS 1, 7/1999.

Die Software

Die Zahl und die funktionale Bandbreite der freien Programme ist unüberschaubar. Ein großer Teil hat »infrastrukturellen« Charakter. Besonders die Bereiche Internet, Betriebssysteme, Emulatoren und Entwicklerwerkzeuge ziehen die Aufmerksamkeit freier Entwickler auf sich. Schon grafische Desktop-Umgebungen (KDE, Gnome), die man ebenfalls als informatische Infrastruktur ansehen kann, sind vergleichsweise jung. Viele Applikationen stammen aus Universitäten und hier vor allem aus dem naturwissenschaftlich-technischen Bereich. Insgesamt lässt sich sagen, dass für alle Einsatzbereiche des Computers, einschließlich Büroanwendungen, Spiele, bis zu Videoschnittsystemen oder 3D-Modellierung freie Software exisitiert. Wer sich eine der GNU/Linux-Distributionen beschafft, erhält damit bereits zahlreiche stabile Softwarepakete.

Freie Software ist – ebenso wie proprietäre Software – nirgends katalogisiert. Ein großes Portal für GNU/Linux-Software, das »Dave Central« von Dave Franklin, verweist auf mehr als 4 000 Programme.[1] Die größten Kategorien sind Netzwerkprogramme, Programmierung, Systemwerkzeuge und Büroanwendungen. Handelt es sich dabei überwiegend um stabile, direkt anwendbare Programme, so bietet »SourceForge«[2] einen Einblick in die aktuellen Entwicklungsaktivitäten. SourceForge ist ein Angebot der VA Linux Systems Inc.[3], das freien Entwicklern Hard- und Softwareressourcen wie CVS-Repositorien, Mailinglisten, Bug-Tracking, Dateiarchive, Foren und eine webbasierte Administration zur Verfügung stellt. Dort waren im Juni 2001 fast 22 000 Projekte gelistet, zwei Drittel davon auf GNU/Linux, ein knappes Drittel auf X Window, ein Fünftel mit stabilen Produktionsversionen. Ein Drittel wird in der Programmiersprache C erstellt, ein weiteres knappes Drittel in C++, die übrigen in diversen Sprachen (Perl, Java, PHP, Python, Assembler). Bis auf wenige Ausnahmen stehen die Projekte unter einer von der OSI gutgeheißenen Lizenz. Die Hälfte der Software richtet sich an Entwickler, die andere Hälfte an Endnutzer. Bei den Anwendungsbereichen bilden Internet, Kommunikation, System- und Entwicklungssoftware, Multimedia und Spiele die größten Gruppen. Ein weiterer wichtiger Startpunkt für

Die freie Quellenschmiede

1 http://linux.davecentral.com/
2 https://sourceforge.net/
3 Eine Firma, die Linux-Systeme und Support verkauft. Ihre Motivation für die Investitionen in »SourceForge«: »Falls sich Auswahl und Qualität der Open Source-Software verbessert, kann VA seinen Kunden noch wettbewerbsfähigere Lösungen bieten.«; s. https://sourceforge.net/docs/site/faq.php

die Suche nach bestimmten GNU/Linux-Programmen und für tägliche Updates über neue Projekte und neue Versionen ist »Freshmeat«.[4]

Im Folgenden werden Kurzbeschreibungen und Verweise auf einige ausgesuchte freie Softwareprojekte geben, bevor auf ausgesuchte Projekte näher eingegangen wird.

- **GNU-Software**[5] umfasst mehr als 200 im Rahmen des GNU-Projekts erstellte Programme[6] von den »Binutils« über ein CAD-Programm für Schaltkreise bis zu Spielen, darunter Standards wie CVS, Emacs, Ghostscript und Ghostview für die Erzeugung und Darstellung von PostScript- und PDF-Dateien, der Dateimanager »Midnight Commander«, das Notensatzprogramm »lilypond«, der Webseiten-Downloader »wget« und GNOME.
- **GNOME** (*GNU Network Object Model Environment*)[7], eine grafische Desktop-Umgebung. Das Projekt wurde Anfang 1998 gegründet. Es verwendet das aus dem GIMP-Projekt (s.u.) hervorgegangene → Toolkit »Gtk« und umfasst viele Werkzeuge für die tägliche Arbeit, wie Datei-Manager und Office-Applikationen, insgesamt über 230 Programme.
- **BIND** (*Berkeley Internet Name Daemon*)[8] ist der de facto Standard-DNS-Server für das Internet. Das Domain-Name-System des Internet wurde anhand von BIND entwickelt. BIND wird ebenso wie DHCP (*Dynamic Host Configuration Protocol*) und INN (*InterNetNews-Package*, ursprünglich geschrieben von Rich Salz) heute vom *Internet Software Consortium*[9] betreut.
- **Sendmail**[10] wickelt den Transport von 90 Prozent des weltweiten E-Mailverkehrs ab. Es stammt aus der Berkeley Universität. Sein Autor, Eric Allman, gründete 1997 aus dem Projekt eine Firma,[11] parallel dazu ist die quelloffene, freie Version weiterhin verfügbar.
- **Squid**[12] ist ein Proxy Server, der häufig bei großen ISPs zum Einsatz kommt.
- **SAMBA**[13] ist ein Datei- und Druck-Server für Unix. Seit der Version

4 http://freshmeat.net/
5 http://www.gnu.org/software/software.html
6 Sehr viel mehr Programme stehen unter der GNU-Lizenz, sind aber nicht innerhalb des GNU-Projekts entstanden.
7 http://www.gnome.org
8 http://www.bind.org und http://www.isc.org/bind.html
9 http://www.isc.org/
10 http://www.sendmail.org
11 http://www.sendmail.com
12 http://squid.nlanr.net
13 http://www.samba.org

2.0 werden auch MS-Windows-Clients unterstützt. Seither ist es das wichtigste Instrument zur Integration von GNU/Linux- und Windows-Umgebungen.

- **PERL** (*Practical Evaluation and Reporting Language*)[14] ist die Standard-Skriptsprache für Apache-Webserver (s.u.). PERL ist auf Unix vor allem aufgrund seiner leistungsstarken Zeichenkettenverarbeitung sehr beliebt. Das umfangreichste Archiv mit freien PERL-Skripten ist »CPAN«.[15]
- **Ghostscript**[16] ist ein PostScript-Interpreter, geschrieben von L. Peter Deutsch, unter GPL entwickelt, dann auf die Aladdin-Lizenz umgeschwenkt.[17]
- **Majordomo** war der vorherrschende Mailinglisten-Server im Internet. Er wurde 1992 von Brent Chapman in PERL geschrieben. Heute tritt das zeitgemäßere **GNU Mailman**[18] an seine Stelle.
- **WINE** (*Wine Is Not an Emulator*)[19] ist eine Windows-Emulationsbibliothek für Unix, die es erlaubt, Windows-Applikationen in einem Unix-Fenster zu starten.
- **Zope** (*Z Object Publishing Environment*)[20] ist eine Webapplikationsplattform für die Generierung von dynamischen Webseiten. Basiert auf der Skriptsprache »Python« und auf Produkten der Firma Digital Creations, die auf Empfehlung eines *Venture Capital*-Investors 1998 unter eine freie Lizenz [21] gestellt wurden.
- **OpenBIOS**[22] ist ein Projekt, eine standard-konforme Firmware zuschaffen, die proprietäre PC-BIOSe ersetzen soll. Die erste Entwicklerversion wurde im November 1998 freigegeben.

BSD

1977 hatte Bill Joy an der Berkeley University die erste *Berkeley Software Distribution* (BSD) mit Unix-Programmen und im Jahr darauf die vollständige Unix-Distribution 2.11BSD zusammengestellt. Die Version 4.2BSD (1983), die ein schnelles Dateisystem und TCP/IP enthielt, wurde auch un-

14 http://www.perl.org
15 http://cpan.org
16 http://www.ghostscript.com
17 Interview mit Deutsch zur Geschichte des Projekts, Lizenzen und Zukunft: http://www.devlinux.org/ghost/interview.html
18 http://www.greatcircle.com/majordomo; http://www.gnuorg/software/mailman
19 http://www.wine.org
20 http://www.zope.org/
21 http://www.zope.org/Resources/License
22 http://www.freiburg.linux.de/OpenBIOS/

ter kommerziellen Anbietern von Unix-Rechnern populär und trug viel zur weltweiten Verbreitung von Unix und Internetzwerken bei. Während sich die Anbieter kommerzieller Unix-Versionen gegenseitig die Lizenzdaumenschrauben anlegten, gab die Berkeley-Gruppe 1989 zunächst die Netzwerkelemente aus BSD als Networking Release 1 unter der eigens dafür entwickelten freien BSD-Lizenz heraus. In einer im Vergleich zum GNU/Linux-Projekt wenig beachteten offenen, internetbasierten Entwicklung wurden daraufhin alle geschützten Unix-Module durch freien Code ersetzt, der 1991 als Networking Release 2 erschien. Diese Version portierte Bill Jolitz auf den PC und veröffentlichte sie Anfang 1992 als 386/BSD unter der BSD-Lizenz. Um diese Version sammelten sich enthusiastische Nutzer und Entwickler, die sie als NetBSD-Gruppe weiter pflegten. Damit migrierte das Projekt vollends aus der Akademie ins Internet. Die Forschungsgruppe an der Berkeley Universität legte 1995 letzte Änderungen als 4.4BSD-Lite, Release 2 vor und löste sich dann auf.[23]

Gleich zu Anfang der Weiterentwicklung des 386/BSD kam es, aus weitgehend persönlichen Gründen, zu einer Spaltung. Die **NetBSD**-Gruppe[24] zielte darauf, eine möglichst große Verbreitung auf möglichst viel Plattformen zu erreichen, mit dem Ergebnis, dass es heute fast keinen 32-Bit-Prozessor mit einer Memory Management Unit gibt, auf dem NetBSD nicht läuft. Das zweite daraus hervorgegangene Projekt **FreeBSD**[25] zielte darauf, ein leistungsfähiges, stabiles Unix-Server-Betriebssystem für Intel-CPUs zu schaffen. FreeBSD ist auch auf den Alpha portiert, aber der Schwerpunkt liegt auf Intel. FreeBSD hat heute die größte Installationsbasis der aus dem Net Release 2 abgeleiteten Systeme. 1997 kam es innerhalb der NetBSD-Gruppe zu einer weiteren Spaltung. Daraus ging ein Projekt namens **OpenBSD**[26] hervor, das das Betriebssystem auf Sicherheit hin optimiert. Die unterstützten Hardwareplattformen sind ähnlich wie bei NetBSD. Die drei Projekte bestehen freundschaftlich nebeneinander und übernehmen Innovationen voneinander. Diese Zusammenarbeit gibt es auch mit der Welt des parallel heranreifenden GNU/Linux und anderer Betriebssysteme,[27] mit XFree86, Apache, KDE und weiteren Projekten.

Während eine GNU/Linux-Distribution um den Kernel herum Softwarepakete aus den unterschiedlichsten Quellen teilweise in Binärform zusammenträgt, gibt es bei BSD ein zentrales Source Code-Management

23 Ausführlicher s.o. unter »Geschichte: Unix« und McKusick, 1999, S. 33 f.
24 http://www.netbsd.org/
25 http://www.freebsd.org/
26 http://www.openbsd.org/
27 Der TCP/IP-Stack von OS/2 z.B. stammt aus BSD, vgl. Hausen, in: WOS 1, 7/1999.

für den Kernel *und* alle Werkzeuge. Installiert wird aus dem Quellcode. Installierer wie der »Red Hat Package-Manager« (rpm) oder »dselect«, die fertige Binary-Packages installieren, wie das in der PC-Welt üblich ist, sind in der Unix-Welt eine relativ junge Erfindung. Zur Automatisierung der Source Code-Installatation dient bei FreeBSD die »Ports Collection«. Sie umfasst heute einen Source-Baum mit »Make Files« für mehrere Tausend Applikationen. Diesen Baum spielt sich der Nutzer auf seine lokale Festplatte und wählt die Make-Dateien der Softwarepakete aus, die er installieren möchte. Make ist ein Projektverwaltungswerkzeug, mit dem man automatisiert Software übersetzen kann. Ruft man die entsprechenden Make-Dateien auf, so werden die Pakete für den Apache, KDE usw. direkt vom Original-FTP-Server geholt, eventuell für FreeBSD angepasst, Variablen werden gesetzt, der Quellcode kompiliert, installiert und in einer Packagedatenbank registriert, so dass sich alles wieder sauber deinstallieren lässt. Bei der Erstinstallation erzeugt der Befehl »make world« auf diese Weise das gesamte BSD-System. Updates erfordern nur, dass ein Eintrag im entsprechenden Make File geändert wird, und sofort oder auch in regelmäßigen Abständen werden die aktuellen Sourcen z.B. des Apache über das Internet auf den eigenen Rechner übertragen. Ein Systemadministrator kann das Update auf einem Rechner durchführen und dann von dort aus auf alle BSD-Rechner in seinem Netz exportieren, was der Verwaltung einer größeren Menge von Rechnern sehr förderlich ist.

Quellcodeverwaltung

»Mache eine Welt«

Sämtliche freie Softwareprojekte, die man aus der GNU/Linux-Welt kennt, laufen ebenfalls auf den drei BSD-Varianten. Neben mehreren Tausend freien Applikationen lassen sich auch proprietäre nur binär verfügbare Applikationen, wie z.B. WordPerfect oder E-Commerce-Software, unter BSD betreiben. Unter den Benutzern von FreeBSD finden sich so illustre Namen wie Yahoo und Hotmail. Microsoft versucht seit dem Ankauf von Hotmail erfolglos, diesen kostenlosen E-Mail-Service auf NT-Server umzustellen. Der größte FTP-Server der Welt, mit 5 000 bis 6 000 Nutzern gleichzeitig und einem Terra-Bit an täglichem Datendurchsatz ist ein FreeBSD-Rechner.[28]

Debian GNU/Linux

Debian[29] startete 1993, als Debra und Ian Murdock (aus deren Vornamen sich »Debian« zusammensetzt) im Usenet zur Mitarbeit an einer neuen

28 Vgl. Hausen, WOS 1, 7/1999.
29 http://www.debian.org

GNU/Linux-Distribution aufriefen. Die Distributionen der Zeit litten noch an Kinderkrankheiten. Abhängigkeiten und Konflikte wurden nicht berücksichtigt. Zu Binärpaketen fand sich kein Quellcode. Fehler wurden in neue Versionen übertragen, obwohl bereits Korrekturen vorlagen. Die Lizenzen von Komponenten ließen sich nicht ersehen. Hier wollten die Murdocks und ein Dutzend Mitstreiter Abhilfe schaffen.

Distributionen als Gesamtkunstwerk

Bei Debian wie bei den anderen Distributionen steht nicht die Entwicklung von Software selbst, sondern ihre Integration in ein stabiles Gesamtsystem im Vordergrund. Zentrales Instrument, um aus einer Anhäufung von Einzelelementen ein System zu komponieren, ist die Paketverwaltung, die bei Debian »dpkg« heißt. Sie protokolliert bei der Installation, welche Dateien zu einem Paket gehören, so dass sie sauber deinstalliert oder von neuen Versionen überschrieben werden können. Sie verhindert, dass konfligierende Programme installiert werden und dass Programme, die von anderen abhängen, nur mit diesen zusammen installiert werden (ein *cron*-Paket, mit dem sich Kommandos automatisch zu festgelegten Zeiten ausführen lassen, z.B. benötigt einen Mailserver, da es bei Fehlern E-Mails verschickt). Sie verwaltet Konfigurationsdateien, integriert Hilfedateien ins System und macht dem System → *Shared Libraries* bekannt. Mit dem Programm »alien« lassen sich auch Pakete anderer Distributionen, wie Red Hat oder Slackware, auf Debian installieren und umgekehrt.

Die Arbeit begann mit finanzieller Unterstützung der FSF. In den ersten drei Jahren bauten die Murdocks das Projekt auf. Seither wird der Projektleiter jährlich aus den Reihen der Mitarbeiter gewählt. Es waren dies Bruce Perens, Ian Jackson, seit 1999 ist es Wichert Akkerman. Der Projektleiter übergibt die Verantwortung für die Betreuung einzelner Pakete, für Dokumentation, Lizenz- und *Policy*-Fragen,[30] Webseiten, Mailingslisten usw. an andere Freiwillige. Das Debian-Team besteht aus weltweit etwa 500 Mitarbeitern im Alter von 13 bis 70 Jahren. Ein Paketbetreuer pflegt Pakete, die er selbst benutzt und gut kennt, und an deren Qualität er daher ein persönliches Interesse hat. Er verfolgt die Entwicklung in den jeweiligen Softwareprojekten, wählt neue Versionen und neue Software aus, die in die Debian-Distribution aufgenommen werden, stellt sie zusammen, überprüft ihre Lizenzen daraufhin, ob die Programme in Debian aufgenommen werden können und spielt den Vermittler zwischen den Debian-Nutzern und den eigentlichen Softwareentwicklungsprojekten.

---

30 In welchen Verzeichnissen Konfigurationsdateien, ausführbare Programme, Dokumentation usw. abgelegt werden, wie Pakete benannt werden, welche IDs für Subsysteme verwendet werden dürfen usw., s. Debian Policy Manual, ftp://ftp.debian.de/pub/debian/doc/package-developer/policy.text.gz

Anders als bei anderen GNU/Linux-Distributionen steht hinter Debian keine Firma, die Werbung und Vetrieb übernimmt. Debian ist eine Projektgruppe unter dem Schirm der SPI. Debian GNU/Linux ist die »freieste«, dem GNU-Projekt am nächsten stehende GNU/Linux-Distribution. Ähnlich wie das GNU-Projekt und im Gegensatz zu den anderen GNU/Linux-Distributionen ist Debian sehr darauf bedacht, ausschließlich Software unter freien Lizenzen aufzunehmen. Zum Beispiel schloss Debian aufgrund der problematischen Lizenz der Qt-Bibliothek bis zu deren Revision die grafische Desktop-Umgebung KDE von seiner Distribution aus (vgl. Carter, 6/2000). Dafür ist ein Kriterienkatalog (die *Debian Free Software Guidelines*) erarbeitet worden, an dem Lizenzen überprüft werden (unbeschränkte Weitergabe, Verfügbarkeit des Quellcodes, Modifikationsfreiheit, keine Diskriminierung von Personen und Gruppen, keine Diskriminierung von Einsatzbereichen usw.). Statt einer Lizenz regelt ein »Gesellschaftsvertrag« (der *Debian Social Contract*[31]) das Verhältnis unter allen an Debian Beteiligten. Darin heißt es, dass Debian 100-prozentig freie Software bleiben wird, dass neue Komponenten als freie Software der Gemeinschaft zur Verfügung gestellt werden, dass Probleme nicht verborgen werden und dass den Anwendern und der Gemeinschaft freier Software oberste Priorität zukommt.

Debian: die freieste GNU/ Linux-Distribution

Da zugestanden wird, dass einige Debian-Anwender nicht umhin können, Programme einsetzen zu müssen, die nicht den Kriterien für freie Software genügen, wurde für solche Programme ein eigener Bereich namens »*non-free*« auf dem FTP-Archiv eingerichtet. Sie sind nicht Bestandteil des Debian-Systems (*main*), werden aber dennoch für eine Zusammenarbeit mit ihm aufbereitet und in der *Bug*-Datenbank und den Mailinglisten mitbehandelt. Das Debian-Team bemüht sich darum, dass die Lizenzen von solchen Programmen angepasst werden und erzielte dabei auch schon einige Erfolge. Ein weiterer Bereich namens »*non-US*« enthält Kryptografiesoftware, die in den USA und anderen Ländern besonderen Auflagen unterliegt. Zu den weiteren Projekten gehören Debian GNU/Hurd, das die gleichen Pakete, aber an Stelle von Linux als Kernel den GNU-Hurd verwendet, und das Debian-Beowolf-Projekt, bei dem viele Rechner zu einem Cluster zusammengeschaltet werden. Aus Debian sind russische, französische, italienische und japanische Distributionen hervorgegangen, und auch Corel hat seine GNU/Linux-Distribution auf Basis von Debian erstellt.

Unfreie von Freiheit überzeugen

31 http://www.debian.org/social_contract

Debian GNU/Linux ist die Distribution mit der größten Anzahl von Paketen (in der Version 2.1 »Slink«[32] waren es 1 500 Pakete, in der Version 2.2 »Potato« vom Frühjahr 2000 schon doppelt so viele), der größten Anzahl unterstützter Architekturen (Intel, Alpha, 68000, Power-PC, Sparc, Arm, Amiga, Atari, RS/6000, UltraSparc), der größten Anzahl Mitarbeiter und der längsten Testphase vor einem *Release*.[33]

XFree86

Von Uni zu Industrie zu freiem Projekt

Das X Window-System wurde 1984 von Jim Gettys und anderen am MIT entwickelt und ist heute in der GNU/Linux- und Unix-Welt die Standardgrundlage für grafische Benutzeroberflächen. Noch am MIT entstand unter Industriebeteiligung zu seiner Implementierung und Weiterentwicklung das X-Konsortium, das 1986 die erste kommerzielle Version vorlegte. 1993 endete das universitäre Engagement, und die Technologie ging an das jetzt inkorporierte X Consortium Inc. mit weltweit mehr als 60 Mitgliedsunternehmen über. Vier Jahre später übertrug dieses Gremium die Verantwortung für die Software an das Open Group-Konsortium,[34] das ein breiteres Spektrum von Technologien standardisiert, testet und zertifiziert.

Als 1992 das MIT-X-Konsortium die Version X11R5 veröffentlichte, war zum ersten Mal auch ein X-Server für PCs dabei: X386. Da er nicht sehr schnell und stabil war, begann eine kleine Gruppe sogleich, ihn weiterzuentwickeln. Am Anfang waren es vier Entwickler, die einige kleine Patches austauschten, und ein paar Tester. Das erste *Release*, das daraus folgte, hieß X386 1.2.E (»E«, wie erweitert). Da GNU/Linux einen wachsenden Bedarf nach einer Implementation des X Window-Systems für PC-basierte, unix-artige Systeme schuf, entstand daraus ein eigenständiges Projekt, das sich mit einem Wortspiel auf X*Three*86 »XFree86«[35] nannte. GNU/Linux und XFree86 haben sich gegenseitig vorangetrieben. GNU/Linux ist weitergekommen, weil es eine grafische Oberfläche gab, und XFree86 ist weitergekommen, weil es mit GNU/Linux eine frei verfügbare Plattform dafür gab. Die XFree86-Gruppe hat seither etwa zwei bis vier Releases im Jahr herausgebracht. XFree86, das heute etwa

32 Jedes Release trägt zusätzlich zur Versionsnummer den Namen einer Figur aus dem Film »Toy Story«, was seinen Grund darin hat, dass der damalige Maintainer Bruce Perens bei den Pixar Animation Studios arbeitete, die den Film produziert haben.

33 Vgl. Schulze, 3/1999; Frank Ronneburg, in: WOS 1, 7/1999.

34 http://www.opengroup.org/. Presseerklärung »X Consortium to Transfer X Window System™ to The Open Group« Cambridge, Massachusetts, July 1, 1996,http://www.opennc.org/tech/desktop/Press_Releases/xccloses.htm

35 http://www.XFree86.org/

zweieinhalb Millionen Code-Zeilen umfasst, läuft auf einer breiten Palette von Prozessoren (Intel, Alpha, Sparc, Power-PC, dem Itzy, einem Handheld von Compaq, usw.) und Betriebssystemen (GNU/Linux, OS/2, Minix, Echtzeitbetriebssysteme wie QNX usw.). Mit etwa 600 Entwicklern weltweit ist XFree eines der größten freien Projekte. Die Zahl der XFree86-Nutzer wird konservativ auf 12 bis 14 Millionen geschätzt.

Was passiert, wenn Lizenzen Freiheit nicht schützen

XFree86 verwendet eine Lizenz,[36] die auf die ursprüngliche MIT-X Window-Lizenz zurückgeht, die wiederum von der BSD-Lizenz abgeleitet, aber noch schwächer als diese ist. Sie erlaubt die Verwendung, Verbreitung, Modifikation und den Verkauf unter der einzigen Bedingung, dass der Copyright-Vermerk erhalten bleibt. Sie verzichtet insbesondere auf die Auflage, dieselben Freiheiten auch für abgeleitete Software zu gewährleisten und den freien Code nicht in proprietären zu integrieren. Diese Lizenz ermöglichte einerseits, dass viele proprietäre Unix-Systeme heute X-Server enthalten, die auf XFree86 basieren. Andererseits führte sie zu einer traurigen Episoden in der Geschichte der freien Software. Im April 1998 kündigte die Open Group eine geänderte Lizenzpolitik für X Window an. Die neue Version X11R6.4 wurde quellgeschlossen und nur für zahlende Kunden verfügbar.[37] Sogleich hielt die Open Group ausgerechnet einige Sicherheits-*Bugfixes* zurück. XFree86 hatte seinen Code immer mit den Kollegen aus der Industrie geteilt, nun wollten diese sie von ihren Entwicklungen ausschließen – und das in einer Gruppe, die sich »Open« nennt. Eine weitere Zusammenarbeit wurde unmöglich. Im September 1998 sah sich die Open Group schließlich gezwungen, die Entscheidung zurückzunehmen und X11R6.4 wieder unter einer quelloffenen Lizenz freizugeben. Hintergrund war neben dem Protest vor allem, dass sich der Fokus der Entwicklung zu XFree86 verlagert hatte, und innerhalb des Konsortiums kaum noch jemand daran arbeitete. War das PC-X anfangs ein Anhängsel der »großen, seriösen« Workstation-X-Entwicklung, hatte sich das Verhältnis inzwischen umgekehrt. Auch Jim Gettys, einer der Urväter von X, sieht heute XFree86 als die Gruppe, die die Entwicklung von X an sich weiter trägt. Im Mai 1999 gründete sich aus der Open Group die Organisation X.Org mit den üblichen Industriemitgliedern,[38] das nun die offizielle Verwaltung der X Window-Technologie mit ihren Standards und Referenzimplementationen übernahm. XFree86 wurde zum Ehrenmitglied.

36 XFree86 License, http://www.xfree86.org/4.0/LICENSE1.html

37 Richard Stallman sieht darin, dass diese Schließung möglich war, eine Bestätigung dafür, dass die X-Lizenz für die Zwecke freier Software ungeeignet ist, vgl. Stallman, 1998.

38 Vgl. http://www.x.org; zu den Mitgliedern gehören Compaq, HP, IBM, Silicon Graphics, Sun, Siemens usw..

Das freie Projekt war von Beginn an mit einem industriellen Erbe belastet. Das Konsortiums-X Window setzt auf das proprietäre Toolkit Motif auf, und auch die darüber liegende Desktopumgebung CDE (Common Desktop Environment) ist nicht quelloffen. Eine GNU/Linux-Distribution, die ihren Anwenderinnen eine Fensteroberfläche anbieten wollte, musste für Motif und CDE Lizenzen erwerben und deren Bedingungen natürlich auch an die GNU/Linux-Nutzer weitergeben. Die aber wollten sich das Mausklicken nicht vergraulen lassen und entwickelten 1997 LessTif als Ersatz für Motif, und als quelloffene Alternative zu CDE entstand KDE (s.u.). In dem freien Projekt GIMP (s.u.) entstand als weitere Alternative zu Motif die Toolkit-Library Gtk, auf der der Desktop Gnome beruht.

Kompromiss mit geschlossenen Quellen

Auch zu einer anderen Seite hin gestaltet sich die Zusammenarbeit mit der Welt des »geistigen Eigentums« problematisch. Ein Fenstersystem muss naturgemäß eng mit der Grafikhardware zusammenarbeiten. Die Hersteller von Grafikkarten hüten den Quellcode ihrer Treiber und vor allem ihre Hardwaredokumentation. Anderen Unternehmen, die interoperierende Produkte herstellen, geben sie sie nur unter einer Vertraulichkeitsvereinbarung heraus. Solche Verträge mit anderen Firmen zu schließen, ist üblich – mit 600 auf der ganzen Welt verteilten Individuen aber unmöglich. Damit das XFree-Projekt seinen Entwicklern Zugang zu diesen Informationen geben kann, müssen diese förmliche, wenn auch nicht stimmberechtigte Mitglieder der XFree86 Project Inc. werden und sich zur Nichtweitergabe verpflichten. Die Freiheit wird dadurch gewährleistet, dass jeder Mitglied werden kann. Dennoch ergeben sich daraus zwei Klassen von Quellcode: der *Release-Code*, der für jeden frei verfügbar ist, und die *Internal Development Sources*, die nur den offiziellen Mitgliedern zugänglich sind.

Core-Team-Mitglied Dirk Hohndel gesteht die Bedenken über die fehlende Absicherung der Freiheiten in der XFree86-Lizenz zu, die dazu führe, dass jemand ein proprietäres Produkt daraus mache und die freie Softwarewelt ausschließen könne. Tatsächlich sei XFree86 weiterhin der einzige X-Server für GNU/Linux. Die wenigen Anbieter proprietärer Produkte hätten im Markt nicht Fuß fassen können.

> *»Das zeigt, dass man in einem Open Source-Projekt rein mit der Qualität des Produkts, das man abliefert, dafür sorgen kann, dass für jemanden, der versucht, hier Closed Source zu gehen und daraus ein proprietäres Produkt zu machen, überhaupt kein Platz ist. Denn jeder der*

heute hingeht und dieses Projekt zumachen und daraus seine eigene Sache machen will, muss damit rechnen, dass wir all das, was er anbietet, auch anbieten. Wir bieten es mit Sourcen an und frei verfügbar.«[39]

KDE

Die integrierten grafischen Arbeitsoberflächen von Desktop-Betriebssystemen wie MS-Windows oder Mac-OS haben wesentlich zur Popularisierung des PCs beigetragen. Unter Unix sind verschiedene Entwicklungen in diese Richtung unternommen worden. Eine davon, das *Common Desktop Environment* (CDE), hielt zusammen mit XFree86 und Motif Einzug in verschiedene GNU/Linux-Distributionen. Da Motif und CDE jedoch proprietär sind, sperren sie sich einer freien Weiterentwicklung. Als z.B. der Distributor Red Hat 1998 Sicherheitsprobleme in CDE entdeckte, entfernte er den Desktop aus seiner Distribution, da solche Bugs aufgrund des fehlenden Quellcodes nicht einfach behoben werden können.[40]

Freier Blick durch freie Fenster

Hier setzt das *K Desktop Environment* (KDE)[41] an. Das Projekt wurde 1996 von Matthias Ettrich ins Leben gerufen und in der Version 1.0 im Juli 1998 freigegeben. KDE bietet ein konsistentes *Look-and-Feel* des Desktops und der darauf laufenden Applikationen, in dem sich jede Windows- oder Mac-Nutzerin sofort zuhause fühlen wird. Neben Mausbedienung, Fenstern und *Drag-and-Drop* bietet KDE, wie in Unix üblich, mehrere virtuelle Desktops. Es läuft auf einer Vielzahl von Unix-Systemen, darunter Solaris, Irix, HP-UX, AIX, Linux und den BSD-Varianten. Die Bildschirmtexte sind in über 30 Sprachen internationalisiert, darunter Mazedonisch, Isländisch und Bretonisch. Inzwischen wird auch Unicode unterstützt. Alle KDE-fremden Applikationen für Unix laufen problemlos auf einem KDE-Desktop, und umgekehrt laufen die meisten KDE-Applikationen auch auf anderen Desktops.

Die Befreiung von Qt

Neben den eigenen Bibliotheken verwendet KDE die C++-Klassenbibliothek Qt der norwegischen Firma Troll Tech AS. Diese Entscheidung traf in der freien Szene auf Kritik, da Qt ein proprietäres Produkt war. Wie meistens, wenn eine nützliche, aber proprietäre Software eine freie Entwicklung unmöglich macht, finden sich Leute, die die betreffende Funktionalität von Grund auf neu schreiben, in diesem Fall das Projekt GNOME (1998). Der »Desktop-Krieg« zwischen KDE und GNOME[42] führte

39 Hohndel, in: WOS 1, 7/1999.

40 Vgl. den Bericht in Linux Weekly News: http://lwn.net/1998/1001/a/cde.html

41 http://www.kde.org

42 Vgl. die Slashdot-Diskussion dazu: http://slashdot.org/features/9807150935248.shtml

u.a. dazu, dass Troll Tech seine Lizenzpolitik änderte. Ab Version 2.0 liegt die quelloffene Version von Qt unter einer eigenen Lizenz, der *Qt Public License* (QPL), vor, die es für freie Entwicklung auf Unix-Systemen zur freien Verfügung stellt und für proprietäre Entwicklungen den Erwerb einer kommerziellen Lizenz vorschreibt. Die QPL hat die meisten GNU/Linux-Distributoren dazu veranlasst, KDE in ihre Pakete aufzunehmen. Auch die in Bezug auf Lizenzpolitik sensibelste Distribution Debian nahm QT ab Version 2 auf (vgl. Carter, 6/2000). Die KDE-eigenen Bibliotheken und die KDE-Applikationen werden unter der Library GPL (s.u.) veröffentlicht. Das KDE-Manifest bekennt sich ausdrücklich zur kommerziellen Verwendung.[43]

Struktur des Projekts

KDE ist mit über zwei Millionen Codezeilen eines der umfangreichsten freien Projekte. Mehr als 200 Entwickler aus zahlreichen Ländern, darunter Deutschland, Norwegen, USA, Kanada, Argentinien, Namibia und Australien, arbeiten aktiv daran mit. Das CVS lief anfangs an der Medizinischen Universität zu Lübeck und zog im Februar 2000 zu SourceForge in den USA um. An den verschiedenen Mailinglisten ist die soziale Organisation des Projekts gut zu erkennen. Dazu gehören: eine Liste für Anwender, auf denen diese sich gegenseitig selbst helfen, die aber auch von den Entwicklern mitgelesen wird, um gegebenenfalls Hilfestellung leisten zu können; eine Liste für Entwickler, für die eine Schreibberechtigung auf Anfrage erteilt wird und die für Fragen rund um Entwurf und Entwicklung gedacht ist; eine Liste für die Autoren und Übersetzer der Dokumentation; eine Liste für Lizenzfragen und schließlich eine geschlossene Mailingliste, auf der das Kern-Team die allgemeine Richtung von KDE sowie Fragen des Marketings und der Öffentlichkeitsarbeit diskutiert. Die Aufnahme in das Kern-Team erfolgt aufgrund von fortwährenden Verdiensten um die Weiterentwicklung von KDE.

Laut Kalle Dalheimer, einem der Hauptentwickler, liegt einer der wichtigsten Gründe des Erfolg von KDE, eine ständig wachsende Zahl engagierter Entwickler anzuziehen, in den Bibliotheken, die es möglich machen, attraktive, mit vielen Features versehene Applikationen zu schreiben, ohne umfangreiche Projektkenntnisse haben zu müssen. Viele Funktionen lassen sich mit nur wenigen Codezeilen integrieren. Damit macht KDE den Einstieg in die Programmierung von Anwendungen mit grafischer Benutzeroberfläche deutlich einfacher. KDE-Entwickler können die erforderlichen Kenntnisse zu einem großen Teil während der Arbeit an ihrem Teilprojekt erwerben, was natürlich viel motivierender ist,

43 http://www.kde.org/kde-manifesto.html

als sich erst lange mit den Strukturen vertraut machen zu müssen, bevor man in die eigentliche Entwicklungsarbeit einsteigen kann.[44]

Apache

Vom CERN zum NCSA zu einem »Flickenserver«

1989 erfand Tim Berners-Lee am CERN das WWW. Ursprünglich als Werkzeug für die Vernetzung der Informationsflut am europäischen Hochenergiephysikzentrum gedacht, mit öffentlichen Mitteln entwickelt und daher selbstverständlich freie Software, verbreiteten sich das *HyperText Transfer Protocol* (HTTP) und die Seitenbeschreibungssprache *HyperText Markup Language* (HTML) rasch im Internet. Das W3 brachte in das bis dahin rein text- und kommandozeilenbasierte Internet erstmals eine ähnliche Benutzerfreundlichkeit, wie sie Fenster- und Maus-Oberflächen auf dem PC einführten. Berners-Lee schrieb 1990 auch den ersten Webserver und einen Client, der, wie heute nur noch Netscape, sowohl einen Betrachter wie einen Editor enthielt. Nicht nur das Lesen, sondern auch das Schreiben des neuen Formats sollte allen offen stehen. Wenig später entwickelte ein Team unter Leitung von Rob McCool am NCSA der Universität Illinois einen weiteren Webserver. Da ebenfalls mit Steuergeldern finanziert, war auch diese Software quelloffen und frei für Modifikationen. In den ersten Jahren des maßgeblich durch das Webformat vorangetriebenen Internetbooms war der NCSA-Webserver der meistverbreitete.

Als McCool das NCSA verließ, kam die Entwicklung des Servers ins Stocken. Viele Leute fingen an, eigenständig Fehler darin zu beheben und neue Funktionalitäten einzubauen, doch es fehlte eine Sammelstelle, die die neuen Elemente zusammenführte. Zu diesem Zweck gründete sich 1995 die Apache-Group.[45] Der Name »Apache« ist ein Wortspiel auf »*a patchy server*«, der durch zahlreiche Patches veränderte Quellcode des NCSA-Servers. Die erste Version des Apache-Webservers wurde noch 1995 herausgegeben. Ein knappes Jahr später hatte der Apache den NCSA-Webserver von der Spitze verdrängt und war zum meistgenutzen Webserver im Internet geworden. Im Juli 1999 hatte unter den Webservern im Internet der Apache einen Anteil von knapp 62 Prozent, Microsoft einen von 22 und Netscape von etwas über sieben Prozent. Im August 2001 lag Apache bei 58 Prozent, Microsoft hatte mit 26 Prozent weiter ausgebaut und iPlanet/Netscapes Anteil ist auf 4 Prozent zurückgegangen.[46]

44 Vgl. Dalheimer, in: WOS 1, 7/1999.
45 http://www.apache.org
46 Vgl. Netcraft Survey, http://www.netcraft.com/survey/

Der Apache läuft derzeit auf allen gängigen Unix-Derivaten, auf Windows, Siemens BS2000 und Amiga. Er ist so stabil, dass er auch für sicherheitskritische Anwendungen geeignet ist. Dank eines modularen Aufbaus wird sein Funktionsumfang ständig erweitert. Das Kernsystem dient dazu, normale HTML-Seiten auszuliefern. Zusätzlich gibt es über 100 verschiedene Module für den Apache, angefangen von CGI (das *Common Gateway Interface* für Skripte) und Protokollierungsfunktionen, die anzeigen, wie häufig eine Seite aufgerufen wurde, bis zu URL-Manipulationsroutinen und serverseitige Funktionen (*Server-side-Includes*) wie Java-Servlets. Drei eigenständige Projekte arbeiten unter dem Dach von Apache. Das PHP-Projekt[47] stellt das PHP-Modul für die Datenbankanbindung ans Web zur Verfügung. Das mod_perl-Projekt[48] integriert einen Interpreter für Perl in den Apache. Ein ähnliches Modul gibt es auch für Python. Das Jakarta-Projekt[49] ist durch eine Kooperation mit Sun hinzugekommen und stellt eine freie *Servlet Engine* für den Apache zur Verfügung. Mittlerweile gibt es einen großen Markt von Drittanbietern von Modulen für den Apache, einige davon quelloffen, andere proprietär.

Universalplattform für's Web

Die Apache-Lizenz[50] ähnelt der von BSD. Der Quellcode kann ohne Lizenzgebühren auch für proprietäre Zwecke eingesetzt werden. Es gibt nur zwei Einschränkungen: Wenn eine Firma den Apache modifiziert und weitervertreiben will, muss sie angeben, dass ihr Produkt auf dem Apache basiert, und dieses Produkt darf dann nicht Apache heißen. Die weiteren Einschränkungen der GPL, dass auch bei abgeleiteter Software der Quellcode mitvertrieben werden muss, gelten bei der Apache-Lizenz nicht.

ASF

Die Apache-Group (das *Core Team*) besteht derzeit aus 22 aktiven Mitgliedern, überwiegend aus den USA, aber auch aus Kanada, England, Neuseeland, Italien und drei von ihnen aus Deutschland. Die *Apache Software Foundation*[51] wurde am 1. Juni 1999 gegründet, um das Projekt finanziell und rechtlich zu unterstützen und Verträge mit Firmen zu ermöglichen. Es handelt sich um ein nicht profitorientiertes Unternehmen mit Sitz in Delaware, USA. Der Vorstand setzt sich ausnahmslos aus Leuten der Apache-Group zusammen.

In der Apache-Group waren auch schon vor Gründung der Foundation mehrere Vertreter von Firmen beteiligt. So unterhält IBM, das den Apache in seinem Produkt »WebSphere« einsetzt die Entwicklung der

47 http://www.php.net/
48 http://perl.apache.org/
49 http://jakarta.apache.org/
50 http://www.apache.org/LICENSE-1.1.txt
51 http://www.apache.org/foundation/

Serversoftware mit einem eigenen Apache-Entwicklerteam. Auch Siemens liefert den Apache mit seinen BS2000 Systemen als Standard-Webserver aus und stellt einen Mitarbeiter dafür ab, dafür zu sorgen, dass Portierungsarbeiten vorgenommen werden, und darauf zu achten, dass zukünftige Versionen des Apache auf BS2000 lauffähig sind. Auch Apple hat den Apache auf Rhapsody und dann auf Mac OS X portiert und ist mit einem Mitarbeiter in der *Apache Software Foundation* vertreten.

GIMP

Bildbearbeitung für Pinguine

Das Projekt GIMP (*GNU Image Manipulation Program*)[52] ist mit dem Ziel gestartet, ein Bildbearbeitungsprogramm ähnlich Adobes »Photoshop« für GNU/Linux zu erstellen. Anfang 1995 begannen die beiden Informatikstudenten Peter Mattis und Spencer Kimball, die Basis des GIMP zu schreiben. Ein Jahr später stellten die beiden die Version 0.54 der Öffentlichkeit vor. Bereits in dieser frühen Version fand das GIMP so große Verbreitung, dass Mitte 1996 immer mehr Leute mitentwickeln und ihre eigenen Features einbauen wollten. Auf der GIMP-Mailingliste wurde der Rauschanteil immer höher, so dass die aktiven Entwickler sich in eine zweite Liste zurückzogen, die zwar immer noch öffentlich war, ihnen aber die Möglichkeit gab, nicht direkt sachdienliche Äußerungen auf die allgemeine Liste zu verweisen. Auch Teilnehmer anderer Projekte treffen sich gern in Chatkanälen, aber GIMP ist eines der wenigen, das den IRC als ein eigenständiges Kommunikationsmittel neben den Mailinglisten benutzt.

Als Window-Manager, der die Knöpfe, Fenster und anderen grafischen Bedienelemente zeichnet, stand den beiden nur das proprietäre Motif zur Verfügung. Deshalb machten die beiden sich daran, ein eigenes Toolkit namens Gtk zu entwickeln, das Anfang 1997 im GIMP 0.99 erstmals zum Einsatz kam. Als Grafik-Toolkit ist Gtk für alle Software unter X Window nützlich, weshalb die motif-ersetzenden Routinen vom GIMP abgetrennt wurden und Gtk als eigenständiges Projekt weiterläuft. So verwendet auch das Projekt Gnome das Gtk-Toolkit.

Wie mehrfach erwähnt scheuen es Entwickler, ihre Arbeit zu dokumentieren. Und gerade das bereits sehr komplexe GIMP bedarf eines Handbuches, um all seine Möglichkeiten auszuschöpfen. Zwei Benutzer, Karin und Olof S. Kylander, widmeten sich dieser Aufgabe und legten Mitte 1998 das *GIMP Users Manual* vor, das inzwischen auf 600 Seiten

52 http://www.gimp.org

angewachsen ist. Es erscheint auch in gedruckter Form, ist aber weiterhin im Internet frei unter der *Open Content License* verfügbar.[53] Das Programm selbst steht unter der GPL. Die Schnittstellen stehen unter der LGPL, so dass die Filter und andere Erweiterungen, die Firmen für GIMP oder Photoshop schreiben, in Binärform angeschlossen werden können, ohne dass der Quellcode dafür offengelegt werden muss.

Ein institutionsfreies Projekt

Anders als die meisten Projekte verfügt GIMP über keine formelle Organisationsform, sei es eine Stiftung, einen Verein oder auch nur ein *Core-Team*. Wer auf den Mailinglisten hilfreiche Dinge äußert, gehört dazu. Ein formalisiertes Konfliktlösungsverfahren wie beim Apache gibt es nicht. Änderungen werden auch dann programmiert, wenn jemand nicht damit einverstanden ist – und setzen sich dann durch oder nicht.[54] Diese Nichtinstitutionalisierung hat natürlich ihre Vorteile, doch für die Kontinuität des Projekts stellt sie auch eine Gefahr dar. Das mussten die anderen Teilnehmer feststellen, als Mattis und Kimball ihren Universitätsabschluss machten und von der Bildfläche verschwanden, ohne das Projekt an Nachfolger übergeben zu haben. Aus der Konfusion schälten sich erst nach und nach Leute heraus, die fähig und willens waren, neue Versionen zu entwickeln. Auch das Fehlen von Ansprechpartnern für die einzelnen Elemente des GIMP führte zu Konflikten. Ende 1998 begann Daniel Eggert das GIMP zu internationalisieren, d.h. er übersetzte alle ursprünglich englischen Menüs ins Deutsche und stellte vor allem den Quellcode so um, dass man weitere Sprachen sehr einfach einbinden kann. Diese mühsame und verdienstvolle Arbeit tat er auf der Mailingliste kund, wo die Nachricht im Rauschen unterging. Enttäuscht über die Nichtreaktion beschloss er, sein eigenes GIMP-Projekt aufzumachen und Mitstreiter aufzufordern, mit ihm zusammenzuarbeiten. Die Spaltung bedrohte das Projekt als Ganzes, doch nach kurzer Zeit konnte die Verstimmung beigelegt und Eggerts Änderungen in das Hauptprojekt integriert werden.

---

53 http://manual.gimp.org/

54 Vgl. Marc Lehmann, in: WOS 1, 7/1999.

Lizenzmodelle

Wie aus den vorangegangenen Projektbeschreibungen zu ersehen ist, sind für freie Software die Lizenzen, also die vertraglichen Rechte und Pflichten, unter denen die Urheberrechtsinhaber ihre Werke veröffentlichen, von besonderer Bedeutung. Daher geht dieser Abschnitt näher auf die Dimensionen, die diese Lizenzen regeln sowie auf einige wichtige Beispiele ein.

Software ist in Deutschland durch § 2 Abs. 1 Satz 1 UrhG rechtlich geschützt. Dies betrifft insbesondere das Erstveröffentlichungsrecht (§ 12 UrhG). Die Autorin kann ihr Werk unter frei gewählten Bedingungen veröffentlichen, die in einer Lizenz, also einem Privatvertrag zwischen der Urheberin und dem Verwerter oder dem Endnutzer festgelegt werden: »Unter einer ›Lizenz‹ versteht man die Einräumung von Nutzungsrechten an Schutzrechten.«[1] Die Lizenzmodelle der freien Software umgehen das Urheberrecht nicht etwa oder verzichten auf seine Inanspruchnahme, sondern setzen darauf auf, um den offenen, kooperativen Prozess der Erstellung und Weiterentwicklung abzusichern.

Lizenzen sind Verträge über Nutzungen von Werken

Bei der Installation einer Software, gleich ob frei oder unfrei, erscheint in der Regel auf einem der ersten Bildschirme ein langer Lizenztext. Im Falle von proprietärer Software steht darin üblicherweise, dass der Nutzer nicht etwa das Programm, sondern nur ein eingeschränktes Nutzungsrecht daran erworben hat, dass er nicht mehr als eine einzige Sicherungskopie erstellen darf, dass er das Programm nur auf einem einzigen Rechner installieren darf, dass er nicht versuchen wird, es einem *Reverse Engineering* zu unterziehen, dass der Hersteller keinerlei Haftung und Gewährleistung für sein Produkt übernimmt und dergleichen mehr. Diese in juristischen Fachbegriffen abgefassten Texte liest normalerweise niemand, tatsächlich schließt man jedoch durch das Anklicken der Option »Akzeptieren« einen Vertrag.[2] Die gleiche Prozedur findet sich auch bei freier Software, nur dass die Vertragsbedingungen hier anders lauten.

In den 60er-Jahren war, wie bereits ausgeführt, alle Software in einem bestimmten Sinne frei. Ökonomisch war sie noch nicht zu einer Ware geworden, daher galt sie auch juristisch nicht als Werk, das den Schutz des Urheber-, respektive Copyright-Rechts oder des Patentrechts

1 »Die Bezeichnung eines Softwareüberlassungsvertrages als ›Lizenzvertrag‹ sagt jedoch nichts über das anwendbare Recht aus. Erst aus dem Vertragsinhalt ergibt sich, ob Kauf-, Werkvertrags- oder sonstiges Recht anwendbar ist.«, Siepmann, 1999, S. 47.

2 Ob diese Massenmarktlizenzen oder *Click-Through-Agreements* rechtskräftig sind, ist umstritten. Im letzten Abschnitt dieses Kapitels wird darauf eingegangen.

genießen kann. Als 1969 der Marktführer IBM unter der Drohung einer kartellrechtlichen Zerschlagung begann, seine Bündelung von Hard- und Software aufzugeben, war der Startschuss für die Entwicklung einer eigenständigen Softwareindustrie gefallen.

CONTU: Software ist ein literarisches Werk

Um die seit zwei Jahrzehnten ausstehende Revision des U.S. Copyright-Gesetzes vorzubereiten und Richtlinien zu seiner Anwendung auszuarbeiten, berief der amerikanische Kongress 1974 die CONTU ein. Wie der Name schon sagt, ging es vor allem darum, das Gesetz den Herausforderungen durch neue Technologien, vor allem Computer, anzupassen.[3] Die CONTU empfahl, Computerprogramme zukünftig als »literarische« Werke unter den Schutz des Copyright zu stellen. Die grundlegende Copyright-Reform von 1976 folgte dieser Empfehlung, stellte jedoch eine spezifischere Softwareregelung aus, bis die CONTU ihren Abschlussbericht vorlegen würde, was 1978 geschah. In der folgenden Revision von 1980 übernahm die US-Legislative die CONTU-Vorlage wörtlich (mit einer folgenreichen Ausnahme[4]). Dem Gesetz wurde die Definition von »Computerprogramm« (§ 101 USCA) und besondere Schrankenbestimmungen für diese Kategorie von Werken (§ 117 USCA)[5] hinzugefügt.

Damit hatten ab 1976 Autoren und Firmen die Möglichkeit, ein Copyright auf ihre Software anzumelden. Wie bei allen anderen Werken üblich, brachten sie dazu einen Copyright-Vermerk (©, Jahr der Erstveröffentlichung, Name des Copyright-Besitzers) darauf an, mussten zwei Kopien bei der *Library of Congress* hinterlegen und konnten ihr Copyright

---

3 Ein weiteres Motiv war die Anpassung des Copyright-Gesetzes an internationale Normen, die den Beitritt der USA zur »Berner Übereinkunft zum Schutze von Werken der Literatur und Kunst« ermöglichte.

4 Wo die CONTU dem »rechtmäßigen Besitzer« (*rightful possessor*) einer Kopie eines Computerprogramms das Recht zugestehen wollte, unter bestimmten Umständen Kopien anzufertigen, wählte der Kongress den Begriff »Eigentümer« (*owner*). Was die Gesetzgeber dazu bewog, ist rechtsgeschichtlich ungeklärt, doch begünstigte er damit die Absurditäten der so genannten RAM-Kopie. In zwei umstrittenen Entscheidungen aus der ersten Hälfte der 90er-Jahre waren Firmen verurteilt worden, die Reparaturarbeiten an den Computern ihrer Kunden vornahmen. Dazu mussten sie diese Rechner einschalten, d.h. Programme in deren Arbeitsspeicher laden. Das Gericht entschied nun, dass es sich (1) um einen copyrightrelevanten Kopiervorgang in das RAM handele und (2) nur der Eigentümer der Software nicht aber der Besitzer solche Kopien anfertigen oder durch Dritte anfertigen lassen dürfe, vgl. Nicholson, 10/1995; Katz/Hart, 1996. Hätte sich diese Auffassung durchgesetzt, wären weite Teile des Computerdienstleistungssektors unterbunden worden.

5 Die um einiges schwächer sind, als bei analogen Werkkategorien. Demnach sind erlaubt: Kopien, die für den Gebrauch des Programms erforderlich sind, Sicherheitskopien und Kopien im Zusammenhang mit Wartung und Reparatur von Computern, vgl.: http://www.loc.gov/copyright/title17/92chap1.html#117

beim *Copyright Office* gebührenpflichtig registrieren lassen. Eine Registrierung war zwar keine Bedingung für den Copyright-Schutz, galt jedoch als Nachweis im Streitfall und war Voraussetzung für Schadensersatzansprüche bei Copyright-Verletzungen.[6]

Im selben Jahr veröffentlichte Bill Gates den bereits erwähnten »*Open Letter to Fellow Hobbyists*«, in dem er – noch ohne Verweis auf das Copyright – ein ökonomisch-moralisches Recht auf die Verwertung der eigenen Software einklagte: »Wie sich die Mehrheit der Hobbyisten bewusst sein muss, stehlen die meisten von euch eure Software. Für Hardware muss man bezahlen, aber Software ist etwas zum Weiterverschenken. Wen kümmert es schon, ob die Leute, die daran gearbeitet haben, bezahlt werden? Ist das fair? ... Ihr verhindert, dass gute Software entwickelt wird. Wer kann es sich schon erlauben, professionelle Arbeit umsonst zu leisten?«[7] Mit dem Copyright und ab 1981 auch dem Patenschutz für Software wurden die Auseinandersetzungen in die Gerichtssäle getragen. In einem notorischen Fall wurde Microsoft zum Gegenstand eines langjährigen Urheberrechtsstreits. Apple hatte 1983 die am Xerox PARC entwickelte grafische Benutzeroberfläche mit Fenstern, Menüs und Maussteuerung als Erster auf den Massenmarkt gebracht. Das Windows, mit dem Microsoft 1985 nachzog, glich auffällig dem Apple-Desktop. Apple verklagte Microsoft, das *Look & Feel* des Macintosh plagiiert zu haben. Das Verfahren endete erst 1995 mit einer Niederlage von Apple, das sofort erneut gegen das gerade erschienene Windows 95 klagte. Dieser Streit endete schließlich mit einem Vergleich. Seit Mitte der 70er-Jahre werden Verbreitungsstücke von Computerprogrammen, anders als im Fall von Büchern, in der Regel nicht mehr verkauft, sondern lizenziert. Der Inhaber des Copyright oder in Kontinentaleuropa der urheberrechtlichen Verwertungsrechte kann im Kaufvertrag und den allgemeinen Geschäftsbedingungen die Konditionen und den Nutzungsumfang festlegen, unter denen er die Software seinen Kunden zur Verfügung stellt.

Software kommt vor Gericht

In Deutschland wurde ein wirkungsvoller Urheberrechtsschutz für Computerprogramme mehr als 15 Jahre nach den USA eingeführt. Erst die Computerrechtsnovelle von 1993, die eine Richtlinie des Europäischen Rates umsetzte, unterstellte sie dem Schutz für Sprachwerke (§ 2 Abs. 1 UrhG) und führte die »Besonderen Bestimmungen für Computerprogramme« (§§ 69a bis 69g) in das Urheberrechtsgesetz ein. Zum

6 Seit der Harmonisierung des US-amerikanischen Copyright mit dem kontinentaleuropäischen Autorenrecht entfallen diese Anmeldeprozeduren. Auch in den USA genießt heute ein Werk ab dem Augenblick seiner Erstellung den Schutz des Copyright-Rechts.

7 http://www.eskimo.com/~matth/hobby.html

Schutz von Datenbankherstellern folgten 1998 die Paragraphen 87a bis 87e UrhG (vgl. SIEPMANN, 1999, Abs. 56).

Auf die aktuellen Entwicklungen im Bereich der proprietären Lizenzen wird am Ende dieses Abschnitts eingegangen. Hier sollen die Lizenzen der freien Software behandelt werden. Dazu ist es zunächst erforderlich, Free Software bzw. Open Source-Software von den benachbarten Konzepten Freeware, Shareware und *Public Domain*-Software abzugrenzen, die häufig zu Verwirrung führen.[8] Wie die englischen Begriffe andeuten, stammen alle genannten Konzepte aus dem US-amerikanischen Kultur- und Rechtsraum. Auf die Übertragbarkeit von Free Software bzw. Open Source auf die deutschen Rechtsverhältnisse wird unten eingegangen.

Shareware

Shareware ist copyright-geschützte Software, die von ihrem Autor (in der Regel ohne Quellcode und ohne Veränderungserlaubnis) kostenlos, aber mit der verbindlichen Bitte veröffentlicht wird, ihm bei regelmäßiger Nutzung des Programms einen bestimmten oder beliebig höheren Geldbetrag zukommen zu lassen. Da sie dem Nutzer erlaubt, das Programm weiterzugeben und auszuprobieren, bevor er es in täglichen Gebrauch nimmt, überschneidet sich die Kategorie mit der *Demoware*, auch *Crippleware* genannt, die einen gegenüber der Vollversion eingeschränkten Leistungsumfang bietet.

Freeware

Freeware ist eine copyright-geschützte Software, die von ihrem Autor – in der Regel ohne Quellcode und ohne Veränderungserlaubnis – kostenlos, frei weitergebbar und oft ohne Lizenzbedingungen veröffentlicht wird.[9]

Public Domain-Software

Public Domain-Software schließlich ist nicht copyright-geschützt,[10] entweder weil sie gesetzlich nicht schützbar ist[11] oder weil der Autor auf

8 Für einen Überblick s. FSF, *Categories of Free and Non-Free Software*, http://www.gnu.org/philosophy/categories.html. Weiteres Material dazu, aber keinen Ausweg aus der Verwirrung bietet Gehring, 1996. Zum Unterschied von »Freeware« und »Free Software« heißt es dort z.B.: »Diese Begriffe sind nicht notwendig identisch in ihrer Bedeutung, werden aber oft synonym verwendet. Die Feinheiten in der Unterscheidung sind allerdings fallspezifisch und lassen sich nur schwer nachweisen.« Das gleiche Begriffswirrwarr findet sich in der Einleitung von Metzger/Jäger 1999. (»Der Begriff ›Public Domain‹ Software wird also für eine Vielzahl von Vertragsgestaltungen benutzt.« »... bei der Freeware sei auch eine Veränderungsbefugnis des Nutzers eingeräumt.«) Da sich Gehring und Metzger/Jäger z.T. auf dieselbe deutschsprachige juristische Fachliteratur beziehen, ist anzunehmen, dass es sich um eine Art Stille-Post-Phänomen handelt.

9 Freeware und Shareware finden sich in Sammlungen auf Websites und in kommerziell vertriebenen oder Zeitschriften beigelegten CDs.

10 Das Antonym von *Public Domain* ist *Intellectual Property*, also geistiges Eigentum. Etwas in der *Public Domain* ist also kein Eigentum von jemandem, sondern gehört allen.

11 Nach deutschem Recht genießen Gesetze, Verordnungen, amtliche Erlasse und Bekanntmachungen sowie Entscheidungen und amtlich verfasste Leitsätze zu Entschei-

sein Copyright verzichtet,[12] dieses verfallen oder aus formalen Gründen verwirkt worden ist. Das Werk (mit oder ohne Quellcode) wird dadurch gemeinfrei. Jede Nutzung bis hin zur Beanspruchung eines Copyrights durch einen Dritten ist zulässig. *Free Software* und das jüngere Konzept der *Open Source-Software* unterscheiden sich dadurch von den genannten drei Kategorien, dass sie das Copyright/Urheberrecht der Autoren in Anspruch nehmen und zugleich in ihren Lizenzen spezifische Nutzungsfreiheiten festschreiben. Die Details variieren, doch die drei zentralen Punkte, die von den verschiedenen Lizenzen geregelt werden, betreffen die Beifügung des Quellcodes zum Binärcode der Software, das Recht, Kopien anzufertigen und weiterzugeben sowie das Recht, die ursprüngliche Software zu modifizieren und die abgeleitete Software zu verbreiten.

Free Software

BSD-Lizenz

Eine der ersten Quellcode-Lizenzen war diejenige, unter der AT&T sein Unix an Universitäten verkaufte. Sie ging auf eine Lizenz zurück, unter der die Bell-Labs Telefonherstellern Software zur Verfügung gestellt hatten. Diese Firmen durften AT&Ts Software benutzen und auch modifizieren, nicht aber weiterverbreiten. Das gleiche Lizenzmodell findet man im frühen Unix.[13] Als die Berkeley Universität begann, Unix-Versionen zu verbreiten, die eigenen Code zusammen mit dem von AT&T enthielten, erarbeiteten die Anwälte von AT&T und der Universität 1979 zu diesem Zweck eine Lizenz.[14] Die BSD-Lizenz beginnt mit einem Copyright-Vermerk und erlaubt die Verwendung und Weiterverbreitung der Software in Quell- und Binärform, mit oder ohne Veränderungen, solange der Copyright-Vermerk und der Lizenztext mitverbreitet werden, in allen Werbematerialien der Satz »Dieses Produkt beinhaltet Software, die von der Universität von Kalifornien in Berkeley und ihren Kontributoren entwickelt wurde.« genannt und der Name der Universität und seiner

Die älteste freie Lizenz

dungen keinen urheberrechtlichen Schutz (§ 5 Abs. 1 UrhG). Abs. 2 nennt »andere amtliche Werke, die im amtlichen Interesse zur allgemeinen Kenntnisnahme veröffentlicht worden sind«, wobei hierunter u.U. auch Software vorstellbar ist.

12 Das angloamerikanische Copyright-Recht erlaubt eine solche pauschale Abtretung der Rechte am geistigen Eigentum, das kontinentaleuropäische *Droit d'auteur* nicht. Ein Autor, der sein Programm zu freier Software machen möchte, kann hier nach § 31 Abs. 1, 2 UrhG ein Nutzungsrecht an jedermann einräumen, eine Übertragung des Urheberrechts ist jedoch, außer an die Erben, nicht zulässig (§ 29 UrhG).

13 Vgl. Borchers, in: WOS 1, 7/1999.

14 Die BSD-Lizenz bezog sich ausschließlich auf den an der Universität entwickelten Code. Für eine vollständige Unix-Distribution mussten die Nutzer darüber hinaus die Unix-Sourcecode-Lizenz von AT&T erwerben.

Kontributoren nur mit schriftlicher Genehmigung verwendet wird, um für abgeleitete Software zu werben. Schließlich folgt ein auch in proprietärer Software üblicher Passus, in dem alle Garantie- und Haftungsansprüche, die sich aus der Verwendung der Software ergeben könnten, zurückgewiesen werden.[15]

Diese einfache freie Softwarelizenz hat die Lizenzen einer Reihe anderer Projekte, wie das MIT-X Window System, XFree86 und Apache inspiriert und wird heute noch im Wesentlichen unverändert von den freien BSD-Versionen verwendet. Sie enthält jedoch eine Unklarheit und ein praktisches Problem. Sie schreibt nicht explizit vor, dass abgeleitete Software ebenfalls im Quellcode verfügbar sein muss. Sie muss zwar unter dieselbe Lizenz gestellt werden, insofern vererbt sich auch die Freiheit, die abgeleitete Software im Quellcode weiterverbreiten zu dürfen, doch was geschieht, wenn eine Firma die Quellen für ihre Erweiterungen gar nicht erst veröffentlicht, lässt der Text offen.

Das praktische Problem ergibt sich aus der Werbeklausel. Da eine ganze Reihe anderer Projekte diese Vorschrift übernahmen und die Berkeley Universität durch ihren Namen ersetzten, muss jede Werbung für eine Kompilation solcher Programme eine entsprechend große Zahl dieser Hinweise enthalten. In einer NetBSD-Version von 1997 zählte Richard Stallman 75 Programme, deren Lizenzen jeweils die Angabe eines solchen Satzes vorschrieben. Stallman überzeugte den Rektor der Berkeley Universität von dem Problem, so dass die BSD-Lizenz ab 1999 diese Klausel nicht mehr enthielt.[16]

Viele BSD-artige Lizenzen

Neben einer »generischen« BSD-artigen Lizenz[17] haben die BSD-Projekte eine Reihe Varianten hervorgebracht. OpenBSD verwendet die Original-Berkeley-Lizenz und teilweise eine Modifikation, bei der die Werbevorschrift entfernt wurde.[18] FreeBSD umfasst eine ganze Reihe Ports mit zusätzlichen Einschränkungen, da sie proprietäre Software enthalten, Exportkontrollen unterliegen (Kryptografie) oder ihre Autoren eine kommerzielle Verbreitung untersagen.[19] Auch andere Projekte verwenden von der BSD abgeleitete Lizenzen, wie die MIT-X-, Open Group X-[20]

15 Vgl. die Lizenz von 4.4BSD von 1994: http://www.freebsd.org/copyright/license.html
16 Richard Stallman, The BSD License Problem, http://www.gnu.org/philosophy/bsd.html
17 http://www.debian.org/misc/bsd.license
18 http://www.openbsd.org/policy.html
19 http://www.freebsd.org/copyright/LEGAL
20 http://www.x.org/terms.htm

und die XFree-Lizenz, die des Apache,[21] die von Zope,[22] von Python,[23] PNG/zlib,[24] Tcl/Tk[25] und die von Amoeba.[26]

In der BSD-Lizenz kamen zwei Faktoren zusammen. Zum einen durfte AT&T als Privatunternehmen, dem der Staat ein Monopol in der Telegrafie und Telefonie zugewiesen hatte, sich nicht in anderen Wirtschaftsbereichen wie dem Softwaremarkt engagieren. Es hätte seine Software also gar nicht zu denselben Bedingungen verwerten können, wie Microsoft und andere Unternehmen. Zum anderen herrscht in den USA die Auffassung, dass die Ergebnisse öffentlich finanzierter Forschung und Entwicklung der Allgemeinheit gehören. Auch die Berkeley Universität wäre daher nicht in der Lage gewesen, ihre Unix-Entwicklungen kommerziell zu vertreiben. Die BSD-Lizenz bekräftigte insofern nur Rechte, die die Allgemeinheit nach vorherrschender Auffassung ohnehin hat, fixierte das ab 1976 möglich gewordene Copyright an Berkeley-Software und verhinderte, dass ein Dritter diese Software geringfügig veränderte und unter restriktiven Konditionen weiterverbreitete. Der Berkeley-Code und alle darauf aufbauende Software sollte immer frei weitergebbar und modifizierbar bleiben.

Öffentlich finanziertes Wissen gehört allen

GNU General Public License

> *»Um ein Programm unter das Copyleft zu stellen, stellen wir es zuerst unter das Copyright; dann fügen wir als Rechtsmittel Vertriebsbedingungen hinzu, die jedermann das Recht geben, den Code des Programms oder jedes davon abgeleiteten Programms zu nutzen, zu ändern oder weiter zu verteilen, aber nur, wenn die Vertriebsbedingungen unverändert bleiben. So werden der Code und die gewährten Freiheiten rechtlich untrennbar.«*[27]

Im neu entstehenden Softwaremarkt der späten 70er herrschte im Gegensatz dazu eine nachgerade paranoide Haltung. Jeder Käufer erschien den Firmen als potenzieller »Pirat«. Das ihnen gerade zugestandene Copyright schien ihnen nicht ausreichend, so dass sie selbst die ausführba-

21 http://www.apache.org/LICENSE.txt
22 http://www.zope.com/Resources/ZPL
23 http://www.python.org/doc/Copyright.html
24 http://swrinde.nde.swri.edu/pub/png/src/libpng-LICENSE.txt
25 http://dev.scriptics.com/software/tcltk/license_terms.html
26 http://www.cs.vu.nl/pub/amoeba/COPYRIGHT
27 FSF, What Is Copyleft?; http://www.gnu.org/copyleft/copyleft.html

ren Binärversionen ihrer Software nur herausgaben, wenn ihre Kunden eine Vertraulichkeitsvereinbarung (NDA) unterzeichneten.[28] Dies war allenfalls praktikabel, solange sie es mit einer überschaubaren Zahl von Industriekunden zu tun hatten. Mit dem PC etablierten sich die so genannten Massenmarktlizenzen, auf die am Ende dieses Kapitels eingegangen wird. Den Quellcode hüteten sie ohnehin als Geschäftsgeheimnis. Veränderungen durch die Nutzer sollten verhindert werden. Eine kooperierende Community wurde verboten. Die Regel, die die Eigentümer proprietärer Software etablierten, lautete: »Wenn Sie Software mit Ihrem Nachbarn austauschen, sind Sie ein Pirat. Wenn Sie Änderungen haben wollen, bitten Sie uns darum, sie zu machen« (STALLMAN, 1999, S. 54).

Die Hacker der ersten und zweiten Generation reagierten auf diese Entwicklung, indem sie ihre Software in die *Public Domain* stellten oder indem sie zwar ein Copyright dafür anmeldeten, sie aber als Freeware deklarierten, meist ohne sich weitere Gedanken über die Details einer Lizenz zu machen. Wenn sie nicht gar ins Lager der proprietären Software wechselten. Eine, wenn man so will, fundamentalistische Reaktion war die von Richard Stallman. 1984 startete er das GNU-Projekt. Er schrieb auch viel einflussreiche Software, doch seine wohl folgenreichste Erfindung ist das »Copyleft«.[29] Als Betriebssystementwickler dachte er nicht nur über die technischen Grundlagen von Software nach, sondern näherte sich auch ihrem rechtlichen Status auf tief greifendere Weise als die Verfasser anderer freier Lizenzen. In Zusammenarbeit mit juristischen Beratern der FSF, wie dem Columbia-Professor für Recht und Rechtsgeschichte Eben Moglen (vgl. z.B. MOGLEN, 1999), entstand daraus die *GNU General Public License* (GPL).[30]

Copyleft: alle Rechte umgedreht

Die Präambel der GPL beginnt mit der Feststellung: »Die meisten Softwarelizenzen sind dafür gemacht, dir die Freiheit wegzunehmen, sie mit anderen zu teilen und sie zu verändern. Im Gegensatz dazu hat die *GNU General Public License* die Absicht, deine Freiheit abzusichern, freie Software zu teilen und sie zu verändern – um sicherzustellen, dass die Software für alle ihre Nutzer frei ist.« Um sicherzustellen, dass die Software auch in Zukunft frei bleibt, unterliegen die Freiheiten Bedingungen,

---

28 So z.B. für die Betriebssysteme der VAX und des 68020.

29 Die Anregung zu dem Namen geht auf einen Invertierung der Formel »Copyright – all rights reserved« durch Don Hopkins aus dem Jahr 1984 oder '85 zurück: »Copyleft – all rights reversed.«, vgl. Stallman, 1999, S. 59.

30 Hier zitiert aus der derzeit gültigen Version 2, Juni 1991, Copypright 1989, 1991, Free Software Foundation, Inc., http://www.gnu.org/copyleft/gpl.html. Deutsche Übersetzung s. http://www.suse.de/doku/gpl/gpl-ger.html und http://agnes.dida.physik.uni-essen.de/~gnu-pascal/gpl-ger.html, verbindlich ist jedoch nur das englische Original.

»die es jedem verbieten, dem Nutzer diese Freiheiten zu verweigern oder ihn auffordern, auf sie zu verzichten«. Das Hinzufügen weiterer Restriktionen wird untersagt. Die Freiheiten und ihre Bedingungen umfassen im Einzelnen:

Die Freiheiten im Einzelnen

- Die Freiheit, das Programm für jeden Zweck auszuführen (Ziff. 0),[31]
- die Freiheit, den Quellcode des Programms wörtlich zu kopieren und zu verbreiten, sofern der Copyright-Vermerk und die Lizenz mit kopiert und verbreitet wird. Die Erhebung einer Gebühr für die physikalische Übertragung einer Kopie und für andere Dienstleistungen, wie eine Gewährleistung, wird ausdrücklich erlaubt (Ziff. 1),
- die Freiheit, das Programm zu verändern und diese veränderte Version zu kopieren und zu verbreiten, sofern das abgeleitete Werk Angaben über die Änderung enthält und gebührenfrei und unter denselben Lizenzbedingungen[32] veröffentlicht wird, wie das ursprüngliche Programm. Von der Bedingung ausgenommen sind Teile des veränderten Programms, die unabhängige Werke darstellen und separat verbreitet werden (Ziff. 2),
- die Freiheit, das Programm oder abgeleitete Versionen in Objektcode- oder ausführbarer Form zu kopieren und zu verbreiten, sofern der dazugehörige maschinenlesbare Quellcode oder ein schriftliches, mindestens drei Jahre gültiges Angebot, diesen Quellcode auf Anfrage bereitzustellen, beigefügt ist (Ziff. 3).

Die weiteren Sektionen der GPL betreffen den Verfall der Lizenzrechte durch Verstöße (Ziff. 4), das Verbot, den Empfängern der Software irgendwelche weitergehenden Restriktionen aufzuerlegen (Ziff. 6), Konflikte mit anderen (z.B. Patent-) Ansprüchen, die dazu führen können, dass das Programm nicht weiterverbreitet werden darf (Ziff. 7), mögliche landesspezifische Restriktionen, die dazu führen können, dass diese Länder von der Verbreitung des Programms ausgeschlossen werden (Ziff. 8), mögliche Änderungen der GPL durch die FSF (Ziff. 9) und schließlich den üblichen Gewährleistungs- und Haftungsausschluss, in dem Maße es das anwendbare Recht zulässt (Ziff. 11 und 12).[33]

---

31 Merkwürdigerweise heißt es im Satz davor, dass andere Aktivitäten außer Kopieren, Verbreiten und Verändern außerhalb des Geltungsbereichs der Lizenz liegen.

32 Der Text der GPL selbst steht nicht unter der GPL, sein Copyright-Vermerk erlaubt explizit, ihn zu kopieren und zu verbreiten, nicht aber, ihn zu verändern.

33 In einigen Staaten der USA, in Deutschland und anderen Ländern, in denen ein pauschaler Ausschluss unzulässig ist, werden diese Abschnitte automatisch unwirksam (dazu s.u.).

Ziffer 5 erläutert, wie dieser Lizenzvertrag zwischen Copyright-Inhaber und Nutzer zu Stande kommt. Darin heißt es, durch die Veränderung oder Verbreitung des Programms oder abgeleiteter Werke zeige der Nutzer seine Einwilligung in die Lizenzbedingungen an. Sektion 10 eröffnet den Copyright-Inhabern die Möglichkeit, zu entscheiden, ob sie erlauben wollen, dass Teile ihres Programms in andere freie Programme integriert werden, die nicht unter der GPL stehen. Grundsätzlich ist eine enge Kopplung von GPL-Software nur mit anderer Software erlaubt, die ebenfalls unter der GPL oder einer kompatiblen Lizenz steht.[34] Diese Sektion erlaubt Ausnahmen nach Einzelfallentscheidung durch die Copyright-Inhaber. Die Kopplung von GPL-Software mit Softwarebibliotheken, die nicht im Quelltext veröffentlicht werden, regelt eine eigenständige Lizenz, die LGPL (s.u.).

Stallmans Ziel mit dieser juristischen Konstruktion war es nicht, Software einfach zu verschenken (wie es bei Freeware oder *Public Domain*-Software geschieht; er betont, dass GNU nicht in der *Public Domain* sei, was es erlauben würde, alles damit zu machen, auch die weitere Verbreitung zu beschränken), sondern systematisch einen Bestand an nützlicher Software aufzubauen, der für alle Zeiten – genauer: für die Laufzeit der Schutzfrist des am längsten lebenden Urhebers – frei bleiben wird. Das klingt nach einem ideologischen, utopistischen Programm. Tatsächlich sind die Beweggründe dahinter ganz pragmatisch: Techniker wollen Dinge erledigen und Probleme lösen, ohne daran durch legalistische Mauern gehindert zu werden. Sie hassen Redundanz. Wenn jemand anderes ein Problem gelöst hat, wollen sie nicht die gleiche Arbeit noch einmal machen müssen. Sie wollen ihr Wissen mit anderen teilen und von anderen lernen, und nicht durch NDAs, ausschließende Lizenzen oder Patente daran gehindert werden. In juristischen Begriffen gesprochen gewährt die GPL auf der Basis des Ausschließlichkeitsrechts der Urheberin ein bedingtes, einfaches Nutzungsrecht an jedermann. Die Bedingungen werden in der GPL formuliert. Verstößt ein Lizenznehmer gegen sie, verfallen die Nutzungsrechte automatisch und die Verbotsrechte von Copyright-/Urheberrecht treten wieder in Wirkung.

Die wichtigste Bedingung besteht darin, dass die von einer unter der GPL stehenden Software abgeleiteten Programme ebenfalls unter der GPL stehen müssen. Ziel dieser von ihren Gegnern häufig als »infektiös«, richtiger als »impfend« bezeichneten Klausel ist es, eine Privatisie-

34 Unberührt davon bleiben unfreie Programme, die zusammen mit GPL-Software in Sammelwerken (*aggregation*) auf einem Speicher- oder Verbreitungsmedium erscheinen (Ziff. 2).

rung von kollektiv erzeugtem Wissen zu verhindern und den Gesamtbestand an freier Software beständig zu erweitern. Sie hat verschiedene Aspekte. Verbesserte Versionen von GPL-Software dürfen nicht anders denn als *Free Software* verbreitet werden. Die MIT-X-Window-Lizenz z.B., der dieser Vererbungsmechanismus fehlt, führte dazu, dass Firmen die Software auf neue Hardware portiert und proprietär geschlossen, d.h. dem offenen kooperativen Entwicklungsprozess entzogen haben. Wenn Programmierer GPL-Software um eigene oder um Werke Dritter, die unter einer unfreien Lizenz stehen, erweitern, kann das Gesamtwerk nur die Freiheiten der restriktivsten Lizenz gewähren. Da die freie Softwarebewegung nicht bereit ist, mögliche technische Vorteile durch den Verzicht auf Freiheiten zu erkaufen, untersagt sie dies. Programmierern, die bei Firmen oder Universitäten angestellt sind und ihre Verbesserungen an die Community zurückgeben möchten, sagt ihr Arbeitgeber nicht selten, dass er ihre Werke zu einem proprietären Produkt machen will. Erfährt er jedoch, dass die Lizenz dies nicht zulässt, wird er die verbesserte Software gewöhnlich unter der GPL freigeben, statt sie wegzuwerfen (vgl. STALLMAN, 1999, S. 60).

Die GPL »impft« gegen Freiheitsentzug

Da der GPL häufig eine antikommerzielle Ausrichtung unterstellt wird, ist die meistgehörte Erläuterung, dass Freiheit im Sinne von Redefreiheit, nicht von Freibier gemeint ist. In der Präambel heißt es: »Wenn wir von freier Software sprechen, meinen wir Freiheit, nicht Preis ... die Freiheit, Kopien freier Software zu verbreiten (und für diese Dienstleistung einen Preis zu berechnen, wenn man möchte).« In Ziffer 1, Seite 2 wird die Gebührenerhebung für Dienstleistungen im Zusammenhang mit freier Software ausdrücklich erlaubt: »Sie dürfen für den eigentlichen Vorgang der Übertragung einer Kopie eine Gebühr verlangen und, wenn Sie es wünschen, auch gegen ein Entgelt eine Garantie für das Programm anbieten.« Während es von abgeleiteten Werken explizit heißt, dass ihr Autor sie »gebührenfrei« an jedermann lizenzieren muss (Ziff. 2 b), enthält die GPL keine derartige Aussage über die Verbreitung unveränderter Kopien. Dass über die genannten Dienstleistungen hinaus für die Lizenzierung der Nutzungsrechte allein keine Gebühr erhoben werden darf, wird zwar nirgends ausgeführt, kann jedoch wohl angenommen werden.

Redefreiheit, nicht Freibier

Nicht nur die *Free Software Foundation* selbst, sondern viele andere Programmierer sehen in der GPL den besten Mechanismus, um die freie kooperative Weiterentwicklung ihrer Werke zu sichern. So entsteht seit 1984 ein freies Paralleluniversum zur proprietären Software, das es heute erlaubt, alles mit einem Computer zu tun, was man möchte, ohne sich den Zumutungen der Unfreiheit aussetzen zu müssen. In der Gesamtschau ist es keine Übertreibung, die GPL als den größten Hack der Wissensordnung zu bezeichnen, seit britische Verlegergilden das Urheberrecht erfanden.

GPL und deutsches Recht

Die GPL ist, wie die meisten der hier behandelten Lizenzen, im US-amerikanischen Rechtsraum formuliert worden. Dort ist sie bislang ebenfalls noch nicht gerichtlich überprüft worden, hat aber doch in zahlreichen Fällen zu außergerichtlichen Einigungen mit Softwareunternehmen geführt (vgl. Powell, 6/2000). Zwar betont Stallman, dass sie den in den Beitrittsländern verbindlichen Auflagen des Berner Urheberrechtsübereinkommens genüge, dennoch ist zu überprüfen, ob sie auch unter den deutschen Rechtsbedingungen einen gültigen Lizenzvertrag darstellt. Hier wird auf die GPL näher eingegangen, da sie vergleichsweise komplexe Regelungen enthält und in der deutschen Rechtsliteratur einige Würdigung erfahren hat. Für die anderen Lizenzen mit sinngemäßen Regelungen gilt gleichermaßen das hier über die GPL Gesagte.

Die GPL gilt auch nach deutschem Recht

Eine Autorin hat auch nach dem deutschen Urherbergesetz (UrhG) ein Ausschließlichkeitsrecht an ihrem Werk, demzufolge sie über seine Veröffentlichung und Verwendung entscheiden kann. Die Kernpunkte der GPL lassen sich ohne weiteres auf das deutsche Urheberrecht abbilden.[35] Die Autorin kann verfügen, dass ihre Software von anderen auf einzelne oder alle Arten genutzt werden darf (§ 31, Abs. 1, 2 UrhG, Einräumung von Nutzungsrechten). Dies kann das Vervielfältigungs- (§ 16 UrhG), das Verbreitungsrecht (§ 17 UrhG) und das Recht auf Bearbeitungen und Umgestaltungen (§ 23 UrhG) umfassen.

Die Frage, ob durch den impliziten Mechanismus der Ziff. 5 GPL (»Indem Sie das Programm modifizieren oder verbreiten [...], bekunden Sie Ihre Einwilligung in diese Lizenz.«) überhaupt ein Vertrag zwischen Urheber und Softwarenutzer zustande kommt, wird von Metzger/Jaeger bejaht. Es handle sich um einen Lizenzvertrag, »den der Nutzer durch die Verwertungshandlungen konkludent annimmt, wobei es eines Zugangs dieser Annahmeerklärung an den Urheber gemäß § 151 S.1 BGB nicht bedarf« (Metzger/Jaeger, 1999, V.1). Siepmann dagegen hält diese automatische Einverständniserklärung für eine Fiktion: »Die Schutzrechte

35 »Vom Haftungsausschluss abgesehen, ist davon auszugehen, dass die in der GPL gewährten Nutzungsrechte und die Nutzungsbeschränkungen mit dem deutschen Urheberrecht vereinbar sind, also dingliche Wirkung entfalten.« Siepmann, 1999, Abs. 105.

des Urhebers hängen nicht davon ab, ob die Lizenz anerkannt wird« (Siepmann, 1999, Abs. 97). Allerdings behauptet die GPL auch gar nicht, dass die Schutzrechte erst durch das Einverständnis entstehen, denn auf diese wird durch den Copyright-Vermerk am Anfang unmissverständlich hingewiesen. Die Frage scheint vielmehr, ob die Gewährung der Nutzungsrechte und vor allem die daran geknüpften Bedingungen auf diese Weise vertraglich bindend werden. Auf diesen Punkt wird am Ende des Kapitels bei den Massenmarktlizenzen eingegangen. Auch im folgenden Abschnitt, demzufolge der Empfänger bei jeder Weitergabe des unveränderten und jedes abgeleiteten Programms automatisch eine Lizenz vom Urheber erhält, sieht Siepmann eine Fiktion, die im deutschen Recht keinen Sinn habe (vgl. ebd., Abs. 98).

Die Knüpfung der Nutzungsrechte an bestimmte Bedingungen (den Quellcode zugänglich zu machen, abgeleitete Werke wiederum unter die GPL zu stellen, Änderungen an Dateien kenntlich zu machen), deren Nichteinhaltung den Vertrag automatisch auflöst (Ziff. 4, GPL), halten Metzger/Jaeger als ein bedingtes Nutzungsrecht im Sinne des Paragraphen 158 BGB ebenfalls für rechtsgültig. Diese auflösende Bedingung gelte auch für zukünftige abgeleitete Werke, wie die Möglichkeit einer Vorausverfügung des § 40 UrhG zeige. Siepmann hält diesen Abschnitt für rechtlich größtenteils überflüssig (ebd., Abs. 96).

Persönlichkeitsrechte

Die größten Unterschiede zwischen Copyright und Urheberrecht betreffen die Urheberpersönlichkeitsrechte. Während das Recht des Urhebers auf Namensnennung (§ 13 UrhG) durch die Verpflichtung zur Beibehaltung der Copyright-Vermerke in Ziff. 1 und zur Angabe von Veränderungen in Ziff. 2 a GPL gewahrt wird, scheint der Integritätsschutz des § 14 UrhG problematischer. Danach kann der Urheber Entstellungen und andere Beeinträchtigungen seines Werkes verbieten. Zwar muss ein Bearbeiter nach Ziff. 2 a GPL seine Änderungen an den entsprechenden Dateien kenntlich machen, dennoch ist der Fall vorstellbar, dass die Verbreitung einer entstellten Version eines Programms zu einer Rufschädigung des Autors der ursprünglichen Version führt. Dies wiegt umso schwerer, als die Ehre, die sich Programmierer für die Qualität ihres Codes in der Community erwerben können, eine nicht unmaßgebliche Motivation darstellt. In diesem Fall könnte nach deutschem Recht der ursprüngliche Autor die Verbreitung der abgeleiteten Software verbieten. Metzger/Jaeger kommen zu dem Schluss, »dass es trotz der weitreichenden Freistellung der Open Source-Software durch die GPL für den Bearbeiter bei dem Risiko bleibt, sich in Ausnahmefällen einem Verbot des Urhebers auf der Grundlage des § 14 UrhG gegenüber zu sehen.«

Mögliche Konflikte ergeben sich aus Ziff. 9 GPL, in der die FSF mögliche überarbeitete oder neue Versionen der GPL ankündigt und die Option eröffnet, ein Programm unter eine bestimmte und »jede spätere Version« der GPL zu stellen. Der Lizenznehmer könnte dann wählen, ob er den Bedingungen der spezifizierten oder der jeweils aktuellen Version folgt. Wird keine Versionsnummer der Lizenz angegeben, kann er eine aus allen je veröffentlichten Versionen wählen. Von der Unsicherheit abgesehen, in welchen Vertrag man eigentlich genau eingewilligt hat, lassen sich Konflikte mit § 31 Abs. 4 UrhG vorstellen: »Die Einräumung von Nutzungsrechten für noch nicht bekannte Nutzungsarten sowie Verpflichtungen hierzu sind unwirksam.« Theoretisch sind neue Nutzungsarten denkbar, die in früheren Versionen der GPL nicht expliziert sind und daher Verbotsrechte von Urhebern wirksam werden lassen. Die in Ziff. 9 GPL zumindest implizierte (wenn auch durch die Wahlfreiheit des Lizenznehmers aufgeweichte) Vorausverfügung ist also nach deutschem Recht nicht zulässig. Das Problem kann vermieden werden, indem Autoren die Versionsnummer der GPL, unter der sie ihr Werk veröffentlichen wollen, angeben.

Vorsicht bei Haftungsfragen

Problematischer stellen sich der generelle Gewährleistungs- (Ziff. 11, GPL) sowie der Haftungsausschluss (Ziff. 12) dar. Bei einem deutschen Lizenznehmer wird das deutsche Recht wirksam, das unabhängig von der vertraglichen eine gesetzliche Haftung[36] vorschreibt, die nicht durch Erklärungen geändert werden kann. Die schuldrechtlichen Fragen sind im Vertragsrecht (BGB) und im Allgemeinen Geschäftsbedingungsgesetz (AGBG) geregelt. Hier kommen Siepmann und Metzger/Jaeger übereinstimmend zu dem Schluss, dass beide Ausschlüsse unwirksam sind. Sie verstoßen gegen die absoluten Klauselverbote des § 11 AGBG. Salvatorische Klauseln wie »Schadensersatzansprüche sind ausgeschlossen, soweit dies gesetzlich zulässig ist« sind nach § 2 Abs. 1 Nr. 2 AGBG unwirksam (vgl. ebd., Abs. 55). Wenn die Nutzungslizenz unentgeltlich eingeräumt wird – was eine Schenkung gem. § 516 BGB ist (vgl. ebd., Abs. 44–46) –, »ist die Haftung gem. § 521 BGB auf Vorsatz und grobe Fahrlässigkeit beschränkt, die Gewährleistungspflicht für Sach- und Rechtsmängel gem. §§ 523, 524 BGB auf arglistig verschwiegene Fehler« (Metzger/Jaeger, 1999, VI. 3). Wird die Software kommerziell in einer

36 Nach § 823 ff. BGB: »Zu den Verkehrssicherungspflichten gehören die Konstruktions-, die Produktions-, die Instruktions-, die Organisations- und die Produktbeobachtungspflicht. Bei der Erfüllung dieser Pflichten ist der jeweilige ›Stand der Technik‹ zu beachten. Sind Fehler, Schaden und die Ursächlichkeit des Fehlers für den Schaden nachgewiesen, so trifft den Unternehmer die Beweislast dafür, dass kein Verschulden seinerseits vorliegt«, Siepmann, 1999, Abs. 68.

Distribution oder vorinstalliert auf einem Rechner vertrieben, sehen Metzger/Jaeger und Siepmann die Anwendbarkeit des Kaufgewährleistungsrechts gegeben.[37] Ob auch das Produkthaftungsgesetz, das sich ausdrücklich nur auf körperliche Gegenstände bezieht, zur Anwendung kommt, ist umstritten. Fielen auch Computerprogramme darunter, würde hiernach eine Haftung sogar unabhängig vom Verschulden bestehen.[38]

Die Gültigkeit der GPL ist weder in Deutschland noch in den USA oder in irgendeinem anderen Land bisher gerichtlich überprüft worden. Konflikte sind in allen Fällen außergerichtlich beigelegt worden (s.u.). Dennoch ist nach der Interpretation der Rechtslage davon auszugehen, dass sich Entwickler, die ihre eigene Software unter die GPL stellen oder sich an GPL-Projekten beteiligen, ebenso wie Endnutzer freier Software ihrer Freiheiten sicher sein können. Vorsicht ist jedoch bei möglichen Haftungsansprüchen geboten. Hier kommt den Autoren und besonders den Distributoren eine Sorgfaltspflicht zu. Sie sollten sich über die Herkunft der verbreiteten Programme, ihre Qualität und mögliche Fehler kundig machen und bei Bekanntwerden von Mängeln ihre Kunden unterrichten. Bei Vernachlässigung ist davon auszugehen, dass sie für überschriebene Dateien, gelöschte Festplatten oder Schäden durch »trojanische Pferde« haftbar gemacht werden können.

Library / Lesser GPL

Die GNU *Library General Public License*[39] der FSF datiert vom Juni 1991. Die Präambel erläutert zunächst die GPL und betont, dass die Leserin ihre Software, Bibliotheken eingeschlossen, ausschließlich für andere freie Programme nutzbar machen kann, wenn sie sie unter diese Lizenz stellt. Dann führt sie die LGPL als Spezialfall einer Lizenz für »ganz bestimmte Bibliotheken« ein und betont, dass sie sich erheblich von der gewöhnlichen GPL unterscheide.

LGPL: zur Freiheit verführen

37 Siepmann sieht Distributionen als eine »gemischte Schenkung«, bei der die dem Händler von Dritten unentgeltlich überlassenen Pakete auch dem Endkunden schenkungsweise überlassen werden, während der Händler die von ihm selbst hergestellten Bestandteile (z.B. den Installer) verkauft (Siepmann, 1999, Abs. 135-140). Für den Installer gilt auch dann Kaufrecht, wenn der Distributor ihn unter die GPL stellt (ebd., Abs. 148). Durch den Kaufvertrag für Standardsoftware erhält der Käufer bei Mängeln ein Recht auf Minderung, Wandlung, eventuell Ersatzlieferung und ggf. einen Anspruch auf Schadensersatz. Im Falle eines Werkvertrages über die Erstellung von Individualsoftware erhält der Käufer davon abweichende Rechte, z.B. das auf Nachbesserung und auf Schadensersatz wegen Nichterfüllung (s. ebd., Abs. 30-36). Siepmann führt auch einen besonders drastischen Beispielfall an, bei dem der Distributor im vollen Umfang für den Schaden durch ein »trojanisches Pferd« haftet (ebd.: Abs. 142 f.).

38 Vgl. ebd., Abs. 69-70.

39 http://www.gnu.org/copyleft/lgpl.html

Die Grundintention der LGPL entspricht der der GPL. Sie schreibt alle Freiheiten der GPL fest. Die Bibliothek muss frei kopier-, verbreit- und modifizierbar sein, der Quellcode von Kopien und Bearbeitungen verfügbar sein, und sie spricht die Urheber ebenso von Haftungs- und Gewährleistungsansprüchen frei. In die LGPL scheint eine größere Sensibilität für den Integritätsschutz der kontinentaleuropäischen Urheberpersönlichkeitsrechte eingegangen zu sein. So heißt es in der Präambel: »Wird die Bibliothek von einem Dritten modifiziert und verbreitet, möchten wir, dass die Empfänger wissen, dass es sich nicht um die Originalversion handelt, sodass Probleme, die von anderen hinzugefügt wurden, nicht auf die Reputation der ursprünglichen Autoren zurückfällt.«

Der Hauptunterschied zur GPL besteht darin, dass Programme, die die freie Bibliothek unter dieser Lizenz einlinken und damit ein ausführbares Ganzes bilden, nicht selbst diesen Freiheiten unterstehen müssen. Als Grund für eine separate schwächere Lizenz gibt die Präambel an, dass Bibliotheken die Unterscheidung zwischen Veränderung einer Software und ihrem einfachen Gebrauch verschwimmen lassen. Wird die Bibliothek (beim → Booten oder zur Laufzeit) in ein anderes Programm eingelinkt, entsteht ein → *Executable* das Teile der Bibliothek enthält und somit ein abgeleitetes Werk darstellt. »Linkt man ein Programm mit einer Bibliothek, ohne sie zu verändern, entspricht dies in gewisser Weise einer einfachen Benutzung der Bibliothek, so wie man ein Hilfs- oder Anwendungsprogramm benutzt. In einem buchstäblichen und rechtlichen Sinne ist das gelinkte *Executable* jedoch ein Verbundwerk, eine Ableitung von der ursprünglichen Bibliothek, und die gewöhnliche *General Public License* behandelt es als solche.«[40] Mit anderen Worten, stünde die Bibliothek unter der GPL, müsste auch das abgeleitete Ganze unter die GPL gestellt werden.

Ein strategischer Kompromiss

Um nun Programmierern in der proprietären Welt Anreize zu geben, freie Werkzeuge zu benutzen, lockert die LPGL diese Auflagen. Den Ausschlag gab die mit dem GNU C Compiler »gcc« verbundene C-Laufzeitbibliothek »libc«, die ursprünglich unter der GPL stand. Daher musste jedes Programm, das mit dem gcc kompiliert wurde, wiederum unter der GPL stehen, was viele Entwickler von seiner Verwendung ausschloß. An dieser Stelle, heißt es weiter in der Präambel, erfülle die GPL ihr Ziel nicht, das Teilen von Software zu fördern: »Wir sind zu dem Schluss ge-

40 Eine Ausnahme bilden abgeleitete Werke, die nur einzelne Elemente einer *Header*-Datei der Ausgangsbibliothek enthalten (numerische Parameter, Datenstruktur-Layouts, kleine Makros und *Inline*-Funktionen. In dem Fall ist die Verwendung des Objektcodes nicht von der LGPL eingeschränkt (Ziff. 5 LGPL).

kommen, dass schwächere Auflagen die gemeinsame Nutzung besser fördern könnten. [...] Dies *Library General Public License* dient dazu, es Entwicklern unfreier Progamme zu erlauben, freie Bibliotheken zu verwenden, und gleichzeitig deine Freiheit als Nutzer solcher Programme zu bewahren, die darin enthaltenen freien Bibliotheken zu verändern. [...] Es ist unsere Hoffnung, dass das zu einer schnelleren Entwicklung von freien Bibliotheken führen wird.«[41]

Zusammengesetzte Werke, die eine LGPL-Bibliothek verwenden, dürfen unter Bedingungen eigener Wahl verbreitet werden, sofern diese Bedingungen zulassen, dass der Kunde sie verändern und die Software *reverse engineeren* darf, um diese Veränderungen zu *debuggen*. Auch wenn die anderen Bestandteile des zusammengesetzten Werkes quellgeschlossen sind, muss für die LGPL-Bibliothek der Quellcode zugänglich sein, damit ein Anwender ihn ändern und neu einlinken kann, um ein verändertes *Executable* zu erzeugen.[42] Stärker noch als in der GPL muss der Verbreiter solcher abgeleiteter Werke hier sogar »verifizieren«, dass der Anwender den Quellcode der Bibliothek erhalten hat (Ziff. 6 d).

Eine modifizierte Version der Bibliothek muss selbst wieder eine Bibliothek sein. In ihrer Ausführung darf sie nicht von Daten aus einem möglicherweise proprietären Anwendungsprogramm abhängig sein (Ziff. 2 a; d). Damit soll verhindert werden, dass LGPL-Bibliotheken derart verändert werden, dass sie nicht mehr von freien Programmen genutzt werden können, da sie nur mit Bestandteilen der proprietären Software zusammen funktionieren.

Die meisten GNU Bibliotheken vor Februar 1999 und ein Großteil der weiteren Bibliotheken, die bei einem GNU/Linux-System eingesetzt werden, stehen unter der LGPL. Stallman betont an verschiedenen Stellen, dass es sich um eine strategische Entscheidung handelt, ob ein Entwickler seine Bibliothek unter die GPL oder unter die Library-GPL stellt: »Es gibt keinen ethischen Grund, proprietäre Anwendungen auf Grundlage des GNU-Systems zuzulassen, strategisch jedoch scheint es, dass ihr Verbot eher dazu beitragen würde, Leute von der Benutzung des GNU-Systems abzuhalten, als sie dazu zu bringen, freie Anwendungen zu schreiben« (Stallman, 1999, S, 63).

41 Präambel, Library GPL, op.cit.

42 Oder noch einmal in der Formulierung von Sebastian Hetze: »Nach den eigentlichen Forderungen ist es so, dass ich ein prä-gelinktes Objekt-File, ein Archiv sozusagen, mit den proprietären Programmodulen ausliefern muss, und dann dieses Objekt-File praktisch gegen jede neue Version der unter der Library-GPL stehenden Library gelinkt werden darf.« in: WOS 1, 7/1999, Diskussion.

Namenswechsel zu Lesser GPL

Im Februar 1999 wurde die *Library GPL* durch die *Lesser General Public License*[43] ersetzt (die verwirrenderweise ebenfalls mit LGPL abgekürzt wird). Der Namenswechel erfolgte, da »Library GPL« die irreführende Vorstellung vermittelt habe, dass sie ausschließlich auf Bibliotheken anwendbar sei (vgl. STALLMAN, 1999a). Die neue LGPL enthält eine Reihe Änderungen in den vorangestellten Erläuterungen, die nicht Teil der Lizenz sind. So wird als möglicher Grund, statt der GPL die LGPL zu verwenden, genannt, dass der weitestmögliche Einsatz der Bibliothek dazu dienen kann, sie als de-facto-Standard zu etablieren. Umgekehrt wäre bei einer freien Bibliothek, die das tut, was auch eine verbreitete unfreie leistet, nichts damit gewonnen, sie auf freie Software zu beschränken. Schließlich könne die Erlaubnis, eine freie Bibliothek, wie die GNU C-Bibliothek, in unfreier Software zu verwenden, dazu führen, dass sie mehr Menschen befähige, einen größeren Korpus freier Software wie das GNU Betriebssystem oder GNU/Linux zu benutzen.

Der Lizenztext selbst ist weitgehend wortgleich mit der Library GPL. Der wesentliche Unterschied besteht darin, dass unter der Kategorie »Werke, die die Bibliothek benutzen« jetzt auch dynamisch zur Laufzeit eingebundene *Shared Libraries* erfasst werden (die neu eingefügte Ziff. 6.b). Auch *Dynamic Link Libraries* (eine von Microsoft zwar nicht erfundene, aber mit seinen DLLs verbreitete Technologie) müssen somit den Tatbestand der Veränderbarkeit und Ersetzbarkeit erfüllen.[44]

Vorteile für freie Software schaffen

Seit Einführung der neuen Lizenz ruft Stallman dazu auf, mehr Bibliotheken unter der GPL zu veröffentlichen (Stallman, 1999a) und in anderen Fällen die Lesser GPL zu verwenden. Die strategischen Motive erläutert er am deutlichsten in der Begründung für den Namenswechsel von »Library GPL« zu »Lesser GPL«. Dort schreibt er: »Die Entwickler freier Software müssen Vorteile für einander schaffen. Die gewöhnliche GPL für eine Bibliothek zu verwenden, verschafft den Entwicklern freier Software einen Vorteil gegenüber den proprietären Entwicklern: eine Bibliothek, die sie nutzen können, während proprietäre Entwickler sie nicht nutzen können« (ebd.). Grundsätzlich empfiehlt er daher die Verwen-

43 http://www.gnu.org/copyleft/lesser.html

44 Ob dieses Bedingungen auch die Softwarebestandteile in den vergleichsweise jungen verteilten Objektsystemen erfassen, ist noch ungewiss. Florian Cramer fragt in der WOS 1 7/1999-Diskussion (ohne eine Antwort zu erhalten): »Wie verträgt sich diese Vorstellung vom Linken von Code und Kombinieren von verschiedenen Lizenzen eigentlich noch mit verteilten Objektmodellen? Wenn wir z.B. CORBA-Objekte haben, meinetwegen ein CORBA-Objekt aus GNOME, einer GPL-Anwendung, das z.B. über ein anderes Objekt eine Oracle-Datenbank abfragt – funktioniert das überhaupt noch? Sind diese Vorstellungen des Code-Links nicht eigentlich veraltet und für moderne Programmansätze nicht mehr zu gebrauchen?«

dung der GPL, doch sei sie nicht für jede Bibliothek vorteilhaft. Vor allem wenn der proprietären Software die Features der freien Bibliothek aus unfreien Bibliotheken einfach zur Verfügung stünden, wie das bei der GNU C-Bibliothek der Fall ist, brächte die GPL keinen Vorteil für die freie Software, »so ist es für diese Bibliothek besser, die Library GPL zu verwenden.«

In anderen Fällen bietet die freie Bibliothek bedeutende einzigartige Funktionalitäten, wie die GNU *Readline*. Hier empfiehlt Stallman die GPL: »Die Readline-Bibliothek implementiert das Editieren der Eingaben und ihre History für interaktive Programme. Das ist eine Funktion, die im Allgemeinen anderswo nicht verfügbar ist. Sie unter die GPL zu stellen und ihre Verwendung auf freie Programme zu beschränken, gibt unserer Community einen echten Vorsprung. Mindestens ein Anwendungsprogramm ist heute freie Software, weil das notwendig war, um die Readline verwenden zu dürfen.« In dem Fall fördert die GPL die weitere Entwicklung freier Software. Universitätsprojekte und jetzt, da auch Unternehmen freie Software entwickeln, auch kommerzielle Projekte können auf diese Weise beeinflusst werden, ihre Software ebenfalls unter die GPL zu stellen.

> »*... wir können viel mehr erreichen, wenn wir zusammenhalten. Wir, die Entwickler freier Software, sollten uns gegenseitig unterstützen. Indem wir Bibliotheken freigeben, deren Verwendung auf freie Software beschränkt ist, können wir dazu beitragen, dass unsere freien Softwarepakete die proprietären Alternativen überbieten. Die ganze freie Softwarebewegung wird mehr Popularität gewinnen, weil freie Software als Ganze besser gegenüber der Konkurrenz abschneidet*« (ebd.).

Weitere offene Lizenzen

Der ersten Generation von Lizenzen (BSD, GPL und MIT-X) folgten ab etwa 1997 eine Fülle weiterer Lizenzmodelle. Viele Projekte verfassten eigene Lizenztexte oder variierten bestehende, meist mit einer individuellen Note, aber oft nicht mit der juristischen Sorgfalt, die in die GPL geflossen ist. In jüngster Zeit kommen die Lizenzen von Unternehmen wie Apple, Sun und IBM hinzu, die freien Lizenzen mehr oder weniger ähneln.[45] Um sich als freie Software oder Open Source-Software zu qua-

45 Für einen guten Einblick in die laufenden Diskussionen von Lizenzfragen s. debian-legal: Licensing issues: http://www.debian.org/Lists-Archives/

lifizieren, muss die Lizenz die Freiheit gewähren, das Programm gebührenfrei und ohne Einschränkungen auszuführen, es zu kopieren und weiterzuverbreiten, der Zugang zum Quellcode und das Recht, Veränderungen vorzunehmen, müssen gewährleistet sein. Die Hauptunterschiede betreffen die Art, wie die Lizenzen das Verhältnis von freiem zu proprietärem Code und den Status von abgeleiteten Werken regeln.

In den Lizenzen manifestieren sich die politische Philosophie der Projekte und ihr Verhältnis zur Community, zur Wirtschaft und zur Gesellschaft allgemein. Wird Software zu Paketen integriert und in Distributionen aggregiert, so treten auch ihre Lizenzen in Wechselwirkung miteinander. Je mehr Lizenzmodelle in Gebrauch sind, desto schwieriger wird die Wahl einer Lizenz und desto unübersichtlicher ihre Wechselwirkungen. Daher gibt es verschiedene Bestrebungen, Lizenzen nach bestimmten Kriterien zu bewerten und zu klassifizieren. Die FSF unterscheidet sie in ihrer Liste danach, ob es sich um freie Software und um Copyleft handelt und ob eine Lizenz kompatibel zur GPL ist, d.h. ob die Software unter ihr mit GPL-Software gelinkt werden darf.[46] Auch OpenBSD vergleicht in seinem *Copyright Policy*-Dokument eine Reihe anderer Lizenzen und bewertet sie danach, ob die entsprechende Software in die OpenBSD-Distribution aufgenommen werden kann.[47]

Klassifikationen von Lizenzen

Peter Deutsch, Autor von »Ghostscript«, einer weit verbreiteten Implementation der Seitenbeschreibungssprache »PostScript«, erfasst in seiner Klassifikation die *Free Redistribution Licenses* (FRLs) (vgl. Deutsch, 1996). Im Vordergrund steht für ihn die Möglichkeit zur freien Weitergabe, nicht die Modifikation, weshalb auch Shareware auftaucht. Letztlich geht es ihm darum, seine eigene *Aladdin Ghostcript Free Public License* (AGFPL) vis à vis den anderen Lizenzmodellen zu positionieren. Deutsch unterscheidet vier Gruppen von FRLs nach ihren Bedingungen für die Weiterverbreitung, den Umständen, unter denen Zahlungen erforderlich sind und den Bedingungen für den Zugang zum Quellcode. Modifikationsfreiheit ist für ihn kein eigenes Kriterium. Die vier Kategorien sind: (1) Unbeschränkte Lizenzen, z.B. von X Window, Tcl/Tk,[48] IJG JPEG,[49] PNG/zlib[50] oder zip/unzip.[51] Autorinnen, die eine solche Lizenz verwenden, möchten nur sicherstellen, dass sie als Autoren genannt bleiben,

Freie Verbreitbarkeit

46 FSF, Various Licenses and Comments about Them: http://www.gnu.org/philosophy/license-list.html

47 OpenBSD Copyright Policy, http://www.openbsd.org/policy.html, unter: »Specific Cases«

48 http://dev.scriptics.com/software/tcltk/license_terms.html

49 ftp://ftp.uu.net/graphics/jpeg/README

50 http://swrinde.nde.swri.edu/pub/png/src/libpng-LICENSE.txt

51 ftp://ftp.uu.net/pub/archiving/zip/doc/LICENSE

darüber hinaus stellen sie keine Bedingungen. Der Quellcode ist meist verfügbar, doch die Lizenz schreibt seine Mitverbreitung nicht vor. (2) Shareware, die üblicherweise nicht unter freier Software aufgeführt wird, da der Quellcode in der Regel nicht verfügbar ist und bei regelmäßigem Gebrauch eine Lizenzgebühr verlangt wird, Deutschs Kriterium ist aber eben die freie Weitergebbarkeit. (3) Die GNU-Lizenzen GPL und LGPL. (4) *Not-for-profit* FRLs. Deutschs wichtigstes Beispiel hierfür ist die *Aladdin (Ghostcript) Free Public License* (AFPL).[52] Sie ist von der GPL abgeleitet,[53] setzt aber drei abweichende Akzente. Sie besagt, dass der Quellcode bei jeder Distribution enthalten sein muss, während die GPL in bestimmten Fällen nur einen Hinweis darauf vorschreibt. Sie untersagt ausdrücklich eine Gebührenerhebung für die Software. »Ziel der AGFPL ist es, eine bestimmte Klasse von GPL-›Trittbrettfahrern‹ auszuschließen: Firmen, die GPL'te Software auf eine Weise mit kommerziellen Anwendungen bündeln, die die Integrität von Ersterer wahrt, sie aber von Letzterer aus nahtlos aufrufbar macht, was im Effekt (funktional) die GPL'te Software zu einem Teil der Anwendung macht, und zugleich den Buchstaben der GPL gehorcht« (Deutsch, 1996).

AFPL

Und drittens löst sie das Problem, dass ihr Autor sehr wohl Geld mit seiner Software verdienen will, indem sie eine Doppellizenzierung erlaubt. Die Weiterverbreitung von Ghostscript und die Weiterverwendung des Codes in kommerziellen Produkten ist erlaubt, sie erfordert jedoch eine von der AFPL verschiedene, gebührenpflichtige Lizenz. Die kommerzielle Version der Software namens »Artifex Ghostscript« ist identisch mit dem freien Aladdin Ghostscript, aber Artifex bietet außerdem Support, Fehlerbehebung im Kundenauftrag und Beigaben zu den Hard- oder Softwareprodukten anderer Anbieter.[54] Mit dieser Doppellizenzierung vertritt die AFPL die Haltung, »... dass diejenigen, die bereit sind zu teilen, von den Vorteilen des Teilens profitieren sollten, während diejenigen, die selbst nach kommerziellen Regeln spielen, sich an diese Regel halten müssten, um die Vorteile der Software zu erlangen, die für andere frei weitergebbar ist« (Deutsch, 1996).

Doppellizenzierung: frei für Freie, gebührenpflichtig für Kommerzielle

Die FSF bezeichnet diese Kategorie der *Not-for-profit FRLs* als »halbfreie« Software. Zwar gewähre sie Individuen alle Freiheiten, daher sei sie viel besser als proprietäre Software. Aufgrund der Restriktionen könne sie aber nicht in eine freie Betriebssystemumgebung (z.B. das GNU-System) integriert werden. Aufgrund der Wechselwirkung der Lizenzen in einem Gesamtsystem würde ein einziges halb-freies Programm das ge-

52 ftp://ftp.cs.wisc.edu/ghost/aladdin/PUBLIC
53 Ältere Versionen von GNU Ghostscript stehen direkt unter der GPL.
54 http://www.artifex.com/pages/licensing.html

samte System halb-frei machen: »Wir meinen, dass freie Software für jeden da sein sollte – auch für Unternehmen, nicht nur für Schulen oder Hobby-Nutzer. Wir möchten die Geschäftswelt einladen, das gesamte GNU-System zu nutzen und deshalb sollten wir keine halb-freien Programme aufnehmen.«[55]

OSD

Die *Open Source Definition* (OSD)[56] ist eine weitere Richtlinie zur Bewertung von Lizenzen. Sie stammt von Bruce Perens, dem ehemaligen Maintainer von Debian GNU/Linux. Debian sah sich angesichts der Nachbarlizenzen herausgefordert, genauer zu definieren, was die Freiheit sei, die das Projekt meint. Diese Positionen formulierte Perens nach einer E-Maildiskussion mit den anderen Debian Entwicklern 1997 im *Debian Social Contract,* einem Bekenntnis, dass Debian zu 100 Prozent freie Software bleiben, dass das Projekt alle Neuerungen an die Community zurückgeben und keine Fehler verstecken wird, sowie in den *Debian Free Software Guidelines* (DFSG).[57] Aus dem Geist dieser beiden Texte heraus entstand die OSD. Raymond spielte bei der Universalisierung eine Rolle, da er Perens in seine Bemühungen »das Konzept der freie Software an Leute zu verkaufen, die Krawatten tragen« (Perens, 1999, S. 173), eingespannt hatte. Raymond hielt die DFSG für das richtige Dokument, um Open Source zu definieren. Perens entfernte alle debian-spezifischen Referenzen, tauschte »Free Software« gegen »Open Source-Software« aus und änderte den Namen der Lizenz. Schließlich registrierte er für SPI, der Schirmorganisation von Debian, ein *Certification Mark* (CT) auf den Begriff »Open Source«. Ein CT ist eine Form von Trademark, eine Art Gütesiegel, das den Produkten von Dritten verliehen werden kann.[58] Nachdem Raymond und Perens mit dem dezidierten Ziel, die Open Source-Kampagne und ihr CT zu verwalten, die *Open Source Initiative* (OSI) gegründet hatten, wurde das Eigentum an dem CT von SPI auf die OSI übertragen. Gut zwei Dutzend Lizenzen hat die OSI gutgeheißen und zertifiziert, sodass sie offiziell den geschützten Titel »Open Source ™« tragen dürfen.[59]

Gütesiegel für »Open Source«?

55 http://www.fsf.org/philosophy/categories.html
56 http://www.opensource.org/osd.html
57 http://www.debian.org/social_contract.html
58 »Da die Community ein verlässliches Verfahren benötigt, um zu wissen, ob ein Stück Software wirklich open-source ist, nimmt die OSI für diesen Zweck Anmeldungen von Zertifizierungszeichen entgegen: ›OSI-zertifiziert‹... Wenn Sie das ›OSI-zertifiziert‹-Zeichen für ihre Software verwenden möchten, können Sie dies tun, indem Sie ihre Software unter einer anerkannten Lizenz aus der Liste verbreiten und die Software entsprechend kennzeichnen.«, The OSI Certification Mark and Program, http://www.opensource.org/certification-mark.html
59 OSI, The Approved Licenses, http://www.opensource.org/licenses/

Die OSD ist, wie gesagt, keine Lizenz, sondern ein Standard, an dem Lizenzen sich messen lassen.[60] Neben den eingangs genannten Freiheiten und den beiden problematischen Punkten, die im Anschluss behandelt werden, enthält die OSD einige Besonderheiten. Während die meisten Lizenzen die Nutzungen ihrer Software ohne Einschränkung an jedermann freistellen, gibt es einige, die explizite Ausnahmen vorsehen. In der Erläuterung zur OSD ver. 1.0 führt Perens das Beispiel einer Lizenz des Aufsichtsgremiums der Universität von Kalifornien in Berkeley an, die die Verwendung eines Elektronikdesign-Programms durch die südafrikanische Polizei untersagt (vgl. Perens, 1999, S. 179). Obgleich das Anliegen zu Zeiten der Apartheid löblich gewesen sei, sei ihr Sinn heute weggefallen, die Lizenzvorschrift für diese und alle abgeleitete Software bestehe jedoch weiter. Ebenso sei es verständlich, dass Autoren den Einsatz ihrer Software in der Wirtschaft, der Genforschung oder einer Abtreibungsklinik untersagen wollten, doch auch diese Anliegen gehörten nicht in eine Lizenz. Deshalb schreibt die OSD für Open Source-Lizenzen vor, dass sie nicht gegen Personen oder Gruppen (Ziff. 5) und gegen Einsatzgebiete (Ziff. 6) diskriminieren dürfen.

Keine Einschränkung des Einsatzgebietes

Bei der Weitergabe an Dritte soll die Lizenz wirksam sein, ohne dass Eigentümer (der Copyright-Halter) und Lizenznehmer einen Vertrag unterzeichnen (Ziff. 7). Die Gültigkeit von unterschriftslosen Lizenzverträgen wird derzeit auch für den proprietären Bereich diskutiert (s.u.), insofern ist die Erläuterung zur Ziff. 7 der OSD ver 1.0 (ebd., S. 179) eher ein frommer Wunsch. In der Erläuterung zur ver. 1.7[61] heißt es, dass damit eine Schließung durch zusätzliche Anforderungen wie ein NDA ausgeschlossen werden soll.

Die OSD Ziff. 8 besagt, dass die gewährten Rechte nicht davon abhängig gemacht werden dürfen, dass das Programm Teil einer bestimmten Distribution ist. Es muss frei bleiben, auch wenn es von dieser Distribution getrennt wird.

Zu den von der OSI zertifizierten Lizenzen[62] gehören die GPL und LGPL, die BSD-Lizenz,[63] die MIT- oder X-Konsortium-Lizenz, die Artistic

60 In der fast wortgleichen Fassung der *Debian Free Software Guidelines* ist sie allerdings die Lizenz von Debian GNU/Linux.

61 Vgl. Perens, Rationale for the Open Source Definition, http://www.opensource.org/osd-rationale.html

62 http://www.opensource.org/licenses/

63 Die ursprüngliche Fassung (noch mit der Werbeklausel) in der Version für 4.4BSD von 1994: http://www.freebsd.org/copyright/license.html; die generische BSD-Lizenz in der derzeit gültigen Fassung: http://www.opensource.org/licenses/bsd-license.html; in der Fassung von FreeBSD fällt schließlich auch noch der Verweis auf die Trägerorganisation weg: http://www.freebsd.org/copyright/freebsd-license.html

License (für Perl entwickelt),[64] die Mozilla Public License (MPL),[65]die Qt Public License (QPL),[66]die IBM Public License,[67] die MITRE Collaborative Virtual Workspace License (CVW License),[[68] die Ricoh Source Code Public License,[69] die Python-Lizenz[70] und die zlib/libpng-Lizenz.

Mehrfachlizenzierung

Bevor auf die beiden kritischen Punkte eingegangen wird, sei noch die Möglichkeit der Mehrfachlizenzierung erwähnt. Wie beim bereits genannten Ghostscript gibt es eine Reihe Projekte, die dieselbe Software gleichzeitig unter einer freien und einer kommerziellen Lizenz anbieten. Eine weiteres Beispiel ist »Sendmail«,[71] das Eric Allman an der Berkeley Universität entwickelte. 1997 gründete er eine Firma, die parallel zur freien Version eine kommerzielle Lizenz mit Supportleistungen anbietet.[72]

Die MPL ist die einzige Lizenz, die diese Möglichkeit ausdrücklich erwähnt. Ziff. 13 erlaubt es dem ursprünglichen Entwickler, nämlich Netscape, nicht aber den Kontributoren, ihren Code unter die MPL und zugleich eine alternative Lizenz zu stellen, unter denen Nutzer ihre Wahl treffen können. Darin ist die Handschrift von Perens zu erkennen, der denjenigen, die ihre Software frei belassen und sie zugleich verkaufen möchten, eine beliebige kommerzielle Lizenz plus der GPL als freie Lizenz empfiehlt (vgl. Perens, 1999, S. 185). Eine eigenartige Konstruktion ist die CVW-Lizenz des MITRE. Sie ist nur eine Art Rahmenlizenz, in der die Warenzeichen von MITRE von der Werbung für abgeleitete Werke ausgeschlossen werden. Darüber hinaus stellt sie dem Empfänger der Software frei, ob er sie unter der GPL oder der MPL nutzen möchte, die beide in der CVW-Lizenz enthalten sind.

Verhältnis von freiem und proprietärem Code

Darf freier Code in unfreien integriert werden? Die GPL untersagt dies, bietet aber mit der LGPL eine Ausnahmemöglichkeit für Bibliotheken und andere Programme. Die BSD- und davon abgeleitete Lizenzen, also diejenigen, die Deutsch »unbeschränkte Lizenzen« nennt, erlauben, alles mit ihrer Software zu machen – auch, sie in unfreie Software zu integrieren und Änderungen zu privatisieren –, solange der Hinweis auf den Co-

64 http://language.perl.com/misc/Artistic.html
65 http://www.mozilla.org/MPL/MPL-1.1.html
66 http://www.trolltech.com/products/download/freelicens e/license.html
67 http://www.research.ibm.com/jikes/license/license3.htm
68 http://cvw.mitre.org/cvw/licenses/source/license.html
69 http://www.risource.org/RPL/RPL-1.0A.shtml
70 http://www.python.org/doc/Copyright.html
71 http://www.sendmail.org
72 http://www.sendmail.com

pyrighthalter erhalten bleibt und nicht mit dessen Namen geworben wird. Beide Lizenzfamilien, die BSD und die GPL, stammen aus Universitäten und spiegeln die Auffassung wieder, dass öffentlich finanzierte Werke ohne Einschränkung allen gehören. Der Grund, dass viele Projekte BSD-artige Lizenzen verwenden, liegt darin, dass sie eine Zusammenarbeit mit Unternehmen erlauben, die ihr geistiges Eigentum nicht freizügig teilen möchten. Hohndel vom XFree86-Projekt sagt dazu:

> *»Die Geschichte von vielen Projekten, nicht nur von X, auch von Dingen wie Sendmail oder BIND, zeigt, dass diese eher abschreckenden Bestimmungen der GPL gar nicht nötig sind. Für uns ist der große Grund, warum wir mit einer GPL überhaupt nichts anfangen können, wiederum die Zusammenarbeit mit den Firmen. Denn viele kommerzielle Unix-Systeme enthalten [...] heute X-Server, die im Wesentlichen auf XFree86 basieren. Und viele von den Firmen, mit denen wir zusammenarbeiten und von denen wir Source Code bekommen – es gibt ja etliche Grafikkartenhersteller, die heute selber die Treiber für ihre Karten schreiben –, würden niemals zulassen, dass eine so virenartige Lizenz wie die GPL, die sich in den Code reinfrisst und nie wieder daraus weggeht, in ihren Code reinkommt. Von daher folgen wir dieser sehr, sehr freien Lizenz, die uns bis jetzt sehr gut gedient hat, und werden das auch weiterhin tun.«*[73]

Die »sehr, sehr freie« BSD-Lizenz erlaubt es z.B., dass Microsoft so frei war, große Mengen FreeBSD-Code in Windows zu verwenden. Das Monopol ist dadurch in keiner Weise geschmälert worden. Kein Nutzer hat dadurch mehr Freiheit gewonnen. Würde FreeBSD unter der GPL stehen, hätte Microsoft es nicht verwenden dürfen oder Windows wäre heute freie Software.

Microsoft ist so frei

Die OSD besagt, dass eine Lizenz andere Software nicht »kontaminieren« darf (Ziff. 9), d.h. sie darf nicht vorschreiben (wie im Falle einer Version von Ghostscript), dass alle andere Software, die auf demselben Medium verbreitet wird, ebenfalls freie Software sein muss. In den Erläuterungen zur OSD ver 1.7 heißt es, dass die GPL diese Auflage erfülle, da sich ihr »Kontaminierungseffekt« nur auf Software bezieht, die mit der GPL-Software zu einem funktionalen Ganzen gelinkt wird, nicht aber auf solche, die nur mit ihre zusammen verbreitet wird.[74]

73 Dirk Hohndel, in: WOS 1, 7/1999.

74 Vgl. Perens, Rationale for the Open Source Definition, http://www.opensource.org/osd-rationale.html#clause9

Die *Perl Artistic License* erlaubt es ausdrücklich (Ziff. 5), den Perl-Interpreter mit proprietärem Code zu linken und betrachtet das Ergebnis nicht als abgeleitetes Werk, sondern als Aggregation. Auch die Aggregation in einer proprietären Distribution ist erlaubt, solange das Perl-Paket »eingebettet« wird, dies sei »der Fall, wenn kein offensichtlicher Versuch unternommen wurde, die Schnittstelle dieses Paketes für den Endnutzer der kommerziellen Distribution offenzulegen« (Ziff. 8). Im Umkehrschluss kann man annehmen, dass andernfalls die Integration in proprietäre Software verboten ist.

Status abgeleiteter Werke

Dürfen Veränderungen privatisiert werden? Die GPL schließt dies entschieden aus. Der Oberbegriff »Free Software«, der z.B. *Public Domain*-Software beinhaltet, bedeutet, dass sie verwendet, kopiert, mit Quellcode weiterverbreitet und verändert werden darf, schließt aber nicht aus, dass Kopien und Modifikationen ohne diese Freiheiten, etwa ausschließlich als *Executable*, verbreitet werden. Das engere, wenn auch nicht auf die GPL beschränkte »Copyleft« bedeutet darüber hinaus, dass modifizierte Versionen freier Software gleichfalls unter einer Copyleft-Lizenz stehen müssen und keine weiteren Nutzungseinschränkungen hinzugefügt werden dürfen – einmal frei, immer frei.

Copyleft: einmal frei immer frei

In der OSD ist diese Lizenzvererbung nur eine Kannvorschrift. Ziffer 3 besagt, dass eine Lizenz zulassen muss, dass abgeleitete Werke unter dieselbe Lizenz gestellt werden; in seiner Erläuterung schreibt Perens, dass sie es aber nicht vorschreiben muss. Ziffer 4 OSD enthält zudem ein Schlupfloch für die Veränderbarkeit. Unter der Überschrift »Integrität des Quellcodes des Autors« heißt es dort, dass die Verbreitung modifizierter Versionen des Quellcodes eingeschränkt werden kann, aber nur, wenn es zulässig ist, *Patch*-Dateien zusammen mit dem unveränderten Quellcode zu verbreiten, die erst bei der Kompilierung dieses »Patchworks« die modifizierte Version erzeugen. Diese Integration von *Patches* automatisieren Werkzeuge, weshalb der zusätzliche Aufwand vertretbar sei. Damit soll eine Trennung zulässig werden, die die Integrität des »Originals« wahrt und trotzdem Modifikation möglich macht. Die Verbreitung von Objektcode-Versionen darf nicht eingeschränkt werden, die Lizenz kann aber vorschreiben, dass abgleitete Werke einen anderen Namen tragen müssen. Als Grund für diesen Passus nennt Perens, dass er die *Qt Public License* (QPL) von Troll Tech in die Open Source-Definition aufnehmen wollte. Diese erlaubt Modifikationen ausschließlich in der

Flickwerk

Form von Patches. Die QPL ist zwar eine freie Lizenz, aber inkompatibel zur GPL. Daher darf *Qt* nicht mit GPL'ter Software gelinkt werden, doch hierfür erteilt die FSF eine Sondergenehmigung.[75]

Die unbeschränkten Lizenzen (wie BSD, Apache oder X) erlauben, dass Veränderungen privatisiert werden. So ist es möglich, den Quellcode einer Software unter X-Lizenz zu verändern und Binaries davon verkaufen, ohne deren Quelltext offen zu legen und die modifizierte Version wieder unter die X-Lizenz zu stellen. Tatsächlich gibt es eine Reihe Workstations und PC-Grafikkarten, für die ausschließlich unfreie Versionen von X Window verfügbar sind.

Spielraum für Privatisierung

Die *Perl Artistic License* (AL) verlangt, dass Änderungen kenntlich gemacht werden und bietet dann vier Optionen für das weitere Vorgehen: a) Die Änderungen müssen in die *Public Domain* gestellt oder auf andere Weise frei verfügbar gemacht werden; b) die Änderungen werden ausschließlich innerhalb eines Unternehmens oder einer Organisation genutzt; c) die Nicht-Standard-*Executables* erhalten einen neuen Namen und dürfen ausschließlich zusammen mit der Standardversionen verbreitet werden; d) andere Verbreitungsvereinbarungen mit dem Copyrighthalter werden getroffen (Ziff. 3). Sie bietet somit einigen Spielraum für Privatisierungen.[76]

Die CVW-Lizenz des MITRE ist auch hier ungewöhnlich. Ziffer 5 besagt, dass derjenige, der geänderten Quellcode an MITRE übermittelt, einwilligt, sein Copyright daran an MITRE zu übertragen, das die Änderungen auf seiner Website zugänglich macht.[77]

Beispiele für Lizenzkonflikte

Lizenzfragen betreffen vor allem Entwickler und Vertreiber von Software. Anwender, die die Software nicht selbst modifizieren möchten, haben mit jeder der genannten Lizenzen die Gewähr, sie (bei den meisten auch für kommerzielle Zwecke) einsetzen und an Freunde weitergeben zu

75 Der Copyright-Halter eines Programmes, das Qt verwendet, kann sein Programm unter die GPL stellen, indem er folgenden Hinweis hinzufügt: »Als eine besondere Ausnahme erhältst du die Erlaubnis, dieses Programm mit der Qt-Bibliothek zu linken und Executables davon zu verbreiten, sofern du in Bezug auf alle Software in dem Executable außer der Qt die Auflagen der GNU GPL befolgst«, FSF, Various Licenses and Comments about Them, http://www.gnu.org/philosophy/license-list.html

76 Spielraum und Schlupflöcher bietet die AL auch sonst. Stallman bezeichnet sie als »zu vage«, Perens als »schludrig formuliert«. Deshalb sei jetzt fast alle Software unter der AL doppelt lizenziert und biete die Wahl zwischen der AL und der GPL, vgl. Perens, 1999, S. 183.

77 http://cvw.mitre.org/cvw/licenses/source/license.html

Komplexe Wechselwirkungen

dürfen. Ein Distributor hat vor allem auf die verschiedenen Lizenzbedingungen für die Aggregierung und den Vertrieb zu achten. Auch eine Entwicklerin muss sehr genau entscheiden, welche Lizenz sie für ihre Programme benutzt und welche Programme sie in ihren eigenen Werken verwendet, da sie mit dem Code auch dessen Lizenz importiert. Die einzelnen Lizenzen in einem zusammengesetzten Werk treten in Wechselwirkung. Kombinationen aus proprietärem und freiem Code sind, wenn die beteiligten freien Lizenzen es zulassen, als Ganze proprietär. Untersagt eine freie Lizenz wie die GPL die Verbindung mit unfreiem Code, muss dieser entweder freigegeben oder die Verbindung darf nicht durchgeführt werden. In der Praxis sind die Wechselwirkungen jedoch erheblich komplexer und werden durch den Zuwachs an neuen Lizenzmodellen immer undurchschaubarer.[78]

Ein postives Beispiel dafür, dass es der Welt der freien Software immer wieder gelingt, die Rechteinhaber proprietärer Angebote zu überzeugen, ihre Software unter eine freie Lizenz zu stellen, ist die bereits mehrfach angesprochene Qt-Bibliothek der Firma Troll Tech, auf die sich der freie Desktop KDE stützt. Troll Tech hat auf Drängen der FSF Qt ab Version 2.0 unter eine eigene Lizenz, die *Qt Public License* (QPL)[79] gestellt, die seine proprietäre Verwendung ausdrücklich ausschließt. Die QPL lässt Modifikationen nur separat vom Original in Form von Patches zu und gewährt Troll Tech ihre Verwendung in anderen Produkten (Ziff. 3). Programme, die mit der Qt-Bibliothek linken, müssen selbst quelloffen sein (Ziff. 6). Die QPL ist eine *Not-for-profit*-Lizenz. Wer Qt kommerziell einsetzen möchte, muss die *Professional Edition* unter einer herkömmlichen kommerziellen Lizenz erwerben. Troll Tech hat die Copyright-Rechte an der »Qt Free Edition« und das Recht, die QPL zu ändern, an die im April 1998 errichtete *KDE Free Qt Foundation*[80] abgetreten – ein außergewöhnlicher Schritt eines Unternehmens auf die freie Community zu.

Selbstverpflichtung zur Freiheit

> *»Sollte Troll Tech jemals aus irgendeinem Grund einschließlich, aber nicht beschränkt auf einen Aufkauf von Troll Tech, eine Fusion oder einen Konkurs, die Qt Free Edition aufgeben, so wird die letzte Version*

78 Weitere Beispielfälle für denkbare urheber-, vertrags-, patent-, markenschutz-, und haftungsrechtliche Konflikte, die in den Beziehungen zwischen Autoren, Distributoren und Endnutzern auftreten können, gibt Siepmann, 1999, Abs. 121–157.

79 http://www.trolltech.com/products/download/freelicense/license.html. Die QPL gilt für die *Qt Free Edition* ab Version 2.0. Ältere Versionen stehen unter der nicht mehr verfügbaren *QT Free Edition License*.

80 http://www.de.kde.org/kdeqtfoundation.html

der Qt Free Edition unter der BSD-Lizenz freigegeben. Ferner, sollte Troll Tech nach Einschätzung einer Mehrheit in der KDE Free Qt Stiftung die Weiterentwicklung von Qt eingestellt haben und nicht mindestens alle zwölf Monate eine neue Version herausgeben, so hat die Stiftung das Recht, die Qt Free Edition unter der BSD-Lizenz freizugeben.«[81]

Die GPL ist vergleichsweise eindeutig. Stallman gibt zwei Beispiele für die postiven Auswirkungen ihres Schließungsverbots:

»Nehmen wir GNU C++. Warum haben wir einen freien C++-Compiler? Nur, weil die GPL sagte, dass er frei sein muss. GNU C++ ist von einem Industriekonsortium namens MCC [The Microelectronics and Computer Technology Corporation, mit Mitgliedsfirmen wie 3M, Eastman Kodak, Hewlett-Packard, Lockheed und Motorola] *entwickelt worden, das vom GNU C-Compiler ausgegangen ist. MCC machen ihre Werke normalerweise so proprietär wie es nur geht, aber das C++-Frontend haben sie zu freier Software gemacht, weil die GNU GPL vorschrieb, dass das der einzige Weg war, auf dem sie es hätten verbreiten können. Das C++-Frontend enthält viele neue Dateien, aber da sie dazu gedacht sind, mit dem GCC gelinkt zu werden, fand die GPL sehr wohl Anwendung auf sie. Der Vorteil für unsere Community ist offenkundig. Oder nehmen wir GNU Objective C. NeXT wollte dieses Frontend ursprünglich proprietär machen. Sie schlugen vor, es als ›.o-Dateien‹ zu veröffentlichen und die Anwender diese mit dem Rest des GCC linken zu lassen. Sie dachten, damit könnten sie um die Auflagen der GPL herumkommen. Aber unser Anwalt sagte, dass sie sich so den Auflagen nicht entziehen könnten, dass das nicht erlaubt ist. Und so machten sie das Objective C-Frontend zu freier Software. Diese Beispiele haben sich vor Jahren zugetragen, doch die GNU GPL fährt fort, uns freie Software zu bringen«* (STALLMAN, 1998).

Zur Freiheit gezwungen

NeXT dachte, es könne die »Objective C«-Erweiterungen zu einem separaten Modul erklären und ohne Quellcode ausliefern. Nach einer Klage der FSF, der Copyright-Inhaberin des GCC, lenkte NeXT ein – seither erfreut sich die freie Softwarewelt der spendierten Software. Auch die Firma Be hat GPL-Quellen unrechtmäßig verwendet, was bald entdeckt wurde und ebenfalls zum Einlenken führte. Gleiches geschah im Falle einer

81 http://www.trolltech.com/company/announce/foundation.html

Firma, die die bereits erwähnte Readline, eine Bibliothek, die das Editieren der Kommandozeile ermöglicht und unter der GPL steht, in einem unfreien Programm verwendete. Auch hier stellte der Entwickler sein eigenes Programm auf Nachfragen ebenfalls unter die GPL. Meist sind jedoch Lizenzverstöße nicht so einfach festzustellen – naturgemäß, wenn die betreffende Firma den Quellcode ihrer abgeleiteten Software nicht freigibt.

Doch nicht nur Firmen, sondern auch einige freie Projekte, die mit Firmen zusammenarbeiten, haben ihre Probleme mit der GPL. Patrick M. Hausen von BSD sagt dazu:

> *»Wenn Sie ein Stück Software, das unter der GPL ist, in Ihre eigene Software einbauen, dann wird die gesamte Arbeit, die Sie gemacht haben, automatisch eine aus der GPL-Software abgeleitete Arbeit, und damit gilt die GPL für alles, was Sie getan haben. ... Und so ist es eben schwierig, GPL'te Open Source-Software in kommerziellen Produkten mit anderen Teilen, sei es mit Treibern, die unter einem Nondisclosure Agreement stehen, sei es mit Libraries, mit einer Oracel-Datenbank-Library oder mit Motif oder was immer zu kombinieren, um ein Gesamtes zu entwickeln. Mir bleibt letzten Endes nichts anderes übrig, als den GPL'ten Teil komplett neu zu schreiben.«*[82]

Auch Kalle Dalheimer von KDE sieht durch die Einschränkung der Verbreitung von Binaries in der GPL die Endnutzerfreundlichkeit von Software behindert:

> *»Ich kritisiere nicht die GPL, weil sie mit der (derzeitigen) Qt-Lizenz inkompatibel ist, sondern weil sie so gestaltet ist, dass sie die Weiterentwicklung von Linux* behindert. *In den Anfangstagen war sie sicherlich gut und nützlich, aber jetzt hat sich die GPL überlebt – zumindest für alles, was im weitesten Sinne eine ›Komponente‹ ist.«*[83]

Die »einschüchternde« Wirkung der GPL taucht auch in der Begründung für Netscapes »permissivere« Mozilla-Lizenz (s.u.) auf:

Schüchtert Freiheit ein?

> *»Netscape ist daran interessiert, die Verwendung und Weiterentwicklung des Communicator-Quellcodes durch andere kommerzielle Entwickler anzuregen. Netscape war besorgt, dass diese anderen Firmen zögern würden, sich an der Entwicklung zu beteiligen, wenn der Code von*

82 Hausen, in: WOS 1, 7/1999, Diskussion.
83 Kalle Dalheimer auf de.alt.comp.kde, 1998/11/29.

einer so strikten Lizenz wie der GPL kontrolliert würde, die vorschreibt, dass alle verwandte Software ebenfalls als freie Quellen veröffentlicht werden muss. Im besten Falle müsste jeder zweite kommerzielle Entwickler sehr genau die rechtlichen Folgen untersuchen, die ein Free Source-Entwicklungsunterfangen mit sich bringen kann. Diese Einstiegshürde allein könnte ausreichen, sie davon abzuhalten, überhaupt damit zu beginnen. Daher wurde entschieden, die Hürde zu beseitigen, indem eine etwas weniger restriktive Lizenz verwendet wird.«[84]

Mike Loukides schlägt einen schärferen Ton an. Die »Chamäleon«-Lizenz, von der er spricht, ist die *Sun Community Source License* (s.u.), die die lizenzierte Software frei mache, wenn sie im Kontext freier Software erscheint, und kommerziell, wenn sie mit proprietärer Software kombiniert wird.

»Bei allem Respekt für RMS [Richard M. Stallman] *denke ich, dass es auf der Hand liegt, dass die GPL die Akzeptanz von Open Source-Software deutlich verzögert hat. Die GPL war ganz klar ein wichtiges Statement, aber die Ideologie war dem, was die meisten Leute praktizieren wollten, weit voraus. Wir alle kennen Leute, die keinen Nutzen aus GNU-Software ziehen konnten, weil sie nicht genau verstanden, was die Lizenz bedeutet, was sie aufgeben würden, wofür sie mutmaßlich in ein paar Jahren verklagt werden könnten und so weiter. Wir alle wissen von Firmen, die keine GNU-Software auf ihren Maschinen zulassen, weil sie das Risiko nicht eingehen wollen, dass jemand sich ein paar Zeilen Quellcode ausleihen und damit das geistige Eigentum der Firma kompromittieren könnte. Ob man mit dieser Einschätzung übereinstimmt, ist nicht die Frage. Tatsache ist, dass eine Lizenz nicht sehr geholfen hat, die Leuten Angst macht, die Software zu benutzen. [...] Als Fazit bleibt, dass die GPL im Wesentlichen einen Zwang ausübt und so auch beabsichtigt ist. Lässt man die Moral beiseite, hat das der Sache einfach geschadet. Der richtige Weg, freie Software zu popularisieren, war es nicht, Leuten zu drohen, die sich entschieden haben, sie zu benutzen. [...] Hier bietet die Chamäleon-Lizenz ein wichtiges neues Modell an. Sie ist viel entwicklerfreundlicher und kann Entwickler zum Open Source-Modell verführen. Sie ist Zuckerbrot, nicht Peitsche. [...] Obgleich sie auch den kommerziellen Weg einschlagen können, hat ihnen Sun einen impliziten Anreiz gegeben, den Open Source-Weg zu gehen – oder ihn zumindest in Erwägung zu ziehen. [...] Es ist eine Gelegenheit, die pragmati-*

84 Netscape Public License FAQ, http://www.mozilla.org/MPL/FAQ.html#4

schen Entwicklern die Tore zur Community öffnet: Leuten, die gerne herausbekommen möchten, wie sie mit ihrer Arbeit Geld verdienen können, und die von Lizenz-Fanatismus abgestoßen sind.«[85]

Keine Freiheit in der Probepackung

Es liegt auf der Hand, dass Stallman seiner Zeit voraus war. Die wachsende Popularität der GPL belegt das. Sie zeigt, wie »realitätstauglich« die GPL tatsächlich ist. Ideologie ist vielmehr, dass es ein bisschen Freiheit geben könnte – sozusagen Freiheit in der unverbindlichen Probepackung. »Wir alle wissen«, dass mit einem »impliziten Anreiz«, »Freiheit in Erwägung zu ziehen«, nichts gewonnen ist. Wie wir am Beispiel des FreeBSD-Codes in Microsoft-Windows gesehen hatten, führt diese Art von unabgesicherter Freiheit dazu, dass ein Unternehmen sich an den Produkten der Gemeinschaft bereichern kann, ohne etwas an diese Gemeinschaft zurückzugeben. Microsoft hat das Zuckerbrot gern gegessen, ohne sich im Mindesten auf den Weg der freien Software gelockt zu fühlen. Stallman antwortet auf diese »Angst vor Freiheit«:

»Das Hauptargument für den Begriff ›Open Source-Software‹ ist, dass ›Freie Software‹ einige Leute nervös macht. Es stimmt, über Freiheit zu sprechen, über ethische Fragen, über Verantwortlichkeiten und nicht nur über Bequemlichkeit heißt, Leute aufzufordern, über Dinge nachzudenken, die sie lieber ignorieren würden. Das kann Unbehagen hervorrufen und einige Leute dazu bringen, die Idee deshalb zu verwerfen. Daraus folgt aber nicht, dass die Gesellschaft besser dran wäre, wenn wir aufhören würden, über diese Dinge zu sprechen. [...] Vor Jahren bemerkten freie Softwareentwickler diese unbehagliche Reaktion und einige begannen einen Weg auszuprobieren, der sie vermeiden sollte. Sie dachten, indem sie über Ethik und Freiheit schwiegen und nur über die unmittelbaren praktischen Vorteile gewisser freier Software sprachen, könnten sie die Software an bestimmte Nutzer effektiver ›verkaufen‹, besonders in der Wirtschaft. Der Begriff ›Open Source‹ wird als Fortsetzung dieser Vermeidungsstrategie angeboten, einer Strategie, ›für die Wirtschaft akzeptabler‹ zu sein. Sie hat sich nach ihren eigenen Maßstäben als effektiv erwiesen. Heute wechseln viele aus rein praktischen Gründen zu freier Software. Das ist gut für den Anfang, aber das ist nicht alles, was wir machen müssen! [...] Früher oder später werden diese Nutzer eingeladen, um irgendeines praktischen Vorteils willen wieder zu proprietärer Software zurückzuwechseln. Zahlreiche Firmen bemühen sich, solche Verführungen anzubieten, und warum sollten

85 In O'Reillys Java-Forum, Loukides, o.J.

Nutzer sie ablehnen? Nur, wenn sie die Freiheit, die freie Software ihnen bietet, um ihrer selbst willen schätzen gelernt haben. Es ist an uns, diese Idee zu verbreiten – und um das zu tun, müssen wir über Freiheit sprechen. Zu einem gewissen Maß kann eine ›Stillschweigestrategie‹ gegenüber der Wirtschaft für die Community nützlich sein, aber wir brauchen auch reichlich Auseinandersetzung über Freiheit« (STALLMAN, 1999b).

Open Source-Lizenzen aus Unternehmen

Auf aktuelle Entwicklungen bei den rein proprietären Lizenzen ist im ersten Teil des Buches bereits eingegangen worden. Hier soll es um die unternehmensgestützten Open Source-Lizenzen gehen, die seit Netscapes Schritt in die Bewegung hinein entstanden sind.

Netscapes MPL

Die *Mozilla Public License* hat von der OSI das Gütesiegel der Open Source-Kompatibilät erhalten. Auf den zweiten Blick ist sie jedoch, ähnlich wie die *Not-for-profit Freely-redistributable* Lizenzen, wenn auch aus anderen Gründen, als »halbfrei« einzuordnen. Die Open Source-Lizenz entstand, als Netscape sich Anfang 1998 entschloss – beraten von Raymond und Perens –, den Quellcode der »Communicator 5.0 Standard Edition« (bereinigt um allen Code, der geistiges Eigentum Dritter ist, sowie die Kryptografiemodule, die US-amerikanischen Ausfuhrbeschränkungen unterliegen) freizugeben. Die Codebasis wurde unter dem Namen »Mozilla« in ein freies Softwareprojekt überführt. Der Lizenztext[86] trägt deutlicher als alle bislang behandelten Lizenzen die Handschrift von Copyright-Anwälten. Erstmals spricht eine freie Lizenz auch mögliche Patentansprüche an.[87] Als nach ausgiebigen Diskussionen und öffentlicher Kommentierung ein Entwurf der Lizenz veröffentlicht wurde, richtete sich die Kritik vor allem gegen die Sonderrechte, die sich Netscape darin vorbehielt. Daraufhin entschloss sich das Unternehmen, zwei

86 http://www.mozilla.org/MPL/

87 In den dunkleren »legalesianischen« Passagen Ziff. 2.1.b und Ziff. 2.2.b. Die Annotationen erläutern, dass damit ausgeschlossen werden soll, dass Netscape oder andere Kontributoren Patentgebühren erheben könnten, andererseits sollen solche Patentrechte geschützt bleiben, »auf eine Weise, die mit dem Ziel und Zweck der Lizenz vereinbar ist«, s. http://www.mozilla.org/MPL/annotated.html. Die beiden Ziffern, vor allem 2.2.b, sind in der NPL/MPL 1.1 noch kryptischer geworden. Ferner wird die neue Ziffer 2.2.c eingefügt, derzufolge die beiden Kontributorenlizenzen (nach Copyright und nach Patentrecht) an dem Tag wirksam werden, da der Kontributor kommerziellen Gebrauch von seinem Code macht. Das aber ist verwirrenderweise als jegliche – auch nicht kommerzielle – Verbreitung an Dritte definiert (Ziff. 1.0.1.), s. Mozilla Public License Version 1.1, http://www.mozilla.org/MPL/MPL-1.1.html

NPL mit Sonderstatus für Netscape

Lizenzen herauszugeben, die *Netscape Public License 1.0* (NPL) für den im März 1998 freigegebenen Communicator-Code und alle davon abgeleiteten Werke sowie die *Mozilla Public License 1.0* (MPL), die Autoren für eigenständige Werke benutzen können, für die sie Netscape keinen privilegierten Zugang geben möchten. MPL und NPL bestehen aus einem identischen Hauptteil, dem bei der NPL die »Zusätze« beigefügt sind, die den Sonderstatus von Netscape regeln.[88]

Die MPL gewährt gebührenfrei alle Freiheiten und verlangt, dass alle Modifikationen in Quellcodeform zugänglich gemacht und unter dieselbe Lizenz gestellt werden (Ziff. 3.2.). Ziffer 3.6. erlaubt allerdings, die veränderte oder unveränderte Software ausschließlich in Objektcodeversionen unter einer beliebigen anderen Lizenz zu verbreiten, sofern ein Hinweis auf den freien Quellcode beigefügt wird. Auch die Verbindung von MPL-Code mit Code unter anderer Lizenz zu einem *Larger Work* ist zugestanden (Ziff. 3.7).[89] Ein solches »größeres Werk« wird nicht als abgeleitetes Werk interpretiert, kann also ebenfalls unter eine restriktivere Lizenz gestellt werden, solange der ursprüngliche und der davon abgeleitete Quellcode weiterhin von NPL oder MPL regiert werden. Damit wird eine Aufspaltung in die freie Code-Welt der Entwickler und in die der reinen Anwender erzeugt, denen alle möglichen Restriktionen auferlegt werden können. Zwar werden aus der freien Quellcodebasis immer auch freie *Binaries* verfügbar sein, aber es ist leicht denkbar, dass ein Unternehmen wie Microsoft den freien Code um eigene attraktive Funktionalitäten erweitert und das Gesamtpaket ausschließlich in proprietärer Form verbreitet. Fühlen sich genug Nutzer von diesen Zusatzfunktionen angezogen und sind bereit, die Unfreiheit in Kauf zu nehmen, verlieren die freien Entwickler ihre Anwender und das freie Projekt wird scheitern.

Die NPL/MPL nimmt die ungewöhnliche Trennung zwischen dem »ursprünglichen Entwickler« (für den NPL-Code ist das Netscape, für ein nicht abgeleitetes eigenständiges Werk jeder Autor, der es unter die MPL stellt – Ziff. 2.1) und den »Kontributoren« (Ziff. 2.2) vor. In den »Zusätzen« der NPL wird eine weitere Unterscheidung zwischen den Versionen des Communicator unter dem Markennamen »Netscape« (»*branded version*«) und den freien Versionen unter dem Projektnamen »Mozilla« vorgenommen.[90] Kontrovers sind die Abschnitte, die es Netscape erlauben,

88 Die derzeit gültige Version 1.1 faltet MPL & NPL in eins, ohne Datum, (Hinweis auf der Mantelseite: »zuletzt geändert September 24, 1999«), http://www.mozilla.org/MPL/MPL-1.1.html

89 S.a. die Annotation zu 3.6. in http://www.mozilla.org/MPL/annotated.html

90 Netscapes Warenzeichen (Namen und Logos) werden ausdrücklich von der Open Source-Lizenzierung ausgeschlossen (Ziff. III.).

den NPL-Code einschließlich der Modifikationen durch Dritte in seinem *branded code* (Ziff. V.3.) und im Laufe von zwei Jahren nach der ursprünglichen Freigabe von Mozilla auch in anderen Produkten (Ziff. V.2.) zu verwenden, ohne dass es an seine eigene Lizenz gebunden ist. Netscape behält sich außerdem vor, Code unter der NPL unter anderen Bedingungen als der NPL an Dritte zu lizenzieren. Die Zusatzbestimmungen heben somit effektiv die Freiheitsvorschriften im Haupttext der NPL für die Firma Netscape wieder auf (Ziff. V.1.).

Freie Zuarbeit ist privatisierbar

Zur Begründung hieß es, Netscape verwende einen Teil des Codes für den Client »Communicator« auch in seinen Server-Produkten und wolle sicherstellen, dass es Veränderungen am Server-Code vornehmen – also auch Modifikationen von freien Entwicklern in den proprietären Code aufnehmen – kann, ohne diesen gleichfalls unter die NPL stellen zu müssen. Außerdem hat Netscape Verträge mit Dritten über die Bereitstellung von Quellcode. Auch sie sollen von den Modifikationen freier Entwickler profitieren können, ohne ihre eigenen Erweiterungen unter der NPL zugänglich machen zu müssen.[91] Die Gefahr, die davon ausgeht, spielt Netscape jedoch herunter. Es relizenziere den Code nur in dem Zustand an einem bestimmten Datum. Wenn ein solcher Lizenznehmer nicht mit der Community zusammenarbeite, indem er seine eigenen Entwicklungen in die freie Codebasis zurückgibt, werde der von ihm lizenzierte Code mit der Zeit immer stärker von der freien »Standardversion« abweichen.[92] Dies, so wird suggeriert, sei eine hinreichende Motivation für Hersteller, ihre Software freizugeben.

Das Argument unterschlägt, dass schon der Hauptteil der NPL (= MPL) mit Ziffer 3.7, »*Larger Works*«, die Möglichkeit zulässt, Mozilla oder Teile davon mit proprietären Modulen zu koppeln. Nach Ziffer 3.6, »*Distribution of Executable Versions*«, würde dann ein Hinweis auf die Verfügbarkeit des Quellcodes der freien Bestandteile ausreichen. Dann kann sich jeder aus dem freien Pool bedienen, Änderungen vornehmen und das Ergebnis zu Bedingungen der eigenen Wahl verwerten. Freie Entwickler, die eine solche Privatisierung ausschließen wollen, können ihre eigenständigen Beiträge zum Mozilla-Code (nicht aber Modifikationen von NPL-Code)[93] unter die MPL (= NPL ohne Zusätze) oder eine kompatible Lizenz, wie die BSD, die LGPL oder fast jede andere Lizenz stellen

91 Netscape Public License FAQ, 19. Will the NPL apply to Netscape as well?, http://www.mozilla.org/MPL/FAQ.html#19

92 Ebd.

93 »Wenn man eine Datei hinzufügt, die keinen Original-Code oder einen später modifizierten Code enthält, handelt es sich nicht um eine Modifikation und es fällt nicht unter die NPL.«, FAQ, op.cit. #4.

MPL inkompatibel zur GPL

oder sie gar nicht veröffentlichen. Ausgeschlossen ist allein die GPL, von der Netscape behauptet, dass sie inkompatibel mit allen Lizenzen außer sich selbst sei.[94]Auch die FSF ist der Auffassung, dass Module unter der GPL und Module unter der MPL nicht gelinkt werden dürfen.[95]

Vergleichsweise harmlos, obgleich es ebenfalls viel Kritik auf sich gezogen hat, ist Netscapes Vorrecht, die Lizenz zu ändern. Denselben Mechanismus sieht auch die GPL vor. Keine Dynamik einzubauen wäre angesichts des raschen Wandels in Technologie und Recht auch unseriös. Doch selbst wenn Netscape oder gar die FSF plötzlich entscheiden sollten, MPL/NPL rsp. GPL in eine vollständig proprietarisierende Lizenz zu verwandeln, hätte das keine rückwirkenden Folgen für alle vorangegangenen freien Versionen. Eine radikale Lizenzänderung würde allerdings unweigerlich eine Spaltung in der weiteren Entwicklung der Codebasis auslösen.[96]

Es ist hier nicht der Ort, um über die Hintergründe von Netscapes Businessentscheidung zu spekulieren. Die veröffentlichten Motive sind, »unsere beiden Ziele miteinander auszubalancieren: einerseits die Free-Source Entwickler-Community einzubeziehen und andererseits weiter unsere wirtschaftlichen Ziele zu verfolgen... Die NPL und die MozPL bemühen sich beide um einen Mittelweg zwischen der Förderung quellfreier Entwicklung durch kommerzielle Unternehmen und dem Schutz von Free-Source Entwicklern.«[97]

Netscape wollte also nicht die Tore zu seiner gesamte Produktlinie öffnen,[98] sondern nur zu Mozilla, d.h. dem bereinigten Code der Communicator 5.0 Standard Edition. Netscape schenkte der freien Software-community einen Webbrowser und wollte – quasi als Gegenleistung – die »freie« (im Doppelsinn von »freiwilliger« und »unbezahlter«) Zuarbeit proprietär verwerten. »Netscape glaubt daran, dass es im Interesse aller ist, die auf der Codebasis des Communicator entwickeln, ihre Änderungen an die Entwicklergemeinschaft zurückzugeben. Auf diese Weise werden sie die Früchte eines verteilten Entwicklungsmodells ernten.«[99] Viele in der Diskussion damals unterstellten Netscape, dass es solche Aussagen ehrlich meinte, doch spätestens als AOL Netscape (für vier Milliarden Dollar) kaufte, kamen lautstarke Zweifel auf. Entscheidend sind nicht sol-

94 MPL FAQ #18.
95 http://www.gnu.org/philosophy/license-list.html
96 Vgl. NPL FAQ #24.
97 NPL FAQ #4 und #9.
98 Obgleich Netscape im FAQ die Absicht kundtut, auch seine Server freizugeben; vgl. http://www.mozilla.org/MPL/FAQ.html#22
99 NPL FAQ #19.

che Aussagen, sondern der lizenzrechtliche Status des gemeinsam bearbeiteten und genutzten Codes. Zwar wies Jamie Zawinski, im ersten Jahr *Core-Team*-Mitglied bei mozilla.org, darauf hin, dass die Freiheiten, die Mozilla durch die NPL gewährt wurden, nicht nachträglich entfernt werden können (ZAWINSKI, 1998) – einmal aus der Copyright-Flasche, kann der Code-Geist nicht zurückgerufen werden. Doch die weitere Pflege und Entwicklung des Codes hängt mit der NPL/MPL zu einem gewissen Maß vom Wohlwollen ihres industriellen Hauptnutzers ab.

Von der MPL abgeleitete Lizenzen

Netscapes Lizenzmodell hat eine Reihe Nachfolger gefunden. In der Regel verwenden sie die MPL, also ohne den Sonderstatus, den die NPL dem ausgebenden Unternehmen verleiht.[100] Open Source hielt sogar schon Einzug in die Hochfinanz. Den Originaltext der MPL ver. 1.0, einschließlich Netscapes Vorrecht, die Lizenz zu ändern, verwendet Price-Waterhouse für sein FpML™ (*Financial products Markup Language*),[101] ein XML-basiertes Protokoll für *Business-to-Business* E-Commerce im Bereich von Finanzderivativen.

Auch Sun Microsystems hat neben anderen Linzenzmodellen MPL-Varianten in Verwendung. Bei der *Sun Public License ver 1.0*[102] für »NetBeans«, eine in Java geschriebene integrierte Entwicklerumgebung, handelt es sich um den Text der MLP 1.1, in dem zusätzlich zur Freiheit des Codes auch die der Dokumentation hinzugefügt und natürlich die Markennamen ausgetauscht wurden. Eine andere Strategie verwendet Sun für sein NFS (*Network File System*). Die *Sun Industry Standards Source License 1.0* (SISSL)[103] besteht zu großen Teilen aus der MPL 1.1. Die Ziffern der MPL, die sich auf die Modifikationen durch »Kontributoren« im Gegensatz zum »ursprünglichen Entwickler« beziehen, entfallen. Sun bindet mit der SISSL vor allem den Originalcode, also seinen eigenen. Die »Auslieferung« einer »Kontributorenversion« unterstellt sie einer besonderen Auflage. 120 Tage vorher muss sie die Anforderungen eines Standardisierungsgremiums erfüllen (Ziff. 3.0), was mit Hilfe von standardisierten Kompatibilitätswerkzeugen getestet wird. Nur für den Fall, dass

Suns SISSL

100 Dazu gehört Cygnus, das sein *embedded Cygnus operating system* (eCos), im Oktober 1998 released, unter die *Cygnus eCos Public License ver 1.0* gestellt hat, die wortgleich zur MPL 1.0 ist, nur dass »Netscape« gegen »Cygnus«, und, nachdem Cygnus an Red Hat verkauft worden ist, gegen »Red Hat« ausgetauscht wurde (http://sourceware.redhat.com/ecos/license.html). Ebenso verfuhr Ricoh Silicon Valley, Inc. mit seiner *Ricoh Source Code Public License* (http://www.risource.org/RPL/RPL-1.0A.shtml), die es für seine *Platform for Information Applications* (PIA) verwendet, eine Umgebung für die rasche Entwicklung von leicht zu unterhaltenden webbasierten Anwendungen.

101 http://www.fpml.org/documents/license/index.html

102 http://www.netbeans.org/license.html

103 http://soldc.sun.com/SIndStanSrcLic_012800.pdf

die geänderte Version vom Standard abweicht, verpflichtet die SISSL den Autor, die Dokumentation und eine Referenzimplementation seiner Software unter denselben Bedingungen wie die der SISSL öffentlich zu machen. Wer die Standards einhält, kann also Modifikationen auch proprietär halten. Suns erklärtes Ziel ist es, die NFS-Infrastruktur zu stärken, deren Spezifikationen es als öffentliche Standards an die IETF übertragen hat.[104]

Suns SCSL

Für Java und Jini (*Java Intelligent Network Infrastructure*) führte Sun im Januar 1999 eine dritte Lizenz ein, die *Sun Community Source License* (SCSL),[105] die eigentlich drei Lizenzen in einer ist. In kumulativer Abstufung enthält sie 1.) die *Research Use License*, die für Evaluation, Forschung, Entwicklung und Prototyping potenzieller Produkte die größten Freiheiten gewährt, 2.) die *Internal Deployment Use License* für eine sehr begrenzte interne Distribution, um Produkte vor ihrer Markteinführung zu testen, und schließlich 3.) die *Commercial Use License*, die jeder unterzeichnen muss, der Original und Modifikationen verbreiten möchte. Nach (1) darf der Quellcode einschließlich Modifikationen nur an andere Lizenznehmer verbreitet werden. Nach (2) muss jeder Code, wie bei der SISSL, den Test mit dem *Java Compatibility Kit* (JCK) bestehen. Wie beim NFS handelt es sich bei Java und Jini um infrastrukturelle Technologien, mit einem Kern, den Sun unter enger Kontrolle hält, und einer Vielzahl möglicher Dienste drumherum, die von möglichst vielen ausgebaut werden müssen, damit der Wert des Systems für alle Beteiligten wächst. Um Javas Cross-Plattform-Versprechen »einmal geschrieben, überall lauffähig« halten zu können, muss Sun dafür sorgen, dass in allen Implementationen ein für alle verbindlicher Standard eingehalten wird. Das Anliegen ist umso verständlicher, als Microsoft einen schwer gewichtigen Versuch unternommen hat, Java auf kompatibilitätsbrechende Weise zu verändern. Die beiden Unternehmen standen sich deshalb gerade vor Gericht gegenüber, als die SCSL verfasst wurde. Zur Wahrung der Einhaltung der Standards dienen zwei Mechanismen: Arbeitsausschüsse der beteiligten Organisationen und der JCK. Das *Java Compatibility Kit* ist ein komplexes Werkzeug, dessen Benutzung an eine eigene Lizenz und vor allem – da er so komplex ist – an einen kostspieligen Supportvertrag mit Sun oder zertifizierten Dritten gebunden ist (PAOLINI, 1998). Das sind nun keine Anforderungen mit denen die freie Softwarewelt üblicherwei-

Standardwahrung als Schließungsmechanismus ...

104 Suns ISSL-FAQ, http://soldc.sun.com/tools/licensefaq2.html (z.T. wörtlich aus dem FAQ von Netscape übernommen).

105 Die es in mehreren, geringfügig voneinander abweichenden Versionen gibt, für die Jini-SCSL s. http://www.sun.com/jini/licensing/scsl_jcp_v.1.6c_web.html

se zu tun hat. Mike Loukides gesteht Sun, bei aller Kritik an der SCSL, zu, dass es mit dieser Konstruktion auch auf die Angriffe von Microsoft antworte: »Das ist ein Problem, mit dem sich die Open Source-Community bislang noch nicht konfrontiert sah, und es ist nicht klar, wie ein vollständig offener Prozess reagieren würde. Was würde zum Beispiel geschehen, wenn Microsoft beschlösse, dass es in ihrem Interesse liegt, in Perl Inkompatibilitäten einzuführen und ihre Entwickler um diese privatisierte Version zu scharen. Ich glaube, dass das passieren wird – und zwar eher früher als später«(LOUKIDES, 12/1999).

... und als Schutz gegen Proprietarisierung

Sun vermeidet sorgfältig, die SCSL als eine »Open Source«-Lizenz zu bezeichnen. Weder sie noch die SISSL ist von der OSI als OSD-gemäß zertifiziert worden. Und auch die FSF identifiziert beide als inkompatibel mit der GPL. Wie Netscape möchte Sun das Beste aus der Welt der proprietären und der Open Source-Lizenzen vereinigen. Als Vorteile von Letzteren sehen Gabriel und Joy eine verstärkte Innovation, die Vergrößerung der effektiven Arbeiterschaft, verbesserte Qualität und eine schnellere Kommerzialisierung: »Eine teilnehmende Organisation kann die Früchte von Experten ernten, die nicht bei ihr angestellt sind« (GABRIEL/JOY, 1999). Auch der kommerzielle Vorteil ist deutlich. Sun wird die erste Adresse für Java und Jini bleiben: »Selbst wenn die Quellen offen liegen, bleibt der Mehrwert immer noch bei denen, die besonders qualifiziert mit ihnen umgehen können.« Und auch von den Lizenznehmern fließen Einnahmen zurück, nicht mehr, wie bislang, vor Beginn der Entwicklung, sondern in dem Moment, wo auch der Lizenznehmer mit seinen Produkten Geld verdient (vgl. PAOLINI, 1998).

Suns Lizenzen inkompatibel mit OSD und GPL

Die Community, die die SCSL vorsieht und schafft, besteht aus einer »entwickelnden Organisation« und »hinzukommenden Organisationen«. Freie Entwickler tauchen nicht auf, sind allenfalls als Lehrende und Studierende hoch willkommen. Wo die freien Lizenzen ein Netzwerk von Individuen im Auge haben, zielt die SCSL auf ein Netzwerk von Firmen: »So stützt sich z.B. die Lizenzierung der Jini-Technologie auf eine Gemeinschaft von Firmen, die Jini-Geräte bauen und verkaufen möchten. Sun Microsystems ist die ›entwickelnde Organisation‹, die die ursprüngliche Jini-Infrastruktur erfunden, entwickelt und aufgebaut hat« (GABRIEL/JOY, 1999).

Auch andere Softwareunternehmen entfernen sich stärker von Netscapes Lizenzmodell. So hat IBM seinen Jikes-Compiler unter die *IBM Public License 1.0*[106] gestellt, die der MPL ähnelt und von der OSI als OSD-

106 http://www.research.ibm.com/jikes/license/license3.html

Apples APSL

kompatibel zertifiziert worden ist. Kontroverser wurde die *Apple Public Source License* (APSL)[107] aufgenommen, die u.a. »Darwin« (den Kern von Mac OS X) und den *Darwin Streaming Server* (einschließlich QuickTime-Streaming) für registrierte Entwickler zugänglich macht. Mit ihrem Sonderstatus für das ausgebende Unternehmen ähnelt sie der NPL. Kontributoren müssen Apple eine unwiderrufliche Lizenz erteilen, die Copyright- und Patentrechte an ihren Modifikationen zu nutzen (Ziff. 3), gleichzeitig behält sich Apple vor, die APSL im Falle von Patentstreitigkeiten pauschal zu widerrufen (Ziff. 9.1.c). Modifikationen der Kontributoren müssen im Quellcode freigegeben und mit einem Onlineformular bei Apple angemeldet werden (Ziff 2.2.c), gleichzeitig behält sich Apple alle Rechte am Originalcode und an seinen eigenen Modifikationen vor und entbindet sich selbst bei deren Nutzung von seiner eigenen Lizenz (Ziff 11). Im März 1999 verurteilten Perens (der inzwischen die OSI verlassen und auf die Seite der FSF gewechselt war) und andere in einem offenen Brief[108] die Entscheidung der OSI, der APSL das OSD-Gütesiegel zu verleihen. Unter anderem wiesen sie darauf hin, dass erhebliche Teile des von Apple unter der APSL – und eigenem Copyright – veröffentlichten Code unwesentliche Modifikationen von Code aus der Berkeley Universität und der Carnegie-Mellon Universität seien. Diese sind vom Steuerzahler finanziert, stehen unter freien Lizenzen, und sollten deshalb von der APSL verschont bleiben. Raymond verteidigte die Entscheidung zunächst, doch schließlich wurde die Zertifizierung der APSL zurückgenommen.[109]

Apple versucht, fremden Code zu schützen

Die Lizenzkonstruktionen von Netscape, Sun, IBM und Apple weichen deutlich vom herkömmlichen proprietären Modell ab. Hier sei an den Unterschied zwischen »kommerzieller« und »proprietärer« Nutzung erinnert. Kommerzielle Software wird von Firmen entwickelt, die damit Geld verdienen wollen. Sie ist in der Regel proprietär, es gibt jedoch auch kommerzielle Software unter der GPL (z.B. GNU Ada) und ebenso nicht kommerzielle proprietäre Software. Streng genommen haben auch GPL-Programme einen *proprietarius*, einen Eigentümer, nämlich den oder die jeweiligen Copyright-Halter. Und auch die FSF hat keine Einwände dagegen, mit freier Software Geld zu verdienen – ganz im Gegenteil. Der Unterschied liegt in der Gewichtung. Priorität der FSF sind die Freiheiten. Priorität der genannten Unternehmen ist ein, wenn auch unge-

107 The Apple Public Source License 1.1, 19. April 1999, http://www.publicsource.apple.com/apsl/

108 Bruce Perens, Wichert Akkerman, Ian Jackson, The Apple Public Source License - Our Concerns, 16. März 1999, http://www.perens.com/APSL.html

109 Eric S. Raymond, OSI clarifies the status of the APSL, 17. März 1999, http://www.perens.com/APSL.html

wöhnliches, so doch unzweifelhaft auf Profitmaximierung zielendes Businessmodell.

Beide gleichen sich darin, dass sie eine Gemeinschaft von Entwicklern erzeugen, die Quellcode miteinander teilen und sich zu gegenseitiger Kooperation verpflichten. Bei den Kommerziellen wird man durch einen schlichten Mausklick auf den »Akzeptieren«-Knopf der Lizenz sowie gelegentlich durch eine Registrierung Mitglied in dieser In-Group. Unter den Kooperierenden gibt es hier eine Partei mit besonderen Vorrechten. Sun beispielsweise wird als Eigentümerin von Plattformtechnologie von deren Gedeihen in jedem Fall profitieren, selbst wenn es keine direkten Lizenzzahlungen bekommen sollte.

»Umzäunte Communities«

Für solche geschlossenen Gemeinschaften ist der Begriff »*Gated Communities*« geprägt worden. Tim O'Reilly erläutert ihn an einem Beispiel. Sein Unternehmen verwendet ein Softwarepaket für Verlage namens »CISpub«, ein proprietäres Produkt mit höchstens einigen Hundert Nutzern, die aber alle Zugriff auf den Quellcode haben und ihn aktiv weiterentwickeln. Der freie Austausch ist auf die Nutzerbasis beschränkt, um Nutzer zu werden, muss man CISpub käuflich erwerben. O'Reilly hält es auch für unwahrscheinlich, dass sich irgendjemand anderes dafür interessieren könnte: »Dies ist ein spezialisiertes Paket, in einer spezialisierten Sprache für einen spezialisierten Industriebereich« (O'Reilly, 5/2000). Den wichtigsten Vorteil sieht O'Reilly darin, dass umzäunte Gemeinschaften einen Weg darstellen, auf dem Open Source-Ethik und -Methodologie in die Welt des spezialisierten Business vordringen könne, zu denjenigen, die noch nicht bereit sind, vollständig den Open Source-Weg zu beschreiten. Im Übrigen schließe das Modell an die frühen Tage von Unix und IBM-Software an, in denen ebenfalls Lizenznehmer reichlich Code entwickelten und mit der Nutzerbasis teilten:

> *»Kurzum, wenn ›Gated Source Community‹ bedeutet, dass ich meine Änderungen nur mit anderen Lizenznehmern des Basispakets teilen kann, aber nicht mit Außenstehenden, bin ich immer noch dafür. [...] Damit das funktioniert, muss man Lizenzbedingungen verwenden, die es erlauben, die Modifikationen an andere Lizenznehmer zu verbreiten und öffentliche Repositorien für den beigesteuerten Code, Dikussionsforen, in denen die Anwender einander finden können, und andere Mechanismen zu unterhalten, die den Open Source-Entwicklern vertraut sind.*[110] *Es hilft auch, wenn man eine modulare Architektur hat, die es*

110 Collab.net hat sich, neben dem Hosting von Open Source-Projekten, auf solche umzäunten Gemeinschaften spezialisiert.

Leuten einfacher macht, Dinge hinzuzufügen, ohne mehr als nötig ändern zu müssen. [...] Der Begriff ›Gated Source Community‹ mag einige negative Konnotationen beinhalten, da er Exklusivität suggeriert, doch im Grunde bedeutet er nicht mehr, als dass Anwender einer bestimmten Software in die Lage versetzt werden, ihre eigene private Gemeinschaft für den Zugang und die gemeinsame Nutzung des Quellcodes zu bilden. Das ist ein sehr ansprechendes Szenario für die Anbieter wie die Kunden gleichermaßen« (ebd.).

O'Reilly nimmt dem negativen Beiklang weiterhin die Spitze, indem er auf die GPL-Community verweist:

Auch die GPL schafft eine »eingezäunte Gemeinschaft«

»Übrigens könnte man auch von der GPL (nicht jedoch von den BSD-artigen Lizenzen) sagen, dass sie eine Art umzäunte Gemeinschaft schaffe, da (theoretisch) nur diejenigen, die der Lizenz zustimmen, den Quellcode weiterverbreiten dürfen. Aufgrund der Lizenzbedingungen handelt es sich um eine missionarische umzäunte Gemeinschaft, die ständig bemüht ist, neue Mitglieder zu gewinnen. Dennoch bleibt sie für diejenigen verschlossen, die die Lizenzvereinbarung nicht befolgen möchten« (ebd.).

In der Tat stecken beide Modelle Territorien von Privat- und Kollektiveigentum ab. Gabriel/Joy sehen den Vorteil des Open Source-Modells (das, anders als »freie Software« keine »politischen Überzeugungen« darüber verkörpere, was Eigentum sein kann und was nicht) u.a. darin, dass »... es einen Selbstorganisationseffekt gibt, durch den die Grenzen zwischen proprietären Interessen und Gemeinschaftsinteressen laufend neu festgelegt werden« (GABRIEL/JOY, 1/1999). Diese Selbstorganisation nimmt in den Lizenzen Form an, was es umso plausibler erscheinen lässt, dass Debian seine Lizenz einen »Gesellschaftsvertrag« nennt.

Stallman schreibt (in seiner Kritik an der APSL): »Der Geist der freien Software ist es, dass wir eine Gemeinschaft bilden, um auf der Software-Allmende zu kooperieren.«[111] Diese Idee eines *Commons*, zu Deutsch »Allmende« oder genauer »Wissens-Allmende«, ist beim GNU-Projekt am konsequentesten durchdacht, das darauf zielt, einen vollstän-

111 Richard Stallman, The Problems of the Apple License, 1999, http://www.gnu.org/philosophy/apsl.html. Ebenso Moglen über die GPL: »Diese Ver-Wendung der Regeln des geistigen Eigentums, um eine Allmende im Cyberspace zu schaffen, ist die zentrale institutionelle Struktur, die dem Anarchismus zum Triumph verhilft.« (Maglen, 1999)

digen freien Softwarekorpus aufzubauen, der erlaubt, alles mit dem Computer zu machen. Wissen braucht, ebenso wie natürliche Ressourcen, Pflege und Weiterentwicklung, also Investitionen. Die werden im Falle einer Allmende von den Allmendgenossen getragen, hier der Community freier Entwickler. Zur Erhaltung und Pflege der gemeinsamen Investitionen werden bestimmte Nutzungen ausgeschlossen. Deshalb steht GNU-Software ausdrücklich nicht in der *Public Domain*, sondern schöpft den Eigentumsanspruch des Copyright voll aus. Auch das GNU-Projekt ist also ein geschlossener Wissensraum, eine *Gated Community*. Ihre Grenzen werden von der GPL abgesteckt. Die Vereinbarungen, die die Allmendgenossen unter sich treffen, nehmen bei Wissensgütern die Form von Lizenzen an. Wer sie akzeptiert und respektiert, gehört dazu. Wer gegen sie verstößt, wird automatisch von der Nutzung ausgeschlossen (die Verfallsklausel Ziff. 4 GPL). Die GPL ist der Maßstab, dem eine Lizenz genügen muss, damit eine Software in das GNU-Projekt aufgenommen werden kann, also die Grenze ins Innere der Allmende passieren darf.

Gesellschaftliche Potenziale freier Software

Wenn freie Software den Nutzern Vorteile bietet, übersetzt sich dies natürlich auch in volkswirtschaftliche Effekte. Zwei aus öffentlicher Sicht bedeutsame Bereiche sollen im Folgenden hervorgehoben werden: ihre Bedeutung in der Bildung sowie für ärmere Gruppen und Länder. Doch auch der öffentliche Sektor selbst beginnt freie Software zu nutzen. Nimmt man den Trend zu einer für den Bürger transparenteren Verwaltung mit weitgehendem Akteneinsichtsrecht hinzu, wie er sich in der aktuellen Diskussion um die Informationsfreiheitsgesetze in Deutschland und Europa ausdrückt, so könnte man fast von einem morphogenetischen Feld des quelloffenen Codes sprechen.

Ebenso wie Firmen geben auch Behörden neben praktischen Gründen für den Einsatz freier Software häufig an, dass sie die Abhängigkeit von einzelnen Herstellern vermeiden wollen: »Skandinavien, Deutschland und Frankreich sind die Länder, in denen Linux am weitesten verbreitet ist. Einige sagen, der Grund dafür sei, dass Unternehmen und Regierungen vermeiden wollen, zu abhängig von amerikanischen Produkten – sprich Microsoft – zu werden.«[1]

Wider die Abhängigkeit von Microsoft

Welche Folgen eine solche Abhängigkeit haben kann, zeigte sich 1998 in Island. Um seine Schrift in der digitalen Welt zu bewahren und lebendig zu halten, bat das Land Microsoft, eine Unterstützung für Isländisch in Windows zu implementieren. Es war sogar bereit, für diese Arbeit zu bezahlen, doch Microsoft sah den Markt als zu klein an und winkte ab. Ohne Zugang zum Quellcode und ohne das Recht, ihn zu modifizieren, ist das Land vollkommen abhängig von Microsofts Gnade.[2] Daraufhin wurde ein Projekt gestartet, die Sprachunterstützung in GNU/Linux zu implementieren, was dank seiner Freiheiten problemlos möglich war. Die öffentliche Verwaltung und viele Bürger migrierten auf das freie Betriebssystem. Die Modifikationsfreiheit führt dazu, dass freie Software in einem viel größeren Umfang lokalisiert wird als proprietäre.[3]

Der Staat als Marktregulierer hat die Aufgabe, Monopolauswüchse zu verhindern sowie kulturelle und Marktvielfalt zu gewährleisten. Immer

1 Kalle Dalheimer, zitiert in: Open Source Software in Europe, http://www.intraware.com/ms/mktg/indaa/itkc/osseurope.html

2 Vgl. Walsh, 1998; Vermeer, 1998.

3 Ein Projekt zur Lokalisierung von GNU/Linux in indischen Sprachen: http://www.freeos.com/indianlinux/; KDE Internationalization Page: http://www.kde.org/i18n.html; das Omega Typesetting System ist eine Modifikation des freien Satzsystems TeX, »dazu ausgelegt, alle Sprachen der Welt zu drucken – moderne und alte, weit verbreitete und seltene«: http://www.serg.cse.unsw.edu.au/DoSE/research.html

mehr seiner Institutionen setzen diese Aufgabe auch in ihrer eigenen Praxis um. In Finnland gibt es bereits Behörden, die komplett mit GNU/Linux arbeiten. In Frankreich soll Quelloffenheit zum Ausschreibungskriterium für Softwarebeschaffung werden.[4] Ähnliche Initiativen gibt es in Dänemark, Brasilien und Polen. In Deutschland setzen sich u.a. das Bundeswirtschaftsministerium, das Bundesamt für Sicherheit in der Informationstechnologie (BSI) sowie die Koordinierungs- und Beratungsstelle der Bundesregierung für Informationstechnik (KBSt) für den Einsatz freier Software ein. Der KBSt-Brief vom Februar 2000 spricht ein klares Votum dafür aus und gibt praktische Handreichungen (KBSt-Brief, 2/2000). Auf der Konferenz »Effizienter Staat 2000« im April des Jahres wurde von einer Dienststelle mit 260 Mitarbeitern berichtet, die durch die Umstellung auf GNU/Linux gegenüber einer NT-Lösung fast 50 000 Mark eingespart hat (vgl. Gehring, 6/2000). Um auch privaten Awendern in den verschiedensten Branchen freie Software näher zu bringen, legte das Bundesministerium für Wirtschaft und Technologie im März 2001 die Broschüre »Alternative Betriebssysteme. Open-Source-Software. Ein Leitfaden für kleine und mittlere Unternehmen« vor. Auch der EU-Kommissar für die Informationsgesellschaft, Erkki Liikanen, kritisiert die Nichtverfügbarkeit des Sourcecodes kommerzieller Produkte, stellte eine Bevorzugung offener Software bei Ausschreibungen in Aussicht und empfahl die Förderung von Open Source-Projekten.[5]

Behörden setzen auf freie Software

Freie Software in der Bildung

Computerbildung mit proprietärer Software heißt unweigerlich, dass die Schülerinnen und Studierenden wenig mehr lernen, als Menü-Punkte zu bedienen. Mit einem mächtigen modularen Betriebssystem wie Unix dagegen lernen sie ebenso unweigerlich viel über die Funktionsweisen eines Computers. Durch die Offenheit der Quellen können sie diese studieren. Mehr noch erlaubt es die Lizenz, mit ihnen zu experimentieren, Änderungen vorzunehmen und dann zu schauen, ob die neu kompilierte Software das tut, was man erwartet hat. Vor allem autodidaktische Neigungen werden von quelloffener Software angeregt und gefördert.

4 Vgl. Lettice, 10/1999. Die beiden Gesetzentwürfe: http://www.senat.fr/grp/rdse/page/forum/texteloi.html; eine öffentliche Debatte dazu im Forum: http://www.senat.fr/Vforum/5/forum.html

5 Vgl. z. B. seine Keynote Speech auf der Tagung »European Approach Information Security Solutions«, Berlin, 4. Oktober 1999, http://europa.eu.int/comm/dg03/speeches/liikanen/EL041099.html

Die Unabhängigkeit von einzelnen Herstellern und die Vermittlung von Computerkenntnissen als Kulturtechnik und nicht nur als Kompetenz, die Software einzelner Hersteller bedienen zu können, sieht auch Peter Bingel als seinen Bildungsauftrag. Der Lehrer an der Gemeinschaftshauptschule Pennenfeld in Bonn Bad-Godesberg engagiert sich besonders für die Vernetzung der einzelnen Initiativen an Schulen untereinander und mit der Gemeinschaft der freien Software allgemein. »Freie Software schafft, so denke ich, einen informationellen Freiraum. Entscheidend ist, dass sie für jeden verfügbar und zu besitzen ist und mit ihrer Hilfe ein von kommerziellen Interessen unabhängiger Raum entsteht. Und ich denke, dieser freie Raum ist besonders für den Bildungsbereich wichtig. [...] Allein durch freie Software ist man in der Lage, sich informationstechnologisch von der Vorherrschaft einiger weniger *Global Players* zu lösen.«[6] Bingel warnt insbesondere vor der Kommerzialisierung der Wissensbasis durch das Engagement von Firmen wie Microsoft, Apple, IBM und Sun im Bereich von Lernsoftware und bei der Errichtung kommerzieller Bildungsangebote.

Er schätzte Mitte 1999, dass deutlich über zehn Prozent aller deutschen Schulen GNU/Linux einsetzen. Heute dürfte die Zahl höher liegen. Häufig geht das auf die Eigeninitiative einzelner Lehrer zurück, die sich die notwendigen Kenntnisse in ihrer Freizeit aneignen. Unterstützung, eine Übersicht über die für Schulen geeignete Software und Hilfe finden sie bei dem von Bingel mitgegründeten Verein *Freie Software und Bildung* (FSuB).[7] Dort findet sich unter dem Stichwort »Software« eine Vielzahl von Programmen, die weite Teile nicht nur des Informatikunterrichts abdecken. Auch spricht er den Vorteil für Schüler an, eine grafische Oberfläche in ihrer Heimatsprache zu benutzen, wenn deren Muttersprache nicht Deutsch ist. Nur freie Software erlaubt es außerdem, den Schülerinnen Kopien der Programme mit nach Hause zu geben.

Initiativen für freie Software an Schulen

Die Zahl der für den Unterricht einsatzfähigen Programme wächst beständig. Durch die Aktivitäten von SEUL[8] in den USA, von OFSET[9] in Frankreich, von den Entwicklern des KDE-Projekts[10], durch die Aktivitäten des FSuB und PingoS[11] sowie durch die der *Open Web School*[12] (die letzten drei in Deutschland beheimatet) werden zunehmend nicht nur

6 Peter Bingel, in: WOS 1, 7/1999.
7 http://fsub.schule.de
8 S. http://wwwseul.org/edu/
9 S. http://www.ofset.org/
10 S. http://women.kde.org/projects/reviews/edutainment.html
11 Die PingoS-Organisation bietet vor allem Schulen Hilfe vor Ort durch ihre Mitglieder, s. http://www.pingos.schulnetz.org/
12 S. http://www.openwebschool.de

Programme für den Unterricht entwickelt, sondern auch Nischen wie Zeugnisdruck, Bundesjugendspiele oder Schulbuchausleihe abgedeckt. Nicht zu vergessen sind die vielfältigen Aktivitäten von Red Escolar in Mexico,[13] Brasilien, Singapur und neuerdings auch in Polen, die alle dafür sorgen, dass ein freies System wie Linux immer mehr Schülern vom Bildschirm entgegenblickt.

kmLinux

Im Jahr 2000 entschloss sich das Land Schleswig-Holstein zu einem ungewohnten Schritt. Am dortigen Landes-Bildungsserver wurde zum Einsatz auf dem Schülerdesktop kmLinux[14] entwickelt und an alle weiterführenden Schulen des Landes verschickt. Dabei handelt es sich um eine aus der Schachtel zu installierende, fertig vorkonfigurierte und mit zahlreicher Schulsoftware ausgestattete Distribution, die mittlerweile in der Version 2 vorliegt. Die Erstausgabe von 5 000 Exemplaren war innerhalb weniger Monate vergriffen. Während das Land Schleswig-Holstein die eigenen Schulen kostenlos damit ausstattet, werden Schulen im übrigen Bundesgebiet auf Wunsch über den FSuB beliefert. Nicht unerwähnt bleiben soll auch die Vielzahl der javabasierten Applikationen, die systemunabhängig auch auf Linux-Rechnern ihren Dienst tun. Als Beispiel sollen hier nur die Java-Applets von Walter Fendt[15] aufgeführt werden. Weitere Applets, vor allem für den Physikbereich, finden sich im Internet zuhauf.

Der c't – ODS Schul-Server

In der Regel wird GNU/Linux in der Schule aber bisher als Server eingesetzt. Bundesweit dürfte die Zahl der unter GNU/Linux laufenden Schulserver die der Windows-Server übersteigen. So gibt es bereits seit 1998 auf die Belange der Schulen zugeschnittene, kostenlose Linux-Server, die als Blackbox-Systeme auch von Computerneulingen in der Lehrerschaft eingerichtet und bedient werden können. Mittlerweile ist es so, dass z.B. eine Stadt wie Bonn alle Schulen mit Rechnern ausstattet – wobei die Server prinzipiell unter Linux laufen, es sei denn, die Schule wünscht explizit etwa anderes, was aber äußerst selten der Fall ist. Andere Städte, u. a. im Ruhrgebiet, haben nachgezogen. Dabei sind die GNU/Linux-Server-Lösungen sogar so erfolgreich, dass sie als innovative Lösungen erste Preise einheimsen. So geschehen im Februar 2001, als die Bertelsmann-Stiftung den Server der Zeitschrift *c't* und des offenen Deutschen Schulnetzes (ODS) als beste Schul-Serverlösung aufs Siegerpodest hob. Er wird hauptsächlich von Reiner Klaproth in Dresden[16] ent-

13 S. http://redsec.linux.org.mx/ siehe auch folgender Abschnitt »Freie Software in den Nicht-G8-Ländern«

14 S. http://www.lernnetz-sh.de/kmlinux/

15 S. http://home.a-city.de/walter.fendt/

16 S. http://www.sn.schule.de/~klaproth

wickelt, über die Zeitschrift *c't* vertrieben und ist viele Tausend Mal im Einsatz. Diesen ersten Preis teilte sich der c't-ODS-Server mit einer bayerischen Schülergruppe, die für ihre Schule eine auf GNU/Linux basierte Netzwerklösung entwickelte. Der dritte Preis (einen zweiten gab es nicht) ging an den GEE-Server,[17] eine auf einer Standard-Linux-Distribution von A. Leonhardt und W. Mader an der Gesamtschule Eiserfeld entwickelte Serverlösung, die auch schon etliche Hundert Male im Einsatz ist. Selbst proprietäre – und leider recht teure – Schul-Server-Lösungen unter Linux gibt es, z.B. Easy-Admin. Der Markt ist also da, und der Einsatz von freien Lösungen wie GNU/Linux im Bildungsbereich wächst.

Bildungsministerium für offene Plattform

In Europa hat man hier und da mittlerweile auch in politisch höheren Kreisen die Bedeutung einer eigenständigen Softwareindustrie und eines freien Zugangs zu Informationen erkannt. Dies geht allerdings nicht ohne das Fundament einer entsprechenden Bildung. Bundesbildungsministerin Edelgard Bulmahn möchte die Entwicklung von Software im Bildungsbereich fördern und hat dazu ein Förderprogramm ins Leben gerufen: »Neben dem zu erwartenden Verbreitungs- und langfristigen Nutzungsgrad der Software sind die technische und didaktische Qualität sowie der Innovationsgehalt der Entwicklungen für eine Förderung und deren Höhe ausschlaggebend. Dabei spielen auch die in Verbindung mit dem Inhaltsangebot parallel zu entwickelnden neuen Konzepte für zugehörige Dienstleistungen (spezifische Info-Angebote für Lehrerinnen und Lehrer, Nutzer-Hotline, Updates, etc.) und kooperative Ansätze über eine offene Plattform gerade im Schulbereich eine entscheidende Rolle.«[18]

Auffallend ist in dem obigen Zitat der Begriff »offene Plattform«. Das BMBF drückt sich vorsichtig aus. Offene Plattformen, auf denen Programme entwickelt werden und laufen, gibt es jedoch nicht sehr viele. Dass auch an höherer Stelle erkannt worden ist, dass zur eigenen Entwicklung unbedingt der freie Zugriff auf Wissen gehört und die eigene Entwicklung nur durch diese freie Verfügbarkeit gesichert ist, lässt hoffen. In der sich abzeichnenden neuen Wissensordnung könnte freie Software ebenso wie andere öffentliche Wissensgüter tatsächlich eine hohe Priorität erlangen. Die Schaffung einer »Gesellschaft, in der wir leben wollen« (Richard Stallman), ist ganz wesentlich auch eine bildungspolitische Aufgabe.

17 S. http://www.gesamtschule-eiserfeld.de/gee/index.html

18 Zitat von der Homepage des BMBF, http://www.bmbf.de/

Freie Software in den Nicht-G8-Ländern

Eine weitere, besonders betroffene Nutzergruppe sind die weniger Betuchten dieser Welt. Der offenkundigste Vorteil für sie liegt darin, dass Softwarekosten gespart werden können. Aber auch bei der Hardware ist es nicht erforderlich, den Hase-und-Igel-Wettlauf mitzumachen, bei dem die neueste Software nach der neuesten Hardware verlangt und umgekehrt. GNU/Linux und andere freie Software wird in Versionen entwickelt, die ältere Hardware einsetzbar macht. Ein Intel-386er, eine Rechnergeneration, die kommerzielle Nutzer längst ausgemustert haben, genügt den meisten heutigen Anforderungen. Das erlaubt es Organisationen wie der *Computer Bank*, Hardwarespenden von Firmen, Behörden und Privatleuten entgegenzunehmen, sie mit freier Software auszustatten und an diejenigen umzuverteilen, die sich selbst solche Rechner nicht leisten können. *Computer Bank* ist ein australisches Projekt, das Niedrigverdienende, Community-Gruppen und benachteiligte Schulen mit alten Rechner ausstattet.[19]

Alte Hardware nutzbar machen

Ende 1998 gab die mexikanische Regierung Pläne für ein *Scholar Net Program* bekannt, das in den folgenden fünf Jahren GNU/Linux an 140 000 Schulen im ganzen Land mit fast 20 Millionen Schülern einführen wird. Die mexikanischen Schüler sollen Web- und E-Mail-Zugang erhalten, mit Textverarbeitung und Tabellenkalkulation vertraut gemacht werden und im Computerraum ihre Recherchen und Hausaufgaben machen können – umso wichtiger in einem Land, in dem nur eine verschwindend kleine Minderheit einen Computer zu Hause hat. Parallel dazu bietet ein Projekt für eine digitale Bibliothek den Schülern die Möglichkeit, auf Lehrbücher im Netz zuzugreifen. Die Wahl von GNU/Linux begründete der Projektleiter Arturo Espinosa Aldama damit, dass die Kosten für kommerzielle Software nicht tragbar gewesen wären. Eine Microsoft-Lösung hätte das Land 124 Millionen Dollar gekostet. Nicht allein das Budget sprach für die Einführung von GNU/Linux, sondern auch die bessere Verlässlichkeit, Anpassungsfähigkeit und Effizienz im Vergleich zu proprietärer Betriebssystem-Software.[20] *Scholar Net* schließt Fernunterricht über Fernsehen (RED EDUSAT) und E-Mail ein. Schulen und Schüler erhalten E-Mail-Adressen und persönliche Webseiten. Koordiniert wird das Projekt von der *Universidad Nacional Autónoma de México* und dem *Instituto Latinoamericano de la Comunicación Educati-*

GNU/Linux an alle Schulen Mexikos

19 http://www.computerbank.org.au/ mit Links auf ähnliche Projekte in Kanada, Frankreich und den USA.

20 Vgl. Gabriel Moreno, Linux, el nido nacional del cómputo, Publi.com-News, 17. Nov. 1998, http://www.publi.com/news/1998/1117/x06.htm

va. Das Geld stammt von der Regierung und aus Spenden. In der ersten Phase hat das Projekt eine GNU/Linux-Distribution (mit Servern wie Sendmail, httpd, diald und Squid, und für die Workstations GNOME-Applikationen wie gwp, gnumeric und Netscape) namens »Red Escolar«[21] zusammengestellt und sie bei den Bildungsbehörden und Schulen in den einzelnen Bundesländern bekanntgemacht. Möchte eine Schule von dem Angebot Gebrauch machen, erhält sie in der nächsten Phase Unterstützung bei der Installation auf der vorhandenen Hardware sowie Training. Espinosa ist über die Rückendeckung durch die Behörden erfreut: »Wir hatten mit einigem Widerstand von Seiten der Entscheidungsträger gerechnet, aber aufgrund der Aufmerksamkeit, die GNU/Linux in der Computerpresse allgemein genießt, wird GNU/Linux jetzt von der Universität als gangbare Alternative angesehen, und wir werden akzeptiert, weil wir etwas vorweisen können.«[22] Im Bildungsministerium denkt man bereits über die nächste Phase nach, in der die Entwicklung von Bildungssoftware im Vordergrund stehen soll.

Malaysia: Freie Gruppen helfen einander

Während in Mexico und Brasilien die Regierung diesen Kurs fördert, gehen die ersten Schritte in die freie Software meist auf Graswurzelinitiativen zurück, wie das folgende Beispiel aus Malaysien zeigt. Die Vereinigung der von der Erbkrankheit Thalassaemie Betroffenen war mit der Bitte an die malaysische *Open Source Group* herangetreten, ihnen bei der Errichtung einer E-Community zu helfen. Geld aus einem staatlichen Förderprogramm war in Aussicht gestellt, doch Papier ist geduldig. Statt dessen fand sich ein 155er Pentium mit 500 MB Festplatte – nach allen Standards auch das schon wenig mehr als Computerschrott. Darauf installierte die Gruppe das schlanke FreeBSD, dazu Apache, Majordomo, Sendmail, Bind und Perl. Damit hatte die Community eine Web-Site, Mailinglisten, ein webbasiertes Diskussionsforum und ein Formular, um sich für Veranstaltungen zu registrieren.[23] Sobald das Geld eintrifft, werden sie die Hardware und das Informationsangebot erweitern. Die *Open Source Group* wird der Gemeinschaft dabei helfen, das System selbst zu unterhalten und dann zu einer anderen hilfsbedürftigen Non-Profit-Gemeinschaft weiterziehen.

Von einem Beispiel aus der höheren Bildung in der Türkei berichtet Emre Demiralp (vgl. DEMIRALP, 1998). Im Fachgebiet Elektrotechnik der technischen Universität Istanbul wurde 1998 eine Version des türkischen GNU/Linux (Turkuvaz) entwickelt. Bis 1991 standen den Studen-

21 http://redesc.linux.org.mx/
22 Red Escolar FAQ #6, http://redesc.linux.org.mx/en/faq.html
23 S. http://tam.org.my

ten elf PCs zur Verfügung. Es gab dauernd Probleme mit Viren und Systemzusammenbrüchen. Ab 1992 stand ein Sun-Rechner zu Verfügung. Über das Mailbox-System BITNET wurde die Leitung des Fachbereichs auf ein neues Betriebssystem namens GNU/Linux aufmerksam. Die Software war kostenlos und es gab genug Informationen im Internet. Die Angehörigen der Universität stellten jedoch fest, dass die Administration der Rechner keine leichte Aufgabe war. Sie ist zeitintensiv, und es war fast unmöglich, mit wenigen Administratoren Hunderte von Studenten zu betreuen. Da es zu teuer war, Fachkräfte für die Systempflege einzustellen, wurden Studenten als Administratoren gewonnen. Sie sollten die Systeme warten und konnten zugleich mehr lernen. Heute sind schätzungsweise 100 Studenten an der Pflege des Systems beteiligt. Sie opfern ihre Freizeit, um ihr Wissen zu erweitern, wodurch sie bei ihrem Abschluss eine zusätzliche Auszeichnung erhalten können. Außerdem werden Informationen über GNU/Linux und verwandte Themen gesammelt und den Studenten zur Verfügung gestellt. Alle zwei Monate wird auch ein türkisches Online-Magazin publiziert. Mittlerweile bestehen die Rechnerpools aus 70 Pentium 166ern, von denen 50 unter Linux laufen. Die Wartung wird durch die Studierenden vorgenommen. Das System selbst wird von etwa 500 Studenten rund um die Uhr genutzt. Die längste Zeit ohne einen Crash waren 90 Tage.

GNU/Linux in der Türkei

Afrika hat die geringste Durchdringung mit Computern und Internet. Während 1995 nur acht afrikanische Staaten über einen Internetzugang verfügten, waren es Ende 1997 immerhin schon 42, und seit 1999 sind alle Länder Afrikas, außer Somalia, am Internet.[24] Die Bandbreite wird in den nächsten Jahren unter anderem mit Hilfe neuer Satelliten und eines Unterwasser-Glasfaserkabels, das den gesamten Kontinent umspannt, erheblich erweitert. Nazir Peroz, Sprecher der Fachgruppe »Informatik und Dritte Welt« der Gesellschaft für Informatik und Dozent an der TU Berlin, berichtete, dass GNU/Linux an Universitäten in Simbabwe, Äthiopien und Mosambik verwendet wird, vor allem da es sich um ein robustes Betriebssystem handelt. Peroz' Ansprechpartner in sind zwar an freier Software interessiert, scheitern jedoch oft an grundlegenden Problemen der Informatikausbildung und der Ausstattung der Universitäten. Neben den technischen Bedingungen sind Wissen und Bildung Voraussetzungen für eine Teilhabe an der globalen Informationsgesellschaft. Die Informatikausbildung an afrikanischen Hochschulen sei zu

Internationale Zusammenarbeit mit Afrika

24 Information & Communication Technologies (ICTs), »Telecommunications, Internet and Computer Infrastructure in Africa« gab im August 2000 an, dass 53 der 54 afrikanischen Länder und Territorien in ihren Hauptstädten Internetzugang hätten, http://www3.sn.apc.org/africa/

wenig praxisorientiert. Hier sieht Peroz Herausforderungen für den Informationstechnologie-Transfer. In der Arbeitsgruppe *Computer Information Transfer* (AG-CIT) unterstützt er afrikanische Dozenten und Studierende über das Internet bei Informatikfragen. So arbeitet die AG-CIT z. B. mit dem Fachbereich Informatik der Universität Simbabwe in Harare zusammen.[25]

GNU/Linux-Eigenentwicklungen in China

Einen gewaltigen Zulauf könnte freie Software in China erhalten. Mit einer Zuwachsrate von zehn Millionen verkauften PCs pro Jahr nimmt die Computerisierung dort rasch zu. Da eine Kopie von Microsoft Windows zu einem Preis verkauft wird, der einem halben Jahreslohn eines Arbeiters entspricht, handelt es sich bei der verwendeten Software überwiegend um nicht autorisierte Kopien. In diesem Segment herrschten bislang Microsoft-Betriebssysteme vor, obgleich sie der Handhabung chinesischer Schriftzeichen nicht besonders entgegenkommen. Am Softwareinstitut der Chinesischen Akademie der Wissenschaften wurde im Juni 2000 die erste chinesischsprachige 64-Bit-Version von GNU/Linux vorgestellt. Während bei Windows vier bis sechs Tasteneingaben nötig sind, um ein Zeichen aufzurufen, benötigt das neue *Chinese 2000* der Wissenschaftsakademie nur durchschnittlich 2,5 Tasteneingaben. Federal Software, der größte Softwarevertreiber des Landes, verkaufte 1999 sein chinesisches GNU/Linux in beinahe 200 000 Exemplaren, etwa 200 Mal häufiger als das chinesische Windows. Federal bietet denjenigen »Bluepoint-Linux« zum Preis von 10 Yuan (2 US-Dollar) an, die eine Kopie illegaler Software aushändigen. Verschiedene wichtige Regierungsbehörden beschlossen, das einheimische »Red Flag Linux« einzusetzen. Auch Red Flag wurde an der Wissenschaftsakademie in Zusammenarbeit mit Compaq entwickelt (vgl. Dwyer, 2000).

Ein Gutteil der primären Ressourcen der Welt liegt in den ärmeren Ländern des »Südens«. Das Eigentum an Wissen und Kapital, und damit die Ausbeutung dieser Ressourcen dagegen konzentriert sich im »Norden«. Das traditionelle Wissen des Südens, z. B. über Pflanzenheilkunde, wird ohne Kompensation enteignet, um die Informationsverarbeitungsmaschinerie des Nordens zu speisen. Wo in ärmeren Ländern Computer verfügbar sind, ist häufig auch »kostenfreie« proprietäre Software zu haben, doch die kann man nur unter der Gefahr der Einschüchterung und Verfolgung durch Unternehmen und Polizei verwenden. Vor allem die WIPO und die WTO stehen für eine aggressive Agenda der Durchsetzung von geistigen Eigentumsrechten in aller Welt. Freie Software bietet auch in dieser Hinsicht eine bessere Alternative.

25 Vgl. Nazir Peroz, in: WOS 1, 7/1999.

Freie Software für Gesundheitssatelliten

SatelLife[26] ist eine internationale *Non-Profit*-Organisation, die die Kommunikation im Gesundheitswesen in den Entwicklungsländern verbessern hilft. Sie hat dazu ein umfassendes Netz aus Funk, Telefon und dem niedrig fliegenden Satelliten HealthSat-2 errichtet. HealthNet ist ein Mailboxnetz, das das FidoNet-Protokoll verwendet. Die Software für seine Satelliten-Gateways und die Bodenstationen hat SatelLife auf der Basis von GNU/Linux entwickelt.

> *»Zuerst einmal mussten die Mitarbeiter von SatelLife Technologien finden und meistern, die billig genug für Anwender in den ärmsten Ländern der Welt sind und gleichzeitig lebenswichtige medizinische Daten schnell und zuverlässig übermitteln können. Die Organisation hatte nicht die finanziellen Mittel einer IT-Abteilung eines Großunternehmens für den Hard- und Softwarekauf, sodass sie freie Open Source-Software benutzte, um Anwendern Diskussionsgruppen bereit zu stellen. Und weil das Internet an Bedeutung stets zunimmt, musste SatelLife sicherstellen, dass Anwender ohne Internet-Browser trotzdem Informationen über das Internet bekommen können. Man griff, wann immer möglich, auf gebrauchte Hardware zurück und vertraute auf den Rat von Forschungsinstituten und Diskussionsgruppen, statt auf teure Beratungsfirmen.«*[27]

Freie Software für eine nachhaltige Entwicklung

Nicht nur NGOs, sondern auch die »große« Entwicklungspolitik hat sich der *Digital Divide*[28] angenommen. Das *Third World Network of Scientific Organizations*, aber auch Organisationen wie die UNESCO, die Weltbank (InfoDev) und USAID betreiben Initiativen, um die IT-Infrastruktur, Ausbildung und Forschung in Entwicklungsländern zu verbessern und die Kooperationen zu fördern. Das *United Nations Development Programme* (UNDP) betreibt seit 1992 das *Sustainable Development Networking Program* (SDNP), eine Initiative zur Förderung der lokalen wie der Internet-Netzwerkinfrastruktur in Entwicklungsländern. Hier soll den Menschen geholfen werden, Wissen für eine nachhaltige Entwicklung miteinander auszutauschen. »Informations- und Kommunikationstechnologien sind heute grundlegend für die Lösung aller Entwicklungsfragen in den sich entwickelnden Ländern und relevant für alle Haupttätigkeitsfelder des UNDP. Sie sind ein Kerninstrument für die Erzielung einer nachhaltigen menschlichen Entwicklung und eines, das es Entwicklungsländern er-

26 http://www.healthnet.org/
27 http://www.data.com/issue/981021/people.html
28 http://www.DigitalDivideNetwork.org/

möglicht, in das 21. Jahrhundert zu springen.«[29] Corel[30] und Red Hat statten das Programm mit ihren GNU/Linux-Distributionen aus. Auch die UNESCO verbreitet kostenlose GNU/Linux-CD-ROMs an wissenschaftliche, Bildungs- und Community-Projekte in Lateinamerika:

> *»Wir glauben, dass Linux eine sehr wichtige Rolle beim Modernisierungsprozess in Lateinamerika und in der Karibik spielen und Netzwerke errichten helfen kann, die es einer großen Zahl von Universitäten, Colleges, Schulen und Bildungszentren ermöglichen, am Internet teilzunehmen und dank dieses fabelhaften Werkzeugs ihr wissenschaftliches und kulturelles Niveau zu verbessern. Kurz, Linux ist das Mittel, um die technologische Kluft zwischen den Ländern abzubauen. Linux bietet Zugang zur ›Informatik der fortgeschrittensten Länder‹ in einer Form, die den eingeschränkten wirtschaftlichen Fähigkeiten in unserer Region entgegenkommt. Linux ist eine neue Art der Informatik, bei der ›die technische Qualität und die Solidarität der Menschen‹ das Wichtigste ist.«*[31]

Auf der Tagung »*Colloque Inforoute et Technologies de l'Information*« im Oktober 1997 in Hanoi ebenso wie auf der von der UNESCO in Zusammenarbeit mit dem *International Council for Science* organisierten »World Conference on Science« im Juni 1999 in Budapest spielte die Bedeutung von freier Software für die Teilhabe am technologischen Fortschritt eine wichtige Rolle. Freie Software macht keine Hungernden satt, aber sie kann helfen, den Wissens- und Kommunikationsraum von Internet und Computer zu eröffnen.

---

29 http://www.sdnp.undp.org/home.html; einen guten Nachrichtenüberblick zu freier Software nicht nur in Entwicklungsländern bietet: http://www.sdnp.undp.org/perl/news/articles.pl?do=browse&categories=10

30 http://www.corel.co.za/pressroom/august_10b.html

31 http://www.unesco.org/events/latin/cd_linux_ing.html

Wirtschaftliche Potenziale freier Software

> *»Die Linux-Community, eine temporäre, selbstverwaltete Zusammenkunft unterschiedlichster Individuen die einer gemeinsamen Aufgabe nachgehen, ist ein Modell für eine neue Art von wirtschaftlicher Organisation, die die Grundlage für eine neue Art der Ökonomie bilden könnte.«* (Harvard Business Review, September 1998)

Die Bewegung der freien Software mag auf den ersten Blick als eine Abweichung vom allgemeinen Marktgeschehen erscheinen. Auf den zweiten wird man sie für einen »Rückfall« in den ursprünglichen Zustand der Softwarebranche vor Beginn ihrer Kommodifizierung halten können. Noch genaueres Hinsehen fördert dann jedoch eine Reihe von Korrespondenzen und Strukturähnlichkeiten zu Trends der »offiziellen« Ökonomie zutage.

Wandel in den Wirtschafts- und Management-theorien

Seit den 60er-Jahren wird hier ein Strukturwandel von der Industrie- und Warengesellschaft hin zur Informations- und Dienstleistungsgesellschaft attestiert. Information wird anstelle von Materie und Energie zur zentralen industriellen Ressource und Ware. Als einen Wendepunkt nannte der *Club of Rome* in seiner Studie »Grenzen des Wachstums« das Jahr 1970. Die Indikatoren für stofflichen Reichtum, die bis dahin mit dem Bruttoinlandsprodukt korrelierten, entwickeln sich seither umgekehrt proportional: je reicher ein Land, desto geringer der stoffliche Anteil an diesem Reichtum. In dem Maße, in dem das Internet zur Infrastruktur der Wirtschaft wird, werden die Grenzen zwischen Unternehmen und die zwischen Nationalökonomien fließend. »Virtuelle Unternehmen« bestehen aus nicht mehr als einem Planungskern, der für die Dauer eines Projekts Kooperationen mit anderen eingeht und Leistungen nach Bedarf von außen zukauft.

Jeremy Rifkin sagt in seinem neuen Buch das Verschwinden des Eigentums voraus, dessen Besitz durch den Zugang (»Access«) zu Dingen und Wissen ersetzt werde:

Zugang und Nutzung statt Eigentum

> *»Unternehmen sind in diesem Übergang vom Besitz zum Zugang schon ein Stück vorangekommen. In einem gnadenlosen Wettbewerb verkaufen sie ihren Grundbesitz, verschlanken ihr Inventar, leasen ihre Ausstattung und lagern ihre Aktivitäten aus; sie wollen sich von jeglichem immobilen Besitz befreien. Dinge, und zwar möglichst viele, zu besitzen, wird in der an Schnelligkeit und Flexibilität orientierten Wirt-*

> *schaft des neuen Jahrhunderts als überholt und lästig betrachtet. In der heutigen Geschäftswelt wird fast alles geliehen, was ein Unternehmen zu seinem Betrieb braucht«* (RIFKIN, 2000).

Den gleichen Trend sieht er bei den Verbrauchern:

> *»Zwar werden niedrigpreisige haltbare Dinge auch weiterhin gekauft und verkauft werden, teurere Objekte jedoch, Geräte, Autos oder Häuser, werden zunehmend von Anbietern gehalten werden, die den Konsumenten über zeitlich befristete Leasing- oder Mietverträge, Mitgliedschaften und andere Dienstangebote Zugang und Nutzung gewähren«* (ebd.).

Informationsarbeit: Ideal ...

Und was wird aus der materiellen Produktion, der Landwirtschaft und den nicht informationellen Dienstleistungen? Die technokratische Antwort ist vorhersehbar: Hier werde die menschliche Arbeitskraft zunehmend von intelligenten Maschinen ersetzt. 2050, so prophezeit Rifkin, würden nicht mehr als fünf Prozent der erwachsenen Bevölkerung benötigt, um die herkömmlichen Betriebe in Gang zu halten. Die übrigen 95 Prozent – falls es eine Vollbeschäftigung geben sollte – würden dann, so suggeriert er, in der Informationsökonomie arbeiten, vor allem in der Kulturindustrie, die die letzte Stufe des Kapitalismus darstelle. Wie die Arbeitsbedingungen im Herzen der Hightech-Industrie, im Silicon Valley, heute aussehen, umreißt Netzaktivist Florian Schneider so:

... und Wirklichkeit

> *»›Nettokratie‹ ist eine der jüngsten Wortschöpfungen, die den Blick auf die soziale Zusammensetzung der Informationsgesellschaft lenken soll. Den von Arthur Kroker schon 1994 zur ›virtuellen Klasse‹ erhobenen Entrepreneurs steht ein Heer von Netzsklaven gegenüber, die sich bei den Start-Ups in den Silicon-Somethings verdingen [...] Die Arbeitskräfte, sagt Andrew Ross, der als Direktor des American Studies Program an der New York University[1] die Situation im Silicon Valley untersucht hat, seien zur Hälfte Werkvertragsarbeiter, die vor allem darauf angewiesen seien, dass ihre Aktienanteile steigen. Das Durchschnittseinkommen liege mit 50 000 US-Dollar ungefähr bei der Hälfte dessen, was in den alten Medien verdient werde. Bemerkenswert ist, dass ausgerechnet Künstler mit ihrem flexiblen und selbstlosen Arbeitsethos das Rollenmodell für die ›freiwillige Niedriglohn-Armee‹ abgeben. Der ›Glamour der Boheme‹ kommt nach Ross einer Einladung zur Unterbezahlung gleich. Dass die ›New Economy‹ aber nicht nur hochqua-*

1 http://www.nyu.edu/gsas/program/amerstu/corefac.html

lifizierte Jobs hervorbringt, sondern vor allem Unmengen von vergleichsweise banalen Tätigkeiten wie Telefonieren, Pizza-Bringen oder Saubermachen schafft, wird in den gegenwärtigen Debatten gewöhnlich unterschlagen.«[2]

Auf der Konsumentenseite sieht der führende deutsche Mikroökonom Norbert Szyperski durch Online-Auktionen den Markt sich in einen »Basar« im eigentlichen Sinne verwandeln: Die Güter haben keine feste Ausschilderung, alle Preise werden ausgehandelt. Mit dem neuen Ort des Marktes entstehen neue Regeln, neue Verhältnisse zwischen Anbieter, Käufer und Ware sowie neue Fragen: »Wie kann man ein geschäftliches Vertrauensverhältnis in dieser Medienwelt etablieren, wie man das üblicherweise mit seinen Stammlieferanten oder Stammkunden haben konnte? ... Wie macht man internationale Kleingeschäfte? Welche Rechte gelten da?«[3]

Von Verkauf zu Lizenzierung

Verschiebt die auf Informationstechnologie gestützte Ökonomie den Schwerpunkt von materiellen zu immateriellen Gütern, so verschiebt sich gleichzeitig der vom Verkauf von Werkstücken hin zur Lizenzierung von Nutzungen: »Heute schon gibt das reiche obere Fünftel der Weltbevölkerung für den Zugang zu kulturellen Erlebnissen genauso viel aus wie für Fertigerzeugnisse und Dienstleistungen« (RIFKIN, 2000). Mit diesem Wandel geht auch der vom Produkt zum Prozess einher. Bislang wurde eine Software als Werkzeug angesehen, das – zumindest bis zum nächsten → *Upgrade* – statisch bleibt. Nach dem neuen Verständnis steht auch im kommerziellen Teil der Branche die Implementierung, die laufende Anpassung und die Mitarbeiterschulung im Vordergrund. Software könnte statt als Produkt als eine Dienstleistung zur Generierung, Distribution, Manipulation und Archivierung von Informationsflüssen verstanden werden. Perry Barlow schrieb 1994 in seinem, zum Klassiker gewordenen Aufsatz »*The Economy of Ideas*«, Information sei eine Aktivität, eine Lebensform und eine Beziehung (BARLOW, 1994). Diese Aussage ist der freien Softwarebewegung wie auf den Leib geschneidert.

Von Produkt zu Prozess

Wird also die GNU/Linux-Commmunity, wie die Zeitschrift *Harvard Business Review* schrieb, zum Modell einer neuen Art von Ökonomie? Ist sie die Avantgarde eines generellen Stukturwandels oder nur ihr Nutznießer? Oder ist sie das Trüffelschwein, das im Möglichkeitsraum des Internet stöbert und dabei Schätze hervorholt, von denen sich die kapitalis-

2 Florian Schneider, Subject: [rohrpost] tulpenwahn, 7. Juni 2000, http://www.nettime.org/rohrpost.w3archive/200006/msg00029.html

3 Norbert Szyperski, in: WOS 1, 7/1999.

tische Maschinerie nimmt, was sie zu ihrer Verjüngung braucht? Oder ist im Grunde das, was die freie Softwarewelt macht, dasselbe, was seit den 80er-Jahren auch in den Unternehmen geschieht?

Eine allgemeine Tendenz zu Dezentralisierung, Abbau von Hierarchien und offenen Systemgrenzen ist auf jeden Fall nicht zu übersehen. Globalisierung und Flexibilisierung der Wirtschaftsstrukturen sind vielfach verzeichnete Trends. Die Projekte der freien Software übertreffen jede management- und organisationstheoretische Vision an Dezentralisation, lockerer Kooperation und zwangloser Koordination. Genauso wie die Frage nach dem »Standort« eines multinational operierenden Unternehmens wenig Sinn macht, kann man auch von den Softwareprojekten nicht sagen, sie seien amerikanisch, deutsch oder sonstwie nationalstaatlich zuzuordnen. Ihr Standort ist das Internet.

Von Konsumenten zu Koproduzenten

Auch das Konzept vertikaler Kooperation ist der Wirtschaft nicht fremd. Der »Wertschöpfungspartner auf der Nachfrageseite«, wie es im Ökonomenjargon heißt, also die Anwenderin, wird zur »Koproduzentin«:

> *»Die freie Mitwirkung ist etwas, was praktisch wie eine Epidemie durch die gesamte dienstleistende und wissensintensive Industrie hindurchgeht. Nicht umsonst versucht man Kooperation und* Competition, *also Wettbewerb, auch begrifflich in Cooptition zu fassen, weil wir nicht mehr so scharf sagen können: Wer ist eigentlich mein Gegner oder mit wem mache ich gemeinsame Entwicklung und mit wem treffe ich mich nur beim Vertreter, möglicherweise beim Kunden, als Konkurrent? Koproduktion ist der Begriff für die Dienstleistung schlechthin. Wenn Sie heute z. B. das Gesundheitswesen neu diskutieren, sprechen Sie nicht mehr über die Frage: Was sollte der Arzt mit dem Patienten tun, wenn der in die Klinik oder in die Sprechstunde kommt? Sondern wir gehen davon aus, dass derjenige, der noch leben will, selber Koproduzent seiner Gesundheit sein muss.«*[4]

Softwareanwender, die ein Programm benutzen, testen, Fehler zurückmelden und Verbesserungsvorschläge machen, sind Koproduzenten, ob von Microsoft-Windows oder von GNU/Linux. Wie oben gezeigt,[5] ist nicht einmal die Kooperationsgemeinschaft oder, wie hier vorgeschlagen, die Allmendgenossenschaft ein Privileg der freien Software. Auch herkömmliche Unternehmen errichten und pflegen ihre *Gated Communities*. Bliebe also die Frage nach dem Preis.

---

4 Szyperski, in: WOS 1, 7/1999.

5 Siehe Kapitel »Open Source-Lizenzen aus Unternehmen«.

> *»Traditionell bestimmt sich der Preis einer Ware aus den Faktoren Angebot und Nachfrage. Da die Freie Software per Definition beliebig kopiert und verteilt werden darf, und weil die Reproduktion im Zeitalter von CD-ROM und Internet mit keinen nennenswerten Kosten verbunden ist, wird das Angebot beliebig groß. Der Preis für die Software muss demnach selbst bei überwältigender Nachfrage beliebig klein werden. In der Realität befindet er sich tatsächlich auf dem Niveau des Selbstkostenpreises für die Reproduktion. Einen Internetanschluss vorausgesetzt, ist Freie Software ohne zusätzliche Kosten erhältlich«* (HETZE, 1999).

Information will kostenlos sein

Die nahezu kostenlose Distributionsmöglichkeit gilt auch für proprietäre Software, doch die ist eben in der Regel nicht kostenlos. Es ist gerade der *Free Beer*-Aspekt der freien Software, der gestandenen Ökonomen Rätsel aufgibt. Meist ordnen sie das Phänomen zunächst dem Marketing zu. Freie Software entspräche demnach einem Werbegeschenk, das Kunden für andere Produkte oder Dienstleistungen gewinnen soll, etwa einem Mobiltelefon, das in der Erwartung kostenlos abgegeben wird, dass die Grund- und Verbindungsgebühren über den Vertragszeitraum hinweg nicht nur die Kosten des Gerätes, sondern einen Profit darüber hinaus einspielen.[6] Auch Rifkin sieht dies als einen generellen Trend: »Im klassischen Industriezeitalter wollten Unternehmen vorrangig ihre Produkte verkaufen; kostenlose Servicegarantien setzten Kaufanreize. Heute ist dies geradezu umgekehrt. Immer häufiger geben Unternehmen ihre Produkte buchstäblich umsonst ab: Sie hoffen statt dessen auf langfristige Servicebeziehungen zu ihren Kunden« (RIFKIN, 2000).

Freie Software als Werbegeschenk für Dienstleistungen?

Solche Mechanismen findet man an zahlreichen Stellen in der emergierenden Internetökonomie. Kostenlos zugängliche Information in Form von redaktionell erstellten Magazinen, aufbereiteten Portalen und thematischen Diskussionen generiert eine Aufmerksamkeit, die in Form von Bannern, Listen potenzieller Kunden und anderen Mechanismen an die Werbeindustrie verkauft werden kann. Information wird zur Markteinführung und zum Betatesten eine Zeit lang kostenlos angeboten, um dann Gebühren dafür zu erheben. Proprietäre Software wird als Demoversion mit eingeschränkter Funktionalität oder Laufzeit verschenkt, um zum Kauf der Vollversion zu locken. Client-Software (Web-Browser, Viewer und Player für Text-, Audio- und Video-Formate) wird kostenlos abgegeben, um Informationsanbieter zu bewegen, die Editier- und Serversoftware für diese Formate zu erwerben. Klassische Werbegeschenke,

6 Vgl. Szyperski, in: WOS 1, 7/1999.

wie kleine Werkzeuge oder Spiele, sollen Kunden auf Webseiten locken und helfen, einen Firmen- oder Markennamen zu etablieren.

Dabei handelt es sich natürlich nicht um freie Software. Weder ist hier der Quellcode verfügbar, noch darf er modifiziert werden. Doch mancher Nutzerin mag es gleich sein, ob ihre Programme von Microsoft oder von der FSF kommen, solange sie nur kostenlos sind. Auch freie Software wird in diesem Marketingsinne als Ergänzung zur Aufwertung von proprietären Produkten verwendet. So wird beispielsweise der Apache-Webserver von IBM zusammen mit dessen Serversystemen vertrieben. Für SCO-Unix gibt es die *Skunkware-CD*, auf der freie Software für dieses Betriebssystem verteilt wird. Computerfachbücher und Zeitschriften enthalten als Zugabe CDs mit freier Software.

Ein anderes »Geschenkmodell« benutzen Unternehmen, die den Quellcode bestehender oder neuer Software freigeben.[7] Gründe dafür können sein, dass sie ein neues Produkt in einem saturierten Marktsegment einführen und dazu Aufmerksamkeit generieren, dass sie Entwicklerressourcen aus der freien Szene einbinden wollen oder, dass ihr Business-Plan sich nicht auf den Verkauf von Software, sondern von Dienstleistungen stützt. Es handelt sich dabei also um traditionelle Firmen, deren Aktivitäten in den Bereich der freien Software hineinragen, während umgekehrt die freie Softwareszene sich geldökonomische Tätigkeitsfelder erschließt.

Information ist ihre eigene Belohnung

Werbegeschenke haben, im Gegensatz zu reiner Werbung, einen Gebrauchswert. Sie werden kostenlos abgegeben und auf anderen Wegen, letztlich vom Käufer der beworbenen Ware, bezahlt. Die freie Software wäre in Analogie das Geschenk, das die Dienstleistungen (Distribution, Support usw.) bewirbt, deren Bedingung sie zugleich ist. Die Analogie findet darin ihre Grenzen, dass Werbegeschenke in einer engen geldökonomischen Schleife von »Geschenk« und erhofftem Ertrag desjeniegen stehen, der das Geschenk vorfinanziert. Freie Software lebt jedoch weiterhin wesentlich davon, dass die Menschen Arbeit in sie stecken, die die Reproduktion ihrer Arbeitskraft anderweitig sichern können.

Bei allen Ähnlichkeiten bleibt der zentrale Unterschied: Freie Software wird nicht aus pekuniären Gründen erstellt. Perry Barlow schrieb 1994 unter der Zwischenüberschrift »Information ist ihre eigene Belohnung«:

> *»Und dann gibt es da das unerklärliche Vergnügen an Information selbst, die Freuden des Lernens, Wissens und Lehrens; das seltsame gute*

7 Siehe Kapitel »Open Source-Lizenzen aus Unternehmen«

Gefühl, wenn Information in einen herein und aus einem heraus kommt. Mit Ideen zu spielen ist ein Zeitvertreib, für den Menschen bereit sind, eine Menge Geld auszugeben, wenn man sich den Markt für Bücher und Seminare anschaut. Wir würden für solche Vergnügungen wahrscheinlich noch mehr Geld ausgeben, wenn wir nicht so viele Gelegenheiten hätten, für Ideen mit anderen Ideen zu bezahlen. Das erklärt viel von der kollektiven ›freiwilligen‹ Arbeit, die die Archive, Newsgroups und Datenbanken im Internet füllt. Seine Bewohner arbeiten also keineswegs ›umsonst‹, wie weithin angenommen wird. Sie werden vielmehr in einer anderen Währung als Geld bezahlt. Es ist eine Ökonomie, die fast vollständig aus Information besteht. Das könnte die vorherrschende Form des Handels zwischen Menschen werden, und wenn wir fortfahren, die Wirtschaft strikt auf einer monetären Grundlage zu modellieren, könnten wir gründlich in die Irre geführt werden« (Barlow, 1994).

Gelderwerb und Selbstentfaltung sind zwei vollkommen verschiedene Modi des Handelns

Dass Menschen Dienstleistungen lieber mit Gegenleistungen als mit Geld bezahlen, motiviert auch die Tauschringe, die in vielen deutschen Städten und andernorts sprießen. Sie sind dem Phänomen der freien Software noch am ehesten verwandt in der gemeinsamen Überzeugung, dass es neben dem Geld noch andere würdige Werte gibt: »Nichts zerstört die Idee von Gemeinschaft schneller als sie mit einem Preisschild zu versehen« (Lewis 7/2000). Auch bei »Oekonux«, einer Gruppe, die über die Ökonomie von GNU/Linux diskutiert, herrscht die einhellige Auffassung, dass sich Geld und freie Entfaltung gegenseitig ausschließen:

»Der Aspekt des ›Nichtkommerziellen‹ [...] oder der Entwicklung außerhalb von Verwertungszusammenhängen wie ich das nennen würde, ist IMHO [in my humble opinion; meiner bescheidenen Meinung nach] *der entscheidende Aspekt. [...] Wenn* ›free beer‹ *für Verwertungsfreiheit steht, dann bin ich auch für free beer, so hat's Stallman allerdings nicht gemeint. Warum verwertungsfrei? Nur außerhalb solcher Verwertungszusammenhänge (sprich: außerhalb von Lohnarbeit) ist wirkliche Entfaltung des kreativen Menschen möglich. Das hat auch Eric Raymond erkannt, irgendwo auf seiner Seite zitiert er Untersuchungen, aus denen hervorgeht, das Menschen viel unproduktiver sind, wenn sie ›für Geld arbeiten‹ als wenn sie* ›for fun‹ *sich entfalten. Verwertung und Entfaltung ist ein unaufhebbarer Widerspruch!«*[8]

8 Stefan Meretz, Posting auf oekonux@mikrolisten.de, 14 Dec 1999, http://www.oekonux.de/liste/archive/msg00206.html

Dennoch: Man kann mit freier Software Geld verdienen

Auch wenn es ein Widerspruch ist: Während sich viele mit freier Software entfalten, verdienen einige damit ihr Geld. Eine frühe Analyse der Nutzungsschritte frei weiterverbreitbarer Software und der jeweiligen Möglichkeit von Einkünften findet sich bei Peter Deutsch (1996). Die wichtigsten Chancen für Softwarearbeiter sieht er in der Unterstützung von Anwendern bei Installation und Bedienung sowie bei Anpassung und Erweiterung. Da der Quellcode offen ist, bieten sich dazu auch für Dritte Gelegenheiten, die bei proprietärer Software auf den Hersteller und lizenzierte Partner beschränkt sind. Deutsch weist auch auf die unter Gewinngesichtspunkten widersprüchliche Position der Autoren hin. Es sei in ihrem Interesse, rasch unfertige Software mit mangelhafter Dokumentation zu verbreiten, da dadurch ihre Chancen für Dienstleistungen stiegen. Ist die Software von guter, stabiler Qualität und gut dokumentiert, sei der Bedarf nach Support minimal, besonders, da sich freie Software meist an Entwickler richte. Reine Anwendersoftware gebe es nur in sehr geringem Umfang. Tatsächlich sei aus diesen Gründen die Supportindustrie derzeit (1996) verschwindend klein. Ihm sei nur eine Firma bekannt, die einen jährlichen Umsatz von mehr als einer Million Dollar hat, nämlich Cygnus. Deshalb erwartete er, dass mehr Autoren versuchen werden, in Form von Shareware oder einer Doppellizenzierung mit freien *Not-for-profit-* und parallelen kommerziellen Versionen eine Entschädigung zu erhalten. Aus der Sicht eines kommerziellen Distrubutors sei freie Software kein besonders profitables Geschäft. Selbst ihre Leistung, Programme ausfindig zu machen, könne durch immer ausgefeiltere Suchmaschinen überflüssig werden. Sein Fazit: »Die Erträge, die Autoren ausschließlich mit Lizenzen für ›Frei Redistibuierbare Software‹ [FRS] erzielen können, und die Art der Erwartungen der Endnutzer machen es unwahrscheinlich, dass funktional reiche endnutzerorientierte FRS anders denn als Shareware geschrieben wird. Das Modell der FRS kann jedoch für stärker auf Entwickler ausgerichtete Applikationen gut funktionieren. Es wird interessant sein, zu beobachten, wie FRS und Nicht-FRS im neu entstehenden Bereich der wieder verwendbaren Komponenten gegeneinander abschneiden« (ebd.). Die Bewegung ist inzwischen auf dem besten Wege, Deutschs erste Einschätzung zu widerlegen. Seine Frage nach den Komponentenarchitekturen bleibt jedoch weiter interessant.

Eine ähnliche Lagebeschreibung lieferte im selben Jahr Jim Kingdon (12/1996), der vorher für Cygnus und die FSF gearbeitet hatte und zu der Zeit bei Cyclic Software beschäftigt war. Cygnus (heute Red Hat) mit damals 50 Beschäftigten und das kleinere Startup Cyclic (heute OpenAve-

Fünf Wege Geld zu verdienen

nue[9]) waren die frühen Vorzeigebeispiele für erfolgreiche Geschäftsmodelle mit freier Software. Kingdon nennt außerdem das X Window-Firmenkonsortium, das damals etwa 25 Personen beschäftigte, und die FSF, für die acht Angestellte arbeiteten. Als Supportdienstleister erwähnt er Yggdrasil und als Distributor Red Hat. »Fünf erfolgreiche Wege, Geld zu verdienen, sind: Auftragsprogrammierung von Portierungen und neuen Features, Supportverträge, Schulungen, Consulting/Anpassung und Telefonsupport.« Er beschreibt sie ausführlich und gibt Beispiele aus der Zeit. Seine Folgerung: »Leute in freien Softwarefirmen können durchaus ihren Lebensunterhalt verdienen. Und freie Softwarefirmen müssen keineswegs die Gemeinschaften der Anwender und Kontributoren hemmen, die in vielen Projekten der freien Software eine so gewichtige Rolle gespielt haben.« Was die Endnutzersoftware betrifft, ist Kingdon optimistischer als Deutsch: »Software für Computer-Hacker ist erst der Anfang« (KINGDON, 12/1996).

Der wirtschaftliche Aufstieg der freien Software

Seither hat die freie Software eine gewaltige Dynamik entfaltet. Heute gibt es die unterschiedlichsten Hybridformen in einer wachsenden Grauzone zwischen Open Source und E-Commerce. Auch *Venture Capital* und das schnelle Geld der Börsengänge sind im Spiel. Zu den spektakulärsten Ereignissen von 1998 gehörte der oben erwähnte Deal zwischen IBM und der Apache-Gruppe, bei dem die IBM-Anwälte entsetzt fragten, wie sie denn einen Vertrag mit einer Website schließen sollten. Die Phase der Unschuld ist lange vorüber. Spätestens nach dem überaus erfolgreichen Börsengang von Red Hat im August 1999 strömte das Geld in alles, was einen Pinguin (das Maskottchen von GNU/Linux) trug. Im Dezember 1999 brach VA Linux Systems alle Rekorde, als die 30-Dollar-Aktie am ersten Tag für ganze 300 Dollar gehandelt wurde. Die Höchstmarke unter allen IPOs stand bei 606 Prozent am ersten Tag, VA trieb sie auf 697,50 Prozent. Im Januar 2000 zog TurboLinux Investitionen in Höhe von 50 Millionen Dollar von Dell, Compaq, Toshiba, NEC u.a. an, nachdem zuvor bereits Intel zugeschlagen hatte. Intel hat ebenfalls in Red Hat und SuSE investiert. Caldera Systems bekam 30 Millionen Dollar und meldete sein IPO an. LinuxCare bekam 32 Millionen Dollar von Sun. Covalent, Support-Anbieter für Apache, hat eine Finanzspritze von fünf Millionen Dollar erhalten und der kommerzielle Supporter Linuxcare eine von 30 Millionen Dollar. Zu den Investoren gehören Dell und Oracle.

Börsenrausch

Börsenwerte und Risikokapitalinvestitionen sind zu einem erheblichen Teil Psychologie. Ein anderer Indikator für das wirtschaftliche Potenzial der freien Software sind seine Marktanteile. Da freie Software oh-

9 http://www.cyclic.com/

ne Registrierung installiert und kopiert werden kann, gibt es keine genauen Zahlen über die Installationen oder die Nutzer. Näherungszahlen liefern automatische Verfahren, um die benutzte Software von im Internet sichtbaren Host-Rechnern abzufragen. Nach einer Erhebung vom Juni 2001 liefen 29 Prozent aller erfassten Rechner mit öffentlichen Webseiten, etwa 8,4 Millionen, auf GNU/Linux.[10] Bei der Serversoftware liegt freie Software mit dem Apache bei 62 Prozent stabil auf Platz eins.[11] Für GNU/Linux gibt es außerdem eine freiwillige Selbstregistrierung, den *Linux Counter*,[12] der im Juli 2001 auf über 182 000 stand. Harald T. Alvestrand schätzt aufgrund dieser Angabe und weiterer Indizien die weltweite Zahl der GNU/Linux-Nutzer auf 15 Millionen.[13] Zu den meisten anderen Projekten liegen keinerlei Anhaltspunkte vor.

Marktanteile

Schließlich kann man sich mit der Frage, wieviel Geld sich mit freier Software verdienen lässt, an die Wirtschaftsberatungsbranche wenden. Eine Studie des Investment-Dienstleisters *WR Hambrecht + Co* im Mai 2000 kam zu dem Ergebnis: »Unsere Schätzung: im Jahr 2003 mehr als zwölf Milliarden Dollar. Die Erträge aus dem Markt für Linux-Produkte und -Dienstleistungen werden voraussichtlich mit einer jährlichen Wachstumsrate von 90 Prozent in die Höhe schießen, von zwei Milliarden Dollar im Jahr 2000 auf mehr als zwölf Milliarden Dollar in 2003. [...] Obgleich die Ertragsmöglichkeiten, die Firmen darstellen, die sich auf Linux-Produkte und -Dienstleistungen konzentrieren, groß erscheinen mögen, sind wir der Ansicht, dass diese Schätzungen erst der Anfang sind« (Patel, 5/2000). Vor allem mit der weiteren explosiven Ausbreitung des Internet und dem Anbruch einer mobilen und Post-Desktop-Ära sieht die Studie ein mögliches lawinenartiges Anwachsen des freien Softwaremarktes voraus.

Marktprognosen

Diese Erwartung mag ein Jahr später als überoptimistisch erscheinen, doch wird deutlich, dass freie Software ein Marktvolumen in einer

10 Netcraft, das einen laufenden Web Server Survey durchführt, gibt für Juni 2001 an, dass von 29,3 Millionen erfassten Webservern auf 28,5 Prozent GNU/Linux lief. An erster Stelle mit 49,2 Prozent lagen Microsoft-Betriebssysteme (Windows2000, NT4, 95). (http://www.netcraft.co.uk/survey/) Der *Internet Operating System Counter*, der leider nicht fortgeführt wird, stellte im April 1999 unter 1 465 124 abgefragten Hosts mit den Adressen ›ftp‹, ›news.‹ and ›www.‹ fest, dass weltweit 31,3 Prozent (399 748) mit GNU/Linux betrieben wurden. Unter der Länderdomäne .de lag der GNU/Linux-Anteil bei 42,7 Prozent (197 670). Die BSD-Familie lag weltweit bei 14,6 Prozent (186 385), in .de bei 8 Prozent (36 858). (http://www.leb.net/hzo/ioscount/)

11 Weit abgeschlagen das nachfolgende Microsoft-Produkt IIS mit 20,5 Prozent, Netcraft, op.cit.

12 http://counter.li.org/

13 Harald T. Alvestrand, Estimating the number of Linux users, http://counter.li.org/estimates.html

Größenordnung hat, die sich durchaus mit den mehr als sechs Milliarden Dollar Einnahmen messen kann, die Microsoft im Jahr 2000 erzielte. Doch hatte Stefan Meretz nicht geschrieben, dass Verwertung und Entfaltung in einem unaufhebbaren Widerspruch zu einander stünden? Und Lewis, dass nichts eine Community schneller abtöte, als sie mit einem Preis zu versehen? Dass mit einem Mal hunderte Millionen Dollar in einen sozialen, technischen, kreativen Prozess fließen, in dem Geld bislang nur eine sehr eingeschränkte Rolle spielte, wird ihn ohne Frage verändern. Die bislang zu beobachtenden Folgen waren ambivalent. Auf der positiven Seite sind Einrichtungen wie *Sourceforge*[14] von VA Linux und das *Red Hat Community Center*[15] zu nennen, mit denen Unternehmen aus der freien Software wertvolle Ressourcen für die Community zur Verfügung stellen. Problematischer scheint sich das Verhältnis zu traditionellen Softwareunternehmen zu gestalten, wie die Spannungen zwischen Corel und KDE zeigen.[16] Der Markt steht auf der sozialen Bewegung. Ob er auch mit ihr fällt, ob die traditionelle Softwareindustrie sich an den Prozessinnovationen und der Kultur der Hacker erneuert und welchen Weg die Bewegung einschlagen wird, wie sie sich erneuern und zugleich ihre Werte an die nächsten Generationen vermitteln kann, muss sich noch zeigen.

Ambivalentes Verhältnis von Wirtschaft und sozialer Bewegung

Im Folgenden werden die wirtschaftlichen Potenziale freier Software aus Sicht der verschiedenen beteiligten Akteure betrachtet, der Anwender, der Dienstleister (Distributoren und Systemhäuser), der Autoren und der Handbuchbranche.[17]

Anwender von freier Software

Hauptgewinner sind die Anwender, die den Gebrauchswert der Programme erhalten. Ob private Anwender oder Systemverwalter, sie können sich aus dem Pool freier Software selbständig bedienen und von den Vorteilen

14 http://sourceforge.net/

15 http://www.Red Hat.com/apps/community/; inzwischen umgeformt in das *Center for the Public Domain*, http://www.centerforthepublicdomain.org/

16 Als Corel im Sommer 1999 seine Debian-basierte GNU/Linux-Distribution mit KDE auslieferte, hatte es Namen von Applikationen geändert, das Aussehen soweit als möglich an Windows 95/98 angepasst und seinem KDE ein Corel-Copyright verpasst. Seither scheint seine Beteiligung am KDE-Projekt durch einen eigens dafür angeheuerten Interface-Designer darauf zu zielen, KDE in eine Corel genehme Richtung zu lenken; vgl. Powell, 6/2000a.

17 Weitere Informationen und Erfolgsstories auf den »Business«-Seiten von linux.de: http://www.linux.de/business/; weitere praxisorientierte Informationen und Beispielrechnungen finden sich in BMWi 2001.

wie Flexibilität, Stabilität, Investitions- und Betriebssicherheit profitieren. Kooperative Hilfe finden sie im Internet sowie bei den Distributoren und anderen Dienstleistern. Freie Software bietet die Chance, sich von proprietären Anbietern zu emanzipieren und sich selbst zu qualifizieren. Sie fordert zum Ausprobieren und zum Lernen heraus. Dabei vermittelt sich durch freie Software neben dem Wissen über die Anwendung auch das Wissen über die zu Grunde liegende Technologie. Die Gängelung durch herkömmliche Industriepraktiken macht nicht nur eigene Modifikationen unmöglich, sondern kann schon die reguläre Anwendung eines Produktes schwierig machen, wie eine Erfahrung der Tageszeitung *taz* zeigt: »Wir hatten das Problem, dass wir unser NT-Netzwerk vernünftig backupen wollten und feststellten, dass wir überhaupt keine vernünftige Dokumentation darüber bekommen, wie ich das jetzt eigentlich machen kann. Man muss ein NDA unterschreiben und bekommt dann unter Umständen die Hinweise – das weiß man vorher gar nicht genau. Und wenn man dann daraus etwas entwickelt, kann ich das noch nicht einmal weitergeben.«[18] Dagegen erlaubt freie Software eine individuelle Anpassung und Weiterentwicklung durch eigene Mitarbeiter oder externe Dienstleister. Die Integration in bestehende Systeme und die Herstellung von Interoperabilität mit anderen freien oder proprietären Lösungen ist möglich.

die tageszeitung: Alle Arbeitsplätze unter GNU/Linux

Die *taz* setzt offene Software seit mehr als zwölf Jahren ein, als erstes im Bereich der Mail-, News-Domain-Name- und Webserver sowie den gesamten GNU-Tools. Die EDV läuft seit etwa 1995 unter GNU/Linux. Die Systemadministratoren und Softwareentwickler Ralf Klever und Norbert Thies begannen mit einem kleinen System von Slackware, das sie nach und nach bis zum heutigen Stand ausbauten. Den Ausschlag für GNU/Linux gab die Tatsache, dass die Firewall-Software im Quelltext verfügbar ist. Damals begann man, im Internet vorsichtiger zu werden und zwischen das eigene Firmennetz und das Internet eine Schutzmauer zu errichten. Anders als bei einem anonymen, proprietären Produkt, konnten die *taz*-Entwickler hier den Quelltext überprüfen und genau feststellen, wie die Filter funktionieren.

Heute laufen in der *taz* alle Systeme von den Entwickler- und Administrationsarbeitsplätzen über das Archiv bis zu den Arbeitsplätzen in der Redaktion unter GNU/Linux. Etwa 140 GNU/Linux-Workstations sind im Einsatz. Im Textarchiv laufen jeden Tag 2 000 Agenturmeldungen ein, die direkt indiziert und in die Redaktionen verteilt werden. Das Textarchiv der *taz* selbst beinhaltet die Volltexte von mehr als zwölf Jahren, da die Zeitung nahezu seit ihrer Gründung die Texte elektronisch archiviert

---

18 Klever, in: WOS 1, 7/1999.

hat. Der Fotodatenbank, die mit WAIS *(Wide Area Information Servers)* indiziert wird, werden pro Tag 500 Bilder hinzugefügt. Klever betont, dass das System zuverlässig und rund um die Uhr laufe. Es müsse nur alle halbe Jahre um einige Gigabyte an Festplatten erweitert werden. Auch das Redaktionssystem ist eine Eigenentwicklung. Es ist als Intranetlösung realisiert worden und läuft als Module von Apache und als Dämonen, die im Hintergrund die Texte verwalten.

Klever beziffert die Softwarekosten für einen Arbeitsplatz mit etwa 70 Mark, die sich aus den beiden letzten proprietären Produkten ergeben, die hier eingesetzt werden, die Office-Software und das Layout-System. Über freien Ersatz wird bereits nachgedacht. Die Softwarekosten pro Server belaufen sich auf exakt null Mark. Alle Programme stammen aus dem Internet und werden im Haus angepasst und erweitert. Die Stabilität und Zuverlässigkeit von GNU/Linux im Serverbereich ist nach Einschätzung der beiden *taz*-Entwickler hoch. Firewall und Webserver laufen drei bis vier Monate ohne Neustart durch. Auch die Desktops seien leicht zu administrieren, Updates werden einfach auf die einzelnen Workstations gespielt. Neben der sehr guten Verfügbarkeit und Testmöglichkeit hebt Klever die Qualität und den guten Support für freie Software hervor. Durch ihre weite Verbreitung im Internet werden Fehler schnell bekannt und behoben. In den Newsgroups oder direkt von den Entwicklern bekomme man sehr schnell kompetente Antworten auf seine Fragen. »Das sind alles Aspekte, die uns proprietäre Betriebssysteme und Software in dieser Form nie hätten geben können.«[19]

Babcock: GNU/Linux ist ideal zur Integration von heterogenen Netzen

Zu denselben Ergebnissen, wenn auch aus einem ganz anderen Wirtschaftszweig, kommt Bernd Driesen, Leiter der Datenverarbeitung bei Babcock.[20] Das Unternehmen Babcock-BSH befasst sich mit der Planung und Konstruktion von Anlagen, Apparaten und Komponenten der Verfahrenstechnik vor allem in der chemischen, der Nahrungsmittel- und der Pharmaindustrie. Driesen sieht GNU/Linux als ein ideales System, um die verschiedenen Rechnerwelten des Unternehmens miteinander zu verbinden. RS/6000-Rechner mit dem IBM-Unix AIX dienen als CAD-Arbeitsplätze. Die übrigen 120 Arbeitsplätze sind Windows-PCs an einem Novell-Netzwerk. Früher mussten die CAD-Zeichnungen umständlich und fehlerträchtig per FTP zwischen den beiden Welten ausgetauscht werden. Mit Samba und heute dem Netware-Emulator »Mars« unter Linux erscheinen den PC-Nutzern die Unix-Dateisysteme einfach als ein weiteres Netzlaufwerk.

19 Klever und Thies, Fachgespräch 7/1999 & WOS1, 7/1999.

20 Driesen, in: WOS 1, 7/1999.

Für die Installation der Windows-PCs verwendet Driesen eine einzige Linux Boot-Diskette. Darauf befindet sich ein komplettes GNU/Linux mit allen wichtigen Funktionalitäten. Dadurch, dass GNU/Linux beim Booten automatisch die richtige Netzwerkkarte findet, hat der Rechner nach dem Starten einen direkten Zugriff auf den Supportserver. Von dort wird dann eine vorbereitete Windows-Installation eingespielt. Innerhalb von etwa einer halben Stunde lässt sich so ein komplettes laufendes Windows-System, mit allen Standardprogrammen, den wichtigsten Netzwerkdruckern, Internet-Browser usw. installieren. Ferner ist GNU/Linux bei Babcock als Router vom lokalen Netz ins Internet und als Firewall im Einsatz. Als Proxy-Server dient Squid und als Webserver im Intranet der Apache. Nachteile von freier Software hat Driesen in all diesen Einsatzgebieten noch keine festgestellt. Abstürze habe es bisher keine gegeben. Die meisten Dienste liefen monatelang absolut störungsfrei durch.

Freie Software ist kostengünstig

Freie Software ist kostengünstiger. Einer Studie des Wirtschaftsberatungsunternehmens Gartner zufolge betragen bei Internetprojekten die Kosten für Softwarelizenzen im Schnitt nur etwa zehn Prozent der Investitionen.[21] Mit anderen Worten, auch wenn die Software gebührenfrei beschafft werden kann, sind die gesamten Betriebskosten (*Total Cost of Ownership*) natürlich nicht gleich null. Cygnus, die erste Firma, die kommerziellen Support für GNU-Software anbot, warb entsprechend mit dem Slogan »Wir machen freie Software erschwinglich«. Doch auch Installation und Wartung kosten weniger als bei vergleichbaren kommerziellen Produkten. Wie in jede neue Software müssen sich die Anwender zunächst einarbeiten. Die Einstiegshürde ist hier zum Teil größer als bei proprietärer Software, doch führt die Offenheit zu einem höheren Maß an Verständnis dafür, wie die Software arbeitet. Alle folgenden Anpassungen und Entwicklungen sind daher mit weniger Aufwand verbunden. Bei einem Wechsel der Hardware oder der Plattform können die erworbenen Kenntnisse weiterverwendet werden. Das bedeutet eine Unabhängigkeit von den Herstellern und damit eine hohe Investitionssicherheit. Ein weiteres Beispiel aus der Erfahrung der *taz*:

Hardwareinvestitionen verloren, weil die proprietäre Software sie nicht mehr unterstützt

> *»Ich muss nicht, wenn ich eine Plattform oder das Betriebssystem-Release wechsle, eine neue Lizenz vom Softwarehersteller kaufen oder habe Beschränkungen, wie sie z. B. bei Sun-Maschinen sehr üblich sind, dass sie abhängig sind von einem Motherboard, und die Software nur auf dem Board läuft. Wenn der Rechner kaputt geht, habe ich ein Problem und muss erst einmal zwei, drei Wochen hin und her faxen,*

---

21 Vgl. Gartner-Group nach Gessner, in: WOS 1, 7/1999.

bis ich eine neue Lizenz bekomme. Oder ein anderes Beispiel: Ein Hersteller von ISDN-Routing-Software teilte uns mit, als wir von [dem Betriebssystem] Sun-OS auf Solaris umgestiegen sind, dass wir unsere gesamten ISDN-Karten neu kaufen müssten, weil die alten Karten nicht mehr von ihrer Software gepflegt werden. Dabei ging es um Investitionskosten in Höhe von 100 000 Mark. Da hätte ich, wenn ich die Sourcen gehabt hätte, gerne jemanden darauf angesetzt, der das für mich analysiert und dann die entsprechende Anpassung gemacht hätte.«[22]

Freie Software bietet Investitionssicherheit und Unabhängigkeit

Durch ihre Unabhängigkeit von Produktzyklen, Marktkonzentration und Insolvenzen bietet die freie Software eine unübertreffliche Sicherheit der getätigten Investitionen in Menschen, Hard- und Software. Die kontinuierliche Entwicklung kann durch immer neue Generationen von Programmierern aufrecht erhalten werden.

Die Angst vor der Abhängigkeit von einem einzigen Lieferanten einer Software ist für viele Anwender in Unternehmen und Behörden ein wichtiges Argument für freie Software. Diese schließt Monopolbildung aus und fördert eine lokale Infrastruktur von kleinen und mittelgroßen Dienstleistern. Weltweite Unternehmen wie IBM gehen erst seit vergleichsweise kurzer Zeit in diesen Support-Markt für GNU/Linux & Co. Während sich die Hardware-, Software- und Internetindustrie in den USA konzentriert, kann das offene Kooperationsmodell auf Basis des Internet unvergleichlich breitere kreative und produktive Ressoucen erschließen. »Die große Beliebtheit von Open Source-Software (OSS) in Deutschland und die hohe Zahl der OSS-Entwickler und -Entwicklungen in Europa sind ein deutliches Zeichen dafür, dass die innovative Kraft überall vorhanden ist. Die Zukunft der Informationstechnologie liegt nicht in einem kalifornischen Tal sondern in den Weiten des Internet« (Hetze, 1999, S. 9).

Freie Software für neue Märkte: das Individual Network ...

Ferner sind Anwender zu nennen, die auf Grundlage freier Software neue Märkte gründen, z. B. das *Internet Service Provider*-Geschäft. Wie so oft beim Internet hat es seine Wurzeln im nicht kommerziellen Engagement. Das Individual Network (IN)[23] beispielsweise ging aus der Berliner Mailbox-Szene hervor, die 1980 das Internet kennen- und über die beiden Universitäten der Stadt nutzen lernte. Das Internet außerhalb der kostspieligen Standleitungsinfrastruktur beruhte damals auf UUCP über Wählleitungen und bot im Wesentlichen die Dienste Mail und News.

22 Klever, in: WOS 1, 7/1999.

23 http://www.individual.net/

1990 schlossen die Berliner Sites eine Vertrag mit der Uni Dortmund über einen UUCP-Zugang, reservierten die Domain »in-berlin.de« und gründeten das IN-Berlin.[24] Ein Jahr darauf entstand zusammen mit drei ähnlichen Gruppen das bundesweite Indiviual Network e.V. Der Verein erwarb als Solidargemeinschaft IP-Kontigente von EUnet, DFN und anderen Netzbetreibern, um sie seinen Mitgliedern für die private, nicht kommerzielle Nutzung zur Verfügung zu stellen. In einer Zeit, als ein Internetzugang außerhalb der Universitäten kaum verfügbar und wenn, sehr teuer war, stellte der IN für viele nicht nur die einzige Möglichkeit dar, das Internet zu nutzen, sondern auch einen Ort, um Gleichgesinnte zu treffen und mehr über die Technologie zu lernen. In der Frühzeit des IN wurden NeXT- und Sun-Rechner oder K9Q-Router eingesetzt. Im Laufe der Zeit wurden beim IN-Berlin alle Rechner auf GNU/Linux umgestellt und einer auf BSD. »Wir können uns über mangelnde Qualität der Software wirklich nicht beklagen. Wir haben unter unseren aktiven Leuten auch einige Entwickler, die auch an Linux-Projekten mitarbeiten, bsw. jemand, der hauptberuflich bei AVM arbeitet und auch ISDN-Treiber für Linux entwickelt. Von daher können wir, wenn es Probleme gibt, direkt eingreifen.«[25]

... und die kommerziellen ISPs

Nicht wenige kommerzielle ISPs, wie z.B. das Berliner SNAFU, wurden von ehemaligen Mitgliedern des IN gegründet. Zu ihrer Hochzeit um 1996 hatte diese Graswurzelbewegung der Netzkultur IP-Zugänge in 84 Städten Deutschlands. Es gab knapp 60 Regional-Domains mit knapp 7800 angeschlossenen Rechnern und schätzungsweise 70 000 Teilnehmern. Damit dürfte das IN der größte reine Internetprovider in Deutschland gewesen sein.[26]

Eine ähnliche Geschichte ist die von Rick Adams, ehemals Betreiber des größten Usenet-Knotens der Welt und Autor von BNews, der am weitest verbreiteten Usenet-News-Software, der schließlich den kommerziellen ISP UUNET gründete:

> *»Und er hat wirklich erfunden, was uns heute als selbstverständlich erscheint: das kommerzielle Internet Service Provider-Geschäft. Wenn Leute über freie Software und Geld nachdenken, glauben sie oft, sie würden direkt Bill Gates zuarbeiten, weil er das Paradigma perfektioniert hat, Software in eine Schachtel zu stecken, sie auszuliefern, die Kun-*

24 http://www.in-berlin.de
25 Ronneburg, Fachgespräch, 7/1999.
26 Ingmar Camphausen, Internetzugang via Individual Network Berlin e.V., 1997, http://www.in-berlin.de/public/representation/vorstellung.shtml. S.a. Infos über den Individual Network e. V., http://www.individual.net/deutsch/verein/ziele.shtml

denbasis einzuschließen und durch die Upgrades an sich zu binden. Aber Rick hat dieses Modell einfach links liegen gelassen. Und er war der Erste, der sagte ›Ich werde auf der Grundlage von freier Software ein ernsthaftes Geschäft aufbauen‹. Das bestand im Wesentlichen darin, eine Dienstleistung anzubieten, die die Leute benötigten, die die Software verwenden, die miteinander sprechen, die sie verbreiten, die online zusammenarbeiten.«[27]

Eine Netzgeneration später waren es Firmen wie Amazon und Yahoo, die eine neue Klasse von »Infoware«-Dienstleistung[28] auf Grundlage freier Software entwickelten.

Erstellung freier Software

Auf die Motivlagen freier Entwickler wurde oben bereits eingegangen. Es hatte sich gezeigt, dass hier kreative, kulturelle, soziale und Lernaspekte an die Stelle einer pekuniären Entlohnung treten. Auch hierin steht die Bewegung in einem größeren Trend zur Neubewertung der sozialen, kulturellen, kreativen Arbeit außerhalb der Lohnarbeit, wie Szyperski sie benennt:

Freizeit für kreative und Gemeinschaftsarbeit

»Wir leben, oberflächlich betrachtet, in der so genannten Freizeitgesellschaft. Wenn Sie sich mal ein Jahr vorstellen, dann haben wir 8 760 Stunden zur Verfügung. Die Erwerbstätigkeit in Deutschland macht nur noch 1 900 Stunden aus – im Gegensatz zu Japan, wo es etwa noch 2 300 sind, aber irgendwo um diese Größe pendelt sich das in der Welt ein. Wenn Sie nun davon ausgehen, dass wir zehn Stunden am Tag für Schlaf, Ruhe, Speisen, Pflege brauchen, dann bleiben insgesamt 3 210 Stunden im Jahr übrig. Was ist das für eine Zeit? Wollen wir die jetzt wieder in die Erwerbszeit integrieren? Wollen wir sie nur in die Schlaf-, Pflege- und Entertainment-Zeit integrieren? Oder – und das ist ein Vorschlag, der sehr intensiv z. B. von Amitai Etzioni im Zusammenhang mit der Reaktivierung des Kommunalverständnisses und der kommunalen Aktivitäten diskutiert wird –, wollen wir die Zeit investieren, um für unsere Gemeinschaften konstruktiv Beiträge zu leisten, die nicht in irgendeiner Form über Geld abgerechnet werden? Das sind Sozial-

27 O'Reilley, in: WOS 1, 7/1999.
28 Siehe oben Kapitel »Geschichte der Softwareentwicklung«

leistungen, das sind Sportleistungen, das ist aber auch die Selbstverwaltung unserer Organe, das ist das Lehren und Lernen außerhalb der geordneten Schulen, das ist aber auch das Erziehen der Kinder, das ist das Machen der Familie und ich weiß nicht, was alles. Das heißt, wenn wir so einen großen Teil der verfügbaren Zeit ›Freizeit‹ nennen, dann missdeuten wir schon ihre Funktion. Darum gibt es Bemühungen, das als ›Sozialzeit‹, ›Gemeinschaftszeit‹ oder wie auch immer – mir ist da jedes Wort lieb – zu bezeichnen.«[29]

Die erste Erfolgsgeschichte: Cygnus

Neben der unbezahlten freiwilligen Arbeit gibt es auch Firmen, die sich auf die Entwicklung freier Software spezialisieren. Die mehrfach genannte Firma Cygnus Solutions war eine der ersten. 1989 wurde sie in Kalifornien gegründet und portierte vor allem den GNU C Compiler und andere GNU-Entwicklerwerkzeuge auf neue Plattformen. Diese Ports verkaufte sie zusammen mit Support. Wiederum wird die Dienstleistung bezahlt, das Ergebnis ist, wie es die GPL vorschreibt, frei. Mit zu besten Zeiten mehr als 100 Softwareingenieuren war Cygnus die erste Adresse für die Weiterentwicklung des gcc, des GNU Debuggers und verwandter Werkzeuge und damit auch die erste Adresse für Firmen, die diese einsetzten und Beratung benötigten. GNUPro, ein Werkzeugkasten zum Konfigurieren und Testen, wurde von Cygnus entwickelt und liegt heute auf etwa 200 Plattformen vor.

Ab 1995 konzentrierte sich die Firma vor allem auf eingebettete Echtzeitbetriebssysteme, ein stark fragmentierter neuer Markt mit Hunderten von Produkten, von denen keines einen nennenswerten Marktanteil hat. Mit eCos (*embedded Cygnus operating system*)[30] schuf es ein konfigurierbares und portierbares System, das viele Anwendungsgebiete dieser kleinen und schnellen Betriebssysteme abdeckt. Beim 1998 vorgelegten eCos verließ Cygnus seine Nähe zum GNU-Projekt und stellte es, statt unter die GPL, unter eine von der *Netscape Public License* abgeleiteten Lizenz.[31] Die Fima hatte Vertretungen in Nordamerika, Japan und England und wurde seit 1997 in der *»Software Magazines List«* der führenden 500 Softwareunternehmen aufgeführt (vgl. Tiemann, 1999). Im November 1999 wurde Cygnus für 674 Millionen Dollar von Red Hat aufgekauft.[32]

29 Szyperski, in: WOS 1, 7/1999.

30 http://sourceware.cygnus.com/ecos/

31 Cygnus eCos Public License (CEPL), http://sourceware.cygnus.com/ecos/license-overview.html; gut unterrichteten Kreisen zufolge beabsichtigt Red Hat, eCos unter eine echte freie Lizenz zu stellen.

32 http://www.redhat.com/about/cygnus_1999/redhat-cygnus111599.html

Zahlreiche weitere Firmen sind dem Vorbild gefolgt und setzen entweder vollständig oder in einem Teil ihres Angebots auf freie Software. Sie entwickeln Programme aus bestehender freier Software oder integrieren Bestandteile freier Software in ihre Programme, die aus lizenzrechtlichen Gründen ihrerseits frei sein müssen. Die Einbindung von Bibliotheken in proprietäre Software ist nach dem FSF-Modell nur dann zulässig, wenn sie unter der Lesser GPL stehen. Freie Compiler wie der gcc, und andere Tools wie CVS oder FreeCASE werden ebenfalls in der freien Softwareentwicklung eingesetzt. In dem Fall kommt es nicht zu einer Lizenzvererbung, d.h. die entstehenden Produkte dürfen proprietär sein. Entsprechend ist der Arbeitsmarkt in diesem Bereich gewachsen. Dem kommt entgegen, dass freie Software häufig in Forschung und Lehre eingesetzt wird, akademische Informatiker also meist fundierte Erfahrungen in die Arbeitswelt mitbringen. Und um Entwickler, die sich in der freien Szene verdient gemacht haben, reißen sich die Unternehmen ohnehin.

Management-Knowhow und Kapital zählen auch hier

Firmen der freien Software, die in der ersten Hälfte der 90er-Jahre, oft von Studenten, gegründet wurden, bauten auf Idealismus und eine gute Idee. Auch die Manager dieser Firmen waren Anfänger. Sie starteten klein, und mit der Zahl der Anwender sind auch die Erfahrungen und Komptenzen gewachsen. Heute, so Rudolf Strobl, sind Kenntnisse über Businesspläne, betriebswirtschaftliche Auswertungen und Marketing wesentliche Voraussetzungen für den Erfolg: »Erfolgsfaktoren waren früher technisches Know-how und viel Enthusiasmus. Heute würde ich sagen, sind es gute Managementfähigkeiten, und Ideen und Kapital werden immer wichtiger. [...] Früher finanzierte sich das Firmenwachstum aus dem Umsatz. Die Geschwindigkeit wäre heute zu gering, um ein *major player* zu werden. Kapital ist auf alle Fälle ein Thema.«[33] Genau hier setzte Strobls 1998 gegründete New Technologies Management GmbH (NTM) an. Strobl, der seit Anfang der 90er-Jahre mit diversen Firmen wie ARTICON, dem Linux-Magazin, Cybernet und Linuxland im GNU/Linux-Bereich aktiv ist, möchte mit NTM junge Firmen dabei unterstützen, ihren Markt zu finden.

Heute gibt es in der freien Software bereits arrivierte Firmen. Außerdem migrieren Firmen aus dem Windows-Bereich, wo die Konkurrenz immer schon da war, zu GNU/Linux. Ein Start bei null ist somit schwieriger als Mitte der 90er-Jahre. Besonders die Finanzierung einer Neugründung ist eine Herausforderung. Eine Eigenfinanzierung ist nur in seltenen Fällen möglich. Banken reagieren oft mit Unverständnis auf die

33 Strobl, in WOS 1, 7/1999.

neuen Geschäftsmechanismen in diesem Sektor oder doch mit Zurückhaltung, da sie die Entwicklung auf dem GNU/Linux-Markt nur schwer einschätzen können. Deutsche Banken agieren nach Einschätzung Strobls hier noch deutlich konservativer als amerikanische. Öffentliche Fördermittel erscheinen zunächst als ein attraktiver Weg, zumal der politische Wille, freie Software zu unterstützen, in den vergangenen Jahren deutlich gewachsen ist. So besteht z. B. die Möglichkeiten einer Förderung durch die EU im Rahmen des *Information Society Technologies*-Programmes (IST) mit einem Gesamtvolumen von 6,3 Milliarden Euro.[34] Hier sieht Strobl das Problem in der langen Antragsdauer und in der Auflage, dass das Projekt noch nicht angefangen haben darf, wenn man den Antrag stellt. In einem so dynamischen Markt wie dem von GNU/Linux, bedeutet eine Wartezeit von sechs bis acht Monaten, bis über den Antrag entschieden wird, dass man mit seiner Idee meistens bereits zu spät kommt. Zudem werden auch Fördermittel über eine Bank ausgezahlt, die sicherstellen muss, dass das Geld wieder zurückfließt. Die Kapital suchende Startup-Firma steht also wieder vor denselben Schwierigkeiten, wie bei einer direkten Bankenfinanzierung.

Öffentliche Förderung für freie Software

Freud und Leid des Venture Capitals

Am Erfolg versprechendsten am Ende der 90er sei, so Strobl, eine Finanzierung über *Venture Capital* gewesen. Wagniskapitalinvestoren (VC) sind spezialisiert auf die Probleme bei Firmengründungen, z.B. dass die erwarteten Umsätze nicht eintreffen und Kapital nachgeschossen werden muss. Desweiteren sind VC typischerweise auf Hightech-Unternehmen wie Internetdienstleister spezialisiert und mit den Bedingungen des neuen Marktes vertraut. Schließlich bringen sie ihre Firmen an die Börse, weil sie ihr Geld zurückgewinnen wollen. Unter den VC gibt es solche, die die Geduld für diesen neuen Markt aufbringen, aber auch solche, die möglichst rasch die Mehrheit einer Firma bekommen wollen. Letztere drängen häufig die Gründer aus den Managementpositionen, wenn die Umsätze nicht schnell genug eintreffen oder die Richtung nicht zu stimmen scheint. Oft geht durch solche erzwungenen Umbesetzungen an der Spitze die Kreativität der Firma, das geistige und kreative Potenzial verloren. Hier engagierte sich die New Technologies Management GmbH, um Linux-Startups auf die Beine zu helfen.

Schließlich gibt es noch Unternehmen wie Sun, Netscape und IBM, die ihre konventionell entwickelte Software quelloffen machen und mit Arbeitskraft aus ihrem Haus weiterentwickeln. Netscape erläutert, welchen Gewinn es sich davon verspricht:

---

34 http://www.cordis.lu/ist/home.html

»Netscape (und der Rest der Welt) profitiert auf eine Reihe von Wegen davon, seinen Quellcode zu verschenken. Zunächst und am Wichtigsten von der erwarteten Explosion kreativen Inputs in die Quellcodebasis des Communicators. Netscape ist zuversichtlich, dass dies dem Communicator erlauben wird, seine überragende Position unter der Kommunikationssoftware zu erhalten. Zweitens bewirkt die Befreiung des Quellcodes, dass er an Orte und in Produkte gehen kann, in die Netscape nie die Mittel und die Zeit gehabt hätte, ihn selbst zu bringen. Damit wird Internetzugänglichkeit auf das ganze Spektrum von Hardwareplattformen und Softwareprodukten ausgeweitet.«[35]

Die WR Hambrecht-Studie stellt fest: »Der Markt für Linux-Anwendungen ist noch im Entstehen begriffen. Wir glauben jedoch, dass die Möglichkeiten, die sich daraus ergeben, dass proprietäre Softwareunternehmen den Quellcode für einige oder alle ihrer Produkte öffnen, ein bedeutendes, einschneidendes Ereignis für die Softwarewelt darstellen könnten. Das Ergebnis könnte Software sein, die zuverlässiger und den Anforderungen und Bedürfnissen der Endnutzer zuträglicher ist« (PATEL, 2000).

Dienstleister rund um freie Software

Arbeitsteilung zwischen freien Entwicklern und kommerziellen Dienstleistern

Viele der freien Projekte haben keinerlei Bedenken dagegen, dass ihre Software kommerziell verwertet wird. Auch hier setzte die *Free Software Foundation* Zeichen. Die GPL ist (im Gegensatz zu den *Not-for-profit-Lizenzen*) dazu gedacht, den Einsatz freier Software in der Wirtschaft zu ermöglichen. Ausdrücklich erlaubt sie, wenn auch nicht für die Software selbst, so doch für Dienstleistungen wie Distribution eine Gebühr zu erheben. Auch die FSF selbst hat von Beginn an einen Teil ihrer Arbeit aus dem Verkauf von Distributionen auf Datenbändern und dann CDs finanziert. Dennoch besteht ein Spannungsfeld zu denjenigen, die den Gelderwerb durch Dritte ablehnen, das z. B. auf der Linux-EXPO in Durham 1998 zur Sprache kam. Doch »die einzigen, die sich wirklich aufgeregt haben, waren Reporter, die meinten, da muss doch ein Konflikt sein«.[36] Im Gegenteil freuen sich viele Entwickler, wenn Firmen ihre Software verkaufen und die Verbreitung damit erhöhen. Dankbar sind sie dafür, dass Distributoren das Packaging, die Produktion von Handbüchern und den

35 Netscape Public License FAQ, 25: »How does Netscape benefit from giving away its source code under such a free license?«, http://www.mozilla.org/MPL/FAQ.html

36 Hohndel, in: WOS 1, 7/1999, Diskussion.

Support übernehmen und so die Entwickler entlasten, die sich dadurch auf das konzentrieren können, was ihnen Spaß macht: das Entwickeln.

Mit der wachsenden Popularität freier Software steigt auch die Nachfrage nach Dienstleistungen wie Distribution, Beratung, Installation, Support, Wartung, Schulung und Gewährleistung. In den Unternehmen, in denen bislang die Techniker hausintern und unter der Hand freie Systeme eingeführt hatten, wächst seit 1999 die Akzeptanz auch im Management. In der WR Hambrecht-Studie ist zu lesen: »Laut einer Erhebung der ›*Information Week*‹ unter 300 IT-Managern wird Linux nicht mehr nur für das Betreiben von Webservern und E-Mail eingesetzt, sondern zunehmend auch in Bereichen wie Systemverwaltung, dünne Server und selbst Ressourcenplanung in Unternehmen. Diese Daten sind bedeutsam, zeigen sie doch, dass Linux wahrhaft an Legitimation gewinnt, da es in kritischen Unternehmensbereichen eingesetzt wird« (PATEL, 5/2000).

Wachsende Akzeptanz auch im Management

Damit entsteht eine Nachfrage auch nach externen Dienstleistungen, z. B. der Entwicklung maßgeschneiderter Systemlösungen für Kunden und der Auftragsentwicklung neuer freier Software. Linux-biz.de listet über 160 Firmen in ganz Deutschland, die sich auf Dienstleistungen für GNU/Linux spezialisiert haben.[37] Auch die Tatsache, dass Unternehmen wie IBM und HP ein flächendeckendes Service-Angebot für GNU/Linux aufbauen, lässt darauf schließen, dass hier erhebliche Marktchancen gesehen werden. Tatsächlich machen Dienstleistungskosten den Löwenanteil im IT-Bereich aus. Eine Gartner-Group-Studie über Softwareinvestitionen von 1998 ergab, dass ungefähr 80 Prozent aller Internet-Investitionen in den Service (*Professional Services, Consulting, Tech-Support* usw.) fließen und nur 20 Prozent zu gleichen Teilen in das Anlagevermögen, also Hard- und Software.[38] Patrick Hausen vom BSD-Projekt erläutert den Zusammenhang von unbezahlter Entwicklung in den Projekten und bezahlter in der Dienstleistungsbranche:

> *»Ich habe vielleicht zehn Entwickler, die diese Apache-Software für Gotteslohn schreiben. Ich habe 100 000 Anwender. Dann brauche ich für diese 100 000 Anwender 1 000 Consultants, von denen jeder 100 Anwender betreuen kann. D.h., ich habe 1 000 Consultants, die davon leben können, und ich habe 100 000 Anwender, die durch den Einsatz dieses kostenlosen Webservers mehr Geld für vernünftiges Consulting ausgeben können und letztendlich ja auch wieder etwas tun mit dieser Software, was hoffentlich in der einen oder anderen Form Umsatz generiert.«*[39]

37 http://linux-biz.de/firmen.html
38 Vgl. Gartner-Group nach Gessner, in: WOS 1, 7/1999.
39 Hausen, in: WOS 1, 7/1999, Diskussion.

Über den Dienstleistungsmarkt äußert sich die WR Hambrecht-Studie am optimistischsten: »Die vielleicht bedeutendsten Gelegenheiten im Linux-Markt stellen Linux-Dienstleistungen, Support und Schulung dar. Wir sagen Erträge von fast 500 Millionen Dollar im Jahr 2000 voraus, die mit einer jährlichen Zuwachsrate von 100 Prozent auf beinah vier Milliarden Dollar in 2003 ansteigen werden. Auch wenn traditionelle Unternehmen wie IBM und Hewlett Packard begonnen haben, Linux-Beratung und Support anzubieten, ist diese Marktgelegenheit noch weit gehend unerschlossen« (PATEL, 2000).

Systemhäuser, Hard- und Softwarehersteller

LunetIX: Vom Handbuchverlag zum Systemhaus

In den Anfangsjahren von GNU/Linux waren die verschiedenen Dienstleistungssegmente noch nicht ausdifferenziert. 1992 – der erste stabile Linux-Kernel war gerade erschienen – setzten sich die Enthusiasten Sebastian Hetze, Dirk Hohndel, Olaf Kirch und Martin Müller zusammen, um das »Linux Anwenderhandbuch« (LHB) zu schreiben. Einen Verlag fanden sie dafür nicht, da noch niemand von GNU/Linux gehört hatte. So gründeten sie ihren eigenen, die LunetIX Müller & Hetze GbR,[40] und ein Jahr später stand das LHB in den Bestsellerlisten der Computerliteratur vor Titeln zu Microsoft-Produkten wie Word und Excel. Aus dem Verlag wurde schnell ein Linux-Systemhaus. Noch im selben Jahr stellte es seine erste GNU/Linux-Distribution, die LunetIX Software-Distribution (LSD) zusammen und vertrieb sie über die Lehmanns-Buchhandlungen und kurz darauf auch über eMedia des Heise Verlags.

LunetIX bot auch von Anfang an Support für GNU/Linux an, doch gab es in den ersten Jahren dafür fast keinen Bedarf. Zwar gab es auch in dieser Zeit bereits Unternehmen, die Linux einsetzten, doch waren es in der Regel firmeninterne Systemadministratoren und Entwickler, die Projekte mit freier Software realisierten. Diese Art von *bottom-up* Verbreitung bedeutete, dass keine Etats bereitstanden, um Dienstleistungen von außen einzukaufen. Die Praktiker in den Unternehmen mussten sich selbst behelfen und konnten das auch dank der Unterstützung, die sie im Internet fanden. Inzwischen hat die Popularität von GNU/Linux auch das Management erreicht, das jetzt entsprechende Etats für externe Dienstleister vorsieht. Im Frühjahr 2000 wurde LuneIX zu einem Teil der Linux Information Systems AG.[41] Während Hetze im reinen Distributionsgeschäft nur begrenzte Entwicklungsmöglichkeiten sieht, hält er die indivi-

40 http://www.lunetix.de
41 http://www.linux-ag.de

duelle Anpassung an Kundenerfordernisse, die Neuentwicklung im Kundenauftrag, Wartung, Schulung und andere Dienstleistungen für die Erfolg versprechendsten Geschäftsmodelle für freie Software. Sie seien gegenüber proprietärer Software für den Kunden günstiger, »weil wir die Wiederverwendung von freier Software mit einkalkulieren können. Zudem ist es möglich, unter bestimmten Umständen zusätzliche Ressourcen durch kooperative Entwicklung, die von mehreren Unternehmen getragen wird, und auch von freien Entwicklern – wenn man in der Lage ist, daraus ein richtiges Open Source-Projekt nach dem Basar-Stil zu entwickeln –, einzubinden und weiterhin für den Kunden Kosten zu sparen«.[42]

Hetzes Vision für die Zukunft der freien Software in Deutschland ist, dass sich eine Vielzahl kleiner Firmen und selbständiger Entwickler herausbildet, die untereinander kooperieren können, aber auch mit dem Basar der freien Szene, um auch große Projekte im industriellen Maßstab durchzuführen. »Das ist mein Entwicklungsmodell, meine Vorstellung für eine Integration von wirtschaftlichem Arbeiten mit Open Software und der Entwicklung von Open Source-Software, die an erster Stelle eben nicht mit kommerziellen Interessen verbunden ist.«[43]

Startup-Gewinner Innominate

Für die zweite Gründergeneration in Deutschland steht die Linux-Dienstleistungsfirma Innominate,[44] die im Mai 1997 von den beiden Informatikstudenten Raphael Leiteritz und Sascha Ottolski gestartet wurde. Ein Jahr darauf wurde sie Berliner Landessieger im Startup-Wettbewerb von Stern, Sparkasse und McKinsey. Innominate war auch die erste deutsche Linux-Firma, die *Venture Capital* bekam, nämlich von der BMP AG. Sie versteht sich als *Allround*-Systemhaus für GNU/Linux und BSD und bietet die gesamte Palette von Dienstleistungen an, von Schulung über Support bis zur Entwicklung von kundenspezifischen Lösungen. Zu der bei Innominate entwickelten Software gehört der Lingo-Kommunikations-Server auf GNU/Linux, der kleinen und mittleren Unternehmen, die kaum IT-Know-how im Haus haben, eine kostengünstige, stabile Lösung bietet. Zu freien Projekten hat die Firma Bug-Reports, Feature-Vorschläge und einige kleine Patches beigesteuert. Eine Vermittlerrolle zwischen Anbietern und Anwendern spielt sie durch die Website www.linuxbiz.de, die die Firma zusammen mit dem Linux-Verband (LIVE) betreibt. Hier können sich kommerzielle Linux-Anbieter kostenlos eintragen lassen, und der Kunde kann sehen, wo er in seiner Nähe GNU/Linux-Support findet.

---

42 Sebastian Hetze, in: WOS1 7/1999.

43 Ebd.

44 http://www.innominate.de

Zunehmend sind auch mittlere und große Firmen an Innominate herangetreten, die GNU/Linux-Lösungen einsetzen möchten. Ihre etwa 75 Kunden zeigen das Interesse über eine Vielfalt der Branchen hinweg. Darunter befanden sich die Karl Blatz Gruppe, Produzent der Kinderfernsehsendungen »Bibi Bloxberg« und »Benjamin Blümchen«, das Deutsche Institut für Normung (DIN), das Deutsche Institut für Bautechnik, der Internet-Serviceprovider X-Online und die Bundesdruckerei.

> *»Für diese Firmen ist der Kostenfaktor bei der Anschaffung der Software überhaupt kein Thema mehr. Sie interessiert die* total cost of ownership, *d.h.: ›Was kostet mich die Software im Laufe des Einsatzes?‹ Und da ist der Kaufpreis nur noch ein verschwindend geringer Bestandteil. Diese Firmen sehen, dass Linux sehr wartungsarm und sehr administrationsarm ist und damit Kosten eingespart werden können. Diese Firmen sind an der Offenheit des Systems interessiert, an der Reaktionsschnelligkeit, wenn es Probleme gibt, wenn Fehler auftauchen und natürlich an der Sicherheit, die Linux einfach auch mit bietet.«*[45]

GNU/Linux ist ideal für Hardwarehersteller

Anbieter von proprietärer Soft- und Hardware setzen freie Software als Basistechnologie ein. Für Cobalt Micro war GNU/Linux der Schlüssel, mit dem es den Servermarkt für eine neue Hardwareplattform öffnen konnte. Silicon Graphics ersetzt seine Unix-Variante Irix durch GNU/Linux und hofft auf diese Weise, Synergieeffekte nutzen zu können. Zu den Firmen, die GNU/Linux-Hardware vertreiben, gehören VA Linux, Cobalt, Atipa, aber auch traditionelle Unternehmen wie IBM, Compaq und Dell. Die WR Hambrecht-Studie kommt zu der Einschätzung: »Linux-Hardwareunternehmen vertreiben die entscheidenden Systeme, auf denen die wachsende Zahl der weltweiten Webseiten, E-Mails und internen Informationsnetzen läuft. Wir erwarten, dass die Erträge aus Linux-Hardware von beinah 1,2 Milliarden Dollar im Jahr 2000 mit einer jährlichen Wachstumsrate von 83 Prozent auf über 7,7 Milliarden in 2003 anwachsen werden. [...] Der Linux-Softwaremarkt befindet sich in seinem frühen Stadium von Wachstum und Reife. Die Einnahmen aus dem Verkauf von Linux-Client- und Server-Betriebssystemen werden voraussichtlich von 160 Millionen Dollar im Jahr 2000 mit einer jährlichen Wachstumsrate von 67 Prozent auf mehr als 700 Millionen in 2003 ansteigen.« (Patele, 5/2000)

Ein Marktsegment, das heute noch in den Kinderschuhen steckt, auf das sich aber große Erwartungen richten, ist das für eingebettete Sys-

45 Kerstin Tober, in: WOS1 7/1999; im September 2001 meldete Innominate Insolvenz an.

teme. Die Studie sieht hier ein Potenzial, das den gesamten derzeitigen Linux-Markt als winzig erscheinen lässt. Auf ähnliche Weise ist freie Software für Anbieter von standardisierten Branchenlösungen interessant. Die Betriebssystemplattform und die Softwareumgebung sind für die Kunden unwesentliche, aber eventuell kostenrelevante Nebenleistungen des eigentlichen Geschäfts. Hier kommen ebenfalls GNU/Linux und die freien BSD-Derivate zum Einsatz. Aus demselben Grund bieten sie sich auch als Basis für kundenspezifische Softwareentwicklung an. Softwarehäuser finden dazu eine Fülle wiederverwendbarer Bausteine und können unter Umständen sogar aus dem kooperativen freien Entwicklungsprozess Nutzen für ihr jeweiliges Projekt ziehen.

Distributoren

Alle freie Software lässt sich nahezu kostenlos aus dem Internet herunterladen. Warum sollte also jemand Geld dafür ausgeben? Bezahlen lassen sich die Distributoren nicht für die Software, sondern für die Zeit, die sie investieren, um sie aufzubereiten. Distributionen sind Sammlungen freier Software auf CD-ROM (früher auf Disketten). Sie ersparen dem Anwender also zunächst die Download-Zeit, die bei den fast 20 CDs, die eine GNU/Linux-Distribution heute umfasst, erheblich sein kann. Dann wählen sie die neuesten stabilen Versionen der Programme aus, achten darauf, dass alle erforderlichen Komponenten vorhanden sind und die Programme untereinander zusammenarbeiten, und versehen das Ganze mit einem Installationsprogramm, das dem Anwender die Konfigurierung erleichtert. Dazu gibt es ein Handbuch und Telefonberatung. Neben den GNU/Linux-Distributoren wie Red Hat und SuSE bieten auch Firmen wie PrimeTime Freeware oder Walnut Creek Sammlungen freier Software an.

SuSE: die älteste kommerzielle GNU/Linux-Distribution

Die SuSE GmbH ist 1992, im selben Jahr wie LunetIX, von vier Studenten in Nürnberg mit dem Ziel gegründet worden, Auftragsprogrammierung anzubieten. Ihre erste GNU/Linux-Distribution kam im Frühjahr 1993 auf den Markt. Damit ist SuSE einer der ältesten Anbieter kommerzieller GNU/Linux-Distributionen weltweit. Das US-amerikanische Red Hat hat ungefähr ein Jahr später angefangen. Im Juli 1999 standen unter der SuSE Holding AG neben dem Stammhaus in Nürnberg die SuSE München GmbH, die SuSE Rhein-Main AG (Vorstand: Dirk Hohndel), die SuSE Inc. in Oakland, Kalifornien sowie der Verlag SuSE Press, eine Werbeagentur und die SuSE-Labs. Letztere bieten *Third Level Support* für Großkunden, d.h., technische Unterstützung und *Bug-Fixes* auf

Source Code-Ebene mit garantierten Reaktionszeiten rund um die Uhr. Neben Distributionen und Dienstleistungen für Privat- und Firmenkunden vertreibt SuSE als VAR (*Value Added Reseller*) auch GNU/Linux-Komplettsysteme auf Rechnern von Herstellern wie IBM, Compaq, Siemens oder SGI. Die Firma, die seit Beginn ihres Bestehens von Jahr zu Jahr um etwa 100 Prozent gewachsen ist, erzielte im Geschäftsjahr 1998/99 zirka 14 Millionen US-Dollar und war damit der größte Umsatzmacher weltweit im GNU/Linux-Umfeld. SuSE beschäftigte zirka 150 Mitarbeiter weltweit. Davon arbeiteten gut 60 Prozent in der Technik, im Support und im Servicebereich.

SuSEs Kernkompetenz liegt in der Weiterentwicklung von Linux. »Open Source« bedeutet für SuSE, dass alle Software, die von der Firma entwickelt wird, wo immer es möglich sei, an die Entwicklergemeinde zurückfließe. Tatsächlich ist SuSE jedoch im Vergleich zu Konkurrenten wie Mandrake und Red Hat die geschlossenste Distribution. Zentrale Komponenten wie das Konfigurationswerkzeug YaST und die Initialisierungsskripte der Firma waren proprietär. Die YaST-Lizenz von 2000 gewährt zwar die Freiheit seiner Modifikation und kostenlosen Verbreitung, nicht jedoch die der Verbreitung gegen Entgelt.

Freie Software als einzig mögliche Strategie auf einem Massenmarkt

Harald Milz, Vorstand der SuSE München GmbH, sieht die Zukunft der Computerindustrie darin, dass die Hardware immer billiger werde, bis sie zur *Commodity*, zur Massenware geworden ist und es möglich sei, die Hardware bei einem Kundenprojekt oder beim Kauf eines Rechnersystems fast kostenlos mitzuliefern. Die Software werde nach seiner Auffassung den gleichen Weg gehen. Zumindest die Betriebssystem-Software und ein großer Teil der *Middleware* und der Systemadministrationswerkzeuge werde durch den Preisdruck und durch die Stückzahlen immer billiger. Open Source sei somit die einzig mögliche Strategie auf dem IT-Markt. [46]

Distribution als Massenmarkt wird auf absehbare Zeit ihre Bedeutung behalten. Tim O'Reilly führt den Gründer und CEO von Red Hat an: »Bob Young pflegt zu sagen: ›Wir sind keine Softwarefirma. Wir sind eine Verkaufs-, Marketing- und Vertriebsfirma, genauso wie Dell.‹ Ob Red Hat tatsächlich als Gewinner aus dem sich abzeichnenden Linux-Distributionskrieg und dem wahrscheinlich nächsten großen Wall Street-Beuterausch hervorgehen wird oder nicht, ist nebensächlich. Tatsache ist, dass es hier eine Geschäftsmodellnische gibt.«[47]

---

46 Milz, in WOS 1, 7/1999.
47 O'Reilly, in: WOS 1, 7/1999.

Auch Hersteller von proprietärer Software wissen den nahezu kostenlosen Distributionseffekt für sich zu nutzen. So gibt Corel seine Textverarbeitung »Word Perfect« für GNU/Linux und Star Division (heute Sun) sein Office-Paket »StarOffice« für persönlichen Gebrauch kostenlos ab.[48] Beide sind auf den großen Linux-Distributionen enthalten. Gleichzeitig lässt sich Corel den Einsatz seines Textverarbeitungssystems in Unternehmen und Behörden bezahlen. Das hat zwar nichts mit *free software* und mehr mit *free beer* zu tun, zeigt aber, dass ein anderes Businessmodell dazu führen kann, dass der *de facto*-Status – freies Kopieren im Privatbereich – legalisiert wird. Selbst Microsoft steht in dem Ruf, sich bewusst zu sein, dass eine gewisse Durchlässigkeit der Copyright-Regeln mehr nützt als schadet.

Projekt-Hosting und Portale

Werbefinanzierte Dienste für freie Projekte

Ein weiteres neues Businessmodell ist direkt aus dem Kooperationsmodell der freien Software hervorgegangen. Unternehmen wie Andover.Net und Collab.Net[49] betreiben seit 1999 Sites, auf denen Käufer und Anbieter von Open Source-Projekten einander finden können. Unternehmen schreiben hier gleichsam Programmieraufträge samt Honorierung aus, freie Entwickler und Firmen können sich darum bewerben. Andover.Nets »QuestionExchange«[50] verwendet dafür ein Auktionssystem. Collab.Nets »sourceXchange«[51] und »EarthWeb.com« bieten freien Projekten und »umzäunten Communities« Serverplatz und Marktplätze für Support. Profite machen diese Firmen mit Werbeeinnahmen und mit Transaktionsgebühren. Das bereits genannte SourceForge[52] mit seinem kostenlosen *Hosting* von freien Projekten wird zwar im Wesentlichen vom *Value Added Reseller* VA Linux[53] finanziert, greift jedoch auch auf Werbebanner zurück. Die Nachrichten- und Meinungsportale wie Freshmeat.net, Slashdot.org, Linux Weekly News[54] oder das Linux-Magazin[55] finanzieren sich gleichfalls über Anzeigen. Die Einschätzung der WR Hambrecht-Studie ist auch hier rosig:

---

48 Sun hat StarOffice inzwischen unter dem Namen »OpenOffice« unter die GPL gestellt.

49 Ein Spin-Off von O'Reilly & Associates, gegründet und unter Präsidentschaft von Brian Behlendorf, Mitgründer von Apache, vgl. Scanlon, 11/1999.

50 http://www.questionexchange.com

51 http://www.sourcexchange.com

52 http://sourceforge.net/

53 http://valinux.com/

54 http://www.lwn.net/

55 http://www.linux-magazin.de/

»Erfolgreiche Linux-Internetsites werden Webzugriffe in wachsende Gelegenheiten für Werbung, E-Commerce und Business-to-Business-Entwicklungs- und Supportdienstleistungen übersetzen. [...] Die Einnahmen aus Online-Linux-Werbung werden voraussichtlich von 33 Millionen Dollar im Jahr 2000 auf beinah 500 Millionen in 2003 ansteigen, was einer jährlichen Zuwachsrate von 132 Prozent entspricht. Diese Schätzung umfasst nur Einnahmen aus Onlinewerbung, und wir rechnen damit, dass weitere bedeutende Einnahmequellen entstehen werden, wie Online-Open-Source-Märkte. Die Erträge aus Linux-Werbung mögen nicht sehr groß erscheinen, doch ist zu bedenken, dass die Gewinnspanne bei Onlinewerbung sehr hoch ist (typischerweise bei 70 Prozent der Bruttospanne)« (PATEL, 2000).

Dokumentation

Das LHB

»Coder schreiben keine Dokumentation«, dieser Grundregel sind wir bereits mehrfach begegnet. Wenn Softwareautoren schon ihre eigene Arbeit für sich und ihre Kollegen nicht beschreiben, nehmen sie sich umso weniger die Zeit, den Anwendern zu erklären, wie sie mit ihren Programmen arbeiten können. Kaum eine Software und keine so komplexe wie ein Betriebssystem ist so selbsterklärend, dass man auf ein Handbuch verzichten könnte. Auch diejenigen, die sich die Software aus dem Internet beschaffen oder lizenzierte CDs von Freunden ausleihen oder kopieren, benötigen Fachliteratur. Wir hatten bereits gesehen,[56] dass schon kurz nach Erscheinen des ersten stabilen Linux-Kernels die erste Dokumentation zu GNU/Linux erstellt wurde. Das »Linux Anwenderhandbuch« (LHB) von Hetze, Hohndel, Kirch und Müller ist heute, inzwischen in der siebten Auflage, immer noch das deutschsprachige Standardwerk. Dass das LHB zu einem Bestseller unter der Computerliteratur werden konnte, ist umso bemerkenswerter, als es parallel zur gedruckten Version im Netz frei verfügbar[57] und unter den Bedingungen der GPL frei kopier- und weitergebbar ist. So sind viele der LHB-Texte in die Online-Dokumentation (die *man pages*) deutschsprachiger GNU/Linux-Distributionen, wie der von SuSE, eingegangen.

Fachbuchhandlung Lehmanns

Die wichtigste Bezugsquelle für Bücher zu freier Software in Deutschland ist Lehmanns, eine Kette von Fachbuchhandlungen mit den Schwerpunkten Informatik, Medizin, Naturwissenschaften, Technik und Wirtschaft mit Filialen in 20 Städten. Bernd Sommerfeld, Buchhändler bei

56 Oben unter »Systemhäuser ...«
57 http://www1.lunetix.de/LHB/

Lehmanns Berlin, übernahm 1985 die junge EDV-Abteilung und baute sie zur »Unix-Buchhandlung in Deutschland« auf. Ab 1990 waren hier auch schon die Bücher der *Free Software Foundation* zu GNU Emacs, Lisp und dem gcc erhältlich, ebenso Software selbst wie Minix und Coherent (das erste kommerzielle PC-Unix). 1992 hörte Sommerfeld zum ersten Mal durch Studenten der FU-Berlin und durch Diskussionen auf der Usenet-Newsgroup comp.os.minix von GNU/Linux.

> *»Linux gab es zur dieser Zeit ausschließlich im Internet per ftp. Ich aber wollte es auf Disketten an alle die verkaufen, die den Zugang zum Netz noch nicht hatten. Sebastian Hetze, damals Mathematikstudent in Berlin, war gerne bereit, eine Distribution ›LunetIX LSD‹ auf sieben Disketten mitsamt photokopiertem Handbuch zu erstellen. Ich erinnere mich gut, wie zur Cebit 1993 der Messestand von Lehmanns wegen des ersten Linux-Anwenderhandbuchs und der ersten Distribution auf Disketten regelrecht gestürmt wurde. Auch Verleger und Softwarefirmen witterten interessante Geschäfte«* (Sommerfeld, 1999, Kap. 7).

Lehmanns begann bereits 1992 mit E-Commerce, und das auf GNU/Linux: Als erste Buchhandlung weltweit vertrieb es Bücher über das Internet. Der von LunetIX entwickelte *Lehmanns Online Bookshop* (LOB)[58] bietet eine komfortable Suche im Kataloge der lieferbaren Bücher, CDs und Videos. Zu vielen gibt es durchsuchbare Abstracts. Die Bestellung erfolgt über einen Warenkorb, wird per E-Mail bestätigt und frei Haus geliefert. In einem Vergleichstest verschiedener Online-Buchläden durch die *c't* 1999 ließ LOB in der Gesamtwertung und vor allem bei den Suchfunktionen, der Übersichtlichkeit, Handhabung und Lieferzeit fast alle Konkurrenten hinter sich (vgl. Kuri, 19/1999).

Ab etwa 1994, erinnert sich Sommerfeld, begannen aufgeschlossene Computerbuchverlage die ersten GNU/Linux-Bücher zu publizieren. Neue Distributoren wie SuSE, Caldera, Yggdrasil, DLD und LST brachten GNU/Linux-CDs heraus. Linux-Zeitschriften wie das amerikanische *Linux Journal* und das deutsche Linux-Magazin kamen auf den Markt. Sommerfeld gibt selbst verschiedene GNU/Linux-Distributionen heraus. Auch durch die Initiierung des ersten internationalen Kongresses »Linux & Internet« 1994 in Heidelberg, bei dem sich 340 Entwickler und Freunde freier Software aus Finnland, England, den USA und Frankreich zum ersten Mal live trafen, machte er sich um GNU/Linux verdient.

58 http://www.lob.de/

O'Reilly: Unfreie Bücher für freie Software

Marktführer unter den Verlagen von Handbüchern für freie Software ist O'Reilly. O'Reilly & Associates[59] ist 1978 als Consulting-Firma für technische Schriften entstanden, die z.B. Unix-Handbücher verfasste, die Workstation-Anbieter zusammen mit ihrer Hard- und Software ausliefern. Mitte der 80er begann die Firma, die Rechte an ihren Auftragswerken zu behalten, um sie auch an andere Softwarehersteller zu lizenzieren. Spätestens auf der MIT X-Konferenz 1988 wurde deutlich, dass es einen großen Bedarf nach Handbüchern gab, die unabhängig von der Software zu erwerben sind. Aus den Auftragsdokumentationen wurden Bücher und aus O'Reilly ein Verlag. Heute hat O'Reilly 120 Titel im Programm mit den Schwerpunkten Unix, X, Internet und andere offene Systeme. Vor allem unter Entwicklern hoch angesehen sind Referenzwerke zu freier Software.[60]

An der großen Nähe zur technischen Community merkt man, dass O'Reilly aus der Computerwelt und nicht aus dem traditionellen Verlagsgeschäft kommt. Alle Lektoren sind ehemalige Programmierer. Die Auflagen sind bewusst klein, um in häufigen Nachdrucken die Leserreaktionen und die raschen Änderungen der Software aufnehmen zu können. O'Reilly unterstützt freie Software auch durch Veranstaltungen, wie dem *Open Source Summit* im April 1998 und jährliche Konferenzen zu Perl und *Peer-to-Peer-Computing*. Perl ist eines der Steckenpferde von Verlagschef Tim O'Reilly. Er hostet perl.com und gibt das *Perl Resource Kit* heraus. Er ist dabei immer darum bemüht, freie Software auch im kommerziellen Softwaremarkt zu stärken.[61]

DocBook: offener Standard für Online-Dokumentation

O'Reilly hat sich früh auch mit Online-Publishing beschäftigt. Softwarehersteller wollten ihre Dokumentation auch online anbieten. In den 80ern entstanden mehrere Dutzend Formate für die digitale Präsentation von Handbüchern und Hilfetexten. Der O'Reilly-Verlag hätte seine Bücher in zahlreichen unterschiedlichen Formaten anbieten müssen. Um der Abhängigkeit von Formatentwicklern zu entkommen, begann er 1991 ein eigenes Format namens DocBook für Online-Handbücher zu entwickeln. Der Kreis, der diesen freien Standard entwickelte, erweiterte sich zur Davenport Group.[62] DocBook hat sich unter den offenen Systemen und auch in der GNU/Linux-Community weithin durchgesetzt.

59 http://www.ora.com

60 Apache, Debian GNU/Linux, Linux-Kernel, GNU Emacs und andere GNU-Software, TCP/IP, Python, Sendmail, Samba usw.

61 Tim O'Reilly, History & Company Overview from President, 1998, http://ora.com/oreilly/tim.html

62 1998 löste sich die Davenport Group auf und die Maintainer-Rolle für DocBook ging an OASIS über, http://www.oasis-open.org/docbook/

1993 entstand aus der Arbeit an einem Browser für das DocBook-Format der *Global Network Navigator* (GNN). Sein Inhalt bestand anfangs aus einem Teil des von O'Reilly herausgegebenen »Whole Internet User's Guide & Catalog« von Ed Krol. GNN begann als Demo und wuchs zu einem neuen Informationsdienst mit Nachrichten, Artikeln und Rezensionen über Internetdienste heran. 1995 wurde er an AOL verkauft. Mit *Web Review* und dem *World Wide Web Journal* setzt der Verlag seine Online-Publishing-Aktivitäten fort. Im Bereich Online-Bücher werden heute thematische Auswahlen aus dem Verlagsprogramm zu Handbibliotheken (Java, Schlüsseltechnologien für Webmaster) zusammengestellt. Diese sind jedoch ebensowenig wie die gedruckten Bücher in irgendeinem Sinne frei oder offen. Die Referenzbibliotheken z.B. werden im Web zum Preis von 59,95 Dollar im Jahr angeboten. Weiterverbreiten oder modifizieren darf man sie nicht.

Der größte Profiteur der freien Software: Tim O'Reilly oder Bill Gates?

Der Verlag beschäftigt über 200 Menschen und hat Niederlassungen in den USA, Japan, Frankreich, Deutschland, Großbritannien, Taiwan und der Volksrepublik China. Tim O'Reilly schätzt, dass er im Laufe der Jahre Bücher über Open Source-Software im Wert von mehr als 100 Millionen Dollar verkauft hat und sein open Source-bezogener Umsatz im Jahr 1998 größer war, als der von SuSE oder Red Hat. Dennoch ist er der Ansicht, dass nicht er, sondern Bill Gates der größte Open Source-Profiteur sei, da dieser offene Standards, Protokolle und Software in seine proprietäre Software integriert und seinen Kunden Upgrades für MS-Windows und Office verkauft, damit sie Internet-Funktionalität erhalten.[63]

63 Vgl. O'Reilly, in WOS 1, 7/1999.

Sicherheit

Ein immer wieder genannter Vorteil von freier gegenüber proprietärer Software ist ihre größere Sicherheit. Der Problemkomplex Sicherheit lässt sich in die Bereiche Betriebssicherheit (Stabilität, Verfügbarkeit, Investitionssicherheit, Haftung) und Systemsicherheit (Abhörschutz, Kryptografie, Firewalls) gliedern. Die Experten vom Bundesamt für die Sicherheit in der Informationstechnik (→ BSI) über das Bundeswirtschafts- und Forschungministerium bis zum Chaos Computer Club (→ CCC) sind der einhelligen Überzeugung, dass die Quelloffenheit einer Software essenzielle Voraussetzung für ihre Sicherheit unter allen Gesichtspunkten ist. Proprietäre Software, bei der die Anwenderin sich einzig auf das Wort des Anbieters verlassen kann, muss grundsätzlich als suspekt angesehen werden. Überprüfbarkeit durch Experten des eigenen Vertrauens, d.h. Quelloffenheit, ist Voraussetzung für Vertrauensbildung. Sie ist notwendige, wenn auch nicht hinreichende Voraussetzung. Für die Sicherheit ist nichts gewonnen, wenn einem Interessenten der Quellcode zwar offengelegt, ihm aber nicht die Möglichkeit gegeben wird, diesen Quellcode anzupassen und daraus selbst ein lauffähiges System zu kompilieren. Besonders die Vertreter des BSI sagten mit deutlichen Worten, dass sie aus Sicht der IT-Sicherheit lieber heute als morgen einen breiten Einsatz von freier Software in der Verwaltung sehen würden. Gleichwohl müssten die Interessen der Anwender hinsichtlich der Bedienbarkeit und Verfügbarkeit von Anwendungen berücksichtigt werden. (Fachgespräch 7/1999).

Quelloffenheit ist Voraussetzung für überprüfbare Sicherheit

Im Kontrast zu dieser qualifizierten Einschätzung trifft freie Software weithin auf ein erhebliches Misstrauen in Bezug auf Sicherheitsfragen. Ingo Ruhmann, Spezialist für IT-Sicherheit und Datenschutz und heutiger Leiter des BMBF-Projekts »Schulen ans Netz«, hält vertrauensbildende Maßnahmen und eine Öffentlichkeitsarbeit für erforderlich, die breite Anwenderkreise über die Sicherheitsvorzüge freier Software aufklären.

Umgekehrt herrscht an vielen Orten weiterhin ein pauschaler Vertrauensvorschuss gegenüber proprietärer Software. Dieses Vertrauen ist bei Einzelbetrachtungen sicher zu rechtfertigen, jedoch in pauschaler Form unbegründbar, weil die zahlreichen bekannt gewordenen Mängel und sicherheitsbedenklichen Features das blinde Vertrauen in proprietäre Software stark relativieren sollten. Zu der langen Kette gehört die mangelhafte Implementierung des *Point-to-point-Tunneling*-Protokolls von Microsoft,[1] die

Sicherheitsmängel in proprietärer Software

1 Kryptografische »Tunnel« von einem Punkt des Internet zu einem anderen schaffen sichere Verbindungen über einen unsicheren Kanal. Zu den Mängeln der MS-Implementation vgl. den Bericht darüber auf dem BSI-Kongress 1999.

Fernsteuerung fremder Rechner mit Hilfe von MS Back-Orifice[2] oder die Identifizierungsnummern, die Intel in seinem neuesten Prozessor einbrannte, die auch Microsoft nicht nur jeder einzelnen Version von Windows98 und Anwenderprogrammen mitgibt, sondern die sich selbst in den Dokumenten finden, die mit Word, Excel oder PowerPoint erstellt werden. »Wenn man das in einem größeren Zusammenhang sieht – es wird ja viel diskutiert über weltweites Aufnehmen von E-Mails, Telefongesprächen und Telefaxen durch gewisse Sicherheitsbehörden – dann kann man in Software, in die man nicht hineinsehen kann, auch kein Vertrauen mehr haben.«[3]

Ebenso unbegründbar ist das Vertrauen in die stabilen Besitzverhältnisse der Unternehmen, auf die man sich in IT-Sicherheitsfragen verlässt:

Kryptolieferant des Bundes in der Hand der Apartheid

> *»1997 hat die Bundesregierung erklärt, dass im Bereich der Bundesbehörden 65 000 PCs mit Microsoft-Betriebssystemen im Einsatz sind. Heute werden es einige Tausend mehr sein. Keiner dieser PCs lässt sich auf Sicherheitsmängel überprüfen, ob er jetzt im Berlin-Bonn-Verkehr eingesetzt wird oder nicht. Im Übrigen wurde die genutzte Kryptografie-Hardware im Bonn-Berlin-Verkehr von einer Firma geliefert, die, nachdem der Kaufentschluss gefallen war, von der südafrikanischen Firma Persetel Q Holdings gekauft wurde, die während der Zeiten des Boykotts gegen Südafrika groß geworden sind, mit besonders guten Kontakten zum südafrikanischen Militär. Im Herbst 1999 wurde dieser Firmenteil immerhin von der deutschen Firma UtiMaco gekauft. Für Blackbox-Systeme ist daran wichtig: Das Know-how um die Kyptografiemodule war für einige Zeit für Beteiligte offengelegt, deren Vertrauenswürdigkeit niemand geprüft hat. Hier gibt es einige Probleme, die dadurch nicht besser werden, wenn wir uns auf große kommerzielle Anbieter verlassen.«*[4]

Im Office-Bereich bedarf der Wechsel zu quelloffenen Systemen keiner weiteren Evaluierung mehr, trifft aber auf andere Schwierigkeiten. Zum einen ist Microsoft-Software in der Verwaltung und in der Wirtschaft heute Quasi-Standard. Eine Abteilung, die im Alleingang umsteigt, läuft somit Gefahr, nur in eingeschränktem Umfang Daten mit Kommunikationspartnern austauschen zu können. Zum anderen stehen unter

2 Die Hackergruppe »Cult of the Dead Cow« hat das Sicherheitsloch des MS-Fernwartungswerkzeugs entdeckt, http://www.bo2k.com/. Schutz dagegen findet sich unter http://www.cultdeadcow.com/tools/bolinks3.html.
3 Rudolf E. Bahr, BSI, Fachgespräch, 7/1999.
4 Ingo Ruhmann, in: WOS 1, 7/1999.

GNU/Linux integrierte, grafisch zu bedienende Oberflächen, die Anwender in diesem Bereich für ihre Office-Applikationen erwarten, erst seit relativ kurzer Zeit zur Verfügung. Die Anforderungen an den Anwender bei Installation und Wartung sind heute unter GNU/Linux noch deutlich höher als unter Mac-OS oder MS-Windows. Angesichts der kurzen Zeit, in der sich die grafischen Oberflächen KDE und Gnome sowie andere Merkmale der Benutzerfreundlichkeit entwickelt haben, ist jedoch damit zu rechnen, dass dieser Unterschied bald verschwinden wird.

Überprüfung statt Panik

Ruhmann fordert einen grundlegendenWandel in der Sicherheitskultur: »Weg von dieser Aufregung: ›Der und der Browser hat mal wieder dies und jenes Sicherheitsloch‹ und der Panik, die dann hinterher kommt. Oder diese mittlerweile notorischen Meldungen über neue Viren, bei denen die Hälfte der Mails sich auf Viren bezieht, die gar nicht existieren. Diese Aufregung ist ja ganz schön und nützlich, sie führt aber letztendlich nur zu reiner Panikmache ohne vernünftige Differenzierung. Open Source-Software kann diese vernünftige Differenzierung dadurch leisten, dass sie eine überprüfbare Sicherheit bietet, nur müssen dann auch die Mechanismen dafür her.«[5]

Sicherheit ist kein Add-On, sondern Strukturelement

Frank Rieger vom Chaos Computer Club (CCC) sieht Mängel in der Sicherheitskultur auch auf Produzentenseite. Sicherheit ist häufig keine Priorität im Entwicklungsprozess und kein strukturelles Element eines Produkts, sondern eine Ergänzung, über die erst kurz vor der Markteinführung nachgedacht werde. Oft genug sei nicht klar, wer eigentlich dafür zuständig ist, dass ein Produkt am Ende sicher und vor der Auslieferung auch daraufhin getestet worden ist. Auch eine Zertifizierung bietet hier keine Gewähr, zumal, wenn sie wie im Falle von Windows NT zehn Jahren zuvor für ein komplett anderes Produkt erteilt wurde. Schließlich werden Produkte, die von sich aus relativ sicher sein können, mit unsicheren Voreinstellungen und Installationswerten ausgeliefert. Rieger führt als Beispiel die damals aktuelle SuSE-Distribution an, die nach einer Standardinstallation unnötig viele Ports offen ließ. Auch wenn es möglich ist, ein SuSE-Linux wasserdicht zu machen, zeigt es sich doch bei allen Computersystemen, dass viele Endanwender die Standardeinstellungen nie verändern.[6]

Vertrauen ist nicht gut genug, Kontrolle ist das einzig Richtige

Für Ruhmann bedeutet eine IT-Sicherheitskultur, »dass das Bewusstsein um IT-Sicherheit steigen muss; dass es kein Kostenfaktor ist, sondern ein erheblicher Nutzenfaktor; und dass der Grad der Panik aus Unwissenheit bei irgendwelchen Problemen dadurch herabgesetzt werden

5 Ebd.
6 Frank Rieger, in: WOS 1, 7/1999.

muss, dass die Leute auf der einen Seite einfach kompetenter mit IT umgehen können und auf der anderen Seite ein kompetenteres Beratungsangebot zur Verfügung haben. ... Qualität sollte nicht vom Glauben abhängig sein, sondern von überprüfbaren Kriterien.«[7] Und Voraussetzung für eine Überprüfung ist der Zugang zum Quellcode.

Betriebssicherheit

Auf der fundamentalsten Ebene ist nach der Betriebssicherheit von Systemen, nach ihrer Ausfallhäufigkeit, Stabilität und Verfügbarkeit zu fragen. In diesen Punkten sind freie Softwaresysteme wie GNU/Linux durch eine weitergehende Fehlersicherheit proprietären Systemen deutlich überlegen. Freie Software ist natürlich nicht per se fehlerfreier, doch wenn ein Fehler auftritt, findet sich meist sehr schnell Unterstützung im Internet oder es kann eine Softwareentwicklerin angeheuert werden, die den Fehler beseitigt, während der Benutzer einer proprietären Software darauf angewiesen ist, dass der Hersteller den Fehler für ihn behebt. Zur Investitionssicherheit ist im Kapitel »Wirtschaftliche Potenziale« bereits einiges gesagt worden. Verantwortungsbewusste Firmen hinterlegen immerhin den Quelltext ihrer Software, so dass die Kunden weiterhin darauf zugreifen können, falls die Firma aufgekauft wird, bankrott geht oder aus anderen Gründen die Software nicht mehr warten kann.

Auch die Flexibilität und Anpassbarkeit von quelloffener Software, die dort bereits genannt wurde, ist sicherheitsrelevant:

Die Lösung für akute Sicherheitsmängel in proprietärer Software: Abschalten

> *»Wenn ich mir ein kleineres Sicherheitsproblem der letzten Wochen und Monate angucke, wird offenbar, dass Verbesserungen im Sicherheitszusammenhang immer wieder notwendig sind, und zwar im laufenden Betrieb. Die US-Navy hat festgestellt, dass Schiffe in der Adria im Kosovo-Krieg Mails senden und empfangen konnten und dass ihre Soldaten ziemlich blauäugig nicht nur Mails anderer Leute gelesen, sondern auch sensitive Informationen per Mail an ihnen unbekannte Leute weitergegeben haben. Was war die Lösung? Eingehende Mails wurden erlaubt, ausgehende nicht. Das funktioniert mit schlecht anpassbaren Systemen nur auf diese Art und Weise. Man hätte sich natürlich auch andere Wege überlegen können, diese Systeme ein wenig besser der neuen Situation anzupassen. Eine solche Anpassung ist natürlich bei* Blackbox-*Systemen schlichtweg unmöglich. Bei Open*

7 Ruhmann, in: WOS 1, 7/1999.

Source-Systemen kann ich entsprechende Veränderungen jederzeit einbringen, wenn ich die Leute kenne oder selbst dazu in der Lage bin.«[8]

Gewährleistung und Haftung

Ein immer wieder zu hörender Einwand gegen freie Software lautet: »Wie kann ich diesen ›langhaarigen Leuten‹ trauen, die mir einen *Bug Fix* schicken?« Natürlich kennt man auch bei proprietärer Software in der Regel die Entwickler nicht persönlich. Der vermeintliche Unterschied besteht darin, dass man ihre Firma im Falle eines Fehlers verklagen könnte. »Hier wird also versucht, Sicherheit durch die Möglichkeit des Rechtsweges herzustellen.«[9] Dass diese Strategie bei kommerziellen Produkten auf theoretische und praktische Grenzen stößt, soll hier dargestellt und mit der Lage bei freier Software kontrastiert werden. Da freie Software niemandem gehört und keine großen Unternehmen die Gewährleistung dafür übernehmen, wie kann ein Nutzer sicher sein, dass die Software auch in kritischen Situationen hält, was sie verspricht?

Zunächst ist anzumerken, dass auch proprietäre Unternehmen für ihre Produkte keine Gewährleistung übernehmen. Ihre Software wird so angeboten, »wie sie ist« *(asis)*, ohne die darüber hinausgehende Garantie, dass sie für den intendierten Einsatz taugt und mit so weitgehenden Garantie- und Haftungsausschlüssen, wie es die jeweilige nationale Jurisdiktion zulässt.[10] Joseph Weizenbaum hat das Missverhältnis zwischen der Software- und anderen Branchen einmal so beschrieben: Eine Fluggesellschaft, die sich so verantwortungslos verhalten würde wie eine Informatikfirma, wäre innerhalb von zwei Wochen pleite. Das Produkthaftungsrecht aus der Welt der materiellen Waren findet auf Software noch keine Anwendung, obgleich es wünschenswert wäre, eine Situation zu schaffen, in der Nutzer erwarten können, dass das, wofür sie bezahlt

Unfreie Software: Alle Risiken trägt der Kunde

8 Ruhmann, in: WOS 1, 7/1999.

9 Ebd.

10 Als Beispiel sei hier der Standardpassus aus dem Microsoft *End-User License Agreement* (EULA) angeführt. Darin wird zunächst betont, dass die Nutzerin durch Installation, Kopieren oder jegliche Form von Gebrauch der Software einen rechtsverbindlichen Vertrag mit Microsoft eingeht. Mit der Lizenz willigt sie ein, auf alle Garantien über die Marktgängigkeit oder die Tauglichkeit für einen bestimmten Zweck und auf alle Haftungsansprüche zu verzichten. Das gesamte Risiko, das sich aus der Verwendung des Softwareprodukts ergibt, liegt beim Kunden. Eine Haftung für Betriebsausfälle, verlorengegangene Profite oder verschwundene Unternehmensdaten, die sich aus der Verwendung des Softwareprodukts ergeben, lehnt Microsoft ab, selbst wenn das Unternehmen über die Möglichkeit solcher Schäden unterrichtet wurde. S. z.B. die EULA für DCOM98, http://www.microsoft.com/com/dcom/dcom98/eula.asp

haben, auch funktioniert.[11] Das entspricht jedoch nicht dem Stand der Technik in der Informatik, und auch der tatsächliche Trend geht in die entgegengesetzte Richtung. Das US-amerikanische Produkthaftungsrecht wird derzeit dahingehend korrigiert, dass den Herstellern von Software eine noch stärker verminderte Haftung eingeräumt wird.[12] Es ist ferner zweifelhaft, ob die Gerichtsstandsklauseln, in denen Unternehmen eine Jurisdiktion der eigenen Wahl vorschreiben, in der Softwarebranche Anwendung finden können. Das Produkthaftungsrecht ist in verschiedenen Ländern sehr unterschiedlich geregelt, so dass Computerkonzerne, auch wenn sie in den USA weitgehend aus der Haftung entlassen sind, in anderen Ländern mit strikten Auflagen rechnen müssen.

Umgekehrt verfügt die Welt der freien Software sehr wohl über Mechanismen der Qualitätskontrolle und der Stabilitätssicherung für offiziell freigegebene *Releases*. Der offene Prozesscharakter und die fehlende Rechtsform vieler Projekte schließt jedoch eine rechtsverbindliche Gewährleistung aus. Entsprechendes gilt auch für Firmen, die freie Software zusammenstellen und vertreiben. SuSE z.B. bietet keine generelle Gewährleistung.[13]

Freie Softwaredienstleister stehen für das gerade, was sie verkaufen

Anders sieht es bei Firmen aus, die Dienstleistungen auf Basis freier Software anbieten. Da sie die Software, mit der sie arbeiten, kennen und im Sourcecode überprüfen können, können sie auch einschätzen, welche Leistungen sie gewährleisten können und welche nicht. LunetIX z.B. gewährleistet sehr umfänglich, dass das, was mit dem Kunden vereinbart ist und wofür er bezahlt, auch tatsächlich zum Funktionieren gebracht werden kann. »Ich habe die Erfahrung gemacht, dass man viel ehrlicher ist, mit den Sachen die nicht gehen. Eine Freiheit, die wir uns nehmen können, weil wir eben kein Produkt verkaufen, das *all singing, all dancing* ist. Wir können sagen, da hat es seine Stärken, da seine Schwächen. Wenn die Schwächen für euch ein Problem sind, können wir daran arbeiten.«[14]

Ingo Ruhmann weist darauf hin, dass im Streitfall eine Sachverständigenüberprüfung vor Gericht nur dann überhaupt möglich ist, wenn der Quellcode eingesehen werden kann:

> *»Das Problem an der Sache ist aber: Wieviele Fälle von Prozessen gegen solche Firmen werden überhaupt geführt? Die Kriminalstatistik sagt, dass es jenseits von Kreditkartenbetrug allenfalls ein bis zwei Dutzend Fälle von Computerkriminalität gibt, die vor Gericht landen. Das*

11 Vgl. Wolfgang Coy, Fachgespräch, 7/1999.
12 Vgl. Dalheimer, Fachgespräch, 7/1999.
13 Vgl. Hohndel, Fachgespräch, 7/1999.
14 Hetze, Fachgespräch, 7/1999.

rührt einfach daher, dass keine Analyse der Systeme möglich ist. Das heißt, wenn ein Fehler auftritt, kann ich mich effektiv nicht mit einiger Sicherheit an die Firma wenden, die für diesen Fehler verantwortlich ist. Wir kennen es, wenn man eine Hotline befragt, dann wird meistens gesagt: ›Das könnte ja auch noch den und den Grund haben. Es könnte der Treiber von irgendeinem Hardwareteil sein.‹ Solange die Sourcen nicht wirklich offen liegen, hat der Anbieter eines prorietären Systems natürlich die Möglichkeit abzustreiten, dass der Fehler bei ihm liegt. Und ich habe keine Möglichkeit, das herauszufinden.

Die Proprietären schieben anderen die Schuld zu

Bei Blackbox-*Systemen ist eine Fehlererkennung nur durch einen Funktionsfehler im Betrieb möglich, bei Open Source-Systemen aber eine konkrete Analyse, woran dieser Fehler liegen könnte. Das heißt, effektiv ist erst in dem Fall, dass ich Open Source-Software einsetze, überhaupt die Möglichkeit gegeben, dass ich diesen Rechtsweg – den viele bei proprietären Systemen für gegeben halten – mit einiger Aussicht auf Erfolg beschreiten kann. Hinzu kommt sogar, dass ich, wenn ich bei bestimmten proprietären Systemen eine Analyse mache und herausfinde, dass der zur Sicherheit benutzte Mechanismus extrem schwach ist, da oftmals sogar rechtlich besonders schlechte Karten habe, weil der Schutz gegen Datenmissbrauch auch einen ausreichenden technischen Hintergrund voraussetzt.«*[15]

Eine systematische Kontrolle der Funktionstüchtigkeit von Blackbox-Systemen ist ausgeschlossen. Eine gerichtliche Würdigung ist allenfalls möglich, wenn ein Unternehmen den Quellcode seiner proprietären Software (üblicherweise unter Vertraulichkeitsverpflichtung) den Sachverständigen zugänglich macht.

Eine gesetzliche Haftung gegen Hintertüren ist von Nöten

Eine Überprüfung vorab ist selbst bei Vorliegen des Quellcodes schwierig, doch nachträglich lassen sich immer wieder bewusst eingebaute Sicherheitslücken nachweisen. Hier sieht Frank Rieger eine Möglichkeit für das Eingreifen des Gesetzgebers. Wenn die Haftbarkeit von Herstellern für Hintertüren drastisch verschärft würde, gäbe es keine andere Möglichkeit mehr, als Sicherheitsprodukte quelloffen zu machen. »Dadurch würde das, was sowieso schon üblich ist bei kleineren Firmen, alles, was Kryptografie und Security ist, Open Source zu machen, auch für große Firmen bindend und verpflichtend werden, und könnte tatsächlich eine ganze Menge bewegen.«[16]

15 Ruhmann, in: WOS 1, 7/1999.
16 Rieger, in: WOS 1, 7/1999, Diskussion.

Kryptografie: Security by Obscurity vs. offene Verfahren

Das Schlüsselelement für Sicherheit in digitalen Systemen ist die Kryptografie. Der Schutz von Daten auf einem Rechner (z.B. Patientendaten), die Vertraulichkeit von Kommunikationen (z.B. Vertragsverhandlungen zwischen Unternehmen), die Verhinderung der nachträglichen Veränderung von Dokumenten (z.B. vertragliche Abmachungen), die Sicherung der Identität von Transaktionspartnern durch digitale Signaturen, der Beleg für das Absenden und den Empfang von Dokumenten, die Verhinderung der Nichtanerkennung von Vereinbarungen und schließlich der gesamte Komplex der digitalen Zahlungsverfahren beruhen sämtlich auf kryptografischen Systemen. Sie waren bis vor kurzem die exklusive Domäne von Militär und Geheimdiensten. Als in den 70er-Jahren Konzerne und Banken begannen, digitale Netze einzusetzen, entstand erstmals ein ziviler Bedarf nach Kryptografie. Seit Anfang der 90er-Jahre verbreitet sich die PC-gestützte private Nutzung von offenen Netzen und damit der allgemeine Bedarf nach kryptografischen Produkten.

Zwei Positionen treffen an dieser Frage aufeinander: einerseits das Grundrecht auf Unantastbarkeit der Kommunikation und der Schutz der Privatsphäre, andererseits das Sicherheitsinteresse des Staates. Die Konfliktlinie verläuft in allen Ländern zwischen den Daten- und Persönlichkeitsschutzverfechtern und den Strafverfolgungs- und Nachrichtendiesten, in der Regel also zwischen dem Wirtschafts- und dem Innenministerium.[17] Schließlich ist Kryptografie nicht nur Voraussetzung für E-Commerce, sondern selbst ein gewinnträchtiger Markt.

Sicherheit durch Verbergen des Sicherheitsmechanismus ist keine

Wenn Kryptografie Vertrauen in das Internet schaffen soll, stellt sich die Frage, auf welcher Grundlage man Kryptografie-Software vertrauen kann. Auf dem Markt für diese Produkte stehen sich zwei Herangehensweisen gegenüber. Zum einen soll ein Vertrauen in die Sicherheit solcher Systeme erzeugt werden, indem sie in einem vertraulichen Prozess entwickelt werden und ihre Funktionsweise geheimgehalten wird. Dieser so genannte *Security by Obscurity*-Ansatz herrscht unter den proprietären Produkten vor. Dagegen kann die Sicherheit von quelloffenen Systemen, die im Prinzip jeder Interessierte einsehen kann, nur darauf beruhen, dass der Mechanismus auch dann schützt, wenn er bekannt ist.

---

17 Ein Versuch, diesen Konflikt im Interesse der Sicherheitsbehörden zu lösen, war die Clipper-Chip-Initiative von 1993, s. http://www.eff.org/pub/Privacy/wh_crypto_ original.announce. Sie wurde von den Verfechtern des Persönlichkeitsschutzes und vom Markt zurückgewiesen, s. Froomkin, http://www.law.miami.edu/~froomkin/articles/planet_clipper.htm und EPIC http://www.epic.org/crypto/clipper/

»Es gibt einige Microsoft-Systeme, die ihre Passwörter ganz einfach mit einer xor-Verschlüsselung mit einer relativ einfachen Zahl ablegen. Wenn bekannt wird, wie dieser Mechanismus funktioniert, dann ist er nichts mehr wert. Im Gegensatz dazu, wie allen bekannt, verschlüsselt Unix Passwörter in einer Einwegfunktion und vergleicht sie auch in der verschlüsselten Version. Da es keine Umkehrfunktion dazu gibt, ist es völlig unerheblich, ob diese Einwegfunktion bekannt ist oder nicht. Und jeder kann auch das abgelegte Passwort lesen, weil er damit nichts anfangen kann, denn es liegt ja nicht im Klartext vor.«[18]

Rieger nennt als weitere Beispiele GSM, den Standard, der heute in den meisten Mobiltelefonen verwendet wird, und der trotz strenger Geheimhaltung von einer US-amerikanischen Hackergruppe geknackt werden konnte. Auch bei der Telefonkarte der Deutschen Telekom kam ein Hamburger Sicherheits-Consulting-Unternehmen zu dem Ergebnis, dass die von der Telekom gewählte Chipkartentechnologie keine inhärente Sicherheit biete, sondern diese allenfalls in einem Technologievorsprung von etwa drei oder vier Jahren gegenüber möglichen Angreifern beruhe. Diese Vorhersage hat sich bewahrheitet. Mit gefälschten Telefonkarten wird ein gutes Geschäft gemacht. Rieger schätzt, dass es sich um einen der größten Schäden handelt, die dank »Sicherheit durch Obskurität« entstanden sind. Er bezeichnet dieses Modell als ein Wissensmonopol einer Priesterschaft.

Im Panzerschrank wird verborgen, was in Millionen von Produkten funktionieren muss

»Ich designe ein System so, dass es von außen auf den ersten Blick nicht durchschaubar ist und seine inneren Wirkungsweisen nicht verstanden werden können – so glaubt man zumindest. Und wenn man dann der Sache doch nicht so traut, baut man lieber noch so ein paar Gemeinheiten ein, einige Fallen oder Inkonsistenzen, um zu verhindern, dass, falls es einen Security-Bruch gibt, die Sachen zu schnell vorangehen. Dieses geschlossene Modell ist sehr kompatibel mit dem Kulturraum von großen Entitäten wie Siemens z.B. [...] Die haben da eine kleine Abteilung mit einer großen Stahltür davor, und da ist ein Zahlenschloss und ein Iris-Scanner dran und noch eine große Stahltür und dahinter liegen in dem Safe die drei Blätter Papier, auf denen steht, wie's geht. Das ist etwas, was sie verstehen. Da können sie einen Wachmann davorstellen, der notfalls schießt, und damit ist die Sicherheit dann eigentlich gewährleistet. Dass der Algorithmus, den sie in dem Panzerschrank mit den drei Stahltüren haben, auf jeder beliebigen Chipkarte,

18 Ruhmann, in: WOS 1, 7/1999.

die zehn Millionen Mal verteilt wird, nach draußen geht, daran haben sie nicht wirklich gedacht.«[19]

Das Priesterschaftsmodell wird ferner durch die zunehmende Mobilität und Informationsdichte infrage gestellt. Angestellte aus Sicherheitsabteilungen wechseln ihre Arbeitgeber häufiger als früher, und keine Vertraulichkeitsvereinbarung kann verhindern, dass sie ihr Wissen mitnehmen.

Das quelloffene Modell ist wiederum nicht per se sicherer, doch durch das öffentliche Testen und Studieren werden Mängel und Fehler meist relativ schnell gefunden und behoben. Auch Hintertüren sind dadurch nicht ausgeschlossen, doch auch hier ist die Chance, dass jemand sie entdeckt, relativ hoch.

Selbst bei Quelloffenheit: Obskurität durch Unübersichtlichkeit

Rieger weist aber darauf hin, dass freie Software kein Allheilmittel ist. Besonders große Programme, die erst nachträglich quelloffen gemacht werden, sind extreme schwer zu überschauen. Kaum jemand hat den gesamten Quellcode der Kryptografie-Software PGP (*Pretty Good Privacy*) durchgelesen und kann sicher sagen, dass sich darin keine Hintertür befindet. Und wenn sich mehrere Personen die Arbeit teilen, ist die Gefahr, etwas zu übersehen, noch viel größer. Seit Anfang 1998 liegt das Programm PGP 5.0 im Quelltext vor, ein gravierender Fehler, der unter bestimmten Voraussetzungen die Sicherheit unterminiert, für die das Programm eigentlich sorgen soll, wurde jedoch erst im Mai des darauffolgenden Jahres bekannt.[20] Für Rieger ist der einzige Weg zu solchen Kernsicherheitssystemen wie PGP, diese von Anfang an offen zu entwickeln, wie das bei der GNU-PG (s.u.) der Fall ist. Nur eine permanent mitlaufende Überprüfung bietet die Gewähr, dass nicht nachlässig oder gezielt Sicherheitsprobleme eingebaut werden.[21]

BMWi für starke Krypto

Die Bundesregierung fasste am 2. Juni 1999 einen Beschluss, der die breite Verwendung von starken Kryptografieprodukten durch jedermann ohne jede Beschränkung vorsieht (BMWi, Eckpunkte 1999). Zu den Schritten, die Hubertus Soquat (Referent für IT-Sicherheit im BMWi) in Berlin vortrug,[22] gehört die Erhöhung der Verfügbarkeit von Kryptoprodukten – von der Entwicklung über die Produktion und den Vertrieb bis zum Einsatz. Im Zentrum der Aktivitäten zur Sensibilisierung breiter Nutzerschichten steht die Kampagne »Sicherheit im Internet«,[23] die sich

19 Rieger, in: WOS 1, 7/1999.
20 http://www.securiteam.com/securitynews/Key_Generation_Security_Flaw_in_PGP_5_0.html
21 Vgl. Rieger, in: WOS 1, 7/1999.
22 Soquat, in: WOS 1, 7/1999.
23 http://www.sicherheit-im-Internet.de/

besonders an individuelle Nutzer sowie an kleine und mittlere Unternehmen richtet. Das BMWi wird die deutsche Kryptografie-Industrie beobachten, um abzuwägen, welche Möglichkeiten bestehen, durch öffentliche Auftraggeber entsprechende Nachfragepotenziale zu realisieren. Zur Förderung des Einsatzes von Verschlüsselung innerhalb der Bundesbehörden und darüber hinaus dient das Pilotprojekt »Sphinx«.[24]

Auf die Frage, was geschehe, wenn sich herausstellt, dass sich das, was Strafverfolgung und Nachrichtendienste als ihre legitimen Bedürfnisse sehen, und die Eckpunkte des BMWi-Papiers einander ausschließen, wie z.B. sicherer Nachrichtenverkehr, freie Verfügbarkeit starker Kryptografie und ihr massenhafter Einsatz im E-Mail-Verkehr, antwortete Soquat in einem Interview mit der Tageszeitung *taz*:[25] »Dann haben sie [die Sicherheitsdienste] Pech gehabt.« Er verwies darauf, dass Nachrichtendienste und die Strafverfolgungsbehörden nachgeordnete Behörden seien und dass das Bundesverfassungsgericht in einer jüngsten Entscheidung unterstrichen habe, dass es Grenzen für deren Tätigwerden gibt.

Kryptografie ist eine Waffe

Erschwert wird die Situation dadurch, dass Kryptografie in vielen Ländern als Waffentechnologie klassifiziert und mit Ein- und/oder Ausfuhrbeschränkungen belegt ist.[26] Das führt dazu, dass Hersteller von kryptografischen Algorithmen oder anderer Software, die solche Algorithmen enthält, jeweils eine starke Version für den Inlandsmarkt und eine schwächere für den Export anbieten müssen. Freie Softwareprojekte, die sich nicht nach Ländergrenzen organisieren, stehen hier vor besonderen Problemen.

Das Wassenaar Abkommen[27] ist ein Versuch, die verschiedenen nationalen Politiken zu harmonisieren. Für die freie Software ist besonders interessant, dass es kryptografische Software von Restriktionen ausnimmt, wenn sie gemeinfrei ist.

> *»Nun profitiert als ›Public Domain‹ – in einem speziellen Sinne, der eigentlich heißt: frei weitergebbar – gekennzeichnete Software von Teil 2 der* General Software Note *des Wassenaar Arrangements. Es gibt re-*

---

24 http://www.bsi.bund.de/aufgaben/projekte/sphinx/index.htm

25 Und wiederholte es in der Diskussion auf WOS 1, 7/1999.

26 Zur jeweiligen Politik in den einzelnen Ländern s. Koops http://cwis.kub.nl/~frw/people/koops/lawsurvy.htm. Die USA, die nicht nur die Ausfuhr starker Kryptografietechnologie verboten, sondern auch eine aggressive Außenpolitik betrieben haben, um alle anderen Länder davon zu überzeugen, ebenfalls eine Schlüsselhinterlegungstechnologie (*Key eschrow*) einzuführen, haben vor kurzem ihre Exportvorschriften geändert, so dass starke Kryptografie ausgeführt werden darf, solange der Quellcode offen ist.

27 http://www.wassenaar.org/

lativ glaubwürdige Hinweise, u.a. in Form der neuen australischen Exportrichtlinien, dass wohl darauf gedrungen wird, diese Ausnahme für kryptografische Software aus dem Wassenaar Arrangement zu streichen. Das hieße, dass man diese kryptografische Software innerhalb der EU im kommenden Jahr [2000] zwar noch frei verteilen könnte, aber international nicht mehr. Wenn ich das mit Aspekten, wie der von Herrn Dalheimer angesprochenen großen Internationalität schon in der Softwareentwicklung, dem generisch zu dieser Software gehörenden weltweiten Zurverfügungstellen des Quellcodes, in einen Topf rühre, dann bekomme ich da heraus: einen Angriff auf die legale Erstellbarkeit frei verfügbarer Sicherheitssoftware. Angenommen, diese freie Software wäre nicht mehr per se ausgenommen von den Restriktionen, dann kann ich zwar versuchen, diese Exportrestriktionen zu umgehen oder zu ignorieren (was mit Sicherheit auch viele machen werden), aber bei dem, wovon wir hier reden: Einsatz freier Software in Verwaltungen und Unternehmen, da ist das nicht mehr eine Option. Da muss ich schon davon ausgehen können, dass diese Sachen in einem legalen Rahmen erstellt wurden und erhältlich sind.«[28]

Die Kryptografierichtlinien der Bundesregierung haben international Anerkennung gefunden, sind aber auch, z.B. in den USA, auf Kritik gestoßen. Auch Frankreich und Großbritannien haben eine andere Haltung dazu als die Bundesregierung. Diese will sich aber in den laufenden Gesprächen im Rahmen des Wassenaar-Abkommens selbst, seiner Umsetzung innerhalb der EU auf *Dual-Use*-Verordnungsebene[29] und bei der Umsetzung dieser europäischen Regelungen auf der nationalen Ebene dafür einsetzen, dass die Grundidee hinter den »Kryptografie-Eckwerten«, also die freie Verfügbarkeit, nicht verwässert wird.[30] In einem ersten Schritt ist der Handel mit Kryptografieprodukten zwischen den Mitgliedsstaaten bereits liberalisiert worden.

Hintertüren statt Krypto-Kontrolle

Auch der US-amerikanische Geheimdienst *National Security Agency* (→ NSA) hat seine Haltung gegenüber Verschlüsselungssystemen inzwischen abgeschwächt. Ein Grund könnte sein, dass deutlich geworden ist, dass nicht alle Kryptografiekompetenz in den USA sitzt und selbst dafür Exportverbote wenig Wirkung zeigen. Die neue Strategie der NSA, so vermutet Rieger, sind Hintertüren.

28 Rössler, Fachgespräch, 7/1999.
29 Für Technologien, die sowohl militärisch als auch zivil einsetzbar sind.
30 Vgl. Soquat, Fachgespräch, 7/1999.

»Darin haben sie eine wirklich große Erfahrung, angefangen bei der Krypto-AG, wo über Jahrzehnte hinweg die Schlüssel mit im verschlüsselten Text selbst preisgegeben wurden, bis hin zu Hintertüren, die in irgendwelche Produkte eingebaut werden, z.B. Router, Firewalls, ISDN-Systeme, Betriebssysteme. Da wird, denke ich, in nächster Zukunft deren großes Arbeitsfeld liegen, weil sie genau wissen, dass der Aufwand, die Kryptografie auf dem Transportweg zu brechen, sich so schnell nicht verringern wird, selbst wenn sie noch so viel in die Forschung stecken. Deswegen ist der Weg, den sie gehen werden, Hintertüren. Wir haben auch einen deutlichen Anstieg von Angriffen über Hintertüren gesehen, die von professionellen Industriespionen erfolgen, die solche Hintertüren tatsächlich auch kaufen. Es gibt Leute, die kennen die halt und verkaufen dieses Wissen. Etliches von dem, was an Sicherheitsproblemen da ist, wird mittlerweile nicht publiziert, sondern immer noch unter der Decke gehalten, gerade was ISDN-Systeme betrifft.«[31]

Auch das BSI sieht das Problem heute nicht mehr in den Kryptografiekomponenten selbst, sondern vor allem in den Architekturen der Systeme, die sie verwenden:

Die eigene Krypto als Doppelagent

»Die eigentlichen Probleme in der Sicherheit liegen darin, dass man Software und Systeme mit sehr vielen Unbekannten, d.h. nicht offengelegten Komponenten verwendet. Bei Betrachtung der Kryptografie kann man sich eine starke Kryptografie unter MS NT vorstellen, die über einen Treiber in das System eingebunden wird. Die Dateien werden zwar wunderbar verschlüsselt, aber über einen verdeckten Kanal kommen sie letztendlich doch dorthin, wo sie nicht hin sollen. [...Die Kryptografiekomponente] ist gar nicht der entscheidende Sicherheitsfaktor, sondern die Tatsache, dass ich weiß, dass meine Kryptografiekomponente überhaupt korrekt angesprochen und nicht umgangen wird – all dieses sind die entscheidenden Sicherheitsfragen und diese hängen unmittelbar mit der Transparenz der verwendeten Betriebssystemsoftware zusammen. Insofern laufen das Wassenaar-Aggreement und damit verbundene Aktivitäten im Grunde am eigentlichen Problem vorbei. «[32]

31 Rieger, in: WOS 1, 7/1999.
32 Rudeloff, BSI, Fachgespräch, 7/1999.

Für die Verschlüsselung von Mail mit dem → *Public/Private-Key*-Verfahren gibt es derzeit zwei offizielle Internetstandards: PGP (*Pretty Good Privacy* von Phil Zimmerman) und S-MIME (*Secure Multipurpose Internet Mail Extensions*). S-MIME setzt für die Generierung der Zertifikate eine zentrale Instanz voraus, die alle Schlüssel beglaubigt.

Pretty Good Privacy …

Auch Open-PGP ist mittlerweile in Zusammenarbeit von Lutz Donnerhacke aus Jena und Jon Callas von PGP zur Standardisierung vorbereitet und verabschiedet worden (RFC 2440), so dass auch hier der gleiche Status erreicht ist wie bei S-MIME. Die Zertifizierung von PGP-Schlüsseln beruht auf einem Vertrauensnetz (*Web of Trust*) ohne zentrale oberste Instanz. Es erlaubt ebenfalls, hierarchische Strukturen für die Zertifizierung zu bilden, doch die Grundstruktur ist ein Netzwerk von Leuten, die sich kennen und vertrauen.

… mit Tücken

PGP weist zwei Probleme auf. Erstens steht es nicht unter der GPL. Das heißt, der Source Code ist zwar verfügbar, aber es ist nicht erlaubt, Modifikationen daran vorzunehmen, zusätzliche Features einzubauen, Teile aus PGP zu entfernen, die man für Sicherheitsrisiken hält und Software bereitzustellen, die auf PGP basiert. Zweitens wurde PGP von Network Associates gekauft. Als kommerzielles amerikanisches Produkt unterliegt es damit den Exportbeschränkungen – starkes PGP ab einer bestimmten Schlüssellänge durfte bis vor kurzem nicht ausgeführt werden. Außerdem war Network Associates Mitglied der *Key Recovery Alliance*, einem Zusammenschluss von US-Firmen, die eine Infrastruktur für die treuhänderische Schlüsselhinterlegung nach den Vorstellungen der US-Regierung betreiben will. Diese vergibt nur dann Aufträge an eine Firma, wenn sie Mitglied in der *Key Recovery Alliance* ist. Network Associates trat aus dem Konsortium aus und wieder ein. Phil Zimmerman behauptet zwar, es gäbe eine klare Position gegen *Key Recovery*, aber die Firma, der diese Software gehört, hat offensichtlich eine andere Meinung.

In der jüngsten Entwicklung von PGP sind Features hinzugekommen, die sicherheitstechnisch bedenklich sind und die Rückwärtskompatibilität einschränken. Einer der Kritikpunkte betrifft das *Corporate Message Recovery* (CMR). Anders als beim firmenexternen *Key Recovery*, das die NSA anstrebt, wird dabei jede Mail an einen Angestellten einer Firma nicht nur mit dessen persönlichem öffentlichen Schlüssel, sondern auch mit dem seines Unternehmens verschlüsselt. Ziel ist, dass die Firma auch dann noch auf die Korrespondenz dieses Mitarbeiters zugreifen kann, wenn er selbst nicht mehr zur Verfügung steht. Auch hier ist vorstellbar, dass zu einem späteren Zeitpunkt eine Überwachung eingerichtet wird, indem man Firmen vorschreibt, eine solche *Corporate Message*

Recovery mit einem Schlüssel zu verwenden, der bei staatlichen Stellen hinterlegt ist.[33]

Eine weitere bedenkliche Neuerung ist die *Message-ID*, die seit PGP-Version 5.0 unverschlüsselt im Header steht. Offiziell soll sie dazu dienen, eine Mail, die in mehreren Teilen verschlüsselt ist, wieder zusammenzusetzten, doch existiert für diese Aufgabe der technische Standard *Multipart-MIME*. Vollkommen unbegründet ist diese *Message-ID* in einer PGP-Message, die nur aus einem Teil besteht. Andreas Bogk (CCC) sieht darin einen weiteren Weg, über den eine PGP-Nachricht angegriffen werden kann:

> *»PGP ist ja ein Hybridverfahren, d.h. ich habe einmal ein* Public Key-*Verfahren, mit dem ein Sitzungsschlüssel verschlüsselt wird. Mit diesem* Session Key *wird dann in einem klassischen symmetrischen Verfahren der Rest der Mail verschlüsselt. Die beiden Punkte, die ich angreifen kann, sind einmal das* Public Key-*Verfahren. Wenn ich es schaffe, aus dem* Public Key *den* Secrete Key *zu generieren, kann ich die Message lesen. Der zweite Punkt, den ich angreifen kann, ist der* Session Key, *der für den symmetrischen Schlüssel verwendet wird. Wenn ich den knacke, kann ich die Message auch lesen. Und diese* Message-ID *bringt nun einen dritten Angriffsweg mit. Der* Session Key *wird nämlich aus einem Entropie-Pool generiert. Da werden also Zufallsinformationen gesammelt, aus dem der* Session Key *gewonnen wird. Und direkt nachdem der Session Key generiert wurde, wird diese* Message-ID *aus demselben Pool generiert. Da ist zwar ein Prozess dazwischen, der sich* Whitening *nennt und verhindern soll, dass man daraus den Zustand des Pools zurückrechnet, aber erstens ist die Forschung auf dem Gebiet noch ein bisschen dünn und zweitens wird hier grundlos ein weiterer Angriffsweg eingeführt.«*[34]

Deshalb: GNU Privacy Guard

Inkompatibilitäten in der PGP-Welt schließlich haben die Umstellung des zu Grunde liegenden *Public-Private-Key*-Algorithmus bewirkt. Das bislang verwendete RSA-Verfahren hat den Nachteil, patentiert zu sein. Das Patent auf dem jetzt in PGP verwendeten Diffie-Hellman-Verfahren ist 1998 ausgelaufen. Dieser Schritt, der die Zugänglichkeit der Technologie erhöht, führte jedoch dazu, dass diejenigen, die PGP 6.0 verwenden, nicht mehr mit denjenigen kommunizieren können, die ältere Versionen benutzen.

Aus diesen Gründen wurde das freie Projekt *GNU Privacy Guard*[35] ins Leben gerufen. Eine Gruppe um Werner Koch hat dazu den Open PGP-

33 Vgl. Bogk, WOS 1, 7/1999.
34 Bogk, in: WOS 1, 7/1999.
35 http://www.gnupg.org/

Standard neu implementiert. GnuPG kann sowohl mit alten als auch mit neuen PGP-Versionen kommunizieren. Es enthält keine *Corporate Message Recovery* oder *Message-IDs.* Und schließlich steht es unter der GPL, so dass sichergestellt ist, dass der Quellcode überprüfbar bleibt und jeder die Teile, die ihm verdächtig vorkommen, entfernen kann. Als freie Software ist es von den Restriktionen des Wassenaar-Abkommens ausgenommen. »Durch diesen Open Source-Ansatz ist eine dezentrale Evaluierung durch zahlreiche Stellen und Nutzer auch für gehobene Ansprüche realisierbar. ... Mit dem Konzept von GPG könnte ein Werkzeug geschaffen werden, das ohne Einschränkungen für alle Benutzerschichten frei und unentgeltlich verfügbar ist (inklusive Behörden, kommerzielle Nutzer, Privatbenutzer etc.).«[36]

BMWi gegen USA: freie Verschlüsselung für alle

Das Bundeswirtschaftsministerium ließ seinen Kryptoeckwerten Taten folgen. Als erstes freies Softwareprojekt überhaupt erhielt GnuPG Förderung aus Bundesmitteln in Höhe von mehreren Hunderttausend Mark.[37] Ziel des BMWi ist es, dass GnuPG möglichst breit eingesetzt wird, und dazu sind komfortable Benutzerschnittstellen und eine Einbindung in die verschiedenen Betriebssysteme und E-Mail-Programme erforderlich. Im August 2001 lagen Versionen für GNU/Linux, MacOS X, Solaris, FreeBSD und weitere Unixe sowie für MS-Windows 95, 98 und NT vor. Die grafische Benutzerschnittstelle *GNU Privacy Assistant* (GPA) gab es für GNU/Linux und für Windows. Das Taskleistentool *Windows Privacy Tray* (WinPT) bindet GnuPG in jeden beliebigen Mail-Client ein. Ferner gab es bereits ein PlugIn für MS Outlook, und weitere clientspezifische Plug-Ins waren in Arbeit. Unter GNU/Linux stehen mit KMail und *mutt* E-Mail-Clients mit integriertem GnuPG-Support zur Verfügung. GnuPG steht, wie der Namen erwarten lässt, natürlich unter der GPL.

Der Schritt des BMWi zu einer »freien eMail-Verschlüsselung für alle« sorgte in den USA für einiges Aufsehen. Als die US-Regierung im Dezember 1999 die Exportbeschränkungen für PGP mit starker Verschlüsselung vollständig fallen ließ, vermutete das Bundesamt für Sicherheit in der Informationstechnik darin eine Reaktion auf die Förderung der freien Alternative durch die Bundesregierung. »Die Erteilung der Exportlizenz durch die US-Regierung kommt überraschend schnell nachdem das deutsche Bundesministerium für Wirtschaft und Technologie (BMWi) das koordinierte Open-Source-Projekt GNU Privacy Guard (GPG) mit 250 000 Mark bezuschusst hat, um die Potenziale von Open Source für den Sicherheitsbereich erschließen zu können. Die erhoffte Signalwir-

36 Soquat, Open Source und IT-Sicherheit, Text zu WOS 1, 7/1999.

37 http://www.gnupp.org/ und http://www.sicherheit-im-internet.de/Startseite > Themen > eMail-Sicherheit > GnuPG

kung für die europäische Wirtschaft könnte auch die US-Regierung zum Einlenken gebracht haben und sei es, um zu verhindern, dass ein von Europa aus geleitetes Projekt Sicherheitsstandards setzen könnte.«[38] Weniger zurückhaltende Stimmen mutmaßten, dass PGP Standard bleiben solle, weil die US-amerikanischen Sicherheitsdienste darin eine Hintertür eingebaut hätten.

Militärische Software und Hochsicherheitsbereiche

Die Sicherheitsanforderungen sind beim privaten und wirtschaftlichen Gebrauch andere als in sensitiven Bereichen wie Banken, Atomkraftwerken, Militär und Nachrichtendiensten. Selbst in diesen Einsatzfeldern gewähren Softwareunternehmen ihren deutschen Kunden keinen Einblick in den Quellcode. Für den Einsatz im Hochsicherheitsbereich evaluiert das BSI freie Software. Andere hingegen, wie der Hamburger Informatikprofessor Klaus Brunnstein, halten freie Software für nicht hochsicherheitstauglich.

In militärischen Einsatzbereichen geht seit einigen Jahren sowohl in den USA wie in Europa der Trend weg von spezialisierter Software. 1994 gab US-Präsident Clinton im Zuge einer Kostenreduzierung die Anweisung aus, dass Behörden wo immer möglich handelsübliche Software einsetzen sollten. Für spezialisierte Anwendungen in Bereichen wie Militär oder Banken werden auf den Kunden zugeschnittene Informationssysteme eingesetzt. Auch das im Januar 1997 gestartete Programm *Information Technology for the 21st Century* (IT-21) sieht den Übergang zu einem Einsatz von handelsüblichen PCs und Industriestandards in taktischen und unterstützenden Kriegsführungsnetzwerken vor. Ziel von IT-21 ist es, alle US-Streitkräfte und letztlich auch die Alliierten der Amerikaner mit einem Netzwerk zu verbinden, das eine nahtlose Sprach-, Video- und Datenübertragung von geheimer und nicht geheimer, taktischer und nicht taktischer Information über dieselben PCs erlaubt. Konkret heißt dies, dass die gemeinsame Betriebsumgebung der US-Streitkräfte auf Windows NT, MS Exchange und MS Office beruhen soll. Die Verwendung aller Nicht-Standard-Netzwerkbetriebssysteme und E-Mail-Produkte wurde zum Dezember 1999 eingestellt (vgl. Clemins, o.J.). Neben den *Dual-Use*-Produkten macht die Entwicklung von Software für den ausschließlich militärischen Einsatz (*Military Unique Development*) einen zu-

Das US-Militär setzt auf handelsübliche PCs und Microsoft

38 Kommentar des BSI, 14. Dezember 1999, http://www.sicherheit-im-internet.de/ > Startseite > Aktuelles > Meldungen > PGP darf exportiert werden [1999-12-15]

nehmend kleineren Anteil aus, der aber als wichtigste Kategorie für die nationale Sicherheit angesehen wird (Waffensysteme, störsichere Kommunikation und Atombombensimulationen). Selbst für diese Kategorie von Software werden Stimmen lauter, die den »Basar« als das beste Entwicklungsmodell ansehen.

Doch auch hier werden die Vorteile freier Software erkannt

In seinem Aufsatz »Open Source and these United States« zählt C. Justin Seiferth, Major der US Air Force, die Vorteile auf, die das US-Verteidigungsministerium (DoD) daraus ziehen könnte, wenn es generell eine Open Source-Lizenzierungspolitik betreiben würde. Dadurch könnten Kosten gesenkt sowie die Qualität der Systeme und die Geschwindigkeit, mit der sie entwickelt werden, erhöht werden. Die Zusammenarbeit mit anderen Organisationen, Händlern und Alliierten werde durch quelloffene Software erleichtert. Das Gleiche gelte für die Beziehungen zwischen Behörden unter dem DoD, da sie nicht auf finanziellen Transaktionen beruhen, sondern auf Tausch und Management-Abkommen. Da viele Entwickler die Gelegenheit, interessante Arbeit zu leisten, höher schätzten als finanzielle Entlohnung, sei quelloffene Software auch ein Anreiz, IT-Spezialisten im DoD zu halten. »Die Übernahme von Open Source-Lizenzierung könnte es dem Militär erlauben, von der gegenwärtigen Begeisterung zu profitieren, die die Methoden der offenen Lizenzen auslösen« (SEIFERTH, 1999). Die Hauptvorteile einer Übernahme der Open Source-Konzepte für das DoD sieht Seiferth in der Interoperabilität, im langfristigen Zugang zu archivierter Information und in einem Kostenfaktor, der bislang verhindert habe, dass das Militär auf dem neuesten Stand der Softwareentwicklung bleibt.[39] Offene Dokumentation könne für den jeweiligen Anwendungsbereich angepasst werden. Zur Frage der Sicherheit schreibt er:

> *»Während viele nicht technische Manager glauben, die Freilegung des Quellcodes senke die Sicherheit eines Systems, zeigt die Erfahrung das Gegenteil. Sicherheits-›Löcher‹ sind Unterlassungen oder Schwächen, die in den Code hineingeschrieben wurden. Den Code in ein Binärprogramm zu kompilieren, beseitigt das Sicherheitsloch nicht, noch wird es dadurch vor neugierigen Augen versteckt. […] Die offene Lizenzierung soll hier Abhilfe schaffen. Die meisten Sicherheitsexperten sind der Ansicht, dass die Freigabe des Quellcodes die Sicherheit eines Softwaresystems gerade stärke. […] Wenn Komponenten von ausländischen oder*

39 So waren z.B. Telefonvermittlungsanlagen nicht Jahr-2000-fest. Erst der herannahende Jahrtausendwechsel ermöglichte die Investition von 70 Millionen Dollar für die Erneuerung der Software.

unvertrauten Zulieferern in ein System integriert werden, machen offene Lizenzen es ferner sehr viel unwahrscheinlicher, dass ein versehentliches oder beabsichtigtes Sicherheitsproblem eingeführt wird. [...] Offene Lizenzen gewährleisten schließlich, dass eine Fehlerkorrektur ungehindert von proprietären Lizenzauflagen eingebaut werden kann« (SEIFERTH, 1999, S. 43).

Es gäbe bereits Open Source-Aktivitäten, auf die eine breitere Übernahme innerhalb des DoD aufsetzen könnte: »Innerhalb des Verteidigungsministeriums sind die *National Laboratories* und die *Defense Advanced Projects Agency* die sichtbarsten Anwender und Produzenten von offen lizenzierten Systemen. Sie haben solche Fortschritte veröffentlicht wie die ursprüngliche Firewall und die Toolkits für Netzwerksicherheit. Oder ein jüngeres Beispiel: Im vergangenen Jahr haben die *National Laboratories* kostengünstige Supercomputer gebaut« (ebd., S. 8). Seiferth bezieht sich dabei auf die FORTEZZA-Algorithmen der NSA, die im Defense Messaging System verwendet werden, und auf das Firewall-Toolkit der DARPA, als zwei extrem erfolgreiche Beispiele dafür, wie eine offene Lizenz die Akzeptanz und die Qualität von Systemen im Sicherheitsbereich dramatisch erhöhen kann (vgl. ebd., S. 34). Ferner führt er die Forschungsförderung für eine der größten Erfolgsgeschichten der freien Software an, das Internetprotokoll TCP/IP. Mit einem jährlichen IT-Haushalt von mehr als 57 Milliarden Dollar stelle die US-Regierung ein bedeutendes Marktgewicht dar, das sie verwenden könne, um auch proprietäre Anbieter zu ermuntern, ihre Produkte unter freie Lizenzen zu stellen.

Militärische Förderung von freier Software

Vertrauenswürdige Instanzen

Softwaresysteme haben mittlerweile eine Komplexität erreicht, die nur noch wenige Experten durchschauen können, gleichzeitig sind sie ein Massenmarktprodukt. Es besteht also eine Dichotomie zwischen einer Minderheit von Experten und der Mehrheit von Benutzerinnen, die zwar im Prinzip die Möglichkeit hat, freie Softwaresysteme zu überprüfen – effektiv hat sie sie jedoch nicht. Für eine Mehrheit ist – bei quelloffener ebenso wie bei proprietärer Software – das Funktionsprinzip von IT-Sicherheit nichts als der Glaube, dass sie funktioniert. Der Mehrheit ist es nur möglich, auf das Urteil von Experten zu vertrauen.

»Wenn ich mir irgend ein System beschaffe, und ich bin mir nicht klar, wie sicher das ist, kann ich mir eine Sicherheitsfirma anheuern, die mir das erklärt und die ich selber dafür bezahle. Das ist die eine Lösung. Die andere Möglichkeit wäre, dass Distributoren dafür zahlen, dass sie sichere Systeme haben und das jemanden haben prüfen lassen. Das ist die kommerzielle Variante. Oder, und das wäre vielleicht das Effektivste, diese vertrauenswürdigen Instanzen beteiligen sich direkt an der Entwicklung.

Wer sind die Experten, die die Sicherheit prüfen?

Wer könnten diese Instanzen denn sein? Bisher hatten wir für solche Überprüfungen ein Standardmodell: Der TÜV-IT oder das BSI bekommt einen Antrag auf den Tisch, ein bestimmtes System auf einen bestimmten Sicherheitsgrad hin zu prüfen. Die bekommen auch den Quelltext, machen hinterher einen Stempel drauf, nachdem sie Gebühren kassiert haben, und das war's. Wenn ich Open Source-Software habe, kann ich mir diese Sicherheitsakteure für entsprechende Zwecke, für die ich die Software hinterher einsetzen will, aussuchen. Das können entweder staatliche Akteure sein, d.h. Datenschutzbeauftragte, wenn es um Datenschutzfragen geht, das BSI oder TÜV-IT wie herkömmlich, oder ich kann mir auch den CCC vorstellen. [...] Man kann sich genauso gut vorstellen, dass diese vertrauenswürdigen Instanzen national gerufen werden oder, wenn ich ein System global vertreiben will, dass ich mir international verteilt verschiedene Instanzen ins Boot hole. Und man könnte sich sogar vorstellen, dass hier neue organisatorische Strukturen geschaffen werden, im Zusammenhang mit der Open Source-Bewegung z.B. eine Security Task Force. *Eine ex-post-Analyse eines Riesenberges von Source Code ist genauso schwierig für solche Experten, wie für das BSI, wie für jeden anderen. Wichtiger und besser ist, diese Experten gleich in den Entwicklungsprozess einzubeziehen.«*[40]

Bei den vertrauenswürdigen Instanzen ist eine gewisse Vielfalt gefordert, da eine Instanz, die für eine Person oder eine Firma vertrauenswürdig ist, es nicht unbedingt auch für andere ist. Die Enquete-Kommission »Deutschlands Weg in die Informationsgesellschaft« des Deutschen Bundestages der letzten Legislaturperiode hat in ihrem Bericht zur IT-Sicherheit eine »Stiftung Software-Test« gefordert, die sich mit den Kriterien und mit der Evaluation von Software unter IT-Sicherheitsaspekten auseinandersetzen sollte (Deutscher Bundestag, 1998). Statt einer solchen zentralistischen Stiftung wäre auch ein Netzwerk von vertrauenswürdigen Instanzen

40 Ruhmann, in: WOS 1, 7/1999.

vorstellbar. In jeden Fall ist deutlich, dass eine begründete Vertrauensbildung eine komplexe Sicherheitsinfrastruktur erfordert. Dokumentation des Quellcodes und Werkzeuge, die sein Studium erleichtern, wären für eine Überprüfung auch von zertifizierter Software hilfreich. Auch, ob eine gegebene Software tatsächlich aus einem zertifizierten Quellcode kompiliert worden ist, müsste überprüfbar sein. Auch an die Informatikausbildung stellen sich neue Anforderungen. Ein Sicherheitsbewusstsein, die Einhaltung von RFCs, die Kommentierung von Code sollten im Curriculum stärker gewichtet werden. Bogk zufolge handelt es sich bei 95 Prozent aller Sicherheitsprobleme um triviale Fehler, deren Vermeidung in der Universität gelehrt werden müsste.

Eine sicherheitsbewusste Computerkultur braucht viele Elemente

Zur Vermittlung der Prinzipien freier Software wäre es zudem an den öffentlichen Universitäten, mit gutem Beispiel voranzugehen. TCP/IP, BSD, der Linux-Kernel und zahlreiche weitere Software ist an Universitäten entwickelt worden. In den USA muss Software, die mit staatlichen Mitteln entwickelt wurde, allen zugute kommen. An deutschen Hochschulen gibt es diese Verpflichtung nicht. Durch die Zunahme der Drittmittelforschung gestaltet sich die Situation noch schwieriger. Auch hier gibt es – nicht zuletzt im Interesse der Sicherheit – einen Bedarf nach strukturellen Änderungen. »Ich denke, dass diese ganze Auseinandersetzung um IT-Sicherheitsfragen …, die momentan nur als Dichotomie gesehen wird von *Security by Obscurity*, die niemand überprüfen kann, versus Offenheit, die jeder überprüfen kann, eigentlich nur ein erster Schritt ist. Dieser erste Schritt wird dazu führen, dass wir eine Infrastruktur von Überprüfbarkeit und von vertrauenswürdigen Instanzen brauchen, die das auch beglaubigen kann, was wir im offenen Code lesen können.«[41]

41 Ruhrmann, in: WOS 1, 7/1999.

Für einen informationellen Umweltschutz

Das 20. Jahrhundert – das Zeitalter der Information beginnt

Die offene Softwarekooperation geht, wie gezeigt wurde, bis auf die Frühzeit des Computers zurück – und die freie Wissenskooperation bis auf den Beginn der Menschheit überhaupt. Die Schließung des Wissens unter dem Konzept des »geistigen Eigentums« beginnt mit dem gutenbergschen Buchdruck und entwickelte besonders im 20. Jahrhunderts ein komplexes Gefüge von rechtlichen, technischen und ethischen Regularien. »Information« wird zum Schlüsselbegriff dieses Jahrhunderts. Mathematisch-technisch wird sie von der Informationstheorie erschlossen, philosophisch als eigenständige ontische Kategorie entdeckt. Norbert Wieners Ur-Satz lautet: »Information ist Information und nicht Materie oder Energie.«[1] Militärisch entschieden Information und Kommunikation den Zweiten Weltkrieg. Im Brennpunkt der Kybernetik bündeln sich die Konzepte aus den unterschiedlichen Disziplinen: Die Welt wird durch die Brille der Information und Kommunikation sichtbar.

Die aus dem Zweiten Weltkrieg hervorgegangenen Innovationen wie Mikroelektronik und Prozesssteuerung, Raketentechnologie und Hochfrequenzfunk schufen neue expansive Industrien. Medienkonzerne traten hervor, die die Kritische Theorie als »Kulturindustrie« reflektiert. Im Mainstream-Diskurs setzte sich in den 1960ern der Begriff der »Informationsgesellschaft« durch. Als volkswirtschaftlich relevante Größe wird Information von Fritz Machlup Ende der 1950er erstmals quantifiziert und ökonometrisch erhoben. Autoren wie Peter Drucker, Daniel Bell und Yujiro Hayashi schreiben die Theorie dieser Gesellschaft. Hayashi (1969) z. B. unterscheidet die funktionellen und die informationellen Aspekte von Wirtschaftsgütern. In der Informationsgesellschaft, so schreibt er, steigen die Anteile, die den sozialen Status oder die Persönlichkeit ihres Besitzers widerspiegeln und damit die enthaltenen ›Informationskosten‹ (Forschung und Entwicklung, Design usw.). Die Computerisierung erfasst zunächst die Produktion und Verwaltung. Mit dem PC hält sie Einzug in die Lebenswelt aller.

In der Arbeitswelt dieser Gesellschaft dreht sich alles um informationelle Produktionsmittel: Plattformen und Arbeitsumgebungen, mit deren Hilfe der beliebig formbare Werkstoff Information zu Produkten und Dienstleistungen wird. Im 20. Jahrhundert wurden wesentliche Teile der Wissensinfrastruktur in direkter staatlicher oder öffentlich-rechtlicher Regie entwickelt (Bildung, Rundfunk, Telekommunikation). An seinem Ende zog sich der Staat auf eine regulierende Funktion des Wissens-

1 Wiener, 1983; vgl. auch die Dreiwertige Logik von Gothard Günther, 1963.

markts zurück. Die Informations- und Kommunikationstechnologie lässt nichts unberührt, ob Alltag und Bildung, Wirtschaft und Verwaltung, Kultur oder Wissenschaft. Der Siegeszug der Universalmaschine Computer lässt alles andere als Anhängsel der informationellen Welt erscheinen.

Wissen ist keine Mangelware …

Markt braucht Mangel. Die immer wieder benannten Kennzeichen der Ware Wissen sind jedoch ihr nicht ausschließlicher und ihr nicht erschöpflicher Konsum. Wenn B weiß, was nur A wusste, verfügt A immer noch über dieses Wissen, und das auch dann noch, wenn C, D und der Rest der Menschheit ebenfalls davon Kenntnis erlangen. Information zu verkaufen, heißt in den allermeisten Fällen, sie zu publizieren. Doch was bereits öffentlich ist, will niemand mehr kaufen. Solange Wissen an physische Verbreitungsstücke gebunden ist, beruht der Mangel auf der Verfügbarkeit der Produktionsmittel für solche Datenträger. Wird es jedoch von körperlichen Medien freigesetzt, so tritt es in eine Wissensumwelt ein, die ihrer »Natur«[2] nach keinen Mangel kennt.

… im Internet wird es erst aufwändig dazu gemacht

Der vernetzte Computer ist eine ideale Umwelt für den Überfluss an Wissen. Als Software konstituiert Wissen diese Welt und ist zugleich die Form, die alle Wissensgüter annehmen. Um daraus eine Marktplattform zu machen, bedarf es einer Schließung. Diese setzte in den 1970ern ein, zunächst durch moralische Appelle (»*Letter to Fellow Hobbyists*«), dann durch Einbeziehung von Software in das Urheber- und Patentrecht. »Geistiges Eigentum ist die Rechtsform des Informationszeitalters«, schreibt der amerikanische Rechtsgelehrte James Boyle (1997) bündig. Der »Wert«, der heute als geistiges Eigentum geschützt ist, beziffert sich in den Hunderten von Milliarden Dollar. Den alten Medienoligopolen gesellten sich neue wie Microsoft hinzu. Software ist zwar erst vor kurzem, aber doch vermeintlich für alle Zeiten zu einem Industrieprodukt geworden. Genauso wie Autos oder Medikamente wird Software seither hinter verschlossenen Türen und eingezäunt von Geheimhaltungsvorschriften und Patenten hergestellt. Wie in anderen Massenmärkten werden Intransparenz, gezielte Inkompatibilitäten und FUD-Strategien (*Fear, Uncertainty, Doubt*[3]) eingesetzt, um Konkurrenten auszustechen. Die Rechtsabteilungen der Wettbewerber tragen ihre Dauergefechte abseits der öffentlichen Aufmerksamkeit aus. Die Endkunden schließlich werden als potenzielle Diebe vorgestellt, denen man mit allen verfügbaren technischen, rechtlichen und propagandistischen Mitteln das Handwerk

2 Zur »Natürlichkeit« vgl. Lessig, Jefferson's Nature, 1998.
3 Angst, Unsicherheit, Zweifel: »Mache den Leuten klar, dass ›da draußen‹ ein Krieg tobt, ein babylonisches Elend herrscht und nur der dominante Standard die beste Lösung bietet. Wer abweicht, wird mit Inkompatibilität bestraft. Wer mitmacht, kann nichts falsch machen.«, Schultz, 12/1999.

schwer machen will. *Business als ususal.* Und das alles, um einen Mangel zu erzeugen, wo ohne diese Maßnahmen keiner wäre.

Symmetrie der Wissenskompetenz

Wissen ist kein Zuschauersport. Ein weiteres »natürliches« Merkmal der Information ist die Symmetrie der Wissenskompetenz. Wer lesen kann, kann auch schreiben. Man erwirbt die eine Kulturtechnik nicht ohne die andere. Was in der Medienumwelt mittelalterlicher Manuskripte noch galt, wird mit ihrer Industrialisierung zu einer Einbahnstraße. Immer mehr können zwar öffentlich Geschriebenes lesen, doch wer öffentlich schreiben will, muss das Nadelöhr zu den industriellen Produktionsmitteln passieren. Der Mangel ergibt sich wiederum aus den materiellen Trägern des Wissens, die Investitionsgüter wie Produktionsstudios, Presswerke und Sendeanlagen erforderlich machen. Hektografiegeräte, Fotokopierer, Audio- und Videokassetten weichen diese Beschränkung auf und bringen erste »Kleine Medien« (ARNS/BROECKMANN, 1998) hervor, doch erst mit dem vernetzten PC in jedem Haushalt entsteht eine neue »Waffengleichheit«. In derselben Umgebung, in der Texte, Webseiten, Bilder und Klänge gelesen werden, können sie auch geschrieben werden. Über denselben Kanal, das Internet, über den mich die Information erreicht, kann ich antworten und meine eigene Information veröffentlichen. Für die ungebändigte Entfaltung dieser dialogischen Kraft des Internet stehen die *Usenet Newsgroups.*[4] In den Anfangsjahren des Internet, als Entwickler und Nutzer noch identisch waren und Werkzeuge für ihren eigenen Gebrauch entwickelten, statt für »Konsumenten«, war eine solche Symmetrie selbstverständlich. Mail, News und das junge Web erlaubte jeder, die lesen konnte, im selben Format zu antworten. Das leitende Kommunikationsmodell war der Dialog und die Kooperation unter Gleichen. Netscape folgt noch heute dem Designkriterium der Symmetrie, indem es seinem Web-Browser den *Editor Composer* beigibt. HTML ist quelloffen im besten Sinne.

Diese offene Umwelt begann sich zu verändern, als Mitte der 90er-Jahre die alten Massenmedien das Internet entdeckten. Neue Formate wie Java, Flash und PDF bringen das Design von Hochglanzbroschüren und die *Special Effects* von Hollywood ins Web. Zugleich sind es *Blackboxes,* die die Spaltung in wenige professionelle Macher und Heerscharen passiver Rezipienten wieder einführen. Konsumptionsmittel (die in der Regel kostenlosen Betrachter) und Produktionsmittel werden getrennt. Das weitverbreitete PDF ist ein reines Publikationsformat, das keine Weiterverarbeitung der Information erlaubt und dazu Rechtekontrollmechanismen vorsieht.

---

4 Die bereits klassische Quelle dazu ist: Hauben und Hauben, 1996.

Der Verwertungsrausch frisst die Wissensfreiheiten auf

Technische Rechtekontrollsysteme, die inzwischen zusätzlich durch gesetzliche Umgehungsverbote gesichert sind, ziehen ungekannte Barrieren in den digitalen Wissensraum ein und gefährden vor allem den Vermittlungsauftrag der Bibliotheken und Bildungseinrichtungen. Zu den aktuellen Bedrohungen gehört vor allem auch die Softwarepatentierung, die, seit 20 Jahren in den USA gängige Praxis, seit 1999 auch für Europa diskutiert wird.[5]

Digitalisierung, Privatisierung und Globalisierung der Medienkanäle führen zu einer Vervielfältigung der »Wertschöpfungsketten« für Wissenswaren. Der unstillbare Hunger nach »Content,« um die Medien-Container zu füllen, treibt den Rechtehandel mit Medieninhalten zu ungekannten Dimensionen. Ein Beispiel: Die Zeitung von gestern galt bislang als Synomym für veraltete, wertlose Information. Tatsächlich betreiben viele Tageszeitungen (*F.A.Z.*, *Süddeutsche Zeitung*, *Wallstreet Journal*) ihre Online-Ausgaben auf eine ganz andere Weise. Die aktuelle Ausgabe ist für 24 Stunden zugänglich, dann wandert sie in ein Archiv, aus dem der Bestand für fünf Mark pro Artikel verkauft wird – Artikel aus einer Zeitung, die zwei Mark gekostet hat und über 100 Artikel enthielt: eine magische Wertsteigerung um das 200-fache, die die Verlage zudem nichts kostet, da die laufende Webproduktion ohnehin in der Datenbank steht, und die Autoren an dieser Zweitverwertung bislang in keiner Weise beteiligt waren. Alle an der Produktion Beteiligten (Autoren, Redakteure, Gestalter, Vorstandsvorsitzende bis zu den Zeitungsausträgern) sind vollständig entlohnt, wenn die Printausgabe der Zeitung verkauft ist. Keine wirtschaftlichen, technischen oder praktischen Gründe sprächen somit dagegen, die Archive als veröffentlichtes und damit öffentliches Wissensgut zu betrachten. Alles, was der Anbieter machen müsste, ist, den Zugang zu der Datenbank nicht zu sperren. Doch Gelegenheit macht aus Archiven Kaufwaren. Wie Midas wird der Rechteindustrie alles, was sie anfasst, zu Gold. Wie er vergisst sie in ihrer Gier, dass man Gold nicht essen kann.

Flankiert wird die Marktwerdung der Wissensumwelt durch Kampagnen der Software- und der Medienindustrie gegen das »Raubkopieren«. Stallman vergleicht die klimatische Verschärfung mit dem anhaltenden »Krieg gegen Drogen« der US-Regierung, der bereits eine Million Menschen in die Gefängnisse gebracht hat. Er führe zu Korruption und Verzerrung der Bürgerrechte. Der Krieg gegen das Kopieren könne noch schlimmere Folgen haben.

---

5 S. die *Eurolinux Petition for a Software Patent Free Europe*, http://petition.eurolinux.org/

Krieg gegen das Kopieren

»Stellt euch nur vor, wieviel Angst erforderlich sein wird, um Menschen davon abzuhalten, Kopien von Dingen auf ihren Computern weiterzugeben. Ich hoffe, ihr wollt nicht in einer Welt mit so viel Angst leben. Die Sowjetunion hat versucht, Menschen davon abzuhalten, Kopien von Dingen weiterzugeben, und sie haben eine Reihe sehr interessanter Methoden dafür gefunden. Heute schlägt die US-Regierung genau dieselben Methoden vor und erlässt entsprechende Gesetze. Es hat sich herausgestellt, dass es nur bestimmte wirkungsvolle Methoden gibt, um Menschen daran zu hindern, Kopien von Dingen miteinander auszutauschen. Es spielt keine Rolle, ob der Beweggrund politische Zensur ist oder einfach die Durchsetzung der Monopolmacht einiger Unternehmen – sie benutzen dieselben Methoden, und sie machen die Gesellschaft auf dieselbe Weise monströs.«[6]

Die kontrafaktische Wissensallmende

»Dass wir Marktsystem und Warentausch hinter uns lassen, ist derzeit für viele Menschen noch genauso unvorstellbar, wie es die Einhegung und Privatisierung von Land und Arbeit und damit die Einbindung in Verhältnisse des Privateigentums vor einem halben Jahrtausend gewesen sein mögen.« (JEREMY RIFKIN)

Der digitale Acker als Füllhorn des Wissens

Max Weber beschreibt den Grund für das Allmende-Dilemma so: »Die Chance z. B. aus einem bestimmten Ackerstück durch dessen Bearbeitung Unterhalts- oder Erwerbsgüter zu gewinnen, ist an ein sinnfälliges und eindeutig abgrenzbares sachliches Objekt: eben das konkrete unvermehrbare Ackerstück gebunden ...« (WEBER, 1995, S. 144). Wissensobjekte dagegen sind beliebig, und wenn sie digital vorliegen, verlustfrei vermehrbar und nur schwer abzugrenzen. Der digitale Acker ist ein Zauberhut, aus dem sich ein Kaninchen nach dem anderen ziehen lässt, ohne dass er jemals leer würde.[7] Die »Verbraucher« von Informationsgütern »verbrauchen« ja eben gerade nichts. Der Mangel an Mangel erlaubt die geistige Speisung aller.

Bei materiellen Gütern besagt die Lehre vom »Allmende-Dilemma«, dass ohne Regulierung jeder versuchen werde, den maximalen Nutzen aus einer gemeinsamen Ressource zu ziehen, ohne Rücksicht auf deren

6 Stallman, WOS 1, 7/1999.

7 Gleichwohl lassen sich auch in Bezug auf das Internet spürbar knappe Ressourcen identifizieren: Die wohl wichtigste in Zeiten der Informationsüberflutung ist die Aufmerksamkeit. Auch Bandbreite kann es auf absehbare Zeit nie genug geben.

Erhaltung. Generationen von Forschern in Wirtschaft, Politik und Umweltschutz fanden zahlreiche empirische und theoretische Belege für Übernutzung und Trittbrettfahrerei. Was frei ist für alle, wird von niemandem geachtet. Individuen handeln rational in ihrem Eigeninteresse und produzieren dadurch Ergebnisse, die für das Kollektiv und damit wiederum für jeden Einzelnen irrational sind. Oder im Ergebnis des strukturverwandten »Gefangenen-Dilemmas«: Kooperieren lohnt sich nicht.

Theorie: Kooperation lohnt nicht

Die Ökonomen sehen üblicherweise zwei mögliche Antworten auf diese »Tragödie«: eine zentrale Regulierung der gemeinsamen Güter z.B. durch den Staat oder ihre Privatisierung, da der alleinige Besitzer einer Ressource ein egoistisches Interesse daran habe, sie nachhaltig zu bewirtschaften. Die Politikwissenschaftlerin Elinor Ostrom hat in ihrem Buch »Die Verfassung der Allmende. Jenseits von Staat und Markt« (Ostrom, 1999) einen dritten Satz von Alternativen aufgezeigt: Die Nutzer eines gemeinsamen knappen Gutes einigen sich untereinander auf Regeln, deren Einhaltung sie wechselseitig, vielleicht unterstützt durch externe Mediatoren, überwachen. Lokales Wissen stützt lokale Entscheidungen. An einer Fülle von Fallbeispielen vor allem aus den Bereichen offen zugänglicher Wasserressourcen, der Küstenfischerei und der Bergweiden zeigt Ostrom, dass es möglich ist, dem Entweder-Oder von zentraler Kontrolle und Privatisierung zu entkommen. Weitere funktionierende Alternativen zeigen sich in Genossenschaften, Kooperativen, selbstverwalteten Betrieben und Tauschringen.

Praxis: Und sie bewegt sich doch

Wie stellt sich das Problem nun bei Wissensgütern dar? Informationelle Produktionsmittel (Compiler, Editoren, CVSe) und Güter sind nicht erschöpflich, weil beliebig kopierbar. Ihre Nutzung schließt die gleichzeitige Nutzung durch andere nicht aus. Was entspräche dann aber einer »Übernutzung«? Sie meint, etwas aus dem gemeinschaftlichen Pool zu nehmen, es zu verändern und ohne Quellcode zu verkaufen, ohne die Änderungen an die anderen Beteiligten zurückzugeben. Die Geschichte von Unix demonstriert den Effekt. Solange AT&T Unix aus kartellrechtlichen Gründen nicht kommerzialisieren durfte, wurde es weitgehend offen von einer wachsenden Gemeinde von Studenten und Informatikern in Universitäten und Unternehmen weiterentwickelt. Dann setzte die private Bewirtschaftung von Unix ein. Der »freie« Markt, so hören wir unablässig, bringe Vielfalt hervor, und so entstanden »Aix«, »Xenix«, »HP/UX«, »Sinix«, »Sun/OS« und anderes mehr. Alle setzten auf eine gemeinsame Ressource auf, fügten ihr proprietäre Funktionalitäten hinzu, um sich von der Konkurrenz abzugrenzen und die Anwender in der eigenen Unix-Geschmacksrichtung einzuschließen. Die Einzäunung der Allmende begann. Der »freie Wettbewerb«, den die »unsichtbare Hand« des Marktes angeblich zum Wohl der Gesamtheit führt, brachte eine Zerstückelung in eingezäunte inkompatible Parzellen hervor.

Die Berkeley-Gruppe und dann GNU und Linux stehen schließlich für Ostroms drittes Modell. Erst sie verwandelten Unix wieder in ein Gemeinschaftsgut. Alle drei ergriffen die Initiative und erwarben sich durch ihre Arbeit die Anerkennung der Gemeinschaft. Sie wurden zu »natürlichen« Autoritäten in einem Prozess der Selbstorganisation, in dem neue Regeln und Durchsetzungsmechanismen entstehen. Rifkins Motto lässt sich hinzufügen, dass es für viele Menschen unvorstellbar ist, dass wir den ebenfalls seit einem halben Jahrtausend laufenden Prozess der Einhegung und Privatisierung des Wissens hinter uns lassen.

Die Erfolgsgeschichte der freien Software

Begreift man die Erzeugung einer Struktur des Mangels in einem Schlaraffenland des Überflusses als Hauptprojekt des 20. Jahrhunderts, so erscheint die Erfolgsgeschichte der freien Software um so verblüffender. Unverbesserliche, die sich den dominanten Tendenzen nicht fügen wollen, gibt es immer. Doch dass aus der untergründigen Entwicklungslinie der offenen Zusammenarbeit schließlich ein gewaltiger Strom wurde, der den Glauben an die »Kathedralen« des digitalen Wissens als einzig »realistisches« Modell zu unterhöhlen begann und die Schwächen ihrer Wissensprodukte aufzeigte, kann nur mit einem habermasschen Wort als »kontrafaktisch« bezeichnet werden.

Noch gibt es diejenigen, die sich, wie Stallman, aus eigener Erfahrung an die Zeit erinnern, da die freie Kooperation in der Software selbstverständlich war. Neal Stephenson argumentiert überzeugend, dass Betriebssysteme Arbeitsumgebungen und Werkzeuge von Entwicklern und keine Konsumprodukte seien, und sie daher ihrer »Natur« nach frei zu sein haben (1999). Peter Deutsch bechränkt sich nicht auf Produktionsmittel und schreib rundweg: »Software ist im Wesentlichen ein öffentliches Gut« (1996). Linux und andere jüngere Softwareprojekte zeigen, dass die Werte der Hackerethik aus der Frühzeit in der heutigen Generation weiterleben. An vielen Stellen korrespondieren sie mit Verfassungswerten. David Harris, neuseeländischer Autor des E-Mailprogrammes »Pegasus Mail« erklärt seine Motivation, es zu verschenken, so: »Ich erkannte, dass Kommunikation als ein Recht, nicht als ein Privileg angesehen werden muss. Ich dachte 1989 und denke noch heute, dass das Recht auf freie Meinungsäußerung nutzlos ist, wenn niemand einen hören kann. Pegasus Mail zu verschenken schien mir ein Weg, durch den ich Kommunikation einem viel breiteren Spektrum von Menschen zugänglich machen konnte, die sie benötigen.« Ian Clarke, der in seinem Napster-artigen *Peer-to-Peer*-Netz FreeNet Verschlüsselung und Anonymisierung vorsieht, nennt als Grund, »den freien Fluss von Informationen und Ideen im Internet zu gewährleisten, ohne Angst vor Zensurmaßnahmen irgendeiner Art.«

Aber Unverbesserliche gibt es, wie gesagt, immer. Erstaunlich ist jedoch, dass das, was innerhalb einer vergleichsweise kleinen Gemeinde praktiziert und genutzt wurde, Ende der 90er-Jahre zum Stoff für Titelgeschichten wurde. Freie Software beweist, dass Freiheit, Offenheit und Gemeinschaft funktionieren. Und das zumal in einem Technologiefeld, das den Kern der digitalen »Wissensgesellschaft« bildet und somit Austragungsort eines scharfen Wettbewerbs um Produkte und Dienstleistungen, Autorinnen und Kunden, Aufmerksamkeit und Kapital ist. Wirtschaftskreise, die überzeugt waren, dass es so etwas wie ein kostenloses Mittagessen nicht gebe, begannen sich dafür zu begeistern. Selbst auf dem Weltwirtschaftsforum in Davos gab es einen Workshop über Open Source-Software.[8] An den soziologischen, wirtschaftswissenschaftlichen, anthropologischen und informatischen Fakultäten werden Diplom- und Doktorarbeiten über das Phänomen geschrieben. Ministerien, Verwaltungen und Schulen beginnen, die Vorteile von freier Software zu erkennen, sie einzusetzen und zu fördern. Ein Beispiel ist das genannte Engagement des Bundeswirtschaftsministeriums für den *GNU Privacy Guard*.

Anerkennung in Wirtschaft und Staat

Ein jüngeres ist die Förderung der freien 3D-Grafik-Engine *Open SG Plus* durch das Bundesforschungsministerium in Höhe von nahezu sechs Millionen Mark. Zwar gibt es bereits Hunderte solcher Engines, doch keine genügt den Anforderungen der Wissenschaftler, was das Vertrauen in die Zuverlässigkeit und langfristige Verfügbarkeit derartiger Lösungen aus dem kommerziellen Bereich erschüttert hat. Nur ein freies Softwareprojekt gibt nach Ansicht der Beteiligten die notwendige Investitionssicherheit, da es von niemandem willkürlich eingestellt werden kann. »Unser Ministerium sieht ein echtes nationales Interesse an der Schaffung einer standardisierten Basis für Anwendungen der Virtuellen und Erweiterten Realität,« so der zuständige Referatsleiter im BMBF.[9] Ein weiteres Projekt ist das »Open Source-Zentrum« *BerliOS*,[10] initiiert vom Forschungszentrum für Informationstechnik GmbH der Gesellschaft für Mathematik und Datenverarbeitung (GMD), das seit Herbst 2000 den Entwicklern und Anwendern Infrastruktur, Geld und Infor-

Freie Software im nationalen Interesse

8 Vgl. Interview der *c't* mit EU-Kommissar für die Informationsgesellschaft Erkki Liikanen, http://www.ix.de/ct/00/09/058/

9 Heise News, 28.6.2001, http://www.heise.de/newsticker/data/wst-28.06.01-002/

10 http://www.berlios.de

mationen zur Verfügung stellt. Mit einer Anschubfinanzierung vom Bundeswirtschaftsministerium soll *BerliOS* auch aktiv Anwenderbedürfnisse erforschen und Anstöße in Bereichen geben, in denen das Angebot freier Software heute noch ungenügend ist. Eine ähnlich geartete Initiative der Bundeszentrale für politische Bildung ist FOS (Freie Online Systeme).[11] Hier soll vor allem Software für Schulen und andere Bildungsträger zusammen- und zum Ausprobieren bereitgestellt, getestet und nach Nutzbarkeitskriterien bewertet werden.

Einiges bliebe noch zu wünschen, z.B. dass Ausschreibungen der öffentlichen Hand für Software, Systeme und verwandte Dienstleistungen technologieneutral spezifiziert würden, so dass nicht ohnehin immer nur Microsoft-Produkte in Frage kommen, sondern freie Software konkurrieren kann: »Das würde einerseits die kleineren und mittleren Unternehmen – denn die sind es, die freie Software im Moment einsetzen und anbieten – fördern und auf der anderen Seite auch eine Menge Geld für den Bundeshaushalt sparen« (HETZE, Fachgespräch, 7/1999). Frankreich geht hier mit gutem Beispiel voran. Ein Gesetzentwurf, nach dem bei der öffentlichen Beschaffung quelloffene Software vorzuziehen ist, steht vor der Verabschiedung.

Es geht um die Gesellschaft, in der wir leben wollen

Es ist deutlich geworden, dass freie Software nicht nur technische, sondern kulturelle, politische und ökonomische Dimensionen hat. Sie belegt, dass eine Selbstorganisation in der gemeinschaftlichen und öffentlichen Domäne alternativ zur staatlichen Domäne und zur profitmaximierenden privatwirtschaftlichen Domäne machbar und in vieler Hinsicht äußerst attraktiv ist. Nicht die Software, sondern unser Wissensregime und letztlich unsere Gesellschaft steht für GNU-Gründer Stallman im Zentrum der Bewegung: »Der Kern des GNU-Projekts ist die Vorstellung von freier Software als sozialem, ethischem, politischem Gegenstand: In was für einer Gesellschaft wollen wir leben?« (STALLMAN, WOS 1, 7/1999).

Kollektive Intelligenz

Die Freiheit, die die freie Software meint, ist die Freiheit zu kooperieren. Vor der Gesellschaft kommt die Gemeinschaft, von der es im Motto des LinuxTag 2001 zurecht heißt, sie sei das Herz der ganzen Bewegung.[12] Die Industrialisierung von Software und softwaregestütztem Wissen hat die

11 http://fos.bpb.de, Demonstrations- und Evaluations-Center für webbasierte Open Source-Anwendungen

12 http://www.linuxtag.org/2001/

Vorstellung etabliert, dass nur Experten wertvolle Werke herstellen können, und das nur in einer Unternehmensumgebung, die sie mit optimalen Produktionsmitteln und einer Führung durch ein kompetentes Management unterstützt. Darin stimmt sie mit der weitverbreiteten Ansicht überein, dass alle großen Fragen unserer Zeit so komplex sind, dass allein Experten sie noch überschauen und beantworten können. Im Horizont der Massenmedien herrscht eine klare Trennung zwischen professionellen Produzenten – von Nachrichten, Politik, Kultur, Software usw. – und deren Konsumenten. Freie Software dagegen wird vor allem von »Amateuren« geschrieben. Damit ist keine Aussage über ihre Qualifikation getroffen, denn tatsächlich sind viele dieser »Liebhaber« hauptberufliche Programmierer. Vielmehr geht es um den Unterschied in der Motivation. Der Amateur schafft etwas aus Liebe zur Sache. In dem Moment, in dem er etwas mit dem Ziel schafft, damit Geld zu verdienen, hört er auf, Amateur zu sein. Wird der Profi von der Gelderwerbsintention geleitet, springt der Amateur aus dem Referenzrahmen Geld heraus. Was zählt, ist allein die Freude am eigenen und gemeinsamen Werk. Sie kann bis zu einer potlatch-artigen Verausgabung gehen, in der jede freie Minute und jeder verfügbare Pfennig in die jeweilige Leidenschaft gesteckt wird.

Amateure vs. Profis

Geld ist ein »individuierender« Wert. Selbst eine Gruppe von Bankräubern zerstreitet sich im Film und im Leben, weil jeder die gesamte Beute für sich haben will. Dem Geld ist es egal, wer sich damit die Welt kauft. Der Käufer bedarf keiner persönlichen Anerkennung, um sich ein gutes Leben leisten zu können. Die Freude an der eigenen Hände Arbeit steigt hingegen, wenn man sie mit anderen teilt. Reputation ist ein rein relationales Gut, das von anderen gewährt und entzogen wird. Zwar ist auch Geld ein relationales Phänomen – eine »kollektive Halluzination«, um es mit dem klassischen Wort von William Gibson über den Cyberspace zu sagen – doch ist es auf anonyme Austauschprozesse in der Gesellschaft bezogen, während Reputation persönliche Beziehungen in einer Gemeinschaft voraussetzt.

Während in den Softwarefirmen kleine Teams eng koordiniert an ihren Aufgaben arbeiten, kann in den internetgestützten Austauschpraktiken der freien Software eine große Zahl von Menschen locker gekoppelt und zwanglos koordiniert zusammenarbeiten. Hier gibt es in der Regel ein Kontinuum von wenigen, die sehr viel Code schreiben, vielen, die kleinere Beiträge zum Programmtext, zur Dokumentation, zur Arbeitsumgebung leisten, und sehr vielen, die Fehlerberichte und *Feature-Requests* beitragen. Alle sind sie Koproduzenten, die meisten sind *Volunteers*, viele davon Vollprofis. Die Netzwerkgesellschaft wird nicht von einer Expertenintelligenz getragen, die für andere denkt, sondern von einer *kollektiven Intelligenz*, die die Mittel erhalten hat, sich auszudrücken.

Lévy: Kollektive Intelligenz

Der Anthropologe des Cyberspace, Pierre Lévy, hat sie untersucht: »Was ist kollektive Intelligenz? Es ist eine Intelligenz, die überall verteilt ist, sich ununterbrochen ihren Wert schafft, in Echtzeit koordiniert wird und Kompetenzen effektiv mobilisieren kann. Dazu kommt ein wesentlicher Aspekt: Grundlage und Ziel der kollektiven Intelligenz ist gegenseitige Anerkennung und Bereicherung ...« (Lévy, 1997, S. 29). Um allen Missverständnissen zuvor zu kommen, richtet er sich ausdrücklich gegen einen Kollektivismus nach dem Bild des Ameisenstaates. Vielmehr geht es ihm um eine Mikrovernetzung des Subjektiven. »Es geht um den aktiven Ausdruck von Singularitäten, um die systematische Förderung von Kreativität und Kompetenz, um die Verwandlung von Unterschiedlichkeit in Gemeinschaftsfähigkeit« (ebd., S. 66). Eine besondere Rolle weist auch er den technischen Voraussetzungen zu, die solche Gemeinschaften ohne Orte der Anwesenheit ermöglichen. Er bezeichnet sie als »die technische Infrastruktur des kollektiven Gehirns, [die] *Hyperkortex* der lebenden Gemeinschaften« (ebd. S. 25). Sieht man von einigen Einschätzungen ab, die aus heutiger Sicht allzu optimistisch erscheinen und die der Euphorie über das neu entdeckte Internet – das Buch wurde 1994 geschrieben – geschuldet sein mögen, so zeichnet es doch ein gutes Bild der Gemeinschaften der freien Software.

Teilhard de Chardin: die Noosphäre

Den Begriff »Hyperkortex« übernimmt Lévy von Roy Ascott. Dessen Inspiration wiederum ist der Jesuitenpater Pierre Teilhard de Chardin und seine Vision von der »Noosphäre.« Bei der Noosphäre handelt es sich um eine planetare »Hülle aus denkender Substanz ... im Ausgang und oberhalb der Biosphäre« (1966, S. 91). 1947, als es nicht einmal eine Handvoll Computer auf der Welt gab und von ihrer Vernetzung noch keine Rede sein konnte, schrieb er, das »radiophonische und televisionelle Nachrichtennetz [verbindet] uns alle schon jetzt in einer Art ›ätherischem‹ Mitbewusstsein. Vor allem denke ich hier aber an den fallenreichen Aufstieg dieser erstaunlichen Rechenmaschinen, die mit Hilfe von kombinierten Signalen in der Größenordnung von mehreren Hunderttausend in der Sekunde ... die Denkgeschwindigkeit, also einen wesentlichen Faktor, in uns erhöhen« (ebd., S. 212 f.). Teilhard sieht darin »die Grundzüge einer besonderen Art von Supergehirn, das fähig ist, sich zu steigern, bis es irgendeinen Superbereich im Universum und im Denken meistert!«. Wie Lévys kollektive Intelligenz ist die Noosphäre ein Gehirn aus Gehirnen. Alles geht vom Individuum aus, »doch alles vollendet sich oberhalb des Individuums« (ebd., S. 224).

Peer-to-Peer erfindet das Internet neu

Man muss Teilhard nicht in die Schwindel erregenden Höhen des Gottesproblems folgen, um zu sehen, dass die Internetkulturen viele der Qualitäten seiner Noosphäre verkörpern. Ihr Potenzial einer freien Assoziation von Amateuren hat sich vielfach bewiesen. Auch der Werkzeugkasten, auf den sie zurückgreifen können, ist heute umfangreicher und subtiler als zu Zeiten von Teilhards Noosphäre oder Lévys kollektiver Intelligenz. So stehen z. B. seit Herbst 1999 Protokolle zur Verfügung, die die Dezentralität des Internet in eine neue Dimension befördert haben. Seit Shawn Fannings *Napster*[13] hat das »ätherische Mitbewusstsein« einen neuen Namen: *Peer-to-Peer* (P2P). Das Phänomen ist nicht wirklich neu. Die Wissenschaft stützt ihren Gültigkeitsbegriff maßgeblich auf ein *Peer-Review*-Verfahren. Das weltumspannende Internet beruht netztechnisch nicht auf zentraler Planung, sondern auf lokalen *Peering*-Abkommen von Netzbetreibern. Medienlogisch sind die Sozialbeziehungen, die das Punkt-zu-Punkt-Netz schafft, *Peer-to-Peer* (E-Mail) und *Peer-to-many-Peers* (Newsgroups, Mailinglisten).[14] Doch Client-Server-Strukturen unterhöhlen diese Stimmengleichheit. Wer selbst im Web veröffentlichen möchte, muss die finanzielle und technische Hürde einer Domainnamen-Anmeldung und die Anschaffung eines Servers sowie einer Standleitung bewältigen oder auf kommerzielle Hostingdienste zurückgreifen. *Peer-to-Peer* dagegen macht jeden Client zum Server. Der Datenaustausch erfolgt von Festplatte zu Festplatte, wobei das Internet nur als Transportkanal dient. Indexinformation erlaubt es, die freigegebenen Verzeichnisse der Angeschlossenen nach den gewünschten Dateien zu durchsuchen. Der Schwerpunkt des Geschehens verlagert sich somit an die Peripherie, in die Hand der »Endanwender«. Die symmetrische Wechselseitigkeit, die die frühen Dienste im Internet kennzeichnete, kehrt auf neuer Stufe zurück. »Tatsächlich könnten einige der P2P-Projekte das Netz, wie wir es kennen, neu erfinden. Basistechnologien wie E-Mail und FTP sind technisch längst überholt, und P2P-Systeme bieten echte Vorteile. Nicht nur das, *Peer-to-Peer* könnte auch die zentralisierten Medien als Meinungsmacher ablösen und eine echte demokratische Informationsinfrastruktur schaffen, in der nicht der mit dem meisten Geld am lautesten ist, sondern der mit dem besten Wissen« (MÖLLER, 2001).

P2P-Journalismus, den Möller hier anspricht, beseitigt die Autorität einer Redaktion. Alle Beteiligten können Beiträge liefern, die sie gegen-

13 http://www.napster.com
14 Dass heute zunehmend rundfunkartige Zentrum-an-alle-Strukturen darüber errichtet werden, ändert an dieser Grundstruktur nichts.

seitig bewerten. Diese gemeinschaftliche Filterung sorgt dafür, dass nicht eine Gemengelage aus Beiträgen der unterschiedlichsten Güte dabei herauskommt, sondern dass die Artikel die größte Sichtbarkeit erlangen, die viele interessant und wertvoll finden. Nichts wird unterdrückt, und dennoch bringt die Auswahl durch die kollektive Intelligenz »Publikationen« von hoher Qualität hervor.[15] Hier beweist sich erneut Lévys noch ohne Kenntnis dieser neuen selbstorganisierenden Gemeinschaften geschriebene Einschätzung: »Das Projekt der kollektiven Intelligenz verschiebt nicht das Glück auf später. Es geht dabei darum, dem Einzelnen und der Gruppe, abseits von jedem Opferdenken, täglich und in jeder neuen Situation zu größerer Freiheit zu verhelfen; es geht darum, Spielregeln aufzustellen, bei denen es keine Verlierer, sondern nur Gewinner gibt, sowie Wissen und Wissende transversal zu verbinden und die daraus resultierenden Synergien zu nutzen. Die kollektive Intelligenz hat keine Feinde. Sie bekämpft die Macht nicht, sondern geht ihr aus dem Weg. Sie will nicht dominieren, sondern fördern« (Lévy, 1997, S. 248).

Keine Verlierer, nur Gewinner

Von freier Software zu freiem Wissen

Von free software bis free sex

Der freie Geist breitet sich aus. Dominante Leitbilder funktionieren wie der berühmte Hammer, der jedes Problem als Nagel erscheinen lässt. Wo Probleme sich stellen, finden sich Leute, die freie, offene, kooperative Lösungen ausprobieren. In einem Artikel im *Salon Magazine* über die Querbezüge zwischen freier Software und freier Sexualität heißt es: »Ein Wesensmerkmal der Open Source und freien Softwarecommunities ist es idealerweise, dass sie für Experimente jeder Art offen sind, sowohl im Bereich der technischen Disziplinen – die Erstellung von effektivem Code – wie der angewandten Sozialwissenschaften – die Konstruktion neuer Arten, auf der Welt zu sein. Und diese neuen Daseinsformen sind beileibe nicht nur auf sexuelle Aspekte beschränkt. Open Source-Begeisterten fällt es leicht, Anwendungen für Open Source-Strategien in einem weiten Feld von Einsatzbereichen zu sehen, darunter Politik, Literatur und selbst Hardwaredesign« (Newitz, 2000).

Wissensarten, die sich besonders für kooperative Kreativität eignen

Betrachtet man die verschiedenen häufig direkt aus der Erfahrung der freien Software gespeisten Projekte dieser neuen Bewegung des freien Wissens, so stellt man fest, dass bestimmte Klassen von Wissensobjekten der kooperativen Intelligenz und Kreativität besonders entgegenkom-

15 Beispiele für solche P2P-Journalimussysteme sind Kuro5hin (http://www.kuro5hin.org/) und Advogato (http://www.advogato.org/).

men. Vor allem modulare Wissensstrukturen, die inkrementell in kleinen Schritten fehlerbereinigt und weiterentwickelt werden können, eignen sich für offene kontributorische Wissenskulturen und eine anwendergestützte Innovation. Beispiele finden sich in mindestens drei Kategorien, die sich nach der inneren Abhängigkeit der Bestandteile und dem damit notwendigen Maß an Abstimmung unterscheiden:[16]

1. Offene Sammlungen von Einzelelementen

Sammlungen von unabhängigen Werken (Musikstücke, Bilder, Gitarrentabulaturen) erfordern wenig vertikale Kommunikation zwischen Kontributor und Maintainer und keine horizontale Kommunikation unter den Kontributoren, obwohl sie über Newsgroups und Chat-Kanäle meist ohnehin stattfindet. Es ist die Summe der gesammelten Einzelinformationen, die ihren Wert ausmacht. Sie ist das aktive Produkt der kollektiven Intelligenz. Eine Veränderungsfreiheit an diesem Gesamtpool besteht darin, dass jeder Dinge hinzufügen, kommentieren und zum Teil auch korrigieren kann.

In der Frühzeit des Web stellten viele thematische Linklisten ins Netz. Fanden andere sie nützlich, steuerten sie eigene Fundstücke bei. Daraus gingen umfassende Verzeichnisse, wie das *Open Directory Project*[17] hervor. Zu den frühen Beispielen für kontributorengestütze Informationssammlungen gehören auch die *WWW Virtual Library*[18] und die inzwischen kommerzialisierte Internet *Movie Database.*[19] Ein verteiltes Klangarchiv ist ORANG (*Open Radio Archive Network Group*). Aus RIS (*Radio Internationale Stadt*) hervorgegangen, besteht es heute aus Knoten in Berlin, Riga und London, die ihre Indexinformationen untereinander abgleichen. Im Juli 2001 enthielt es fast 1 000 Stunden Audiomaterial, das von etwa 250 Autorinnen beigesteuert wurde.[20] Ein ebenfalls weltweit verteiltes System für Graswurzeljournalismus ist *Indymedia.*[21] 1999 anlässlich des Treffens der Welthandelsorganisation (WTO) in Seattle ge-

16 Zur Frage der inneren Abhängigkeiten in Softwareprojekten vgl. Evers, 2000.

17 http://dmoz.org/

18 http://vlib.org/ ist eine sorgfältig gepflegte Verweisliste auf thematische Quellen im Internet, die von Tim Berners-Lee, dem Erfinder des WWW, gestartet wurde. Die einzelnen Katalogseiten liegen auf Hunderten von Servern auf der ganzen Welt und werden von Freiwilligen unterhalten, die Experten auf dem jeweiligen Gebiet sind.

19 Entstand 1990 aus der Newsgroup rec.arts.movies und enthält nicht etwa Kinofilme, sondern Textinformationen über diese, s. http://www.imdb.com/

20 Darunter das Haus der Kulturen der Welt, Frieder Butzmann, die Musikgruppe *Einstürzende Neubauten*, Farmersmanual, Greenpeace, Kunstradio Wien, mikro e.V. und das Frauenmusikzentrum Hamburg (http://orang.orang.org/). Vom selben Entwickler, Thomax Kaulmann, stammt das *Open Video Archive* (OVA), das die gleiche offene Archivstruktur für Videodateien anbietet (http://ova.zkm.de).

21 http://www.indymedia.org/

gründet, ist die Text- und Bildberichterstattung des Netzwerks von Brennpunkten des Geschehens oft schneller und unmittelbarer als die der herkömmlichen Medien. Die Ressourcensammlung zur Open Source-Idee *Osculture*[22] und die Netzkunstdatenbank *Verybusy*[23] mit mehr als 1 000 Einträgen gingen beide aus Hochschulabschlussprojekten hervor und zeigen damit, dass die Akademien weiterhin einen wichtigen Nährboden für den offenen Austausch darstellen. P2P-Dateiaustauschsysteme enthalten große Mengen an Musik und anderen von den Nutzern bereitgestellten Informationen, doch anders als bei servergestützten Archiven hängt das, was jeweils verfügbar ist, von den Rechnern ab, die gerade angemeldet sind.

Links, Musik, Nachrichten und Wörterbucheinträge

Und schließlich sei noch ein Beispiel für offene Kontribution aus dem akademischen Bereich genannt. Wie wollte man den Fluss des Vokabulars einer lebenden Sprache anders erfassen, denn durch eine vieläugige, ständige Aufmerksamkeit? Der Verlag Oxford University Press hat bei der Erstauflage des *Oxford English Dictionary* dazu aufgefordert, neue Wörter beizusteuern und tut dies heute im Internet wieder. Zwar behält sich die Redaktion die Entscheidung vor, was letztlich in die autoritative Druckversion aufgenommen wird, dennoch ist die Begründung für die Einladung zur Zuarbeit interessant. Dort heißt es, die Vielfalt der englischen Sprache lasse sich nicht anderes kartografieren, als durch eine Vielzahl von freiwilligen Beiträgen aus aller Welt: »Der Aufruf hat gezeigt, dass das Erstellen eines Wörterbuchs eine Ausnahme von den meisten Bereichen der Wissenschaft darstellt: Jeder kann einen wertvollen Beitrag leisten.«[24] Doch wie groß ist die Ausnahme tatsächlich?

2. Offene, weiterschreibbare Strukturen

Kann unter (1) die Autorin ihren Beitrag allenfalls einer Rubrik zuordnen, unter der dieser dann in chronologischer Ordnung aufgelistet wird, bilden sich hier aus der Interaktion komplexere Strukturen heraus. Die Anordnung und Gewichtung der Einzelelemente kann verändert und es können ihnen Kommentare hinzugefügt werden, doch die Elemente anderer werden nicht verändert. So fallen gewöhnliche → *Weblogs* unter (1), während solche mit einem kollektiven Bewertungsmechanismus, also P2P-Journalismussysteme im eigentlichen Sinne, in diese Kategorie gehören.

Gruppengestützte kreative Prozesse finden sich in der Kunst, etwa in der japanischen Kettendichtung, bei der ein Vers jeweils ein Motiv aus

22 http://osculture.in-mv.de/os1.4/files/menue.html von Carsten Stabenow.
23 http://www.verybusy.org/ von Stephan (spiv) Schröder.
24 http://oed.com/public/readers/

dem vorangegangenen aufgreift. Solche rengaartigen Kooperationen finden natürlich auch im Netz statt. Der »längste Satz der Welt«[25] ist ein Beispiel dafür. Literarische Textkooperationen im Netz zielen in der Regel nicht auf einen Abschluss, der es erlauben würde, das Ergebnis zwischen Buchdeckel zu pressen. Die »Odysseen im Netzraum«[26] z. B. ist eine gemeinschaftliche Hyper-Science-Fiction, bei der die einzelnen Textelemente nicht nur linear aneinander anschließen, sondern sich dank der Links von HTML komplex miteinander vernetzen lassen.

Offene Textsysteme und Annotationen zu Gensequenzen

Frequently Asked Questions-Dokumente (FAQs) werden traditionell aus dem unaufhörlichen Strom der Konversation in einer Newsgroup oder Mailingliste zusammengestellt. Sie haben zwar einen Maintainer, doch Autorin dieses Kompendiums des gesammelten Kollektivwissens ist die Community. Was läge näher, als eine Summe des Wissens aus dem Netz der Millionen emergieren zu lassen? Tatsächlich gibt es bereits einige offene Enzyklopädieprojekte.[27] Eines der ersten war die »Interpedia«, die vor allem in der Newsgroup comp.infosystems.interpedia lebte. Ein kommerzieller Nachfolger der »Interpedia«, aber kontributorengestützt und unter einer offenen Contentlizenz,[28] ist »Nupedia«.[29] Während die Artikel, die in »Nupedia« aufgenommen werden, einen ausführlichen *Peer-Review* hinter sich haben, ist das Begleitprojekt »Wikipedia«[30] eher mit einem kollektiven Brainstorming zu vergleichen. An dem Beispiel wird der Unterschied zwischen den beiden ersten Wissenskategorien deutlich. »Wikipedia« ist eine Sammlung ungefilterter Einträge von sehr unterschiedlicher Durchdachtheit. »Nupedia« dagegen strebt die Systematik und Qualität einer klassischen Enzyklopädie an.

Das in der Schweiz ansässige Projekt »nic-las« präsentiert sich als eine autopoietische Informationslandschaft mit offenem Design und vielfältigen Verknüpfungsmöglichkeiten.[31] Im Sinne des Zettelkastens von Niklas Luhmann will es ein Werkzeug sein, das es den Menschen ermöglicht, die Welt zu referenzieren und auf einer Oberfläche um sich zusammenzuziehen. Auch dieses wissenschaftliche Online-Schreib- und Publikationsprojekt sieht einen mehrstufigen Prozess von Schreiben, Ergänzen, Kommentieren und Editieren vor. Am Ende steht hier ein geschlossener Korpus, der im Druck (per *Publishing-on-Demand*) und auf

25 http://math240.lehman.cuny.edu/sentence1.html initiiert von Douglas Davis.
26 http://www.hyperdis.de/hyperfiction/ initiiert von Heiko Idensen.
27 Vgl. auch Stallmans Überlegungen zu einer freien Enzyklopädie in WOS 1, 7/1999.
28 Unter der *Open Content License* (OPL), http://opencontent.org/opl.shtml
29 http://www.nupedia.com/
30 http://www.wikipedia.com/
31 http://www.nic-las.ch/enzyklopaedie/

CD-ROM verlegt werden soll. Damit steht »nic-las« auf der Grenze zur Kategorie (3).

Schließlich ein Beispiel aus der offenen Wissenschaftskooperation in der Humangenetik. In Laboren auf der ganzen Welt wird daran gearbeitet, die Ergebnisse des *Human Genome Projects* auszuwerten. »Ensembl«[32] erlaubt es, mit Hilfe eines verteilten p2p-artigen Systems sämtliche verteilten Annotationen zu den einzelnen Gensequenzen zu sichten. Der Ansatz ist einem zentralen Server, auf dem alle Forschergruppen ihre Ergebnisse ablegen, an Flexibilität und Geschwindigkeit überlegen.

3. In sich abgeschlossene funktionale Strukturen

Software, Dokumentation, Hardware, Theorie und Lehrmaterialien

Hier handelt es sich um Werke, die durch Fehlerbehebung, Verbesserungen und Erweiterungen funktional leistungsfähiger werden können. Da sie zwar modular aufgebaut sein können, aber letztlich ein Ganzes ergeben sollen, liegen hier die stärksten inneren Abhängigkeiten vor. Durch die starken Wechselwirkungen der Elemente ist es unerlässlich, bei der eigenen Arbeit auch die Werke anderer zu modifizieren. Dies macht ausgeprägtere Mechanismen für Konfliktlösungen und strategische Entscheidungen erforderlich.

Dazu gehört natürlich die freie Software selbst, die sich in der Entwicklerversion in ständiger Veränderung befindet, aber periodisch in einer stabilen Version freigegeben wird. Ebenso ihre Dokumentation, die ebenfalls frei verbreitet und verändert werden können muss, um die Veränderungen des Programmcode widerzuspiegeln.[33] Auch an freier Hardware wird gearbeitet.[34] *Open Theory*[35] ist der explizite Versuch, das Modell freier Softwareentwicklung auf die Entwicklung von Theorie zu übertragen. Wie bei einem Softwareprojekt macht jemand eine Vorgabe, hier einen Text, dessen Absätze einzeln kommentiert werden können. Dieselben Einwürfe gehen auch über eine Mailingliste und werden vom Maintainer des Projekts regelmäßig in den Gesamttext integriert. Auch Pädagogen haben die Idee aufgegriffen und erstellen Sammlungen quelloffener und gemeinsam weiterschreibbarer Unterrichtsmaterialien wie das von einem Berliner Grundschullehrer 1999 gestartete *Open Web School*.[36]

---

32 http://www.ensembl.org/; »Ensembl« ist ein Projekt des Sanger Centre Cambridge und des European Bioinformatics Institutes. Es hat seinen Vorläufer, das *Distributed Sequence Annotation System* (DAS), übernommen: http://stein.cshl.org/das/

33 Vgl. Stallman, 1997b. Speziell auf Dokumentationen zugeschnitten ist die *Free Document* License (FDL), http://www.gnu.org/copyleft/fdl.html

34 z.B. http://www.openhardware.org; vgl. Perens 1999, S. 174

35 http://www.opentheory.org

36 http://www.openwebschool.de/

Bei diesen drei Kategorien der Offenheitsfähigkeit handelt es sich nur um eine erste Annäherung. Weitere empirische Forschung würde ohne Frage ein differenzierteres Bild der offenen Wissensgemeinschaften zu Tage fördern. Auch die unterschiedlichen Wissenspraktiken der Wissenschaften, des Journalismus, der Künste, der Politik usw. müssten jeweils auf ihre Eignung für offene Kooperationen hin untersucht werden. Theoretische Fragestellungen richten sich auf die Werkzeuge und Standards offener Wissensgemeinschaften, auf die Motivationen der Autorinnen, ihre Werke als *Open Content* in den dialogischen Wissensprozess zu stellen, und die Metriken der Reputation. Selbst wenn man unterstellt, dass für viele Kreative der Akt der Schöpfung in sich bereits einen hinreichenden Anreiz darstellt, bleibt die Frage, wie sich die Anerkennung in einen Beitrag zum Lebensunterhalt übersetzen kann, ohne den Amateurstatus zu unterhöhlen. Nicht zuletzt geht es immer wieder um Probleme des »geistigen Eigentums«, wie das *On-Line Guitar Archive* (OLGA)[37] erfahren musste. OLGA ging 1992 aus zwei Newsgroups hervor und enthielt zu Hochzeiten etwa 33 000 von Benutzern beigesteuerte Gitarrentabulaturen. Tabulaturen sind Spielanweisungen, die nicht etwa von kommerziell vertriebenen Noten kopiert, sondern nach dem Gehör aus Musikaufnahmen transkribiert werden. 1998 verklagte eine Musikagentur OLGA wegen mutmaßlicher Copyright-Verstöße und zwang das Archiv zur radikalen Reduktion seiner Bestände. Die Gefahr von privatwirtschaftlichen Angriffen gegen die kollektive Intelligenz kann nur durch eine gesamtgesellschaftliche Neubewertung der Wissenslandschaft abgewehrt werden. Sie ist Thema der verbleibenden Seiten dieses Kapitels.

Für eine Theorie und Praxis des freien Wissens

Vorläufig lässt sich feststellen, dass Werke, oder doch bestimmte Werkkategorien, sich von fixierten, paketierten Produkten zu Prozessen wandeln, zu permanenten *Works in Progress.* Aus dem auratischen Werk des einzigartigen Autors wird ein Fluss der ständigen Rekombination, Verbesserung, Hinzufügung, Ersetzung – ein Baukasten aus Elementen, wiederverwendbar als Module oder Samples. Es verschwindet die Fiktion des Werkes, das voraussetzungslos und aus einem Guss dem Haupt des Genius entspringt. An ihre Stelle tritt (wieder) das Bewusstsein, dass jede individuelle Schöpfung zwergenhaft auf den Schultern eines Riesen mit seinem Kollektivwissen steht. Der aktuelle Trend bedeutet natürlich nicht, dass individuelle Intelligenz und Kreativität an Bedeutung verlieren würden, doch möglicherweise schwingt das Pendel nach 200 Jahren Entkollektivierung, Individualisierung, Genie- und Star-Kult jetzt wieder in die andere Richtung.

Nach dem Autorenkult tritt die kollektive Intelligenz wieder hervor

37 http://www.olga.net

Das überlieferte Versprechen des Internet ist es, das »Große Wissensreservoir« und der »Große Dialog« der Menschheit zu werden. Haben die Massenmedien Leser und Zuschauer in die Konsumentenrolle gebannt, macht das Internet sie idealerweise zu Aktivisten, Interakteuren und Koproduzenten. Es ist fast wie ein Naturgesetz, das Eben Moglen, New Yorker Rechtsprofessor und juristischer Berater des GNU-Projekts, in seiner Entsprechung zum faradayschen Gesetz so formuliert:

> »*Wenn man das Internet um jeden Menschen auf dem Planeten wickelt und den Planeten in Drehung versetzt, fließt Software* [gemeint sind nicht nur Computerprogramme, sondern jede Art von digitaler Information, VG] *im Netz. Es ist eine emergente Eigenschaft von miteinander verbundenen menschlichen Intelligenzen, dass sie Dinge schaffen, um einander eine Freude zu machen und ihr beunruhigendes Gefühl zu überwinden, alleine zu sein«* (MOGLEN, 1999).

Lizenzen

Das Phänomen der freien Wissenskooperation hat technisch-ökonomische Voraussetzungen in erschwinglichen Computern und Zugang zum Internet, ganz maßgeblich aber auch in einer rechtlichen Konstruktion. Autoren, die ihre Software verschenken und andere zum Weiterschreiben einladen, hat es immer gegeben. Häufig genug führte dies jedoch dazu, dass sich Dritte die Früchte der kollektiven Intelligenz aneigneten, ohne sich an der gemeinsamen Weiterentwicklung zu beteiligen. Dank der wundersamen Vermehrbarkeit digitaler Daten kennt die Wissens-Allmende keine Übernutzung, die die Güter selbst verbraucht. Im Gegenteil steigt der Wert z. B. von GNU/Linux für alle mit jeder neuen Nutzerin, weil sie potenziell zu seiner Verbesserung beiträgt. Der Übernutzung entspricht hier, wie das Beispiel Unix gelehrt hat, die proprietäre Schließung von Gemeingütern, ähnlich der Privatisierung und Einzäunung der Allmende.

Knappe Ressourcen: Aufmerksamkeit und Motivation

Die knappe Ressource sind hier also nicht die *Bits*, sondern die Zeit und die Aufmerksamkeit der freien Entwickler, Dokumentatoren und Tester. Deren Motivation geht jedoch in die Binsen, wenn sie feststellen, dass Dritte von ihrer Hände Arbeit ihr eigenes Süppchen kochen. Das Problem ist nicht, dass Leute sich aus dem gemeinsamen Pool bedienen, ohne etwas zurückzugeben (zumindest, solange es noch genug andere gibt, die Arbeit hineinstecken), sondern dass Firmen ihre eigenen Weiterentwicklungen nicht mit der Gemeinschaft teilen. Sie vernichten damit die erschöpfliche Ressource Motivation. Midas Berührung lässt den lebendigen Prozess zu Gold erstarren.

Um dies zu verhindern, erzeugen und schützen die Lizenzen der freien Software etwas, das dem alten Allmendekonzept sehr nahe kommt. Softwareautoren, die ihre Werke unter eine solche Lizenz stellen, teilen sie mit anderen, ohne ihre Urheberrechte daran aufzugeben. Vielmehr gewähren sie den Allmendgenossen, also jedem, der die Lizenz akzeptiert und ihr Folge leistet, bestimmte Freiheiten in Bezug auf das gemeinschaftliche Gut. Im FAQ-Dokument zu einer weniger freien Lizenz heißt es auf die Frage »Wenn die Quellen frei sind, wozu braucht ihr dann eine Lizenz?«: »So gesehen kann die Codebasis als Ressource angesehen werden, wie ein See oder die Luft, die wir atmen, und wir brauchen Grundregeln, die sicherstellen, dass diese Ressource erhalten und verbessert wird, zum Beispiel, indem wir dazu ermuntern und sogar zu einem gewissen Grad vorschreiben, dass Entwickler etwas in die gemeinsame Codebasis zurückgeben.«[38]

Freiheitsbekenntnisse in Form von Lizenzen

Nach Boyles Aussage, das »geistige Eigentum« sei die Rechtsform des Informationszeitalters, ist es zwar nur folgerichtig, aber dennoch bemerkenswert, dass die Philosophie, genauer die Ethik im Reich des digitalen Wissens die Form von Lizenzen annimmt. Das Debian-Projekt hat sich einen Sozialkontrakt als Lizenz gegeben (oder umgekehrt?).[39] Diese bestimmt den Ort des Werkes im Wissensraum und regelt zugleich das Innen- und Außenverhältnis der Gemeinschaft von Autoren. Bekenntnisse zur Freiheit werden heutzutage nicht mehr an Kirchentüren genagelt oder von den Zinnen eroberter Bastionen verkündet, sondern als Lizenz einem Softwarewerk beigegeben.

GPL und Wissensphilosophie treffen sich

Die stärkste und raffinierteste Formulierung einer Freiheitsphilosophie für Software findet sich in der *GNU General Public License* (GPL). Sie erzeugt eine Allmende durch eine Schließung nach außen bei freiem Austausch nach innen. Stallman benennt klar die Strategie einer kollektiven Chancenmonopolisierung.[40] Die GPL wendet das Copyright zu einem Copyleft. Einmal frei, immer frei. Für Helmut Spinner steht an ers-

38 Netscape Public License FAQ, 3. If the source is free, why do you have a license?, http://www.mozilla.org/MPL/FAQ.html

39 *Debian Social Contract*, s. http://www.debian.org/social_contract

40 In der Begründung für den Namenswechsel von »Library GPL« zu »Lesser GPL« ist zu lesen«: »Freie Softwareentwickler müssen Vorteile füreinander schaffen. Die gewöhnliche GPL für eine Bibliothek zu verwenden, gibt freien Softwareentwicklern einen Vorteil gegenüber proprietären Entwicklern: eine Bibliothek, die sie verwenden können, die proprietären Entwickler jedoch nicht«, Stallman, 1999.

ter Stelle der Werteskala in einer liberalen Informationsgesellschaft die Wahrung und der Ausbau der Wissensfreiheiten, die er folgendermaßen benennt:

- Veränderungsfreiheit zum Zwecke der Verbesserung durch Kritik undWiderlegung,
- Beeinträchtigungsfreiheit zum Schutz gegenüber Informationsübergriffen,
- Verbreitungsfreiheit für öffentliche Information wie Forschungsergebnisse und Nachrichten, aber auch Unterhaltung (Spinner, 1998a, S. 58).

Wenn man unter Beeinträchtigungsfreiheit nicht nur das Recht auf informationelle Selbstbestimmung, sondern auch die Verhinderung der proprietären Schließung freien Wissens sieht, bilden die Freiheiten des Wissensphilosophen eine verblüffende Parallele zu den Regularien der GPL. Daher ist es vielleicht gar nicht so abwegig, dass sich bereits jemand Gedanken über eine GPL-Gesellschaft macht.[41]

Urheberrecht

Moglens erstem Gesetz folgt ein zweites. Seine metaphorische Entsprechung zum ohmschen Gesetz besagt: »Der Widerstand des Netzwerkes steht in direktem Verhältnis zur Feldstärke des Systems des geistigen Eigentums« (1999). Was müsste also geschehen, um den Widerstand des Netzes für die Energien der Wissens-Allmende möglichst gering zu halten?

Das Urheberrecht vom Kopf auf die Füße stellen

Das Versprechen auf eine Vervielfältigung der Wertschöpfungsketten durch Digitalmedien treibt den Rechtehandel zu ungekannten Dimensionen. In Goldrauschstimmung über einen möglichen E-Commerce mit »Content« werden aggressiv Claims abgesteckt. Doch die Erträge blieben bislang aus. Was dagegen funktioniert, sind offene Wissensgemeinschaften und öffentliches Wissen. Genau diese werden aber durch die kon-

41 Stefan Merten sieht an GNU/Linux Elemente einer neuen Gesellschaft, für die die GPL die Magna Carta bilde. Wichtigster Gesichtspunkt an GNU/Linux sei, dass Menschen in freiwilliger Übereinkunft gebrauchswertorientiert gesellschaftlich nützliche Dinge herstellen. Sie tun dies, ohne ihre Arbeitskraft zu verkaufen, mithin also ohne Tauschbeziehungen. »Die These ist, dass die GPL-Gesellschaft eine ist, in der die Bedürfnisse der Menschen in den Mittelpunkt rücken, in der also nicht mehr blinde Mechanismen wie der Markt die Menschen knechten anstatt ihnen zu dienen. Stattdessen werden die Menschen frei, ihre Beziehungen zueinander und zu den Dingen bewusst und nach freier Entscheidung zu gestalten«, Merten, 2000.

tären Trends aus der Rechteindustrie bedroht: »Unser Recht schafft Anreize, so viel von einer intellektuellen Allmende wie möglich einzuzäunen. Es arbeitet gegen Öffentlichkeit und Transparenz und schafft im Effekt eine massive Geheimregierung. … Hier ist der Ort für konkrete juristische Veränderungen« (Lessig, 1999). Das Urheberrecht müsste vom Kopf auf die Füße gestellt werden. Autorinnen und Öffentlichkeit müssten wieder ins Zentrum gerückt werden, das jetzt von der Rechteindustrie – also denjenigen, die nur abgeleitete Verwertungsrechte vertreten – beansprucht wird. Von der Rechtsintention aus betrachtet wedelt heute der Schwanz mit dem Hund.

Eine philosophische Erblast bildet das Konzept des Subjekts. Die Figuren des Autors im Urheberrecht und die des Erfinders im Patentrecht sind Individuen. Gruppenurheberschaft ist zwar vorgesehen, aber offenbar ist hier an Gruppen von zwei bis drei Personen gedacht. Daneben gibt es den Geistesarbeiter, der keine Rechte an seinen Werken hat, weil er sie im Dienste seines Arbeitgebers erstellt. Schließlich kennt das Recht neben dem geistigen auch das industrielle Eigentum von korporativen Akteuren. Patente und Markennamen können und werden in der Regel von Unternehmen angemeldet. Nicht vorgesehen sind jedoch Werke der kollektiven Intelligenz.

Durchlässigkeit ist Teil der Urheberrechtspraxis …

Dies ist kein Plädoyer für die Abschaffung des Urheberrechts, doch die gnadenlose Präzision bei der Rechteverwertung, die technische Schutzsysteme einführen, ist schädlich. Das staatlich gewährte Monopol zielt darauf, den Autoren einen hinreichenden Anreiz für die Schaffung neuer Werke zu bieten. »›Hinreichender Anreiz‹ ist etwas Geringeres als ›perfekte Kontrolle‹«, gibt Lessig zu bedenken und spricht sich dafür aus, dass die Rechtspraxis »durchlässig« sein solle (1999, S. 133). Dies stelle nur eine Fortführung der bisherigen Praxis dar, nach der Urheberrecht und Copyright eine geringe Zahl von Kopien durch viele Nutzer zuließen und gleichzeitig die Mittel bereitstellten, um gegen einige kommerzielle Hersteller vorzugehen, die eine große Zahl von nicht autorisierten Kopien vertreiben. Ohne ein gewisses Maß an »Raubkopien« von Software gäbe es keine »Informationsgesellschaft«. Ausgerechnet Mark Stefik, Vater der Rechtkontrollsysteme, merkt an: »Ironischerweise haben die Verleger von Werken, die regelmäßig aktualisiert werden müssen, wie Computersoftware, festgestellt, dass eine gewisse Durchlässigkeit ihren Kundenstamm erweitert, selbst wenn oft berichtet wird, dass mehr unauthorisierte Kopien eines Programms im Einsatz sind als authorisierte. Softwareverleger haben entschieden, dass die Einnahmenverluste durch illegales Kopieren tragbar sind, auch wenn sie zu einer unfairen Gebührenstruktur führen« (1996, S. 10).

… sie sollte auch in das Gesetz eingehen

Eine Urheberrechtspolitik, die die Rechteindustrie nicht bei ihren Worten, sondern bei ihren Taten nimmt, würde diesen *de facto*-Zustand in einen *de jure*-Status überführen – zuallererst, um die Kinderzimmer zu entkriminalisieren. Will sagen, Kopien für private, nicht kommerzielle, bildungsrelevante Nutzungen sind erlaubt, wobei den Autorinnen über die Pauschalvergütung für Aufzeichnungsgeräte und Leermedien eine Entlohnung zugeht. Kopien für profitorientierte Nutzungen (Weiterverkauf der Kopie, Integration in andere Produkte, Verwendung bei der Produktion von Waren oder Dienstleistungen) werden gebührenpflichtig lizenziert. Andy Müller-Maguhn, Sprecher des Chaos Computer Clubs richtete sich in seinem 1995 vor dem Europaparlament vorgetragen »Thesenpapier Informationsgesellschaft« dagegen, dass Jugendliche und Arbeitslose, die nicht autorisierte Kopien von Software verwenden, zu Straftätern erklärt werden: »Software muss für nicht kommerzielle Anwendungen kostenlos nutzbar sein; insbesondere Schüler, Studenten, Arbeits- und Mittellose müssen die Möglichkeit haben, sich Qualifikationen am Computer anzueignen, um überhaupt eine Chance auf dem Arbeitsmarkt zu haben. Die Verfolgung von Urheberechtsdelikten sollte von der Art der Nutzung abhängig gemacht werden. Produktionsmittel dürfen Geld kosten, Lernmittel nicht.«

Die Sozialbindung des Eigentums bietet eine weitere Handhabe, die in der Wissensordnung zum Tragen kommen sollte. Das Materialrecht kennt die Option der Enteignung von Privatbesitz im Interesse der Allgemeinheit und gegen Entschädigung. In Analogie zu dieser Institution, die im US-amerikanischen Recht *Eminent Domain* heißt, ist die *Public Domain* als ein Modell vorgeschlagen worden, das dem öffentlichen Interesse dient, Monopole verhindert und Entwickler entlohnt. Zu den intellektuellen Objekten, die darunter fallen könnten, gehören chemische Formeln (z. B. Medikamente gegen Krebs oder AIDS) und Software wie der Quellcode von Betriebssystemen (vgl. NADEAU, 1998).

Nicht Produkte, sondern Prozesse schützen

Ziel müsste ein Wissensklima sein, das den Schwerpunkt auf gesellschaftlichen Reichtum statt auf privatwirtschaftliche Bereicherung legt. Wissen ist kein Artefakt, sondern eine Tätigkeit, etwas Lebendiges, das im Dialog aktualisiert und weitergedacht wird. Der dialogische Prozess der kollektiven Intelligenz sollte das vorrangige Gut sein, das es zu schützen gilt.

Wissensumweltschutz

Boyle schreibt, das »geistige Eigentum« sei die Rechtsform des Informationszeitalters, und er fährt fort: »Doch derzeit haben wir keine Politik des geistigen Eigentums – auf dieselbe Weise wie wir eine Umwelt- oder Steuerpolitik haben.« In seinem viel beachteten Aufsatz »A Politics of Intellectual Property: Environmentalism For the Net?« (1997) plädiert Boyle für eine Art Umweltbegriff für das geistige Eigentum. »Eine Art«, weil er dabei nicht wirklich an ein Greenpeace für bedrohte Daten denkt. Die Umweltschutzbewegung dient ihm als Analogie.

Boyle vergleicht unsere Situation heute mit dem Umweltschutz in den 50er-Jahren. Es gab Proteste gegen verseuchte Seen und Smog produzierende Schlote, was aber noch fehlte, war ein allgemeines Rahmenkonzept, ein Satz von analytischen Werkzeugen und damit eine Wahrnehmung gemeinsamer Interessen in vermeintlich zusammenhanglosen Einzelsituationen. Ähnlich nehmen wir heute Katastrophen in der Wissensumwelt wahr: Micrososofts inzwischen gerichtlich bestätigte monopolistische Praktiken, die Patentierung von menschlichen Genen und der Einsatz von Copyrights, um Kritiker der *Scientology* zum Schweigen zu bringen. Ähnlich fehlt heute ein übergreifendes Konzept wie die Ökologie, das unsere Wissensumwelt als komplexes System aus interagierenden Bestandteilen sichtbar macht, ihr eine vergleichbare Aufmerksamkeit in der öffentlichen Debatte verschafft und es erlaubt, Koalitionen aus der freien Software, den Kampagnen gegen Gen- und Softwarepatentierung, den Bibliotheken und Hochschulen, den Bewegungen für eine informationelle Selbstbestimmung des Südens usw. zu bilden. Wir brauchen, fordert Boyle, eine politische Ökonomie des geistigen Eigentums. Wie die Umweltbewegung die Umwelt erfunden habe, damit sich unterschiedliche Interessengruppen als Umweltschützer verstehen konnten, so müssten wir heute die *Public Domain*, das Gemeingut Wissen erfinden, um die Allianz hervorzubringen, die es schützt.

Der Wissensumwelt fehlt ein Konzept vergleichbar dem der Ökologie

> *»Hinter dem Versagen im Entscheidungsprozess liegt ein Versagen in der Art, wie wir über Probleme nachdenken. Die Umweltschutzbewegung erlangte viel von ihrer Überzeugungskraft, indem sie darauf hinwies, dass es strukturelle Gründe gab, die es wahrscheinlich machten, dass wir schlechte Umweltentscheidungen treffen: ein Rechtssystem, das auf einer bestimmten Vorstellung von ›Privateigentum‹ beruht und ein System von Ingenieurkunde und Wissenschaft, das die Welt als einen schlichten linearen Satz von Ursachen und Wirkungen behandelte.*

Falsche Analysen lassen das zu Schützende verschwinden

Tatsächlich verschwand die Umwelt in beiden konzeptionellen Systemen einfach. Es gab keinen Platz für sie in der Analyse. Es überrascht also nicht, dass wir sie nicht besonders gut erhalten haben. Ich habe argumentiert, dass dasselbe für die Public Domain *zutrifft. Die grundsätzliche Aporie in der ökonomischen Analyse von Informationsfragen, die Quellblindheit eines auf den ›originären Autor‹ zentrierten Modells von Eigentumsrechten und eine politische Blindheit für die Bedeutung der* Public Domain *als Ganzer (nicht ›mein See‹, sondern ›Die Umwelt‹) kommen alle zusammen, um die* Public Domain *zum Verschwinden zu bringen, erst als Konzept und dann in zunehmenden Maße als Wirklichkeit«* (BOYLE 1997).

Für eine Gefangenenbefreiung der Akteure

Auf ganz ähnliche Weise argumentiert auch Ostrom dafür, unsere tief sitzenden Vorstellungen über das Allmende- oder Gefangenen-Dilemma zu korrigieren. Solange Individuen als »Gefangene« betrachtet werden, beziehen sich politische Programme zu Gemeingütern auf Bilder von hilflosen Einzelnen, die, gefangen in einem unerbittlichen Prozess, ihre eigenen Ressourcen vernichten und denen man nur mit Staat oder Markt beikommen kann. Wie Boyle sieht auch Ostrom, dass wir intellektuelle Werkzeuge benötigen, um die Logik des kollektiven Handelns und die Möglichkeiten von selbstverwaltenden Institutionen, gemeinsame Ressourcen zu regulieren, besser zu verstehen (OSTROM, 1999).

Ein Ansatzpunkt wäre es, die Mechanismen zur Entscheidungsfindung und Konfliktlösung, die sich in den verschiedenen Projekten der freien Software und des softwaregestützten offenen Wissens entwickelt haben, zu untersuchen, um nicht nur den Code, sondern auch die Umwelt zu optimieren, in der er entsteht. Vor allem ginge es darum, ein Bewusstsein für die Landschaft des Wissens zu schaffen, für seine Freizonen und die umzäunten Regionen, die Bulldozer, die in die Urwälder rollen, nicht um Bodenschätze, sondern um verwertbares Wissen zu »ernten«. Ihnen müsste sich eine Theorie und Empirie der Wissensfreiheiten entgegenstellen.[42] Die Wissens-Allmende muss immer wieder zum Thema gemacht werden, damit die grundlegenden Fragen der Wissensgesellschaft nicht unter Ausschluss der Öffentlichkeit verhandelt werden: Wieviel »Wissen als Ware« können wir uns leisten? Wieviel öffentliches und gemeinschaftliches Wissen brauchen wir?

---

42 Einen guten Einstieg in die Bewegung, die sich für die vernachlässigte Wissens-Allmende einsetzt, ist die Liste der vom *Center for the Public Domain* geförderten Projekte.

Eine Gesamtschau der Wissensordnung macht deutlich, dass es irreführend ist, vom Copyright und seinen Ausnahmen zu sprechen. Vielmehr ist das Copyright die Ausnahme. Eine Gesellschaft, die sich tatsächlich als Wissensgesellschaft versteht, würde größtmögliche Anstrengungen unternehmen, um das kulturelle Erbe zu erhalten und gemeinfreie Werke nicht nur als den »Rest« betrachten, der im Urheberrecht nicht vorkommt. Es geht nicht an, dass Bibliothekare hilflos zusehen müssen, wie große Teile des schriftlichen Wissensbestandes aus gut 100 Jahren säurehaltiger Papierproduktion zerfallen, weil ihnen die Mittel für groß angelegte Rettungsaktionen fehlen. Im Interesse einer informationellen Nachhaltigkeit würde eine solche Gesellschaft bei allem technologiegestützten Wissen darauf insistieren, dass ausschließlich offene Standards zur Anwendung kommen. Nur so kann gewährleistet werden, dass zukünftige Generationen noch auf die heutigen Daten zurückgreifen können. Da die Informationsmenge immer schneller wächst und damit Wissen immer schneller veraltet, wäre es nur folgerichtig, die Schutzfrist zu verkürzen. Die absurde Schutzdauer für das Monopolrecht an geistigem Eigentum von 70 Jahren nach dem Tod des Autors müsste zurückgeschraubt werden. Eine selbstbewusste zivile Wissensgesellschaft würde sich nicht – weitgehend ohne es auch nur zu bemerken – von Mickey Mouse auf der Nase herumtanzen lassen.

Für eine informationelle Nachhaltigkeit

»Die grundlegende Idee einer demokratischen Rechenschaftspflicht für die öffentliche Verfügung über extrem wertvolle Rechte würde eine weit informiertere Politik des geistigen Eigentums im Informationszeitalter verlangen. Wenn eine solche Rechenschaftspflicht bestehen soll, müsste die *Public Domain* systematischer diskutiert und verteidigt werden, als es bislang der Fall ist« (Boyle, 1997). Das Bundesverfassungsgericht hat mit der »informationellen Selbstbestimmung« und der »informationellen Grundversorgung« zwei Leitlinien formuliert, denen immer aufs Neue nachgestrebt werden muss. Vor allem aus Letzterer ließe sich der Begriff einer »öffentlichen Wissensinfrastruktur« entwickeln, der die Basiswerkzeuge wie Standards, Protokolle, Metadaten, Suchmaschinen, das elektromagnetische Spektrum ebenso umfasst wie die Wissensvermittlung im Bildungssystem und die Wissensbestände in den Bibliotheken, Museen, Archiven und Fachinformationssystemen.

Das Potenzial für eine freie Entfaltung der kollektiven und individuellen Intelligenz ist gegeben, das hat die freie Software auf eindrucksvolle Weise belegt. Es muss gepflegt und gegen die aggressiven Schließungsbestrebungen der globalen Rechteindustrie in Schutz genommen werden. »Ich denke die gegenwärtige Situation ist derart, dass sie recht-

Für eine politische Ökonomie des geistigen Eigentums

fertigt, was man als Haltung der vorbeugenden Warnung bezeichnen könnte. Es wäre eine Schande, wenn das grundlegende Eigentumsregime der Informationswirtschaft hinter unserem Rücken konstruiert würde. Wir brauchen eine Politik – eine politische Ökonomie – des geistigen Eigentums, und wir brauchen sie jetzt.« (BOYLE, 1997) Auch der Wirtschaftswissenschaftler Norbert Szyperski kommt zu dem Schluss: »Die Freiheit des Wissens zu verteidigen, ist wahrscheinlich die wichtigste Aufgabe, die wir in der Zukunft vor uns haben.«[43] In dieser Überzeugung treffen sich Ökonom, Jurist und Hacker, dem das letzte Wort gehören soll: »Wir können die Zukunft der Freiheit nicht als gegeben betrachten. Seht sie nicht als selbstverständlich an! Wenn ihr eure Freiheit behalten möchtet, müsst ihr bereit sein, sie zu verteidigen« (STALLMAN, 1999a, S.70).

43 Szyperski, in: WOS 1, 7/1999.

Anhang

Glossar

Backup – Sicherungskopie von Programmen, Daten und ganzen Computersystemen. Sollte man regelmäßig machen :-)

Beta-Version – die letzte Entwicklungsstufe eines Programmes vor der Freigabe der stabilen Produktionsversion (gelegentlich auch als Alpha-Version bezeichnet). Die Entwicklung ist gestoppt, es werden nur noch Fehler bereinigt, aber keinen neuen Features mehr aufgenommen. Der Beta-Test prüft die B.V. auf Herz und Nieren in einer Umgebung, die dem späteren Produktionseinsatz entspricht.

Binary – ausführbare Binärversion eines Programmes, bei der die Anweisungen in einer prozessorspezifischen Maschinensprache durch Nullen und Einsen repräsentiert werden; auch als »Objektcode« bezeichnet. B.s sind für Menschen nur schwer lesbar, die daher in einer höheren Programmiersprache (z.B. C) programmieren. Der dabei entstehende Quellcode wird von einem → Compiler oder einem Assembler übersetzt, um daraus ein B. zu erzeugen. Vgl. → Executable

Bit – in der Informationstheorie: *Basic Indissoluble Infomation Unit,* kleinste nicht weiter teilbare Informationseinheit; heute in der Regel: *Binary Digit,* Binärzahl, kleinste nicht weiter teilbare Zeichendifferenz von 0 und 1, in deren Darstellung der Computer sämtliche Information, ob Programme oder Daten, verarbeitet.

Blackbox-System – Modell eines Informationsverarbeitungssystems mit unbekanntem Aufbau: ein verschlossener Kasten mit einem Eingang und einem Ausgang. Man gibt ein Signal auf den Eingang und liest das Ausgangssignal ab. Mit einer genügend großen Zahl und Varianz von Ein- und Ausgangsmustern lässt sich eine Hypothese darüber bilden, was im Inneren der Box geschieht, gar eine Box bauen, die dasselbe In/Output-Verhalten zeigt, auch wenn sie anders aufgebaut seien kann als die Vorlage. Wird verwendet, um Hard- oder Software nachzuentwickeln, Verschlüsselungssysteme zu knacken oder Signale ins All zu schicken, um nach extraterrestrischer Intelligenz zu suchen. Auch Menschen sind einander Blackboxes, die Signalabfrage nennt sich bei ihnen »Kommunikation«. Hier als »undurchschaubares System« verwendet. Während ein Programm im → Quellcode eine offene Schachtel darstellt, ist eines allein im → Objektcode eine Blackbox.

Bloatware – Software, die mit Features überladen ist, eierlegende Wollmilchsau; kann in der Regel sehr viel, aber nichts davon wirklich gut. Typische Vertreter dieser Gattung sind MS Word und Netscape.

Booten – eigentlich *bootstrapping,* sich an den eigenen Schnürsenkeln aus dem Sumpf ziehen, ein Computersystem starten. Beim Hochfahren der einzelnen Systemkomponenten werden diese einem mehr oder weniger ausführlichen Check unterzogen.

Bug – Fehler in einem Programm; nach einer Motte, die 1945 einen Kurzschluss in einem elektromagnetischen Relais eines der ersten Computer überhaupt verursachte, als B. bezeichnet. Die Motte wurde von US-Marineoffizier Grace Murray Hopper entfernt (das erste → De-Bugging) und in ihr Logbuch eingeklebt, das heute am Smithsonian-Institut aufbewahrt wird.

Bug Fix – Fehlerbehebung; ein Stück Code (→ Patch), das einen Fehler repariert. Zwischen den → Releases einer Software können so schnell kleinere Berichtigungen verbreitet und von den Nutzern in ihre Installation eingefügt werden.

Bug Report – Fehlerbericht; Mitteilung von Nutzern über einen aufgetretenen Fehler an die Entwickler des jeweiligen Programms. Viele Projekte der freien Software haben ausgefeilte Verfahren für die Bearbeitung von B.R.s. Ein guter B.R. enthält genaue Angaben über die verwendete Programmversion und Betriebsumgebung und beschreibt das Fehlverhalten auf nachvollziehbare Weise. Ein wirklich guter Bugreport enthält gleich noch den passenden → Bug Fix.

Byte – die kleinste adressierbare Speicherstelle; besteht aus 8 Bits. Da ein → Bit zwei Zustände einnehmen kann, ermöglicht ein Byte $2^8 = 256$ Kombinationen und damit die Darstellung von 256 verschiedenen Zuständen oder Zeichen.

Citation Index – Verzeichnis zitierter wissenschaftlicher Literatur; selbst organisierendes Reputationssystem: Werke, auf die besonders häufig Bezug genommen wird, müssen folglich besonders bedeutend und einflussreich sein.

Clone – Nachbau einer Hard- oder Software. Ein Hardware-C. funktioniert mit den gleichen Treibern wie die Orginalhardware. Ein Software-C. hat die gleiche Funktion und Bedienung wie das Originalprogramm, kann aber z.B. unter einer freien Lizenz stehen. Bekannte Beispiele sind die verschiedenen Norton Commander-C.s (ein DOS-Filemanager) wie sc oder mc.

Cluster – Verbund zusammengeschlossener Rechner zur Steigerung der Rechenleistung; ein C. aus vielen handelsüblichen PCs kann dieselbe Rechenleistung erzielen wie ein Supercomputer, zu einem Bruchteil von dessen Preis. Die fotorealistischen Animationen für den Kinohit »Titanic« wurden auf einem C. aus 350 GNU/Linux-Computern gerechnet, die Suchmaschine »Google« läuft auf einem C. aus 500 GNU/Linux-Rechnern. »Feierabend-C.« schalten die nachts brachliegenden Prozessoren in einem bestehenden LAN zusammen, um leistungshungrige Anwendungen laufen zu lassen.

Compiler – Programm, das den → Quellcode von Programmen, die in einer höheren Programmiersprache (z.B. C) geschrieben sind, in die Maschinensprache des jeweiligen Prozessors übersetzt und optimiert (z.B. der GNU C Compiler (gcc)). Ergebnis der Kompilierung ist ein → Binary.

Content – mediale Inhalte aller Formate (Text, Bild, Klang, Bewegtbild), insbesondere im Internet. Als in der Frühzeit des Internet Wissenschaftler und andere Gemeinschaften Wissen aller Art miteinander austauschten, sprach niemand von C. Der Begriff verbreitete sich Mitte der 90er-Jahre, als die Medienindustrie der Ansicht war, dass, nachdem die Vorgeschichte des Netzes zur Einrichtung der »Container« (der Infrastruktur aus Kabeln, Protokollen und Diensten) gedient habe, es nun an der Zeit sei, dass sie das Netz mit ihrem »geistigen Eigentum« (ein anderes Wort für C.) beglücke.

Cookie – kein Keks, sondern eine Variable, die ein Webserver auf der Festplatte des Browsers setzt, um eine Session (z.B. einen eShopping-Vorgang) zu verwalten, d.h. das Verhalten des Besuchers zu protokollieren (z.B. den Inhalt seines Warenkorbes) und server-seitig darauf zu reagieren (z.B. eine Gesamtrechnung zu erstellen). Kann Nützliches tun, wie einen authentifizierten und verschlüsselten Webdialog zulassen, aber auch den Anbietern von Werbebannern erlauben, Information über das Surfverhalten einer großen Zahl von Menschen zu sammeln, die die Standardeinstellung der meisten Browser (»alle Cookies akzeptieren«) unverändert lassen, statt eine bewusste Cookie-Politik zu betreiben.

Core-Team – Kerngruppe eines Softwareprojekts, die die Hauptarbeit an der Entwicklung trägt und koordiniert. Im Gegensatz zu der sehr viel größeren Zahl der Entwickler, die nur gelegentlich periphere Teile zum Programm beisteuern, arbeitet das kleine C.T. ständig an den Grundlagen und Kernfunktionen.

dBase – Datenbankprogramm der Ashton-Tate Corporation; in den 80er-Jahren weit verbreitet.

Debugger – Programm, das während der Entwicklung von Software die Fehlersuche (→ Bug) erleichtert. Ein D. überprüft den Quellcode auf formale Fehler und überwacht das Ablaufen des → Excecutables. Trifft der D. auf einen Fehler, hält er das Programm an, gibt Information zum Fehler und bietet Korrekturen an.

Dongle – Hardware-Kopierschutz; der D. wird in eine Schnittstelle des Rechners (seriell, parallel, USB usw.) gesteckt und von der geschützten Software beim Starten und in regelmäßigen Intervallen abgefragt. Antwortet die → Blackbox nicht mit dem erwarteten Validierungscode, bricht die Software ab. Sie kann daher kopiert, aber nur vom Besitzer des D. verwendet werden. Ähnlich gibt es Software, die nicht ohne die richtige CD im Laufwerk läuft.

Encoder – bringt eine Datenquelle (z.B. ein digitales Audiosignal) in ein gewünschtes Format (z.B. → MP3); wird meist im Zusammenhang mit der Kompression von fortlaufenden Datenströmen wie Audio und Video verwendet.

Ethernet – weit verbreitetes Protokoll für lokale Netzwerke. Robert Metcalfe umriss in seiner Doktorarbeit an der Harvard Universität das Konzept für ein →LAN mit multiplen Zugangskanälen, das er »E.« nannte. Am Xerox PARC entwickelte er 1976 das Konzept zu seiner heutigen Form weiter. Bald darauf als Industriestandard (IEEE 802.3) verabschiedet. Das ursprüngliche E. war für 10 Mbit/s ausgelegt, heute verbreiten sich Gigabit-E's.

Executable – ausführbares Programm; abhängig von der Programmiersprache, eine Quellcode-Datei (z.B. ein Perl-Skript), die zur Laufzeit des Programmes von einem Interpreter oder → Compiler übersetzt wird, oder ein bereits kompiliertes → Binary oder Objektcode, wobei Objektcode ein Linking mit anderen Objektcode-Dateien erfordern kann, bevor daraus ein vollständiges E. wird.

Fair Use – Rechtsdoktrin des angloamerikanischen Copyright-Rechts, die bestimmte nicht autorisierte Nutzungen von geschütztem Material zugesteht, sofern sie der öffentlichen Bildung und der Anregung geistiger Produktionen dienen; entspricht in etwa den Schrankenbestimmungen des kontinentaleuropäischen Urheberrechts. Einige US-amerikanische Rechtsgelehrte (z.B. Tom W. Bell) sehen in der F.U.-Doktrin nur einen Mechanismus, um ein »Marktversagen« zu reparieren. Andere (z.B. Julie Cohen) sehen darin ein positives Recht, das selbst dann greift, wenn der Rechteinhaber das Werk durch ein technisches Rechtekontrollsystem schützt. (Vgl. Kapitel »Für eine informationelle Nachhaltigkeit«)

Firewall – »Brandschutzmauer« die alle externen Zugänge überwacht; entweder als Software auf einem Rechner am Internet oder als → Gateway-Rechner zwischen einem lokalen Netz und seiner Umwelt (dem Internet, dem Telefon- oder anderen Netzen). Erlaubt es, Datenpakete zu filtern und Ports von Diensten (Telnet, http, Chat, Napster), Adressräume und einzelne Adressen zu sperren.

Freeware – Software, die von ihrem Autor kostenlos, frei weitergebbar, in der Regel ohne → Quellcode und oft ohne Lizenz veröffentlicht wird.

Gateway – der »Torweg« zwischen verschiedenen Netzen, z.B. einem lokalen Netz und dem Internet. Der G.-Rechner kann Protokolle ineinander übersetzen und kennt die Adressbereiche, die hinter ihm liegen.

Gigabyte – Milliarden → Byte

Header – einer Datei vorangestellte Informationen; kann Angaben zum verwendeten Anwendungsprogramm, zu Rechtekontrolle, eine Datei-ID und vieles andere mehr enthalten. Die H. einer E-Mail z.B. tragen die zum Versand notwendigen Verwaltungsinformationen und eine Art elektronischen »Poststempel«, an dem versiertere Nutzer sehen können, welchen Weg die E-Mail gegangen ist. Üblicherweise werden von → Mail-Clients nur die Header »From:«, »To:« und »Subject:« angezeigt.

Host – wörtlich »Gastgeber«; Rechner, der ständig mit dem Internet verbunden ist und Dienste anbietet.

Hosting – das Vermieten von Zugang zu und Plattenplatz auf einem → Host. Im Unterschied zum H., stellt beim »Housing« der Kunde einen eigenen Rechner im Rechenzentrum des → ISP unter.

Hypertext – im einfachsten Sinne: ein Text mit aktiven Links, die den Leser per Mausklick zu einer anderen Information bringen; im schwierigen Sinne: Gegenstand eines anhaltenden Diskurses, ob mit dem H. die 5000-jährige Linearität der Schrift zu Ende geht oder ob nicht vielmehr bereits James Joyce' Roman »Ulysses« ein H. *avant la lettre* war.

Intranet – ein auf Internet-Technologie (also RFC-) basiertes internes Netzwerk mit keinem oder einem stark regulierten Zugang zum Internet.

Kernel – der »Kern« eines Betriebssystems, der die Betriebsmittel eines Rechners (CPU, Speicher, Ein/Ausgabegeräte) verwaltet und sie den Anwendungen zur Verfügung stellt das, was im Flugzeug das Cockpit ist.

Lock – »Sperre«; hat z.B. ein Prozess eine Datei zum Schreiben geöffnet, ist sie für alle anderen Prozesse gesperrt. Blockieren sich zwei Prozesse gegenseitig, spricht man von einem »Deadlock«. Hier vor allem als Mechanismus, um Software mit der individuellen Kennung einer anderen Software oder einer Hardware zu koppeln (vgl. → Dongle).

Mail-Client – Programm, mit dem man E-Mail schreiben und lesen kann.

Mainframe – bezeichnete ursprünglich den Schrank, der die Einheit mit dem Zentralprozessor oder eben »main frame« eines Raum füllenden, Stapel verarbeitenden Großrechners enthielt. Seit sich Anfang der 70er-Jahre das Minicomputer-Design verbreitete, wurden alle früheren »Großen Eisen« M. genannt. Heute nur noch für Maschinen aus der Steinzeit der Computerei verwendet.

Multitasking – die parallele Ausführung von mehreren Prozessen (tasks) auf einem Rechner. Tatsächlich werden die Prozesse nicht zeitgleich, sondern nacheinander abgearbeitet. Dauert ein Prozess länger als die vorgesehene Zeit, wird er unterbrochen, und der Prozessor arbeitet ein bisschen am nächsten wartenden Prozess weiter und am nächsten, bis er sich wieder dem ersten Prozess zuwendet. Da es dabei um Zeiträume von Sekundenbruchteilen geht, ergibt sich für den Benutzer der Eindruck, als arbeiteten mehrere Prozesse gleichzeitig.

Netiquette – Konventionen für einen höflichen Umgang im Netz, vor allem auf → Newsgroups und Mailinglisten. Der »Knigge« des Netzes ist Virginia Shea, die sich seit Mitte der 80er-Jahre um das zivilisierte Benehmen der Netizens – der Bewohner des Netzes – verdient gemacht und ihr Lebenswerk in einem gleichnamigen Buch niedergelegt hat. Meint heute nahe liegende, aber leider nicht selbstverständliche Grundregeln wie: Du sollst nicht → spammen, Du sollst dringende Aufrufe über Viren oder krebsleidende Kinder nicht unüberprüft weiterversenden, Du sollst nicht betrunken posten usw.

Newsgroups – elektronische »schwarze Bretter« auf denen buchstäblich über Gott und die Welt diskutiert wird. 1979 von Steve Bellovin entwickeltes verteiltes Client-Server-System. N. können moderiert oder unmoderiert sein und ihre Postings an eine parallele Mailingliste weiterschicken oder von dort bekommen. Zusammen werden die N. oder NetNews als »Usenet« bezeichnet.

Objektcode – s. → Excecutable

Patch – ein Code-Flicken, mit dem sich ein Loch oder ein Fehler (→ Bug-Fix) vorübergehend ausbessern lässt. Statt darauf zu warten, dass eine vollständige verbesserte Version des jeweiligen Programmes erscheint, fügt man den P. in den → Quellcode ein, kompiliert ihn neu und hat die entsprechende Funktionalität zur Verfügung. Im besten Fall wird der Anlass für den P. in der nächsten vollen Release sauber behoben, im schlimmsten folgen weitere P's, die unerwartete Nebenwirkungen des ersten P. beseitigen. Dann spricht man davon, dass »Narbengewebe« wächst.

Plugin – externes Programm, das einem Basissystem neue Funktionen hinzufügt; viele Programme wie Browser, Web-Server oder Grafikprogramme bieten Schnittstellen, an denen P. der Hersteller oder Dritter ansetzen können, um sie zu erweitern. Beim Websurfen stößt man alle Nase lang auf neue Dienste, und der Browser fragt, ob man das benötigte P. jetzt herunterladen möchte.

Port – Schnittstelle eines Servers für einen bestimmten Dienst, repräsentiert durch eine P.Nummer. So verbirgt sich z.B. hinter Port 80 ein Server, der http-Anfragen (WWW) bedient, und hinter Port 25 ein Server, der Mail entgegen nimmt. P.Nummern werden von der → ICANN weltweit einheitlich zugewiesen. Sinnbildlich ist ein P. wie eine Steckdose, die auf den passenden Stecker wartet.

Portierung – Übersetzung eines Programmes auf eine andere Rechnerplattform

Proxy-Server – Stellvertreter; ein http-P. in einem lokalen Netz z.B. speichert die angefragten Webseiten zwischen. Fordert der nächste Nutzer eine solche Seite an, bekommt er sie nicht vom entfernten Server, sondern sehr viel schneller vom lokalen Stellvertreter. In Verbindung mit einer → Firewall kann ein P. dazu dienen, von abgeschirmten Rechnern aus Webseiten aufzurufen, ohne sich ungebetene Gäste ins Haus zu holen.

Public Domain – im angloamerikanischen Copyright-Recht: gemeinfreies Wissen; Werke ohne Eigentümer. Häufig unspezifisch für öffentliches Wissen im Gegensatz zu Wissen im Privatbesitz verwendet

Public/Private-Key-Verfahren – asymmetrischer Kryptografiealgorithmus, zuerst 1976 von Whitfield Diffie und Martin E. Hellman veröffentlicht; löst das Urproblem der symmetrischen Kryptografie: da derselbe Schlüssel für Ver- und Entschlüsselung verwendet wird, muss der Absender einer verschlüsselten Nachricht dem Empfänger auch den Schlüssel zukommen lassen. Den kann er aber nicht über denselben Kanal schicken wie die Botschaft, da er dem Kanal nicht traut, sonst würde er ja nicht verschlüsseln. Beim P.V. erzeugt jeder Teilnehmer ein Schlüsselpaar aus einem geheimen und einem öffentlichen Schlüssel, die mathematisch miteinander verbunden sind, ohne dass man den geheimen aus dem öffentlichen Schlüssel errechnen könnte. Der öffentliche Schlüssel wird auf einem öffentlich zugänglichen Key-Server abgelegt. Dort holt sich der Absender den öffentlichen Schlüssel des Empfängers und verschlüsselt damit seine Nachricht, die jetzt nur der Empfänger mit seinem privaten Schlüssel wieder entschlüsseln kann. Neben der Verhinderung unliebsamer Mitleser kann das P.V. auch für die Authentifizierung von digitalen Dokumenten, also einen Echtheitsnachweis, verwendet werden. Dabei signiert man ein Dokument mit dem eigenen privaten

Schlüssel. Die Echtheit der Signatur kann mit Hilfe des passenden öffentlich verfügbaren Schlüssels überprüft werden.

Pull-Down-Menü – ein selbst ausklappendes Menü.

Quellcode – Programmtext in einer höheren Programmiersprache; da die binär repräsentierte Maschinensprache des Computers für Menschen nur schwer verständlich ist, programmieren sie in einer höheren Programmiersprache wie C, die aus alphanumerischen Zeichen und Wörtern besteht, die an die englische Sprache erinnern. Q. muss von einem → Compiler oder einem Interpreter erst in eine maschinennahe Form übersetzt werden, bevor ein Computer das Programm tatsächlich ausführen kann. Will man Änderungen an einem Programm vornehmen, benötigt man Zugang zu seinem Q.

Release – »Freigabe«; eine bestimmte Version eines Programms.

Reverse Engineering – Verfahren, bei dem ein System unbekannten Aufbaus (vgl. → Blackbox) analysiert und seine Komponenten und ihre Wechselwirkungen identifiziert werden, um ein System mit demselben Verhalten zu bauen. Dabei kann es sich um das → Excecutable eines Programmes, einen integrierten Schaltkreis oder ein anderes technisches System handeln.

Router – ein Rechner, der Datenpakete zwischen Netzwerken weiterschickt. Die Entscheidung, wohin er Pakete jeweils weiterschickt, stützt er auf Routing-Tabellen über die verfügbaren Verbindungen und Informationen über deren aktuelle Auslastung.

Sample – in der digitalen Signalverarbeitung: die Abtastung der Amplitude eines analogen Signals, die in regelmäßigen Abständen erfolgt, deren Zeitdauer über die Auflösung des S. entscheidet. In der Musik: ein kurzer Klang, der in den Loop eines Samplers eingelesen und von dort aus verfremdet, rhythmisiert und ausgespielt werden kann.

Screen-Shot – ein Abbild (Hardcopy) des derzeitigen Bildschirminhaltes, das dann ausgedruckt oder anderweitig weiter verwendet werden kann.

Security by Obscurity – »Sicherheit durch Undurchsichtigkeit«; die naive, aber immer noch weit verbreitete Annahme, dass ein System dann sicher ist, wenn man seine Funktionsweise geheim hält. Der gegenteilige Ansatz verwendet Algorithmen, die auch dann sicher sind, wenn potenzielle Angreifer sie kennen. Dabei heißt es bereits im Lehrbuch: »Zum Ersten soll der Entwurf eines Systems öffentlich zugänglich sein. Die Annahme, dass ein Eindringling nicht weiß, wie ein System funktioniert, dient lediglich der Täuschung der Entwickler.« (Tanenbaun, 1995, S. 231)

Server – ein Programm, das anderen, nämlich Client-Programmen einen bestimmten Dienst (Domain-Namen-Information, FTP, HTTP, News) anbietet. Client und S. sprechen über ein Protokoll miteinander und können auf demselben Rechner oder auf verschiedenen Rechnern laufen, die über ein Netzwerk miteinander verbunden sind.

Set-Top-Box – Dekoder für digitales TV

Shared Library – gemeinsam benutzte Bibliothek. In komplexeren Programmiersprachen werden häufig gebrauchte Funktionen (z.B. das Umbenennen einer Datei) in eigenen Modulen abgelegt und in Bibliotheken zusammengefasst. Programmierer brauchen diese Funktionen nicht immer wieder neu zu schreiben, sondern können sie aus der S.L. abrufen. Da verschiedene Programme sie parallel nutzen können, müssen die Funktionen nicht mit jedem Programm erneut auf dem System installiert werden.

Shareware – Software, die von ihrem Autor (in der Regel ohne → Quellcode und ohne Veränderungserlaubnis) kostenlos, aber mit der verbindlichen Bitte veröffentlicht wird, ihm bei regelmäßiger Nutzung des Programms einen bestimmten Geldbetrag zukommen zu lassen. Da sie es der Nutzerin erlaubt, das Programm weiterzugeben und auszuprobieren, bevor sie es in täglichen Gebrauch nimmt, überschneidet sich S. mit der »Demoware« oder »Crippleware«, die einen gegenüber der Vollversion eingeschränkten Leistungsumfang bietet. Wenn die Software ihren Ansprüchen genügt, kann sie beim Autor einen Schlüssel kaufen, mit dem die Software zum vollen Leistungsumfang kommt.

Slackware – eine der ersten kommerziellen GNU/Linux-Distributionen, heute nur noch sehr gering verbreitet.

Source-Baum – in einem → CVS baumartig organisierter → Quellcode einer Software, inklusive der Dokumentation; kann man verwenden, um damit das Programm zu kompilieren oder in die Weiterentwicklung des Programms einzusteigen.

Spam – kommunikationelle Umweltverschmutzung; Massen-E-Mails, die Foren und Mailboxen überfluten, häufig zweifelhaften kommerziellen Ursprungs: Kettenbriefe, unerwünschte Werbung jeder Art, Bettelbriefe. S. ist ursprünglich gepökeltes Dosenfleisch der US-Firma Hormel mit schlechtem Ruf: salziges Fastfood in Dosen ohne jeglichen Nährwert. Die Komikergruppe Monty Python machte daraus einen Sketch, in dem es kein Entkommen vor S. gibt. Dieser war Anlass für die neue Verwendung des Wortes im digitalen Netzraum. Als Begründer des Genres gilt die Anwaltsfirma Canter & Siegel, die im April 1994 eine Werbebotschaft auf sämtlichen (mehr als 10 000) Newsgroups postete.

Toolkit – Werkzeugsammlung; Zusammenstellung mehrerer Programme, die einen gemeinsamen Einsatzzweck haben. Das gtk-T. stellt z.B. eine komplette Entwicklungsumgebung für gtk-basierte Programme bereit.

Trojanisches Pferd – gefährlicher Parasit im Inneren eines scheinbar normalen Programmes, z.B. eine Login-Prozedur, die Nutzername und Passwort abfragt, ein Fehlermeldung ausgibt und den Nutzer dann an das echte Login übergibt. Jeder vertippt sich mal, wenige werden durch eine solche Fehlermeldung misstrauisch. Das T.P. jedoch sammelt Passwörter, die es dann an seinen Autor übermittelt.

Turing-Maschine – eine von dem britischen Mathematiker Alan Mathison Turing (1912-1954) zur Lösung des von Gödel formulierten Vollständigkeitsproblems erdachte Maschine, bestehend aus einem programmgesteuerten Lese- und Schreibkopf, der auf einem endlosen Papierband ein Feld nach links oder rechts rücken, ein Zeichen lesen, schreiben oder löschen und schließlich stehen bleiben kann. Turing zeigte, dass diese Maschine jedes algorithmisierbare Problem lösen kann. Sie wird als universale T.M. bezeichnet und liegt fast allen heutigen Computerarchitekturen zugrunde.

Upgrade – eine neue oder verbesserte Version einer Software oder Hardware. Nicht selten verwendet, um → Bug-Fixes zu verbreiten und Anwender durch den U. einer Komponente zu zwingen, auch andere Hard- oder Softwarekomponenten seines Systems neu zu kaufen.

Usenet – s. → Newsgroups

Von-Neumann-Architektur – eine von dem ungarischen, über Berlin und Zürich in die USA ausgewanderten Mathematiker John von Neumann (1903-1957) erfundene Rechnerarchitektur, bei der Programme wie Daten im selben Speicher vorliegen, aus dem der Prozessor die Anweisungen des jeweiligen Programmes holt, sie interpretiert, dann die Daten holt, um eine der elementaren Maschinenoperationen auf ihnen auszuführen, und schließlich das Ergebnis in den Speicher zurückzuschreiben. Bei jedem Takt der Uhr wird eine der Grundoperationen durchgeführt. Diese strikt sequenzielle Abarbeitung im einzigen Zentralprozessor (CPU) wird als V.-N.-A. bezeichnet und liegt fast allen heute gebauten Computern zugrunde. Zu »Non-von«-Architekturen gehören Parallelrechner mit mehreren Prozessoren und neuronale Netze.

Workstation – Arbeitsplatzrechner in einem Netz, in dem Arbeitsmittel wie Festplatten und Drucker meist in zentralen Pools bereitgestellt werden.

Abkürzungsverzeichnis

AHRA – *Audio Home Recording Act,* 1992 verabschiedeter Zusatz zum US-Copyright-Gesetz, auf die DAT-Technologie zugeschnitten; verbietet die Herstellung, Einfuhr und Verbreitung von digitale Audioaufnahmegeräten, die nicht über ein → SCMS oder vergleichbares System verfügen; verbietet Geräte, deren primärer Zweck es ist, solche Kopierschutzmechanismen zu umgehen, zu entfernen oder zu deaktivieren; etablierte in den USA ein Pauschalvergütungssystem für digitale Audioaufnahmegeräte und -leermedien; eines der frühesten Beispiele für ein lex digitalis.

ARPA – s. → DARPA

BBS – *Bulletin Board System*, elektronisches »schwarzes Brett« in Deutschland auch als ›Mailbox‹ bekannt; abfangs allein stehende PCs mit Telefoneinwahl, die sich seit Ende der 70er-Jahre u.a. mit dem FidoNet-Protokoll untereinander vernetzten. Zu den kommerziellen BBSs gehören AOL und CompuServe, die Ende der 80er-Jahre → Gateways zum Internet einrichteten.

BIOS – *Basic Input/Output System*; Firmware, die einen Computer in die Lage versetzt, ein Betriebssystem zu laden.

BITNET – *Because It's Time NETwork*, 1981 als ein kooperatives Netzwerk an der City University of New York gestartet, eine Art ›Internet des armen Mannes‹, das Dateiübertragung per E-Mail erlaubt. 1987 überschritt die weltweite Zahl der BITNET-Hosts 1 000.

BSD – *Berkeley Software Distribution,* die an der University of California in Berkeley selbst erstellten und von anderen Hochschulen gesammelten Weiterentwicklungen von AT&Ts Betriebssystem Unix, die 1977 erstmals von Bill Joy unter dem Namen BSD veröffentlicht wurden. Zu den bedeutenden Beiträgen der Universität Berkeley gehört die Integration von → TCP/IP in Unix und die BSD-Lizenz.

Nachdem die Forschungsgruppe an der Berkeley Universität aufgelöst wurde, lebt das BSD-Unix heute in den drei freien Projekten NetBSD, FreeBSD und OpenBSD weiter.

CERN –*Centre Européenne pour la Recherche Nucléaire*, europäisches Hochenergiephysik-Zentrum in Genf, Geburtsort des → WWW.

CGMS – *Copy Generation Management System*; Kopierschutzmechanismus u.a. für DVDs, der von einem Vertriebsstück nur eine Generation von Kopien zulässt. Für DAT-Technologie eingeführt, heißt das Verfahren dort → SCMS.

CISAC – *Confédération Internationale des Sociétés d'Auteurs et Compositeurs;* internationaler Dachverband der Verwertungsgesellschaften.

CIX – *Commercial Internet eXchange*; Verkehrsknotenpunkt zwischen kommerziellen Internet-Anbietern. Der erste wurde 1991 in Kalifornien eingerichtet.

CONTU – *Commission on New Technological Uses of Copyrighted Works,* 1974 vom US-Kongress einberufener Ausschuss zur Vorbereitung der Revision des Copyright-Gesetzes für die Anforderungen der Digitaltechnik; empfahl, Computerprogramme zukünftig als »literarische« Werke unter den Schutz des Copyright zu stellen.

CP/M – *Control Program for Microcomputers*; das 1973 von Gary Kildall entwickelte Betriebssystem für Kleincomputer; wurde auf zahlreichen Prozessoren implementiert und ermöglichte daher erstmals die einfache Portierung von Programmen auf verschiedene Rechnertypen. In den 80er-Jahren das am weitesten verbreitete PC-Betriebssystem, wurde CP/M durch einen leistungsschwächeren → Clone namens MS-DOS verdrängt.

CPU – *Central Processing Unit*; der Hauptprozessor eines Computers

CSS – *Content Scrambling System,* für → DVD eingeführter Kopierschutzmechanismus, enthält u.a. die Regionalsperre → RPC; hauptsächlich von Matsushita und Toshiba entwickelt.

CTSS – *Compatible Time-Sharing System*; das erste Anfang der 60er-Jahre am → MIT entwickelte Multiuser-Betriebssystem. Jeder Nutzer bekommt reihum den Prozessor für ein kurzes Zeitsegment zugeteilt, so dass er das Gefühl hat, den Computer alleine zu nutzen. S.a. → ITS

CVS – *Concurrent Versions System*, Online-System, das den → Source-Baum eines Softwareprojekts enthält und es mehreren Entwicklern erlaubt, zeitgleich an denselben → Quellcode-Abschnitten zu arbeiten.

DARPA – *Department of Defense Advanced Projects Agency,* Forschungsförderungsbehörde des US-amerikanischen Verteidigungsministeriums; bis Anfang der 70er-Jahre hieß sie ARPA.

DFN – Deutsches ForschungsNetz e.V.; 1985 gegründetes Wissenschaftsnetz, betreibt heute mit dem Gigabit-Wissenschaftsnetz G-WiN den Kern der Kommunikations-Infrastruktur von Wissenschaft, Forschung und Bildung in Deutschland.

DNS – *Domain Name System*; 1983 u.a. von Jon Postel entwickeltes System, um die numerischen Internet-Adressen (z.B. 141.20.1.3) auf Namen abzubilden (z.B. www.hu-berlin.de).

DOS, MS-DOS – *Microsoft Disk Operating System,* in den 80er-Jahren dominierendes Betriebssystem für PCs. Wie viele seiner Produkte hat Microsoft MS-DOS nicht selbst entwickelt, sondern von einer Firma namens Seattle Computer gekauft. Es handelte sich um eine abgespeckte Version von → CP/M, von der Digital Research noch dazu behauptete, dass Seattle Computer seinen Quellcode gestohlen habe. Die Industrie war sich einig, dass CP/M ein weit überlegenes Betriebssystem war, doch mit der Unterstützung durch IBM dominierte MS-DOS nach 1980 in kürzester Zeit den Markt.

DVD – ursprünglich: *Digital Video Disc,* heute: *Digital Versatile Disc,* Massenspeicher für Software und Daten jeder Art, der die CD ablösen wird.

EARN – *European Academic Research Network*; 1984 gestartet, das erste europäische Rechnernetz, das über einen E-Mail-Link in die USA und dort über ein → Gateway ins Internet verfügte.

EBLIDA– *European Bureau of Library, Information and Documentation Associations;* europäischer Dachverband der Bibliotheken

EBONE – *European Backbone,* ab 1991 errichtete »Hauptverkehrsstraße« des Internet in Europa

EFF – *Electronic Frontier Foundation*; 1990 von »Greatful Dead«-Texter John Perry Barlow und Lotus-Gründer Mitch Kapor gegründete NGO, die sich für die Wahrung der Bürgerrechte im Cyberspace engagiert.

FITUG – Förderverein Informationstechnik und Gesellschaft; NGO mit dem thematischen Schwerpunkt Kryptografie.

FSF – *Free Software Foundation,* 1985 von Richard Stallman gegründete gemeinnützige Stiftung, die die Distribution von Emacs und dann auch für andere → GNU-Software übernahm. Erlöse und Spenden verwendet die FSF, um Entwickler dafür zu bezahlen, dass sie bestimmte, für eine vollständige Betriebssystemumgebung notwendige Programme schreiben. 1989 legte die FSF mit der → GPL die wichtigste Lizenz der freien Software vor. Um besser regional handeln zu können, gründeten sich 2001 die FSF Europe sowie die FSF India.

FTP – *File Transfer Protocol*, Protokoll zur Dateiübertragung zwischen Computern

GEMA – Gesellschaft für musikalische Aufführungs- und mechanische Vervielfältigungsrechte, Verwertungsgesellschaft für Musik

GIF – *Graphics Image Format,* im Internet weitverbreitetes Grafikformat, erlaubt die Darstellung von 256 Farben; ist von CompuServe patentrechtlich geschützt.

GNU – *GNU's Not Unix,* von Richard Stallman 1984 gestartetes Projekt, eine freie, vollständige Unix-artige Betriebsumgebung zu schaffen.

GPL – *GNU General Public License,* von der → FSF herausgegebene Lizenz, ursprünglich für das → GNU-Projekt geschaffen, heute die am häufigsten verwendete Lizenz für freie Software.

HTML – *HyperText Markup Language*; die Auszeichnungssprache für Webseiten

HTTP – *HyperText Transfer Protocol*; das Übertragungsprotokoll für Webseiten

IAB – *Internet Architecture Board*, offenes Gremium für die Weiterentwicklung der Internet-Protokolle, 1983 als *Internet Activities Board* gegründet, 1992 in der → ISOC aufgegangen und in AB umbenannt.

IANA – *Internet Assigned Numbers Authority*, 1988 unter Leitung von Jon Postel für die Verwaltung u.a. des → DNS eingerichtet, 1998 von der → ICANN ersetzt.

ICANN – *Internet Corporation for Assigned Names and Numbers*; 1998 errichtete Institution für die Verwaltung der Domain-Namen, den IP-Adressen, den Protokollparametern und Portnummern sowie den Root-Servern des Internet.

IEC – *International Electrotechnical Commission,* Standardisierungsgremium mit Sitz in Genf

IETF – *Internet Engineering Task Force*; das offene Gremium im Rahmen der → ISOC, in dem die technischen Fragen der Internetinfrastuktur verhandelt werden.

IFPI – *International Federation of the Phonographic Industry*, London; Dachverband der weltweiten Schallplattenindustrie

IMP – *Interface Message Processor*, Vorläufer der heutigen → Router im Internet

IN – Individual Network e.V., 1992 gegründete Initiative, die → IP-Kapazitäten bei den wenigen → ISPs einkaufte und als erste in Deutschland Individuen außerhalb von Hochschulen und Unternehmen Internetzugang anbot; spielte eine wichtige Rolle bei der Verbreitung des Internet und bei der Gestaltung der deutschen IP-Landschaft.

IP – *Internet Protocol,* der in den → RFCs spezifizierte Satz von Protokollen für digitale Datennetze

IRC – *Internet Relay Chat*, 1988 von Jarkko Oikarinen entwickelte synchrone Textkommunikation.

ISDN – *Integrated Services Digital Network*, digitale Telefonie und Datenkommunikation über das bestehende Kupferkabelnetz, im Gegensatz zum analogen POTS (Plain Old Telephone Service).

ISO – *International Organization for Standardization*, (von gr. isos, gleich), internationale Vereinigung der Standardisierungsgremien von über 140 Ländern; verabschiedet internationale Standards in allen technischen Bereichen (außer in Elektrik und Elektronik, für die die → IEC zuständig ist), darunter technische (z.B. → MP3 oder Telefonkarten), klassifikatorische (z.B. Ländercodes wie .de, .nl, .jp.) und Verfahrensstandards (z.B. Qualitätsmanagement nach ISO 9000).

ISOC – *Internet Society*, 1992 gegründete NGO für die Pflege und Weiterentwicklung der Internetinfrastruktur; beherbergt die für die Internetstandards zuständigen Gremien → IETF und → IAB.

ISP – *Internet Service Provider*, Anbieter von Zugang zum und anderen Dienstleistungen im Internet.

ITS – *Incompatible Timesharing System*; von den Hackern am Labor für Künstliche Intelligenz des → MIT geschriebenes freies Betriebssystem für die Rechner der PDP-10-Serie von DEC, Wortspiel auf → CTSS; bis zu Beginn der 80er-Jahre der von Hackern bevorzugte Tummelplatz unter den Betriebssystemen.

JPEG – *Joint Photographic Experts Group*, (1) Ausschuss von → ISO und → IEC für die Entwicklung von Codierungsstandards für Halbtonbilder; (2) das standardisierte Bildkompressionsformat selbst; wird gern für Echtfarbbilder im Internet verwendet. Im Gegensatz zum lizenzpflichtigen → GIF ist JPEG frei.

JUNET – *Japan Unix Network*; 1984 u.a. von Jun Murai gegründetes, erstes außerakademisches IP-Netz in Japan

Kbps – *Kilo bit per second*, tausend Bit pro Sekunde, Datendurchsatzrate einer Leitung

KI – Künstliche Intelligenz, Zweig der Informatik, der sich bemüht, den Computer mit menschenähnlichen Kognitions- und Informationsverarbeitungsfähigkeiten auszustatten.

LAN – *Local Area Network* – lokales Computer-Netz; Mitte der 80er-Jahre entstanden parallel zum Weitverkehrsnetz → ARPANet Techniken, um Rechner auf einem Universitätskampus oder innerhalb eines Unternehmens miteinander zu verbinden. Verbreitetes Protokoll ist Robert Metcalfes → Ethernet.

LGPL – *Library General Public License*, 1999 ersetzt durch: *Lesser General Public License*; stimmt in weiten Teilen mit der → GPL überein, nur verlangt sie nicht, dass Programme, die ein freies Programm unter dieser Lizenz einlinken, selbst diesen Freiheiten unterstehen müssen (vgl. das Kapitel »Library/Lesser GPL«).

MBONE – *Multimedia Backbone*; 1992 zwischen breitbandig angeschlossenen Informatiklaboren entwickelter Protokollsatz vor allem für Sprach- und Bewegtbildkommunikation

MCPS – *Mechanical Copyright Protection Society*, britische Musikverwertungsgesellschaft für mechanische Reproduktionsrechte

MILNET – *Military Network*, der militärisch genutzte Teil des → ARPANet, den das US-Verteidigungsministerium 1983 von den akademischen Teilen abtrennte.

MIME – *Multimedia Internet Mail Extensions*; eine Erweiterung des E-Mail-Standards, der das Anhängen von Binärinformationen (Bilder, Klänge, Programme) erlaubt. Spezifiziert in → RFC 1437.

MIT – *Massachusetts Institute of Technology*, führende US-amerikanische Universität und Hochburg der Technologieentwicklung

MP3 – kurz für → MPEG 1 Layer 3; psychoakustisches Kompressionsverfahren für Musik in nahezu CD-Qualität; federführend vom Fraunhofer-Institut für Integrierte Schaltungen

(IIS) entwickelt und im Rahmen der → ISO standardisiert.

MPAA – *Motion Picture Association of America*; Industrievereinigung der größten Hollywood-Studios

MPEG – *Moving Pictures Experts Group*; eine 1988 gegründete Arbeitsgruppe von → ISO und → IEC, die sich mit der Entwicklung und Standardisierung von Codierungsverfahren für digitales Audio und Video befasst. Die berühmteste aus der MPEG-Familie von Codierungen ist → MP3

MUD – *Multi-User Dungeon*; textbasierte Spieleumgebung für synchrone Kommunikation und Interaktion der Spieler. Seit 1979 in diversen Technologiegenerationen und thematischen Ausrichtungen entwickelt.

NCP – *Network Controll Protocol*, das erste Verbindungsprotokoll des → ARPANET, Vorläufer des heutigen → TCP/IP.

NCSA – *National Center for Supercomputing Applications*; US-amerikanische Einrichtung für Hochleistungscomputer, hier entstand 1992 der erste Web-Browser »Mosaic« und ein früher WWW-Server, der NCSA HTTP-d.

NDA – *NonDisclosure Agreement*, Vertraulichkeitsvereinbarung; macht ein Unternehmen Angestellten oder Externen (Kunden, Partnern) sensitive Information zugänglich, verpflichtet es sie mit einem NDA zu Nichtweitergabe.

NGO – *Non Governmental Organization*, Nichtregierungsorganisation, die Organisationsform der Zivilgesellschaft, die auf Grundlage der UNO Charta (Art. 71) seit 1948 offizielles Mitspracherecht in Weltangelegenheiten besitzt. NGOs sind eigentlich nicht nur nichtstaatlich, sondern auch nichtwirtschaftlich, aber NGNBO könnte sich niemand merken.

NIC – (1) *Network Information Center*, nationale Organisation zur Koordinierung der Domain-Vergabe und Standort der → DNS-Rootserver; in Deutschland das DeNIC (www.denic.de); (2) *Network Interface Card*, Netzwerkkarte.

NSA – *National Security Agency*, Auslandsgeheimdienst der USA, bis vor wenigen Jahren so geheim, dass schon allein seine Existenz offiziell »weder bestätigt noch geleugnet« wurde.

NSF – *National Science Foundation*; die zivile Forschungsförderungsbehörde der USA (vgl. → DARPA).

NSFnet – Hochgeschwindigkeitsnetzwerk der → NSF für die US-amerikanische Wissenschaftswelt, besonders zur entfernten Nutzung von Supercomputern. 1986 in Betrieb genommen, wurde es 1995 eingestellt, da zu dem Zeitpunkt die kommerzielle Backbone-Infrastruktur seine Aufgabe übernehmen konnte.

OEM – *Original Equipment Manufacturer*, Firma, die Hard- oder Software anderer Firmen zusammenstellt und unter eigenem Label verkauft. Im Gegensatz zum *Value Added Reseller* (VAR) braucht der OEM nichts als seinen Namen hinzuzufügen. OEM-Versionen von Software wird von einem Hardwarehersteller zusammen mit seinem Computer, Drucker oder Scanner ausgeliefert.

OSD – *Open Source Definition*, Versuch der → OSI (2), freie Software unter Vermeidung des Begriffs »frei« neu zu definieren; abgeleitet von den *Debian Free Software Guidelines*. OSD-konforme Lizenzen werden von der OSI (2) zertifiziert.

OSI – (1) *Open Systems Interconnection*; ein ab 1982 von der → ISO entwickelter verbindungsorientierter Internetzwerkstandard, der an die Stelle von → TCP/IP treten sollte, heute jedoch weitgehend in Vergessenheit geraten ist. (2) *Open Source Initiative*, im Februar 1998 von Eric Raymond, Bruce Perens u.a. mit dem Ziel gegründete Vereinigung, freie Software unter Vermeidung des Begriffs »frei« neu zu definieren und → OSD-konforme Lizenzen zu zertifizieren.

PDF – *Portable Document Format*, von Adobe entwickeltes, zwischen verschiedenen Plattformen austauschbares und heute weit verbreitetes Format für gestaltete Textdokumente.

PGP – *Pretty Good Privacy*; ein asymmetrisches (→ *Public/Private Key*) Verschlüsselungsverfahren für E-Mails und andere Dateien, 1991 von Philip Zimmerman freigegeben.

PHP – *Personal Home Page construction kit*; eine server-seitige, plattformübergreifende in HTML eingebettete Skriptsprache für die Generierung von dynamischen Webseiten; ein Projekt der *Apache Software Foundation*.

RAM – *Random Access Memory*, Hauptspeicher eines Computers mit sehr schnellem und wahlfreiem Zugriff

RBÜ – Revidierte Berner Übereinkunft, das 1971 grundlegend revidierte internationale Berner Abkommen zum Schutz von Werken der Literatur und Kunst von 1886

RCS – *Rights Control System*, technisches Rechtekontrollsystem; Mechanismen in Übertragungs-, Abspiel- und Aufzeichnungsgeräten und auf Datenträgern (z.B. DAT, → DVD), die kryptografisch die Einhaltung der vom Verwerter lizenzierten Nutzungsrechte an einem urheberrechtlich geschützten Werk erzwingen; oft auch als *Digital Rights Management* (DRM) bezeichnet (s. das Kapitel »Code statt Recht : Rechtekontrollsysteme«).

RFC – *Request for Comments*; die Dokumente, in denen die Internet-Gemeinde ihre technischen Standards dokumentiert; technisch ist »internet« gleichbedeutend mit »RFC-Konform«. Alle RFC sind unter http://www.rfc-editor.org/

RIAA – *Recording Industry Association of America*; Industrievereinigung der US-amerikanischen Schallplattenfirmen

RIPE – *Reseaux IP Européen*; 1989 auf Inititiative von Rob Blokzijl gegründeter Zusammenschluss der europäischen Netzbetreiber

RPC – *Regional Playback Control*; Bestandteil von → CSS, soll dafür sorgen, dass DVDs in einer von acht Weltregionen ausschließlich auf Geräten dieser Region abgespielt werden können.

RSA – Verschlüsselungssystem nach dem → *Public-Private-Key*-Verfahren, entwickelt von Ron Rivest, Adi Shamir und Len Adelman, die ihr System mit den Anfangsbuchstaben ihrer Namen als RSA bezeichneten. s. http://www.rsa.com/

SACEM – *Société des Auteurs Compositeurs Éditeurs de Musique pour la gestion collective du droit d'auteur et de la propriété intellectuelle*, französische Musikverwertungsgesellschaft

SCMS – *Serial Copy Management System*, Kopierschutzmechanismus für DAT-Rekorder, der von einem Vertriebsstück nur eine Generation von Kopien zulässt; vom US-amerikanischen → AHRA für digitale Audioaufnahmegeräte gesetzlich vorgeschrieben. Das gleiche Verfahren wird unter dem Namen → CGMS für → DVDs eingesetzt.

SDMI – *Secure Digital Music Initiative*; 1998 aus einem Zusammenschluss der → RIAA mit ihrem japanischen Pendant RIAJ und der → IFPI entstanden, umfasst der Industrieverband heute auch Computer- und HiFi-Hard- und Softwarehersteller, die Rechteindustrie und → ISPs. Ziel der SDMI ist es, technische Rechtekontrollsysteme zu entwickeln und flächendeckend durchzusetzen.

SDRM – *Société pour l'administration du Droit de Reproduction Mécanique des auteurs, compositeurs et éditeurs*, französische Musikverwertungsgesellschaft für die mechanischen Reproduktionsrechte

SPI – *Software in the Public Interest*, 1997 gegründeter, gemeinnütziger Dachverband verschiedener freier Softwareprojekte wie Debian GNU/Linux und Gnome

SRI – *Stanford Research Institute*, nonprofit Forschungsunternehmen, erarbeitete 1968 im Auftrag der → ARPA die Spezifikationen des Netzwerks, aus dem das Internet hervorging.

TCP/IP – *Transmission Control Protocol / Internet Protocol*, technische Grundlage des Internet. Das ab 1973 entwickelte TCP dient der zuverlässigen Übertragung von Datenpaketen über unzuverlässige Kanäle. Für die zeitkritische Sprachübertragung kam 1978 IP hinzu, das das → UDP spezifiziert. 1982 wurde das gesamte → ARPANET von → NCP auf TCP/IP umgestellt. Heute wird der Wechsel von der seit 1982 verwendeten Version 4 des Protokolls auf TCP/IP v 6 vorbereitet.

UCC – *Uniform Commercial Code,* US-amerikanische Entsprechung zu den Allgemeinen Geschäftsbedingungen (AGB)

UCLA – *University of California at Los Angeles*

UDP – *User Datagram Protocol*; Protokoll für zeitkritische Datenübertragung im Internet können bei einer Dateiübertragung verloren gegangene Pakete erneut geschickt werden (→ TCP), gewährleistet UDP (spezifiziert in → IP) für synchrone Sprachkommunikation eine verzögerungsfreie Übertragung, bei der der Verlust einiger Pakete inkauf genommen wird.

UMTS – *Universal Mobile Telecommunications System,* neuer Übertragungsstandard im Mobilfunk für sehr hohe Datenübertragungsraten. Wegen der exorbitanten Einnahmen aus der Versteigerung des erforderlichen öffentlichen Frequenzspektrums auch als *Unerwartete Mehreinnahmen zur Tilgung von Staatsschulden* bezeichnet.

UNIX – ursprünglich UNICS, *Uniplexed Information and Computing Service*; ab 1969 von Ken Thompson auf den Ruinen von MULTICS errichtetes modulares und portierbares Betriebssystem; heute als Oberbegriff für alle Unix-artigen Betriebssysteme wie GNU/Linux oder BSD verwendet (s. Kapitel »Unix«).

URL – *Uniform Resource Locator,* universelles Adressierungsformat für Dienste im Internet (z.B. http://www.bpb.de)

UUCP – *Unix to Unix Copy,* 1976 an den AT&T Bell Labs entwickeltes Protokoll, um über Telefonwahlleitungen Daten zwischen Unix-Rechnern auszutauschen; ermöglicht Einrichtungen, die sich keine Standleitung leisten können, die Nutzung von asynchronen Internet-Diensten wie E-Mail oder NetNews.

WAIS – *Wide Area Information Servers*; 1991 von Brewster Kahle entwickelter Vorläufer des → WWW.

WCT – *WIPO Copyright Treaty,* 1996 von der → WIPO verabschiedete Urheberrechtsrichtlinie; bildet den Rahmen für die Anpassung der nationalen Urheberrechtsgesetze an die Anforderungen digitaler Netzmedien.

WIPO – *World Intellectual Property Organization*; 1970 aus Institutionen zur Durchführung von Verwaltungsaufgaben im Zusammenhang mit internationalen Urheberrechtsabkommen gegründet, 1974 in eine Behörde der Vereinten Nationen umgewandelt, verhandelt im Auftrag der Mitgliedsstaaten der UNO Fragen des geistigen Eigentums.

WWW – *World-Wide Web*; von Tim Berners-Lee ab 1989 entwickeltes Hypertext-Protokoll, besteht aus → HTTP und → HTML.

Internet-Ressourcen

Wissensfreiheit und Bürgerrechte im Internet

Virtuelles Datenschutzbüro
ein gemeinsamer Service von Datenschutzinstitutionen aus aller Welt
www.datenschutz.de

Global Internet Liberty Campaign (GILC)
eine Koalition von mehr als 60 Netzaktivismusgruppen aus aller Welt
www.gilc.org

Center for the Public Domain
Stiftung zur Förderung einer robusten Public Domain; die Liste der »Supported Organizations« ist ein guter Einstieg in die Organisationen, die sich für die Wissens-Allmende engagieren
www.centerforthepublicdomain.org

Internet Societal Task Force (ISTF)
Bereich der ISOC, der sich mit sozialen und wirtschaftlichen Fragen des Internet beschäftigt
www.istf.org

Chaos Computer Club (CCC)
Hackervereinigung, die sich grenzüberschreitend für Informationsfreiheit einsetzt
www.ccc.de

Electronic Frontier Foundation (EFF)
engagiert sich für die Wahrung der Bürgerrechte im Cyberspace, besonders mit Rechtsbeistand, besonders in den USA
www.eff.org

Internet

Sicherheit im Internet
eine Initiative des Bundesministeriums für Wirtschaft und Technologie, des Bundesministeriums des Innern und des Bundesamtes für Sicherheit in der Informationstechnologie
www.sicherheit-im-Internet.de

Internet Society (ISOC)
Mitgliedsorganisation für die Pflege und Weiterentwicklung der Internetinfrastruktur
www.isoc.org

Internet Engineering Task Force (IETF)
ISOC-Gremium für die technischen Fragen der Internetinfrastuktur
www.ietf.org

Request for Comments (RFCs)
die IETF-Dokumente, die die technischen Standards des Internet spezifizieren
www.rfc-editor.org

World Wide Web Consortium (W3C)
Gremium für die Pflege und Weiterentwicklung des Web
www.w3c.org

Internet Corporation for Assigned Names and Numbers (ICANN)
globale Organisation, die für Domain-Namen, IP-Adressen und Portnummern im Internet zuständig ist
www.icann.org

Freie Software allgemein

»Alternative Betriebssysteme. Open-Source-Software. Ein Leitfaden für kleine und mittlere Unternehmen«
Informationsbroschüre des Bundesministeriums für Wirtschaft und Technologie
www.bmwi.de/Homepage/download/infogesellschaft/Open-Source-Software.pdf

EU Working Group on Libre Software
Arbeitsgruppe zu freier Software des EU-Generaldirektorats Informationsgesellschaft
eu.conecta.it

SourceForge
wichtigste Entwicklerressource, hostet rund 30 000 freie Softwareprojekte
sourceforge.net

FreshMeat
laufende Rezensionen zu freien Softwareprojekten
freshmeat.net

Slashdot - News for Nerds
Nachrichten, Klatsch und Tratsch aus der Hackerwelt
slashdot.org

BerliOS – Der Open-Source-Mediator
Informationen und Ressourcen für Entwickler und Anwender freier Software, insbesondere mittelständische Unternehmen und öffentliche Verwaltungen, betrieben von GMD Fokus
www.berlios.de

LinuxTag
größte europäische Messe und Konferenz für freie Software
www.linuxtag.org

The Jargon File, auch bekannt als *»The Hacker's Dictionary«*, Wörterbuch der Hackerkultur bis zurück in die 70er-Jahre
www.tuxedo.org/jargon

Unix

Das GNU-Projekt
www.gnu.org

Die Free Software Foundation
www.fsf.org

Die Free Software Foundation Europe
www.fsfeurope.org

Brave GNU World
monatliche Kolumne aus der GNU-Welt
www.brave-gnu-world.org

Linux Online
gute Einstiegsseite mit übersichtlich zusammengestellten Distributionen, Applikationen und Dokumentation
www.linux.org

Dave Central
großes Portal für GNU/Linux-Applikationen von Dave Franklin
linux.davecentral.com

Linux Documentation Project
Dokumentation vom GNU/Linux-Start bis zu fortgeschrittenen Fragen
www.linuxdoc.org

Linux-Anwenderhandbuch
wichtigstes deutschsprachiges Handbuch von Hetze/Hohndel/Müller/Kirch in der Fassung von 1997, vollständig online
www1.lunetix.de/LHB

Simple End User Linux (SEUL)
ein weiterer guter Startpunkt und eine Projektplattform, um eine breitere Basis kundiger GNU/Linux-Nutzer besonders in Bildung und Wissenschaft zu fördern
www.seul.org

Debian GNU/Linux-Distribution
www.debian.org

Linux.de
deutschsprachige Nachrichten-Site
www.linux.de

Linux-Magazin
Online-Version der gleichnamigen wichtigsten deutschsprachigen Zeitschrift
www.linux-magazin.de

Pro-Linux
Nachrichten-Site zu GNU/Linux und anderer freier Software
www.pro-linux.de

Linux Weekly News
eine der besten Nachrichten-Sites zu GNU/Linux und anderer freier Software
lwn.net

Drei BSD-Varianten:

FreeBSD
das BSD mit der größten Verbreitung, für Intel und Alpha
www.freebsd.org

NetBSD
das BSD, das auf den meisten Plattformen läuft
www.netbsd.org

Open BSD
auf Sicherheit hin optimiert
www.openbsd.org

Andere Freie Softwareprojekte

GNU Privacy Guard
freie PGP-kompatible Verschlüsselungssoftware für E-Mails und andere Dateien
www.gnupg.org

Pretty Good Privacy (PGP)
quelloffene Verschlüsselungssoftware
www.pgpi.org

OpenSSH
freie Version des SSH (Secure SHell) Protokollsatzes; sicherer Ersatz für ftp, telnet und rlogin, bei dem auch die Passwörter verschlüsselt übertragen werden; vor allem aus dem OpenBSD-Projekt heraus entwickelt.
www.openssh.com

XFree86
freies X-Window-System
www.xfree86.org

KDE
grafischer Desktop für GNU/Linux
www.kde.org

Gnome
grafischer Desktop für GNU/Linux
www.gnome.org

Apache Webserver
www.apache.org

Samba
Datei und-Druck-Server, der auch MS-Windows-Rechner unterstützt
www.samba.org

Perl
Skriptsprache
www.perl.org

Perl-Archiv
cpan.org

Ghostscipt
PostScript-Viewer
www.ghostscript.com

Mozilla
die freie Version von Netscape
www.mozilla.org

Mailman
GNU-Mailinglisten-Manager
www.list.org

Wine
MS-Windows-Emulator für GNU/Linux
www.winehq.com

Zope
Content Management System und Web-Applikationsumgebung
www.zope.org

PHP
Skriptsprache für die Generierung von dynamischen Webseiten
www.php.net

GIMP
Bildbearbeitungsprogramm
www.gimp.org

Concurrent Versions System (CVS)
die wichtigste Arbeitsumgebung für freie Softwareprojekte
http://www.cvshome.org/

Freie Software für Schulen

Freie Software und Bildung (FSuB)
fsub.schule.de

kmLinux
einfach zu installierendes Linux-Komplettsystem für den Arbeitsplatzrechner, vom Landesbildungsserver Schleswig-Holstein in Zusammenarbeit mit dem Verein Freie Software und Bildung entwickelt
www.lernnetz-sh.de/kmlinux

Simple End User Linux/edu
Diskussionsgruppe für alle, die an Linux in der Bildung interessiert sind, Lehrer, Eltern und Schüler; sammelt Hunderte von bildungsrelevanter freier Software, hostet eigene Projekte, sammelt Fallstudien einzelner Schulen
www.seul.org/edu/

Organization for Free Software in Education and Teaching (OFSET)
sammelt schulrelevante freie Software (Freeduc) und unterstützt Projekte
www.ofset.org

Schulen ans Netz e.V.
Initiative des Bundesministeriums für Bildung und Forschung und der Deutschen Telekom AG
www.san-ev.de

Schulen ans Netz
die c't und das Offenen Deutschen Schulnetz (ODS) haben einen Kommunikationsserver für Schulen entwickelt
www.heise.de/ct/schan

GEE-Internetserver für Schulen
www.gesamtschule-eiserfeld.de/gee/index.html

Linux für Schulen
Aktion von c't und Linux.de
www.linux.de/schulen

PingoS. Linux-User helfen Schulen
hilft Schulen bei der Einrichtung und Wartung von GNU/Linux-Rechnern
www.pingos.schulnetz.org

OpenWebSchool
freie Unterrichtsmaterialien, von Schülern (der Oberstufen) für Schüler (der Unterstufen oder Grundschulen) entwickelt
www.openwebschool.de

KDE Edutainment Project
im September 2001 gestartetes Projekt, um Bildungssoftware zu entwickeln
edu.kde.org

Freie Online Systeme (FOS)
Demonstrations- und Evaluations-Center für webbasierte freie Anwendungen, betrieben von Thomax Kaulmann und Herbert A. Meyer, im Auftrag der Bundeszentrale für politische Bildung. Hier soll vor allem Software für Schulen zusammen- und zum Ausprobieren bereitgestellt, getestet und nach Nutzbarkeitskriterien bewertet werden.
fos.bpb.de

Linux for Kids
www.linuxforkids.org

Gesetze

Gesetz über Urheberrecht und verwandte Schutzrechte in der Fassung vom 1. November 1998
www.uni-muenster.de/Jura.itm/hoeren/materialien/urheberrechtsgesetz.html

Richtlinie 2001/29/EG des Europäischen Parlaments und des Rates zur Harmonisierung bestimmter Aspekte des Urheberrechts und der verwandten Schutzrechte in der Informationsgesellschaft (Juni 2001) muss bis Dezember 2002 in deutsches Recht übersetzt werden
europa.eu.int/comm/internal_market/en/intprop/news/com29de.pdf

Copyright Law of the United States of America in der Fassung vom April 2000, darin enthalten, der Digital Millennium Copyright Act lcweb.loc.gov/copyright/title17

Britischer Copyright, Designs and Patents Act von 1988 (CDPA), in der Fassung vom 1.2.2000
www.jenkins-ip.com/patlaw/index1.htm

WIPO Copyright Treaty (WCT) von 1996
www.wipo.int/treaties/ip/copyright/

WIPO Performances and Phonograms Treaty (WPPT) von 1996
www.wipo.int/treaties/ip/performances/

Abkommen über Trade-Related Aspects of Intellectual Property Rights (TRIPS) der Welthandelsorganisation von 1994 www.wto.org/english/tratop_e/trips_e/t_agm1_e.htm

Revidierte Berner Übereinkunft (RBÜ) geht auf das Berner Abkommen zum Schutz von Werken der Literatur und Kunst von 1886 zurück, 1971 grundlegend revidiert, in der Fassung von 1979
www.wipo.int/treaties/ip/berne/

Eurolinux Petition for a Software Patent Free Europe umfangreiche Ressourcensammlung zur Frage der Softwarepatentierung petition.eurolinux.org

Literatur

4C, Copy Protection Framework for DVD Audio, o.J., http://www.dvdcca.org/4centity/data/tech/dvd_audio_cp.pdf

Albini, Steve, The Problem With Music, o.J., http://www.negativland.com/albini.html.

Alvestrand, Harald Tveit, »The Internet Standardisation Process«, in: T. Buland/ H. Finne/ S. Helmers/U. Hoffmann/J. Hofmann (Hrsg.), Managements and Network Technology, Proceedings from COST A3 Workshop in Trondheim, 22.–24. Nov. 1995, WZB Paper 1996, S. 59–65.

Arns, Inke & Andreas Broeckmann, »Kleine östliche Mediennormalität – Ein Blick in die Werkzeugkisten des Medienalltags im ehemaligen ‚Ostblock'", in: springerin. Hefte für Gegenwartskunst, Bd. IV, Heft 3, Wien, September – November 1998, S. 22–25; http://www.springerin.at/d/springer_2/springer_2_502.htm

Baase, Sara, »IBM: Producer or Predator«, in: Reason, April 1974, S. 4–10, http://www-rohan.sdsu.edu/faculty/giftfire/ibm.html

Bachrach, Steven/ R. Stephen Berry/ Martin Blume/Thomas von Foerster/ Alexander Fowler/ Paul Ginsparg/ Stephen Heller/ Neil Kestner/Andrew Odlyzko/ Ann Okerson/ Ron Wigington/ Anne Moffat: Inetellectual Property: Who Should Own Scientific Papers?, in: Science Volume 281, No. 5382 (4. Sep 1998), S. 1459–1460, http://www.sciencemag.org/cgi/content/full/281/5382/1459

Baker, Steven/ Net Worth, Desktop TCP/IP At Middle Age, in: UNIX Review, Februar 1998; http://www.unixreview.com/articles/1998/9802/index.htm

Barlow, John Perry, »The Economy of Ideas. A Framework for Patents and Copyrights in the Digital Age. (Everything you know about intellectual property is wrong.)«, in: Wired 2.03, März 1994, http://www.wired.com/wired/2.03/features/economy.ideas.html

Barlow, John Perry, »The Best of All Possible Worlds«, in: Communications of the ACM, 50th Anniversary Issue, 1996, http://www.nettime.org/nettime.w3archive/199612/msg00011.html

Becker, Jürgen/ Thomas Dreier (Hrsg.), Urheberrecht und digitale Technologie, UFITA-Schriftenreihe, Nomos, Baden-Baden 1994.

Bell, Bruce, The Coming Storm, 3. Juni 2000, http://eon.law.harvard.edu/openlaw/DVD/articles/comingstorm.html

Bell, Tom W., Fair Use Vs. Fared Use: The Impact of Automated Rights Management on Copyright's Fair Use Doctrine, in: North Carolina Law Rev. 76/557, S. 558-618, 1998, http://www.tomwbell.com/writings/FullFared.html

Berners-Lee, Tim, Der Web-Report, Econ, München 1999.

Bezroukov, Nikolai, A Second Look at the Cathedral and the Bazaar, First Monday, 12/1999, http://firstmonday.org/issues/issue4_12/bezroukov/

Bolz, Norbert/ Friedrich A. Kittler/Christoph Tholen (Hrsg.), Computer als Medium, München 1993.

Borchers, Detlev, »Patente, die die Welt erschüttern«, in: ZD-Net Deutschland, August 1999; http://www.zdnet.de/kolumne/199908/mdb16_00-wc.html

Bortloff, Nils, Legal Advisor, IFPI, »Internet Piracy – notice and take-down«, Präsentation auf dem WIPO Workshop über die Haftbarkeit von Sevice-Providern, Genf, 9.–10. Dezember 1999, http://www.wipo.int/eng/meetings/ 1999/osp/doc/osp_lia3.doc

BOYLE, JAMES, »A Politics of Intellectual Property: Environmentalism For the Net?«, 47 Duke Law Journal 87 (1997), http://www.law.duke.edu/boylesite/intprop.htm

BRENNAN, PATRICIA, Association of Research Libraries, Timeline: A History of Copyright in the U.S., o.J., http://arl.cni.org/info/frn/copy/timeline.html

BUMA/STEMRA, Annual Report 1997.

BUNDESMINISTERIUM FÜR WIRTSCHAFT UND TECHNOLOGIE, »Eckpunkte der deutschen Kryptopolitik«, 2. Juni 1999, http://www.sicherheit-im-internet.de/download/krypto-d.pdf

BUNDESMINISTERIUM FÜR WIRTSCHAFT UND TECHNOLOGIE, »Alternative Betriebssysteme. Open Source-Software. Ein Leitfaden für kleine und mittlere Unternehmen«, Berlin 2001. http://www.bmwi.de/Homepage/download/ infogesellschaft/Open-Source-Software.pdf

BUNDESVERBAND DER PHONOGRAPHISCHEN INDUSTRIE / Deutsche IFPI, »Musik als geistiges Eigentum«, in: Jahrbuch 2001, http://www. ifpi.de/jb/2001/jb01e.html

BURCKHARDT, JACOB, Die Kultur der Renaissance in Italien, Kröner, Stuttgart 1976.

BUSCH, CHRISTOPH/MICHAEL ARNOLD/WOLFGANG FUNK, »Schutz von Urheberrechten durch digitale Wasserzeichen«, in: Gerhard Banse/ Christian J. Langenbach (Hrsg.), Geistiges Eigentum und Copyright im multimedialen Zeitalter. Positionen, Probleme, Perspektiven. Eine fachübergreifende Bestandsaufnahme, Europäische Akademie, Bad Neuenahr-Ahrweiler 1999.

CARTER, JOSEPH, Why Debian Doesn't Include KDE, 17. Juni 2000, http://freshmeat.net/news/2000/06/17/961300740.html

CERF, VINTON, How the Internet Came to Be, as told to Bernard Aboba, in: Bernard Aboba, The Online User's Encyclopedia, Addison-Wesley, November 1993, http://www.isoc.org/guest/zakon/Internet/History/How_the_Internet_came_to_Be

CHAPMAN, D. BRENT, »Majordomo: How I Manage 17 Mailing Lists Without Answering ›-request‹ Mail«, 1992, http://www.greatcircle.com/majordomo/majordomo.lisa6.ps.Z

CHARDIN, PIERRE TEILHARD DE, Die Zukunft des Menschen, Olten 1966.

CISAC, The Common Information System. A Digital Rights Architecture for the Information Age, Paris o.J.; http://www.worksnet.org/Web_cisac/cisac_communication.nsf/e9e109c34d8a0c2ec1256713004a879a/297492bec1062cb04125676a00401c38/$FILE/CIS_A.pdf

CLEMINS, ADMIRAL ARCHIE, Commander in Chief, U.S. Pacific Fleet, IT-21: The Path to Information Superiority, o.J., http://www.chips.navy.mil/chips/archives/97_jul/file1.htm

COHEN, JULIE E., Some Reflections on Copyright Management Systems and Laws Designed to Protect Them, in: Berkeley Law Journal, (12/ 161) 1997, http://www.lawberkeley.edu:80/journals/btlj/articles/12_1/Cohen/html/text.html

COHEN, JULIE E., A Right to Read Anonymously: A Closer Look at »Copyright Management« in Cybercpace, Connecticut Law Review, (981, 991) Summer 1996, http://cyber.law.harvard.edu/property/alternative/Cohen.html

CUSUMANO, MICHAEL/RICHARD SELBY, »How Microsoft Builds Software«, in: Communications of the ACM, Juni 1997, S. 53-61.

CZYCHOWSKI, CHRISTIAN, Ein Muster im Ringen um die Unabhängigkeit der Urheber – Anhalt-Dessau-Wörlitz und seine Selbstverlagsunternehmen (1781–1785), in: forum historiae iuris, 19. August 1998, http://www.rewi.hu-berlin.de/FHI/98_08/czych_t.htm

DELL, MICHAEL/CATHERINE FREDMAN, Direct From Dell: Strategies That Revolutionized an Industry, Harper Business, 1999.

DEMIRALP, EMRE, Linux in der akademischen Ausbildung, Linux-Focus, Oktober 1998, http://www.linuxfocus.org/Deutsch/October1998/article9.html

DEUTSCH, L. PETER, Licensing Alternatives for Freely Redistributable Software, 1996, ftp://ftp.cs.wisc.edu/ghost/papers

DEUTSCHER BUNDESTAG, Schlussbericht der Enquete-Kommission »Zukunft der Medien in Wirtschaft und Gesellschaft – Deutschlands Weg in die Informationsgesellschaft«, Drucksache 13/11004, 22. 06. 98, http://www.dpg-hv.de/eq_schluss.htm

DIETRICH, OLIVER, »In den Tiefen des Kernel. Interview mit Linux-Entwickler Alan Cox«, in: c't, 25/1999, S.34.

DRUEY, JEAN NICOLAS, Information als Gegenstand des Rechts, Nomos, Baden-Baden 1995.

DTLA (Digital Transmission Licensing Administrator), Policy Statements Regarding DTCP Adopters, January 26, 1999; http://www.dtcp.com/adopt.pdf

DWYER, MICHAEL, Linux has Window of Opportunity in China, in: Austrian Financial Review, 30. Juni 2000, http://www.afr.com.au/information/20000630/A42633-2000Jun29.html

EBLIDA (European Bureau of Library, Information and Documentation Associations), »Save Future Access to Information Now! EBLIDA Position Paper on the proposed Directive on the harmonisation of certain aspects of copyright and related rights in the Information Society«, März 1998, http://www.eblida.org/posharmo.htm

ELKIN-KOREN, NIVA, Law School, Haifa University, The Future of Public/Private Boundaries for Copyright in Cyberspace, Journal of Computer Mediated Communication, Vol. 2, No.2 Special Issue: »Emerging Law on the Electronic Frontier« (September 1996), http://www. ascusc.org/jcmc/vol2/issue2/elkin.html

ELKIN-KOREN, NIVA, Public/Private and Copyright Reform in Cyberspace, 12:1 Berkeley Technology Law Journal, Spring 1997, http://eon.law.harvard.edu/property99/alternative/Elkin-Koren.html

ELLINS, JULIA, Copyright Law, Urheberrecht und ihre Harmonisierung in der Europäischen Gemeinschaft. Von den Anfängen bis zum Informationszeitalter, Duncker&Humblot, Berlin 1997.

ENCYCLOPAEDIA BRITANNICA, CD 2000 Deluxe Edition, London 2000.

EVERS, STEFFEN, An Introduction to Open Source Software Development, Diplomarbeit an der TU-Berlin, Juli 2000.

Fachgespräch Open Source-Software des Bundeswirtschaftsministeriums, am 15.7.1999, im Haus der Kulturen der Welt in Berlin

FLUSSER, VILÉM, Ins Universum der technischen Bilder, Göttingen 1985.

FONDA, DAREN, Copyright Crusader, in: The Boston Globe, 29. August 1999, http://www.boston.com/globe/magazine/8-29/featurestory1.shtml

FRITSCH, LOTHAR, Die Geburt des Mikroprozessors, Saarbrücken, April 1992, http://fsinfo. cs.uni-sb.de/~fritsch/Papers/PC/node9.html#SECTION00033000000000000000

GABRIEL, RICHARD P./ WILLIAM N. JOY, Sun Community Source License Principles, 20. Januar 1999, http://www.sun.com/981208/scsl/principles.html

GARTNER GROUP INC., The E-Market Maker Revolution, 1999, http://www.gartner.com/webletter/softlock/issue1/

GEHRING, ROBERT, Freeware, Shareware und Public Domain. Geschichte, Begrifflichkeit, Urheberrecht und Haftung, Studienarbeit an der TU-Berlin, Juli 1996, http://ig.cs.tu-berlin.de/sa/043/index.html

GEHRING, ROBERT, »Schneller, höher, weiter. Veranstaltungsbericht ›Effizienter Staat 2000‹, in: Linux-Magazin 6/2000, S. 56–57.

GEMA, Digitaltechnik und Urheberrecht im Bereich der Musik, Mai 1997, http://www.gema.de/service/digi.shtml

GIESEKE, MICHAEL, Der Buchdruck in der frühen Neuzeit, Suhrkamp, Frankfurt/M. 1991.

GILDER, GEORGE, Metcalfe's Law and Legacy, in: Forbes ASAP, 13. September 1993, http://www.forbes.com/asap/gilder/telecosm4a.htm

GOMULKIEWICZ, ROBERT, »How Copyleft Uses License Rights to Succeed in the Open Source Software Revolution and the Implications for Article 2B«, in: Houston Law Review, Spring 1999, S. 180 ff., http://eon.law.harvard.edu/h2o/property/alternatives/gomulkiewicz.html

GÖTTING, HORST-PETER (Hrsg.), Multimedia, Internet und Urheberrecht, University Press, Dresden – München 1998.

GRASSMUCK, VOLKER, Vom Animismus zur Animation, Junius Verlag, Hamburg 1988.

GRASSMUCK, VOLKER/CHRISTIAN UNVERZAGT, Das Müll-System. Eine metarealistische Bestandsaufnahme, Suhrkamp, Frankfurt/M. 1991.

GRASSMUCK, VOLKER, Open Source – Betriebssystem für eine freiheitliche Gesellschaft, in: Linux-Magazin 9/2000, S.54-61, http://waste.informatik.hu-berlin.de/Grassmuck/Texts/OSS-Tutzing-5-00.html

GRAVELL, TOM, The Wizard of Watermarks, DU PONT Magazine, January/February 1990, S. 4–6, http://ebbs.english.vt.edu/gravell/wizard/wizard.html

GRIMM, JACOB UND WILHELM, Deutsches Wörterbuch, Bd. 1, (A – Biermolke, Leipzig 1854), dtv, München 1984.

GRIMM, JACOB UND WILHELM, Deutsches Wörterbuch, Neubearbeitung, Berlin-Brandenburgische Akadmie der Wissenschaften und Akademie der Wissenschaften Göttingen, S. Mirzel Verlag, Stuttgart – Leipzig 1998.

GÜNTHER, GOTTHARD, Das Bewusstsein der Maschinen. Eine Metaphysik der Kybernetik, Baden-Baden – Krefeld 1963.

GUIBAULT, LUCIE, für Imprimatur, Legal SIG Workshop »Contracts and Copyright Exemptions«, Institute for Information Law, Amsterdam, Dezember 1997, http://www.imprimatur.alcs.co.uk/IMP_FTP/except.pdf

GULBIN, JÜRGEN/KARL OBERMAYR, Unix System V.4. Begriffe, Konzepte, Kommandos, Schnittstellen, Springer, Berlin – New York 1995.

HALBERT, DEBORA J., Weaving Webs of Ownership: Intellectual Property in an Information Age, Dissertation Draft, Hawaii University 1998, http://www.soc.hawaii.edu/~future/dissertation/TOC.html

HARDIN, GARRETT, »The Tragedy of the Commons«, in: Science, 162 (1968), S. 1243–1248, http://dieoff.com/page95.htm

HARDIN, GARRETT, Ethical Implications of Carrying Capacity, 1977, http://dieoff.com/page96.htm

HARSH, B., »New Computer Operating System takes India by Storm«, India Abroad News Service, auf: Corporate Watch, Globalization and Microsoft, 9. Feb. 1999, http://www.igc.org/trac/feature/microsoft/globalization/india.html

HAUBEN, MICHAEL/ RONDA HAUBEN, Netizens: On the History and Impact of Usenet and the Internet, 6. Dez. 1996, http://www.columbia.edu/~hauben/netbook/

HAUTSCH, GERT, Zur Entwicklung der Medienwirtschaft in Deutschland 1997/98, 9. August 1998, http://www.igmedien.de/publikationen/m/1998/08-09/10.html

HAYASHI, YÛJIRÔ, *Jôhôka Shakai: Hâdo na Shakai Kara Sofuto na Shakai e*, (Informationsgesellschaft: Von der harten (Hardware-) zur sanften (Software-)Gesellschaft), Tokyo 1969.

HELMERS, SABINE/KAI SEIDLER, Linux: Cooperative Software Development and Internet, Proceedings of the First Dutch International Symposium on Linux – December 1994 at Amsterdam, S. 56–59, State University of Gronigen, 1995, http://duplox.wz-berlin.de/docs/linux/index.html

HELMERS, SABINE, UTE HOFFMANN, JEANETTE HOFMANN, Endbericht des Forschungsprojekts Kulturraum Internet am Wissenschaftszentrum Berlin für Sozialforschung, 1998, http://duplox.wz-berlin.de/endbericht/

HETZE, SEBASTIAN/DIRK HOHNDEL/MARTIN MÜLLER/ OLAF KIRCH, Linux Anwenderhandbuch. Leitfaden für die Systemverwaltung, LunetIX, Berlin 1997 und online: http://www1.lunetix.de/LHB//

HETZE, SEBASTIAN, Wirtschaftliche Aspekte von Freier Software und Open Source, 1999, http://mikro.org/Events/OS/ref-texte/hetze.html

HITACHI LTD./ INTEL CORPORATION/ MATSUSHITA ELECTRIC INDUSTRIAL CO. LTD./ SONY CORPORATION/ TOSHIBA CORPORATION, 5C Digital Transmission Content Protection White Paper, Revision 1.0, 14. Juli 1998; http://www.dtcp.com/wp_spec.pdf

HITACHI, LTD./ INTEL CORPORATION/ MATSUSHITA ELECTRIC INDUSTRIAL CO. LTD./ SONY CORPORATION/ TOSHIBA CORPORATION, Digital Transmission Content Protection Specification Volume 1 (Informational Version), Revision 1.0, 12. April 1999; http://www.dtcp.com/dtcp_spec1.pdf

HOHMANN, ROBIN, Interview mit Richard Stallman, in: Computerwoche 4/ 29. Januar 1999; http://www.computerwoche.de/info-point/heftarchiv/index.cfm?id=46864&cfid=7105550&cftoken=37716226&nr=1

HORNS, AXEL H., DeCSS-Spruch – Modell für Europa?, in: Digest »Netz und Politik« 19, Februar 2000, http://www.fitug.de/netpol/00/19.html#1

INTEL CORPORATION/ INTERNATIONAL BUSINESS MACHINES CORPORATION/ MATSUSHITA ELECTRIC INDUSTRIAL CO. LTD./ TOSHIBA CORPORATION, »Content Protection System Architecture. A Comprehensive Framework for Content Protection«, 17. Februar 2000, Revision 0.81; http://www.dvdcca.org/4centity/data/tech/cpsa/cpsa081.pdf

JETER, K.W., Noir, Bantam Books, New York etc. 1999.

KAHN, DAVID, The Codebreakers: The Comprehensive History of Secret Communication from Ancient Times to the Internet, Scribner, New York 1996.

KANT, IMMANUEL, Von der Unrechtsmäßigkeit des Büchernachdruckens, 1785; Nachdruck in UFITA 106, 1987, S. 137.

KATZ, RONALD S./JANET ARNOLD HART, Turning On and Turning Off. Can Merely Turning on a Computer Constitute Copyright Infringement? In the Ninth Circuit, yes, The Recorder, 1996, http://www.ipmag.com/katz.html

KBST-BRIEF Nr. 2/2000, Koordinierungs- und Beratungsstelle der Bundesregierung für Informationstechnik, »Open Source-Software in der Bundesverwaltung«, http://www.kbst.bund.de/papers/briefe/02-2000

KELSEY, JOHN/BRUCE SCHNEIER, The Street Performer Protocol and Digital Copyrights, in: Firstmonday, Jahrg. 4, #6, 1999, http://www.firstmonday.dk/issues/issue4_6/kelsey/

KINGDON, JIM, (Cyclic), Free Software Business Models, Dezember 1996, http://www.stromian.com/bizmod.html

KIRCH, JOHN, Microsoft Windows NT Server 4.0 versus Unix, März 1998, http://www.unix-vs-nt.org/kirch/

KLOKE-LESCH, ADOLF, »Funktionale Positionsbestimmung der Entwicklungspolitik«, in: Politik und Gesellschaft Online; International Politics and Society 3/1998 (Friedrich Ebert Stiftung), http://www.fes.de/ipg/ipg3_98/artkloke.html

KÖHNTOPP, KRISTIAN, »RPS III: Wenn geistiges Eigentum zum Unwesen wird«, auf: »Netz und Politik« (NETPOL-Digest) 20, 10. Feb. 2000, http://www.fitug.de/netpol/00/20.html#3

KOHN, ALFIE, Studies Find Reward Often No Motivator, in: Boston Globe, 19. Jan.1987, http://www.naggum.no/motivation.html

KOLLOCK, PETER, »The Economics of Online Cooperation: Gifts and Public Goods in Cyberspace«, Working Draft, 14. August 1996, http://research.microsoft.com/vwg/papers/ koolockeconomies.htm

KREILE, REINHOLD/JÜRGEN BECKER, »Verwertungsgesellschaften«, in: Rolf Moser/ Andreas Scheuermann (Hrsg.), Handbuch der Musikwirtschaft, J. Keller Verlag, Starnberg – München 1997a, S. 621–647.

KREILE, REINHOLD/JÜRGEN BECKER, »Tarife für Multimedianutzung«, in: Rolf Moser/ Andreas Scheuermann (Hrsg.), Handbuch der Musikwirtschaft, J. Keller Verlag, Starnberg – München 1997b, S. 715–741.

KREMPL, STEFAN, »Mit URL-Blocker gegen MP3-Server«, in: Telepolis, 3. Sept. 1999, http://www.heise.de/tp/deutsch/inhalt/te/5259/1.html

KREMPL, STEFAN, EU Commissioner: We Need a Sense of Urgency, Interview with Erkki Liikanen, auf: Telepolis, 17. Apr. 2000, http://www.heise.de/tp/english/inhalt/te/8052/1.html

KRETSCHMER, MARTIN, Centre for Intellectual Property Policy & Managment, School of Finance and Law, Bournemouth University, auf dem MICA-Fokus »Reales Musikschaffen für einen virtuellen Markt«, 18. März 2000, Wien, http://www.mica.at/focus3.html

KUNZE, CAROL, Hotton Button Issue: Mass Market Licenses, 13. März 1997, http://www.2bguide.com/hbimmvc.html

KURI, JÜRGEN, »Alice im Bücherland. Online-Buchläden: Die Speerspitze des E-Commerce?«, in: c't 19/99, S. 164, http://www.heise.de/ct/99/19/164/

LEONARD, ANDREW, »The Saint of Free Software. Maverick Richard Stallman Keeps his Faith – and Gives Bill Gates the Finger«,
in: Salon Magazine 8/1998, http://www.salon.com/21st/feature/1998/08/cov_31feature2.html.

LEONARD, ANDREW, The Richard Stallman Saga, Redux, in: Salon Magazine, 9/1998, http://www.salon.com/21st/feature/1998/09/11feature.html

LESSIG, LAWRENCE, Jefferson's Nature, Draft 1, University of Virginia, Charlottesville, Va, November 19, 1998; http://cyber.law.harvard.edu/works/lessig/NatureD3.pdf

LESSIG, LAWRENCE, Code and Other Laws of Cyberspace, Basic Books, New York 1999 (dt: Code und andere Gesetze des Cyberspace), Berlin Verlag 2001.

LESSIG, LAWRENCE, The Law of the Horse: What Cyberlaw Might Teach (final draft), 1999a, http://cyber.law.harvard.edu/works/lessig/finalhls.pdf

LETTICE, JOHN, »French senators propose making open source compulsory«, in: The Register, 24. Okt. 1999, http://www.theregister.co.uk/991024-000005.html

LÉVY, PIERRE, Die Kollektive Intelligenz. Eine Anthropologie des Cyberspace, Bollmann Verlag, Mannheim 1997.

LEVY, STEVEN, Hackers. Heroes of the Computer Revolution (1984), Bantam Doubleday Dell Publishing, New York 1994.

LEWIS, JEFF, The Cathedral and the Bizarre, auf: Mac-Opinion, 7. Juli 2000, http://www.macopinion.com/columns/macskeptic/00/07/07/

LOREN, LYDIA PALLAS, The Purpose of Copyright, in: Open Spaces Quarterly, 7. Feb. 2000; http://www.public.asu.edu/~dkarjala/publicdomain/Loren2-7-00.html

LOUKIDES, MIKE, Some Thoughts on the Sun Community Source License, O'Reilly Java Center, 9. Dez. 1999, http://java.oreilly.com/news/loukides_0399.html

LOUKIDES, MIKE, The Chameleon and the Virus: More Thoughts on Java's Community License, o.J., O'Reilly-News, o.J., http://java.oreilly.com/news/java_license_0399.html

LOVE, COURTNEY, Courtney Love does the math. The controversial singer takes on record label profits, Napster and ›sucka VCs'‹, in: Salon Magazine, 14. Juni 2000, http://www.salon.com/tech/feature/2000/06/14/love/

LÜHR, RÜDIGER, Diskussionsentwurf zum Urheberrechtsgesetz von Justizminister Schmidt-Jortzig vorgelegt, 29. Okt. 1998, http://www.igmedien.de/publikationen/m/1998/10/29.html

MALKIN, G., Who's Who in the Internet. Biographies of IAB, IESG and IRSG Members, Mai 1992, http://www.ietf.org/rfc/rfc1336.txt?number=1336

MARX, REINER/GERHARD SAUDER (Hrsg.), Moritz contra Campe. Ein Streit zwischen Autor und Verleger im Jahr 1789, Werner Röhrig Verlag, St. Ingbert 1993.

MCKUSICK, MARSHALL KIRK, Twenty Years of Berkeley Unix. From AT&T-Owned to Freely Redistributable, in: C. DiBona7 S. Ockman/M. Stone (Hrsg.), Open Sources. Voices from the Open Source Revolution, O'Reilly Verlag, Sebastopol 1999, S. 31–46.

MERTEN, STEFAN, Gnu/Linux – Meilenstein auf dem Weg in die GPL-Gesellschaft?, 2000 opentheory.org/proj/gplgesellschaft/v0001.phtml

METZGER, AXEL/TILL JAEGER, »Open Source-Software und deutsches Urheberrecht«, in: GRUR Int., Okt. 1999, S. 839-848, http://www.ifross.de/ifross_html/art1.html

MÖLLER, ERIK, »JXTA, Slashdot, Open-Source-Cola und Metadaten. Treffen unter Gleichen oder die Zunkunft des Internet, Teil II«, Telepolis, 5.3.2001, http://www.heise.de/tp/deutsch/inhalt/te/7051/1.html

MOGLEN, EBEN, Anarchism Triumphant: Free Software and the Death of Copyright, First Monday, August 1999, http://old.law.columbia.edu/my_pubs/anarchism.html

MOLNAR, DANIEL, Pop Muzik. Join the New Folkateers!, auf: Nettime-L, 29. Sept. 1998.

MÜLLER-MAGUHN, ANDY, »Thesenpapier Informationsgesellschaft«, http://www.datenreisen.de

MÜNKER, REINER, Urheberrechtliche Zustimmungserfordernisse beim Digital Sampling, Peter Lang, Frankfurt/M. 1995.

NADEAU, TOM, The Case for Eminent Domain, first posted: 1. Januar 1998, http://www.vcnet.com/bms/features/domain.html

NEGROPONTE, NICHOLAS, Being Digital, Knopf, New York 1995.

NEUMANN, A. LIN, Information Wants to Be Free – But This Is Ridiculous. We go on a Shopping Spree for Pirate Software in Asia, in: Wired 3.10 – Okt. 1995, http://www.wired.com/wired/archive/3.10/piracy.html

NEWITZ, ANNALEE, »If Code is Free, Why not Me? Some Open Source Geeks are as Open-Minded about Sex as they are About Hacking« in: Salon Magazine, 26. Mai 2000;http://www.salon.com/tech/feature/2000/05/26/free_love/index.html

NEWMAN, NATHAN, From Microsoft Word to Microsoft World: How Microsoft is Building a Global Monopoly. A NetAction White Paper, 1997, http://www.netaction.org/msoft/world/

NICHOLSON, BRADLEY J., The Ghost In The Machine: MAI Systems Corp. v. Peak Computer, Inc. and the Problem of Copying in RAM, Berkeley Law Journal, 10/1995, http://www.law.berkeley.edu/journals/btlj/articles/10_1/Nicholson/html/text.html

O'REILLY, TIM, »Gated Source« Communities?, 7. Mai 2000, http://weblogs.oreillynet.com/tim/stories/storyReader$39

ORESME, NICOLAS VON, Traktat über Geldabwertungen, Kadmos Verlag, Berlin 1999.

OSTROM, ELINOR, Die Verfassung der Allmende. Jenseits von Staat und Markt, Mohr Siebeck, 1999 (Engl.: Governing the commons. The evolution of institutions for collective action, Cambridge University Press, Cambridge 1990).

PAOLINI, GEORGE, »Sun's New Java™ Source Licencing Policies«, an Interview with George Paolini, Vice President of Marketing, Sun Java Software, http://java.sun.com/-features/1998/12/source_license_QA.html

PATEL, PRAKESH, Open Source: Sizing the Linux Opportunity, WR Hambrecht + Co, 18. Mai 2000, http://www.wrhambrecht.com/research/coverage/opensource/ir/ir20000523.pdf

PERENS, BRUCE, The Open Source Definition, in: C. DiBona/ S. Ockman/ M. Stone (Hrsg.), Open Sources. Voices from the Open Source Revolution, O'Reilly Verlag, Sebastopol 1999, S. 171–188.

PERENS, BRUCE, It's Time to Talk about Free Software Again, 1999a, http://www.perens.com/perens_com/Articles/ItsTimeToTalkAboutFreeSoftwareAgain.html

PETITCOLAS, FABIEN A. P./ ROSS J. ANDERSON/ MARKUS G. KUHN, Attacks on Copyright Marking Systems, in: David Aucsmith (Hrsg.), Information Hiding, Second International Workshop, IH'98, Portland, Oregon, U.S.A., 15.-17. April 1998, Proceedings, LNCS 1525, S. 219-239, Springer-Verlag, Berlin – New York 1998, http://www.cl.cam.ac.uk/~fapp2/papers/ih98-attacks/

PETITCOLAS, FABIEN A. P./ ROSS J. ANDERSON, Evaluation of Copyright Marking Systems, in: Proceedings of IEEE Multimedia Systems (ICMCS'99), Vol. 1, S. 574–579, 7.–11. Juni 1999, Florenz, http://www.cl.cam.ac.uk/~fapp2/papers/ieeemm99-evaluation

PFENNIG, GERHARD, »Die Funktionärsclique aus Frankfurt. Die Geschichte der Wahrnehmung visueller Urheberrechte am Beispiel der VG Bild-Kunst«, in: Gerhard Pfennig/ Michael Schwarz (Hrsg.), Die Zukunft der Bilder. Medienentwicklung und Recht – 25 Jahre VG Bild-Kunst, Steidl, Göttingen 1993, S. 12–29.

PHILIPKOSKI, KRISTEN, The Student Jukebox Sting. The Internet may no longer be the Wild West. Seventy-one college students at Carnegie Mellon University (CMU) in Pittsburgh, Pennsylvania, have been disciplined for the illegal use of MP3 files on the University's intranet, Wired News 4:20 p.m., 9. Nov. 1999 PST; http://www.wired.com/news/culture/0,1284,32444,00.html

PLATT, CHARLES, Satellite Pirates, Wired 2.08 – Aug. 1994, http://www.wired.com/wired/archive/2.08/satellite.html

PLOTZ, DAVID, Luke Skywalker Is Gay? Fan fiction is America's literature of obsession, 14. April 2000, auf: Slate http://slate.msn.com/Features/fanfic/fanfic.asp

POMIAN, KRZYSTOF, Der Ursprung des Museums. Vom Sammeln, Wagenbach, Berlin 1998.

POWELL, DENNIS E., Judgement Day for the GPL?, 26. Juni 2000, http://www.linuxplanet.com/linuxplanet/reports/2000/1/

POWELL, DENNIS E., Lawyers, Guns, and Money. KDE and Corel: Working in the Real World, Linux-Planet, 14. Juni 2000a, http://www.linuxplanet.com/linuxplanet/reports/1960/1/

RAYMOND, ERIC S., The Cathedral and the Bazaar, Januar 1998, http://www.tuxedo.org/~esr/writings/cathedral-bazaar/cathedral-bazaar.html

RAYMOND, ERIC S., »The Cathedral and the Bazaar«, http://sagan.earthspace.net/~esr/writings/cathedral-bazaar/

RICE, DAN/ROBERT PECOT, Microprocessor History, o.J., http://members.tripod.com/nikkicox/

RIFKIN, JEREMY, Vorabdruck aus: Access. Das Verschwinden des Eigentums. Wenn alles im Leben zur bezahlten Ware wird, Suhrkamp, Frankfurt/M. 2000, in: FAZ, 12.8.2000.

RÖTZER, FLORIAN, Napster-ähnliche Tauschbörse für die Wissenschaft. Besonders die Zusammenführung der Erläuterungen zum menschlichen Genom von verschiedenen Websites lässt neue Programme notwendig werden, in: Telepolis, 17.08.2000, http://www.heise.de/tp/deutsch/inhalt/lis/8561/1.htm

ROSENBERG, SCOTT, Why the Music Industry has Nothing to Celebrate. Napster's Shutdown will only Cause a Thousand Alternatives to Bloom, in: Salon Magazine, 27. Juli 2000,http://www.salon.com/tech/col/rose/2000/07/27/napster_shutdown/print.html

ROST, MARTIN, »Vorschläge zur Entwicklung einer wissenschaftlichen Diskurs-Markup-Language« in: Heibach, Christiane/ Bollmann, Stefan (Hrsg.), Kursbuch Internet – Anschlüsse an Wirtschaft und Politik, Wissenschaft und Kultur, Bollmann Verlag, Köln 1996, http://www.netzservice.de/Home/maro/home/mr_dml.html

RUMP, NIELS, Protecting Intellectual Property Rights using the Multimedia Protection Protocoll (MMP), Fraunhofer IIS, Erlangen, 19. August 1997, (nicht länger online).

SAACKE, ASTRID, »Schutzgegenstand und Rechtsinhaberschaft bei Multimediaprodukten – Grundfragen des Rechtsschutzes und der Lizenzierung«, in: Horst-Peter Götting (Hrsg.), Multimedia, Internet und Urheberrecht, University Press, Dresden 1998, S. 19–45.

SAMUELSON, PAMELA, »Is information property? (Legally Speaking)«, in: Communications of the ACM, March 1991 v34 n3 p15(4), http://www.ifla.org/documents/infopol/copyright/samp6.txt

SAMUELSON, PAMELA, Legally Speaking: Does Information Really Want To Be Licensed?, in: Communications of the ACM, September 1998; http://www.press.umich.edu/jep/04-03/samuelson.html

SANDERS, GLENN/ WADE ROUSH, Cracking the Bullet: Hackers Decrypt PDF Version of Stephen King eBook, eBookNet.com, 23. März 2000, http://www.ebooknet.com/story.jsp?id=1671

SCANLON, JESSIE, Open Source: Power Exchange, Wired, Nov. 1999, http://www.wired.com/wired/archive/7.11/mustread.html? pg=2

SCHREINER, KLAUS, »Bücher, Bibliotheken und 'gemeiner Nutzen' im Spätmittelalter und in der frühen Neuzeit«, in: Bibliothek und Wissenschaft (9) 1975, S. 216–249.

SCHULTZ, PIT, »Was ist digitaler Kapitalismus?«, in: de:bug, 12/99.

SCHULZE, MARCEL, Materialien zum Urheberrechtsgesetz. Texte – Begriffe – Begründungen, VCH, Weinheim – New York 1993.

SCHULZE, MARTIN, »Debian GNU«, in: FIFF-Kommunikation 3/1999, S. 27–33.

SCHULZKI-HADDOUTI, CHRISTIANE, »Dialog mit Hindernissen, Bundeskriminalamt will Berührungsängste der Provider abbauen«, in: Telepolis, 17.02.2000, http://www.heise.de/tp/deutsch/inhalt/te/5806/1.html

SEIFERTH, C. JUSTIN, Maj USAF, Open Source and these United States, A Research Report Submitted to the Faculty, In Partial Fulfillment of the Graduation Requirements, Maxwell Air Force Base, Alabama, April 1999 http://skyscraper.fortunecity.com/mondo/841/documents/99-184.html

SIEPMANN, JÜRGEN, »Lizenz- und haftungsrechtliche Fragen bei der kommerziellen Nutzung Freier Software«, in: JurPC. Internet-Zeitschrift für Rechtsinformatik, 1999, http://www.jurpc.de/aufsatz/19990163.htm

SOLLFRANK, CORNELIA, Woman Hackers, Rotterdam 1999, http://www.obn.org/hackers/text.htm
SOMMERFELD, BERND, »Wie es begann... Eine kurze Geschichte von Linux und ›Open Source‹«, 1999, http://www.de.uu.net/shop/jfl/linux/BSo7.html
SPINNER, HELMUT F., Die Wissensordnung. Ein Leitkonzept für die dritte Grundordnung des Informationszeitalters, Leske + Budrich, Opladen 1994.
SPINNER, HELMUT F., Die Architektur der Informationsgesellschaft, Philo, Bodenheim 1998.
SPINNER, HELMUT F., aus: Ettersburger Gespräche: Zur Ohnmacht verdammt? – Der Staat in der Informationsgesellschaft, hrg. vom Thüringer Ministerium für Bundesangelegenheiten i.d. Staatskanzlei, Weimar, Feb. 1998a.
SPINNER, HELMUT F./ MICHAEL NAGENBORG/ KARSTEN WERBER, Baustein zu einer neuen Informationsethik, Philo, Berlin – Wien 2001.
STALLMAN, RICHARD, The GNU Manifesto, 1985, http://www.gnu.org/gnu/manifesto.html
STALLMAN, RICHARD, The Right Way to Tax DAT, in: Wired 1992, http://www.gnu.org/philosophy/dat.html
STALLMAN, RICHARD, Why Software Should Not Have Owners, 1994, http://www.gnu.org/philosophy/why-free.html
STALLMAN, RICHARD, The Right to Read, in: Communications of the ACM, Vol. 20, No. 2, Februar 1997, http://www.gnu.org/philosophy/right-to-read.html
STALLMAN, RICHARD, Free Software and Free Manuals, 1997b, http://www.fsf.org/philosophy/free-doc.html
STALLMAN, RICHARD, Copyleft: Pragmatic Idealism, 1998, http://www.gnu.org/philosophy/pragmatic.html
STALLMAN, RICHARD, The GNU Operating System and the Free Software Movement, in: C. DiBona/ S. Ockman/ M. Stone (Hrsg.), Open Sources. Voices from the Open Source Revolution, Sebastopol 1999, S. 53–70.
STALLMAN, RICHARD, Why you shouldn't use the Library GPL for your next library, Februar 1999a, http://www.gnu.org/philosophy/why-not-lgpl.html
STALLMAN, RICHARD, Why »Free Software« is better than »Open Source«, 1999b, http://www.gnu.org/philosophy/free-software-for-freedom.html
STARRETT, ROBERT A., Copying Music to CD: The Right, the Wrong, and the Law, Februar 1998, http://www.cdpage.com/Audio_Compact_Disc/rightwrong.html
STEFIK, M. J., Letting Loose the Light: Igniting Commerce in Electronic Publication, in: Stefik, M. (Hrsg.), Internet Dreams: Archetypes, Myths, and Metaphors, MIT Press, Cambridge Mass. 1996; http://www.parc.xerox.com/istl/projects/uir/pubs/pdf/UIR-R-1996-10-Stefik-Internet Commerce-IgnitingDreams.pdf
STEFIK, MARK, Shifting the Possible: How Digital Property Rights Challenge Us to Rethink Digital Publishing, 12 Berkeley Technology Law Journal 1997a, S. 137-159, http://www.law.berkeley.edu/journals/btlj/articles/12_1/Stefik/html/reader.html
STEFIK, MARK, Special Report: Trusted Systems. Devices that Enforce Machine-Readable Rights to Use the Work of a Musician or Author may Create Secure Ways to Publish over the Internet, Scientific American 3/1997b, 276(3), S. 78-81; http://www.sciam.com/0397issue/0397stefik.html
STEPHENSON, NEAL, In the Beginning was the Command Line, 1999, http://www.cryptonomicon.com/beginning.html
STEURER, REINHARD, »Die schwierige Psychologie der Umweltpolitik: Das Beispiel Österreich« (vorläufige Fassung), in: Politik und Gesellschaft Online, International Politics and Society 4/1999, http://www.fes.de/ipg/ipg4_99/artsteur.htm

STRAUB, CRAIG, Living in a World of Limits. An Interview with Noted Biologist Garrett Hardin, in: The Social Contract, TSC Press, Fall, 1997, http://www.lrainc.com/swtaboo/stalkers/tsc_hard.html
STRAUSS, NEIL, »Hong Kong Film: Exit the Dragon?«, in: New York Times, 1. Aug. 1998, http://www.geocities.com/Athens/Forum/2496/vcd-hkfilm.txt

TANENBAUM, ANDREW S., Moderne Betriebssysteme, München – Wien 1995.
TIEMANN, MICHAEL, Future of Cygnus Solutions: An Entrepreneur's Account, in: C. DiBona/ S. Ockman/ M. Stone (Hrsg.), Open Sources. Voices from the Open Source Revolution, Sebastopol 1999, S. 71–89.
TUSHNET, REBECCA, Using Law and Identity to Script Cultural Production: Legal Fictions: Copyright, Fan Fiction, and a New Common Law, 17 Loyola of Los Angeles Entertainment Law Journal, (651) 1997, http://cyber.law.harvard.edu/property/respect/fanfiction.html

ULMER, EUGEN, Urheber- und Verlagsrecht, Berlin 1983 .
U.S. DEPARTMENT OF DEFENSE, »Department of Defense Trusted Computer System Evaluation Criteria«, DoD 5200.28-STD, December 26, 1985.

VALLOPPILLIL, VINOD, Open Source Software. A (New?) Development Methodology (aka »The Halloween Document«), Microsoft Confidential (mit Kommentaren versehen von Eric Raymond), 11. Aug. 1998 – v1.00., http://www.tuxedo.org/~esr/halloween.html
VANPELT, LAUREN, Mickey Mouse – A Truely Public Character, Frühjahr 1999, http://www.public.asu.edu/~dkarjala/publicdomain/Vanpelt-s99.html
VG WORT, Bericht des Vorstands über das Geschäftsjahr 2000, München 2001.
VERMEER, MARTIN, Linux and Ethnodiversity, 21. Jan. 1998, http://linuxtoday.com/stories/2465.html.
VERZOLA, ROBERTO, Cyberlords: The Rentier Class of the Information Sector, Nettime, 15. März 1998, http://amsterdam.nettime.org/ Lists-Archives/nettime-l-9803/msg00079.html
VOBRUBA, G., Strukturwandel der Sozialpolitik – Lohnarbeitszentrierte Sozialpolitik und soziale Grundsicherung, Frankfurt/M. 1990.

WALSH, MARY WILLIAMS, »Windows won't Compute into Ancient Icelandic Language«, in: Seattle Times, 30. Juni 1998, http://archives.seattletimes.nwsource.com/cgi-bin/texis/web/vortex/display?slug=icel&date=19980630
WEBER, MAX, Schriften zur Soziologie, Stuttgart 1995.
WIENER, NORBERT, Kybernetik, Düsseldorf - Wien, 1963.
WOS 1, Wizards of OS. Offene Quellen und Freie Software, Konferenz, am 16.–17.7.1999, im Haus der Kulturen der Welt, Berlin, http://www.mikro.org/wos
WULFFEN, THOMAS, »Betriebssystem Kunst«, in: Kunstforum Bd. 125, Januar/Februar 1994, S. 50–58.

ZAWINSKI, JAMIE, Fear and Loathing on the Merger Trail, 23. Nov. 1998, http://www.mozilla.org/fear.html
ZAWINSKI, JAMIE, Resignation and Postmortem, März 1999, http://www.jwz.org/gruntle/nomo.html
ZENTRALINSTITUT FÜR SPRACHWISSENSCHAFT BERLIN, Etymologisches Wörterbuch des Deutschen, München 1995.

ZINGEL, WOLFGANG-PETER, (Südasien-Institut der Universität Heidelberg, Abteilung Internationale Wirtschafts- und Entwicklungspolitik), »Bodenrecht in Indien«, Eine leicht gekürzte Fassung erschien in : »entwicklung + ländlicher raum. Beiträge zur internationalen Zusammenarbeit«, DLG. 29, Frankfurt 1995 (6), S. 7–10, http://www.sai.uni-heidelberg.de/intwep/zingel/bodenr95.htm
ZINGEL, WOLFGANG-PETER, Genug Nahrung für eine Milliarde Inder?, in: Werner Draguhn (Hrsg.), Indien 1999: Politik, Wirtschaft, Gesellschaft, Institut für Asienkunde, Hamburg 1999, http://www.sai.uni-heidelberg.de/intwep/zingel/jbindi99.htm